서울대학교 행정대학원
정보지식정책연구소 연구총서

AI AND FUTURE ADMINISTRATION

AI와 미래행정

엄석진　김홍기　박정훈　권혁주　권헌영
이수영　박순애　김봉환　김상헌　나종민
고길곤　황종성　이경호　김승주　김동욱
김병조　최민석　정영준　임도빈　홍준형

박영사

머리말

역사적으로 정부는 정보기술 발전의 최대 후원자였을 뿐만 아니라, 최대 수요자였다. 1980년대 개인용 컴퓨터의 등장, 1990년대 인터넷의 확산, 그리고 2000년대 모바일 기술과 스마트 기기의 발전은 행정의 성격을 크게 바꿔 놓았다. 이제 인공지능(Artificial Intelligence: AI)을 비롯한 블록체인, 클라우드, 데이터 분석, 사물인터넷 등 새로운 정보기술이 정부의 역할과 행정의 성격을 재정의하려 하고 있다. 특히, COVID－19의 확산은 새로운 정보기술 도입과 활용의 정당성과 필요성을 높여주는 배경이 되었다.

새롭게 등장하는 기술들 중 가장 많은 주목을 받고 있는 기술이 AI이다. 이미 한국을 비롯한 세계 각국의 정부는 AI를 정부의 정책과정 및 내부 관리에 적극 도입하고 있으며, AI의 활용을 촉진하기 위해 기존의 제도와 관리 방식을 개편하고 있다. 산업 및 사회 부문에서 AI의 도입과 활용의 확산과 고도화를 위한 제도 형성과 규제 개편도 본격적으로 진행되고 있다. AI 도입과 활용이 늘 긍정적인 결과만을 가져오는 것은 아니다. 새로운 정보기술의 '와해적 혁신(disruptive innovation)' 효과는 기존의 산업생태계와 사회규범들을 뒤흔들면서 사회적 논쟁과 이해관계의 충돌로 이어지기도 한다. 한국에서도 새로운 정보기술과 그에 입각한 서비스의 도입이 정치적 충돌과 이해관계의 대립으로 이어진 바 있으며 새로운 AI 서비스가 윤리적 논쟁에 휩싸여 중단되기도 하였다. 깁슨의 말대로, AI와 미래행정은 이미 와 있다. 다만, 고르게, 그리고 우리의 희망대로 퍼져 있지 않을 뿐이다.

이 책은 '이미 와 있는 미래 행정'의 도전을 다루고 있다. AI 도입이 가져올 행정의 변화를 진단하고, AI 도입을 위한 제반 조건과 도전을 분석하며, AI의 활용이 가져올 행정의 미래상을 전망하는 데 이 책의 목적이 있다. 이 책을 기획하고 편집하면서 가장 중요하게 생각했던 부분은 AI와 미래행정에 대한 '균형적이고 종합적인 시각'이었다.

첫째, 행정은 사람, 정치, 법률과 규정, 내부 관리, 기술 등 다양한 요인들이 결합하여 작동한다. 행정에 도입된 AI가 온전히 작동하기 위해서는 AI 자체의 기술적 우수성도 중요하지만, AI를 둘러싸고 있는 행정의 제반 요소들이 함께 맞물려 진화해야 한다. 이 책은 행정에서의 AI 도입과 활용을 고려함에 있어 행정을 구성하는 다양한 요소들과의 관계를 아우르는 종합적 시각을 견지하고자 노력하였다. AI가 가져올 행정의 변화를 행정이념과 윤리, 법제도, 그리고 개별 분야의 변화뿐만 아니라, AI 기술의 역사적 발전, 플랫폼과 데이터 거버넌스, 정보보안, 클라우드 시스템 등 AI가 실제로 작동하는 기술적 측면도 분석하였다.

둘째, AI와 미래 행정에 대한 개념적, 논리적 분석과 함께, AI가 실제 행정 현장에 도입되고 활용되는 데 필요한 전략과 정책적 함의도 함께 논의하고자 하였다. 아무리 우수한 성능의 AI라도 현장의 다양한 요소들과 적절히 결합되지 않으면 그 성능이 충분히 구현될 수 없다. 이 책은 각 행정 분야에서 이루어지고 있는 AI 도입과 활용 사례를 분석하고 공공기관에서 AI 도입 시 취할 수 있는 전략을 제시하였다.

셋째, AI의 도입과 활용이 가져올 긍정적 효과와 부정적 효과를 균형적으로 다루고자 하였다. AI 도입과 활용의 부정적 효과에 대해서는 충분한 비판적 검토가 필요하다. 더욱 중요한 것은 부정적 효과를 통제하기 위한 다양한 제도적, 관리적, 윤리적 대안의 선제적 마련과 집행이라 할 것이다. 이 책을 구성하고 집필함에 있어 AI 도입의 긍정적, 부정적 효과를 예측하고, 부정적 효과를 최소화하기 위한 대안을 제시하기 위해 노력하였다.

이와 같은 기획의도에 따라, 이 책은 다음과 같이 크게 여섯 부분으로 구성된다. 제1부 "총론"에서는 이 책의 주요 논제인 AI 정부에 대한 개념, 논쟁, 향후 전망과 함께, AI 개념과 기술의 역사적 발전을 다루었다. 제2부 "AI 활용과 공공가치 및 법제도"에서는 AI 개발 및 운용과 관련된 윤리적 원칙, 민주주의와의 충돌 가능성, AI 도입에 따른 법제도의 변화와 공직윤리에 대한 논의를 담았다. 제3부 "AI 활용과 공공관리 및 공공정책"에서는 인사행정, 성과관리, 회계감사, 재정, 형사사법, 정책평가를 중심으로 행정의 각 분야에서 구현되고 있는 AI의 효과와 향후 전망을 다루었다. 제4부 "AI 활용을 위한 기술기반"에서는 플랫폼과 데이터 거버넌스, 클라우드 컴퓨팅, 사이버보안 등 AI가 작동하는 데 필요한 기술적 기반을 다루고 있다. 제5부 "AI 도입의 현황과 전략"에서는 '세종시 디지털 트윈' 등 현재 도입된 AI 관련 서비스의 사례들을 분석하고 공공부문에서 AI를 도입하기 위한 접근법과 전략을 검토하였다. 제6부 "전망"에서는 AI 도입을 통해 변화할 행정의 미래상과 미래 한국행정의 법적 틀을 살펴보았다.

최선의 노력을 다했으나, 주제의 깊이와 범위를 고려할 때, 많이 부족하다는 점을 잘 알고 있다. 더 많은 세부 주제를 다루었어야 했고, 각 장 간의 일관성과 통일성도 높였어야 했다. 앞으로 더욱 깊이 있는 연구를 약속드리며 이 책을 출간한다. 마지막으로 이 책은 서울대학교 행정대학원 정보지식정책연구소의 지원을 받았다. 지면을 통해 감사의 마음을 전한다.

2021년 2월
저자들을 대표하여 엄석진 씀

목 차

$\overline{\text{IV}}$

AI 활용을 위한 기술기반

$\overline{\text{V}}$

AI 도입의 현황과 전략

$\overline{\text{VI}}$

전 망

I

총 론

AI 정부:
개념, 논쟁, 그리고 전망

엄석진(서울대학교 행정대학원)

Ⅰ. 서론

정부는 정보기술 발전의 최대 후원자였을 뿐만 아니라, 정보기술의 최대 수요자였다(Mazzucato, 2015; Fountain, 2001). 특히, 인터넷이 보편화, 상용화되는 1990년대부터는 정보기술과 인터넷을 행정에 도입하는 전자정부(e-government)가 정부 내부의 인적·물적 자원의 관리뿐만 아니라 시민과 기업을 위한 공공서비스의 품질 개선, 그리고 정부와 시민 간의 정치적 관계를 변화시키는 가장 중요한 전략이자 수단으로 등장하였다. 이후 모바일 정보기술, 소셜미디어 등 Web 2.0 기술 등 새로운 정보기술이 행정에 도입되면서 정부의 운영방식과 공공서비스도 진화했다. 무선인터넷과 스마트폰에 기반한 '모바일 정부', 소셜미디어의 양방향 소통을 활용한 '소셜미디어 정부', 정부가 보유한 정보와 데이터의 선제적 개방을 통한 '열린 정부(Open Government)', 미국 오바마 행정부의 'We the People'과 같은 인터넷을 통한 청원 등이 정보기술을 도입·활용하여 새롭게 탈바꿈하는 정부의 모습을 보여준다. 정보기술은 정부운영시스템의 개선, 정부기능의 합리적 조정과 부처 간 협력뿐만 아니라, 대민서비스 전달방식의 혁신과 정부-시민 간의 관계를 변화시키는 기반으로 작동하고 있다(엄석진 외, 2020).

이제 인공지능(Artificial Intelligence: AI),[1] 블록체인,[2] 클라우드,[3] 빅데이터 등

---

[1] 인공지능은 인간의 지능으로 할 수 있는 사고, 학습, 자기 개발 등을 컴퓨터가 할 수 있도록 하는 방법을 연구하는 컴퓨터 공학 및 정보기술의 한 분야로서, "기계가 경험을 통해 학습하고 새로운 입력 내용에 따라 기존 지식을 조정하며 사람과 같은 방식으로 과제를 수행할 수 있도록 지원하는 기술"(SAS) 또는 "컴퓨터가 인간의 지능적인 행동을 모방할 수 있도록 하는 기술"

또 다른 새로운 정보기술들이 정부와 행정의 미래상을 새롭게 정의하려 하고 있다. 이들 정보기술들은 한편으로는 과거의 정보기술을 바탕으로 하면서도 기존의 정보기술의 패러다임을 뛰어넘는(paradigm-shift) 것으로 평가되고 있다(엄석진 외, 2020; Schwab, 2016). 기존의 정보기술이 업무 프로세스 단축을 통한 효율성의 제고를 주요 목적으로 하였다면 지금 등장하는 새로운 정보기술은 이에 더해 인간을 뛰어넘는 인지능력과 계산능력을 보여주고 있다. 인터넷의 확장은 이제 사람과 사람 간의 연결을 넘어서서 사람과 사물, 사물과 사물 간의 연결로 확장되고 있으며, 이와 같은 정보기술 기반의 인지능력, 연결능력, 그리고 계산능력이 결합된 자율주행자동차, 드론, 로봇 등 새로운 기계와 서비스들이 널리 활용되고 있다. 이와 같은 정보기술의 발전과 그에 따른 사회적 파급효과는 한편으로는 미래 사회와 정부에 대한 긍정적 기대를 불러일으키는 반면에, 또 다른 한편으로는 기존의 사회규범 및 사회체제의 붕괴 등 부정적 전망을 제기하면서 다양한 논쟁을 불러일으키고 있다(엄석진 외, 2020; Susskind, 2020).

패러다임 전환적인 새로운 정보기술 기반 위에 선 정부와 미래행정은 어떤 변화를 겪게 될 것인가? 새로운 정보기술은 정부의 정책과정과 공공서비스, 그리고 공무원들이 일하는 방식에 어떠한 변화를 가져올 것인가? 새로운 정보기술의 기반 위에 작동하는 국가, 시장, 그리고 시민사회는 시민들의 공적 생활(public life)에 어떤 영향을 미칠 것인가? 민주성, 효율성, 공정성 등 현재 중요시되는 공공 가치(public value)들은 새로운 정보기술 기반 위에 작동하는 미래 행정에도 중요한 가치로 남을 것인가? 이들 기술을 행정에 도입하고 활용하는 데 있어 어떤 제약요인들이 작용할 것인가? 나아가, 이들 정보기술들이 가져올 수 있는 위협을 막고, 긍정적 기대효과를 실현하기 위해 지금 우리는 무엇을 해야만 하는가?

(『두산백과』)로 정의하고자 한다.

2 블록체인은 여러 건의 거래 정보가 일정 시간마다 하나의 블록으로 묶여, 기존 블록체인처럼 연속해서 연결되는 데이터 구조이다. 새로운 거래 정보(데이터)가 담긴 블록이 생성되면 블록체인 네트워크 내 모든 구성원에게 전송되어 유효성이 확인되기 때문에 정보의 위변조가 어렵다는 특징이 있다(한국정보화진흥원, 2018).

3 클라우드는 데이터를 인터넷과 연결된 중앙컴퓨터(서버)에 저장하여 인터넷을 접속하기만 하면 언제 어디서든 데이터를 이용할 수 있는 기술이다(한국정보화진흥원, 2018).

위와 같은 문제의식을 바탕으로 이 장에서는 다음과 같은 주제들을 다루고자한다. 첫째, AI 등 새로운 정보기술을 도입·활용하는 정부를 'AI 정부'로 개념화하고 AI 정부의 행정의 특성을 정리해 보고자 한다(제2절). 둘째, 최근 공공부문에서의 AI와 디지털 정보기술의 활용사례들이 축적되면서 그 긍정적·부정적 효과가 나타나고 있으며, 이는 학계와 실무계에서의 논쟁으로 이어지고 있다. 이와 같은 논쟁을 정리해 본다(제3절). 셋째, 위와 같은 개념과 논쟁을 바탕으로 향후 AI 정부의 변화 방향을 현대 국가행정의 형성과 제도화에 바탕이 된 다원주의, 관료주의, 시장자유주의의 시각을 적용하여 전망해 보고자 한다(제4절). 미래행정의 한 모습으로서의 AI 정부의 개념과 특성을 정의하고 현재적 논쟁을 검토하며 기존의 국가와 정부의 거시적 특성과 새로운 정보기술의 결합의 결과를 전망하는 것은 AI 정부가 가져올지도 모를 부정적 효과를 최소화하고 긍정적 효과를 최대화하기 위해서도 필요한 작업이라 생각된다.

II. 개념

1. 새로운 정보기술의 등장과 사회적 의미[4]

1) 초연결성과 초지능성에 기반한 가상세계와 실제세계의 역동

전문가들은 지능정보시대의 가장 중요한 특징 중 하나로 빅데이터, AI, 사물인터넷(Internet of Things: IoT)[5]과 클라우드 컴퓨팅 기술들의 상호결합을 통한 '초연결성'과 '초지능성'의 발현을 지적하고 있다(Schwab, 2016). 초연결성은 "인간과 인간을 둘러싼 환경적 요소들이 상호 간 연결되어 시공간의 제약을 극복하고 새로운 성장 기회와 가치를 창출할 가능성"을 의미한다(김현중, 2012). 초연결 시대는 네트워크로 연결된 조직 및 사회에서 이메일, 메신저, 휴대폰, 면 대 면(face-

---

4 이 부분은 엄석진 외(2020)의 관련 부분을 수정, 보완한 것이다.
5 사물인터넷은 사물(기기)에 센서를 부착하여 실시간으로 데이터를 주고받는 기술 또는 환경을
  의미한다(한국정보화진흥원, 2018).

to-face) 접촉 등 다양한 방법을 통해 주로 인간과 인간 간의 상호 소통이 가능함을 의미할 뿐만 아니라, 최근 스마트 기기 및 소셜미디어의 등장과 활용으로 인간 간 연결과 소통은 물론, 사물통신(Internet of Things: IoT), 사물지능통신(M2M) 등 IT의 기술적 발전에 따라 인간과 사물, 사물과 사물 등으로 연결 범위가 확대되고 있는 추세를 의미한다(김현중, 2012). 초지능성은 AI과 함께 등장한 개념으로 다양한 분야에서 인간의 두뇌를 뛰어넘는 총명한 지적 능력이 적용됨을 의미한다. 이는 단순히 사람보다 계산을 더 잘한다는 정도의 능력이 아니라 과학 기술의 창조성, 일반적인 분야의 지식, 사회적인 능력에 있어서도 인류의 두뇌를 뛰어넘는 기계의 지능을 말한다.[6]

이와 같은 초연결성과 초지능성의 발현을 통해 더욱 연결되고 지능적인 사회로 진화하게 되고 이는 사람, 사물, 공간, 시스템 측면에서 '실제세계와 가상세계의 역동적인 연계와 통합'으로 이어지게 된다.[7] <그림 1>에서 제시되고 있는 것과 같이 '실제세계와 가상세계의 역동적인 연계와 통합'은 현실세계에 대한 방대하고 다양한 정보가 센서를 통해 실시간으로 그리고 유기적으로 가상세계로 전송된다. 현실세계의 물리적 자산에 부착된 센서 등을 통해서 생산된 데이터가 가상 환경으로 들어오게 된다. 가상 공간에서는 AI 기반의 강력한 컴퓨팅 파워가 방대한 데이터를 분석하고 그 결과를 바탕으로 현실세계에서 새로운 가치를 창출하도록 기계들을 동작하거나 제어하게 된다. 여기에서 분석, 시뮬레이션, 예측 등의 과정을 거쳐 상태를 진단하거나 문제의 해결방안을 모색하고, 가상환경에서 분석한 결과를 현실세계에 반영하여 상태를 최적화하거나 문제를 해결한다(국토연구원, 2017).

---

6 한국과학창의재단 사이언스올(www.scienceall.com) 과학백과사전 '초지능(슈퍼인텔리전스)'
7 '실제세계와 가상세계의 역동적인 연계와 통합' 개념은 '스마트 공장'의 핵심인 '가상물리시스템(Cyber-Physical System: CPS)'의 개념에서부터 출발하였다. CPS는 "물리세계에서 수집된 정보를 AI, 빅데이터 등 지능정보기술을 활용하여 처리하고 다시 물리세계로 피드백함으로써 가상세계와 물리세계가 상호작용하는 시스템"을 의미한다. 즉, 임베디드 컴퓨터와 IoT 네트워크가 물리적 프로세스를 모니터하고 통제하며, 다시 변화된 물리적 프로세스가 컴퓨팅과 네트워킹에 피드백되는 시스템으로 정의된다(서준호, 2018).

그림 1 가상세계와 실제세계 간의 역동: 개념도

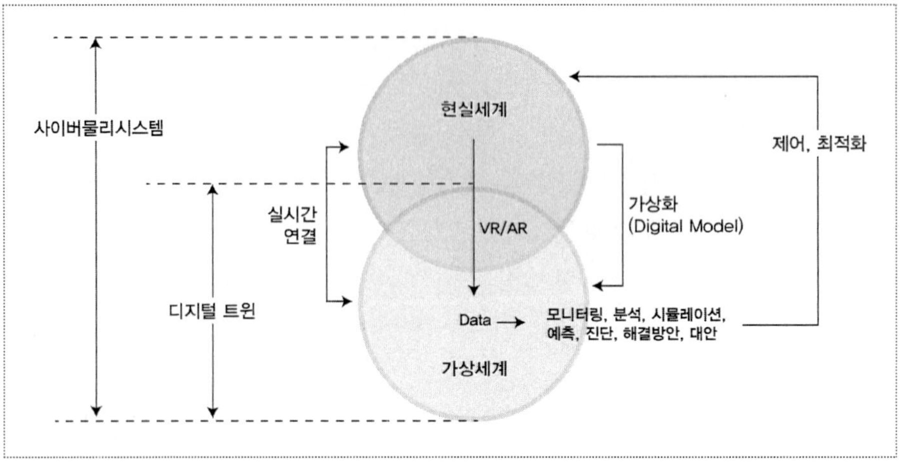

출처: 국토연구원(2017)

2) 새로운 기계와 서비스의 출현

이와 같은 가상세계와 실제세계 간의 역동이라는 개념하에 다양한 형태의 새로운 기술 및 서비스들이 나타나고 있다. 예를 들면, 증강현실(Augmented Reality: AR)과 가상현실(Virtual Reality: VR)을 이용한 교육 및 훈련 프로그램이 대중화되고 있다. 예를 들면, 고소공포증, 광장공포증 등 여러 공포증을 지닌 환자를 대상으로 VR을 통해 다양한 공포의 환경에 안전하게 노출시켜 공포증을 치료할 수 있다.[8] 나아가, VR 시스템은 가상훈련 시스템으로도 도입되고 있다. 해군 군수사령부는 VR 기술을 활용하여 중어뢰 정비교육을 진행하고 있다. 중어뢰를 비롯한 고가의 무장체계는 정밀하게 구성되어 있어 분해와 조립을 반복할 경우 고장 우려가 크고 폭발, 감전 등의 위험 요소가 있어 정비교육과 실습이 제한적이었다. 이에 VR 기술을 접목하여 무기체계를 가상으로 구현한 정비교육 프로그램을 시행함으로써 실제 교육에 따른 안전 및 비용상의 부담을 줄이면서도 충분한 실습기회를 부여할 수 있다.[9]

---

8 VR로 고소공포증 극복...치료 효과 확인. YTN 사이언스. 2018.7.19.
9 해군군수사령부 병기탄약창 VR 기반 스마트 정비 교육체계 구축. 국방일보. 2020.12.17.

최근 COVID-19 확산으로 인해 비대면 활동이 강조되면서 가상세계를 통한 활동이 더욱 활발해지고 있다. 기존의 온라인 게임 중심이던 가상세계에서의 활동이 더욱 확장되고 실제세계에서의 활동과 더욱 강하게 연결되고 있다. 가상세계를 통해 모빌리티(mobility), 배달, 교육 등 다양한 형태의 노동과 서비스가 이루어지고 있다. 직장의 사무실을 가상공간에 옮겨서 실제 업무를 수행할 수 있는 환경을 제공하려는 시도가 이루어지고 있다. 바이든 미국 대통령은 선거운동기간 중에 젊은 유권자층을 겨냥하여 가상세계에서 자신의 아바타를 활용한 선거운동도 진행하였다(김상균, 2020).[10]

가상세계와 실제세계 간의 역동의 또 다른 대표적인 사례가 자율주행자동차이다. 예를 들면, 닛산은 CES 2019에서 실제(real)와 가상(virtual) 세계를 융합하여 운전자에게 '보이지 않는 것을 시각화'함으로써 궁극적인 커넥티드카 체험을 구현하는 자율주행자동차 서비스를 선보인 바 있다(<그림 2> 참조). 이와 같은 개념과 기술을 바탕으로 차량 내·외부 센서가 수집한 정보와 클라우드의 데이터를 통합해 자동차 주변 상황을 파악할 수 있을 뿐만 아니라, 자동차 전방 상황을 예측하거나 건물 뒤편, 커브구간의 상황을 보여주는 것도 가능하다. 운전의 즐거움을 향상시키기 위해 차 안에 아바타가 나타나, 사람과 쌍방향 소통을 하는 것처럼 운전을 도와주기도 한다. 차량에 부착된 다양한 센서로 차량 주변 360도에 가상공간을 매핑(mapping)해 도로 및 교차로 상황, 도로표지, 주변 보행자 등에 관한 정보를 제공해 준다. 차량 내 탑승자의 상황도 실시간으로 파악해 무엇인가를 찾거나, 잠을 깨기 위해 잠시 휴식을 취할 수 있도록 하는 등 탑승자에게 필요한 서비스를 예측해 제공한다.

---

10 이제 가상세계(virtual world)라는 개념을 포괄하는 '메타버스(metaverse)'라는 더욱 확장된 개념이 제시되고 있다. 자세한 사항은 김상균(2020) 또는 *Wired*. The Metaverse is Coming. Jan. 2. 2021. 참조.

그림 2 가상세계와 실제세계 간의 역동: 자율주행자동차

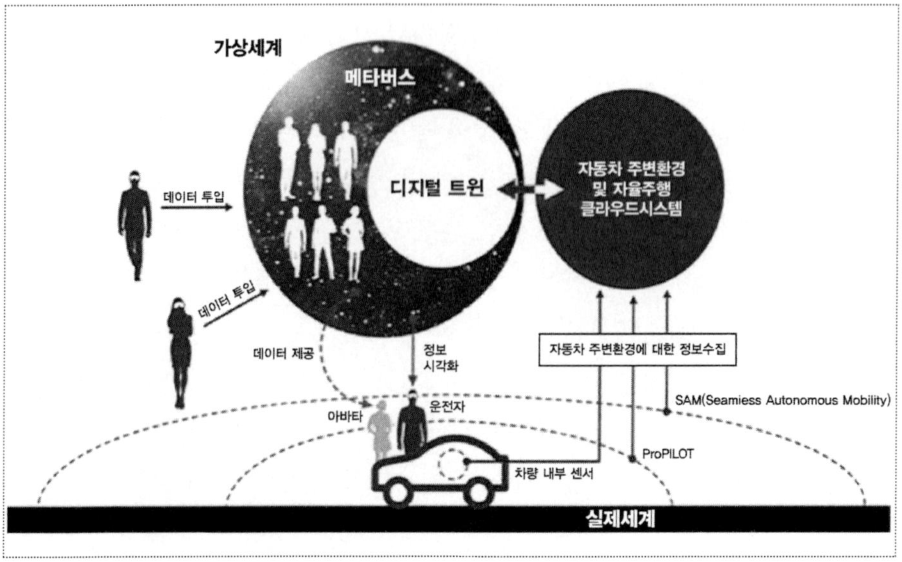

출처: NISSAN Global News (2019.1.4.); Global Auto News (2019.1.4.)

최근 활발히 진행되고 있는 디지털 트윈의 구축을 통한 정책시뮬레이션과 실험 역시 가상세계와 실제세계 간의 역동으로 이해할 수 있다. 디지털 트윈은 3차원 모델링을 사용하여 물리적 자산이나 프로세스 및 시스템을 디지털 복제하는 것으로서 모양, 위치, 움직임, 상태 및 동작을 포함하며 모니터링, 진단 및 자산 성능과 활용도를 최적화하는 데 활용된다(Wikipedia, 국토연구원, 2017: 76에서 재인용). 도시정책 분야의 경우, 지역경제(창업/일자리), 교통, 환경, 복지, 안전, 도시건축 등 각 분야의 사회문제해결 정책 수립을 위해 가상공간에 한 도시나 지역의 공간정보뿐만 아니라, 인구, 도시인프라, 도시환경 등 구성 요소, 영향요인, 사회현상 등 유기적 상호작용을 나타내는 디지털 트윈을 구축하여 미시적·포괄적·통시적 도시계획 및 운영 지원 시스템을 개발하고 이를 통해 각종 정책 결과에 대한 시뮬레이션과 실험을 수행한다. 이와 같은 시뮬레이션과 실험결과는 실제 도시정부 또는 지방자치단체의 정책조합 및 의사결정에 활용된다. 이와 같은 정책은 증거기반의 과학적 의사결정으로 이어지며 그 결과는 다시 디지털 트윈에 반영되어 새로운 시뮬레이션과 정책의사결정지원을 위한 데이터로 활용되며 좀

더 정교하고 적실성 있는 시뮬레이션과 정책실험의 원천자료로 활용된다.[11]

가상세계와의 연결하에서 실제세계에서 작동하는 자율주행자동차, 드론, 로봇 등 '새로운' 기계들과 '공유경제서비스', '플랫폼 기반 서비스'와 같은 새로운 서비스들이 실제세계에서 제공되고 있다. 이와 같은 새로운 기계와 서비스는 기존의 산업 간, 생활 영역을 넘나들면서 2차원적 공간에서 3차원적 공간으로 활동범위를 확대하며, 인간의 활동시간을 크게 확장하였다. 아울러, 인간의 두뇌가 있어야만 기능하던 '지능'을 외재화하고 탈희소재화하며 상품화하였다. 이는 생산력의 발전과 서비스 품질의 비약적 증대로 이어졌다(엄석진, 2018). 그렇기에 AI, IoT, 클라우드 등 각각의 정보기술의 특성과 활용에도 주목함과 동시에, 그 총체적 결과로서의 가상세계와 실제세계의 역동이라는 패러다임 전환적 현상과 그것이 정부와 사회라는 실제세계에 주는 영향력, 그리고 가상세계를 활용한 실제세계의 개선이라는 정책적 함의에 주목할 필요가 있다(Schmidt & Cohen, 2013).

2. AI 정부의 개념과 구성 요소

1) 개념

1990년대 초반, 정부운영의 효율성 및 공공서비스의 품질 개선을 위해 인터넷과 정보기술을 도입·활용하는 정부를 '전자정부(e-government)'로 개념화하였다. 2000년대 소셜미디어와 모바일 네트워크, 스마트 디바이스의 발전은 '스마트 정부(smart government)'라는 새로운 개념이 제시되었다(엄석진 외, 2020). 그 연장선에서 AI 등 새로운 정보기술의 확산을 배경으로 이들 기술을 행정 및 정부운영에 도입·활용하는 정부를 'AI 정부(AI government)'로 개념화할 수 있을 것이다. 앞서 제시한 기술적 변화와 그 사회적 의미를 반영하여, 좀 더 광의의 개념을 제시한다면, AI을 비롯한 새로운 정보기술의 도입·활용을 통해 초연결성과 초지능성, 그리고 궁극적으로는 '가상세계와 실제세계의 역동'을 기반으로 운영되는 정부로 정의할 수 있을 것이다.

---

11 한국의 세종특별자치시를 대상으로 구축 중인 디지털트윈 사례는 이 책의 5부 3장 참조.

전자정부, 스마트 정부와의 비교를 통해 AI 정부의 차별화된 특성을 살펴보면 다음과 같다. 첫째, 전자정부와 스마트 정부가 실제세계에서의 정보기술을 활용한 사무적이고 전형적인(clerical and routine) 업무의 자동화(automation)를 지향했다면, AI 정부에서는 실제세계와 실시간으로 연결된 가상세계가 만들어지고 가상세계에 축적된 데이터를 활용하여 정부의 기능의 자동화(automation), 자율화(autonomy), 그리고 증강화(augmentation)를 추구한다는 점에서 차이가 있다.[12] 첫째, 자동화(automation)이다. 인간이 수행하던 작업을 기계가 수행하는 것이다. 이와 같은 자동화 시스템에서는 인간이 AI를 훈련시키면 작업결정은 인간의 감독하에 AI가 내리는 방식이 된다. 기존의 전자정부와 스마트 정부에서의 자동화가 사무적이고 전형적인(clerical and routine) 업무의 자동화라면, AI 정부에서의 자동화는 기존에는 인간의 판단(judgement)이 요구되었던 지능적(intelligent) 업무의 자동화라는 점에서 차이가 있다(Davenport & Kirby, 2016). 둘째, 자율화(autonomy)이다. 기계가 인간의 통제가 없어도 변화하는 상황과 환경에 스스로 적응하고 작동할 수 있는 능력을 의미한다. 인간의 개입 없이 자율적으로 결정을 내리는 것이다. 셋째, 증강화(augmentation)이다. 기계가 인간의 인지적, 신체적 역량을 보완, 강화하는 것이다. AI가 기존에는 인간이 생산하지 못한 정보 및 분석결과를 제공하고 결정은 공무원이 내리는 방식이다.

둘째, 전자정부와 스마트 정부에 있어서 자동화의 단위는 단위 업무활동들이 연결된 업무프로세스가 기본이 되며, 업무프로세스 자동화와 효율화를 위한 정보시스템이 중심이 된다. 결국 전자정부와 스마트 정부에서는 특정 업무 목적을 달성하기 위한 투입과 산출이 이루어지는 정보시스템 구축과 시스템 간 연계가 중요한 이슈가 된다. 따라서 정보시스템을 구축하는 기관의 규정, 권한, 그리고 업무관할 범위(jurisdiction) 내에서 전자정부와 스마트 정부가 추진된다.

반면, AI 정부는 데이터와 플랫폼 중심의 접근을 취한다. AI 정부는 엄청난 양의 데이터와 정보를 가상세계에서 활용할 수 있도록 연결하고, 이를 분석할 수 있는 컴퓨팅 기반과 실시간으로 현행화를 위한 센서 및 네트워크 기반을 갖추어야

---

12 미국 오바마 행정부의 AI정책 보고서(2016.10.). 인공지능의 미래를 대비하며(PREPARING FOR THE FUTURE OF ARTIFICIAL INTELLIGENCE).

한다. 가상세계에서의 분석 결과를 실제세계에 적용하고, 이를 다시 가상세계로 환류하는 순환적 관계를 구축하는 것을 핵심으로 한다. AI 정부에서는 정책문제에 대한 심층적 분석을 위해서는 다양한 이종(異種)데이터의 결합이 강조되기 때문에 데이터 중심의 접근법을 취하게 된다. 이와 같은 AI 정부에서는 다양한 기관과 이해관계자들이 접속하여 소통할 수 있는 플랫폼이 구축되고 플랫폼 간의 상호운용성이 중시된다.

결론적으로 정보기술을 핵심 요소로 활용하는 점에서는 기존의 전자정부, 스마트 정부와 AI 정부가 연속성이 있지만, AI 정부는 기존과는 달리 가상세계와 실제세계를 실시간으로 연결하여 기존 정보기술로는 구현하지 못한 자동화, 자율화, 그리고 증강화의 특성을 갖는 기능과 서비스를 제공한다는 점에서 차이가 있다. 그렇기 때문에 전자정부·스마트 정부와는 구조적으로 다른 구성을 갖게 되며, 실제세계와 실시간의 연동되는 가상세계를 구현하기 위한 재구조화 작업이 요청된다.

2) AI 정부의 구조적 특성과 AI의 효용성

구조적, 물리적 관점에서 볼 때, AI 정부는 다음 구성 요소들로 구성된다. (1) IT 인프라(클라우드), (2) 데이터, (3) 서비스 플랫폼, (4) 사용자의 선호 및 활용, (5) 디바이스와의 상호작용(UI/UX)이 그것이다. 첫째, IT 인프라는 센서, 네트워크 등 물리적 및 기술적 인프라를 의미한다. 최근에는 공공부문에서도 IT 투자 효율화 및 서비스의 다각화 및 안정성, 구축의 유연성과 용이성 등을 고려하여 클라우드 기반의 정보인프라 구축이 주를 이루고 있다. 둘째, 데이터는 센서를 통해 수집, 산출되는 데이터와 데이터의 자유로운 공유와 활용 지원 체계를 의미한다. 셋째, 서비스 플랫폼은 시민들이 공공 서비스를 쉽게 활용할 수 있도록 지원하는 인터넷 기반의 소프트웨어를 의미한다. 마지막으로는 사용자들의 서비스 활용에 있어서의 선호체계 및 활용 양태와 함께 사용자의 선호와 활용에 친화적인 디바이스와 사용자 인터페이스가 요구된다. 이들 요소들이 구조적, 기능적으로 일관되게 연결되어야 AI 정부의 기대효과를 실현할 수 있게 된다.

이와 같은 구조 속에서 기능적 우수성을 달성하는 데 있어 AI는 필수적이다.

그 이유는 다음과 같다(김민식·이가희, 2017). 첫째, 데이터 분석 시스템으로서의 AI의 효용성이다. AI는 기계학습(machine learning) 기반의 새로운 데이터 분석 시스템으로 이해할 수 있다. 이러한 AI을 통한 데이터 분석은 기존 프로세스를 보다 효율화하고, 효과성(성과)을 강화하는 데 기여할 수 있다. 둘째, 데이터 탐색 및 수집 시스템으로서의 AI의 효용성이다. AI는 서비스 플랫폼에서 탐색비용과 공통비용을 줄이는 데 기여하고 있다. AI는 플랫폼 참여자들이 원하는 정보, 제품·서비스 또는 거래상대를 보다 빠르고 편리하게 연결하여 탐색비용을 감소시켜 준다. 또한 원하는 정보, 제품·서비스 또는 거래 상대를 찾은 후 요구하는 수준에 맞추어 정교하게 발생하는 거래(조건)를 처리하는 등 거래비용도 감소시킨다. 이러한 거래비용의 감소는 다양한 이해관계자들이 플랫폼을 사용하도록 이끄는 동시에 상호작용을 촉진시킨다. 셋째, 서비스 플랫폼의 품질 악화 방지 시스템으로서의 AI의 효용성이다. 일반적으로 디지털 플랫폼의 데이터가 증가할수록, 최적의 매칭이 어려워지거나 바람직하지 않은 참여자 또는 정보, 제품·서비스가 많아져 품질을 저하시킨다. 따라서 정보, 제품·서비스 또는 참여자를 필터링하여 품질을 관리할 수 있는 방안이 필요하다. AI 기반 필터링은 추론, 언어지능, 시각지능, 청각지능, 복합지능 등을 활용하여 양적인 규모와 품질을 유지 및 통제할 수 있다. 이를 통해 불법적인 콘텐츠, 저질 제품·서비스, 이기적인 참여자 등을 효과적으로 통제·제한하는 프로세스를 유연하게 구축할 수 있다.

3. AI 정부의 행정의 특성

1) 정밀 행정(precision administration)

인간유전체프로젝트(human genome project)로 인간이 가지고 있는 유전체의 염기 서열과 각 유전자의 역할에 대한 정밀 분석이 이루어지면서 정밀 의료(precision medicine) 개념의 등장하였다. 정밀 의료란 유전체 정보, 진료·임상 정보, 생활습관 정보 등을 통합·분석하여 환자 개인의 특성에 맞는 맞춤형 의료서비스를 제공하는 것을 의미한다.[13] 정밀 의료는 환자들이 모두 개별적으로 다른 특성을 가지고 있다는 것을 전제로 한다. 동일한 치료법이나 약에 개별 환자의 유전형을 포함한 여러 생물학적 특성에 따라서 다른 반응을 보인다는 것이다. 예를 들면, 같은 당뇨병 환자라 하더라도 개인 환자들마다 같은 음식에 대해 서로 다른 혈당변화가 나타나며 심지어는 정반대의 효과가 나타나기도 한다. 이에 연구진들은 AI 기술을 적용하여 환자의 개별적인 데이터를 바탕으로 식후 혈당변화를 예측하는 모델까지 만들었다고 한다.[14]

정밀 행정은 정밀 의료의 개념을 차용한 것으로 '데이터를 기반으로 시민 개개인의 행태와 정책 문제를 이해하고 각각의 특성과 선호, 맥락에 부합하는 맞춤형 서비스 제공 및 공공관리와 정책'을 의미한다. 과거의 행정은 모집단(population)을 구성하는 개별 요소에 대한 정보를 수집, 분석하고 개인 맞춤형 서비스를 제공하기에는 정보와 자원이 부족했기 때문에, 동질 특성에 따라 '집단'을 나누거나 표본추출방법에 기반한 평균적인 추세에 맞추어 정책을 결정하고 공공 서비스를 제공할 수밖에 없었다(Rose, 2016). 그러나 AI 정부는 다양한 센서를 통해 다양하고도 방대한 데이터를 수집하고 AI를 적용한 데이터 분석을 통해 각 개인이 처한 상황과 환경에 적합한 개인화된 행정서비스의 제공 및 실시간 정책을 수행할 수 있다.

실제로 호주 퀸즐랜드 주정부는 전자정부 플랫폼에 구축, 저장된 개인별 정보와 주정부와의 상호작용에 대한 과거 이력 정보 등을 AI를 활용하여 개인별 맞춤형 행정서비스를 제공하고 있다. 미국 라스베이거스 보건당국은 소셜미디어 정보와 머신러닝 알고리즘을 활용하여 식중독이 발생할 가능성이 높은 음식점을 식별하고 점검하였다. 더 이상 과거와 같은 무작위 추출에 기반해서 위생 및 안전 점검의 대상을 추출한 것이 아니었다(Margetts & Dorobantu, 2019). 한국에서도 이미 초기 형태의 정밀 행정이 나타나고 있다. 보건복지부는 2018년부터 사회보장 빅데이터를 활용하여 위기아동을 예측하는 'e아동행복지원시스템'을 구축하여 운영하고 있다. 장기결석, 정기건강검진 미실시 등 아동 특화정보(9종)와 복지사각지

---

13 정밀의료를 통해 개인 맞춤의료 실현 및 미래 신성장 동력 확보 추진. 보건복지부 보도자료. 복지부. 2016.3.7. 박대웅·류화신(2018)에서 재인용.
14 최윤섭. 디지털 헬스케어와 정밀 의료. 청년의사. 2015.12.11.

대 발굴 변수(27종), 사회보장정보원 보유 정보(5종) 등 총 41종의 정보를 수집·분석하여, 아동학대 등 위기 가능성이 높은 가구를 추출하고, 지방자치단체에 위기가구 추출 정보를 정기적으로 공유하여 위기아동 예측에 활용하여 대상자를 방문·조사·사례관리에 활용할 수 있도록 하는 사업이다. 'e아동행복지원시스템' 본격 운영으로 빅데이터 분석 결과로 추출된 위기가구 아동의 보호조치가 이루어졌다. 구체적으로는 2018년 3월부터 2019년 10월, 총 6차에 걸쳐 점검 추진되었고, 총 12만 4,134명의 아동가정을 방문하여 4,414명을 복지서비스와 연계하였으며, 68명 사례는 아동학대로 신고조치하였다.[15]

2) 증강 행정(augmented administration)

증강 행정은 AI와 정보기술을 활용해 공무원 개인 또는 공공 조직의 역량을 강화하여 행정을 개선하고 성과를 제고하는 행정이다. 예를 들면, AI와 정보기술의 활용을 통해 업무상 대기시간을 줄일 수 있고, 행정 비용을 절감하며, 자원의 부족을 극복하고, 일상적이고 반복적인 업무로부터 해방되어 좀 더 고차원적인 업무를 수행할 수 있도록 만든다. 또한 업무상 예측의 정확도를 높일 수 있으며 업무과정을 지능화할 수 있다. 인간이 쉽게 하기 어려운 과업들, 예를 들면, 안면 인식기술을 활용해 범죄자를 색출한다든지, 사기와 위조 혐의가 있는 거래를 식별한다든지, 관련성이 높은 내용을 찾기 위해 수백만 장의 서류를 실시간으로 검사하는 일을 할 수 있다. 결론적으로 AI 및 정보기술의 활용하여 업무처리 속도와 품질은 높이는 동시에 비용은 줄일 수 있다(Eggers et al., 2017).

구체적으로, AI와 정보기술은 공무원과 공공 조직의 능력을 증강시켜 정책과정을 개선할 수 있다. 정책결정과 집행과정에서 공무원 및 공공조직의 정보처리능력 또는 인지능력의 한계는 합리적인 정책결정과 성공적인 정책집행에 있어 주요한 제약요인 중 하나로 제시되어 왔다. 현실 정책과정에서 정책결정자는 완전한 대안 탐색 및 분석을 위한 시간, 노력, 그리고 인지능력 모두가 부족하기 때문에 최적의 대안이 아니라 만족할 만한(satisficing) 대안을 선택하게 된다(Simon, 1949). 정책집행 현장에서 일하는 일선관료들(street-level bureaucrats) 역시 적절

---

15 2019년 정부혁신평가 중 보건복지부, 데이터기반 행정추진성과 내부자료.

한 의사결정에 필요한 충분한 시간과 정보, 정보에의 접근성 부족이 부족하기 때문에 복잡한 상황을 단순하게 구조화하여 인지하거나 업무수행에 있어서 습관적이며 정형화된, 일종의 반복적 패턴을 만들어 대응한다(Lipsky, 2010). AI 정부의 증강 행정은 정책결정과정 각 단계의 정책결정자와 일선관료들에게 정책문제나 행정고객의 다양한 측면에 대한 정보를 제공할 뿐만 아니라, 결정의 우선순위를 제공함으로써 인지적 한계를 확장하고 합리적 의사결정을 위한 자원의 확보를 지원할 수 있다. 이는 결국 정책결정 및 정책집행의 품질 제고로 이어지게 될 것이다.

증강 행정은 다양한 형태로 나타나고 있다. 호주 국세청은 AI를 활용한 회계 감사를 통해 6,000만 건 이상의 세금징수 사례, 메모, 활동 기록, 실시간 정보를 분석하였다. 이를 통해 탈세 등과 관련된 의심 동향을 파악하고 조사가 필요한 사례에 우선순위를 부여하고 있다. 국세청 업무에 AI을 도입함으로써 약 9,000명의 세금감사원, 조사분석관들이 작업 시간을 줄일 수 있었으며, 비정형 데이터 분석을 통해 감사 품질 및 결과의 정확도와 성과를 개선할 수 있었다(김경전, 2017).

증강 행정은 예측 행정을 가능케 한다. 머신러닝 알고리즘은 데이터에서 패턴을 찾아내고 이를 통해 미래에 나타날 수 있는 경향 및 발생 가능한 사건 등을 예측의 정확성을 높이고 비용을 낮추는 데 기여한다(Agrawal et al., 2018). 또한 정부는 AI를 활용하여 서로 다른 정책 대안의 결과를 실험하고 시뮬레이션하여 실제로 집행하기 전에 의도하지 못한 결과를 식별하고 그 효과를 찾아낼 수 있다. 대규모 데이터와 결합된 행위자 기반 컴퓨팅 모델은 정책이 집행되기 이전에 실제 세계의 복잡성을 좀 더 잘 찾아낼 수 있기 때문이다. 실제로, 영국의 주정부에서는 머신러닝 모델을 이용해 특수 교육에 대한 수요를 예측하고 외부요인들이나 정책이 변화함에 따라서 그와 같은 수요가 얼마나 변화할 것인지 예측한다. 영국의 중앙은행인 잉글랜드은행(Bank of England)은 금융 시장의 위험을 완화하기 위해 부동산 시장을 모델링하여 부동산 정책 및 시장개입의 효과를 시뮬레이션한다(Margetts & Dorobantu, 2019).

3) 연결 행정(connective administration)

AI 정부는 가상세계를 매개로 서로 다른 행정기관 간, 공공과 민간부문 간의 협력을 촉진하는 협력 행정으로서의 특징을 갖는다. 지능정보사회는 가상세계를 통한 '약한 연결(weak tie)' 사회의 특징을 갖는다. 디지털 기술을 활용하여 시·공간을 압축하여 이루어지는 개인 간 연결성의 확대는 지식과 정보의 연결 및 매개로 확장되고, 사회 활동을 위한 조정비용을 감소시키는 효과를 가져올 수 있다. 시민들은 AI를 활용하여 각종 정보와 상황을 좀 더 정확히 해석하고 판단할 수 있게 될 것으로 예상되며, 정부, 기업, 시민 간에 존재하는 정보 비대칭성이 약화될 가능성이 높다(Shirkey, 2008).

반대로, 연결성의 확대는 대규모 집합 행동에 수반되는 거래비용의 감소를 가져오면서 정치적 격변의 가능성이 높아지고 있다. 트위터나 메신저 등 가상세계에서 서로 연결된 시민들이 특정한 정치적, 사회적 국면에서 다양한 형태의 집단 행동을 실제세계와 가상세계에서 일으킬 수 있다(Margetts et al., 2015). 이와 같은 지능정보시대의 기술, 사회, 개인의 변화를 고려할 때, 행정은 다양한 행위자들이 당면한 사회문제를 해결하는 데 있어 이와 같은 연결성을 활용하게 될 것으로 전망된다. 이와 같은 연결성은 다양한 이해관계자들이 자유롭게 플랫폼에 참여하고 문제를 함께 발견, 진단하고 해결할 수 있는 플랫폼을 구축하고 플랫폼 참여자들의 행태와 의견에 대한 AI 분석을 통해 협력의 가능성과 조건을 탐색하는 기술적 기반으로 기능하게 될 것이다.

실제로 대만 정부는 '폴리스(Pol.is)'라는 AI 기반 플랫폼을 통해 공유택시(우버) 도입 등 사회적 이슈에 대한 숙의적 의사결정을 수행하여 공공갈등 발생가능성을 낮춘 바 있다.[16] Pol.is는 특정 주제에 대해 대규모의 플랫폼 참여자들이 제시한 다양한 진술문과 그에 대한 동의, 부동의, 판단유보의 투표 데이터를 실시간 머신러닝 기법을 적용해 분석한다. 이 분석을 통해 생각이 다른 참여자와 같은 참여자들을 구분하는 대화형 지도와 함께, 서로 다른 집단이 합의 가능한 지점을 제

---

[16] Audrey Tang. A Strong Democracy is a Digital Democracy. *The New York Times* (Oct. 15. 2019).

시한다. AI가 분석, 도출한 결과에 대해 참가자들은 자신의 입장과 타인의 입장을 확인하고 숙의하게 된다. 그러한 다음 참가자는 자신의 의사에 따라 새로운 진술문을 제안하기도 한다. 이러한 과정을 통해 점차적으로 모든 참여자들이 공통으로 합의하는 진술문을 찾아내는 과정을 통해 갈등 해결에 점차 다가서게 된다. Pol.is는 현재 쟁점에 대해 다른 사람들의 생각과 자신의 생각의 위치를 시각적으로 확인해 주기 때문에 자신의 입장을 상대적이고 객관적으로 바라보는 것을 돕는다. 아울러, 시간과 공간의 제약을 초월하고 인간의 인지적 한계를 보조하고 감정에 의한 충동적 판단을 배제할 수 있는 가능성을 높여주어 좀 더 숙의적인 결정과 상호 협력적인 대안이 채택되는 데 기여할 수 있다(은종환 외, 2020; Berman, 2017).

정부 내부적으로는 클라우드 기반의 정보시스템 연계 및 통합을 통해 각 부처별로 나뉘어 있던 정보와 지식이 결합하게 될 것이다. 전통적인 정부는 분업과 전문화의 원리에 따라 조직화되었다. 분업과 전문화의 원리는 할거주의라는 관료제의 역기능으로 이어져 현대 행정의 가장 큰 문제 중 하나로 지적되어 왔다. 지능정보시대의 AI 정부는 정부의 각 부처 및 공공기관이 보유하는 정보시스템을 연계, 통합하는 정부 클라우드의 도입을 통해 기존의 전자정부가 극복하지 못했던 '굴뚝 효과(silo effect)'를 극복할 수 있는 기술적 기반이 될 것으로 판단된다. 정부 클라우드 시스템이 정부 각 부처와 공공기관을 연결하여 부처 간, 공무원 개인 간 협력을 촉진하고, 개별 기관의 정책역량을 제고하는 플랫폼으로서의 기능을 하게 되는 것이다. 나아가 정부 클라우드를 통해 통합·연계된 데이터에 대한 AI 기반 분석은 정부의 정책역량 및 대민서비스의 질적 제고를 위한 정보 기반이 될 수 있을 것으로 판단된다.

Ⅲ. 논쟁

1. AI의 신뢰성(trustworthiness)

최근 공공부문에서의 AI와 디지털 정보기술의 활용사례들이 축적되면서 그 긍정적·부정적 효과가 나타나고 있으며, 사회적인 논쟁으로 이어지고 있다. 첫 번째 논쟁은 '과연 AI는 안전하고 성숙된 기술이며 AI를 활용하여 산출된 결과를 신뢰할 수 있을 것인가'에 대한 논쟁이다. AI 그 자체는 중립적이라 하더라도 그 것이 도입되고 활용되는 제도적, 행위자적 맥락의 특성이 반영되어 (결과적으로) 정치적 함의를 가지게 될 수도 있다. 최근 이와 같은 우려와 논쟁을 불러일으키는 사례들이 보고되고 있다(엄석진 외, 2020).

예를 들면, 최근 성차별, 인종차별적 발언으로 운영이 중단된 마이크로소프트의 AI 채팅 로봇 테이(Tay)의 사례는 누가 어떤 정보를 AI에 제공하느냐에 따라 AI가 산출하는 결과가 긍정적이지 않을 수 있음을 보여주는 사례로 제시된 바 있다.[17] 국내에서는 AI 챗봇 '이루다'가 여성이나 유색인종, 장애인 등 소수자에 대한 혐오발언을 내놓았다. '이루다'가 학습한 연인 간 채팅 대화 데이터에 반영된 사회적 편견이 그대로 나타났다는 분석이다.[18]

AI가 카드 사용한도를 부여하는 '애플카드'의 경우, 남성이 여성보다 카드이용한도가 10배나 높아 논란이 되기도 했다.[19] 글로벌 기업 '아마존'은 AI 기반 채용시스템을 도입했다가 AI가 소프트웨어 개발자 등 기술직무 채용에 대해 이력서 등에 '여성'이라는 단어가 등장하면 감점을 부여하는 등 남성 지원자에게 유리한 결정을 내렸음을 확인하고는 AI 기반 채용시스템을 철회했다. 이와 같은 결과가 나온 이유는 기술직무의 지원자 대부분이 남성이기 때문에, 이력서 등 AI를 학습시키는 데 활용되는 데이터 자체에 남성의 데이터가 많기 때문이다.[20]

이와 같은 사례들은 딥러닝 등 최근 AI 기술들이 특정 성향 또는 특정 그룹에 대한 편향성을 갖는 데이터로 학습이 이루어지게 되면 불공정한 결정을 내릴 수 있다는 취약점을 보여주는 사례들이라 할 수 있다. 이와 같은 학습데이터의 편향성과 함께 알고리즘 등 AI 학습모델의 편향성에 따른 AI 기술 적용결과물의 편향

---

17 Microsoft Created a Twitter Bot to Learn From Users. It Quickly Became a Racist Jerk. *The New York Times*. (Mar. 24. 2016.).

18 스무살 여대생 '이루다'는 어쩌다 여성혐오자가 되었나. 조선일보. 2021.1.16.

19 Apple Card issuer investigated over credit algorithm gender bias claims. *ZDNet*. (Nov. 11. 2019).

20 Amazon scraps secret AI recruiting tool that showed bias against women. *Reuters*. (Oct. 10. 2018).

성(bias)으로 인한 공정성과 신뢰성 문제에 대한 우려가 고조되고 있다.

아울러, AI의 기술적 취약성 여부에 따른 다양한 위험(risk)도 중요한 쟁점이다(Agrawal et al., 2018). 우선 AI가 다양한 사이버 공격에 취약할 뿐만 아니라, 입력 데이터에 잡음이 섞일 경우 계산 과정에서 오작동을 유발할 가능성도 큰 것으로 보고되고 있다.[21] 나아가, 특정 AI의 알고리즘의 역설계도 가능하다. 예를 들면, AI(예: 구글 검색엔진)에 입력되는 데이터(검색어)와 그 입력값(웹사이트 목록과 같은 검색 결과)에 따른 결과물을 관찰할 수 있다면, 반복적인 데이터 입력과 결과물 관찰의 전략적 행동(gaming) 또는 상호작용을 통해 AI의 알고리즘을 학습하고 파악할 수 있게 되며, 그 구조까지도 바꿀 수도 있게 된다.[22] 물론, 이와 같은 문제점들에 대응하기 위한 다양한 기술적 보완과 제도적 대응 방안에 대한 논의가 진행되고 있다. 이와 함께, 기술적 우수성과 사생활 보호 등 사회적 가치 간의 절충과 균형의 관계에 대해서도 종합적 논의가 필요하다.

2. 공공부문의 특성과 AI 기술 간의 부정합 가능성

AI의 신뢰성과 관련된 사례들은 '과연 공공부문의 특성에 부합하는 AI의 활용은 어떠한 것인가'라는 논쟁으로 이어진다. 정부 및 공공부문의 특성을 고려한 디지털 혁신에 대한 정의와 전략이 부재(Mergel et al., 2019)하다거나, AI의 활용 및 디지털 혁신에 있어서, 정치적 요인과 같은 공공부문 특유의 제약요인에 대한 논의가 부재(Meijer, 2015)하다는 점이 지적되고 있다. 국가 간 차이에 입각한 디지털 혁신 방안의 차이도 중요한 이슈로 등장하고 있다. 공공부문에의 AI의 도입에 선진국뿐만 아니라 개발도상국까지 관심을 갖게 되면서 국가 간 차이를 고려한 AI의 도입과 활용에 대한 문제가 중요한 이슈로 대두되고 있다.

정부와 공공부문에서 강조되는 공공가치와 AI 적용 간의 간극을 지적하는 논의도 많다. 예를 들면, 인공 신경망을 포함한 대부분의 AI 기술들은 정답을 도출

---

21 이 문제에 대한 자세한 내용은 이 책의 4부 3장 참조.
22 이 문제에 대한 자세한 논의는 박상철. (2020). 알고리듬 투명성의 역설. 서울대학교 AI연구원 콜로키움 참조.

해 내는 과정을 설명하기 어렵다. 수많은 양의 학습데이터와 계산 자원으로 만들어낸 거대하고 복잡한 모델 속에서 어떤 일이 벌어지고 있는지 정확하게 알 수 없다. 구조적으로 학습 및 판단의 중간단계가 매우 복잡해서 어떻게 학습을 하고 어떻게 판단하는지를 사람이 이해하기가 어렵다(정보통신기획평가원, 2019). 따라서 특정 정책이 추진되어야만 하는 이유와 그 과정에 대한 설명책임성(accountability)과 투명성(transparency)이 강조되는 행정 영역에서 AI의 적용이 정치적 정당성(political legitimacy)을 확보할 수 있을 것인지 의문이다.[23]

대표적인 예가 캐나다 토론토에 구축 예정이었던 스마트시티의 추진 취소이다.[24] 구글의 자매사인 사이드워크랩스가 발표한 스마트시티 마스터플랜은 무려 1,500장의 분량에 달할 정도로 방대했다. 토론토의 스마트시티 구현을 위해서는 약 60개의 첨단기술이 적용될 계획이었으며, 지역 곳곳에 인터넷과 연결된 무수히 많은 센서를 통해 기온과 대기오염, 소음부터 쓰레기 배출까지 방대한 데이터를 수집해 광대역 고성능 통신망으로 전송하고, 빅데이터와 AI 등 첨단 기술로 이를 분석할 계획이었다. 이렇게 하면 사람과 자전거의 움직임까지 감지하는 교통 체계를 구현할 수 있다. 화물 수송은 지하터널에서 로봇으로 한다는 구상이었다. 빅데이터로 폭우를 예측하고 분석해 건물 옥상에서 빗물을 모았다 적절한 시기에 바깥 조경 등으로 흘려보내는 기능도 계획되었다. 첨단기술을 활용한 스마트시티 계획이 완성되면 이 지역 온실가스 배출량의 73%, 식수 소비량의 65%, 매립 폐기물 발생량의 90%쯤을 줄일 수 있다는 것이 사이드워크랩스의 예상이었다.[25]

그러나 이와 같은 야심찬 계획은 취소되었다. 공식적으로는 COVID-19의 확산으로 인한 경제적 불확실성 증가가 사업 취소의 이유였지만, 추진과정에서 과도한 개인정보 수집 등 사생활 보호, 사업추진의 투명성 부족, 민간 IT 대기업의 공공사업 추진에 대한 정치적 정당성, 사업 당사자와 시민 간의 신뢰와 책임 문제 등이 끊임없이 불거졌고, 크고 작은 분쟁이 일어났다.[26] 이 사례는 AI 기반의 디

---

23 이로 인해, 미국 등 AI 선도국에서는 알고리즘 투명성에 대한 법제화, 제도화 논의가 활발하다. 박상철. (2020). 알고리즘 투명성의 역설. 서울대학교 AI연구원 콜로키움 참조.

24 Coronavirus: Google ends plans for smart city in Toronto. *BBC News*. (May. 7. 2020).

25 ⑦ 구글 입는 토론토... 이제까지 없던 스마트시티가 온다. 조선일보. [다시 쓰다, 도시 3.0] 2019.01.26.

26 'City of Surveillance': Privacy expert quits Toronto's smart-city project. *The Guardian*. (Oct.

지털 혁신은 단순히 기술적 수월성만으로는 가능하지 않으며, 경제적 환경, 도시 정책의 정치적 정당성, 개인정보보호와 같은 제도적 맥락 및 이념 등도 매우 중요한 요인임을 잘 보여주고 있다.

결론적으로 AI의 공정성과 설명가능성, 좀 더 크게는 윤리와 데이터 및 알고리즘의 투명성에 대한 문제제기는 AI의 신뢰성뿐만 아니라, 공공부문에 적합한 AI 기반 디지털 혁신은 어떠해야 하는가에 대한 논쟁으로 이어지고 있다. AI 등 최근 발전하는 기술은 여전히 발전 과정에 있는, 충분히 성숙되지 않은 기술일 뿐만 아니라, 기술적 속성 자체가 정부 및 공공 부문의 의사결정 및 조직 활동이 갖추어야 할 규범과 가치와 충돌되는 측면이 있을 수 있다는 점을 간과해서는 안 될 것이다. 이러한 이유로 AI을 비롯한 새로운 신기술 도입과 활용에 있어서 제도적, 정치적, 윤리적 맥락에 대한 고려가 더욱 중요하다고 하겠다.

3. '난해한 문제'로서의 AI 정부 구현

AI 정부 구현 및 국가의 디지털 혁신과 관련된 논쟁과 정책실패가 나타나면서 '난해한 문제'로서의 디지털 혁신의 성격이 지적되고 있다(Fountain, 2019). '난해한 문제(wicked problem)'란 그 문제의 해결방안을 모색함에 있어서 자연과학 및 인문사회과학 등 기존의 전문가들의 인과적 지식이 확실하지 않을뿐더러 그 문제의 해결을 기다리는 고객들이 추구하는 가치 혹은 목표가 다양하고 불분명한 경우가 대부분인 문제들을 의미한다(Rittel & Webber, 1973).[27]

AI 정부 구현을 비롯한 디지털 혁신이 '난해한 문제'의 성격을 갖는 이유는 다음과 같다(Fountain, 2019). 첫째, 디지털 혁신이 이루어지는 과정 또한 복잡하고 예측불가능하다. 앞서 살펴본 바와 같이 정보기술의 성공적인 도입과 활용에는

---

23. 2018).

27 구체적으로 '난해한 문제'는 다음과 같은 특성을 갖는다. (1) 다양한 이데올로기와 가치철학적 관점에서 이해할 수 있는 문제, (2) 문제와 현상에 대한 서로 다른 관점이 충돌을 일으키는 문제, (3) 다양한 이해관계자들이 관련되어 있어 쉽게 해결책의 합의에 이르기 어려운 문제, (4) 다양한 원인(causes)과 근원(roots)이 얽혀 있어 분리해서 해결하기가 어려운 문제, (5) 참고할 수 있는 선례가 없고 기존의 문제해결방법이나 분석방법이 적용되지 않는 문제, (6) 문제의 해결을 위한 의사결정의 결과를 쉽게 예측하기 어려운 문제

다양하고 중층적인 요인들이 서로 얽혀 있어, 디지털 혁신을 저해하는 요인들을 분리해서 해결하기 어렵다. 둘째, 디지털 혁신 과정에서 적용되는 정보기술 그 자체의 복잡성에 더하여, 정보기술을 사용하는 사용자들의 행태가 복잡하기 때문에 그 결과가 어떻게 될지 예측, 통제하기 어렵다. 특히, 최근에 도입되는 정보기술은 기존의 사회관계, 교육, 의사소통 등 사회 전반의 공식적, 비공식적 제도를 함께 바꿀 뿐만 아니라, 기술도입으로 인해 산업구조의 변화를 가져오면서 첨예한 이해관계의 대립과 사회갈등을 유발시킬 수 있다. 셋째, 이와 같은 디지털 혁신의 사회적 파급효과는 정보기술이 도입되는 사회와 조직 특유의 정치, 경제, 사회적 맥락과 상호작용을 하기 때문에 어느 한 국가나 조직에서의 사례가 그대로 다른 국가나 조직에서 적용되기 힘들다.

그렇다면 이와 같은 '난해한 문제'를 해결하기 위해서는 어떤 방법이 필요할까? 우선 '최적화 지향적(optimization, equilibrium-oriented)' 관점에서 생태적(ecological, systemic/holistic) 관점으로의 전환이 필요하다. 구체적으로는 정책문제에 대해 다양한 존재론적 관점, 다양한 학문적 관점, 다양한 가치철학적 관점에서 이해해야 하며, 다양한 이해관계자들과 전문가들 간의 더 많은 상호 협력과 협의, 공동의 문제해결 노력이 필요하다(DeFries & Nagendra, 2017).

이와 함께, 사전적인 실험 프로젝트(pilot project)의 수행과 그 결과의 환류가 신속하게 이루어지는 '민첩한 접근(agile approach)'과 함께, 다양한 이해관계자들이 참여하고 좀 더 포용적이고 융합적인 시각에서 디지털 혁신이 논의될 수 있는 협력적 거버넌스 구축이 요구된다. 특히, 정보기술이 사용되는 맥락과 상황에 따라 전혀 다른 결과가 도출될 수 있기 때문에 정치, 경제, 사회 등 다양한 맥락과 정보기술 간의 상호작용에 대한 융합적 접근이 필요하다. 이에 더해, 미래 사회의 근본적 목표에 대한 폭넓은 가치 지향에 기반한 다양한 이해관계자들이 다차원적인 협력이 필요하다(Fountain, 2019).

IV. 전망[28]

그렇다면, 향후 AI 정부는 어떻게 발전되어 나갈까? 좀 더 구체적으로 AI와 행정은 어떻게 상호작용을 하면서 서로 공진화(co-evolution)할 것인가? 정보기술에 대한 제도주의적 시각에 따르면, AI 등 정보기술과 정부 간의 상호관계는 결정론적이기보다는, 정보기술이 활용되는 사회의 제도적 특성, 행위자적 요인, 그리고 다양한 환경적 요인들의 영향력에 의해 상황적합적으로 구성될 것으로 예측된다.[29] 특히, 정보기술 특유의 네트워크 효과나 잠금(lock-in) 효과 등을 고려할 때, 정부와 거버넌스를 구성하는 현재의 제도적 구성과 행위자들의 특성이 인공지능을 비롯한 정보기술의 구성과 활용에 영향을 미치게 되고, 그렇게 구성된 정보기술이 다시 거버넌스에 영향을 미치는 경로 의존(path dependency)과 자기 강화 메커니즘이 작동할 가능성이 높다(Fountain, 2001).

이와 같은 시각에서 볼 때, AI와 정보기술 간의 공진화에 영향을 미칠 수 있는 제도적 요인 중 하나로 현대 국가행정의 형성과 발전에 영향을 미친 민주주의, 관료주의, 시장자유주의를 생각해 볼 수 있다(정용덕 외, 2014; Alford & Friedland, 1985). 즉, 국가 전체 또는 어느 특정 정책영역에서 행정의 중요한 이념이자 제도 구성의 방향으로서 합의와 참여를 강조하는 민주주의, 정부의 정책능력과 집권적 권위를 강조하는 관료주의, 그리고 정부 운영 및 공공서비스 제공에 있어서 경쟁과 민영화를 통한 효율성을 강조하는 시장자유주의, 어느 이념이 상대적으로 강조되느냐에 따라 AI 정부의 발전방향과 강조되는 서비스가 차별화될 것으로 전망된다.

---

28 이 절은 엄석진(2020)의 관련 부분을 수정, 보완한 것이다.
29 세계경제포럼(World Economic Forum)의 미래정부연구위원회(Global Agenda Council on the Future of Government)는 미래의 거버넌스 형성에 영향을 미치는 다양한 요인을 다음과 같이 제시하고 있다(World Economic Forum, 2014). ① 도시화(urbanization)와 대지역주의(mega-regionalism), ② 공동체 형성과 정체성, ③ 정부의 역할에 대한 시민사회의 기대와 요구, ④ 정부가 활용할 수 있는 재정 자원, ⑤ 기업 또는 비영리단체 등을 통한 대안적인 공공서비스의 제공 방식, ⑥ 서로 다른 행위자들과 지역, 국가 간의 분업체계와 역할 분담, ⑦ 빅데이터를 비롯한 정보기술의 활용 역량, ⑧ 정부, 기업 시민들 간의 정보기술 접근성에 대한 차별과 불평등, ⑨ 한 사회가 당면한 문제와 그 해결을 위한 사회적 조정의 복잡성, ⑩ 거버넌스 모델과 그 성과에 대한 인식, ⑪ 거버넌스의 비전과 인적 · 물적 자원을 동원하는 리더십.

1. 민주주의와 정보기술의 결합

1) 정보기술의 민주주의적 활용

행정에서 민주주의가 강조될 경우, 정보기술은 개인과 집단의 선호를 표출하고 의견을 제시하는 채널이자 도구로써의 의미를 가지게 될 것이다. 즉 정보기술을 통해 개인 또는 집단의 의견을 표시하고, 전자적 방법으로 사회의 자원을 동원하며(cloudsourcing), 나아가 정보기술을 활용한 민주적 참여와 숙의가 강조된다. 심지어는 정부가 제공한 데이터를 활용하여 시민 스스로 공공서비스를 제공하는 앱을 만들어 배포할 수 있다.

정부는 정보기술을 활용하여 시민 개인 및 집단 맞춤형 서비스를 제공하고 공공문제나 정부의 정책에 대한 의견 제시 및 정책결정에의 참여를 유도하여 행정의 반응성과 투명성, 정책과정에서의 시민참여의 공론장의 확대가 이루어질 수 있다(Eom et al., 2018). 물론, 이와 같은 상황에서 사생활 보호 문제와 통제력 상실 문제를 해결하느라 어려움을 겪을지 모른다. 그러나 결과적으로 더 강한 힘을 가진 시민들, 더 역량 있는 정치인들, 더 강력한 사회계약이 등장할 것이다.

2) 긍정적 전망: 헤테라키 거버넌스로의 변화

(1) 헤테라키 민주주의의 등장과 AI 정부

AI 정부에 대한 민주주의적 변화의 시나리오 중 하나는 헤테라키 민주주의로의 변화이다. 헤테라키 민주주의는 국가, 시민, 시장이 권력을 공유하고(共治), 협력적으로 통치하는(協治) 합의주의(consensual) 민주주의를 지칭한다(임혁백 외, 2017). 지능정보사회에서는 정보기술을 기반으로 국가의 주권자인 완전한 정보를 가진 시민(informed citizen)이 정책의 생산자, 공급자이면서 동시에 정책의 사용자, 운용자인 프로유저(pro-user)이자 통찰력 있는 시민(insightful citizen)이 됨으로써 대표와 시민 간에 진정한 수평적 협력 관계(協治), 권력의 공유(共治)를 실현할 수 있는 정체로서 헤테라키 민주주의가 등장한다.

이런 맥락에서 헤테라키 민주주의 개념은 두 가지 의미를 내포하고 있다(임혁백 외, 2017). 첫째, 대의민주주의의 문제점으로 지적된 엘리트 중심의 위계적 통치를 탈피하기 위하여 직접·참여·심의·결사체 민주주의 등 대안적 민주주의를 논의하고 실험하면서 정보기술을 활용하는 과정에서 도출되었다. 둘째, 헤테라키 민주주의는 정보기술을 활용한 e-플랫폼을 통해 공론장을 활성화하여 정부가 다양한 시민의 요구에 반응하고, 시민에게 권한이양(empowerment)을 강화하여, 정부의 책임성을 제고하는 민주주의를 의미한다. 따라서 헤테라키 민주주의는 대의민주주의의 대체재라기보다는 보완재의 성격을 가지고 있으며 민주주의의 이념형(ideal type)으로서 정보의 생산자이자 사용자인 프로유저로서의 시민참여와 심의, 그리고 대표를 융합한 새로운 민주주의를 지칭한다.

AI 정부는 헤테라키 민주주의 실현의 기반이 된다(임혁백 외, 2017). 첫째, 헤테라키 민주주의는 빅데이터와 AI 기반의 민주주의이다. 정보와 판단능력을 갖춘 시민과 정보를 공유하는 시민을 육성하고, 이들의 정보처리역량을 강화함으로써 달성될 수 있다. 이를 위해서는 정부가 공공 빅데이터를 공공재로 제공하고 정보분석 서비스를 무상으로 제공해야 한다.

둘째, AI 정부는 민주적 헤테라키 e-플랫폼으로 작용할 것이다. 이는 온-오프라인 네트워킹 구조를 기반으로 전문가 지성과 시민 지성의 유기적 상호작용, 헤테라키 민주행정 e-플랫폼의 법제화, 중앙정부와 지방정부 차원의 창의적인 e-플랫폼 개발의 과제를 부여한다. 이를 위해서는 시민과 전문가의 협력 메커니즘에 토대한 숙의와 공론의 전략을 통해서 달성할 수 있다. 이를 위해서는 중앙정부와 지방정부 차원에서 해외 헤테라키 정책결정모델과 같은 상설화된 e-플랫폼의 법제화가 필요하다.

셋째, AI 정부를 통해 헤테라키 기반 시민역량을 강화할 수 있다. 이는 디지털 시티즌십(digital citizenship)을 위한 교육강화, 심의형 시민참여 강화, 빅데이터 활용에 따른 개인정보보호 대책 마련의 과제를 부과한다. 이 과제는 시민 스스로 정책결정 권한을 가진 빅데이터 기반의 분석시스템을 활용하여 데이터를 시민이 통제하고 대안을 추구할 수 있는 정책 참여 전략을 통해서 달성할 수 있다.

넷째, AI 정부를 통해 헤테라키 민주주의에서의 책임성과 대응성을 강화할 수 있다. 이는 토론과정에 대한 정보 공개, 정책결정 이후 결과 정당성 평가, 토론-결정-평가의 선순환 제도화의 과제를 부여한다. 이 과제는 특수이익들을 중화시켜 공익을 실현하고 참여자의 책임성을 강화하는 전략을 통해 달성할 수 있다. 이를 위해서는 온라인 토론 내용을 기록하고 저장하는 기술적 도구활용, 정책결정 이후 정책효과에 대한 정보와 역사적 기록 공개, 참여예산제와 같은 연단위 로드맵 작성·운영의 제도화가 요청된다.

(2) 헤테라키 민주주의적인 AI 정부의 사례: 국민권익위원회의 '국민신문고' 개편

헤테라키 민주주의적인 AI 정부의 다양한 사례들이 나타나고 있다. 앞서 언급한 바와 같이 대만에서 AI 기반 플랫폼을 활용한 숙의적 의사결정 사례와 함께, 미국, 영국, 핀란드, 한국에서 도입하고 있는 온라인 청원도 헤테라키 민주주의의 초기형태로 이해할 수 있을 것이다(임혁백 외, 2017). 이하에서는 헤테라키 민주행정의 초기적 형태로서 인공지능과 빅데이터 분석기법을 도입하여 개선된 '국민신문고' 민원시스템을 소개하고자 한다. '국민신문고'는 국민권익위원회가 운영하는 국민참여 포털시스템으로 행정기관 등의 위법·부당하거나 소극적인 처분 및 공정하지 않은 정책으로 인한 권리·이익의 침해, 불편·불만사항이 있을 경우, 불합리한 제도나 관행 등의 고발, 행정기관의 각종 정책이나 의사결정과정에 의견을 제시하는 온라인상 민원창구이다. 인공지능이 도입된 국민신문고 민원시스템의 기능 향상 내용 및 구체적인 성과는 다음과 같다.[30]

첫째, 빅데이터 분석, 인공지능 자연어 처리기술을 활용하여 민원 처리기관 추천기능 및 민원 처리부서 추천·배정 기능을 구현하였다. 기관추천의 경우, 2020년 2~10월까지 처리기관 자동추천 203만 건, 추천 성공 129만 건(성공률 63.6%)으로 집계되었으며, 1~5순위 추천 성공은 167만 건(성공률 82.3%)이었다. 부서추천은 2020년 2~10월까지 처리부서 자동추천 305만 건, 추천 성공 136만 건(성공률 44.6%)이었다. 둘째, AI를 활용하여 민원 신청 시 유사사례(민원 Q&A, 민원답변)를 자동 제공하여 궁금증 해소 및 불필요한 민원 신청을 최소화하고자 하였다. 2020년 2~10월까지 유사사례 확인 후 민원 신청을 취소한 사례가 1만 4천

---

30 2020년 정부혁신평가 중 국민권익위원회, 디지털 기반의 공공서비스 혁신성과 분야 내부자료.

3백 건이었다. 셋째, 빈발민원 일괄접수·병합처리 기능 도입으로 민원 급증 시에
도 신속한 접수·처리가 가능하게 개편되었다. 2020년 2~10월까지 빈발민원 94
만 건을 2만 7천5백 건으로 병합처리하였다. 넷째, 개인별 이용내역 분석을 통해
개인 관심분야 맞춤안건 자동표출 기능 도입으로 국민생각함 안건 조회 수가 지
속 증가하였다. 국민생각함 안건 조회 수는 1만 5천 회('20.1월)에서 4만 7천 회
(2월), 10월에는 24만 회로 크게 증가하였다.

나아가, 각종 정책 이슈에 대한 신속·정확한 대응을 위해 한국언론진흥재단
의 뉴스 분석 정보 등 외부데이터와 연계하였고 트렌드·다차원 분석 등 분석방
식을 다양화하였다. 또한 정부의 각 기관이 법령 제·개정, 정책 개선 시 국민신
문고를 통해 제기된 민원을 분석하여 반영할 수 있도록 지원하였을 뿐만 아니라,
민원 데이터를 활용한 기관 간 또는 민-관 협업을 통해 포스트 코로나 생활문제
해결을 지원하였다.

3) 부정적 전망: 디지털 중우(衆愚)정치

헤테라키 민주주의를 중심으로 민주주의가 강조된 AI 정부의 변화전망을 제
시하였다. 그러나 정보기술과 민주주의의 결합이 과연 투명하고, 책임지며, 반응
적인 정부를 만들 수 있을 것인지에 대해 비판적인 관점을 견지하면서 '디지털 중
우정치'를 전망하는 연구들도 많다. 소셜미디어 사용을 통해 시민들의 정치적 의
견 공유가 증가했음을 입증하는 실제적인 증거가 아직 발견되지 않았다고 주장한
다(강원택, 2012; 이수범·김동우, 2012). 또한 소셜미디어 사용의 정치적인 효과는
실제로 나타나고 있음에도 불구하고 여전히 일시적이고 희귀한 것이라고 주장하
는 연구들도 있다(Sobaci & Kalkin, 2013; 이소영, 2012). 조직 내부적으로는 소셜미
디어의 활용으로 인해 오히려 공무원들이 업무에 집중하기 어렵게 되며 사생활을
위협하고, 관리의 복잡성을 키울 수도 있다고 주장되기도 한다(Feeney & Welch,
2016). 특히, 중국 정부의 소셜미디어 활용을 분석하는 연구자들은 소셜미디어 정
부가 시민을 감시하고 통제할 수 있는 '빅브라더(Big brother)'가 될 수 있다는 점
을 지적한다(King et al., 2017).

Margetts 등의 연구(2015)에 따르면 소셜미디어가 시민들의 정치적 활동의 범

위를 확장시키고 사람들이 그들의 일상에서 정치적 명분(political cause)에 대한 시간과 노력의 미세 기부(micro-donations)를 통해 참여의 비용을 낮추는 데 기여한다. 또한 소셜미디어를 통한 정치적 참여를 통해 다른 사람들이 무엇을 하고 있는지에 대한 지식(사회적 정보)과 그들이 무엇을 하고 있는지를 다른 사람들이 알 수 있기 때문에 그들 자신의 행동들은 많은 수의 다른 사람들과 상호 의존적이며, 대규모의 동원으로 확장될 수 있는 연쇄적인 반응을 이끌어낼 수도 있다. 그러나 대부분의 경우에는 그렇게 되지 않는데, 소셜미디어 등과 같은 정보기술의 발전으로 누구나 마음만 먹으면 아주 낮은 비용으로 미디어를 가질 수 있는 시대가 되었지만, 정보기술이 개인의 선호를 표출하는 통로와 수단이 되면서 한편으로는 자신의 선호에만 맞는 정보를 편식하기도 하고, 자신의 선호와 비슷한 사람들과만 소통하게 되는 역효과가 나타나기도 한다. 나아가 소셜미디어를 통한 허위정보의 확산과 낮은 정치적 동원비용은 때때로 예상치 못한 정치적 불안정과 즉흥적 정책결정으로 이어질 수 있다. 또한 어떤 이슈가 폭발적인 동의를 얻어 사회적으로 주요 의제로 등장할지 예측 불가능하고 이는 다시 기존 의회제도나 정치과정을 불안정하게 만든다고 주장하면서 이를 '난기류의 정치(turbulent politics)' 또는 '혼돈적인 다원주의(chaotic pluralism)'로 명명하였다(Margetts, 2019).

2. 관료주의와 정보기술의 결합

1) 정보기술의 관료주의적 활용

행정에서 관료주의가 강조될 때, 정보기술은 국가의 능력과 자율성을 극대화할 수 있는 도구 중 하나로 자리매김한다. 정보기술을 활용하여 국가의 '정책역량'을 증진할 수 있을 뿐만 아니라, 사회 부문의 정보를 보다 효율적이고 대량으로 수집, 분석할 수 있게 되어 국가의 '정보능력'이 향상된다(Schmidt & Cohen, 2013).

이와 같은 정보기술의 활용은 자원을 효율적으로 활용하고 시민중심적 공공서비스를 제공하기 위하여 정보통신기술을 도시 및 지역 공간에 적용할 수 있게 된다(국토연구원, 2018; Neirotti, De Marco, Cagliano and Mangano et al., 2014). 예를 들면, Picon(2015)은 도시 행정 및 운용에 정보기술을 도입하는 스마트시티를 디지털 기술의 적용을 통해 도시의 기능, 지속가능성, 주민들의 삶의 질과 사회 관계에 최적화를 가져올 수 있는 도시의 이상(ideal)인 동시에, 도시가 지능화 (intelligent)되는 과정이라고 설명하였다.

2) 긍정적 전망: 스마트시티를 중심으로

학술적인 차원에서 스마트시티는 '도시 수준에서의 신기술과 사회구조 간의 시너지 설계·창출'로 이해된다(Meijer and Bolivar, 2016). 스마트시티는 정보기술을 활용하여 다양하고 질 좋은 어메니티를 제공하면서 더 좋은 공공서비스와 높은 수준의 삶의 질을 제공하는 지역적, 사회적 기반이 되며, 정치적으로도 더 많은 자율성을 확보하게 된다. 이들 대도시는 서로 경쟁하면서 더 시민 지향적이고 덜 관료적인 도시 거버넌스를 구축할 것으로 예상된다. 이러한 거버넌스하에서 정보기술은 더 좋은 서비스를 제공하는 기술적 기반으로 작용하게 될 것이다.

스마트시티를 적극적으로 추진하는 이들은 스마트시티에 동원되는 다양한 정보기술이 가치중립적이며 '비(非)이데올로기' 또는 '정치적 이데올로기와는 무관한 것'임을 강조하는 한편, 지속가능성, 효율성, 비용효과 등의 효용을 부각시키고 있다(Kitchin et al., 2019: 3). 예를 들면, '스마터 시티(Smarter City)'라는 개념을 통해 스마트시티 정책의 확산을 주도하고 있는 IBM은 "더욱 스마트하면서도 경쟁력 있는 도시(Smarter, more competitive cities)"라는 비전을 제시하면서, 도시환경과 생활에 대한 '모니터 및 측정과 관리'를 통하여 더 나은 결정을 위해 정보를 활용하고, 문제를 미리 예측, 대응할 수 있으며 자원을 보다 효율적으로 운영할 수 있는 도시를 스마트시티로 소개하고 있다(이승욱 외, 2019). 나아가 Willis과 Aurigi(2018)는 스마트시티가 일종의 규범화된 목적론적 인식하에 누구도 거부할 수 없고 거부해서도 안 되는 도시문제의 해결책으로 당연시되고 있음을 강조하고 있다(이승욱 외, 2019에서 재인용). 스마트시티의 거버넌스에 대한 이러한 낙관적 기대의 기저에는 '기술통치적 합리성(technocratic rationality)'에 대한 과신이 자리하고 있으며, 이는 도시에 대한 '기술유토피아적 비전(techno-utopian vision)'을 확산시킨다(이승욱 외, 2019).

3) 부정적 전망: e-1984 시나리오와 중국의 사회신용시스템

세계경제포럼(WEF)은 '미래의 정부'와 관련된 시나리오(2014) 중 하나로 'e-1984 시나리오'를 제시하고 있다. 이 시나리오에서는 경제적, 지정학적 위협에 더해 사이버 위협이 상존하며, 이에 대응하기 위한 정치권력은 중앙정부로 집권화되는 시나리오이다. 반대로 시민들은 이와 같은 위협에 대한 대응 및 집단의 안전(collective security)을 위해 개인 수준의 자유를 희생한다. 이러한 시나리오에서는 빅데이터나 AI와 같은 새로운 정보기술의 잠재력은 충분히 실현될 것으로 전망된다. 정보기술의 힘을 바탕으로 정부는 시민들의 행태나 가치, 이해관계와 관련된 정보를 효과적이고 효율적으로 수집하고 활용한다.

이러한 시나리오에서는 빅데이터나 AI와 같은 새로운 정보기술의 잠재력은 충분히 실현될 것으로 전망된다. 정보기술의 힘을 바탕으로 정부는 시민들의 행태나 가치, 이해관계와 관련된 정보를 효과적이고 효율적으로 수집하고 활용한다. 이와 같은 국가와 거버넌스하에서는 국가는 '노골적인 전체주의'에서 '보다 교묘한 통제 형태'로의 전환을 추진할 것이다. 결국 국민이 거주하는 가상세계에 이들 국가들이 얼마나 침투할 수 있느냐에 따라 국가의 통제력이 달라질 것이다. 디지털 전체주의 또는 더욱 교묘해진 경찰국가의 대두와 함께 민주적 정책결정과 시민참여는 봉쇄되거나 무력화될 것이다.

실제로 'e-1984' 시나리오가 중국에서 실현되고 있는 것은 아닌가 하는 보도가 잇따르고 있다. 예를 들면, Washington Post 등의 매체는 중국이 고해상도 CCTV와 안면인식기술, 빅데이터 분석 기술 등을 활용하여 이념과 정보에 대한 통제, 언론매체에 대한 검열 등 시민의 자유를 통제하는 '디지털 전체주의 국가'로 떠오르고 있다고 보도한 바 있다.[31] 최근 홍콩 민주화 시위대는 당국의 정보수집 및 검열 등을 우려하여 홍콩 시가지에 설치된 최첨단 카메라와 센서가 장착된 '스마트 가로등'을 철거하기도 했다는 보도도 있었다.[32]

---

[31] Xiao Qiang. The rise of China as a digital totalitarian state. *The Washington Post*(Feb. 22. 2018). 그 외에도 Yuval Harari. The world after coronavirus. *Financial Times*(Mar. 20. 2020). 이 기고문에서 그는 중국 정부가 코로나 바이러스 사태를 계기로 시민들에 대한 생체측정기반의 감시체제를 도입하고 있다고 경고하고 있다.

이와 같은 중국의 정보기술 활용의 기저에는 사회신용시스템이 자리잡고 있다(이승은, 2019; 2017). 중국 정부는 2014년에 시범적으로 도입하여 2020년 전국 확대를 목표로 하는 사회신용시스템을 구축하고 있으며, 이는 국가의 정보 수집 및 관리와 관련된 중요한 이슈로 주목받고 있다. 중국이 구체적으로 밝힌 이 시스템의 도입목적은 사회 구성원들의 의식 고취, 바람직한 신용사회 정착, 사회발전 촉진 등이나, 실질적인 의도는 기존의 대출상환 능력 평가, 개인의 잠재적 사회 기여도 파악, 개인의 성향 판단 등 정부가 사회구성원들의 신용을 매개로 삼아 '데이터화'한다는 의미를 내포하고 있다.[33]

가상세계에서의 활동 및 이로 인해 축적·평가되는 신용은 중요한 빅데이터 정보로 활용되며 소셜미디어 및 인터넷 사이트 접속기록 등 온라인 활동내용도 신용평가에 반영된다. 신용평가는 개인의 각종 금융·사회·교육서비스 및 혜택에 유리하거나 불리하게 작용할 수 있다. 평가받는 개인이 높은 점수를 받을 경우, 대출, 의료보험, 교육 등의 유리한 혜택이 부여되나, 낮은 점수를 받을 시, 이러한 서비스 혜택에 불리하게 작용한다. 특히 다른 사람의 이익을 해치거나, 유언비어를 퍼뜨리거나, 온라인에서 사기 행위를 벌이는 자들은 '블랙리스트'로 분류되어 관련 활동에 제한을 받게 될 수 있어 대규모 감시도구로 사용될 수 있다(이승은, 2019; 2017).

---

[32] How Hong Kong Protesters Evade Authorities With Tech. *Wall Street Journal*(Sep. 16. 2019).

[33] 현재 사회신용시스템이 적용되는 영역은 다음과 같이 매우 광범위하다. 첫째, 정부업무 부문이다. 법치 행정, 정부 신용구축의 선제적 효과 발휘, 공무원 신용 관리·교육 강화이다. 둘째, 상업 부문으로, 생산, 유통, 금융, 세무, 가격, 프로젝트, 정부조달, 입찰, 교통운수, 전자상거래, 중개서비스업, 컨벤션·광고 등의 신용 구축 및 기업 신용관리제도 확충 등을 포함한다. 셋째, 사회 부문으로 의약위생·계획출산, 사회보험, 교육·과학연구, 문화·체육·관광, 지적재산권, 환경보호·에너지 절약 및 사회단체·개인 등의 인터넷응용·서비스영역에서의 신용 확립이다. 넷째, 사법 부문으로 법원공신력, 검찰공신력, 공공안전 영역 공신력, 사법행정시스템 공신력, 사법 집행 및 관련자의 신용 확립이 주요 내용이다. 다섯째, 산업 부문으로, 공업·상업, 납세, 가격, 수출입, 안전생산, 제품품질, 환경보호, 식품·의약품, 의료위생, 지적재산권, 유통서비스, 전자상거래, 교통운수, 계약이행, 인력자원·사회보장, 교육 부문 등의 산업 관련 신용기록 확보 및 관련 신용정보 파일 구축 계획 등이 있다(이승은, 2019; 2017).

3. 시장자유주의와 정보기술의 결합

1) 정보기술의 시장자유주의적 활용

시장자유주의는 다음의 기준에 의해 정부의 역할과 기능을 정의한다. 첫째, 정부가 얼마나 저렴하게 공공서비스를 제공할 수 있는가 하는 것이다. 둘째, 정부가 시장의 신호에 얼마나 대응적인가 하는 것이다. 셋째, 시민들은 납세자일 뿐만 아니라 소비자라는 것이다. 그래서 공공서비스를 제공하던 관료제의 독점 체제를 해체하고, 시민들의 서비스 선택권을 확대해야 한다고 본다(Peters & Pierre, 2000).

이와 같은 시장자유주의의 시각에서 정보기술은 시장에서의 거래의 효율성 제고를 위한 기술적 기반으로 자리 잡게 된다. 정보기술 활용은 국가 운영 및 거버넌스에 있어서의 거래비용을 줄여서 궁극적으로는 작은 정부와 최소 국가 구현을 위한 기술적 도구가 된다. 또 정보기술을 활용하여 더 저렴한 민간부문의 서비스를 구매할 수 있기 때문에 공공서비스 민영화 확대를 위한 기술적 기반으로 작동할 수 있다. 정보기술 투자에 있어서도 비교우위에 입각하여 외주(outsourcing) 방식을 통해 비용 절감 및 서비스 수준 향상을 도모한다.

2) 긍정적 전망: 민영화를 통한 더 효율적인 거버넌스 구축

이 시나리오는 비효율적인 정부와 효율적인 시장의 결합을 전제로 한다. 시민들은 자신들의 선호에 따라 민영화된 공공서비스 시장에서 서비스를 '구매'한다. 대부분의 공공서비스는 민간기업에 의해 생산, 관리되며 정부는 이러한 시장을 규제하는 역할을 담당하게 된다. IT는 시장 기제의 효율성 제고에 기여한다. 나아가 정부의 정책을 실시간으로 평가하는 데 활용된다. 이와 같은 거버넌스하에서는 개인의 선택의 자유가 강조되며, 자신의 선호와 유사한 시민들끼리 모여 살게 될 것으로 예상된다. 당연히 개인 또는 민간 기업이 정부보다 더 많은 권력을 갖게 된다(WEF, 2014).

이와 같은 거버넌스하에서는 IT 분야 다국적 대기업, 즉 기술대기업(Big-Tech)이 중심적 역할을 할 것으로 예상된다. 그 이유는 다음과 같다. 현재의 정보기술이

기술적·사회적 효과를 거두기 위해서는 크게 다음과 같은 세 가지의 자원이 있어야 한다. 첫째, 대규모 데이터, 둘째, 효율적인 소프트웨어, 셋째, 강력한 컴퓨팅파워를 제공할 하드웨어이다. 이 세 가지의 구성 요소를 모두 갖춘 거버넌스 행위자는 기술대기업뿐이다. 여기에 더해 이들 기업이 가지는 기술들이 갖게 될 네트워크 효과와 잠금 효과까지 고려한다면 기술대기업이 가지는 경제적, 정치적 힘은 어느 때보다도 커질 것이다(Susskind, 2020; Agrawal et al., 2018).

기술대기업은 위와 같은 세 가지 자원을 바탕으로 시민들의 선호에 대한 데이터 분석과 새로운 형태의 서비스를 더 효율적으로 제공할 수 있다. 정부는 기술대기업에게 공공서비스를 포함한 모든 종류의 제품과 서비스를 아웃소싱하고, 개인은 기술대기업이 운영하는 AI 기반의 자동화된 플랫폼을 통해 공공서비스를 제공받는다. 기술대기업이 보유한 플랫폼을 통해 의사결정은 빅데이터를 기반으로 하고 정보를 처리하는 알고리즘과 로봇의 도움을 받아 완전히 자동화될 것이다. 기술대기업은 시민들에게 서비스를 제공하고, 이를 통해 개인들은 그들로부터 뉴스를 얻고, 그들의 서비스를 활용하여 다른 사람들과 의견을 교환하고, 그들의 제품과 서비스를 구입하는 등 단계별로 서비스 분야를 포함해 경제의 대부분을 장악한다. 개인 데이터는 수익화되었고, 따라서 새로운 데이터 경제도 창출된다(Vesnic-Alujevic et al., 2019).

정부는 기술대기업들과 데이터 수집과 데이터 분석 개선을 위해 협력하면서 기술대기업의 알고리즘에 대한 규제를 통해 시장에 개입하게 된다. 실제로 미국 연방정부는 AI 알고리즘에 대한 규제를 연방정부 AI 정책의 핵심 주제로 삼고 다각적인 연구와 정책 프레임워크 개발을 진행하고 있다. 예를 들면, 미국 식품의약품안전청(FDA)은 의료 기기로서 AI 기반의 소프트웨어의 안전성과 효과가 유지되도록 보장하면서 실제 학습 및 적용을 통해 수정이 가능하도록 이러한 기술에 대한 전체 제품 라이프 사이클 기반 규제 프레임 워크 개발을 추진하고 있다. FDA는 판매 전부터 판매 후까지의 제품의 전 생애주기에 따른 AI/머신러닝 기반 소프트웨어의 안전성과 기능 향상을 위한 규제 프레임워크를 제안하고 있다.[34]

---

34 U.S FDA, Proposed Regulatory Framework for Modifications to Artificial Intelligence /Machine Learning(AI/ML)-Based Software as a Medical Device(SaMD)-Discussion Paper

3) 부정적 전망: 민주주의의 쇠퇴와 불평등의 확대

기술대기업이 중심이 되는 민영화된 공공서비스 공급체제에 대한 부정적 전망과 비판도 만만치 않다. 첫째, 민주주의 쇠퇴와 사회적 불평등 확대를 전망하는 연구들이 있다. 앞으로 더 많은 사람들이 AI 등 정보기술의 혜택을 누리기는 하겠지만, 경제적 능력에 따라 향유하는 정보기술의 수준 차이가 있을 수밖에 없고, 이는 다시 사회경제적 불평등으로 이어지게 될 것으로 전망된다(Agrawal et al., 2018; O'Neil, 2016; WEF, 2014).

특히, 기술대기업들이 사회적 영향력이 커지다 못해 독점적 지위를 확보하게 됨으로써 민주주의의 위기가 올 것이라는 전망도 강하다. 이 시나리오에 따르면, 기술대기업들이 제공하는 플랫폼에서 AI가 빅데이터에 기반하여 정책의사결정을 내리고 공공서비스를 자동화하기 때문에, 왜 그런 결정이 내려졌는지에 대해 아무도 책임지지 않고 결정과정은 투명하지 않으며 시민들의 정치참여는 위축되는 수준을 넘어서서 정치적 무력감에 빠질 것으로 전망한다(Vesnic-Alujevic et al., 2019).

다국적 거대 디지털 기술 회사들은 시민들의 데이터를 수집하고 정부로 옮기는 데 있어 주요한 중개자 역할을 한다. 정부와 디지털 기술대기업 간의 경계가 모호해지게 되는데, 후자가 데이터 제공자이기 때문에 공공 서비스의 관리자들이 접근할 수 있고 정책 수립에 관여하기 때문이다. 데이터 수집과 알고리즘 기술에 대한 규제와 통제를 누가 담당하고 있는지도 명확하지 않다. 2050년 이후의 장기적 미래에는 국가가 더 이상 필요하지 않을 수도 있다고까지 전망된다(Vesnic-Alujevic et al., 2019).

나아가 이들 기술대기업이 자유의 한계를 설정할 가능성도 크다. 예를 들면, 무인자동차의 기술적 사양과 성능이 근본적으로는 기술대기업의 결정에 따라 제한될 가능성이 크다. 알고리즘이 유권자의 입맛에 맞게 정치적 사실을 정리해 제공할 것이다. 사회정의가 무엇인지도 결정할 것이다. 제공에 동의한 적도 없는 개인데이터 때문에 어떤 사람의 금융대출이나 의료지원 신청이 거절될 수도 있다. 이와 같은 공적 제도의 붕괴로 인해 사회적 연대감이 취약해지며, 소득에 따른 불

---

and Request for Feedback'.

평등이 확대될 가능성이 높다(Susskind, 2018).

이와 같은 문제점들을 극복하기 위한 대안으로 이들 대기업의 활동과 알고리즘을 규제하는 신규 규제기관의 필요성을 주장하는 학자들이 있다(Susskind, 2020). 새로운 규제기관의 임무 중 하나는 정치적 힘이 악용되었을 때, 감독관들이 이를 분명하고 체계적으로 알아볼 수 있도록 일련의 틀을 만드는 것이다. 둘째로는 행동에 나서야 할 때 쓸 수 있는 조사수단, 기술적 전문성 등 다양한 역량을 갖추어야 할 것이다.

V. 결론: 요약과 함의

이 장에서는 AI와 블록체인, 클라우드 등 새로운 정보기술을 도입·활용하는 정부를 'AI 정부'로 개념화하고 현재 관찰가능한 사례들을 통해 AI 정부의 특성을 (1) 정밀 행정, (2) 증강 행정, (3) 연결 행정으로 정리하였다. 이와 같은 기대효과와 편익에도 불구하고 최근 공공부문에서의 AI와 디지털 정보기술의 활용사례들이 축적되면서 다양한 부정적 효과와 그에 따른 논쟁들이 나타나고 있다. 이러한 논쟁들을 크게 (1) AI의 신뢰성, (2) 공공부문의 특성과 AI 기술 간의 부정합 가능성, (3) 난해한 문제(wicked problem)로서의 AI 정부 구현으로 구분하여 제시하였다. 마지막으로는 엇갈리는 AI 정부의 변화 전망을 정보기술의 제도주의의 관점에서 제시해 보았다. 현대 국가의 가장 중요한 특성인 민주주의, 관료주의, 시장자유주의의 시각에서 정보기술 의의와 활용양태, 긍정적 시나리오와 부정적 시나리오를 제시하였다. AI 도입을 통해 감시사회가 도래하고 기술대기업에 과도하게 의존함으로써 민주주의의 쇠퇴를 우려하는 전망도 있지만, 민주주의가 정보기술에 힘입어 더욱 확장되고 기존의 대의민주주의의 문제점들이 극복될 것이라고 하는 전망도 살펴보았다.

지금까지의 논의결과를 정리하면, 다음과 같은 이론적, 정책적 함의를 도출할 수 있을 것이다. 첫째, AI 정부의 편익과 위협, 그리고 긍정적 전망과 부정적 전망이 엇갈리고 있음을 알 수 있다. 어떤 사례에 주목하느냐에 따라, 또 어떤 관점을 견지하느냐에 따라 서로 다른 기대와 전망이 엇갈리고 있다. 이와 같은 상황에서는 새로운 기술이 열어주는 혁신의 가능성과 기회를 실현시키고 부정적 결과를 사전에 방지할 수 있는 역량이 중요하다. 디지털 혁신에 대한 새로운 비전을 구성하고, 관련된 정책결정 및 사업수행의 '방향 잡기(steering)'와 이해관계자 간의 조정을 수행하는 혁신적 거버넌스와 함께, 기술변화가 가져올 급격한 경제적, 사회적 변화에 대응하면서 그 본질을 이해하고 이를 정부를 비롯한 전 사회적인 디지털 혁신의 기회로 전환하는 리더십이 필요하다. 이와 같은 전환과정에서 상대방의 가치와 경험, 사회적 요구를 이해하며 문제의 범위와 복잡성, 그리고 대응방안을 충실하게 설명하는 정책 역량이 발휘될 필요가 있다(엄석진 외, 2020).

둘째, AI 정부가 담당해야 할 새로운 역할에 주목할 필요가 있다. 지금까지의 분석결과에서 본 바와 같이, AI의 보편화가 가져올 수 있는 문제의 하나로 사회와 경제부문의 불공정과 불평등이 확대될 가능성이 제시되고 있다. 이는 결국 '큰 정부'로의 압력으로 이어지게 될 것이다. 당연히 AI가 도입되면서 어떤 영역에서 불평등과 불공정이 커지는지에 대한 면밀한 조사가 이루어져야 할 것이다. 나아가, '큰 정부'의 압력 속에서도 행정의 효율성을 어떻게 제고할 수 있는지에 대한 전략과 새로운 아이디어가 요청된다.

AI 정부가 새롭게 담당해야 할 여러 문제 중 하나는 가상세계와 실제세계 간의 역동에 대한 정책적 개입과 제도 형성이 될 것이다. 이미 한국 사회에서도 이와 같은 정책문제들이 부각되고 있다. 최근 쟁점이 되고 있는 배달앱을 통해 이루어지는 배달 노동과 같은 플랫폼 노동의 성격을 어떻게 규정할 것인지, 플랫폼 노동자들을 보호하기 위해서는 어떠한 제도적 개혁이 필요한지 등의 문제는 가상세계와 실제세계 간의 역동을 고려하지 않으면 쉽게 답을 내기 어려운 문제들이다. 특히, 배달앱을 통한 배달 수수료의 액수 및 배분 문제나 플랫폼 기반 시장에서의 독과점 문제 등은 가상세계를 매개로 하여 나타나는 실제세계의 이해관계자들 간의 경제적, 정치적 문제들로 성격 지울 수 있다. 이 경우에도 가상세계의 특성과 실제세계에서의 정책문제를 동시적으로 고려해야 할 필요가 있다.

또한 이와 같은 관점에서 보면, 정부가 가지고 있는 데이터 제공 및 데이터 거버넌스 구축도 새롭게 성격 지울 수 있다. 정부가 보유하고 있는 데이터의 질적 수준 개선과 함께 이들 데이터를 민간부문에서 활용할 수 있도록 제공하는 새로운 역할을 정부가 담당해야 할 것이다. 정부가 양질의 데이터를 제공함으로써 그 데이터를 활용하는 개별 알고리즘의 정확도를 제고할 수 있을 뿐만 아니라, 가상세계에서의 거래와 상호작용의 신뢰성을 높여 '더 좋은' 가상세계를 만드는 데 기여할 수 있을 것으로 기대된다. 예를 들면, 미국 연방정부는 공공성의 강화와 정부의 임무 수행을 위해 데이터의 가치를 높이고 활용과 관리에 대한 지침을 제시하기 위해 데이터 전략을 수립하고 관련 과제를 진행해 왔다.[35]

셋째, 위와 같은 개입의 필요성에도 불구하고 AI 정부의 가상세계에 대한 정책적 개입이나 가상세계와 실제세계 간의 연결성에 대한 제도설계는 결코 쉽지 않은 과제가 될 것으로 전망된다. 그 이유는 다음과 같다. 우선 기술적으로 가상세계에서 일어나는 문제들을 정부가 식별, 추적하기 어렵다. 예를 들면, 'N번방 사건'과 같은 디지털 성폭력 범죄자들은 '경찰의 추적이 불가능하다'고 자신했다고 한다.[36] 그들의 성범죄는 첨단 보안기술에 기반한 메신저 프로그램, 블록체인 기술을 활용한 암호화폐 기술에 기반하고 있어 현재의 경찰의 기술력으로는 쉽게 추적하기 어렵기 때문이다. 또한 AI 정부의 개입이 딜레마적인 상황 속에서 이루어진다는 점도 고려되어야 한다. 지능정보시대의 정보기술이 가져야 할 안전성과 함께, 사생활 보호라는 이익을 침해하지 않으면서 그것을 가능하게 하는 기술 기반 위의 범법행위를 단속, 규제해야 하는 어려움이 있다.

아울러, 기존의 규제 프레임워크로는 규제의 효과성을 거두기 어려운 경우도 나타나고 있다. 앞서 언급한 바와 같이 미국 FDA는 의료기기로서 AI/기계학습 기반의 소프트웨어의 안전성과 효과가 유지되도록 보장하면서 실제 학습 및 적응을 통해 수정이 가능하도록 이러한 기술에 대한 전체 제품 라이프 사이클 기반 규제 프레임 워크 개발을 추진하고 있다. 기존의 의료기기에 대한 규제는 의료기기 완성품이 가지는 불변의 기능에 대한 검사와 기준충족 여부를 검토하는 것이었다면, 최근의 AI/머신러닝 소프트웨어로서의 의료기기는 스스로의 학습에 따라 그 기능의 내용과 완결성이 변화할 수 있기 때문에 기존의 완성품 중심의 규제

---

35 Federal Data Strategy(https://strategy.data.gov).
36 MBC 엠빅뉴스. 2020.7.31.

프레임으로는 한계가 있을 수 있다. AI의 학습과 적응적 변화에 대한 정부의 규제프레임의 진화가 필요하다.

넷째, AI 정부에 대응하는 새로운 시민성(citizenship)에 대한 논의가 필요하다. AI 정부의 서비스 제공이 단순히 '공급자 중심이냐 수요자 중심이냐'라는 논의를 넘어서서 AI 정부가 시민들의 정치·사회적 요구를 반영하여 공정성과 민주성을 담보하는 정치·사회적 공간으로, 그리고 창조성과 편리성, 안전성을 갖춘 공적 공간이 되기 위한 사회적 조건을 탐색할 필요가 있다. 이를 위한 논의 주제 중 하나가 '지능정보시대의 새로운 시민성'이다. 즉 시민들의 디지털 리터러시와 정보역량, 정보기술 기반 위에서의 시민으로서의 권리와 의무, 스마트 정보기술 활용 및 개발에 있어서의 윤리와 책임에 대한 논의들이다.

물론, 이와 같은 주제는 초점을 달리해서 논의된 바 있다. 언론정보학에서는 디지털 리터러시에 대한 논의가 활발하다. 교육학 또는 경영학 분야에서는 '제 4차 산업혁명시대에 부합하는 미래인재의 핵심역량'에 대한 논의가 이루어진 바 있다. 철학이나 사회학 분야에서는 디지털 기술진보에 따른 인간의 변화 등에 대한 논의(포스트휴먼, 트랜스휴먼)가 이루어지고 있다. 그러나 국가-시민사회 간의 관계라는 맥락에서 AI 정부에 대응하는 스마트 시민성에 대한 논의는 아직 본격적으로 이루어지고 있지 않은 것으로 보인다. 지금까지 이루어진 논의들을 이어 받으면서도 개인과 시민의 관점에서 국가-시민사회 간의 관계에서 AI 정부와 스마트 시민성에 대한 논의가 필요하다.

마지막으로는 AI 정부에 대한 개념과 다양한 영향요인에 대한 연구가 필요하다(Campion et al., 2020; Sun & Medaglia, 2019). 공공부문에서의 AI 도입과 활용의 성공의 개념은 무엇인지, 그리고 그 성공/실패에 미치는 영향요인은 무엇인지에 대한 실증분석이 함께 이루어져야 할 것이다. 특히, 공공부문 특유의 정치적 요인과 제도적 제약, 그리고 문화적 요인들이 함께 고려될 필요가 있다.

AI 정부와 미래행정은 결정론적이기보다는, 정보기술이 활용되는 사회의 제도적 특성, 행위자적 요인, 그리고 다양한 환경적 요인들의 영향력에 의해 상황 적합적(contingent)으로 구성될 것으로 예상했다. 이와 같은 시각에 입각할 때, '좋은' AI 정부를 만드는 첫걸음은 현재의 정부와 거버넌스를 더 건강하게 만드는 것이 될 것이다. AI 그 자체에 대한 관심과 함께, '좋은' AI와 '좋은' 거버넌스가 상호 선순환적 발전을 이룰 수 있는 제도적 혁신과 공무원 및 시민들의 인식 역시 강조되어야 할 것이다. 결국 문제는 우리는 어떤 '정부'를 원하며, 우리는 어떤 '시민'이 되어야 하는가이다(엄석진 외, 2020).

참고문헌

[국내문헌]

강원택. (2012). 4·11 총선과 SNS 선거캠페인. 제38회 한국언론학회 심포지움 및 세미나, 209-212

국토연구원. (2017). 「지능정보사회에 대응한 차세대 국가공간정보 전략연구」. 국토연구원 연구보고서. 세종: 국토연구원.

국토연구원. (2018). 「스마트시티 유형에 따른 전략적 대응방안 연구」. 국토연구원 연구보고서. 세종: 국토연구원.

김경전. (2017). IBM 인공지능 왓슨의 공공부문 활용사례. 서울대학교 행정대학원 '정책&지식 포럼' 발표문.

김민식·이가희. (2017). 디지털 플랫폼과 AI의 이해. 정보통신방송정책. 29(18). 정보통신정책연구원.

김상균. (2020). 「메타버스: 디지털 지구, 뜨는 것들의 세상」. 서울: 플랜비디자인.

김현중. (2012). 초연결시대로의 변화와 대응방향. 정보통신산업진흥원.

박대웅·류화신. (2018). 보건의료 패러다임 전환기의 규제 쟁점과 시사점-정밀의료·재생의료를 중심으로-. 의생명과학과 법, 20, 37-62.

서준호. (2018). 가상 물리시스템의 보증 및 인증기술 동향: 유럽(H2020-ECSEL)의 AMASS 프로젝트. TTA Journal, 179.

엄석진. (2018). 제4차 산업혁명시대의 행정. 「카이스트 미래전략 2019」. 서울: 김영사.

엄석진. (2020). 「디지털 트랜스포메이션 시대의 국가와 거버넌스」. 한국정보화진흥원.

엄석진 외. (2020). 「정부의 디지털 혁신」. 고양: 문우사.

은종환·김광구·이선우. (2020). 성공적 갈등관리를 위한 인공지능 활용 전략 연구. 한국비교정부학보, 24(2), 193-222.

이소영. (2012). 4·11 총선과 SNS 선거캠페인. 제38회 한국언론학회 심포지움 및 세미나, 97-122.

이수범·김동우. (2012). 소셜미디어의 정치적 이용이 유권자들의 정치참여 의도에 미치는 영향 연구. 홍보학연구, 16(1), 78-111.

이승욱·배덕현·김성온. (2019). 스마트시티 거버넌스에 대한 비판적 고찰: 중국의 스마트시티 정책을 사례로. 공간과 사회, 29(4), 271-322.

이승은. (2017). 중국 사회신용시스템의 현황 및 전망: '빅브라더'와 빅데이터. 대외경
　　제정책연구원 CSF 이슈분석, No. 163.

이승은. (2019). 중국 사회신용시스템에 대한 한중 대학생 인식 비교: 데이터화의 일
　　상경험을 중심으로. 아시아연구, 2(4), 25-248.

임혁백·송경재·장우영. (2017). 「빅데이터 기반 헤테라키 민주주의 메가트렌드」.
　　한국정보화진흥원.

정보통신기획평가원. (2019). 「인공지능기술청사진 2030」. 정보통신기획평가원.

정용덕 외 공역. (2003). 「거버넌스, 정치, 그리고 국가」. 서울: 법문사.

정용덕 외. (2014). 「현대국가의 행정학」. 서울: 법문사.

한국정보화진흥원. 「2018 전자정부기술트렌드」. 대구: 한국정보화진흥원.

[해외문헌]

Agrawal, A., Gans, J., & Goldfarb, A. (2018). *Prediction machines: the simple economics of artificial intelligence*. Harvard Business Press.

Alford, R. R., & Friedland, R. (1985). *Powers of theory: Capitalism, the state, and democracy*. Cambridge University Press.

Berman, P. (2017). Hacking Ideology: pol.is and v Taiwan. *Democracy Earth*, 2017.

Campion, A., Gasco-Hernandez, M., Jankin Mikhaylov, S., & Esteve, M. (2020). Overcoming the Challenges of Collaboratively Adopting Artificial Intelligence in the Public Sector. *Social Science Computer Review*, forthcoming.

Davenport, T. H., & Kirby, J. (2016). *Only humans need apply: Winners and losers in the age of smart machines*. New York: Harper Business.

DeFries, R., & Nagendra, H. (2017). Ecosystem management as a wicked problem. *Science*, 356(6335), 265-270.

Eggers W. et al., (2017). AI-augmented government: Using cognitive technologies to redesign public sector work. A Report from Deloitte Center for Government Insights. Deloitte University Press.

Eom, S. J., Hwang, H., & Kim, J. H. (2018). Can social media increase government responsiveness? A case study of Seoul, Korea. *Government information quarterly*, 35(1), 109-112.

Feeney, M. K., & Welch, E. W. (2016). Technology-task coupling: Exploring social media use and managerial perceptions of e-government. *The American Review of Public Administration*, 46(2), 162-179.

Fountain, J. (2001). *Building the Virtual State: Information Technology and Institutional Change*. Washington, D.C.: Brookings Institution Press.

Fountain, J. E. (2019). The Wicked Nature of Digital Transformation: A Policy Perspective. *Dubai Policy Review*, 1, 40-44.

Kitchin, R. et al. (2019). *Creating smart cities. In C. Coleta, L. Evans, L. Heaphy and R. Kitchin (eds.)*. Creating Smart Cities. Abingdon, Oxon and New York: Routledge, pp. 1-18.

Lipsky, M. (2010). *Street-level bureaucracy: Dilemmas of the individual in public service*. Russell Sage Foundation.

Margetts, H., John, P., Hale, S., & Yaseri, T. (2015). *Political turbulence: How social media shape collective action*. Princeton University Press.

Margetts. H. (2019). 9. Rethinking Democracy with Social Media. *The Political Quarterly*, 90.

Margetts, H., & Dorobantu, C. (2019). Rethink government with AI. *Nature*, 568.

Mazzucato, M. (2015). *The entrepreneurial state: Debunking public vs. private sector myths (Vol. 1)*. Anthem Press.

Meijer, A. (2015). E-governance innovation: Barriers and strategies. *Government Information Quarterly*, 32(2), 198-206.

Meijer, A., & Bolívar, M. P. R. (2016). Governing the smart city: a review of the literature on smart urban governance. *International Review of Administrative Sciences*, 82(2), 392-408.

Mergel, I., Edelmann, N., & Haug, N. (2019). Defining digital transformation: Results from expert interviews. *Government Information Quarterly*, 36(4), 101385.

Neirotti, P., De Marco, A., Cagliano, A. C., Mangano, G., & Scorano, F. (2014). Current trends in Smart City initiatives: Some stylised facts. *Cities*, 38, 25-36.

O'Neil, C. (2016). *Weapons of Math Destruction*. New York, Crown Publishers.

Osborne, D., & Gaebler, T. (1992). *Reinventing government: How the entrepreneurial spirit is transforming government*. Addison-Wesley Public Co.

Picon, A. (2015). *Smart Cities: A Spatialised Intelligence*. Chichester, West Susex: Wiley.

Rittel, H. W., & Webber, M. M. (1973). Dilemmas in a general theory of planning. *Policy Sciences*, 4(2), 155–169.

Rose, T. (2016). *The end of average: How to succeed in a world that values sameness*. Penguin UK.

Schmidt, E., & Cohen, J. (2013). *The new digital age: Reshaping the future of people, nations and business*. Hachete UK.

Schwab, K. (2016). *The fourth industrial revolution*. Crown Business.

Shirky, C. (2008). *Here comes everybody: The power of organizing without organizations*. Penguin.

Simon, Herbert. (1947). *Administrative Behavior*. New York, NY: Macmillan.

Sobaci, M. Z., & Karkin, N. (2013). The use of twitter by mayors in Turkey: Tweets for better public services? *Government Information Quarterly*, 30(4), 417–425.

Sun, T. Q., & Medaglia, R. (2019). Mapping the challenges of Artificial Intelligence in the public sector: Evidence from public healthcare. *Government Information Quarterly*, 36(2), 368–383.

Susskind, D. (2020). *A World Without Work: Technology, Automation and how We Should Respond*. Penguin UK.

Susskind, J. (2018). *Future politics: Living together in a world transformed by tech*. Oxford University Press.

Vesnic-Alujevic, L., Stoermer, E., Rudkin, J. E., Scapolo, F., & Kimbel, L. (2019). *The Future of Government 2030+: A Citizen Centric Perspective on New Government Models*. Publications Office of the European Union.

Willis, K. S. and Aurigi, A. (2018). *Digital and Smart Cities*. London and New York: Routledge.

World Economic Forum. (2014). *Future of Government Smart Toolbox*. WEF.

AI 개념과
기술의 역사적 발전

김홍기(서울대학교 치의학대학원)

Ⅰ. 서론

오늘날 우리는 4차 산업혁명을 견인하는 핵심기술로 자리 잡은 인공지능이 펼칠 미래에 대한 온갖 예측과 상상이 넘쳐나는 세상에 살고 있다. 'Artificial Intelligence'란 이름과 AI의 연구주제들은 1956년 다트머스대학(Dartmouth College)에서 호기 넘치는 젊은 학자 몇 명이 개최한 작은 학회에서의 브레인스토밍 결과물에 불과했다. 그 이후 한 세기도 안 되어 인공지능은 전 인류 역사를 통틀어 가장 영향력 있는 학문 분야 중 하나가 되었고 모든 산업 영역에서 필요로 하는 기반기술로 자리 잡았다. 모든 기술이 그렇듯이 인공지능이란 기술도 오랜 기간 사람들의 꿈과 상상이라는 모태에서 수학, 철학, 심리학, 생물학이라는 영양분을 공급받아 태어난 아기와 같았다. 인공지능이 태어난 해로부터 정확히 60년 후 인공지능계는 두 개의 큰 사건을 경험하게 된다. 2016년 1월 24일은 인공지능 분야의 큰 별인 MIT 교수를 지낸 Marvin Minsky가 세상을 떠난 날이다. 그로부터 두 달 후인 3월 9일에는 인공지능의 새로운 별이 한반도에 등장하여 2주간 전 세계 방송 매체를 통해 빛을 발하게 된다. 바로 우리 바둑계의 자존심 이세돌을 이긴 인공지능 기계인 알파고이다.

Minsky는 인공지능을 탄생시킨 주역 중 한 명으로 그의 저서 『퍼셉트론(Perceptrons)』에서 알파고의 핵심 무기인 딥러닝의 원조가 되는 퍼셉트론 알고리즘의 한계를 날카롭게 지적하였다(Minsky & Papert, 1972). 퍼셉트론은 Minsky의 고등학교 1년 후배이자 친구인 Frank Rosenblatt이 신경세포의 특성을 모방하여

만든 인공신경망(Artificial Neural Network)이라 알려진 최초의 기계학습 알고리즘
이다. Rosenblatt은 1957년에 퍼셉트론 알고리즘을 복잡한 수학연산을 위해 설계
된 당시의 최첨단 진공관 컴퓨터인 IBM 704에서 작동할 수 있도록 하였다. 기계
학습은 데이터 항목들을 그 특질에 따라 분류하기 위한 것인데 Minsky는 퍼셉트
론이 XOR과 같은 가장 단순한 연산도 할 수 없다는 것을 증명했다.[1] 하지만
1971년에 짧은 생을 마감했던 Rosenblatt이 기초를 세운 기계학습 AI는 2016년
알파고를 통해 화려하게 부활하여 학문의 문을 활짝 열고 나와 산업계와 우리의
일상을 점령하기 시작했다.

　Minsky는 AI 연구의 큰 두 가지 서로 다른 줄기로 '기호주의(Symbolism)'와
'연결주의(Connectionism)'를 구분하였다. 이 둘 사이에는 '지능(intelligence)'을 바
라보는 관점과 방법론적인 뿌리가 매우 다르다. Symbolic AI 혹은 GOFAI(Good
Old-Fashioned AI)라 불리는 기호주의는 AI 탄생의 초석이 되었고 1990년 이전 AI
연구의 주류를 이루었다. 기호주의는 지식기반의 접근(Knowledge-base approach)
을 통해 사람이 기억 속에 지식을 저장하고, 필요할 때 지식을 사용해 논리적 추
론을 하듯이 이러한 지능을 가진 AI 기계를 구현하고자 하였다. 연결주의는 학습
기반의 접근(Learning-based approach)을 통해 사람이 새로운 것을 학습할 때 신
경세포 간의 연결이 재배열되고 강화된다는 사실을 모방해서 만든 기계학습 이론
과 방법론을 지칭한다. 기호주의와 연결주의는 근대 서양철학의 합리론과 경험론
이 서로 다른 철학적 가정에서 출발했던 것과 비슷한 맥락에서 서로 반감을 가져
왔다. 1956년 AI의 탄생 시점으로부터 약 30년간 지식기반 AI가 주류의 역할을
했고, 그 이후 약 10년은 지식기반 AI와 학습기반 AI가 서로 경쟁하던 시기였으
며, 그 이후 30년은 학습기반의 AI가 주도하고 있고 또 주도할 것으로 예상할 수
있다. 하지만 딥러닝의 한계로서 최적의 답을 찾아주지만 왜 그런지에 대한 설명
을 하지 못하는 것을 지적하곤 한다. 즉, 딥러닝을 포함한 기계학습 알고리즘은

---

[1] XOR 연산은 1이 참이고 0이 거짓을 나타낸다고 할 때 한 개의 1이 있을 때만 참을 반환하는
　것으로 데이터 항목들을 선형적으로 분리할 수 없는 연산이다. 퍼셉트론은 선형 분리밖에 할
　수 없는 매우 단순한 알고리즘이기 때문에 이처럼 단순한 논리 연산도 할 수 없다는 것이다.
　즉, 2개의 레이어를 가진 퍼셉트론 신경망은 2차원 직교 좌표계에서 (1,0)과 (0,1)을 한 군으로
　하고 (0,0), (1,1)을 또 다른 군으로 분류하는 비선형적 문제를 풀 수 없다.

일종의 최적화 함수(optimization function)로서 입력 데이터나 처리 과정에 대한 의미적 표상(representation)[2]이 없어서 인과적 설명을 할 수 없다. 따라서 최근에는 미래 AI 기술로 XAI(Explainable AI), 즉 AI가 내린 답을 사람이 이해할 수 있는 방식으로 논리적 설명이 가능할 수 있는 신경-기호(Neuro-Symbolic)적 접근의 연구가 중요한 분야가 될 것이다.

Ⅱ. AI 탄생의 역사적 배경

1. 1956년 다트머스 콘퍼런스

이 절에서는 먼저 인공지능의 탄생에 영향을 준 그 당시의 학문적 시대정신과 그 당시 일반인들의 상상이 어떻게 인공지능이란 학문을 기대했는지에 대해 살펴볼 것이다. 위에서 언급하였듯이 AI가 공식적으로 탄생한 해는 1956년이다. 'Artificial Intelligence'는 다트머스 대학 작은 콘퍼런스를 주도했던 젊은 과학자 중 한 사람인 John McCarthy가 붙인 이름이다. <그림 1>은 바로 한 해 전인 1955년에 이들이 록펠러 재단에 이 모임을 위한 작은 액수의 연구비를 받기 위해 제출했던 제안서이다. 1955년은 IT 분야의 별과 같은 존재들인 월드와이드웹의 창시자인 팀 버너스리를 비롯해 마이크로소프트의 빌 게이츠와 애플의 스티브 잡스가 태어난 해이기도 하다. 다트머스 대학에서의 작은 모임에서 젊은 연구자들이 던진 AI의 창의성, 자연어처리, 인공신경망을 포함한 7개의 연구주제는 여전히 중요하면서도 완전히 해결되지 않은 현재 진행형이다. 1940년대에 진공관 컴퓨터가 처음 등장했으니 이들은 다트머스에서 함께 상상하며 학문적 비전을 만들었다. 오늘과 같은 성능 좋은 하드웨어도, 이를 제어할 수 있는 소프트웨어 기술도 없는 상태에서 철학적 사유, 심리학적 관찰, 수학적 증명이란 수단을 총동원해서 그들의 상상을 현실화하기 시작했다.

---

2 Knowledge Representation은 지식기반 AI 연구에서 가장 중요한 개념으로서 사람이 지식을 표상하고 추론하는 방식을 논리학과 수학 이론을 기반으로 컴퓨터에 구현하는 연구 분야이다. 일반적으로 심리학에서는 '표상'으로 번역하고, 컴퓨터공학이나 언어학에서는 '표현'으로 번역한다.

그림 1 1956년 다트머스 콘퍼런스

Dartmouth Conference 1956:
the birth of AI

"Aspects of the artificial intelligence problem"

1) Automatic Computers

2) How Can a Computer be Programmed to Use a Language

3. Neuron Nets

4. Theory of the Size of a Calculation

5) Self-Improvement

6) Abstractions

7) Randomness and Creativity

AI 탄생의 자리에 함께하지 못하고 일찍 생을 마감한 천재 수학자 앨런 튜링은 컴퓨터가 만들어지기 이전인 1936년에 현대 계산(computation) 이론의 토대가 되는 튜링 기계(Turing Machine)의 개념을 수학적 모델로 제안하였다(Turing, 1936). 튜링은 다트머스 콘퍼런스가 개최되기 2년 전인 1954년에 청산가리가 든 사과를 물고 자살하였다. 1955년생인 스티브 잡스가 세운 애플사의 로고가 튜링의 독이 든 사과를 형상화했다는 설도 있다. 그의 논문 "계산 가능한 수와 결정성 문제에의 응용"에서 수학자 힐베르트(Hilbert)의 결정성 문제(decision problem)를 해결하기 위해 제안한 튜링 기계는 일정한 규칙에 따라 긴 테이프에 쓰여 있는 여러 가지 기호들을 바꿀 수 있는 추상적 기계이다. 이 추상적 기계는 수학적 알고리즘을 수행할 수 있는 컴퓨터 CPU의 기능을 설명할 수 있다. 이 튜링 기계 개념을 기반으로 폰 노이만(von Neumann) 등은 20세기 최초의 컴퓨터라 할 수 있는 ENIAC과 EDVAC의 설계도를 작성했고 CPU, 메모리, 프로그램 구조를 포함하는 디지털 컴퓨터의 기본 구조를 제안하였다. 튜링 기계의 개념을 통해 '지능(intelligence)'의 개념은 경험과학의 탐구 대상이 될 뿐만 아니라 수학적으로 추상화(abstraction)할 수 있고 이를 공학적으로 기계에 설계하고 구현할 수 있게 되었다. 튜링은 인간만이 가지고 있다고 여겨온 지능의 영역인 논리적 연산의 기능을 컴퓨터에 구현할 수 있는 문을 열었고, 이로써 학문 분야로서의 인공지능이 태어나게끔 하는 결정적 역할을 하였다. <그림 2>는 'Imitation Game'이라는 영화의 실제 주인공인 튜링이 고안한 튜링 테스트에 대한 개략적 모식도이다.

그림 2 튜링 기계와 튜링 테스트

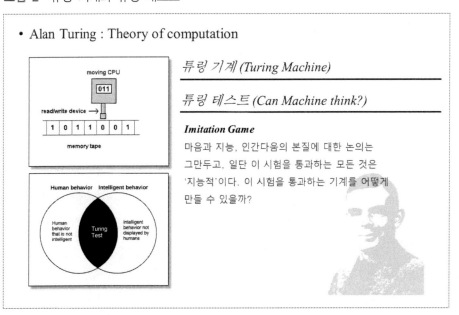

<그림 3>은 기계의 인공지능 여부를 판별할 수 있는 튜링 테스트를 사고실험을 통해 철학적으로 논쟁한 존 썰(John Searle)의 중국어 방 논쟁(Chinese Room Argument)을 보여주는 것이다. 강 인공지능(Strong AI)과 약 인공지능(Weak AI)을 구분한 것으로 유명한 썰의 이 논쟁은 다음과 같다. 내부가 안 보이고 작은 창을 통해 종이에 쓴 글을 주고받으면서 소통이 가능한 어떤 방 안에 영어만 할 줄 아는 사람이 앉아 있다. 그 방에는 필기도구와 중국어로 받은 질문에 대한 중국어 대답의 목록이 영어로 쓰여 있는 책이 있다. 이 사람은 중국어를 이해하지 못해도

영어책에 쓰여 있는 대로 중국어로 된 답을 찾아서 줄 수 있다. 튜링 테스트에 의하면 질문에 대한 답변이 똑똑해서 설사 기계가 답을 준다고 해도 그 기계는 지능을 가지고 있다고 할 수 있다. 하지만 중국어 방 논쟁에서 썰은 방 내부에 있는 사람은 전혀 중국어를 이해할 수 없고 그가 한 것은 영어로 된 지침(instruction)을 따랐을 뿐이다. 즉, AI 기계나 중국어 방에 있는 사람은 단지 기호를 조작(symbol manipulation)했을 뿐이다. 그런 의미에서 AI 기계는 사람의 지능과 같은 강 인공지능을 가질 수 없고, 매우 복잡한 계산을 한다고 해도 생명력을 가지고 있지 않은 화려한 조화(artificial flower)와 같이 약 인공지능에 불과하다는 것이다. 그의 사고실험(thought experiment)에서 중국어 방은 컴퓨터 하드웨어, 방 안에 있는 사람은 소프트웨어, 중국어 질문은 입력, 답변은 출력, 그리고 영어로 된 지침서는 데이터베이스라 할 수 있다. 데이터베이스를 처리하는 프로그램은 단순히 프로그래머의 의도에 따라 처리만 할 뿐이지 데이터에 대한 의미(semantics)를 이해할 수 없다는 것이다. 다음 절에서 지식기반 AI의 최근의 성과 중 하나인 지식 그래프(Knowledge Graph)와 시맨틱웹 기술에서 데이터의 의미를 기계가 어떻게 처리

그림 3 중국어 방 논쟁

The Chinese room Argument (1984, John Searle)

"피험자가 정말 중국어를
이해하여 질문에 대한
답변을 도출하고 있는지
판단 할 수 있는가?"

Reductio ad Absurdum

- Weak AI : mimics & manipulate the symbols
- **Strong AI : understands the language**

if) Strong AI is True

Computing system — Program for Language — Computing system

1. If Strong AI is true, then there is a program for Chinese such that if any computing system runs that program, that system thereby comes to understand Chinese.
2. I could run a program for Chinese without thereby coming to understand Chinese.
3. Therefore Strong AI is false.

하는지에 대해 살펴보도록 하겠다.

2. AI에 대한 기대와 상상력

AI 탄생의 주역들은 컴퓨터의 하드웨어와 소프트웨어의 개념 설계에서부터 역할을 했던 젊은 학자들이었다. 이들은 어떻게 실체가 없는 기술에 대한 개념을 상상을 통해 만들어냈을까? 어떠한 위대한 사상이나 과학적 이론, 그리고 기술적 개념도 시대가 만들어냈다고 해도 과언이 아니다. AI 기술도 소수의 젊은 학자들이 주도해서 출발시켰지만 19세기 말부터 여러 분야의 학자들과 일반인들이 상상하고 꿈꿔온 것이 서서히 현실화한 것이라 할 수 있다. 그 당시 일반인들은 AI에 대해 어떻게 생각했을까? <그림 4>는 AI의 공식적인 탄생 이전에 일반인들이 AI 기술에 대해 어떻게 상상하고 기대했는지 보여주는 신문 기사들이다. 1920년대부터 미국의 뉴욕타임즈를 포함한 중요 일간지에서 나온 실제 기사들을 모은 것인데, 흥미로운 것은 현재의 기준으로 봤을 때 매우 성능이 떨어진 진공관 컴퓨

그림 4 AI 탄생 이전 AI에 대한 기대와 상상

터가 나오기 훨씬 이전부터 사람들은 AI에 대한 상상과 기대를 했다는 것이다. 새로운 기술에 대한 기대와 상상은 학계와 산업계가 주도하면서 정부의 R&D 지원을 유도하고 경제적 성장을 끌고 가는 동력이 될 수 있다. 하지만 어떤 기술에 대한 효과와 한계를 정확히 판단하지 않고 지나친 낙관으로 정부의 정책의 방향을 정하게 된다면 분야별 R&D 지원의 불균형이 있게 된다. AI 기술은 특히 몇 번의 겨울을 경험한 부침이 많은 분야이다. 1980년대 말과 1990년대 초에 시작된 AI의 혹독한 겨울을 살아남은 기술은 오히려 경쟁력 있게 산업계에 기반기술로 자리 잡고 있다.

<그림 5>는 최근의 국내 신문 기사들인데 1920-40년대의 미국 신문 기사들과 크게 다르지 않다. 한 시대에 기술에 대한 기대와 상상은 정도와 시간의 차이는 있겠지만 현실 세계에서 그 방향으로 이루어지게 된다. 하지만 위에서 언급하였듯이 기술에 대한 지나친 낙관은 오히려 그 기술의 성장과 진화에 걸림돌이 될 수 있다.

그림 5 AI에 대한 기대와 상상

[스트롱코리아]
"인공지능이 과학자 역할하는 시대 올 것"
입력 2016-06-01 17:34:27 수정 2016-06-02 02:20:40 지면정보 2016-06-02 A1면

뇌 과학자 김대식 교수 "인공지능 악용되면 '범죄 기계' 탄생 가능"
뇌과학자 김대식 교수 '알파고 시대의 인류와 범죄' 강연

김대식 KAIST 교수 "10년내 인공지능 시대 온다…일자리 70% 없어질 것"
최서윤 기자 (awake@ajunews.com) | 등록 : 2015-10-06 16:04 | 수정 : 2015-10-06 16:09

구글, 인공지능 반란 방지 위해 '킬 스위치' 개발
2016년 6월 6일

대중의 기대와 상상은 과학기술 발전에 매우 중요한 추동력이 될 수 있다. 신

문 기자, 작가, 미래학자들은 해당 분야의 전문가들과 함께 대중의 기대와 상상을 이끌고 부풀리며, 때로 새로운 기술의 개념을 만드는 역할을 한다. 최근 AI에 대한 대표적 낙관론자 중 한 명인 레이 커즈와일(Ray Kurzweil)은 그의 저서 『특이점이 온다』에서 2040년경에 AI 기술은 모든 인류의 지성을 합친 것보다 뛰어난 초인공지능이 출현하는 "특이점(singularity)"에 도달할 것이라고 예언하였다(커즈와일, 2007). AI의 초지능은 스스로에 대한 기술적 창조 능력이 가속화되어 인간의 인지 능력의 범위를 벗어나게 된다는 것이다. 커즈와일은 특이점 이후 인류는 AI에 의해 지배를 받거나 멸종될 수도 있겠지만 AI, 나노 로봇, 유전자 기술의 도움을 받아 영생을 누릴 수 있다는 기술 낙관론을 견지하였다. 커즈와일에 앞서 수학자이자 작가인 버너 빈지(Vernor Vinge)는 2005년에 특이점에 도달할 것이라고 예언했지만 기술의 발전 속도는 그의 예상보다 늦어지고 있다(Vinge, 1993). 과학기술에 대한 미래학자들의 예언은 그들이 가지고 있는 어느 정도의 깊이 있는 전문적 지식과 매우 넓은 영역의 지식에 근거하고 있지만 많은 경우에 그들의 예언은 빗나가기도 한다. 상상과 기대를 넘어선 미래학자들의 예언이 빗나가는 이유를 몇 가지만 들자면, 우선 한 기술의 발전과 진화에 영향을 미치는 과학 기술적, 사회적, 경제적, 정치적 요인들은 서로 얽혀 있어서 이들을 전체적으로 조망하기는 매우 어렵다는 것이다. 둘째, 미래학자들은 모든 분야를 깊이 있게 연구한 것이 아니라서 자신이 연구하지 않은 분야에서의 기술의 한계를 잘 모르고 얕고 표면적 수준에서 기술을 바라보게 된다. 셋째, 미래학의 관점은 과학기술에 대한 극단적인 낙관론이나 비관론에 서 있는 경우에 대중들에게 훨씬 더 많은 주목을 받을 수 있다. 즉, 대중이나 비전문가에게는 기술을 자세히 설명하는 것보다 감성적 직관을 통해 대략적 이해와 그 기술에 대한 중요성을 인정할 수 있게 하는 것이 훨씬 쉬울 수 있다.

3. 19세기 철학과 AI 기술

이성을 강조한 17세기의 합리주의와 18세기의 계몽주의를 거쳐 가면서 근대의 과학기술 문명은 시작되었다. 과학과 기술이 결합하면서 산업혁명의 불길은 유럽 전역으로 퍼져갔다. 19세기는 본격적으로 경험과학 중심의 사회로 진입하면서 2000년 이상 모든 사상의 영역에서 서양을 지배해 왔던 형이상학적 철학은 더는 문명을 이끌어가는 중심의 역할을 할 수 없게 되었다. 과학의 인식기준에 대한 새로운 원리를 제시한 논리실증주의(Logical Positivism)는 형이상학을 인식적으로 무의미한 사이비 과학이라고 배제하였다. 즉, 과학에서의 진리에 대한 인식의 기초가 되는 기준은 논리적 정합성과 경험적 검증 가능성(verifiability)이라고 주장하였다.[3] 논리적 정합성을 판단하기 위해서는 어떤 주장의 언어형식이나 논리형식이 그 언어체계에 정합되는지 살펴봐야 하는데 인간의 자연언어는 애매(ambiguous)하거나 모호(vague)[4]해서 과학적 언어로 사용하기에는 적합하지 않다고 주장하였다. 이들은 인간의 생각 속에 표상되는 개념의 내용도 객관적이고 명확하게 표현할 수 있도록 형식화한 수학적 언어, 즉 자연어가 아닌 인공어(artificial language)가 필요하다고 주장하였다. 수학의 한 분야인 형식 논리학(Formal Logic)이 이 시기에 많은 연구가 이루어졌고 다양한 논리 언어체계들이 제안되었다. 19세기에 논리학자들에 의해 발전된 일차술어논리(First Order Predicate Logic)[5]는 기호주의 AI 연구자들이 가장 많이 사용했던 Prolog란 AI 프로그램 언어의 모태가 되었다. 논리학이란 사람의 지식의 내용이나 추론의 과정을 객관적이고 계산 가능한 방법

---

3 비트겐슈타인(Wittgenstein), 러셀(Russell), 카르납(Carnap) 등이 주도한 비엔나 서클(Vienne Circle)을 중심으로 형성된 철학의 학파로서, 이들은 "모든 지식은 궁극적으로 감각 입력을 묘사하는 관찰문장(observation statement)과 그 문장에 쓰인 단어들의 의미를 분석하고, 실험이나 관찰을 통해 그 문장이 옳음을 증명하거나 거짓임을 드러낼 수 있다"라고 하였다. 명제에 대한 진위 판단은 분석적 방법과 종합적 방법이 있는데, 경험적 지식이 없어도 단어의 뜻과 단어 간의 관계를 통해 진위(정합성) 판단이 가능하고(분석적 방법), 과학의 가설과 같이 경험적 지식이 없으면 진위 판단을 할 수 없는 명제는 과학 실험(종합적 방법)을 통해 진위를 판단할 수 있다.

4 '애매'는 단어나 문장의 의미가 두 개 이상일 경우이고 '모호'는 그 의미를 명확하게 알 수 없다는 뜻이다.

5 일차술어논리는 하나의 문장을 P, Q와 같이 표현하는 명제논리를 넘어서 한 단어의 개념을 개별개체(individual object)로 표현하고 변수에 한정사(quantifier)를 사용하여 자연어와 가까운 의미적 표현력을 높일 수 있도록 고안되었다. "If a farmer owns a donkey, then he beats it"이란 문장을 일차술어논리로 다음과 같은 방식들로 표현할 수 있다. 일차술어논리로 표현된 문장들은 논리적 연산이 가능하므로 추론규칙으로 표현될 수도 있다.
  - $(\forall x)(\forall y)((farmer(x) \wedge donkey(y) \wedge Owns(x,y) \supset beats(x,y))$
  - $(\forall x{:}farmer)(\forall y{:}donkey)(owns(x,y) \supset beats(x,y))$
  - $\sim(\exists x)(\exists y)(farmer(x) \wedge donkey(y) \wedge owns(x,y) \wedge \sim beats(x,y))$

으로 표현할 수 있는 수학 언어체계를 연구하는 분야이다. 이런 의미에서 19세기 논리학자들은 다가오는 세기의 인공지능이라고 하는 새로운 분야의 토대를 세웠다.

19세기의 또 하나의 물결은 경험과학으로서의 실험심리학(Experimental Psychology)의 탄생이다. 근대 심리학의 아버지로 일컬어지는 빌헬름 분트(Wihelm Wundt)는 1879년 라이프치히 대학에 최초로 심리학 실험실을 개설하였다. 그는 과학으로서의 심리학은 객관적으로 측정할 수 없는 정신 현상에 대한 철학적 담론에서 벗어나야 한다고 주장하였다. 측정 가능한 조작적 정의와 통계적 방법을 도입하여 그의 실험실 연구는 감각, 주의, 기억과 같은 정신 과정을 객관적으로 측정하는 방법들을 고안하였다. 객관적 관찰과 측정이 불가능한 주관적 의식과 마음의 문제는 심리학의 연구 대상이 될 수 없다는 생각은 19세기 말에서 20세기 중반까지 이어지는 행동주의 심리학의 관점으로 자리 잡게 된다. '지능'이라는 현상도 인간의 주관적인 정신 현상이 아니라 객관적으로 다루어져야 하는 과학적 탐구의 대상일 수 있는 것이다.

주관적 마음의 문제를 다루는 철학적 사조나 분트와 같이 정신 현상을 과학 탐구의 대상으로 삼았던 심리학자들 모두 그 당시 논리실증주의 철학자들에 의해 심리주의(psychologism)라고 비판을 받았다. 초기 인공지능 연구자들은 대부분 논리학을 기반으로 기호주의 AI의 전통을 세우게 되는데 '지능'을 객관화하는 데 심리학과 같은 경험과학에 의존하지 않고 형식 논리학적으로 추상화(abstraction)하는 방법을 도입하였다. 심리학의 연구가 통계를 기반으로 연구된다고 하더라도 개인의 심리 현상을 설명하는 것에 불과하므로 지능의 과정을 컴퓨터에 구현하기 위해서는 이보다 객관적이고 보편적인 방법이 필요하기 때문이었다. 이후에 인공신경망과 같은 기계학습 AI 진영은 심리학이나 생리학의 영향을 받아서 통계학이나 확률적 방법으로 '지능'의 과정을 모델링하는 방법을 채택하게 된다. 이런 점에서 학습기반의 AI를 기호적 접근(Symbolic Approach)이 아닌 확률에 기반한 수리적 접근(Numerical Approach)이라고 일컬어지기도 한다.

4. 20세기 AI 탄생의 학문적 토대

위에서 언급하였듯이 AI 탄생의 주역들은 무모하리만큼 다양한 학문에 대해 열려 있었고, 특히 인간의 인지적 과정에 대한 깊이 있는 사유를 하였다. 이들 중 GPS(General Problem Solver)란 개념을 만든 허버트 사이먼(Herbert Simon)은 노벨 경제학상을 받았을 뿐만 아니라 폰 노이만과 함께 최초로 디지털 컴퓨터의 구조를 설계한 것으로도 유명하며 심리학, 행정학, 경영학, 철학에서 큰 업적을 남겼다. GPS란 개념은 알파고같이 바둑이란 특수한 문제만 잘 푸는 것이 아니라 사람의 지능과 같이 세상의 보편적인 문제를 해결하는 데 적용될 수 있는 일반지능을 의미한다. 알파고를 만든 구글의 딥마인드가 궁극적으로 원하는 것은 게임만 하는 기계가 아니라 GPS와 같은 능력을 알파고에 탑재하는 것일 것이다. 알파고의 강력한 경쟁자인 IBM Watson은 미국의 유명 퀴즈 TV 프로그램에서 사람을 이기고 우승했는데 결국 GPS를 목표로 하고 있다. Watson은 여러 종류의 기계학습 알고리즘과 지식기반의 AI 기술을 결합한 하이브리드 시스템을 통해 의료와 법률 등의 다양한 분야에서 인공지능 서비스를 추진하고 있다.

AI 탄생의 주역 중 또 다른 한 명인 클로드 섀넌(Claude Shannon)은 인공지능 연구보다 정보 이론의 창시자로서 더 유명한데, 그는 원래 미분해석기의 논리 회로를 연구하여 전자식 디지털 컴퓨터의 이론적 기반을 제공했다. 정보 이론의 관점에서 섀넌은 확률론을 이용하여 정보를 전송하는 가장 효율적인 방법을 연구하면서 정보 엔트로피(Information Entropy)의 개념을 창안하였다(Shannon, 1948). 그의 정보 엔트로피의 개념은 여러 기계학습 AI 알고리즘에서 사용되었고, 이를 자연어처리(Natural Language Processing)에 적용하여 영어문장의 통계적 분석으로 영어 엔트로피의 최댓값과 최솟값을 계산하였다. 정보 엔트로피의 개념은 물리학의 엔트로피의 개념에서부터 도입되었는데, 일어날 사건의 확률이 낮을수록 불확실성은 높아지고 정보 엔트로피는 높다. 예컨대 주사위 던지기와 동전 던지기를 비교했을 때 주사위 던지기에서 한 사건이 일어날 확률은 동전의 한 면이 나올 확률보다 작고 엔트로피는 크다. 엔트로피는 한 사건이 일어났을 때 얻을 것으로 기대되는 새로운 정보의 양과는 비례하게 된다. 내일 아침에 해가 뜰 확률은 거의

1이기 때문에 이를 통해 얻을 수 있는 새로운 정보의 양은 거의 없고 엔트로피도 거의 0인데 이는 자연의 질서를 통해 예측이 확실하기 때문이다. 데이터의 패턴을 찾는 것을 목적으로 하는 기계학습 알고리즘은 정보 엔트로피를 가장 효율적으로 낮출 수 있는 데이터 특질(features)들을 찾아내는 것이다. 아래의 <그림 6>은 섀넌의 정보 이론과 그의 정보 엔트로피 개념을 묘사한 것이다.

그림 6 섀넌의 정보 이론

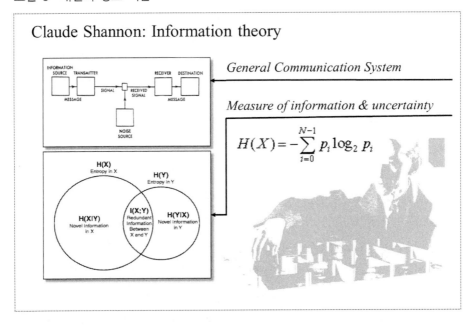

디지털 컴퓨터 시대의 막이 오른 1940년대에 여러 다양한 학문을 관통하는 패러다임을 지칭하는 키워드 하나를 호명하라면 '시스템'이라 할 수 있겠다. 일반 시스템 이론(General System Theory)의 주창자인 오스트리아 생물학자 폰베르탈란피(Von Bertalanffy)는 생명체(living organizaton) 개념은 사물(thing)이라기보다 시스템의 관점으로 본 사건(event)들의 패턴(pattern)이라고 하였다(Von Bertalanffy, 1968). 생명체는 역동적으로 상호작용하는 흐름으로서 요소들이 가지는 성질들로 환원될 수 없는 전체로서의 조직 자체의 창발적(emergent) 특성을 가진다. 그는 시스템을 "공동의 목적을 위해 상호작용하는 서로 연결된 구성체들(interconnected components)의 집합"이라고 정의 내렸다. 예컨대, 생명체는 생존을 위해서, 교통 시스템은 교통의 원활한 운영을 위해서, 몸의 소화기계(Digestive System)는 소화를 위해서, 정당은 정권을 잡기 위해서 존재한다. 구성체들이 서로 연결된 전체로서의 시스템은 외부환경과 구별되는데 외부환경과 상호작용하느냐에 따라 열린(open) 시스템과 닫힌(closed) 시스템으로 구분된다. 생명 시스템은 환경과의 유기적 상호의존의 관계를 갖고, 더 상위의 큰 시스템 속에서 작용하면서 발전하는 관계이다. 즉 분자들의 집합은 세포를 구성하고, 세포는 기관을, 기관은 몸을, 그리고 사람들이 모여서 사회를 구성한다. 생명체, 지구, 정부조직, 컴퓨터, 로봇들이 어떻게 구성되고 기능하는지는 모두 시스템 이론으로 설명되거나 설계될 수 있다. 이처럼 여러 학문 분야를 통합할 수 있는 공통적인 사고와 연구의 틀로서 시스템 이론이 이 무렵 다양한 분야의 학자들에 의해 제안되었다.

그 당시 시스템 이론과 동의어로 쓰이기도 했던 사이버네틱스(Cybernetics)는 로봇제어공학을 비롯한 여러 학문에 매우 중요한 이론과 방법론적 토대가 되었다. 사이버네틱스는 그리스어로 'Kybernetes'인데 '항해할 때 (키를) 조종하다(steer, navigate, govern)'를 의미하며 영어의 'governance'와 같은 뜻이다. 그리스 철학자인 플라톤의 『국가론(The Republic)』에서 "the study of self-governance"라는 표현과 함께 처음 사용된 용어이다. 아리스토텔레스도 세상의 사건을 설명할 때 사용한 원인과 결과의 관계 중 목적성(télos, purpose)의 개념이 'governance' 개념과 통한다. 현대 컴퓨터공학과 윤리 철학에서 사용되는 '목적 지향성'을 가진 행위자를 뜻하는 'agent' 개념도 이와 관련 있다. 사이버네틱스는 당시의 환원론적 기계론과 대비되는 목적론적 기계론(teleological mechanism)에서 유래된 피드백(feedback)[6] 제어의 개념을 발전시켰다. 20세기 초에 다학제적 융합 학문으로서 사이버네틱스는 전기공학, 기계공학, 진화생물학, 신경과학, 컴퓨터공학, 경제학 등 다양한 학문 발전에 중요한 공헌을 하였다.

피드백이란 미리 설정된 목표에 맞게 시스템이 제대로 작동하고 있는지에 대

---

6 18세기 후반의 제임스 와트(James Watt)는 증기기관의 모델을 제작하며 교정 피드백(corrective feedback)의 원리를 제안하였다. 유입되는 물의 양과 유출되는 물의 양을 적절히 조절하기 위해 밸브를 제어하는 방식이 일종의 피드백 작동원리이다.

한 정도를 신호로 알려주는 시스템의 동작 원리이다. 피드백은 부적(negative) 피드백과 정적(positive) 피드백으로 구분된다. 여기서 부적과 정적이라는 용어는 부정적이거나 긍정적이라는 가치 중심의 개념과는 상관없다. 부적 피드백 루프는 현 상태를 복구함으로써 목표와 실행 사이의 편차를 줄여주는 것인데, 특정 온도를 유지하게 하는 온도조절장치, 자율신경시스템, 생물학에서의 항상성 개념이 여기에 속한다. 시스템을 안정화하고 항상성을 유지하는 과정이 부적 피드백인데, 몸에 열이 없으면 더 많이 떨게 되고 온도가 낮을수록 히터는 더 세게 작동하는 것과 같이, 한쪽이 많아지면 다른 쪽은 적어지는 현상들이 여기에 속한다. 사람과 같은 인지 시스템에서는 과거 경험을 통해 형성된 관점 안에서 정보를 변형(또는 왜곡)하여 수용하는 현상도 부적 피드백의 예이다.

반면 정적 피드백은 일탈을 지시하는 신호가 일탈을 증가시키는 행위를 끌어낼 때 발생한다. 즉, 개개의 변화를 다음의 변화에 추가하여 편차를 보강하거나 확대하는 기전을 말한다. 부적 피드백은 기본적으로 입력값이 정해진 값을 초과할 때 낮추어준다면 정적 피드백은 '많을수록 많아지게' 하는 확장적이고 누진적 효과를 주게 된다. 이런 정적 피드백은 시스템이 외부환경이나 다른 시스템과 원활하게 소통하지 못하는 고립된 상황에서는 끊임없이 성장하게 되어 시스템은 결국 파멸에 이르게 된다. 하지만 정적 피드백은 긍정적 의미에서 새로움과 불안정성을 산출하여 이미 주어진 시스템의 목표를 수정할 수도 있다. 주변에 불안한 상태들이 지속되면서 입력과 코드화된 규준들 사이에 부조화가 발생하면 기능장애 상태가 되는데, 생명체와 같은 복잡하고 정교한 시스템은 파멸이 아니라 새로운 상태에 어울리는 새로운 행동을 찾아낼 수 있다. 이러한 새로운 상태로의 발전이나 진화를 자기 조직화라고 한다. 자기 조직화라는 개념은 생물학자인 마투라나(Maturana)와 바렐라(Varela)가 처음 사용하여 이론화시켰는데 '스스로를 창조한다'는 뜻으로 Autopoiesis라 이름 붙였다(Varela, Maturana, & Uribe, 1974). 즉, 시스템의 구성 요소들의 재생산과 재배치를 통해 발생한 시스템 내부의 구조 변화로 인해 외부로부터 오는 입력 정보의 처리가 달라지는 것을 말한다. 이 경우 시스템의 행동을 결정하는 것은 입력이 아니라 시스템 안에서 일어나는 현상이다.

사이버네틱스를 학문으로 정립하고 피드백 이론을 정교하게 발전시킨 인물은 노버트 위너(Norbert Wiener)이다(Winer, 1948). 전자·전기공학, 기계공학, 심리학, 사회학, 생리학, 경제학 등의 학문에 통달한 그는 종합학문으로서의 사이버네틱스를 제창하였다. 사이버네틱스는 인공지능과 같이 정보를 처리하는 인지 시스템이라는 점에서 동일시되기도 한다. 하지만 아래 그림에서 보여주듯이 인공지능은 주로 시스템 내부의 정보처리 과정과 지식의 표상에 관한 소프트웨어적 관점에서 다루는 학문이라 할 수 있다. 반면, 사이버네틱스는 환경과 끊임없이 상호작용하는 관계성과 자율성을 강조하고 하드웨어와 소프트웨어를 구분하지 않고 있다. 최근에 연구가 활발히 진행되고 있는 환경과의 상호작용을 스스로 학습하는 적응적 로봇(Adaptive Robot)의 개념이 사이버네틱스로부터 진화발전되었다.

그림 7 사이버네틱스와 피드백

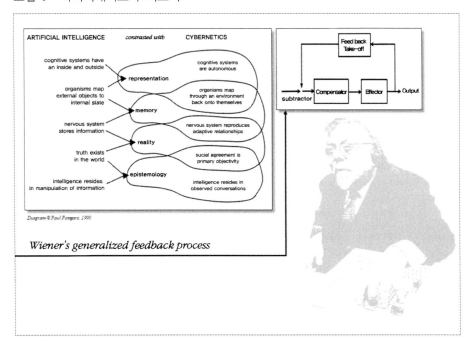

III. 지식기반(Knowledge-based) AI

1. 지식의 표현(Knowledge Representation)과 추론(Reasoning)

AI 기술은 사람의 사고의 과정을 논리언어로 추상화하여 기계가 사람과 같은 지적능력을 가질 수 있도록 하는 목적에서 탄생하였다. 초기 AI 기술은 사람의 머릿속에 있는 지식을 기계가 처리할 수 있는 프로그램 언어로 표현하는 방법과 이를 통해 추론이라는 연산을 기계가 할 수 있도록 알고리즘을 만드는 것이었다. 1980년대 꽃을 피웠던 전문가 시스템(Expert System)은 의사와 같은 전문가의 지식과 추론의 과정을 논리 언어로 잘 번역하는 것이었고, 당시에 지식공학자(Knowledge Engineer)는 이런 일을 하도록 훈련을 받았다. 예컨대, 숙달된 전문가의 암묵지를 추출해서 일상의 언어나 도식으로 잘 개념화하고 이를 컴퓨터 언어로 다시 번역해야 한다. 위에서 언급하였듯이 19세기 말 논리실증주의자들이 발전시킨 일차술어논리는 사람의 지식과 논리적 추론의 과정을 엄밀하게 표현할 때 사용될 수 있는 논리수학 언어체계이다. 하지만 일차술어논리는 컴퓨터 언어로 활용되기에는 한계가 있었다. 1936년에 발표된 처치의 정리(Church's theorem)에 따르면, 일차술어논리는 결정 불가능하다(undecidable). 즉, 이 정리는 양화 이론의 방식으로 표기된 임의의 추론을 타당 또는 부당한 것으로 올바르게 분류하는 기계적 절차란 없다는 것을 말해 준다. 이러한 까닭에 추론 과정을 보다 효율적으로 만들기 위한 다양한 방법들이 제시되었다. 가장 성공적인 방법은 일반적인 일차술어논리에 비해 표현에 약간의 제약이 있겠지만 지식을 표현하는 데 가장 적합한 컴퓨터 프로그램 언어를 개발하는 것이었다. AI 기술의 산업화에 큰 역할을 했던 AI 언어 중 하나가 Prolog이다. AI 관련 문헌에서 자주 소개되는 원숭이와 바나나 문제를 Prolog를 써서 해결한 예를 살펴보자.

> 원숭이와 바나나 문제(Bratko, 2001)
> 어떤 방에 원숭이, 상자, 그리고 바나나가 있다. 바나나를 얻기 위해 원숭이는 어떤 동작들을 수행하여야 하는가? 즉 원숭이는 상자가 있는 곳으로 가

서(walk), 상자를 바나나가 있는 곳까지 밀고(push), 상자 위로 올라가(climb), 바나나를 잡아야(grasp) 하는 것이다.

그림 8   원숭이와 바나나 문제

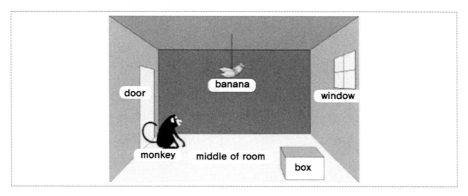

Prolog는 주어진 문제에 대해 선언적(declarative) 접근, 즉 목표 지향적(goal-oriented) 프로그래밍을 가능하게 하므로, 이 문제를 해결하는 데 매우 적합한 도구이다. 원숭이가 위의 그림과 같은 방의 환경에서 상자를 이동시켜 바나나를 가지는 지능적 행동을 매우 간단하게 Prolog언어로 프로그램을 만들면 다음과 같다.

```
move(state(middle, onbox, middle, hasnot), % Before move
     grasp, % Grasp banana
     state(middle, onbox, middle, has)). % After move
move(state(P, onfloor, P, H),
     climb,
     state(P, onbox, P, H)).
move(state(P1, onfloor, P1, H),
     push(P1, P2),
     state(P2, onfloor, P2, H)).
move(state(P1, onfloor, B, H),
     walk(P1, P2),
```

```
            state(P2, onfloor, B, H)).
canget(state(_, _, _, has)).
canget(State1):−
move(State1, Move, State2),
canget(State2).
```

여기서는 목표 상태를 state(middle, onbox, middle, has)로 가정하고 있다. 이
프로그램은 "?−canget(state(atdoor, onfloor, atwindow, hasnot))"라는 질의에 대해
"Yes"라고 대답한다. 즉, 이것은 초기 상태 state(atdoor, onfloor, atwindow, hasnot)
로부터 목표 상태 state(middle, onbox, middle, has)에 이르는 경로가 존재함을 추
론해 낸 것이다. 이때, 추론해 낸 경로는 최단 경로이며, 사실상 이 프로그램은 최
단 경로만을 찾게 된다. 이 과정을 그림으로 표현하면 <그림 9>와 같다.

그림 9 Prolog를 이용한 자동 추론의 예

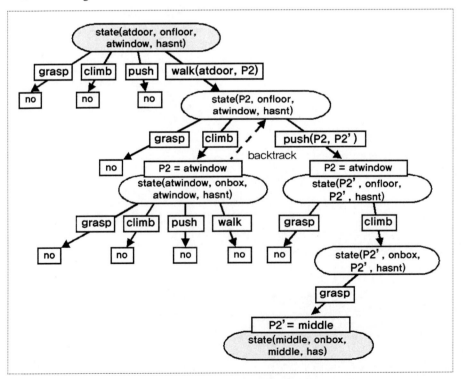

2. 지식의 구조적 표현

지식기반 AI를 구현하는 데 가장 널리 활용되었던 규칙(rule)기반 지식표현은 기본적으로 추론의 절차를 문장을 순차적으로 나열하는 방식이다. 하지만 잘 훈련된 프로그래머에게도 AI가 풀어야 하는 복잡한 문제를 지식으로 모델링하여 논리적 언어로 프로그래밍하는 것은 매우 어려운 일이다. 따라서 문장 형식을 따르는 논리적 지식표현 방식보다 인지적(cognitive) 관점에서 좀 더 직관적이고 구조적(structural)인 지식표현 방법에 대한 연구가 활발히 진행되었다. 의미망(semantic network)과 프레임(frame) 기반의 언어는 이것의 대표적인 예이다.

의미망 개념은 거슬러 올라가면 아리스토텔레스(Aristotle)의 범주(category)에서부터 그 기원을 찾을 수 있으나, 전산학 혹은 인공지능 분야에 이것을 도입한 사람은 퀼리언(M. R. Quillian)이다. 1960년대에 이루어진 그의 선도적인 작업은 특히 심리학자들에게 많은 영향을 주어, 지식이 실제로 사람의 장기 기억(long-

그림 10 의미망의 예: 사무실 내 기계들

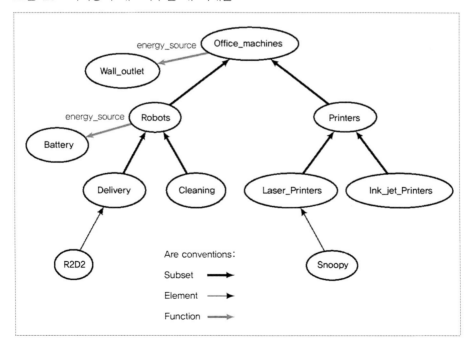

term memory) 내에서 의미망의 형태로 저장되는지를 판단하기 위한 연구들이 진행되었다. 의미망은 대상들과 그것들의 속성들에 관한 분류학적 지식을 나타내는 그래프(graph)이다. 이 경우 보통 정점(vertex)을 '노드(node)'라 하며, 이것은 두 종류로 구별된다. 즉, 분류학적 범주나 속성, 즉 일반적으로 n항 관계를 나타내는 노드들과 대상 영역 내 구체적 대상들을 나타내는 노드들이다. 의미망에서는 간선(edge)을 보통 '아크(arc)'라 하는데 개체 노드 간의 관계를 표현하는 것이다. <그림 10>은 사무실 내 기계에 관한 단순한 지식표현의 예이다.

어떤 노드가 갖는 속성들에 관한 추론은 의미망을 이용하면 쉽고 효율적으로 이루어질 수 있다. 노드 A로 표현되는 대상이 노드 B로 표현되는 어떤 집합에 속하는가를 결정하려면, A에서 시작되는 아크가 B와 만나는지만 알아보면 된다. 예를 들어 위의 그림에서는 R2D2가 사무실 기계(Office-machines)임이 쉽게 추론된다. 노드 A로 표현되는 대상이 가진 어떤 속성의 값을 결정하려면, A에서 시작되는 아크를 따라가다가 그러한 속성을 표현하는 노드에 연결되면, 그때 그 값을 읽어오면 된다. 예컨대, 그림에서 스누피(Snoopy)의 에너지원(energy-source)은 벽의 전기 코드(Wall-outlet)임을 쉽게 알 수 있다.

의미망의 확장으로서 제안된 프레임(frame) 기반의 지식표현 방법은 의미망보다 더 다양하고 복잡한 지식의 구조를 표현할 수 있다. 프레임 체계에서는 지식 항목들을 계층적 구조로 표현될 수 있으므로 사람에게도 쉽게 이해될 수 있고 컴퓨터가 처리하는 데도 효율적이다. 하지만 실세계의 복잡한 대규모 지식을 프레임 구조로 만드는 것은 여전히 매우 힘들고 비용이 많이 드는 일이다. 프레임은 일종의 자료 구조(data structure)로서 프레임 이름과 (속성-속성값)의 집합이다. 프레임 이름은 의미망의 노드에, 속성은 이 노드와 연결되는 아크에, 그리고 속성값은 이 아크의 다른 끝 쪽에 있는 노드에 대응한다. 이러한 (속성-속성값)의 순서쌍을 보통 슬롯(slot)이라고 하고, 속성을 슬롯 이름(slot name), 속성값을 슬롯값 혹은 슬롯 채우기(slot filler)라고 한다. 다음 그림은 호텔 방 및 그 안의 비품들을 프레임 구조를 이용하여 표현한 예이다.

그림 11   프레임의 예: 호텔방 내 비품들

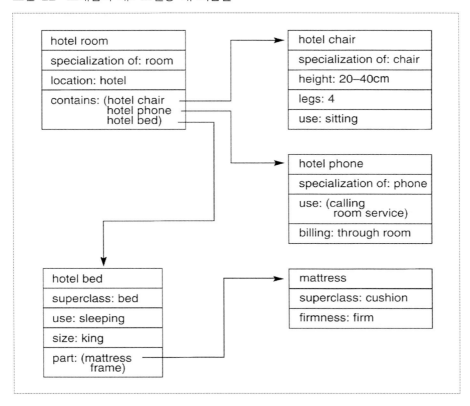

3. 시맨틱 웹, 온톨로지, 지식 그래프

위에서 지식의 표현과 추론을 위한 기술로 문장의 형식을 따르는 논리학 기반의 AI 기술의 비효율성에 대해 언급하였다. 보다 구조적으로 지식을 표현할 수 있는 기술로 의미망과 프레임 구조에 대해 살펴보았다. 이런 구조적 접근의 지식 표현 기술은 지식을 구성하는 더 작은 단위인 '개념(concept)'을 어떻게 효율적으로 기계가 처리할 수 있을까 하는 고민에서 출발하였다. 19세기 일차술어논리가 개발되기 훨씬 이전인 기원전 4, 5세기의 그리스 철학자들은 인간의 지식에 대한 근본적 사유를 하였다. 아리스토텔레스의 인식론과 논리학은 오늘날 여러 학문 분야에서 자연스럽게 쓰이고 있는 용어와 개념들의 뿌리가 된다. 우리가 일상에서 사용하는 단어들은 머릿속에 있는 개념을 전달하는 수단이다. 개념은 단어와 그 단어가 지칭하는 사물 사이의 연결에 대한 표상으로서 머릿속에 있는 그 단어의 의미 내용이다. 아리스토텔레스에서부터 시작된 용어들을 개념화하는 연구는 오늘날 컴퓨터 분야에서 온톨로지(ontology)라는 이름으로 이어지고 있다. 온톨로지 기술은 의학, 자연과학 분야뿐만 아니라 여러 산업 분야에서 쓰이는 용어들을 컴퓨터가 처리할 수 있도록 하고, 여러 데이터베이스를 통합할 수 있는 기술로 널리 활용되고 있다. 데이터베이스에 담겨 있는 각종 용어와 데이터 항목들의 의미를 컴퓨터가 처리할 수 있는 방식으로 표현할 수 있다면 데이터는 곧 AI가 지식으로 저장할 수 있고 추론할 수 있는 재료가 된다.

이제는 AI 엔진이 처리하는 지식의 공간을 전 세계에 있는 웹의 자원으로 확대할 수 있는 시대에 있다. 월드와이드웹을 주창한 팀 버너스리(Tim Berners-Lee)는 웹이라는 거대한 글로벌 정보공간에 있는 모든 정보 자원들을 의미 수준에서 연결하겠다는 비전을 시맨틱 웹(Semantic Web)이라는 이름으로 현실화하였다. 시맨틱 웹은 AI 기술은 아니지만, 웹에 있는 모든 정보 자원들을 AI가 사용할 수 있게끔 구조화한다는 의미에서 AI 자동차가 달릴 수 있는 고속도로를 건설하는 기술이라 할 수 있다. 웹 문서에서 사용되는 개념들 사이의 의미적 연관성을 추출하고 표현하고 저장하는 기술로서의 온톨로지 공학은 시맨틱 웹을 구현하는 데 중요한 요소 기술이다.

위에서 언급하였듯이 시맨틱 웹이란 컴퓨터-특히 S/W, 프로그램, 혹은 에이전트-가 정보의 의미를 이해하고 의미를 조작할 수 있는 환경이다. 그러면 검색엔진과 같은 어떤 에이전트가 웹에 있는 정보의 의미를 이해한다는 것은 무슨 뜻일까? 이것은 웹에서 새로운 무엇을 발견했을 때 그것을 이미 잘 알고 있는 다른 무엇에 관련시킬 수 있다는 뜻이다. 즉, 관계형 데이터베이스에서는 관계가 의미이듯이, 웹에서는 정보 자원들 사이의 이러저러한 연관성이 바로 '의미'인 것이다. 물론 개별 데이터베이스와는 규모 면에서 비교가 안 될 정도로 웹 환경에서의 정보 간 연관성은 복잡하고 다양하다. 그런데 만약 문서의 각 부분을 컴퓨터가 이해할 수 있는 형식으로 기술(description)해 줄 수만 있다면 복잡하게 얽혀져 있는 정보 자원들 사이의 의미적 연관성을 통해 다양한 정보들이 보다 효과적으로 활용될 수 있다. 시맨틱 웹의 표준 언어인 RDF(Resource Description Framework)라는 언어는 정보 자원들 사이의 연관성을 기술하기 위한 수단을 제공해 주기 위해 개발되었다. 간단한 예를 한 가지 살펴보자. 몽룡과 춘향은 하와이로 신혼여행을 가기로 했다. 몽룡은 춘향에게 현지에서 진주 목걸이를 사주리라 생각하고, 가격을 알아보기 위해 검색 엔진에 '하와이에서 제작되어 판매되는 진주 목걸이의 가격'이라는 메시지를 입력했다. 이 경우 일반 검색 엔진은 '하와이', '제작', '판매', '진주', '목걸이', '가격' 등이 포함되는 방대한 양의 정보를 뿌려줄 것이다. 이 중에는 '진주만'과 같이 검색의 목적과 동떨어진 정보도 나올 것이다. 그러나 만약 몽룡이 던진 질의의 의미, 즉 입력된 단어들 사이의 연관성이 컴퓨터에서 표현되고 처리될 수 있다면, 몽룡은 자신의 원래 목적에 훨씬 근접한 정보들만을 효과적으로 얻게 될 것이다. 정리하자면 전통적인 웹과 시맨틱 웹의 차이는 다음과 같다. 전통적인 웹에 존재하는 문서의 내용 자체는 인간만이 이해할 수 있으며, 컴퓨터에게는 기본적으로 무의미하다. 그런데 만약 데이터들 사이에 연관성을 표현할 수 있는 구조가 더해진다면 상황은 재미있어진다. 각종 AI 엔진들은 웹의 정보들로부터의 추론을 통해 새로운 정보를 만들어내게 되고, 이렇게 체계화된 정보들은 향후 AI의 의사결정이나 행동에 영향을 줄 수도 있게 된다.

컴퓨터가 단어나 문장의 '의미를 이해한다'는 것은 '이해의 대상이 되는 새로운 것을 이미 알고 있는 다른 것과 관계 짓는다'라고 할 수 있다. 정보 자원 간의 관계를 컴퓨터가 처리할 수 있는 방식과 언어로 표현하는 것을 지식표현(Knowledge Representation) 방법이라고 할 수 있겠다. 앞에서 이미 언급하였듯이 인공지능이라는 학문 분야에 있어서 가장 중요한 연구주제라 할 수 있는 지식표현에 관한 여러 이론과 방법들이 개발되었다. 지식표현의 방법은 다양한 목적의 전문가 시스템(Expert System) 개발에 널리 응용되었다. 예를 들어 의료 진단 전문가 시스템은 전문의가 환자의 증세와 여러 검사 데이터를 검토하여 진단을 내리듯이 병의 진단과 관련 있는 입력 정보를 기초로 논리적 추론 과정을 거쳐 진단을 내린다. 이처럼 규칙기반(rule-based) 전문가 시스템은 각 데이터 항목들을 다른 데이터 항목들과 연관시킴으로써 결론에 이르도록 프로그램이 설계되어 있다.

"자동차는 탈 것이다", "타는 것은 바퀴가 있다", "이모는 어머니의 여자 형제이다" 등과 같이 사물에 대한 정의와 속성들에 대한 설명을 컴퓨터가 이해할 수 있도록 프로그램으로 표현하는 것이 지식표현의 문제다. 실제 세계에서는 훨씬 복잡하게 지식이 표현될 뿐만 아니라 문제 해결을 위한 추론의 과정도 상당히 복잡하다. 분산성을 추구하는 웹의 관점에서 볼 때, 아무리 훌륭한 지식베이스를 구축해도 시스템에 있는 지식의 양이 많아질수록 처리의 속도와 효율성은 그만큼 떨어질 것이다. 시맨틱 웹의 궁극적 목표는 의미사용에 대한 분산성을 높이는 것이다. 즉, 정보를 사용하는 사람들이 사물에 대한 동일한 확정적 의미를 가질 필요가 없다는 뜻이다. 예를 들어 시맨틱 웹에서는 대한민국 정부의 세무양식과 미국 정부의 세무양식이 같지 않다고 하더라도, 몇 가지 공통된 부분이 있고 이것들 사이에 중요한 의미적 연결성이 존재한다면, 추론의 과정을 거쳐 어떤 결론을 도출해 낼 수 있고 이들을 합성한 새로운 양식을 만들어낼 수도 있을 것이다. 또 다른 예를 들어보자. 한국, 미국, 일본 및 유럽의 여러 회사들이 전자제품을 생산하는 가상기업을 만들었다면 이들 사이에 오가는 문서의 종류는 수없이 많을 것이고 거래 관계는 상당히 복잡할 것이다. 각 회사의 여건상 문서를 통일할 수도 없고 또한 전자문서 양식을 표준화하기도 어렵다고 했을 때 시맨틱 웹은 이러한 문제를 해결할 수 있는 열쇠가 되는 것이다. 문서의 화폐단위와 도량형의 차이는 의미적으로 연결될 수 있으며 심지어 언어적 차이도 RDF와 같은 메타데이터의 사용으로 쉽게 극복될 수 있다.

최근에는 시맨틱 웹 기술을 RDF 언어로 표현하는 지식 그래프(Knowledge Graph) 기술이라고 부르기도 한다. 그래프 형식으로 표현될 수 있는 RDF 언어는 SPO(주어-서술어-목적어)로 표현된다고 하여 트리플(triple) 구조라고 한다. 매우 직관적이고 단순한 지식의 표현 언어로 전 세계 웹의 표준 언어로 정착되었기 때문에 웹 데이터베이스 언어라고도 한다. 오늘날에는 관계형 데이터베이스보다는 서로 연결된 거대한 데이터 공간을 그래프 구조로 구축하는 소위 그래프 데이터베이스 기술이 보편화되었다. 국내에서 정부가 주도하는 공공데이터 사업도 정부기관의 데이터를 LOD(Linked Open Data)로 공개하도록 하는 것이다. 지식 그래프로 표현된 데이터 자원들은 표준을 따르기 때문에 쉽게 서로 연결이 될 수 있고 API를 통해 다양한 일을 할 수 있어서 새로운 산업을 창출하는 데 매우 중요한 트렌드가 되고 있다.

IV. 학습기반(Learning-based) AI

1. 인간, 수동적 기계, 학습 가능한 기계

인간은 경험을 통해 학습하고 역량을 계발하여 주어진 업무를 수행한다. 반면 전통적인 기계(컴퓨터 및 소프트웨어)의 경우 프로그램 언어라는 수단을 통해 인간이 지시한 명령 집합 혹은 명령 리스트를 수행함으로써 자신의 역할을 완수한다. 뛰어난 연산 능력을 기반으로 매우 복잡하고 방대한 분량의 명령을 아주 짧은 시간 내에 수행할 수 있지만, 지시받은 명령이 불완전한 경우(예컨대, 100개의 명령이 하달되었어야 했지만 1개의 명령이 누락되었을 때), 기계는 예기치 못한 그리고 때때로 치명적인 오류를 발생시킬 수 있다. 프로그래머는 컴퓨터가 수행할 사항에 대해 상세하고 명확하게 인지하고 있어야 하며, 이를 한 줄의 오류 없이 프로그램이라는 명령 집합으로 작성할 수 있어야 한다. 프로그램은 컴퓨터가 받아서 처리할 입력값의 모든 가능한 경우를 반영하여 이에 맞게 처리 가능할 수 있어야 한다. 그러나 인간은 언제든지 실수를 저지를 수 있는 불완전한 존재이므로, 일정 수준 이상의 복잡도를 갖는 프로그램 내에 오류가 포함되는 것은 극히 자연스러운 현상이라 할 수 있다. 불완전한 존재인 인간이 지시한 명령을 수행하는 수동적 존재에 머물지 않고, 다양한 경험을 통해 스스로 학습하고, 자신의 역량을 고도화하여 주어진 업무를 수행할 수 있는 역량을 가진 기계를 '학습 가능한 기계'라고 한다. 톰 미첼(Tom Mitchel)은 기계학습을 다음과 같이 정의하였다(Mitchel, 1997).

A computer program A is said to learn from experience E with respect to some class of tasks T and performance measure P, if its performance at tasks in T, as measured by P, improves with experience E.

2. 기계학습의 원리: 퍼셉트론, 인공신경망 그리고 심층신경망

2016년 이세돌 9단과 알파고의 바둑 대결 이후, 알파고의 기반 기술인 딥러닝(Deep Learning) 및 심층신경망(Deep Neural Network)은 기계학습을 대중에게 알리는 도화선이 되었다. 이 절에서는 퍼셉트론(조부모) → 다층 퍼셉트론(부모) → 심층신경망(자식)으로 이어지는 3대 기계학습 가족 계보에 대한 간략한 논의를 통해 기계학습 전반에 대한 독자의 이해를 돕고자 한다. 3대 기계학습 알고리즘들은 "사례(데이터) 경험을 통해 스스로 학습하여 역량(패턴)을 계발한다"는 공통점을 가진다. 아래 그림은 심층신경망의 1세대인 퍼셉트론(Perceptron)과 2세대인 다층 퍼셉트론(Multilayer Perceptron)의 학습 대상, 학습 과정 및 목표 그리고 업무 수행 방식의 예를 보여준다.

그림 12 퍼셉트론과 다층 퍼셉트론

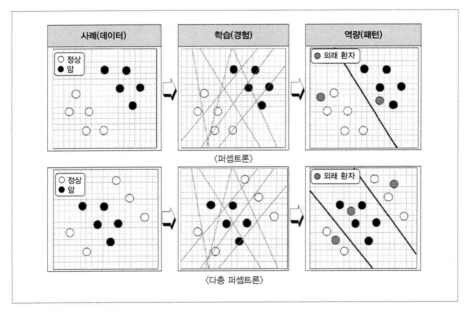

〈퍼셉트론〉

〈다층 퍼셉트론〉

<그림 12>에 등장하는 각 점은 좌표 평면에 표현된 환자를 나타내며, 검은색 점은 암 진단을 받은 환자, 그리고 흰색 점은 정상이라 진단받은 환자라고 가

정하자. 심층신경망의 조부모인 퍼셉트론은 좌표 평면에 존재하는 무수히 많은 직선 중, 환자 기록지를 학습하여 암 환자 그룹과 건강한 그룹을 구분 지을 수 있는 직선(패턴)을 도출해 낸다. 도출된 직선은 향후 병원을 방문한 외래 환자를 좌표 평면에 점으로 표시한 후, 직선의 상단에 환자가 위치한 경우는 암, 하단에 위치한 경우는 정상이라는 판단을 내리는 방식으로 환자 진단 업무를 수행한다. 만약 퍼셉트론의 진단 정확도가 인간 의사의 그것과 큰 차이가 없다면 인공지능 의사를 신뢰할 수 있을 것이다. 이와 같은 이유로 1957년 퍼셉트론이 처음 소개되었을 때 인류는 열광했으며, 거대 자본들이 기계학습 분야로 유입되었다. 그러나 기계학습의 봄날은 인공지능의 역사를 설명할 때 언급하였듯이 퍼셉트론이라는 기계학습 알고리즘이 도저히 풀 수 없는 문제를 민스키가 간파하면서 한계에 부딪히게 되었다.

<그림 12>의 아래 그림에서 암 환자 그룹과 건강한 그룹으로 완벽하게 구분하는 직선은 존재하지 않으며, 이는 퍼셉트론이 유능한 AI 의사가 될 수 없음을 의미한다. 이로 인해 기계학습은 급격한 쇠퇴기에 접어들게 되고, 사람들은 이 시기를 AI winter라고 부른다. 그러나 직선을 1개만 사용할 수 있다는 고정관념을 무너뜨리고 <그림 12> 아래의 우측에 등장하는 2개의 직선을 찾을 수 있다면 주어진 점들을 아래 표와 같은 결정 규칙(Decision Rule)을 통해 두 개의 그룹으로 완벽하게 나눌 수 있다. 이때 하나의 직선은 하나의 퍼셉트론에 해당하므로, 아래 표와 같이 동작하는 기계학습 알고리즘을 다층 퍼셉트론이라 부른다.

표 1   다층 퍼셉트론의 결정 규칙

좌표 평면 상의 데이터 위치	진단 결과
두 직선 사이	암
두 직선 밖	정상

다층 퍼셉트론은 그 이름에서 유추할 수 있는 바와 같이, 퍼셉트론 묶음을 여러 층(은닉층: Hidden layer)으로 결합한 형태로 구성되어 있다. 다층 퍼셉트론은 다수의 은닉층을 활용하여 어떠한 형태의 분포를 띠는 데이터에 대해서도 이론적

으로는 이를 완벽하게 구분할 수 있다. 심층신경망은 일반적으로 5개 이상의 은 닉층으로 구성된 신경망을 일컫는다. 그러나 층의 개수가 늘어날수록(층이 깊어질 수록) 학습 과정에서 '기울기 소실 문제(Vanishing gradient problem)'로 인해 학습 이 안 될 수도 있다. 학습을 위한 사례(재료)가 부족한 경우에도 학습은 안 된다. 즉 학습을 위한 데이터 셋은 기계학습에 있어서 필수 요소인데 최근에는 알고리 즘에 대한 연구개발뿐만 아니라 양질의 데이터 셋을 확보하는 것에 대한 필요성 을 인식하게 되었다. 위의 예에서 의사는 단 10명의 환자로부터 데이터의 패턴을 찾고 환자를 두 개의 직선으로 분류했지만, 의학지식이 없는 AI 기계는 엄청난 양의 데이터를 통해서 주어진 의학지식이 없는 상태로 학습을 한다. 주어진 데이 터의 분포가 복잡하고 은닉층이 깊어질수록 수행해야 하는 연산의 횟수는 기하급 수적으로 증가한다. 이는 높은 성능의 하드웨어와 시스템 소프트웨어가 필수적임 을 의미한다. 결국 다양한 분야에서의 심층신경망의 성공적인 활약은 ① 기울기 소실 문제를 완화시킬 수 있는 학문적인 진보, ② 스마트폰 보급 등으로 인한 손 쉬운 데이터 생성 환경, ③ 대용량 데이터처리 기술의 성장 그리고 ④ 하드웨어 기술의 발달에 기인한 것이라 할 수 있다.

3. 기계학습의 종류: 지도학습, 비지도학습, 준지도학습, 강화학습

기계학습 방법론들은 여러 방식으로 범주화될 수 있지만, 기계가 학습하는 사 례(데이터) 및 환경을 기준으로 ① 지도학습(Supervised learning), ② 비지도학습 (Unsupervised learning), ③ 준지도학습(Semi-supervised learning) 그리고 ④ 강화 학습(Reinforcement learning)으로 나누는 것이 가장 일반적이다. 또한 분류 (Classification), 회귀(Regression), 군집화(Clustering), 연관성(Association) 및 운영 (Control) 등과 같이 수행하고자 하는 업무의 행태에 따라 다시 세분화될 수 있으 며, 이를 도식화하면 <그림 13>과 같다.

그림 13   기계학습의 종류

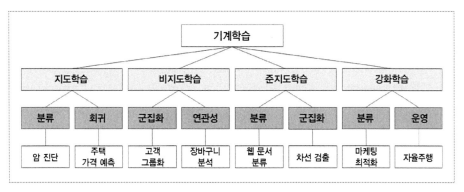

기계가 학습하는 재료인 데이터는 '정답이 주어진 데이터(Labeled data)'와 '정답이 주어지지 않은 데이터(Unlabeled data)'로 구분한다. 위의 암 진단하는 퍼셉트론의 예에서 각 환자의 진단검사 내용과 최종진단을 ($<x_i, x_j>$, y) 형태로 좌표 상에 표시할 수 있다. 점의 구성 요소 중 $<x_i, x_j>$는 환자의 검사 데이터를 좌표 평면에 위치한 것이고 y는 해당 데이터가 '암 환자'인지 '정상인'인지를 구별한 것이다. 위의 그림에서는 암 환자를 검은색, 정상인은 흰색으로 가시화하였다. 이때 y를 데이터 $<x_1, x_2>$의 레이블(Label), 정답(Answer) 혹은 부류(Class)라고 지칭한다. 위 예에서는 기계학습의 산출물을 '주어진 데이터 $<x_1, x_2>$에 대응되는 정답 y로 올바르게 분류할 수 있는 모델 혹은 함수'라 할 수 있으며, 이 업무를 '분류'라고 한다. 주어진 이미지에 등장하는 자동차가 자가용/버스/트럭 중 어느 것인지를 맞추는 업무 역시 분류의 또 다른 예라 할 수 있다. 학생들의 시험문제와 비교해 본다면, AI가 하는 분류는 주어진 보기 중 적합한 항목을 선택하는 객관식 문제 풀기 작업이라 할 수 있다. 반면 데이터의 정답이 가격, 크기, 나이와 같이 실수 형태인 경우도 존재한다. 주택의 특성(예: 위치, 크기, 방 개수 및 화장실 개수 등)이 주어졌을 때 해당 주택의 가격을 맞추는 것은 주어진 보기 중 하나를 선택하는 업무가 아닌 무수히 많은 실수(Real number) 중 하나를 예측해야 하는 업무이다. 이처럼 주관식 문제 풀기 형태의 작업을 '회귀(regression)'라고 한다. 회귀 작업을 수행하는 모델을 학습시키기 위해 우리가 확보해야 하는 데이터 역시 정답이 ($<x_1, x_2>$, y) 형태여야 하며, 정답 y의 형태가 실수(즉 $y \in \mathbb{R}$)라는 것이

분류를 위해 필요한 데이터와의 유일한 차이점이다. 이렇게 데이터에 부여된 정답을 활용하여 기계의 학습 과정을 가이드 혹은 지도하는 특성을 갖는 분류와 회귀를 '지도학습(Supervised Learning)'이라 한다.

IBM의 클라우드 서비스 부문 이사 마이클 비티(Michael Beatty)의 2017년 강연 자료에 따르면[7] 구조화되어 있지 않은 데이터(Unstructured data)가 전체 데이터의 80%를 차지한다. 그리고 정답을 모르는 데이터를 일상에서 더 많이 마주하게 된다. A 전자가 보유한 고객 데이터를 상상해 보자. 고객의 연령, 성별, 거주지, 취미 등 고객에 대한 다양한 정보로 구성되어 있을 것이며, 이 경우는 정답이라는 개념이 존재하지 않으므로 기계의 학습 과정을 지도할 수도 없다. 정답이 주어지지 않은 데이터로부터 기계가 수행하는 학습, 이를 '비지도학습'이라 하며, 앞서 언급한 A 전자의 고객 데이터를 기반으로 한 비지도학습을 통해 도출할 수 있는 패턴 및 활용 시나리오의 예는 다음과 같다.

> A 전자는 새로운 스마트폰 출시에 맞춰 총 3편의 광고를 제작할 계획이며, 잠재적 고객 1,000명의 데이터를 보유하고 있다. 비지도학습 알고리즘을 사용하여, 고객들을 3개의 그룹으로 나눈 후, 각 그룹별 고객의 특성을 반영한 맞춤형 광고를 제작하는 데이터 기반 마케팅 전략을 계획하고 있다.

비지도학습의 또 다른 형태인 연관성 추출의 경우, B 마트가 보유한 영수증 데이터와 유사한 특성을 보유한 데이터를 대상으로 수행되는 기계학습 활용 방식이다. 각 영수증은 고객이 마트를 방문하여 장바구니에 담은 제품 정보로 구성되어 있으므로, 이를 기반으로 다수의 영수증에서 빈번하게 관측되는 제품 집합 정보를 활용하여, 패키지 제품 기획 및 상품 진열 등에 활용하여 매출 향상을 꾀할 수 있다. 이때 활용되는 알고리즘을 연관규칙 추출(Association Rule Mining)이라 하며, 정답이 존재하지 않고 제품 구입 내역만을 포함하고 있는 데이터인 영수증으로부터 패턴을 도출하므로, 비지도학습으로 분류된다.

준지도학습은 정답이 주어진 데이터의 부족 현상을 해결하기 위해 고안된 방

---

7 https://www.slideshare.net/MichaelBeatty/ibm-cloud-storage-cleversafe

법으로서, 정답이 주어진 데이터와 정답이 주어지지 않은 데이터를 모두 활용하여 기계를 학습시키는 전략이다. 학습 과정은 일반적으로 아래 그림과 같이 두 단계로 구성된다. 먼저 정답이 부여된 데이터만을 활용하여 기계를 학습시켜 주어진 데이터에 대한 정답을 예측하는 모델 A를 도출한다. 다음으로 모델 A에 정답이 부여되지 않은 데이터를 입력한 후, 모델 A가 예측한 정답을 데이터의 정답으로 지정하여 모든 데이터를 정답이 주어진 형태로 구성한다. 마지막으로 일반적인 지도학습 과정을 거쳐 모델 B를 생성하여 분류 및 회귀 문제 해결에 활용한다. 준지도학습의 경우, 정답 부여를 위해 과도한 자원이 소모되거나, 웹 문서와 같이 데이터의 양이 방대하고 빈번하게 업데이트되는 분야에서 활용될 수 있다. 그룹화에 활용되는 준지도학습은 분류 및 회귀와는 조금 다른 형태를 띤다. 데이터에 대한 정답은 주어지지 않았으나, 'i번째 데이터와 j번째 데이터는 같은 그룹에 속한다' 혹은 'i번째 데이터와 j번째 데이터는 다른 그룹에 속한다'와 같은 추가적인 정보를 활용하여 그룹화를 수행한다.

그림 14 준지도학습의 동작 예시

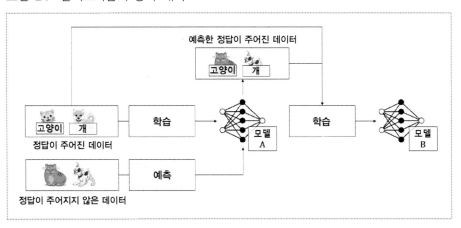

기계학습의 마지막 종류인 강화학습의 경우, 주어진 학습 데이터로부터 패턴을 찾아내는 방식이 아닌, '환경(Environment)', '에이전트(Agent)', '상태(State)', '행동(Action)', '보상과 벌점(Reward & punishment)' 그리고 '정책(Policy)' 등의 개념을 기반으로, 다양한 시행착오를 통해 특정 업무 수행 능력을 향상시키는 전략을

사용한다. 지도학습이 교실에서 선생님의 지도하에 수학 능력 향상을 위한 학습이라 한다면, 강화학습은 운동장에 나가 넘어지고 쓰러지며 자전거 타는 역량을 스스로 향상시키는 형태의 학습이라 할 수 있다. 온라인 격투 게임을 예로 들자면, 환경을 격투 게임, 에이전트를 게이머, 현재 게임화면을 상태, 게이머의 컨트롤러 조작을 행동, 취득 점수 및 게이머가 조작하는 캐릭터의 에너지를 상과 벌 그리고 게이머의 판단력을 정책으로 생각할 수 있겠다. 강화학습의 궁극적인 목표는 벌점을 최소화하면서 더 큰 보상을 획득할 수 있는 정책을 도출하는 것이라 할 수 있다. 자율주행 자동차를 위한 기계학습의 경우 역시 유사한 맥락에서 강화학습으로 분류된다.

Ⅳ. 결론

데이터의 다양성과 복잡성이 증가하면서 데이터 처리를 위한 AI의 역할은 더욱 중요하게 부각되고 있다. 마치 인공지능이라는 좋은 성능의 자동차가 질주할 수 있는 고속도로를 건설하는 것이 빅데이터 기술이라 할 수 있다. 비정형 데이터의 활용을 위한 기계학습 기술은 이미지, 텍스트, 음성처리 기술에 이미 상당 수준으로 연구개발되었다. 하지만 기계가 학습을 할 수 있도록 사람이 데이터 셋을 만들어야 하기 때문에 데이터 셋이 속한 분야의 전문가의 노력이 필요하다. 예를 들어 의료영상 데이터를 가지고 딥러닝 기술로 진단기계를 만들기 위해서는 전문가가 레이블링한 양질의 데이터 셋은 최소 수천 장의 영상 이미지가 필요하다. 영상 이미지 학습 데이터 셋을 만드는 것이 바로 의학 전문가라고 한다면 의사를 능가하는 딥러닝 기술은 불가능하지는 않지만 지나친 기술 낙관론을 경계해야 하는 이유이다. 최근 빅데이터 기반의 인공지능 기술로 가장 앞서간다고 할 수 있는 분야가 음성인식인데, 영어에 비해 우리말 학습 데이터 셋은 매우 부족하다. 인공지능 기술의 경제성을 고려한다면 기술을 이용한 산업에서의 비즈니스 모델을 만드는 것은 사람의 창의적 능력인 것이다. 이처럼 빅데이터 분야의 인력양성을 위하여 기술의 습득이 아니라 기술이 응용될 수 있는 사회와 문화에 대한 통찰력과 창의력을 양성하는 것에 강조점을 두어야 할 것이다.

최근 오랜 침체기를 벗어나 엄청난 힘을 가지고 부활한 인공지능 열풍에 알파고 다음의 일등공신은 빅데이터란 이름의 기술 트렌드이다. 대용량 정보의 수집과 분석을 인공지능이 할 수 있다는 기대 때문이다. 기업과 정부에서는 막대한 양의 '데이터 호수'를 소프트웨어 기업들에서 이미 만들어놓은 AI 툴과 인프라를 통해 의사결정의 통찰력을 높일 수 있는 양질의 분석을 기대하고 있다. 기계학습과 같은 인공지능 도구는 꽤 높은 예측력을 자랑하지만, 특정 도메인의 고객이 찾고자 하는 질문에 최적화된 모델을 제시하는 데 여전히 한계가 있다. 기계학습 엔진이 주는 답은 '왜'라는 질문에 설명을 하지 못한다. 또한 학습 데이터 셋이 달라지면 새로운 기계학습 모델로 새로 학습해야 하기 때문에(not transferable) 유연한 지능을 갖추는 AI는 아직 찾을 수가 없다.

학습기반(learning-based) 인공지능이 주로 비정형 데이터를 잘 다루고 복잡한 문제를 잘 풀 수 있지만 사람이 이해할 수 있는 멋진 '설명'을 제공해 주지는 못한다. 즉, 기계학습은 사람과 소통할 수 있는 지식을 표현하는 데 문제가 있는 인공지능이다. 이에 반해 사람의 지식을 품질 높은 정형 데이터로 생산하는 기술은 빅데이터에 있어서 또 다른 축이다. 특히 의학, 자연과학, 법학 등 수많은 분야의 전문지식을 처리하는 지식기반(knowledge-based) 인공지능 기술이 정형 데이터 기반의 빅데이터 분야에서도 활용되어야 한다는 인식이 커지고 있다. 최근에는 월드와이드웹에 공개 데이터(open data)의 표준을 따라 출판된 데이터 셋들이 상호 연결되어 정형 빅데이터의 생태계 공간을 만드는 프로젝트들이 많이 진행되고 있는데 이를 LOD(Linked Open Data)라고 한다. 위에서 언급한 바와 같이 정형 데이터는 사람보다는 기계가 데이터를 쉽게 처리할 수 있도록 자연어로 된 텍스트가 아니라 표준화된 데이터 표현 언어로 만드는 것이다. 같은 문법을 따르고 의미의 표현 방식이 같은 컴퓨터 언어로 구축된 데이터 셋들이 연결된다면 다른 목적으로 다른 시기에 다른 기관에서 구축된 데이터 셋들이 모여 원래 예상하지 못했던 새로운 지식을 발견할 수 있게 할 것이다. LOD는 시맨틱 웹 기술이 지향하는 바 모든 웹 자원(resources)을 의미(semantics) 기반으로 연결하여 사람과 컴퓨터가 같은 지식 커뮤니티 안에서 살아 움직이면서 세상에 대한 이해의 넓이와 깊이의 범위를 무한대로 확장하고자 한다. RDF(Resource Description Framework)란 시맨틱 웹 표준 언어는 사물 인터넷(IoT)의 의미교환 언어로도 사용되고 LOD의 생태 공간이 커지고 깊어질수록 인공지능 추론기술이 더 필요해질 것이다.

최근 우리나라 정부에서 추진하고 있는 공공데이터의 개방과 활용을 통해 혁신성장을 지원하기 위한 법을 제정하였다. 행자부를 중심으로 우리나라 700개의 공공기관이 가지고 있는 모든 공공데이터를 개방하여 기업이나 개인이 쉽게 접근 가능할 수 있도록 범정부 데이터플랫폼 사업을 추진하고 있다. 앞으로 모든 공공데이터는 LOD 표준을 따르게 하여 거대한 데이터 생태계를 구축하겠다는 것이 정부의 중요한 미래 전략 사업이다. 공공데이터는 정부, 기업, 시민 개인 차원의 데이터 수집과 공유에 그치지 않고 전 세계적으로 데이터 기반 경제를 이루는 근간이 되고 있다. McKinsy 컨설팅은 공공데이터가 자본화되지 못할 경우 발생할 수 있는 전 세계적으로 연간 기회비용을 약 5,649조 원으로 추정하고 있다.

정부주도로 이렇게 LOD 사업을 적극적으로 추진하는 것은 우리나라가 가장 앞서가고 있지만 데이터 품질과 링크를 위한 메타데이터 모델링에 대한 인식과 전문적 지식이 없이 하향적으로 추진하는 경향이 있기 때문이다. 미국과 유럽 중심으로 각 분야의 고급 지식을 연결하는 작업을 Open Data란 이름으로, 혹은 지식 그래프(Knowledge Graph)란 이름으로 오랫동안 수많은 프로젝트들로 진행되어 왔다. 특히 주목할 점은 각 분야별로 전문가들이 모여 데이터의 연결(link)을 위한 메타데이터나 온톨로지 모델링에 대한 깊은 논의를 하면서 LOD를 구축하기 때문에 활용도가 높은 데이터 생태계(Data Eco System)를 만들고 있다는 점이다. 상대적으로 국내 과학계는 데이터 공유에 적극적이지 않고 데이터 모델링에 대한 지식도 높은 편은 아니다. 정부에서 현재 추진하고 있는 공공데이터 구축사업도 온톨로지나 메타데이터 모델링 전문가가 부족한 상황에서 추진하다 보니 개별 데이터의 활용도는 높을 수 있지만 LOD 기반의 데이터 생태계는 건강하지 않을 수 있다. 국내에서 데이터 모델링에 대한 전문가가 부족한 이유는 개념을 추상화하고 모델링하는 교육이 컴퓨터공학과 같은 전공교육에서 제대로 이루어지지 않고 있기 때문이다. 더 근본적인 문제는 주입식과 암기위주의 교육 시스템에서는 소위 메타적 사고를 할 기회가 없다는 것이다. 국내의 프로그래머들은 이미 외국에서 개발된 라이브러리에 제공되고 있는 알고리즘이나 API를 가져다 쓰기 때문에 창의적으로 새로운 것을 만들어내는 능력이 부족할 수밖에는 없다. 여러 산업 분야에 AI를 응용할 수 있는 인재를 양성하는 것도 중요하지만 기반 학문에 대한 소양을 갖추고 개념적 사고를 할 수 있는 AI 인재를 양성하는 데 정부와 대학에서는 더욱 노력해야 할 시점이다.

참고문헌

[국내문헌]

레이 커즈와일. (2007). 「특이점이 온다(The Singularity is near)」. 서울: 김영사.

[해외문헌]

Bratko, Ivan. (2001). *PROLOG: Programming for Artificial Intelligence*. Pearson Education.

Claude E. Shannon. (1948). A Mathematical Theory of Communication. *Bell System Technical Journal*, 27, 379-423, 623-656.

Marvin Minsky & Seymour Papert. (1972). (2nd edition with corrections, first edition 1969). *Perceptrons: An Introduction to Computational Geometry*. The MIT Press, Cambridge MA.

Mitchel, Tom. (1997). *Machine Learning*. McGraw-Hill Education.

Turing, A.M. (1936). On Computable Numbers, with an Application to the Entscheidungsproblem. *Proceedings of the London Mathematical Society*, 42, 230-265.

Varela, Francisco G., Maturana Humberto R., & Uribe, R. (1974). Autopoiesis: The organization of living systems, its characterization and a model. *Biosystems*, 5(4), 187-196.

Vinge, Vernor. (1993). The Coming Technological Singularity: How to Survive in the Post-Human Era, in Vision-21: Interdisciplinary Science and Engineering in the Era of Cyberspace, G. A. Landis, ed. *NASA Publication CP-10129*, 115-126.

Von Bertalanffy Ludwig. (1968). *General Systems Theory*. New York: George Braziller.

Wiener, Norbert. (1948). *Cybernetics: Or Control and Communication in the Animal and the Machine*. MIT Press.

Ⅱ

AI 활용과 공공가치 및 법제도

공공빅데이터를 활용한
AI의 윤리적 이슈*

박정훈(서울대학교 행정대학원)

I. 논의배경 및 접근방향

빅데이터(Big Data)는 일반적 의미로 전통적인 데이터관리 및 소프트웨어 기술로는 수집, 저장, 처리 및 분석의 수용한계를 넘어서는 거대한 규모의 데이터 집합체를 지칭한다. 이 정의에 따르면 빅데이터는 인공지능(Artificial Intelligence: AI)의 개발과 활용에 소요되는 단순 도구에 불과하다. 반면 광의의 의미로 빅데이터는 빅데이터의 도입과 활용이 이루어지는 생태계 내 구성요소 전반을 포괄하는 개념이다(최봉 외, 2019). 이 정의에 따르면 인공지능의 개발과 활용 및 이를 둘러싼 여러 요소들은 빅데이터를 중심으로 하는 생태계 구성요소 중 일부에 해당한다. 빅데이터가 갖는 여러 특성이나 활용방안에 관한 논의가 진전되면서 빅데이터 개념의 확장이 이루어졌으며, 최근에 이르러서는 빅데이터가 갖는 이론적·실제적 특성을 중심으로 인공지능의 개발 및 활용 원칙의 주요 내용이 논의되는 경향을 관찰할 수 있다.

실제로 다수 선행연구는 빅데이터와 인공지능의 관계를 상호보완적인 것으로 규정한다. 빅데이터와 인공지능은 각각 상이한 기술들을 지칭하지만, 문제해결을 위한 해결책(solution)의 도출을 지향한다는 맥락에서는 상호의존적이기 때문이다(유성민, 2016). 다시 말해 인공지능 기술은 빅데이터의 활용가치를 높일 수 있으며, 빅데이터의 확보는 인공지능 기술의 본격적 활용을 위해서 필수적인 요소이다(김대엽·김영배, 2019). 실제로 '인공지능(Artificial Intelligence)'이라는 용어 자체

---

* 이 원고는 한익현 조교의 도움으로 작성되었음을 밝힌다.

는 1956년에 최초로 등장했으나, 인공지능 기술은 하드웨어(hardware)의 발달이 빅데이터를 처리할 수 있는 수준에 도달하게 된 뒤에야 비로소 본격적인 발전기를 맞이하게 되었다(Ji et al., 2017).

'공공빅데이터'는 공공부문에서 보유하고 있는 빅데이터 중 일반에게 개방된 '오픈데이터'를 지칭한다. 공공빅데이터에 관한 총칙규정에 해당하는 <공공데이터법>은 빅데이터를 포함한 공공데이터 전반을 다루고 있으며, 빅데이터가 갖는 이론적·실제적 특성보다는 정부 등 공공부문 주체가 보유하고 있는 데이터 중 일부를 일반에게 개방한다는 사실에 보다 초점을 맞추고 있다(최봉 외, 2019). 관계부처 합동으로 발간한 공공데이터 혁신전략(2018) 보고서 역시 공공데이터 개방에 따른 전반의 기대효과를 서술하는 방식을 취하고 있다.[1] 공공데이터가 민간부문에서 보유하고 있는 데이터에 비해 산업이나 사회에 미치는 파급효과가 클 것이라는 전망을 뒷받침하는 주된 논리는 공공데이터가 영리목적으로 배타적으로 점유되고 활용되는 민간데이터에 비해 공공의 접근성 측면에서 갖는 비교우위에 근거한다(최봉 외, 2019).

단순 '공공데이터'가 아닌 '공공빅데이터'에 보다 초점을 맞추면, 공공빅데이터의 도입은 인공지능의 개발 및 활용을 전제로 정부 국정운영 패러다임 수준에서 거시적인 변화를 야기할 수 있는 잠재력이 있다(한국정보화진흥원, 2017; 윤상오 외, 2018). 한국정보화진흥원(2017)은 인공지능의 개발이 정부로 하여금 총체적(holistic) 의사결정, 데이터기반(data-based) 의사결정 및 모집단 수준의 자료에 기반한 사실적인(realistic) 의사결정이 가능하도록 할 것이라고 주장한다. 총체적인 의사결정에 요구되는 방대한 정보의 통합적 처리, 데이터기반 의사결정 및 모집단 수준의 자료수집은 공통적으로 빅데이터의 수집과 활용을 전제로 한다. 즉 공공부문에서 인공지능 개발 및 활용과 빅데이터의 도입은 혁신적인 해결책을 도출한다는 동일한 목적하에 상호보완하며 동시 진행되는 현상으로 이해해야 할 것이다.

공공부문에서 빅데이터의 도입, 또는 '공공빅데이터'를 통한 인공지능의 개발

---

1 보고서에 따르면 공공데이터는 ① 새로운 제품과 서비스에서 데이터의 재활용, ② 사회적 가치 실현에 있어 혁신적인 솔루션의 탐색, ③ 공공행정 부문에 있어 데이터 공유를 통한 운영의 효율성 증대 및 ④ 시민참여의 촉진 등 네 가지 기대효과를 갖는 것으로 서술하고 있다.

과 활용은 기존 '전자정부(e-government)'로 대표되어 왔던 정보통신기술 기반의 정부 패러다임에서 '전환적 정부(transformative government)' 또는 '지능정부(intelligent government)'로 패러다임이 전환되는 거시적 현상이다. 이런 맥락에서 볼 때 기존 법규나 일부 논의에서 채택하고 있는 '데이터 개방' 중심의 단편적 접근은 인공지능 시대를 대응하기에는 충분하지 않은 것으로 판단된다. 정부 패러다임 변화를 수반하는 거시적 현상으로서 공공빅데이터의 도입과 활용이 갖는 이론적·실천적 함의를 포괄할 수 없기 때문이다. 즉 공공빅데이터의 도입이 미치는 파급효과는 공공부문과 민간부문을 아우르는 거버넌스(governance) 차원에서의 국정운영 패러다임 전환 현상으로 이해되어야 한다. '공공빅데이터'에서 '공공'은 실질적으로 데이터의 보유 주체만을 공공부문으로 한정할 뿐, 공공빅데이터 자체나 공공빅데이터를 접목하는 인공지능의 개발 및 활용주체는 공공부문에 국한되지 않는다. 공공빅데이터를 활용한 인공지능의 도입은 광범위한 파급효과를 지니는 공적 의사결정 내지 정책결정의 일부 또는 전부를 대체할 가능성마저 시사한다(윤상오 외, 2018).

이처럼 공공빅데이터의 도입과 활용은 빅데이터 생태계의 주요 구성요소인 인공지능의 개발 및 활용과도 밀접한 연관성을 가지고 있다. 이런 맥락에서 공공빅데이터의 도입과 활용이 가져올 기대효과에 관한 논의 못지않게 공공부문에서 인공지능의 개발 및 활용이 야기할 기술적 부작용이나, 인공지능의 기술적 특성으로 인해 야기될 사회적, 윤리적인 문제에 관한 논의들도 다수 전개되고 있다. 본 연구는 공공빅데이터 도입을 전제로 야기될 수 있는 인공지능의 윤리적 문제점과 활용 원칙에 관한 탐색적 연구를 진행한다.

본고의 2장에서는 빅데이터와 인공지능의 이론적·기술적 특성들을 개관한다. 또한 공공부문에서 빅데이터와 인공지능의 활용 양상을 기술함으로써 공공빅데이터의 활용이 윤리적 문제제기와 연관되는 배경 내지 맥락을 설명한다. 3장에서는 인공지능 윤리에 관한 기존의 논의를 중심으로 공공빅데이터의 활용이라는 맥락에서 특히 문제되는 쟁점들을 선별하여 세부내용을 기술한다. 4장에서는 주요 선진국 및 우리나라에서, 법제도의 정착에 앞서 지침 내지 가이드라인(guideline) 형태로 제시된 일련의 인공지능 윤리 기본원칙들을 비교 설명한다.

II. 공공분야에서 빅데이터와 인공지능

1. 빅데이터와 인공지능의 의의

빅데이터에 관한 정의는 다양하다. 빅데이터에 관한 초기정의는 데이터 자체가 갖는 특성에 주목하였으나, 이후에는 빅데이터를 둘러싼 생태계 내 구성요소들을 포괄하는 개념으로 발전하였다(최봉 외, 2019). 빅데이터 자체는 빠른 속도로 수집되는 대규모 데이터를 가리킨다. 데이터는 구조적 특성에 따라 정형(structured), 반정형(semi-structured) 및 비정형(unstructured) 데이터로 구분할 수 있다. 빅데이터 이전 시대의 데이터 분석은 주로 정형 데이터로 국한되었으나, 빅데이터 분석은 비정형 데이터를 포함한다는 점에서 기존 데이터 분석과 차별된다. 빅데이터 활용방식 역시 다양하게 나타나는데, Manyika et al.(2011)는 분류(classification), 지속적인 추정(continuous estimation), 군집화(clustering), 최적화(optimization), 이상치 탐지(anomaly detection), 순위 매기기(ranking), 추천(recommender systems), 그리고 데이터 생성(data generation)으로 구분하였다.

인공지능의 정의 역시 다양하다.[2] 인공지능에 관한 정의의 다양성은 인간의 지능과 인공지능의 관계에 관한 관점의 차이로 인한 것이다. 용어상 인공지능은 인간의 지능을 대체할 수 있는 인위적 산물을 의미한다. 이 인위적 산물이 인간의 지능을 대체할 수는 없으나, 보조하거나 강화할 수 있다는 의미에서 "증강지능(augmented intelligence)"이라는 용어가 대신 통용되기도 한다(김길수, 2019: 28). Brookfield Institute(2018)는 유사한 시각에서 인공지능을 "협의의 인공지능(narrow AI)", "인공적인 일반지능(Artificial General Intelligence)", "인공적인 초월지능(Artificial Superintelligence)" 등 3개 유형으로 분류하였다.[3] 현재 공공부문에서 추

---

2 과학기술정보통신부(2018)는 '인공지능'을 인간의 지적능력의 일부 또는 전체를 컴퓨터를 이용해 구현하는 지능으로 규정하고 있다. 이는 인공지능이 인간의 지능을 대체할 수 있을 것이라는 시각을 반영한다. 윤상오 외(2018: 33)는 '인공지능'을 인간의 사고능력과 행동능력을 구현하기 위한 기술들의 총체로 규정하였다.

3 윤상오 외(2018)에서도 이와 유사하게 약인공지능(Artificial Narrow Intelligence)과 강인공지능(Artificial General Intelligence)으로 구분하였다. 전자는 특수한 분야에서 탁월한 성능을 발휘하는 인공지능을, 후자는 모든 분야에서 인간의 수준과 유사해지는 인공지능을 각각 의미한다.

진하고 있는 인공지능의 도입은 주로 기계학습(machine learning) 알고리즘에 의해 현상의 패턴을 파악하거나 일상 업무를 지능화하는 데 초점을 맞추고 있다. 이는 인공지능의 분류 중 '증강지능' 내지 '협의의 인공지능' 도입에 해당하는 것으로 볼 수 있다.

공공·민간부문을 막론하고 인공지능의 역할에 대해서도 의견이 분분하다. 이러한 의견 차이는 상당부분 인공지능에 관한 시각 차이에서 비롯한다. 이른바 '인공지능 이상주의' 관점에서 인공지능은 인간의 지성을 대체하는 존재로 여겨진다. 반면 '인공지능 현실주의' 관점에서 인공지능은 인간의 지성을 보조하는 역할만을 수행한다. 한국정보화진흥원(2017)은 이른바 '인공지능 현실주의' 관점에서 인공지능이 정부혁신의 수단이 될 수 있다고 주장한다. 이 관점에 따르면 인공지능은 인간을 대체할 수는 없지만 보조할 수는 있다. 정부 입장에서는 인공지능을 활용하여 기존의 결정이나 기능수행을 향상시키는 것이 주된 관심대상이 된다. 이런 맥락에서 한국정보화진흥원은 정부가 인공지능을 활용하여 "정책결정의 과학화"를 실현할 수 있을 것이라고 전망하였다. 또한 지능정부 패러다임에서 상정하는 인공지능의 역할을 대내적/대외적 역할구분 및 인공지능의 활용수준(증강/자율화)에 따라 네 가지로 구분하였다. 지능정부 패러다임하에서 인공지능은 정부 내부에서는 단순반복업무를 대체(자동화)하거나 정책결정을 지원(증강)하는 역할을 수행한다. 대외적으로는 대국민서비스 전달을 대체(자동화)하거나 정치인, 일반국민의 의사결정을 지원(증강)하는 역할을 수행한다.

행정안전부(2017)는 우리나라 공공부문에서 인공지능의 활용이 갖는 의미를 '전자정부(e-government)'에서 '지능정부(intelligent government)'로의 이전과정으로 규정한다. 전자정부와 지능정부는 정보통신기술 기반이라는 측면에서는 유사하다. 전자정부는 디지털화(digitalization)에 의한 절차의 간소화를 지향하나, 지능정부는 인공지능을 빅데이터로 학습시켜 현실세계를 대상으로 올바른 결정을 내리는 것을 지향한다는 점에서 차별화된다(한국정보화진흥원, 2017). 지능정부 패러다임은 인공지능에 의한 의사결정이 행정관료나 전문가들에 의한 의사결정을 대체할 것을 상정한다는 점에서 궁극적으로 자율화(autonomous)를 지향한다(윤상오 외, 2018). 그러나 현재 수준에서 공공부문의 인공지능 역할은 증강(augmentation)

내지 자동화(automation) 수준에 그치고 있다(한국정보화진흥원, 2017).

윤상오 외(2018)는 인공지능의 도입이 궁극적으로 공공의 업무처리방식을 바꿀 것으로 예견하였다. 인공지능의 도입에 따른 업무처리방식의 변화는 인공지능의 역할 수준에 따라 상이하게 나타날 수 있다. 비교적 가까운 시일 안에 인공지능이 정책결정의 일부를 대체할 것이라고 전망하기도 한다. 실제로 미국 오픈코그(Open Cognition) 재단의 ROBAMA(ROBotic Analysis of Multiple Agents) 인공지능과 미국 왓슨2016 재단의 인공지능인 왓슨(Watson)과 같이 정책결정의 대체를 목표로 하는 인공지능 개발 프로젝트가 수행되고 있다.

김길수(2019)는 공공부문에서 인공지능 활용의 대표적 사례로 챗봇서비스, 예측분석(predictive analysis), 객체 인식기능 활용 등을 제시하였다. 챗봇서비스는 자연어를 이해하고 연관정보를 제공하는 인공지능 기반의 의사소통 소프트웨어로 중앙정부 및 지방자치단체의 민원서비스를 대체하고 있다. 예측분석은 빅데이터를 인공지능이 학습하여 미래를 예측하는 분석과정이다. 국내에서는 한국보건사회연구원을 주축으로 예측모형 설계에 관한 연구가 수행된 바 있다. 객체인식(object recognition)은 이미지나 동영상과 같은 비정형자료를 식별하는 기술로 국내 일부 지방자치단체[4]에서 폐기물 처리의 자동화에 객체인식기능을 활용한 사례가 있다.

2. 빅데이터 및 인공지능의 순기능과 역기능

공공부문에서 인공지능 도입은 잠재적으로 인공지능에 의해 정책결정을 대체할 가능성까지 전망된다. 다만 인공지능에 의해 대체가능한 정책결정의 수준이나 범위에 대해서는 논란이 지속되고 있다(윤상오 외, 2018). 동일 맥락에서 인공지능에 의한 정책결정이 야기할 수 있는 순기능과 역기능을 식별할 필요가 있다. 인공지능 발전에 관해서는 낙관론과 비관론이 대립하지만, 인공지능 발전수준은 인간을 완전히 대체하지는 못하고 있다(황종성, 2017: 5; Kelly, 2017: 17). 특히 빅데이

---

4 서울 은평구의 '인공지능 기반 대형생활폐기물 수거' 시스템과 경기도 과천시의 인공지능 재활용 자판기 '네프론' 등을 사례로 들 수 있다.

터의 수집과 기계학습 알고리즘에 의존하는 현재의 인공지능 발전수준은 정보처리능력에 기반한 우월한 예측력을 제공할 뿐, 인간의 다른 지적인 능력을 대체하지는 못하고 있다. 현재 시점에서 인공지능의 핵심은 인간성(humanity)이라기보다 합리성(rationality)에 기반한 탁월한 의사결정 능력이다(Russell & Norvig, 2016).

인공지능에 의한 정책결정이 순기능을 가져올 것이라는 전망은 인간이 의사결정과정에서 수반하는 제한된 합리성과 다양한 유형의 비합리성에 대한 지적과 더불어, 인공지능에 의한 정책결정 자체가 갖는 우월성에 기초한다. 인간의 비합리성은 인간에 의한 정책결정에 있어 필연적으로 편의(bias)를 야기한다. 인간의 부도덕함, 윤리의식의 결여, 준법정신의 부족과 같은 도덕적·윤리적 관점에서 제기되는 약점들 역시 정책결정에 왜곡과 편의를 야기할 수 있다. 그 외에도 정책결정을 둘러싼 불확실성(uncertainty)과 복잡성(complexity) 역시 지속적으로 높아지고 있고, 아울러 인간이 갖는 인지능력의 한계 역시 정책결정 과정에서 오류를 야기할 수 있다(윤상오 외, 2018).

인공지능에 의한 정책결정은 합리성 관점에서는 다음과 같은 측면에서 비교우위를 가질 수 있다(황종성, 2017: 12-15). 첫째, 인공지능에 의한 의사결정은 데이터 또는 증거에 기반한 합리성 측면에서 비교우위를 갖는다. 둘째, 인공지능은 빅데이터를 처리할 수 있기 때문에 표본이 아닌 모집단 자료를 근거로 실시간 분석을 수행할 수 있으므로, 자료가 야기하는 편향(data bias)을 극복할 수 있다는 점에서도 우월하다. 셋째, 인공지능은 인간에 비해 우월한 인지능력을 갖고 있으므로, 결정권한을 분할하여 할당하거나 위임할 필요 없이 종합적(holistic)인 의사결정을 수행할 수 있다. 인공지능은 도덕적·윤리적 관점에서도 다음과 같은 비교우위를 갖는다(Goertzel, 2016; 윤상오 외, 2018). 인공지능은 인간과 달리 권력이나 이해관계, 이념에 좌우되지 않으며, 부정부패에 연루될 가능성도 낮다. 사회적 편견으로부터도 비교적 자유로우며, 정경유착 내지 권언유착과도 거리가 멀다. 인공지능은 합리성 이외에 다른 측면에서 인간성을 모사하거나 대체하지 못하는 만큼, 의사결정과정에서 인간성이 유발하는 약점으로부터도 자유롭다는 것이다.

반면, 인공지능에 의한 정책결정이 실현된다는 전제하에, 다음과 같은 윤리적 쟁점들이 부각될 수 있다(윤상오 외, 2018). 첫째, 정책실패로 인한 책임을 누구에게 귀속시켜야 하는지가 문제된다. 인공지능은 정치인이나 행정관료와 달리 선거에 의한 정치적 책임이나 불법행위에 관한 법적 책임을 부담할 능력이 없다. 따라서 인공지능을 정책결정의 주체로 도입하려는 시도는 책임귀속의 문제에 관한 대안을 전제해야 한다. 둘째, 정책결정은 민주성과 정치성을 특성으로 하나, 인공지능이 의사결정과정에서 민주성과 정치성을 적절하게 고려할 능력을 갖출 수 있는지는 미지수이다. 다른 한편으로는 합의나 절충, 협상의 잠재적 파트너인 이해관계자 내지 일반시민의 인공지능에 관한 인식이 문제된다. 이해관계자 내지 일반시민이 인공지능을 의사소통의 상대방으로 인정하지 않을 수 있기 때문이다. 셋째, 인공지능에 의한 결정이 적정수준까지 정책수용 내지 순응을 이끌어낼 수 있을지가 문제된다. 넷째, 인공지능이 정책결정을 상당부분, 또는 완전히 대체한다는 가정하에 인간과 인공지능의 관계성이 문제될 수 있다. 인공지능에 의한 탁월한 결정이 인간의 존엄성이나 가치, 나아가 생존여부를 위협할 수 있기 때문이다.

공공빅데이터를 활용하는 인공지능 개발에 있어 다양한 이해관계자들이 존재하며, 이들의 인식수준 자체가 인공지능 개발의 활성화 내지 저해요인이 될 수 있다(Jassen et al., 2017; 강정묵, 2017; 이영주·양현철, 2017). Joseph & Johnson(2013: 5)은 공공부문에서 빅데이터 활용이 종래 전자정부(e-government)에서 전환적 정부(transformational government)로 이전하는 데 기여할 수 있다고 전망하면서도 프라이버시 관련 이슈에 대응하기 위한 적절한 감시 내지 관리가 요구된다고 주장하였다. Janssen et al.(2017)은 빅데이터 활용이 조직적 의사결정의 질을 향상시키는 데 기여할 수 있다고 전망하면서도 빅데이터의 선택적 활용으로 인한 조작(manipulation) 가능성, 처리과정에서 발생할 수 있는 혼선(noise) 및 자료수집과정에서 맥락에 관한 의사소통의 부재로 인한 오류(error) 가능성 등을 경계하였다. 이 세 가지 문제점들은 빅데이터의 규모가 증가할수록, 비정형성이 높을수록, 출처와 시점이 다양할수록 심화된다. 프라이버시 보호에 관한 엄격한 규제는 데이터의 무분별한 공유로 인한 개인정보 침해가능성은 낮출 수 있겠지만, 데이터의 부분적·선택적 활용으로 인한 오류가능성은 오히려 높일 수 있다. Janssen et al.(2017)은 조직 내 빅데이터 활용에 있어서 신뢰 내지 비공식적 규율(informal rules)에 기반한 관계적 거버넌스(relationship governance)의 구축이 매우 중요하다고 강조한다.

강정묵(2017)은 공공부문에서 빅데이터 활용에 대한 영향요인으로 법제도적 요인, 기술적 요인, 데이터 요인 및 행태적 요인을 분석하였다. 법제도적 요인은 법제도의 이해도와 명확성을 세부요소로 하는데, 특히 정보보호와 관련하여 개인 정보 활용을 위한 적합한 기준설정 및 보안정책 수립이 중요하다(Yiu, 2012). 데이터 요인은 활용되는 데이터의 정확성·객관성·신뢰성에 관한 인식으로 규정된다(Manovich, 2011: 467; Boyd & Crawford, 2012: 663). 보다 구체적으로 왜곡된 데이터 활용에 따른 위험관리 및 데이터 유출을 방지할 수 있는 관리체계의 수립이 중요하다(Manyika et al., 2011: 131). 행태적 영향 요인은 빅데이터 전반에 관한 공무원들의 인식 내지 이해수준, 데이터 개방에 대한 태도, 책임소재의 명확성 및 민간부문과의 협력의지 등으로 구체화될 수 있다(Bollier & Firestone, 2010: 3-5; Bizer et al., 2011: 58; 최성 외, 2012: 18; 배동민 외, 2013: 38-39). 행태적 요인은 공공빅데이터 개발 및 활용에 관한 의사결정주체인 공무원들의 태도와 인식이 인공지능 활용으로 인한 위험 예방에 중요하다는 시사점을 제공한다.

이영주·양현철(2017)은 빅데이터 활용에 따른 주된 위험요소로 프라이버시 침해를 상정하며 이른바 '기대이론(Expectancy Theory)'(Vroom, 1964) 및 '프라이버시 계산이론(Privacy Calculus Theory)'(Laufer & Wolfe, 1977)에 근거한 설명을 시도하였다. 프라이버시 계산이론에 따르면 프라이버시 개인정보 제공행동에 따른 위험(risk)과 혜택(benefit) 기대를 가지고 있는 개인은 양자를 고려한 합리적 의사결정을 한다고 가정한다. 따라서 빅데이터가 활성화되기 위해서는 프라이버시 위험비용은 낮추고 혜택을 높이기 위한 철저한 통제가 필요하다. 프라이버시에 관한 위험은 불확실성을 배경으로 의도적·비의도적인 개인정보 공개에 따른 위험으로 정의된다(이미나·심재웅, 2009). 일반적으로 빅데이터의 활용주체를 기업으로 상정하지만, 정부나 지방자치단체 기타 공공기관 등 공공부문 역시 빅데이터를 활용하여 인공지능을 개발하는 주체이며, 빅데이터 활용 및 인공지능 개발로 인한 개인정보 유출 내지 프라이버시 침해에 대한 책임주체이기도 하다. 구체적으로 빅데이터 활용으로 인한 개인정보 침해위험을 최소화하기 위해서는 위험에 대한 대응의 신속성, 침해 방지기술의 효과성 등이 문제된다(Malhotra et al., 2004;

Bulgurcu et al., 2010; Bollier & Firestone, 2010).

인공지능 내지 빅데이터 도입에 관한 윤리적 쟁점은 다양한 맥락에서 제기되지만 대다수 논의들은 인공지능이 공적 의사결정이나 공공서비스 전달과정을 대체할 경우를 상정하고 있다(고학수 외, 2017; 김길수, 2019; 윤상오 외, 2018; 오요한·홍성욱, 2018; 이종원, 2019; 김종세, 2020; 김희정, 2020). 의사결정주체로서 인공지능은 불투명한 기계학습 등의 과정을 거쳐 설명 불가능하거나 이해 불가능한 결과를 초래할 수도 있지만 책임부담에서 벗어나 있다. 인공지능의 의사결정은 민감한 개인정보를 포함하는 빅데이터 수집을 전제하나, 수집된 빅데이터의 품질 문제 내지 편의(bias)의 존재 여부에 따라 차별(discrimination)이 발생할 수도 있다. 그 밖에 인공지능 시스템에 내재한 기술적 오류나 악용가능성, 광범위한 활용에 따른 부작용 내지 의도하지 않은 결과(unintended outcomes) 역시 우려되는 상황이다. 위와 같은 기술적·윤리적 문제들은 공공·민간부문을 막론하고 발생할 수 있다. 특히 공공부문에서 이루어지는 의사결정이나 공공서비스 제공은 인간의 기본권과 밀접하며, 의사결정 주체가 매우 높은 수준의 복잡성과 다원성에 직면한다는 점에서 윤리적 문제들은 매우 심각한 쟁점이 될 수 있다.

III. 공공빅데이터 및 인공지능의 윤리적 쟁점

1. 인공지능 윤리 논의의 흐름

공공빅데이터 활용이 윤리적이어야 한다는 명제의 근원에는 공적 의사결정이 윤리적이어야 한다는 규범적 명제가 자리한다. 공적 의사결정은 국민에 의해 위임된 권력을 집행하는 과정으로 비윤리적 결정은 국민의 기본권을 침해할 가능성이 매우 높기 때문이다. 따라서 공적 의사결정의 주체는 적법절차나 민주적 정당성 관점에서 통제의 대상이 된다. 만약 인공지능이 공적 의사결정의 일부 또는 전부를 대체하게 된다면 인공지능에 의한 공적 의사결정 역시 적법절차나 민주적 정당성의 관점에서 통제의 대상이 되어야 할 것이다. 학습을 통해 인공지능의 의사결정을 윤리적으로 유도하려는 시도는 아직까지 성공적이지 못하다(고학수 외, 2020).[5] 현재 시점에서는 인공지능 자체를 규율하거나, 인공지능을 직·간접적으로 관리하거나 통제할 권한이 있는 개인을 규율하는 접근이 유용성을 가질 수 있다.

인공지능 도입이 야기하는 윤리적 문제는 인공지능이 도덕적 결정을 내려야 하는지, 내려야 한다면 언제, 어떻게 내려야 하는지에 관한 적정한 규범을 설정해야 한다는 것이다. 특히 공공부문 주체인 정부는 인공지능에 의한 의사결정이 공공서비스의 가치, 윤리, 규정(regulations), 법령(laws) 내지 광의의 사회적이고 도덕적인 규범(norms) 등을 반영하는지 확인할 의무가 있다.

인공지능 윤리에 관한 학술적 논의의 흐름은 기본원칙 중심의 논의로부터, 윤리규범을 바탕으로 하는 규제 거버넌스 정립방안에 관한 논의로 이어져왔다. 국내에서 인공지능 윤리에 관한 최초의 논의는 2007년 로봇윤리헌장에서부터 비롯하였으나 관련 논의가 본격화된 것은 2010년대 후반부터다(고학수 외, 2018). 국내 정부부처 중에서 인공지능 윤리 관련 부처는 과학기술정보통신부, 산업통상자원부, 방송통신위원회 등 3개 부처로 볼 수 있다. 인공지능 윤리와 관련하여 과학기술정보통신부는 "지능정보사회 윤리 가이드라인"을, 산업통상자원부는 "지능형 로봇윤리헌장"을, 방송통신위원회는 "이용자 중심의 지능정보 사회를 위한 원칙" 등을 각각 제정하였다(김명주, 2017).

과학기술정보통신부가 제정한 "지능정보사회 윤리 가이드라인"은 인공지능 윤리에 관한 '기본원칙'으로서 위상을 갖는다고 볼 수 있는데, 이른바 'PACT'로 요약되는 공공성(Publicness), 책무성(Accountability), 통제성(Controllability) 및 투명성(Transparency) 등 네 가지 지능정보기술 개발 원칙들을 제시한 바 있다. 이후 2020년 5월 20일 개정된 "국가정보화 기본법"은 제62조에서 "지능정보사회 윤리 가이드라인"에 명시된 이른바 'PACT'에 '인간의 존엄과 가치'를 더하여 다섯 가지 원칙을 "지능정보기술 개발 원칙"으로 규정하였다. 방송통신위원회의 "이용자 중

---

5 일부 선행연구는 기술적 관점에서 '인공적 도덕행위자(Artificial Moral Agent: AMA)'를 위한 접근방향을 논의한 바 있다. AMA를 위한 기술적 접근은 하향적 접근과 상향적 접근, 그리고 양자를 결합한 혼합적 접근으로 구분된다. 하향적 접근은 윤리적 규범에 대한 학습을, 상향적 접근은 딜레마 사례에서 윤리적 행위에 관한 학습을 통한 AMA 개발을 대안으로 선호한다. 하향적 접근은 기존의 윤리적 규범을 참조할 수 있다는 점에서 발전이 비교적 빠르지만 경직성이 문제된다. 반면 상향적 내지 혼합적 접근은 그와 같은 이점이 없어 발전이 느리다(고학수 외, 2020).

심의 지능정보사회를 위한 원칙"에서는 사람 중심의 서비스 제공, 투명성과 설명 가능성, 책임성, 안전성, 차별금지, 참여, 프라이버시와 데이터 거버넌스 등 일곱 가지 기본원칙을 규정하였다.

Brookfield Institute(2018)는 인공지능 도입이 야기할 수 있는 문제들을 윤리(ethics), 편의(bias), 안전(safety), 사생활(privacy), 설명가능성(explainability), 책무성(accountability) 등 여섯 가지 쟁점으로 나누어 설명하였다. 김민정·유진호(2019)는 인공지능 소프트웨어 관련 이슈로 규제 및 거버넌스의 사각지대 이슈, 의사결정에서의 불명확성과 책임성 이슈, 데이터의 품질과 편향성 이슈, 안전성 및 보안성 이슈, 프라이버시 침해 이슈, 기술의 오남용 이슈, 인공지능의 사회경제적 영향에 따른 안전성 이슈 등으로 구분하였다. 윤리문제와 밀접한 쟁점으로는 데이터의 품질과 편향성, 안전성 및 보안성, 프라이버시 침해 등을 언급하였다. 김길수(2019)는 공공부문에 인공지능이 도입되면 일자리 감소, 편견, 사생활 침해, 설명력 부족 등의 문제가 발생할 것으로 전망하였다. 인공지능의 도입으로 자동화가 이루어지면 인력수요가 감소하고, 일자리 역시 감소할 것이다. 빅데이터가 불완전하거나, 사회적으로 편향되어 있을 경우 처리결과 역시 편향될 가능성이 높다(Brookfield Institute, 2018: 9; 김길수, 2019). 알고리즘 자체의 오류로 인해 예기치 못한 결과가 발생할 수도 있다. 빅데이터 수집과정에서 개인정보가 수집될 수 있으며 특히 공공부문에서 수집하는 대량의 개인정보가 포함된 빅데이터를 분석할 경우 사생활 침해가 예견된다.

2. 인공지능 윤리 논의의 주요 쟁점들

1) 편의(bias)

인공지능이 학습하는 학습데이터(training data)에 편의가 존재하거나 알고리즘 자체가 편의를 내포하는 경우, 인공지능의 도입은 이른바 '합리적 차별(rational discrimination)'을 유발할 수 있다. 인공지능은 정보를 통해 학습한다. 그런데 인공지능이 학습하는 정보가 대표성이 없거나 사회적 편견을 내재한다면 인공지능의 판단과 결정은 편의를 유발하게 될 것이다. 합리적 차별은 현존하는 사회적 편의들(societal biases)을 단순히 무시하거나 교정하는 데 실패하는 현상을 가리킨다. 편향된 인공지능의 도입은 편향된 정보와 의사결정을 취사선택하는 자동화된 게이트 키핑(gate keeping) 역할을 반복 수행하게 될 것이다. 합리적 차별을 유발하는 것은 알고리즘이다. 따라서 합리적 차별을 예방하기 위해서 알고리즘을 감시하고, 추적하고, 관련정보를 공유하고, 지속적으로 개선해야 한다.

편향의 중심에는 알고리즘 공정성(fairness)에 관한 문제제기가 자리한다. 이론적 관점에서 빅데이터와 알고리즘의 결합은 의도적·비의도적으로 차별적인 결과를 야기할 수 있다. 차별은 성별이나 인종, 연령, 소득과 같은 민감한 개인정보를 근거로 발생한다. 인공지능은 민감한 개인정보를 대리변수(proxy variable)로 활용하거나, 관련정보를 취합하여 개인정보를 수집(profiling)하고 분석 및 의사결정에 활용한다. 기계학습 알고리즘의 사용은 그 자체로 차별을 의도한다고 지적될 수 있다. 또한 데이터마이닝을 수행하는 과정에서 알고리즘과는 직접적으로 무관한 방식으로 차별이 일어날 수 있다. 데이터마이닝은 일반적으로 목표변수의 정의, 학습데이터의 분류 및 수집, 특성 선택, 모델에 의한 의사결정 등 네 단계를 거쳐 수행된다. 목표변수의 정의과정에서는 변수에 관한 어떤 정의를 채택하든 편향적 결과를 야기할 수 있다. 학습데이터의 분류에는 연구자의 주관성이 개입될 수 있으므로 편향적 결과가 야기될 수 있다. 학습데이터 수집과정에서는 특정 집단의 과다·과소대표 문제가 발생할 수 있으며, 이는 편의를 발생시킨다. 특성선택 과정에서 알고리즘은 효율적인 과업수행을 위해 차원축소에 의해 일부 특성만을 추출하여 선택적으로 적용하는데 이 과정에서 편향된 결과가 야기될 수 있다. 빅데이터와 알고리즘의 결합이 유발하는 차별을 예방하거나 방지하기 위해 데이터마이닝 과정에서 단계별로 존재하는 위험에 개별적으로 대처하는 방식을 고려해 볼 수 있다. 그러나 대리변수의 활용이나 관측되지 않은 변수에 관한 추정 등은 차별을 야기할 수 있는 부정적 측면이 있는 반면에, 인공지능의 예측 정확성을 높이는 데 도움을 줄 수 있다. 즉 빅데이터 알고리즘이 추구하는 정확성(precision)과 공정성(fairness) 가치가 충돌할 수 있다(오요한·홍성욱, 2018; 김희정, 2020).

공정성 문제를 야기하거나 차별을 야기하는 요인에 주목하기에 앞서, 공정성 자체의 정의방식이 다양할 수 있다는 문제점도 제기된다(오요한·홍성욱, 2018). 대표적인 공정성 정의 시비 사례로 Northpointe사가 개발한 COMPAS(Correctional Offender Management Profiling for Alternative Sanctions) 알고리즘이 백인과 흑인을 인종차별한다는 논란이 제기된 바 있다. COMPAS 인공지능은 잠재적 재범률 위험 추정을 근거로 판사가 피고인의 형량을 선고하거나 가석방을 결정하기 위한 보조자료를 제공한다. 2016년에 최초로 이 문제를 제기한 미국 독립언론매체인 ProPublica에 따르면 COMPAS는 백인에 비해 흑인의 재범률을 전반적으로 높게 판정하였으며, 결과적으로 백인에 대해서보다 흑인에 대해서 두 배 가까운 예측 실패율을 보였다고 주장하였다.[6] 반면 Northpointe사는 재범자 예측 성공 비율에 있어서는 백인과 흑인 집단 사이에 유의미한 차이가 나타나지 않았다고 반박했다.[7] 추가로 Northpointe사는 연구대상 사례들의 전체 구성비율(base rate) 재범률에서 흑인과 백인 사이에 유의미한 차이(일반범죄의 경우 흑인 51%/백인 39%, 강력범죄의 경우 흑인 14%/백인 9%)가 있다는 점을 들어 ProPublica의 지적에 반론했다.

ProPublica가 주장하는 공정성의 정의는 인공지능 COMPAS의 예측 중 "오류 비율 관점의 공정성(error-rate parity)"이며, Northpointe가 주장하는 공정성의 정의는 "캘리브레이션(calibrations)" 및 "예측적 공정성(predictive parity)"에 근거하고 있다. 전자는 "예측실패" 사례에서 인종별 집단 간 예측 실패율이 유의미한 차이가 발생했기 때문에 CAMPAS의 알고리즘이 공정성을 위반했다고 주장한다. 후자는 모든 집단에 동일한 산정기준으로 캘리브레이션을 적용하고, "예측성공" 사례에서 인종별 집단 간 유의미한 차이가 발생하지 않았기 때문에 해당 알고리즘이 공정하다고 주장한다. 문제는 공정성에 관한 상이한 정의들이 상충한다는 것이다. Kleinberg et al.(2016)은 오류비율 공정성과 캘리브레이션 등은 대부분의 경우 양립가능하지 않다고 주장하였다. Berk et al.(2017)은 통계적 관점에서 공정성이 최소 다섯 가지 상이한 공식으로 정의될 수 있다고 주장하였다.

---

6 재범률이 높을 것으로 예측하였으나 2년간 범죄를 저지르지 않은 것으로 나타난 사례의 비율(흑인 45%, 백인 23%), 반대로 재범률이 낮을 것으로 예측하였으나 2년간 범죄를 저지른 사례의 비율(흑인 28%, 백인 48%)에 근거한 주장이다.

7 재범률이 높다고 예측하고 실제로도 재범한 비율(백인 59%, 흑인 63%), 재범률이 낮다고 예측하고 실제로도 재범하지 않은 비율(백인 71%, 흑인 65%)에 근거한 반박자료이다.

알고리즘 차별에 대한 대안으로 알고리즘의 투명성과 책임성을 보장하기 위한 규제안들이 제안되고 있다. 알고리즘의 설계자 또는 전문가들에게 알고리즘의 부정확성 등 차별을 야기할 수 있는 요인에 관한 설명의무를 부과하는 것, 법원 또는 관련 전문가들이 주체로 하는 사후 감시(after-the-fact oversight) 등이 대안의 주요 내용으로 예시된다(김희정, 2020). 이와 같은 조치는 인공지능 투명성(transparency) 개념과도 밀접한 관련이 있다.

2) 안전(safety), 프라이버시(privacy)

인공지능의 도입은 안전해야 한다. 인공지능의 도입이 안전하다는 것은 인공지능이 운영과정에서 위험을 유발하거나 사람에게 해를 끼치지 않아야 한다는 것을 의미한다. 인공지능의 안전성 문제는 인공지능의 오작동으로 인한 문제와 인간의 악용가능성으로 구분될 수 있다(신용우, 2019; 김종세, 2020). 인공지능의 오작동이 야기하는 안전성 문제의 심각성은 인공지능 기술이 갖는 불확실성과 불투명성에 기인한다. 인공지능에서 광범위하게 활용되는 심층학습(deep learning) 알고리즘은 다차원적 계층구조를 갖는 비선형적(non-linear) 모형으로 구성된다. 알고리즘이 기계학습을 실행하는 과정에서 계층 간 연결구조나 노드에 배분된 가중치가 지속적으로 갱신된다. 이와 같이 복잡한 모형은 전문가 수준에서조차 예측 결과에 대한 이해가능성이나 설명가능성이 높지 않기 때문에 오류를 추적하여 수정하는 것이 쉽지 않다.

인공지능의 도입 과정에서 잠재된 안전성 문제는 인공지능의 의사결정이 빅데이터에 의존한다는 사실 자체로부터도 비롯한다. 고의로 편향된 데이터를 인공지능에 주입하도록 하는 데이터 중독공격(data poisoning attack)이나 노이즈 데이터를 주입하여 오류를 일으키는 적대적 공격(adversarial attack) 등이 대표적 사례이다(김민정·유진호, 2019; 김종세, 2020).

인공지능의 복잡성(complexity), 기술적 특성으로 인한 안전성 문제에 대한 대응방안은 설명가능성(explainability)을 높이는 것이다. 기술적 차원에서는 이른바 '설명가능한 인공지능(eXplainable AI)'의 도입, '킬스위치(kill switch)'의 도입, '검사와 타당성 검증(varification and validation)'의 강화 등이 대안으로 제시된다(신용우, 2019).

프라이버시 보호는 개인이나 집단에 관한 사적인 정보(personal data)가 보호되고 있는 상태를 가리킨다. 일반적으로 인공지능은 사적인 정보를 광범위하게 수집한다. 인공지능 운영주체인 정부나 민간기업이 적절하게 통제되지 않으면, 이들이 운용하는 인공지능 체제가 사적인 정보를 임의로 수집하거나 유포하는 것을 막을 수 없다. Brookfield Institute(2018: 11)는 인공지능에 의한 사생활 침해를 예방할 수 있도록 프라이버시 개념이 보다 엄격하게 재정의되어야 한다고 주장했다.

3) 책무성(accountability), 투명성(transparency), 설명가능성(explainability)

인공지능의 책무성(accountability)을 요구하는 사회적, 기술적 배경에는 인공지능의 불투명성 이슈가 존재한다. 현재 기술수준에서 인공지능은 다차원적이고 비선형적인 모형을 구축하고 기계학습 내지 심층학습 기법을 적용하여 빅데이터를 대상으로 학습을 진행한다. 이러한 인공지능 모형은 일반인은 물론 모형의 제작자조차 이해하거나 설명하기 어려운 수준의 복잡성(complexity)을 내포하고 있다.

행위책임 관점에서 윤리적 책임(responsibility)이나 법적 책임(liability)의 귀속을 위한 요건은 자유의지(free will)나 문제되는 행위와 결과 사이의 인과관계 등으로 요약된다(Noorman, 2018; 고학수 외, 2020). 인공지능 자체에 자유의지나 결과에 대한 인과관계 관점의 예견가능성을 기대할 수 없다면, 책임성은 인공지능 관리주체인 인간에게 귀속될 것이다. 책임에 관한 고전적 모델에 따르면 도덕적 의미 관점에서 책임을 부담하기 위한 요건은 인간만이 가진 자유의지이기 때문이다(이종원, 2019). 그러나 인공지능의 개발 및 활용에는 다수의 인력과 기술적 요소들이 관여하기 때문에 이른바 '많은 손(many hands)의 문제' 또는 '분산된(distributed) 책임의 문제'가 발생할 가능성이 높다. 또한 인공지능의 의사결정이 복잡성이 높아 관리주체인 인간조차도 이해하거나 설명하기 어렵다면 관리주체에게도 책임을 귀속시키기 어려운 상황이 발생할 수 있다. 누구에게도 책임을 귀속시키기 어렵다면 이른바 '책임공백(responsibility gap)'이 발생하는 것을 피할 수 없다(Matthias, 2004: 175-183; 이종원, 2019; 고학수 외, 2020). 즉 행위책임의 관점을 수용한다면, 인공지능의 의사결정에 관한 법적 책임의 귀속주체는 인간이 되고,

결과적으로 '책임공백' 문제에 봉착할 수 있다.

현재 기술수준인 약인공지능 내지 협의의 인공지능(weak AI or narrow AI)에 불과한 인공지능 자체가 자유의지나 예견가능성을 갖는다고 주장하기는 어렵다 (Barocas and Selbst, 2016). 빅데이터의 학습주체인 인공지능은 자유의지나 예견가능성을 갖지 않으므로 인공지능 자체를 위험의 원인이라고 규정하기는 어렵다. 행위책임 개념을 적용하면 또 다른 책임성 원인은 빅데이터 자체에 내포된 위험 요인이다.[8] 문제는 빅데이터에 내포된 위험요인의 범위를 특정하는 것이 매우 어렵다는 것이다. 빅데이터에 내포된 위험요인의 제공자인 인간은 직접적인 원인은 될 수 있으나 불특정 다수에 가깝기 때문에 이른바 '많은 손(many hands)의 문제' 에 봉착할 수 있다.[9]

윤리적 책임 내지 법적 책임 논쟁과 병행하여 인공지능의 활용에 요구되는 또 다른 책임성 차원은 투명성(transparency) 및 설명가능성(explainability)이다. 책임을 귀속시키기 위한 요건으로 투명성 내지 설명가능성이 요구된다는 것은 잠재적 책임귀속 주체가 행위를 의도하거나 결과를 예견하는 데 필요한 정보가 충분히 제공되어야 한다는 것을 의미한다. 고학수 외(2020)는 단순한 정보제공을 넘어서서 '실질적 이해'가 가능해야 책임을 귀속시킬 수 있다고 지적하면서 인공지능 '책무성(accountability)' 개념에 이른바 '설명책임' 개념이 포함되어야 한다고 주장한다. 책무성의 전제로 행위책임뿐만 아니라 설명책임이 요구된다는 것이다. 공적 의사결정에는 적법절차 내지 민주적 정당성으로 대표되는 사회규범을 준수할 의무가 뒤따른다. 인공지능이 잠재적으로 공적 의사결정의 일부 또는 전부를 대리한다고 가정할 때 국민의 기본권에 광범위하게 영향을 미칠 수 있는 공적 의사결정의 맥락에서 인공지능의 책임공백(responsibility gap) 현상은 용인되기 어렵다. 요구되는 인공지능의 책무성 범위를 행위책임과 설명책임을 포괄하는 개념으로 재정의하는 것이 대안이 될 수 있다.

---

8 일례로, 인공지능이 빅데이터에 포함된 혐오표현을 학습하여 사용해서 물의를 빚은 사례를 고려할 수 있다(고학수 외, 2020). 마이크로소프트가 2016년 3월 개발한 채팅봇 Tay가 인종차별적 발언을 사용하여 물의를 일으킨 사례가 대표적이다.

9 Nissenbaum(1996)은 이와 같은 문제를 '많은 손(many hands)의 문제'로 명명하였다.

Ⅳ. 국가별 인공지능 윤리 기본원칙

1. 유럽집행위원회(European Commission)의 인공지능 윤리 가이드라인

유럽연합 EC(European Commission, 2019)는 "신뢰할 수 있는 인공지능 윤리 가이드라인(Ethics guidelines for trustworthy AI)"의 최종 버전을 2019년 4월에 발표하였다. 가이드라인은 인본주의적 접근을 통한 '신뢰할 수 있는(trustworthy)' 인공지능을 궁극적인 목표로 한다. 신뢰할 수 있는 인공지능은 인공지능의 도입과 발전이 야기할 수 있는 위험 내지 부작용(adverse impacts)에 대한 우려를 전제로 한다(European Commission, 2019: 35). 인공지능이 신뢰할 수 있는 양상으로 도입되어야만 인류가 소외되는 구성원 없이 인공지능 도입이 가져오는 혜택을 공평하게 누릴 수 있다는 것이다. <그림 1>에 제시된 '신뢰할 수 있는 인공지능'의 프레임워크는 적법성(lawful), 윤리성(ethical), 견고성(robust) 등을 목표달성을 위한 3대 구성요소로 한다. 적법성은 관련 법률 및 규정의 준수를, 윤리성은 윤리적 원칙과 규범적 가치에 대한 순응을, 견고성은 인공지능 시스템의 의도치 않은 부작용의 방지를 주된 내용으로 한다.

인공지능 윤리 가이드라인은 총 3개의 챕터로 구성되어 있다. 첫 번째 챕터는 인간의 기본권을 바탕으로 인공지능 활용에 관하여 수립된 윤리적 원칙들(ethical principles)을 제시하고 있다. 두 번째 챕터에서는 목표의 현실화(realisation)를 위한 주요 요건들(key requirements)을 열거하였다. 마지막 챕터에서는 인공지능에 대한 평가(assessment)에 초점을 맞춰 신뢰가능한 인공지능에 관한 평가목록(assessment list)을 수록하였다.

신뢰할 수 있는 인공지능은 인간의 존엄성, 개인의 자유, 민주주의·정의·법규의 존중, 평등·비차별 및 소수집단 보호, 시민의 권리 등 인간의 기본권이 존중되어야 한다는 규범적 주장을 배경으로 수립된 목표이다. 즉 인공지능 시스템의 개발에 있어 인간의 존엄성이 존중되어야 하고, 시스템 운영과정에서 개인의 자유와 민주적 가치들이 침해되어서는 안 되며, 인공지능 절차는 투명하고 모두에게 접근 가능해야 하고, 편익은 공정하게 분배되어야 하며, 데이터 생성 주체인 일반시민들이 자신의 개인정보의 수집·활용 여부에 관하여 선택권을 행사할 수 있어야 한다. 또한 가이드라인은 자율성(autonomy), 무해성(prevention of harm), 공평성(fairness), 설명가능성(explicability) 등 이른바 '인공지능 윤리 4원칙'을 선언하였다.

자율성의 원칙에서 '자율성'은 인공지능 시스템에 대한 인간의 자율성을 의미한다. 인공지능 시스템에 의한 의사결정과정에서 인간은 인공지능 시스템의 객체가 된다. 인공지능의 의사결정은 광범위한 개인정보 수집을 토대로 하는 결정이라는 점에서 인간의 자율성이 문제될 수 있다. 또한 인공지능의 의사결정은 인간

그림 1 유럽집행위원회의 신뢰할 수 있는 인공지능 프레임워크

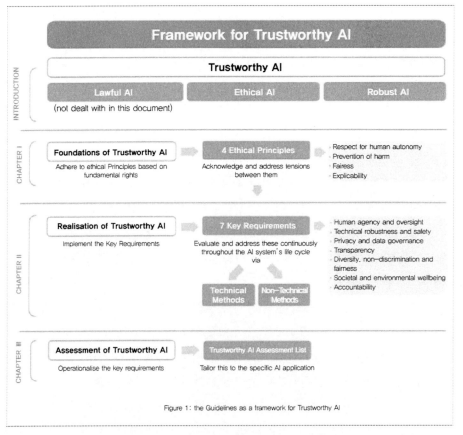

자료: European Commission(2019), "Ethics guidelines for trustworthy AI", p. 8.

을 대상으로 하는 개인 내지 조직의 의사결정을 일부 또는 전부 대체한다는 점에서 영향범위에 속하는 인간의 자율성을 침해할 가능성이 있다. 이에 대해 가이드라인은 인간이 인공지능 시스템의 사용여부를 선택할 권리 내지 거부·철회할 권리를 보장해야 한다고 주장한다.

무해성의 원칙은 인공지능 시스템이 인류에게 해를 끼치지 않도록 설계되어야 한다는 규범적 주장을 핵심으로 내포한다. 무해성의 원칙은 인간의 기본권 존중을 지향한다는 점에서는 다른 원칙들과 유사하지만, 인공지능 시스템의 설계 단계에서 야기될 수 있는 현실적·잠재적 위험을 경계한다는 점에서는 차이가 있다. 가이드라인은 설계 단계에서 고려되어야 할 구체적 위험으로 학습 알고리즘에 활용되는 학습데이터의 조작, 학습을 통한 개인정보 프로파일링의 부정적 활용 가능성, 알고리즘에 의해 도출된 결과의 이념적 악용가능성 내지 결정론적 수용가능성 등을 열거하였다(한국정보화진흥원, 2019b). 무해성의 원칙은 설계 단계에서부터 소수·취약계층에 대한 배려가 고려되어야 한다는 주장도 포함한다.

공평성의 원칙은 인공지능 시스템의 개발·이용·통제가 공평하게 시행되어야 한다는 규범적 주장을 내포한다. 공평성의 원칙은 소수·취약계층에 대한 차별가능성을 경계한다는 점에서는 무해성의 원칙과 유사하지만, 인공지능 시스템 이용에 관한 접근성이나 개발과정에 대한 동등한 참여, 나아가 인공지능 시스템의 활용에 의한 결과(outcome) 내지 편익(benefits)의 배분 등에 초점을 맞춘 규범적 주장이라는 점에서는 차이가 있다(한국정보화진흥원, 2019b).

설명가능성의 원칙은 인공지능과 인간의 상호작용과정에서 윤리적 규범들이 지켜지기 위한 수단으로서 의미를 갖는다. 인공지능에 의한 의사결정 과정은 복잡성과 불투명성을 특징으로 하며, 그 결과 인공지능에 의한 의사결정 결과의 이해가능성 내지 설명가능성은 높지 않은 것으로 알려져 있다. 가이드라인은 인공지능이 제시한 의사결정의 설명가능성을 높이기 위해 개인이나 단체가 인공지능 시스템 운영자에게 의사결정과정에 관한 증거자료를 요구할 수 있다고 규정하고 있다(한국정보화진흥원, 2019a).

가이드라인은 신뢰할 수 있는 인공지능 실현을 위한 요건으로 '인간의 자율성과 감독(Human agency and oversight)', '기술적 견고함과 안전성(Technical robustness and safety)', '프라이버시와 데이터 거버넌스(Privacy and data governance)', '투명성 (Transparency)', '다양성(Diversity)', '비차별성(Non-discrimination)', '공평성(Fairness)', '사회적·환경적 복지(Societal and environmental well-being)', '책무성(Accountability)' 등을 규정하였다. 가이드라인의 세 번째 챕터에서 제시된 평가목록(asssessment lists)은 위 요건들을 일곱 가지로 재분류하여 대분류로 구성하고, 각 대분류의 하위분류에 해당하는 2-4개의 중분류들을 제시한다. 각각의 중분류들은 평가를 위해 의문문 형태로 구성되어 있는 복수의 '하위 평가지표'들을 제시한다.

2. 유럽집행위원회의 인공지능 백서

EC(2020)는 인공지능 백서(White Paper on AI)를 통해 디지털 정책의 지향점을 세 가지 세부목표로 나누어 설명하고 있다. 첫째, '인간을 위한 기술'은 인간 삶의 질을 향상시키기 위하여 기술 개발을 촉진하고 또한 기술 변화에 대한 사회적 대응을 준비하겠다는 선언이다. 관련 키워드는 연결성(connectivity), 사이버안전성 (cybersecurity), 신뢰성(trustworthiness) 등이다. 특히 신뢰성 확보는 인공지능 등 신기술이 지닌 위험에 대한 대응 차원에서 필요한 정책적 조치들의 도입을 예고하고 있으며 인공지능 윤리와 관련이 깊다(Lee, 2020).

EC의 인공지능 백서는 인공지능이 기존에 인간 고유의 영역으로 여겨지던 부문을 대체하면서 나타난 잠재적 위험들을 지적한다. 인공지능 도입에 따른 잠재적 위험은 무형(immaterial)의 위험과 유형(material)의 위험으로 분류할 수 있다. 무형의 위험은 기본권에 대한 침해를, 유형의 위험은 재산, 신체, 생명에 대한 침해를 각각 가리킨다. 무형의 위험이 발생하는 까닭은 인공지능이 공적 의사결정을 대체하거나 보조하는 경우 인간이 의사결정의 객체로 전락하면서 인공지능의 판단을 이해하거나 설명하지 못할 수 있기 때문이다. 앞서 언급한 것처럼, 인공지능에 의한 결정이나 행위는 복잡성으로 인해 이해나 설명이 어렵기 때문에 인공지능에 의한 기본권 침해를 사전에 통제하거나 사후에 추적하여 규명하는 것이 쉽지 않다. 유형의 위험은 인공지능 기술의 결함으로 인명이나 재산상의 피해가 발생할 가능성을 의미한다. 마찬가지로 인공지능의 결정이나 행위를 이해하거나 설명하기 어렵기 때문에 시장에 대한 감시나 통제가 어렵고, 분쟁이 발생해도 역추적이나 증거확보가 어려워 사후적인 해결도 쉽지 않다.

EC의 백서는 인공지능 윤리와 관련하여 위험기반 접근(risk-based approach)에 의거한 대응책을 제시한다. 백서는 위험의 발생가능성이 특별히 높은 분야들을 특정하여 별도 규제체제를 적용하는 방식으로 대응할 것을 권고한다. 위험의 발생가능성이 특별히 높은 분야들은 인공지능이 개인의 법적 권리에 악영향을 미칠 가능성, 신체, 생명, 또는 재산에 심각한 피해를 초래할 가능성, 그리고 합리적으로 회피할 수 없는 효과를 초래할 가능성 등이다. 또한 인공지능이 채용 과정, 노동자 또는 소비자 권리에 영향을 미치는 경우, 원격 생체 인식(remote biometric identification), 감시 등에 인공지능 기술이 적용되는 경우 등에는 별도의 규제체계 적용을 권고한다.

별도 규제체계는 규제대상에 다음과 같은 법적 의무를 부과한다. 첫째, 인공지능의 학습데이터(training data)는 안전성을 위해 충분히 포괄적이어야 하고, 대표성이 있어야 하고, 편의가 존재하지 않아야 하고, 사생활이나 개인정보 보호 수준에 부합하는 것이어야 한다. 둘째, 인공지능에 의한 의사결정과정에 활용된 학습데이터와 알고리즘 프로그래밍에 관한 기록의 보존을 요구한다. 셋째, 인공지능 시스템의 설계적 요소에 해당하는 목적, 작동조건, 정확도 등에 관한 정보들이 투명하게 공개되어야 한다. 넷째, 인공지능 시스템에 활용되는 기술의 신뢰성이 문제된다. 이와 관련하여 기술의 견고성(robustness), 정확성(accuracy), 처리결과의 재현가능성(reproducibility), 오류와 비일관성의 통제가능성, 외부공격 및 부적절한 개입에 관한 회복탄력성(resilence) 등이 갖춰져야 한다(이상윤, 2019).

EC는 위와 같은 규제체계의 관리자가 될 수 있는 기준으로 잠재적 위험이나 실현된 위험을 '가장 잘 다룰 수 있는 자'로 규정하였다. 관리자는 인공지능 시스템의 운영 단계에 따라 달라질 수 있다. 개발 단계에서 발생가능하거나 발생한 위험에 대해서는 개발자에게, 이용 단계에서 위험은 인공지능의 활용주체에게 관리역할이 부과될 수 있도록 해야 한다. EC의 이런 관점은 인공지능에 의한 의사결정에서 특히 문제될 수 있는 인공지능 시스템의 결함으로 인한 법적 책임(liability)에 대해서도 같은 기준을 적용하고 있다. 인공지능에 의한 의사결정 결과는 인공지능 기술의 특성상 결과도출에 이르기까지의 논리적 흐름이나 과정이 '블랙박스 효과(black-box effect)'로 인해 이해하거나 설명하기 쉽지 않다. EC의 규정은 기존의 책임성 관련 논의에서 지속적으로 문제된 권한과 책임의 배분에 관해서는 발전된 대안을 제시하지는 못하고 있다(이상윤, 2020).

3. 미국 Future of Life Institute의 아실로마 AI 원칙

미국 비영리연구단체인 Future of Life Institute는 2017년 1월, 인공지능 개발 가이드라인으로 "아실로마 AI 원칙(Asilomar AI Principles)"을 제정하였다. 이 원칙 은 연구 이슈(research issue), 윤리와 가치(ethics and values), 장기적 이슈(longer-term issues) 등 3개 영역으로 구분되어 있으며, 세 영역을 합쳐 총 23개 원칙으로 구성된다. 이 중 인공지능 윤리와 관련해서 '윤리와 가치' 영역에서 총 13개의 원 칙이 제시되었다(양희태, 2017).[10] 주요 내용으로 안전성과 보안성을 보장할 것('안 전' 원칙), 위해원인의 확인 및 설명제공 의무의 규정('실패의 투명성', '사법적 투명 성' 원칙), 인공지능 시스템 설계자·개발자들에 대한 책임의 부여('책임' 원칙), 인 간의 존엄성·권리·자유·문화다양성 등 인간적 가치와의 양립가능성('가치연계', '인간의 가치' 원칙), 데이터에 관한 인간의 접근·관리 및 제어권('개인 프라이버시' 원칙), 개인의 자유 보장('자유와 프라이버시' 원칙), 인공지능의 활용에 따른 편익의 배분('공유된 혜택', '공유된 번영' 원칙), 인간의 인공지능에 대한 의사결정 위임여부· 방식의 선택권('인간의 통제' 원칙), 인공지능 시스템에 의해 인간이 구축한 절차들 이 파괴당하지 않도록 할 것('비파괴' 원칙), 그리고 군비경쟁을 피할 것('인공지능 무기경쟁' 원칙) 등이 규정되어 있다.[11]

---

[10] 안전(safety), 실패의 투명성(failure transparency), 사법적 투명성(judicial transparency), 책임 (responsibility), 가치연계(value alignment), 인간의 가치(human values), 개인 프라이버시 (personal privacy), 자유와 프라이버시(liberty and privacy), 공유된 혜택(shared benefit), 공 유된 번영(shared prosperity), 인간의 통제(human control), 비파괴(non-subversion), 인공지 능 무기경쟁(AI arms race) 등 13개 원칙으로 구성되었다.
[11] https://futureoflife.org/ai-principles(2020.11.13. 최종접근).

4. 일본 총무성의 인공지능 개발 가이드라인(안)

일본의 "인공지능 개발 가이드라인(안)"은 총무성의 제안을 거쳐 내각부에 의해 "인간중심의 AI 사회원칙(안)"으로서 수립되었다. 총무성의 인공지능 개발 가이드라인(안)은 인공지능의 네트워크화에 초점을 맞췄다는 것이 특징이다. 인공지능으로 네트워크화된 사회는 '지련사회(智連社會, Wisdom Network Society)'라는 용어로 표현되며, '인간과 인공지능의 공생'에 의한 데이터, 정보, 지식의 창출과 공유, 분야 간 협력의 활성화를 주된 내용으로 한다(한국정보화진흥원, 2019a).

일본 총무성의 인공지능 개발 가이드라인(안)은 개발 단계에서 개발자가 준수해야 할 9개 개발원칙을 제시하여 인공지능 개발과 관련한 윤리적 논쟁에 대응한다. 일본의 가이드라인은 크게 '인공지능의 편익증진 및 인공지능 네트워크화 촉진', '인공지능의 위험 억제', '이용자의 수용성 향상' 등 3개 영역을 제시한다. 3개 영역의 하위에는 9개의 개발 원칙이 제시되었다. '편익증진 및 네트워크화 촉진' 영역은 인공지능 시스템 간의 상호연계에 초점을 맞추고 있다. 또한 네트워크화를 통한 편익증진에 초점을 맞추고 있으나, 네트워크화가 야기할 수 있는 의도치 않은 사고발생 가능성이나 지적재산권 침해 등의 부정적인 가능성에도 초점을 맞추고 있다. '위험 억제' 영역의 하위 내용으로 투명성, 제어가능성, 안전, 보안, 프라이버시, 윤리 등 6개 원칙이 제시되었다. '위험 억제' 영역의 6개 원칙은 인공지능의 잠재적 또는 실현된 위험에 초점을 맞춰 제시된 원칙이라는 점에서 인공지능 윤리에 관한 논의의 전반적 흐름을 따른다고 볼 수 있다. '이용자의 수용성 향상' 영역하에서는 이용자에 대한 교육, 접근성, 선택권 보장, 이용자를 포함한 이해관계자에 대한 개발자의 책임완수에 관한 원칙들이 제안되었다(한국정보화진흥원, 2019a).

가이드라인(안)에서 인공지능 활용에 따른 위험을 보다 직접적으로 고려하고 있는 영역은 두 번째 '인공지능의 위험 억제' 영역이다. 세부 원칙으로 제안된 투명성 개발 원칙은 인공지능 개발과정에서 '입출력의 검증가능성'과 '판단결과의 설명가능성'에 초점을 맞추고 있다. 다만 투명성 원칙은 학습자료나 알고리즘, 소스 코드 등의 공개를 의미하는 것은 아니라고 부연하고 있다(한국정보화진흥원,

2019a). 제어가능성 개발 원칙은 개발자가 인공지능 시스템을 통제할 수 있어야 한다는 규범적 주장을 내포한다. 상용화에 앞서 예상되는 위험을 사전적인 타당성 검증 및 샌드박스(sandbox) 등을 활용한 예비시행을 통해 제어하고자 하였다. 안전성 개발 원칙은 인공지능 설계에 있어 생명·신체·재산에 대한 위해를 방지해야 한다는 규범적 주장을 내포한다. 보안성 개발 원칙은 인공지능 설계에 있어 기술적 오류나 물리적 공격 내지 사고에 대한 내성을 높여야 한다는 규범적 주장을 내포한다. 프라이버시 개발 원칙은 인공지능 시스템의 개발과정에서 프라이버시 침해가능성을 고려할 것을 규정한다. 윤리 개발 원칙은 인공지능 시스템 개발에 있어 인간의 존엄과 개인의 자율성을 존중할 것을 규정한다. 인공지능의 학습자료에 포함되는 편의로 인한 차별의 방지, 인공지능 시스템이 인간의 존엄성을 침해하는 것을 방지해야 한다는 규범적 주장을 내포한다.

가이드라인(안)에서 세 번째 영역인 '이용자의 수용성 향상' 영역은 이용자의 의사결정에 대한 지원 및 개발자의 이용자에 대한 책임 개발 원칙 등을 하위요소로 한다. 이용자의 의사결정에 대한 지원 원칙은 인터페이스의 구성, 유니버설 디자인에 의한 접근성 보장 및 인공지능 학습결과의 가변성에 관한 정보제공 등을 권고한다. 개발자의 이용자에 대한 책임 원칙은 개발자가 인공지능 시스템의 기술적 특성을 이해관계자에게 설명하고 환류 및 정보공유가 이루어질 것 등을 권고한다.

5. 국내 과학기술정보통신부의 지능정보사회 윤리가이드라인

국내의 "지능정보사회 윤리가이드라인"은 2017년 과학기술정보통신부에 의해 발표되었다. 이 가이드라인은 공공성(publicness), 책무성(accountability), 통제성(controllability), 투명성(transparency) 등 이른바 'PACT'로 명명되는 4대 공통원칙을 선언하였다. 공공성은 지능정보기술 활용에 의한 편익이 광범위하게 공유되어야 한다는 원칙이다. 책무성은 지능정보기술 활용이 야기하는 부작용 내지 역기능에 관한 책임분배 및 사전적·사후적 안전장치의 마련을 규정한다. 통제성은 지능정보기술에 대한 인간의 제어가능성 내지 기술적 오류에 관한 대응책의 마련을 권고하는 원칙이다. 투명성은 지능정보기술 활용을 통한 의사결정과정에서 이해 당사자인 이용자 내지 일반시민의 의견반영 및 잠재적 위험에 관한 정보의 공개 내지 공유가 이루어져야 한다는 원칙이다.

과학기술정보통신부의 가이드라인은 지능정보기술에 초점을 맞추고 있어, 인공지능 개발과정에서 편향된 빅데이터의 도입 내지 활용에 따른 위험에 대한 문제인식 및 대응은 상대적으로 불분명하게 반영되어 있다. 또한 이 가이드라인은 '지능정보사회'에 관한 윤리원칙들을 선언하고 있으나, 인공지능 개발 또는 활용을 직접적으로 규제하는 세부사항들을 포함하는 것은 아니다(한국정보화진흥원, 2019a). 이에 한국정보화진흥원은 인공지능의 활용 자체에 초점을 맞춘 정책과제를 다음과 같이 제시하였다. 첫째, 인공지능이 야기할 수 있는 부정적 영향을 극소화하기 위해 이해관계주체 간 합의를 거쳐 실제로 이해당사자들에게 적용되는 세부규범들이 요구된다. 둘째, 다른 정부정책과 연계하에 인공지능 활용에 따른 사회경제적 영향을 평가할 수 있는 지침수립이 요구된다. 셋째, 인공지능 기술에 대한 사회적 수용성을 높이기 위한 인공지능 윤리 담론의 활성화, 잠재적 피해에 대한 안전망 마련 및 규제의 법제화, 교육 및 홍보활동 등이 요구된다. 넷째, 인공지능 활용으로 인한 권리침해 행위에 대한 행위자 중심의 사후적 처벌·배상체계 정립이 요구된다.

한국정보화진흥원이 제시한 정책과제 중 일부는 최근 발간된 EC의 인공지능 백서에서 제안한 법제도적 대안을 선행사례로 참조할 수 있을 것이다. EC의 인공지능 백서는 이해당사자들에게 적용되어야 할 세부규범으로 구체적인 법제도적 규제(예: 데이터 수집과정 및 알고리즘에 관한 기록의 보존 등)들을 명시하고 있다. 또한 EC의 백서에서 규정하고 있는 사전적합성 평가는 인공지능 활용에 따른 사회경제적 영향을 평가할 수 있는 절차로도 운용가능하다. 인공지능 활용에 따른 잠재적 위험이나 실제적 피해가 발생하였을 경우 법적 책임이나 윤리적 책임의 배분에 관해서는 여전히 합의된 학설이나 제도적 대안이 존재하지 않는 실정이다.

V. 소결

공공부문의 빅데이터를 적용한 인공지능 개발 및 활용 과정에서 인공지능 윤리가 문제되는 부분은 인공지능이 공적의사결정과 공공서비스를 대체할 가능성일 것이다. 일부 낙관론을 제외하면 인공지능의 발전수준이 인간의 지성을 완전히 대체할 것이라고 전망하는 견해가 갖는 영향력은 제한되어 있다. 대다수 논의들에서 현재 수준의 인공지능이 인간의 지성 대비 갖는 비교우위는 합리성 측면에 국한된 것으로 여겨진다. 다만 정부나 공공기관이 직면한 정책 환경의 복잡성과 역동성이 지속적으로 증가하고 있다는 점을 고려할 때, 인공지능이 갖는 비교우위를 정책결정에 적극적으로 활용하고자 하는 시도는 지속적으로 확장될 것으로 전망된다.

현재시점에서 인공지능 개발 및 활용은 약인공지능(weak AI)을 전제한다. 인공지능의 기술적 한계로 인해 빅데이터 및 인공지능 알고리듬에 내재한 편향, 인공지능 시스템의 기술적 취약성, 인공지능에 의한 의사결정이 갖는 불투명성 및 낮은 설명가능성으로 인한 책임성 문제 등이 핵심적인 윤리적 쟁점이 될 수 있다. 상기 쟁점 외에도 인공지능이 책임은 부담하지 않으면서 민감한 정치적 사안을 부적절하게 결정하거나 인간의 자율성을 침해할 가능성, 데이터 수집과정에서 발생할 수 있는 프라이버시 침해나 데이터의 편향성, 나아가 인공지능에 의한 결정이 인간의 생존을 위협할 가능성까지 우려된다(윤상오 외, 2018).

본 장은 공공빅데이터를 활용한 인공지능 개발 및 적용 과정에서 예견되는 윤리적 이슈들을 탐색적으로 개관하였다. 아울러 대응책으로 마련되고 있는 각 국가별 인공지능 윤리 기본원칙들을 소개하였다. 인공지능 기술은 60여 년의 오랜 잠복기를 거쳐서 현재 공공부문을 포함한 사회 전반에 실질적인 영향을 주는 혁신 기술로 본격적인 성장기로 진입하였다. 하지만 최근 인공지능 기술의 성장 속도에 비해 이를 뒷받침하는 윤리적, 제도적 장치는 미비한 상황이다. 본 장의 내용이 인공지능 기술을 포함한 공공빅데이터 생태계의 활성화를 위해 특히 윤리적 관점에서 어떤 제도적 노력이 필요할지에 대한 사회적 담론의 출발점이 되기를 바란다.

참고문헌

[국내문헌]

강정묵. (2017). 지방정부의 빅데이터 활용에 관한 영향요인 분석: 서울시 공무원의
　　인식을 중심으로. 국정관리연구, 12(1), 161-198.

고학수·박도현·이나래. (2020). 인공지능 윤리규범과 규제 거버넌스의 현황과 과제.
　　경제규제와 법, 13(1), 7-36.

김길수. (2019). 공공부문에서 인공지능 활용에 관한 연구. 한국자치행정학보, 33(1),
　　27-48.

김대엽·김영배. (2019). 4차 산업혁명 시대의 핵심 ICT 기술: 빅데이터, 인공지능,
　　클라우드 기술 동향. 정보처리학회지, 26(1), 7-17.

김명주. (2017). 인공지능 윤리의 필요성과 국내외 동향. 한국통신학회지(정보와통신),
　　34(10), 45-54.

김민정·유진호. (2019). 인공지능 윤리 이슈, 그리고 전문가 인식 제고. 전자공학회
　　지, 46(10), 23-32.

김종세. (2020). 인공지능의 안전성과 인간윤리에 대한 법정책적 고찰. 법학연구,
　　20(1), 1-35.

김희정. (2020). 지능정보화 시대의 알고리즘 차별에 대한 법적 소고-미국의 알고리
　　즘 차별 사례를 중심으로. 홍익법학, 21(3), 501-524.

박남기. (2020). 인공지능과 윤리적 이슈. 언론정보연구, 57(3), 122-154.

배동민·박현수·오기환. (2013). 빅데이터 동향 및 정책 시사점. 정보통신정책연구원
　　(KISDI), 25(10), 37-74.

서재호. (2020). 지방자치단체 공무원의 데이터기반 행정 영향 요인에 대한 탐색적
　　연구: 자치구 공무원의 인식조사를 토대로. 지방정부연구, 23(4), 445-464.

성욱준. (2016). 공공부문 빅데이터 정책 활성화 연구. 한국정책학회보, 25(2),
　　125-150.

성욱준. (2017). 데이터 생애주기 관점에서 본 공공부문 빅데이터 활성화 방안. 한국
　　지역정보화학회지, 20(2), 25-41.

신용우. (2019). 인공지능 안전성 관련 정책 및 입법 현황. 전자공학회지, 46(10),
　　17-22.

양희태. (2017). [미국] 인공지능의 위험성에 대한 우려로 제정된 아실로마 인공지능
　　원칙. 과학기술정책, 27(8), 4-7.

양희태. (2018). 인공지능의 안전성 이슈와 정책 대응 방안. 한국통신학회논문지,
　　43(10), 1724-1732.

오요한·홍성욱. (2018). 인공지능 알고리즘은 사람을 차별하는가?. 과학기술학연구,
　　18(3), 153-215.

유성민. (2016). 빅데이터가 인공지능에 미친 영향. 한국정보기술학회지, 14(1), 29-34.

윤상오·이은미·성욱준. (2018). 인공지능을 활용한 정책결정의 유형과 쟁점에 관한
　　시론. 한국지역정보화학회지. 21(1), 31-59.

이미나·심재웅. (2009). 성별에 따른 온라인 프라이버시 염려와 프라이버시 보호전
　　략 사용의 차이에 관한 연구. 미디어, 젠더 & 문화, (12), 165-190.

이상윤. (2020). 유럽연합 디지털 정책의 동향과 전망: "유럽의 디지털 미래"·"유럽
　　데이터 전략"·"인공지능 백서"의 주요 내용과 의의. 고려법학, (97), 193-239.

이영주·양현철. (2017). 활용 주체별 빅데이터 수용 인식 차이에 관한 연구: 활용 목
　　적, 조직 규모, 업종 특성을 중심으로. 정보화정책, 24(1), 79-99.

이종원. (2019). 인공지능에게 책임을 부과할 수 있는가?: 책무성 중심의 인공지능 윤
　　리 모색. 과학철학, 22(2), 79-104.

전병진·김희웅. (2017). 공공 빅데이터 개방 및 활용 활성화 방안에 대한 연구. 정보
　　화정책, 24(3), 27-41.

최봉·윤종진·엄태휘. (2019). 서울시 공공빅데이터 활성화 방안 연구. 지식경영연구,
　　20(3), 73-89.

한국정보화진흥원. (2017). 인공지능시대의 정부: 인공지능이 어떻게 정부를 변화시
　　킬 것인가?, IT & Future Strategy 3.

한국정보화진흥원. (2019a). 인공지능 윤리 가이드 라인: 일본과 EU 사례를 중심으로.

한국정보화진흥원. (2019b). 알고리즘과 법: 알고리즘 차별에 따른 공정성 확보방안.

행정안전부. (2017.3.). 지능형 정부 기본계획.

행정안전부·한국정보화진흥원. (2018.2.). 내 삶을 바꾸는 공공 빅데이터!.

Ji, Y. M., Yu, J. J., & Lee, S. H. (2017). IoT, 빅데이터 그리고 인공지능. *Communications
　　of the Korean Institute of Information Scientists and Engineers*, 35(7), 43-50.

[해외문헌]

Barocas, S., & Selbst, A. D. (2016). Big data's disparate impact. *Calif. L. Rev.*,
　　104, 671.

Bizer, C., Heath, T., & Berners-Lee, T. (2011). Linked data: The story so far. In Semantic services, interoperability and web applications: emerging concepts . *IGI Global.* pp. 205-227

Bollier, D., & Firestone, C. M. (2010). *The promise and peril of big data.* Washington, DC: Aspen Institute.

Boyd, D., & Crawford, K. (2012). Critical questions for big data: Provocations for a cultural, technological, and scholarly phenomenon. *Information, Communication & Society,* 15(5), 662-679.

Brookfield Institute. (2018). Intro to AI for Policymakers: Understanding the Shift. https://brookfieldinstitute.ca/wp-content/uploads/AI_Intro-Policymakers_ON LINE.pdf

Bulgurcu, B., Cavusoglu, H., & Benbasat, I. (2010). Information security policy compliance: an empirical study of rationality-based beliefs and information security awareness. *MIS quarterly,* 34(3), 523-548.

European Commission. (April 8th, 2019). Ethics guidelines for trustworthy AI. Retrieved from https://ec.europa.eu/digital-single-market/en/news/ethicsgui delinestrustworthy-ai.

European Commission. (Feb 19th, 2020). WHITE PAPER: On Artificial Intelligence-A European approach to excellence and trust. Retrieved from https://ec.europa. eu/info/sites/info/files/commission-white-paper-artificial-intelligence-feb20 20_en.pdf.

Future of Life. (Jan, 2017). Asilomar AI Principles. Retrieved from https://futureof life.org/ai-principles.

Goertzel, Ben. (2016). Creating an AI Sociopolitical Decision Support System, ("ROBAMA"--ROBotic Analysis of Multiple Agents)(an informal, rough "vision document")

Janssen, M., van der Voort, H., & Wahyudi, A. (2017). Factors influencing big data decision-making quality. *Journal of Business Research,* 70, 338-345.

Joseph, R. C., & Johnson, N. A. (2013). Big data and transformational government. *It Professional,* 15(6), 43-48.

Kelly, Kevin. (2017). The AI Cargo Cult: The Myth of a Superhuman AI. *Backchannel,* 2017. 4-25.

Klievink, B., Romijn, B. J., Cunningham, S., & de Bruijn, H. (2017). Big data in the public sector: Uncertainties and readiness. *Information Systems Frontiers*, 19(2), 267–283.

Laufer, R. S. & M. Wolfe. (1977). Privacy as a concept and a social issue: A multidimensional developmental theory. *J. Soc. Issues* 33(3), 22–42.

Lee, S. (2020). Overview of the European Commission's Digital Package: Digital Strategy, Data Strategy, and White Paper on AI. Available at SSRN 3603712.

Malhotra, N. K., Kim, S. S., & Agarwal, J. (2004). Internet users' information privacy concerns (IUIPC): The construct, the scale, and a causal model. *Information Systems Research*, 15(4), 336–355.

Manovich, L. (2011). Trending: The promises and the challenges of big social data. *Debates in the Digital Humanities*, 2(1), 460–475.

Manyika, J., Chui, M., Brown, B., Bughin, J., Dobbs, R., Roxburgh, C., & Byers, A. H., (May 2011). Big data: The next frontier for innovation, competition, and productivity, Retrieved from https://www.mckinsey.com/business-functions/mckinsey-digital/our-insights/big-data-the-next-frontier-for-innovation.

Matthias, A. (2004). The responsibility gap: Ascribing responsibility for the actions of learning automata. *Ethics and Information Technology*, 6(3), 175–183.

Noorman, M. (2012). Computing and moral responsibility.

Russell, Stuart & Norvig, Peter. (2016). *Artificial Intelligence: A Modern Approach*. third edition. Pearson New International Edition. Vroom, V. H. (1964). Work and motivation.

Yiu, C. (2012). The big data opportunity. *Policy Exchange*, 1, 36.

민주주의에 대한 지능정부의
잠재적 위협에 관한 고찰[*]

권혁주(서울대학교 행정대학원)

I. 서론

최근 인공지능 기술을 채용한 전자기기들이 일상생활에서 자연스럽게 사용되고 있다. 예를 들어 페이스북과 넷플릭스 등과 소셜 미디어에서 제안하는 서비스들이나 광고들은 인공지능 기술을 활용하여 소비자 개개인에 맞춤형으로 구성되어 있다. 아직 완전한 자동운전 시스템에는 이르지 못하고 있더라도 최신으로 출고된 자동차 모델들은 인공지능 기술을 도입하여 여러 측면에서 편리한 운전을 도와주고 있다. 이와 같은 인공지능 기술은 경제·산업뿐만 아니라 공공부분에 도입되어 시민들에게 보다 효과적인 서비스를 제공하고 있다. 챗봇을 통해 공공서비스에 대한 상담을 하거나, 건물에 대한 데이터를 실시간으로 수집·분석하여 화재와 같은 재해 예방에 활용되고 있다. 또한 공공기관은 인공지능으로 보다 나은 서비스를 효율적으로 제공할 수 있어서 앞으로 보다 다양한 부분에서 적극 도입될 것으로 예상된다.

그러나 인공지능 기술의 도입에 따른 우려도 제기되고 있다. 가장 많은 우려는 인공지능 도입으로 노동시장에서 그동안 사람들이 수행한 많은 일들이 인공지능을 장착한 로봇에 의해 대치될 것이라는 예측으로, 이미 사회적으로 큰 반향을 일으킨 바 있다. 이와 함께 지난 수십 년간 정보통신 기술을 활용하여 구축한 E-Government에 인공지능 로봇 기술을 적용하여 지능정부를 구성하면 보다 효과적인 정부 운영과 공공서비스 제공이라는 긍정적인 측면과 함께 부정적인 파급

* 이 연구는 2020년에 서울대학교 AI 연구원과 아시아개발연구소의 지원을 받았다.

효과도 나타날 것이라는 우려도 함께 제기되고 있다. 그러나 인공지능 로봇 기술과 지능정부의 발달수준은 아직 시작단계에 불과하며, 앞으로 지속적 발전을 거듭할 것으로 예상되는 바, 이러한 우려가 얼마나 현실화될 것인가는 분명하지 않다.

그런데 인공지능 기술과 지능정부의 효과는 단순히 미래에 대한 예측의 문제는 아니다. 우리가 문제를 예상하고 이에 대해 적절한 대응책을 마련하여 문제가 발생하지 않도록 하는 적극적 대응이 요구되는 분야이다. 미래는 인간사회에 불가피하게 도래하는 것이 아니라, 기술발전에 따라 발생할 수 있는 다양한 시나리오를 검토하고 예상되는 긍정적 효과와 함께 부정적 변화를 예측하고 그 가운데서 가장 적절한 방향으로 인간이 스스로 선택하고 만들어가는 것이기 때문이다. 이를 위해서 시민들과 정부가 철학적 성찰을 통해 미래의 사회적 가치와 필요한 공공재를 고려해 보고 그에 따라 미래 바람직한 미래를 그려나가는 것이 필요하다.

이 글에서는 본격적으로 인공지능 기술을 적용하여 실질적인 지능정부가 작동을 하게 되는 경우를 상정하고 그에 따라 예상되는 민주주의에 대한 영향을 살펴보고자 한다. 기술발전은 우리가 인간으로서 풍요롭고 안전하게 살아가기 위한 수단적 가치를 가지는 것으로, 인간 자유와 존엄성을 중시하는 민주주의 정치질서 속에서 시민의 안녕과 풍요로운 삶을 만드는 데 기여해야 하는 것이다. 자유민주주의가 기본적 가치를 지키면서도 기술의 변화·발전으로 국민들의 안전과 복지를 증진시키는 방향에서 지능정부를 구축하는 방안을 모색해 보는 것은 매우 중요한 일이다. 이 글에서는 고도의 AI 기술이 적용된 지능정부가 민주주의 기본 원칙과 운영에 대하여 가질 수 있는 잠재적 위협에 대해 살펴보고 그에 대한 대응 방안을 제시해 보고자 한다.

II. 인공지능 시대와 지능정부

인공지능(Artificial Intelligence: AI) 기술이 고도화되면서 다양한 분야에서 그 기술이 적용되고 있다. 가장 먼저 재화와 서비스를 생산하는 경제활동에서 인공지능 기술을 적용하여 생산성을 높이려는 기업들이 늘어나고 있다. 또한 정부의 다양한 활동에도 인공지능 기술이 점차 적용되어 공공서비스를 제공하는 사례들이 늘어나기 시작했다. Alan Turing에 따르면 인공지능이란 사람의 정신적 활동에 버금가는 지능적 행동을 보여주어 사람과 구별할 수 없는 정도로 지능을 가진 기계이다(최창환, 2017). 이러한 Turing Test는 지적 능력을 정확히 개념정의하지 않은 상태에서 인간에 견주어 인공지능을 판단하는 간접적 접근방법이다. Max Tegmark(2017)은 지능(지적 능력: intelligence)을 '복잡한 과업을 수행할 능력'으로 정의하면서 인공지능을 이와 같이 복잡한 과업을 수행할 수 있는 기계라고 보았다. 이와 같은 정의는 최근의 인공지능을 장착한 기계의 모습을 잘 보여주기는 하지만, 인공지능과 더불어 과업수행이라는 또 다른 내용이 내포되어 있어 정확한 정의라고 보기 어렵다.

먼저 인간의 지적 능력을 정확히 정의하자면, 학습을 통해 지식을 습득하고 이를 기초로 판단할 수 있는 능력을 의미한다. 이것은 단순한 계산을 넘어 학습을 통하여 지식을 습득하고, 터득한 지식에 기초하여 어떤 사안에 대해 자신의 견해를 가지고 판단할 수 있는 능력을 말한다. 따라서 인공지능이 사람의 지적 능력과 유사한 능력을 발휘한다는 것은 인간과 같이 복잡한 상황에서 요구되는 판단능력을 가지고 있으며 그에 필요한 학습을 수행할 수 있다는 점을 의미한다(Bellman & Lee, 1979).

그런데 최근에 인공지능 기술이 사용되는 사례들을 살펴보면 컴퓨터가 기계학습을 통하여 지적능력을 가지고 그에 따른 판단을 하는 것에 그치는 것이 아니라, 인공지능 기술을 로봇에 적용하여 주어진 과업을 수행하고 있다는 점에 주목할 필요가 있다(Livingston & Risss, 2019). 인공지능이 기본적으로 알고리듬(algorithm)에 기초하여 다양한 통로로 수집된 빅데이터(big-data)를 활용하여 스스로 학습이 가능한 컴퓨터로서 가상세계(cyber world)에서 활동하고 있는 것이라고 한다면, 이와 같은 인공지능의 정보와 판단에 기초하여 과업을 수행하는 로봇은 기계장치를 활용하여 일정한 과업을 실제 물리적 세계(physical world)에서 수행하는 것이다. 컴퓨터의 정보처리 능력에 더하여 언어, 음성, 시각, 촉각 등 인지능력과 로봇 기계장치의 물리적 활동 능력을 겸하고 있다. 따라서 인공지능이 적용된 로봇은 가상세계에서 컴퓨터가 학습한 지식을 토대로 현실세계에서 활동하는 물리적 실

체이다. 인지능력과 신체적 능력을 통하여 물리적 활동을 하고, 그 결과로서 현실
세계에 어떤 변화를 창출하는 것이라고 할 수 있다(문병로, 2019).

이렇게 인공지능 로봇이 개발되기 시작하자, 지금까지 숙련된 전문기술 인력
이 수행하던 산업공정을 인공지능 로봇 기술로 대치하여 처리하는 사례들이 급격
히 늘어나고 있다(Livingston & Risss, 2019). 이제 일상에서 인공지능 로봇을 접하
는 것은 그렇게 어려운 일이 아니다. 과거의 자동화된 로봇이 정해진 과업만을 수
행하던 것과는 달리 인공지능을 장착한 로봇은 복잡한 의사결정이 필요한 새로운
상황에서 적절한 판단을 내리고 그에 따라 과업을 수행할 수 있게 되었다. 이와
같이 인공지능 로봇이 다양한 산업생산과 서비스 창출과정에서 과업을 수행함으
로써 해당 산업분야에서 급격한 생산성의 향상이 가능할 것으로 보인다.

인공지능은 지적인 수준에 따라 약(弱) 인공지능, 강(强) 인공지능, 초강력 인
공지능으로 분류될 수 있다. 약(弱) 인공지능은 한정된 분야에서 인간과 같은 지
능적 능력을 발휘할 수 있는 낮은 단계의 인공지능이다. 인공지능이 정해진 규칙
과 범위를 넘어 보다 폭넓은 상황에서 학습하고 판단할 수 있도록 하는 기술이
발전하면서 강(强) 인공지능, 초강력 인공지능으로 고성능화된다고 할 것이다. 이
와 다른 시각에서 인공지능을 활용되는 범위에 따라 분류할 수 있다. 인공지능 기
술은 특정한 업무분야에서 판단력이 필요한 과업을 수행하는 특정 인공지능
(Artificial Specific Intelligence)과 특정한 업무에서 국한되지 않고 다양한 업무분야
에서 필요한 과업을 수행할 수 있는 범용 인공지능(Artificial General Intelligence)
으로 나눌 수 있다. 예를 들면 바둑을 두는 알파고(AlphaGo)는 바둑을 두는 특정
한 과업을 수행하는 인공지능이라고 할 수 있는 반면에 요양원에서 노인들에게
돌봄을 제공하는 인공지능 로봇은 상황에 따라 여러 가지 과업을 수행하는 범용
인공지능이라고 할 수 있다. 예를 들어 노인들에게 대화의 상대가 되어 주는가 하
면, 노인에게 이동수단으로서 역할을 하고, 신체건강을 진단할 수도 있는 인공지
능 로봇은 범용 인공지능 로봇이라고 할 수 있다. 현재의 기술력으로 대부분 사용
되고 있는 것은 특정 인공지능의 수준이지만 범용 인공지능도 곧 현실화될 것으
로 보고, 이 글에서는 인공지능 로봇이 특정 인공지능에서 범용 인공지능으로 급
속히 진화하는 맥락에서 논의를 이어가고자 한다.

이렇게 인공지능 기술이 발전함과 동시에 인공지능을 장착한 로봇이 경제활동과 사회생활뿐만 아니라 공공행정에도 점점 더 확대되어 적용될 것으로 예상되며, 이에 따라 더욱 발전되고 세련된 인공지능이 사회 각 부분에서 활동하는 자동화 사회가 도래하는 것은 피할 수 없는 현상이다.

정부가 수행하는 공공관리와 국민에게 공공서비스를 제공하기 위해 다양한 인공지능 로봇이 채택되어 그 기능을 수행할 때 그것을 지능정부라고 할 수 있다. 현재의 기술발달과 활용속도를 감안하면 가까운 시일 내에 지능정부가 출현할 것이라는 예상은 어렵지 않게 할 수 있다. 이미 세계 각국의 정부들은 지난 30여 년간 정보통신 기술을 적용하여 공공업무를 수행하는 전자정부를 구축해 왔다. 이러한 바탕 위에 인공지능을 기술을 접목하여 지능 정부를 구축하는 것은 어려운 일이 아니라고 판단된다. 일차적으로 전자정부는 공공행정을 효율적으로 수행하기 위해 정부의 각종 데이터와 공식문서 처리를 컴퓨터와 인터넷 연결망을 통해 처리하는 정부 내부에 적용하는 정보통신 기술 시스템을 갖추고 있다. 여기서 한 발 나아가 정부는 정보통신 기술을 활용하여 국민들의 경제적·사회적 활동에 관한 정보를 수집하고 관리하여 정부의 공공행정을 효율적으로 수행하고자 하는 것으로 전자정부가 진화해 왔다. 예를 들어 전자정부 시스템을 통하여 고속도로에서 요금소를 지나가는 자동차의 번호를 식별하고 이것을 정보로 전환하여 해당 고속도로의 교통량을 파악할 수 있으며, 정부는 이와 같은 정보를 기초로 고속도로를 운영하는 데 필요한 정책을 보다 효과적으로 수립하고 집행할 수 있게 되었다. 국민들의 다양한 사회·경제적 활동에 대한 정보를 수집하고 관리하는 것은 전자정부의 핵심적 기능이다. Hood는 이렇게 정부가 사회 경제적 활동에 대해 정보와 자료를 수집하는 일을 전자정부의 인지기능(detection)이라고 개념화하였다(Hood, 1991: 477). 한편 정부는 이렇게 수집되고 관리된 정보를 기초로 국민들에게 보다 질 높은 공공서비스를 효율적으로 제공하는 데 활용해 오고 있다. 예를 들어 전자정부가 구축됨에 따라 과거에 사람이 직접 관공서를 방문해야 하는 받을 수 있는 공공서비스를 컴퓨터를 연결하여 수령할 수 있게 되었다. Hood는 전자정부를 활용하여 공공서비스를 제공하는 것을 수행기능(Effecting)이라고 정의했다(Hood, 1991: 477).

이뿐만 아니라 민간의 경제·사회 활동 역시 디지털 정보에 기초한 데이터로 전환되어 효율성과 효과성을 추구하고 있다. 민간 기업들은 경쟁에서 뒤처지지 않기 위해 다양한 데이터를 축적·활용해 오고 있다. 시민들도 대부분 컴퓨터와 스마트폰을 활용하여 더 많은 정보를 획득하고 있으며, 사회연결망 서비스를 이용하여 다양한 주제에 대해 자신들의 견해를 제시하고 있다. 정부는 민간부분에서 데이터를 관리하고 활용하는 데 적절한 규제와 가이드 라인을 제시해야 하는 규제자로서의 역할을 수행한다. 반면에 시민들은 정부에 대해 자신들의 의견을 제시하면서 정부에 대해 반응성을 요구하고 있다. 이렇듯 전자정부를 통하여 정부는 정부 내부를 포함하여 정부와 시민 사이의 다양한 활동과 상호작용의 통로의 역할을 하고 있다(황한찬·엄석진, 2019).

보다 발전된 전산능력과 고도화된 알고리듬을 기반으로 한 인공지능을 채용하면서 전자정부는 지능정부로 변모하게 된다. 전자정부에서 이미 구축된 빅데이터를 활용하여 컴퓨터가 스스로 학습하고 필요한 판단을 내리는 알고리듬으로 지능정부로 탈바꿈하고 있는 것이다. 앞에서 지적한 바와 같이 인공지능과 이 기술이 장착된 로봇은 축적된 정보뿐만 아니라 주어진 과업을 수행하기 위해 시각, 청각, 촉각 등의 감각기능과 기계장치를 활용한 물리적 활동을 수행할 수 있게 됨으로써 국민들에게 제공할 수 있는 공공서비스의 범위가 크게 확대된다(Neff, 2018). 인공지능 로봇이 공공서비스를 비롯하여 다양한 공공정책의 수행하게 된다면 지능정부는 정보통신 기술을 이용한 가상세계의 업무와 더불어 물리적 현실세계에서 정책집행을 수행하는 새로운 모습으로 등장하게 될 것이다.

1. 지능정부에서 공공서비스

인공지능 기술이 급속히 발전하는 중이기 때문에 인공지능 로봇을 갖춘 지능정부가 어떠한 공공서비스를 제공할 수 있을 것인가 하는 점은 여전히 불투명하다. 그러나 가장 먼저 도입되고 있는 최근 사례는 공공기관의 민원업무 가운데 다양한 시민들의 질의에 대한 응답 서비스라고 할 수 있다. 인공지능 기술을 통하여 민원인들의 다양한 질의에 대해 적절한 응답을 찾아 신속히 답변함으로써 과거처럼 전화상담원의 답변을 오랫동안 기다리지 않게 되었다. 우리나라에서 강남구, 대구시, 경기도 등이 이러한 질의응답형 인공지능 로봇을 도입하여 운영하고 있다(이재호, 2019).

뉴욕의 소방청은 뉴욕의 350,000개의 빌딩에 대한 데이터를 분석하여 시시각각 화재위험 수준을 예측하는 FireCat 인공지능 화재예방 시스템을 개발하여 운영하고 있다. 이를 통해 수많은 인원이 실제로 화재위험 조사에 동원되지 않고 단지 인공지능의 데이터 분석을 통하여 화재의 위험을 판단하여 효과적인 화재예방 서비스를 제공할 수 있게 되었다(Heaton, 2015). 이와 같은 화재예방 시스템에 인공지능 기술을 도입하는 것은 이제 보스턴에도 도입되어 활용되고 있다. 플로리다의 경찰청은 현장에서 활동하는 경찰의 스마트폰과 카메라 등으로부터 수집되는 다양한 데이터를 분석하여 범죄의 발생, 형태 등을 분석하고 이에 따른 범죄예측 시스템을 운영하고 있다. 이와 같이 인공지능 기술을 통하여 대규모의 데이터를 실시간으로 수집·분석하여 그에 따라 필요한 판단을 내릴 수 있게 되면 정부의 업무의 효율화와 공공서비스의 품질을 제고할 수 있게 된다.

한편 인공지능을 장착한 무인자동차 등이 개발된다면 현재 장애인, 노인, 어린이 등 교통약자들에게 맞춤형 교통서비스와 공공서비스를 제공할 수 있으며, 인공지능을 장착한 드론을 통해 혼잡이 예상되는 시간에 고속도로 교통상황을 실시간으로 파악하고 교통의 흐름을 원활하게 할 수 있도록 활동하는 등 다양한 공공서비스가 가능할 것으로 판단된다(Mehr, 2017).

2. 지능정부의 세 가지 미래 시나리오

이렇게 지능정부가 구축되어 활동하게 된다면, 정부와 시민의 관계는 어떻게 변화할 것인가? 이러한 질문에 대해 답하기 위해 먼저 지금까지 학계에서 전자정부의 광범위한 활용에 따라 행정의 변화를 예측한 세 가지 이론적 흐름을 짚어본다면, 앞으로 예상되는 지능정부의 파급효과에 대해 논의하는 방향을 설정하는 데 큰 도움이 될 것으로 보인다. 첫 번째 이론적 흐름은 전자정부가 구축되고 광범위하게 활용됨에 따라 공공행정이 근본적인 변화가 있을 것이라고 예상하는 주장들이다. 이러한 주장은 클린턴 행정부에서 행정체제의 성과평가를 추진하면서 내세웠던 신공공관리론에서 찾아볼 수 있다. 클린턴 행정부는 신공공관리 개혁을 주장하면서 컴퓨터에 기반한 새로운 정보통신 기술을 활용해 과거와는 획기적으로 다른 공공서비스를 고객들에게 제공하도록 노력해야 한다는 입장을 제시했다 (Gore, 1995).

두 번째 이론적 흐름은 전자정부가 발전함에 따라 미래에 긍정적 변화가 아니라 오히려 부정적 결과가 초래될 것이라고 보는 흐름이 존재한다. 예를 들어 Brin(1998)과 같은 학자들은 전자정부로 인해 감시사회가 도래할지도 모른다는 우려를 제기했다. 시시각각으로 인공위성을 통해 항공사진을 촬영하고 곳곳에 배치된 CCTV 카메라가 정부의 컴퓨터에 연결되어 시민들을 총체적으로 감시하게 된다는 것이다. 이렇게 정부의 인지기능(detection)이 강화되면서 전자정부가 감시사회의 빅브라더가 될 것이라는 비관적 예측이 이러한 이론적 흐름의 핵심이다. 실제로 우리나라에서도 월급생활자들이 매년 연말정산을 하면서 정부 시스템에 자신의 소득활동과 소비내역에 대한 정보가 고스란히 파악되고 있는 것을 확인할 수 있는데, 전자정부의 정보 인지능력에 우려를 가지지 않을 수 없다. 또한 코로나 바이러스 방역을 위해 확진자와 접촉했던 사람들의 동선을 정부가 파악하고 있는 것이 알려지면서 전자정부의 감시능력을 실제로 느낄 수 있었다.

이와 같은 이론적 흐름과는 대조적으로 전자정부가 공공행정에 있어서 변화를 가져오기는 하지만 본질적인 성격의 변화를 초래하는 것은 아니라고 보는 시각도 존재한다. 전자정부에 채용된 다양한 정보통신 기술은 공공행정을 보다 효율적으로 수행하기 위한 수단으로서 근본적으로 정부의 성격을 변화시키는 것은 아니라는 주장이다(Margetts, 1999). 여기에는 새로운 기술을 공공행정의 수단으로 사용하여 발생할 수 있는 부정적 파급효과를 최소화하도록 다양한 견제장치가 필요하다는 주장이 함께 한다.

그런데 이와 같은 전자정부가 초래할 파급효과에 대한 논의가 그대로 지능정부의 미래 시나리오에도 적용될 수 있는 것은 아니다. 그 가운데 일부는 타당하고, 일부는 부적합할 수도 있다. 이러한 점을 고려하기 위해 먼저 전자정부와 대비하여 지능정부가 가지는 근본적인 차이를 짚고 넘어가야 한다. 첫째, 전자정부에 대비하여 지능정부의 중요한 차별성은 데이터에 기반한 학습으로 인공지능이 정책과정에서 인간을 대신해 판단을 내린다는 점을 지적할 수 있다. Bovens & Zouridis(2002)는 전자정부가 구축됨에 따라 현장에서 시민을 상대하는 현장공무원은 이미 설계된 전자정부 시스템에 따라 단순 과업을 수행할 뿐 과거 현장공무원들이 행사했던 재량권을 가지지 못하게 되었다는 점을 지적하였다. 그러나 지능정부에서 인공지능 로봇은 공공서비스를 제공하는 과정에서 필요에 따라 일정한 의사결정을 하게 된다. 예를 들어 중소 상공인에게 코로나 바이러스로 인한 긴급대출을 할 때, 인공지능은 자신이 가진 데이터에 대한 학습을 통해 대출결정을 하게 될 것이다. 이러한 대출은 일종의 재량권 행사가 되며, 이러한 재량권은 지능정부의 다양한 계층의 의사결정 및 정책집행 과정에서 나타나게 될 것이다. 결국 이러한 재량권 행사는 정치적 성격을 가지는 것이며, 이러한 정치적 성격에 대해 민주주의 관점에서 분석할 필요성이 제기된다.

둘째, 지능정부는 훨씬 다양한 방식과 경로를 통해 데이터를 축적하고 이를 통해 학습을 수행한다는 점에서 전자정부와는 차원이 다른 인지(detection) 능력을 소유하게 될 것이라는 점이다. 지능정부에서 빅브라더에 의한 감시사회 가능성이 훨씬 높아지게 될 것으로 예측된다. 셋째, 인공지능과 함께 물리적 세계에서 공공서비스를 제공함으로써 인간의 도구로서가 아니라 자기 스스로 주체적으로 공공기능을 수행한다는 점이다. 이러한 전자정부가 공공행정의 관리와 정책집행 수단으로 자리 잡게 되면, 지능정부의 파급효과는 훨씬 더 크게 나타날 수밖에 없으며, 그로 인한 변화도 근본적인 것이 될 가능성이 있다. 특히 고도로 발달된 인공지능 기술을 활용하여 공공행정을 수행하는 지능정부가 등장하게 된다면 민주주의에도 심각한 영향을 끼치게 될 것이다. 따라서 그 같은 영향으로 민주주의에 어떠한 변화가 있을 것인가를 고찰할 필요가 있다. 지능정부는 단순히 공무원의 업무를 보조하는 수단이 아니라 스스로 학습하고 의사결정을 하고, 그에 따른 공공서비스를 수행하기 때문에 공공행정뿐만 아니라 보다 근본적으로 민주주의에도 심각한 변화를 초래할 것이기 때문이다.

다음 절에서는 민주주의 관점에서 지능정부의 도래로 인해 나타날 부정적 파급효과를 중심으로 살펴보기로 한다. 앞에서 논의한 바와 같이 긍정적, 부정적 파급효과가 모두 가능하나, 부정적 파급효과를 조망하여 여기서 제기되는 문제점을 최소화하는 대안을 모색하는 것이 필요하기 때문이다. 이를 위해 다음 절에서는 민주주의의 기본적 가치와 운영원리를 제시하고 이에 대한 지능정부의 위험과 도전을 구체적으로 살펴보기로 한다. 특히 인공지능 로봇 기술이 접목된 지능정부의 활동이 어떻게 민주주의에 위협을 가하는지 살펴보고 그에 대한 대안을 모색하는 방법을 취하기로 한다.

III. 시민의 자유와 지능정부의 통제 가능성

지능정부가 민주주의에 대하여 초래할 수 있는 파급효과를 논의하기 위해 다음과 같은 세 가지 민주주의 기본적 원칙과 운영원리를 측면에 초점을 맞추어 논의하기로 하자. 첫째, 민주주의 사회에서 주권자는 시민이며, 그들은 자신이 원하는 삶을 영위할 수 있는 자유를 가진다. 이는 민주주의 정치질서에서 가장 기본적이고 소중한 가치로 인정받는다(Rawls, 1996). 기본권으로서 자유는 시민 한 사람 한 사람 모두에게 평등한 권리로서 향유된다. 시민들이 어떻게 삶을 영위하는 것이 바람직한지에 대해 모두가 똑같은 생각을 가질 수는 없으며, 자신의 사상과 판단에 따라 자유롭게 선택할 권리를 가진다. 따라서 민주주의 사회에서 시민들의 사상과 종교의 자유, 자신의 신체에 대한 자기 결정권, 사유재산에 대한 소유권을 가지며 정부는 이러한 자유를 옹호하고 보호해야 한다. 우리나라 헌법에서도 명시적으로 신체의 자유, 양심의 자유, 종교의 자유, 사생활의 비밀과 자유를 시민의 기본권으로 하고 있으며, 이와 더불어 거주·이전의 자유, 직업선택의 자유, 언론·출판·집회·결사의 자유를 폭넓게 인정하고 있다. 지능정부가 구축되고 활용되면서 이러한 민주주의 시민의 기본권에 대해 어떠한 영향을 끼치게 될지 살펴볼 필요가 있다.

둘째, 민주주의 정치질서에서 정부를 구성하고 국정을 운영하는 기본 원리는 다수결에 따른 대의제도이다. 지능정부가 본격적으로 구축되었을 때 대의민주주의 원리에 대한 영향을 살펴볼 필요가 있다. 사람들은 다른 사람과 동떨어져 혼자서 자유롭고 안전하게 살아갈 수 없기 때문에 시민의 자유는 공동체에서 실현되고 수호되어야 한다. 공동체에서 살아가는 시민들은 각자가 바람직하다고 생각하는 삶은 서로 다를 수 있으며, 시민들이 서로 다른 생각을 가진 사람들이 공존한다. 따라서 국정을 운영하는 정부를 선출함에 있어서, 서로 다른 생각을 가진 사람들이 각자의 선호를 표출하여, 그에 따라 다수가 선호하는 정부를 구성하는 것이 민주주의 기본 운영원리이다(Dahl, 1998). 또한 모든 사람은 공직에 참여할 수 있는 기회를 평등하게 가져야 한다. 기회의 평등과 다수결의 원리 또한 민주주의 기본적 운영원리라고 할 수 있다. 그런데 인공지능을 통해 지능정부가 사람들의 선호에 심각한 영향을 끼칠 수 있게 된다면 대의민주주의가 제대로 운영될 수 있는지 하는 질문을 제기할 수 있다.

셋째, 정부의 책임성 측면에서 지능정부의 영향을 살펴보고자 한다. 민주주의 사회에서 국민으로부터 권한을 위임받은 정부는 그 성과에 대해 주기적인 선거를 통하여 책임을 진다. 그러나 정부의 책임성은 주기적인 선거뿐만 아니라 국민의 대표자인 국회를 비롯하여 다양한 통로를 통하여 지속적으로 확보되어야 한다. 이러한 책임성을 통해 국민의 대리인인 정부가 그 권한을 남용하거나 유용하지 않도록 해야 하는 것이 민주주의 정부 구성원리이다(Jarvis, 2014). 따라서 집권세력은 그들의 정책을 국민에게 설명하고, 그 타당성을 설득해야 하며, 정책집의 결과에 대해 책임을 져야 한다. 그런데 정부의 다양한 정책 수행에 있어서 인공지능이 필요한 판단을 하고 공공서비스를 제공하게 된다면 그 책임성은 어떻게 확보할 수 있는지 검토할 필요가 있다.

1. 지능정부와 자유에 대한 통제

정보통신 기술의 보편적 적용과 함께 시민들 개개인의 디지털 정보의 지문과 족적이 끊임없이 기록되고, 이것이 시민의 자유로운 삶과 사생활에 심각한 침해가 될 것이라는 우려는 오랫동안 존재해 왔다. 특히 전자정부가 구축되어 거의 전분야에 걸쳐 광범위하게 시민들의 정보를 수집·축적해 옴에 따라, 앞으로 등장할 지능정부에서는 시민 사생활에 대한 정부의 감시가 한층 더 강화될 것이라는 우려가 존재한다.

이러한 우려가 현실화된 것이 중국에서 실시하고 있는 사회신용 시스템(social credit system)이다. 이 시스템에서 개개인은 개인인식번호(ID number)를 가지고 있으며, 컴퓨터, 인터넷, CCTV, 도로통행 인식장치 등 다양한 디지털 정보인식 기능을 가진 단말기를 통해 일상의 행동이 기록되고 평가된다(Koble, 2019). 개인들은 일정한 점수를 부여받은 상태에서 미리 정해 놓은 행동규범에 벗어나는 행위를 했을 때, 그 점수를 차감하게 된다. 주어진 기간 동안 차감된 점수가 많아 개인이 사회적 신용점수가 특정한 수준에 미치지 못하게 되면 해당 개인은 사회적·경제적 활동에서 제약이나 불이익을 받게 된다. 이러한 불이익을 받지 않으려면 사회봉사 등 신용점수를 얻을 수 있는 활동을 해야 한다. 이 밖에도 일정한 액수의 벌금을 납부하면 신용점수를 회복할 수 있도록 하는 시스템이다.

그런데 이러한 사회신용 시스템을 실질적으로 운영하기 위해서는 기존의 정보통신 기술뿐만 아니라 핵심적 기술로서 인공지능 기술이 필요하다. 단순히 금융거래나 사회통신망 서비스 활동 등과 같은 인터넷상에서 개인의 활동뿐만 아니라 거리에서 무단횡단을 하거나 지하철에서 무임승차를 하는 경우와 같이 CCTV로 촬영한 동영상에서 개인을 식별하고 사회적 이탈행동을 판별하기 위해 인공지능 기술이 필요하기 때문이다. 사회신용 시스템과 같은 감시 시스템이 고도로 발달된 인공지능 기술을 채용하면서 훨씬 더 강력하게 발전할 수 있을 것으로 보인다.

이와 같은 사회신용 시스템은 민주주의가 아닌 권위주의 정치체제를 가진 중국에서 부분적으로 시행되고 있는 것이 사실이다. 그러나 중국은 앞으로도 이러한 사회신용 시스템을 더욱 확대 시행할 것으로 알려지고 있다. 이뿐만 아니라 민주주의 정치체제를 가진 국가에서도 이와 유사한 시스템을 개발하고 시행할 가능성은 배제할 수 없다. 특히 범죄 혐의자를 인공지능 기술을 적용하여 신속하게 인식하는 기술 등이 개발되어 활용될 것으로 예측되고 있다(Livingston & Risse, 2019).

반사회적 행동을 규제하기 위한 이러한 인공지능 기술은 특정한 시점에서는 유용할 수 있을 것으로 이해할 수 있으나, 다양한 사상과 사고방식이 공존하는 민주주의 사회에서 특정한 삶의 방식만을 강요하는 결과를 초래할 수 있으며, 이러한 점에서 시민의 자유를 심각히 침해할 위험성이 매우 높다. 나아가 이러한 사회신용 시스템을 운영하는 정부가 설령 민주적인 절차를 통해서 수립되었다고 하더라도 집권세력이 자신들의 사상과 정책을 강요하고, 그에 부합되지 않는 사람들을 식별하고 통제하기 위해 사용될 가능성이 상존하는 것이 사실이다. 특히 인공지능 기술이 적용된 사회 시스템이 본격적으로 개발되면 단순히 시민 개인들의 사회 활동을 감지하는 것을 넘어서 사람들의 사상이나 삶의 방식까지도 식별할 수 있게 될 것으로 예측되는데 이것은 민주주의 사회의 기본적인 가치인 사상의 자유를 심각히 침해하게 될 우려가 있다.

인공지능 기술로 인한 시민의 권리에 대한 침해는 이러한 사상과 사생활 자유에 대한 침해뿐만 아니라 직업선택의 자유 측면에서도 나타날 수 있다. 이미 논의한 바와 같이 인공지능 기술은 로봇 기술과 연계되어 물리적 세계에서 복잡한 과업을 수행할 수 있다. 로봇 기술이 특정한 생산라인에서 주어진 과업을 반복적으로 수행하는 것에 대비하여 인공지능 로봇은 복잡하고 다양한 상황에 따라 필요한 판단을 하고 그에 따른 과업을 수행하기 때문에 인간 노동력을 대치하는 범위가 매우 넓을 것으로 예측된다(Acemoglu & Restrepo, 2019). 과거 산업혁명에서 기계화된 생산시설이나 정보화 사회에서 컴퓨터가 인간의 노동을 대신하면서 커다란 사회 경제적 파급효과를 초래했다. 이러한 연장선에서 본다면 인공지능 로봇 기술의 도입으로 인해 나타날 사회변화는 불가피하다고 할 수 있다. 그러나 과거와는 달리 대량의 정보에 기초한 의사결정과 그에 따른 복잡한 과업을 인공지능 로봇이 수행함으로써 노동자로서의 인간을 대신하는 범위와 강도는 훨씬 넓고 강할 것으로 예상된다.

인공지능 로봇이 인간의 노동을 광범위하게 대치한다면 많은 사람이 직장을 잃고 빈곤층으로 전락할 것으로 예상된다. 실직한 사람들은 생활을 영위하기 위해 복지국가가 제공하는 소득에 의존하게 될 것이다. 최근에는 인공지능 로봇이 본격적으로 생산활동에 참여하게 되면 시민들은 기본소득을 통해 일정한 소득을 향유하면서 한가롭게 생활하는 인간을 상정하기도 한다. 그러나 생산활동에 참여하지 않아 스스로 노동가치나 부가가치를 창출하지 않으면서도 인공지능 로봇이 창출한 가치에 의존하여 생활할 수 있다고 믿는 것은 지나친 낙관론이라고 판단된다. 그러한 가치는 인공지능 로봇을 소유한 기업이나 개인에게 전유될 것이기

때문이다. 더욱이 인공지능으로 구성된 지능정부가 작동하게 되면 시민들은 인공
지능 로봇이 작동되지 않는 특정한 분야의 업무에 배치되어 일을 해야 하는 상황
이 초래될 수도 있다.

2. 인공지능의 대의민주주의에 대한 위협

소셜 미디어 등과 같은 인터넷 서비스에서 인공지능 기술을 통하여 접속자의
특성에 맞는 맞춤형 광고를 하는 일은 이미 일상화된 일이다. 그런데 이러한 기술
을 활용하여 사람들의 정치적 선호에 암묵적인 영향을 끼침으로써 인공지능 활용
은 대의민주주의를 위협할 수 있다. 이미 지난 2016년 미국 대통령 선거에서
Cambridge Analytica라는 데이터 분석 회사가 인터넷 소셜 미디어인 Facebook
의 데이터를 수집하여 미국 유권자들의 특성을 차별화하여 각각의 사람들에게 맞
는 정치광고를 하여 유권자의 정치선호에 영향을 끼치는 일이 발생하여 세계적으
로 물의를 일으킨 바가 있다. Cambridge Analytica가 Facebook의 회원 자료를
불법적으로 수집하여 이에 대해 제재를 받았지만, 이러한 유권자 맞춤형 정치광
고는 조금씩 다른 형태로 계속될 것으로 예상되고 있다. 우리나라에서 지난 2017
년 대통령 선거에 김경수 경남지사가 컴퓨터 프로그램으로 인터넷 댓글을 조작하
여 법원으로부터 유죄판결을 받기도 했다. 이와 같이 데이터 수집 및 인터넷 조작
등의 방법으로 선거에 영향을 끼치는 사례는 이미 대의민주주의에 심각한 위협으
로 대두되고 있다.

이러한 데이터 수집이나 맞춤형 정치광고를 통해 시민들의 정치선호에 영향
을 끼치는 것을 넘어 인공지능 기술을 활용해 사실과 다른 정보를 제공하게 되면
더 큰 문제가 야기될 것이다. 인공지능 기술을 이용한 'deepfake' 기술은 실존하
는 인물과 똑같은 동영상을 만들어 사실과 다른 정보를 제공하여 유권자들이 특
정한 사건을 오해하도록 만들어 정치적 영향력을 행사하는 기술이다. 실제로 미
국의 오바마 대통령이나 트럼프 대통령이 동영상으로 연설하는 deepfake는 주의
를 기울이지 않으면 알아볼 수 없는 수준에 이르고 있다. 그런데 이보다 더 나아
가 인공지능 로봇으로 선거부정을 자행할 수 있다는 우려가 대두되고 있다. 이것

은 단순히 유권자의 정치적 선호에 영향을 끼치는 것을 넘어 대의민주주의 근간을 이루는 제도인 선거에 부정한 방법으로 직접 조작을 가하는 것을 의미한다. 인공지능 로봇이 선거인 명부의 데이터를 분석하여 해당 선거에서 투표하지 않을 사람들을 식별하여, 그 사람들의 이름으로 우편투표를 발송하는 일을 수행하게 되면 실제로 인간이 개입하지 않고 부정선거를 할 수 있다. 특히 각종 여론조사와 선거 데이터를 활용하여 승부에 영향을 끼칠 수 있는 소수의 지역구에 승부를 바꿀 수 있는 최소한의 투표를 인공지능 로봇이 조작한다면 유권자들이 부정선거를 인식하지 못할 가능성이 매우 높다. 실제로 최근 한국과 미국에서 치러진 선거에서 이러한 문제제기가 되고 있으나 이것이 사실인지 아닌지 확인되지 않고 있다. 이와 같은 문제제기는 그 진실이 어느 쪽이든지 인공지능 로봇이 대의민주주의에 심각한 위협으로 대두되고 있음을 보여주는 것이다.

3. 지능정부의 책임성 문제

전자정부 기반하에 인공지능 로봇으로 구축된 지능정부는 빅데이터를 활용하여 자기 학습을 통해 앞으로 대두되는 새로운 상황에서도 판단을 내릴 수 있게 될 것이다. 그러한 판단을 기초로 공공서비스의 과업을 수행할 것으로 예상되는데, 인공지능은 단순 과업을 수행하는 데 있어서 대체적으로 매우 적은 오차 범위에서 정확하게 판단할 능력을 가지고 있다. 이러한 이유로 인공지능 로봇은 매우 효과적으로 공공서비스를 제공할 것으로 예측된다. 범용 인공지능 로봇이 개발되어 활용되기 시작하면 지능정부가 제공할 수 있는 공공서비스는 훨씬 광범위하게 될 것으로 판단된다. 그러나 인공지능의 자기학습은 데이터를 기반으로 이루어지기 때문에 과거에 발생한 사례를 기초로 이루어지게 된다. 그런데 이러한 사례들이 특정한 편의(偏意)를 가지고 있다면 그러한 편의는 인공지능의 판단에도 반영되게 된다. 마이크로 소프트가 개발한 인공지능 챗봇이 자기학습을 통해 인종차별적 언어를 배우고 이를 거리낌 없이 사용해서 무리를 야기했던 것은 하나의 에피소드이지만, 이러한 현상은 다른 인공지능의 판단 사례에서도 빈번히 발생하고 있다. 미국 회사에서 신입사원의 충원을 위한 서류심사 과업을 수행한 인공지능이 백인남성에게 더 많은 점수를 부여하는 경향이 나타난 사례도 있다. 뿐만 아니라 범죄 위험을 예측하고 이에 대한 대응을 시도하는 지능정부 시스템과 같은 경우에 기존의 데이터에 따라 범죄예측을 하게 됨에 따라 새로운 정책적 변화를 시도하는 데 어려움을 겪을 것으로 예상된다.

그런데 보다 심각한 문제는 현재 적용되고 있는 인공지능 시스템의 자기학습과 그에 따른 판단이 결과적으로 타당한 결정을 하더라도, 그러한 결정을 하게 된 근거와 논리에 대해 설명할 수 없다는 문제를 내포하고 있다는 점이다. 공공부분에서 결정은 그것이 거시적 수준에서 내려지든, 혹은 현장 수준에서 내리는 미시적 결정이든 공적 가치에 대한 권위적 배분의 성격을 가지게 된다. 예를 들어 자동차의 도로 이용을 적절히 통제하여 교통의 흐름을 원활히 하는 인공지능 시스템을 사용하는 경우에 그로 인해 대부분의 사람들은 편리하게 이동할 수 있으나 일부 운전자들은 불편을 겪게 되었다고 하는 경우를 상정해 보자. 또한 전자정부를 활용해 인공지능이 학생들에게 장학금을 지급하는데, 어떤 학생은 장학생에 선발되었지만, 어떤 학생은 선발되지 못했다고 생각해 보자. 이 같은 두 가지 상황에서 인공지능의 결정에 대해 혜택을 받지 못한 시민들이 피해보상을 요구하거나 이의신청을 한다면 인공지능은 자신의 판단을 어떻게 설명하고 정당화할 것인가? 인공지능이 자신의 판단을 설명하고 그에 대해 적절한 책임을 질 수 없다면 공공서비스 결정에 따른 사회적 가치의 배분은 민주적 정당성을 잃게 될 것이다.

IV. 인공지능의 윤리와 규제

이상에서 제기한 인공지능 로봇과 이를 기반으로 한 지능정부가 가지는 민주주의에 대한 잠재적 위협을 통제하기 위한 필요한 대안은 무엇인가? 최근 인공지능을 선도적으로 개발하고 있는 국가들에서 다양한 윤리적 원칙과 규제가 모색되고 있다. 그런데 이러한 윤리적 측면에서 규제의 논의를 살펴보면 인공지능 기술을 개발하고 산업적 활용을 높이기 위해 기존의 규제를 축소하고 개선하려는 움직임과 동시에 진행되고 있어 시민의 자유를 보호하고 민주주의에 대한 잠재적 위협을 통제하는 윤리적 측면의 규제는 여전히 정책적 우선순위에서 밀리고 있는 현실이다.

예를 들어 우리나라가 2020년 1월 통과시킨 데이터 3법은 인공지능과 빅데이터를 활용한 기술을 개발하기 위해 기존의 규제를 개선하는 것을 기본적 취지로 하고 있다. 이러한 방향에서 부차적으로 개인의 사생활 보호를 위한 데이터 사용에 관한 규정을 설정하고 있는 것이다. 그러나 빅데이터와 인공지능 로봇을 채용한 지능정부가 시민의 사생활에 대해 침해를 하거나 자유권을 제약하는 것에 대해서는 구체적인 대안을 제시하지 않았다. 이러한 문제점을 해소하기 위해 2020년 12월 과학기술정보통신부는 인공지능 법제도·규제에 관한 로드맵을 제시하였다. 이를 통하여 '사람 중심의 인공지능 시대'를 실현하기 위해 11개 분야에서 30개 과제를 설정하였다. 여기에는 데이터 경제 활성화 기반 조성, 알고리즘 투명성·공정성 확보, 인공지능 법인격 설정, 인공지능 책임체계, 인공지능 윤리정립 등에서 법적 근거를 마련해야 한다고 향후과제를 설정하는 데 그치고 있는 상황이다.

우리나라보다 앞서서 인공지능 윤리에 대해 많은 논의를 진행해 온 미국의 경우 오바마 행정부의 국가과학기술자문회 기술위원회가 'Preparing for the Future of Artificial Intelligence' 제하의 보고서를 발표하면서 인공지능의 공정성, 안전성, 및 거버넌스에 관한 기준을 마련해야 한다는 점을 지적한 바 있다(윤혜선, 2019). 공정성, 투명성, 책임성 등을 중요한 원칙으로 강조하고 있으나, 여전히 원론적인 수준에서 제시되고 있으며 그 구체적인 내용은 더 많은 연구를 통해 채워져야 할 것이라고 평가된다(윤혜선, 2019: 176).

영국 정부가 설치한 데이터와 기술혁신 윤리 연구소는 인공지능의 알고리듬에 대해 투명성을 제고함으로써 의사결정에 대한 신뢰 가능성(trustworthy)을 높이고 정당성을 확보하는 방향으로 논의가 진행되어야 한다고 지적하고 있다(Centre for Data Ethics and Innovation, 2020). 지능정부가 국민들로부터 신뢰를 받으려면 인공지능이 학습하고 판단을 내리도록 하는 알고리듬을 투명하게 공개해야 한다는 것이다. 이를 통해 인공지능이 공정하게 운영되는지, 내부의 논리를 평가할 수 있게 해야 한다는 것이다. 그러나 알고리즘을 아무리 투명하게 공개된다고 해도 그것을 정확하게 이해하는 것은 매우 어려운 일이다.

결국 인공지능을 제어하는 알고리듬을 비롯한 운영체계에 대해 전문가들로 구성된 위원회가 감시·감독해야 하는 방안이 대안으로 제시될 수 있다. 그런데 전문가 위원회를 중심으로 인공지능에 대한 투명성, 공정성, 책임성을 확보하는 노력이 국민의 신뢰를 받으려면 국민들이 '이해 가능한' 방식의 책임성을 확보하는 것이 필요하다고 O'Neill은 지적하고 있다(O'Neill, 2013). 전문가 위원회가 아무리 감시·감독을 한다고 해도 일반 국민들이 이해할 수 있는 신뢰 가능한 투명성 메커니즘이 필요하다는 것이다. 결국 전문가 위원회는 일차적으로 감시·감독하는 일뿐만 아니라 인공지능의 알고리듬이 국민들에게 이해되도록 제조자와 사용자에게 의무를 부과하고, 그것이 실제로 이루어질 수 있도록 하는 역할을 해야 한다. 예를 들어 독일 연방헌법재판소는 전자개표기를 사용할 때 특별한 전문지식이 없는 시민이더라도 검증할 수 있어야 한다고 판결했다(Federal Constitutional Court, 2009). 이와 같은 조항은 앞으로 인공지능의 투명성, 공정성, 책임성을 실현하는 데 필요한 기본선으로서 충분히 고려할 필요가 있다고 판단된다. 일반 시민이 신뢰 가능한 투명성 확보라는 관점에서 시민의 자유를 침해하지 않도록 시민과 전문가가 참여하는 감시·감독위원회를 설치하는 등 다양한 노력을 해야 한다.

그런데 여기서 지능정부를 구성하는 인공지능과 이를 채택한 로봇을 규제하는 것만으로는 책임성을 확보하는 데 불충분할 수 있다는 점을 지적하고자 한다. 인공지능 로봇은 단순히 정책을 추진하는 데 사용하는 도구가 아니다. 인공지능이 어떤 사안에 대해 판단을 내리고 그에 따라 과업을 수행하는 것이라면, 인공지능 로봇을 활용하는 조직 자체의 의사결정구조, 나아가 거버넌스 체제가 이를 감안한 새로운 형태로 개혁되어야 할 필요가 있다. MacGregor는 인공지능을 도입하여 어떤 의사결정을 하도록 하는 것은 단순히 기술적인 측면에서 인공지능에게 과업을 부과하는 것을 넘어 해당 조직에 있어서 거버넌스 자체의 변화를 가져오는 것으로 이해하고 여기에서 제기되는 함의와 문제점을 이해하고 파악해야 한다는 점을 강조하고 있다(McGregor, 2019). 이를 통해 인공지능의 의사결정을 적절히 감시하고 통제하여 인간의 최종적인 판단과 결정을 할 수 있어야 한다.

V. 결론에 대신하여

이 논문은 인공지능 로봇 기술을 공공관리와 공공서비스에 도입하여 지능정부를 구성하게 될 때 제기되는 민주주의에 대한 위협을 시민의 자유에 대한 통제, 대의민주주의에 대한 위협, 민주주의의 책임성에 측면에서 논의하였다. 지능정부를 구축하고 활용함으로써 공공관리의 효율성과 공공서비스 제공에 있어서 효과성에도 불구하고 지능정부가 가져올 수 있는 민주주의에 대한 위협을 검토함으로써 미래에 대한 대응을 검토할 수 있고, 이를 통해 우리가 원하는 미래를 열어갈 수 있다는 맥락에서 본 연구를 진행하였다.

인공지능 기술이 사회에 보편적으로 적용되게 되면 지능정부는 특정한 사회적 가치를 사회의 지배적 가치로 설정하고 이에 따라 시민들의 삶을 재구조화할 위험이 존재함을 지적하였다. 중국과 같은 권위주의 국가에서 이미 사회신용 시스템이 도입되어 시민들의 행동뿐만 아니라 사고방식과 같은 사상의 자유에도 큰 위협으로 나타나고 있는 것이 현실이며, 민주주의 사회에서도 이러한 위협이 제기될 것으로 예상된다. 한편 인공지능은 암묵적으로 시민들의 정치적 의사결정에 영향을 끼쳐 시민들의 자유로운 의사가 반영되는 대의민주의 원칙에 심각한 훼손을 가져오고 있다. 이뿐만 아니라 민주주의 핵심적 제도라고 할 수 있는 선거제도에도 심각한 훼손을 가져올 수 있다는 문제제기를 하였다. 또한 인공지능 기술의 핵심적인 사각지대로서 책임성의 문제를 제기하였다. 이러한 점들은 모두 잠재적으로 민주주의의 기본적 가치를 침해할 수 있는 위협들로서, 이를 통제할 수 있는 적절한 대응방안이 필요하다.

이러한 문제점에 대하여 한국을 비롯한 세계 각국들은 인공지능의 윤리라는 측면에서 규제를 검토하고 있으나 구체적인 대안을 제시하지 못하고 있는 현실이다. 이와 함께 인공지능 기술을 개발하기 위해 기존의 규제를 풀어주는 데 더 많은 강조가 주어지고 있는 현실에서 인공지능이 시민의 자유를 침해하지 않고, 민주주의에 침해가 되지 않도록 하는 정책적 대안이 시급히 마련되어야 한다. 이 연구에서는 전문가뿐만 아니라 시민들이 이해하여 신뢰가 가능한 공개성, 투명성을 확보하기 위해 인공지능 로봇에 대한 지속적인 감시·감독이 필요하다는 점을 지적하였다. 특히 기술적 측면에서 인공지능의 규제뿐만 아니라 공공조직의 거버넌스를 개선하여 인공지능 관리하고 통제할 수 있도록 하는 방안도 함께 고려되어야 할 것이다.

참고문헌

[국내문헌]

윤혜선. (2019). 인공지능 규제 정책에 관한 연구: 주요국의 규제 정책 사례를 중심
으로. 정보통신정책연구, 26(4), 135-176.

이재호·정소윤·강정석. (2019). 인공지능 기술의 행정분야 활용에 관한 탐색적 연
구. 한국행정연구원 기본연구과제.

이정동·권혁주·김기현·장대익·문병로. (2019). 「공존과 지속: 기술과 함께하는 인
간의 미래: 서울대 23인 석학의 한국의 미래 프로젝트」. 서울: 민음사.

최창환. (2017). 「인공지능 개요」. 서울: 아이리포.

황한찬·엄석진. (2019). 소셜미디어 활용을 통한 지방행정의 반응성 개선: 성남시의
트위터 활용 사례를 중심으로. 한국행정학보, 53(4), 243-273.

[외국문헌]

Acemoglu, D., & Restrepo, P. (2019). The wrong kind of AI? Artificial
intelligence and the future of labour demand. Cambridge Journal of Regions,
Economy and Society, 13(1): 25-35.

Bellman, R., & Lee, E. S. (1979). Decision Making, Fuzzy Set Theory and
Computers. *DTIC Technical Reports*.

Bovens, M., & Zouridis, S. (2002). From Street-Level to System-Level
Bureaucracies: How Information and Communication Technology Is
Transforming Administrative Discretion and Constitutional Control. *Public
Administration Review*, 62(2), 174-184.

Brin, D. (1998). *The transparent society: will technology force us to choose
between privacy and freedom?*. Reading, Mass.: Addison-Wesley.

Dahl, R. (1998). *On Democracy*. New Haven: Yale University Press.

Federal Constitutional Court. (2009). Use of voting computers in 2005 Bundestag
-election unconstitutional, https://www.bundesverfassungsgericht.de/SharedD
ocs /Pressemitteilungen/EN/2009/bvg09-019.html

Gore, A. (1995). *Common sense government: works better and costs less*. New York: Random House.

Heaton, B. (2015). *New York City Fights Fire with Data*. Government Technology.

Hood, C. (1991). A Public Management for All Seasons. *Public Administration*, 69: 3–19.

Jarvis, M. D. (2014). The Black Box of Bureaucracy: Interrogating Accountability in the Public Service. *Australian Journal of Public Administration*, 73(4).

Livingston, S., & Risse, M. (2019). The Future Impact of Artificial Intelligence on Humans and Human Rights. *Ethics & International Affairs*, 33(2), 141–158.

Macdonald, L., & Durkee, M. (2020). *Public trust and transparency. Centre for Data Ethics and Innovation*, Government of the United Kingdom.

Margetts, H. (1999). *Information technology in government: Britain and America*. New York: Routledge.

McGrgor, L. (2019). Accountability for Governance Choices in Artificial Intelligence: Afterword to Eyal Benvenisti's Forward, *The European Journal of International Law*, 29(4), 1079–1085.

Mehr, H. (2017). *Artificial Intelligence for Citizen Services and Government. Harvard Ash Center for Democratic Governance and Innovation*, Harvard University.

Neff, B. (2018). *Artificial Intelligence, Government Employment and Productivity: Implications for Canadian Federal Government Employment and Costs From AI-augmented Services Implementation*. University of Calgary, Calgary, AB.

Koble, N. (2019). The Complicated Truth about China's Social Credit System. Wired. (검색일: 2020.12.31.) https://www.wired.co.uk/article/china-social-credit-sys tem-explained

O'Neill, O. (2013). Intelligent accountability in education. *Oxford Review of Education*, 39(1): 4–16.

Rawls, J. (1996). *Political liberalism*. New York: Chichester: Columbia University Press.

Tegmark, M. (2017). *Life 3.0: being human in the age of artificial intelligence*. New York: Vintage Books.

AI 행정의
법과 윤리

권헌영(고려대학교 정보보호대학원)

Ⅰ. 지능형 정부와 인공지능 행정

1. 지능형 정부의 의의와 동향

1) 디지털 정부의 지능정보기술

오늘날 전자정부는 '지능정보화'라는 변화의 흐름과 함께 새로운 국면을 마주하고 있다. 기존의 전자정부는 "정보기술을 통해 공공서비스를 제공한다"는 협의의 개념에서부터 "정부를 혁신하고 국민이 주인이 되는 민주적 전자정부"라는 광의의 개념을 포함한다(정충식, 2018: 87). 예를 들어 미국은 전자정부를 "시민, 다른 부처 및 기관 등이 정부가 보유하고 제공하는 정보 및 서비스에 접근하도록 하고, 정부 기능의 효과성, 효율성, 서비스의 질 등을 제고하기 위해 웹 기반의 인터넷 애플리케이션 및 기타 정보기술을 활용하는 정부"라고 정의하고 있다(44 U.S.C. § 3601(3)). 우리 전자정부법 또한 전자정부란 "정보기술을 활용하여 행정기관 및 공공기관의 업무를 전자화하여 행정기관 등의 상호 간의 행정업무 및 국민에 대한 행정업무를 효율적으로 수행하는 정부를 의미한다"고 정의하고 있다. 국제 기준도 다르지 않다. 국제연합(United Nations, UN)은 "정보통신기술을 활용하여 시민과 기업에게 정부의 서비스를 더욱 효과적이고 효율적으로 제공하는 것"이라고 설명하고 있으며, OECD는 "보다 나은 정부(better government)를 구현하기 위해 정보통신기술, 특히 인터넷을 활용하는 것"이라고 이해한다(OECD, 2003: 23).

본래 이러한 전자정부의 개념은 효율적인 민간의 업무 방식과 기법을 공공에도 도입해서 정부의 효율성을 높일 수 있어야 한다는 신공공관리론 중심의 관념 (Terry, 1998: 195)으로부터 출발하였다. 당시 세계는 경제대공황과 세계대전, 냉전 등으로 탄생한 큰 정부의 비효율을 비판하고 시장경제체제 기반의 정부 개혁을 추진하기 위해 대대적 혁신을 추구하고 있었다. 미국이 정부 혁신정책을 통해 이러한 흐름을 선도하였다(송희준 외, 2005: 179). 1993년 미국 클린턴 행정부가 국가성과평가위원회(National Performance Review: NPR)를 수립하여 정부 재설계 (reengineering government)를 통해 행정개혁과 정부의 혁신을 추구하였고 이를 통해 최초로 전자정부(e-government)라는 용어를 제시하기에 이른 것이다(National Performance Review, 1993: 119). 우리나라에서 국민의 정부 시절 김대중 대통령이 천명하였던 이른바 '작고 효율적인 정부'가 그것이다. 이처럼 우리나라는 미국의 전자정부 개념을 가져와 구현하였지만 그 성과는 달랐다. 우리나라는 2002년에 세계 최초로 전자정부법을 제정하고 UN 전자정부 평가(UN E-Government Survey)에서 2010년부터 2014년까지 3회 연속 1위, 2020년에는 2위를, OECD에서 처음으로 실시한 디지털 정부 평가에서 종합 1위(OECD, 2020)를 차지하며 기술적·제도적으로 세계를 선도하는 지위에 오른 것이다. 범국가적 차원의 정보화를 통해 갖춘 우수한 디지털 인프라 덕에 가능한 일이었다. 그러나 기존의 정보기술들이 융합하며 새로운 디지털 기술이 발달함에 따라 이제 각국은 전자정부를 넘어 디지털 정부를 구현하기 위해 각축을 벌이게 되었다.

디지털 정부의 개념은 학문적으로 명확하게 정립되지는 않았으나 정부나 학계 등에서 일관되게 활용하고 있다. 일반적으로 전통적인 아날로그 기반의 정부에서 디지털 정부로 진화하는 흐름에는 정보통신기술, 투명성, 이용자 중심, 개방, 데이터 중심과 같은 키워드들이 포함되는데(OECD, 2020: 15), 디지털 정부는 전자정부에서 한 단계 나아간 것으로서 데이터와 디지털 기술 및 융합을 핵심 키워드로 한다고 볼 수 있다. OECD는 디지털 정부를 "정부 혁신 전략의 한 부분으로서 디지털 기술을 통해 공공가치를 창출하는 것"이라고 하여 기존의 전자정부와 유사하게 설명하면서도 "정부와 공공기관뿐만 아니라 데이터를 생산하고 데이터와 서비스 등에 접근하며 정부와 상호작용하는 기업, 시민단체 및 개인으로 구성된 디지털 정부 생태계에 의존하는 특성"을 갖는다고 하여 전자정부와는 다른 속성을 제시하고 있다(OECD, 2014: 6). 유럽연합(European Union: EU)은 "오픈 데이터를 중심으로 새로운 공공서비스를 개발할 수 있는 정부, 공공기관, 기업, 시민사회와의 협력 공동체를 기반으로 전자정부의 모델을 확장"하는 개념으로 이해하고 있다(Davies, 2015: 3). 또한 행정에 ICT를 활용하는 초기 개념에서 진화한 것으로 "행정, 관리, 거버넌스 등 전반에 정보기술을 융합하여 공무원, 공공 근로자뿐만 아니라 시민 등 민간 사용자들이 모바일, 오픈 데이터, 소셜 미디어, 사물인터넷, 센서, 데이터 분석과 같은 다양한 융합 기술을 활용하는 개념"으로 설명되기도 한다. 결국 디지털 정부는 고정된 개념이 아니라 진화하는 기술의 속성을 반영하는 하나의 관리체계 및 거버넌스의 관념에 가깝다고 이해되기도 하는 것이다 (Gil-Garcia, Dawes and Pardo, 2018: 633-634).

이러한 개념 정의는 공통적으로 공공과 민간의 분야별 경계를 인식하지 않는 융합, 데이터와 혁신 디지털 기술을 활용한 행정 및 공공서비스, 그러한 환경의 지속적인 변화 가능성을 포함한다고 볼 수 있다. 근본적으로 기술의 영향을 많이 받을 수밖에 없는 전자정부는 인공지능, 클라우드 컴퓨팅, 사물인터넷, 빅데이터, 5G 등 신기술이 발전하면서 새로운 혁신을 요구받고 있는 것이다. 정부 내부의 혁신과 공공서비스의 품질 제고라는 전통적인 전자정부의 핵심축으로부터 데이터 개방, 제공, 재사용을 통한 신산업 창출과 경제 성장, 공고한 관료제 기반의 분절적 업무 속성의 붕괴, 공공과 민간의 데이터 교류, 나아가 국민이 직접 참여하는 전자민주주의의 실현 등으로 핵심 범주가 확장되고 있다.

이와 같은 변화를 수용하는 용어로 다르게 표현되고 있는 것이 바로 '지능형 정부'다. '지능형 정부'라는 용어는 우리나라가 대표적으로 사용하고 있다. 다른 국가의 경우 이를 직접 사용하기보다는 '인공지능 기반의 공공서비스', '행정과 정부 서비스의 혁신을 위한 수단' 등의 의미로 풀어 사용하고 있다. 예를 들어 영국 정부 디지털서비스청(Government Digital Service: GDS)과 AI 사무국(Office for Artificial Intelligence: OAI)은 2019년 "공공분야 AI 구축 및 활용에 관한 가이드(A guide to using AI in the public sector)"를 발간하여 실무 수준의 지침을 마련하였으며, 일본도 2019년 AI 전략(AI 戰略)을 통해 7대 혁신 분야 중 하나로 디지털 정부를 언급하고 있다. 우리나라 또한 2017년 지능형 정부 기본계획을 수립하여 지능화된 맞춤형 서비스, 인공지능 기반의 행정시스템, 공공-민간 디지털 협력 플랫폼, 능동형 보안체계 확립 등을 핵심 목표로 제시하였다. 아울러 디지털 정부로의 전환 흐름을 주도하기 위해 2019년 디지털 정부혁신 추진계획을 수립하고 2020년 행정안전부의 전자정부국을 수요자와 서비스 중심의 디지털정부국으로 개편하였다. 특히 정보기반보호정책관을 공공데이터정책관으로 바꾸고 공공데이터정책과, 공공데이터유통과, 빅데이터분석활용과, 공공지능정책과, 지능행정기반과를 둠으로써 데이터와 인공지능 기능을 대폭 강화하였다.

위의 흐름과 디지털 정부의 개념을 종합해 보면 지능형 정부는 기존의 전자정부 개념과는 질적으로 다른 혁신을 추구한다고 할 수 있다. 그 핵심은 데이터와 인공지능이다. 오늘날 지능형 정부의 핵심은 데이터와 인공지능이라고 할 수 있다. 그간 기술적 한계로 구현하지 못하고 개념상으로만 존재했던 것을 실현할 수 있게 되면서 국민 맞춤형 서비스를 통해 적확한 정책결정을 내리고 이를 통해 국민의 편익을 증진하는 차세대 전자정부를 설계할 수 있게 된 것이다(서형준, 2019: 13). 우리나라 또한 지능형 정부 기본계획을 통해 지능형 정부는 지능정보기술을 활용하여 국민 중심으로 정부 서비스를 최적화하고 스스로 일하는 방식을 혁신하며 국민과 함께 국정운영을 실현함으로써 안전하고 편안한 상생의 사회를 만드는 디지털 신정부를 지향한다고 설명하고 있다(행정안전부, 2017: 2). 따라서 지능형 정부는 디지털 기술의 속성을 반영하고 있는 디지털 정부의 개념에서 한 걸음 나아가 '디지털 기술을 전제한 상태에서 기술 우선이 아닌 시민 우선으로 사고방식을 전환하는 시도'라고 할 수 있다. 이는 곧 공공부문이 최신 정보기술의 발전을 수용하면서 추구해야 하는 바람직한 변화상을 지칭하는 것으로서(성욱준, 2020: 51) 미래정부의 지도 이념이라고도 이해할 수 있다.

이러한 지능형 정부를 구현하는 지능정보기술은 발달한 통신망과 고도화된 시스템, 그리고 광범위하게 축적된 데이터를 통해 구현된다. 기존의 전자정부와 디지털 정부 분야에서도 세계를 선도하고 있는 우리나라가 앞서 나갈 수 있고 또 그래야만 하는 이유다. 그러한 지능정보기술은 결국 데이터를 원료로 학습하는 인공지능을 공공분야에 적용하기 위한 문제로 연결된다.

2) 인공지능 경쟁우위 전략

방대한 데이터와 우수한 디지털 인프라를 갖춰야만 인공지능을 구현할 수 있다는 점에서 인공지능을 공공분야에 활용하려는 모습들은 주로 선진국들에서 볼 수 있다. 옥스퍼드 인사이츠(Oxford Insights)가 기술, 데이터와 인프라, 거버넌스 등의 지표를 기준으로 분석한 정부 AI 준비 지수(Government AI Readiness Index 2020)에 따르면 미국이 1위를, 그 뒤로 영국, 핀란드, 독일, 스웨덴 등이 상위권을 차지하고 있다. 우리나라는 7위로 아시아 지역에서는 1위를 달리고 있는 것으로 나타났다(Oxford Insights, 2020).

신기술의 초기 도입 단계에서 우위를 차지하면 경제적 관점에서 직간접적인 이익을 얻고 이를 기반으로 직접적인 군사 기술을 개발할 수 있게 된다. 이는 곧 국가의 경쟁력이 강화된다는 것을 의미하며 인공지능 또한 그러한 흐름을 보여왔다(Horowitz, 2018: 42). 일례로 중국은 2017년 7월 차세대 인공지능 발전 규획을 발표하면서 2030년까지 미국을 제치고 인공지능 강국으로 부상한다는 직접적인 목표를 제시하여 인공지능을 적용할 주요 영역으로 국방 및 안보 분야를 언급하고 있다(国务院, 2017). 비단 중국만이 아니더라도 미국 등 주요 선진국들은 인공지능 기술을 국방, 정보, 경제 관점에서 중요한 전략 수단으로 인식하고 있다(Allen and Chan, 2017: 2-3).

그러나 인공지능을 군사 목적으로 개발하기 위한 시도들은 여러 가지 문제를 마주하며 제한되었고 이제는 민간을 중심으로 관련 투자와 연구가 이루어지고 있다. 미국, 유럽, 중국 등을 중심으로 인공지능 자율무기 개발에 막대한 투자와 연구가 이루어지고 있음에도 불구하고 천문학적인 비용과 불확실한 기술적 문제들로 인해 아직 자율형 무기를 실제 작전에 활용하기에는 역부족이었던 것이다(Cummings, 2017: 9). 게다가 윤리적, 법적 문제나 킬러로봇에 관한 국제사회와 시민사회의 우려로 인해 자율무기체계 관련 연구의 정당성도 확보할 수 없었다. 킬러로봇반대캠페인(Campaign to Stop Killer Robots)과 같은 비정부기구와 국제사회의 우려는 구체적인 논의로 이어졌다. 2013년 유엔인권이사회에 회원국들의 합의 전까지 자율무기체계 개발 중지를 요청하는 특별보고서가 제출된 이후 2014년부터 특정재래식무기금지협약(Convention on Certain Conventional Weapons: CCW)을 통한 국제 규범화 논의가 이루어졌고 2017년부터는 정부전문가그룹(Group of Government Experts: GGE)에서 자율무기체계 규제 논의가 이루어져 2018년 국제 인도법 합치 의무, 인간 책임, 위험평가 등의 원칙을 수립하기에 이르렀다(U.N. GGE, 2018: 4).

이러한 인공지능 경쟁우위 전략은 자연스럽게 민간화되어 국가 전반의 인공지능 역량을 높이는 방향으로 전환되고 있다. 특히 인공지능 기술은 그 목적에 따라 상업적 용도로 활용될 수도 있고 군사적 용도로도 활용될 수 있는 이중용도 기술이다(Horowitz, 2018: 50-54). 이 때문에 사실상 인공지능의 기술적인 현상만으로는 그 목적을 파악하기 어렵다고 할 수 있다. 예를 들어 얼굴 인식 기술은 고객을 인식하는 데 활용할 수도 있지만 적군을 식별하는 데 사용할 수도 있기 때문이다.

민간 주도의 인공지능 개발이 활성화되면서 정부가 마주하게 된 또 다른 문제는 정부의 데이터 및 인공지능 역량이 민간보다 뒤처질 수 있다는 점이다(Mikhaylov, Esteve and Campion et al., 2018: 13). 지능형 정부를 통해 우월한 공공서비스를 제공할 수 있어야 하는 정부의 어깨가 더 무거워진 셈이다. 게다가 구글이나 아마존과 같은 초국적 기업들을 상대하려면 정부는 자국 내 공공서비스의 질을 올려야 하면서 국내 ICT 생태계의 대외 균형도 고려할 수 있어야 하는 과제를 마주할 수밖에 없다.

2. 인공지능 활용 행정의 각축

1) 인공지능 행정기반 구축

인공지능 행정은 데이터와 알고리즘을 통해 구현된다. 특히 데이터는 이를 수집, 공유할 수 있는 기반과 시스템, 데이터 변화를 실시간으로 반영하기 위한 네트워크 역량이 뒷받침되어야 제 역할을 할 수 있다. 알고리즘은 시스템의 작동 논리를 설계하는 작업으로 방대한 데이터를 처리, 분석할 수 있는 시스템 자원이 있

어야 원활하게 구동된다. 이러한 일련의 기술적 요소와 절차들은 데이터의 수집, 축적, 처리, 분석, 개선이라는 환류 체계를 통해 자동화, 지능화되어 구현된다. 따라서 시스템을 어떻게 잘 만들고 응용프로그램을 설계하여 서비스를 잘할 수 있는지 고민하던 기존의 디지털 형태에서 나아가 그 일련의 절차가 자동화되어 데이터를 축적하고 분석하여 스스로 개선하고 진화하는 지능형 행정절차를 수용할 수 있어야 하는 것이다. 그러한 시스템 자원과 역량 및 데이터 인프라를 확보하기 위해 각국 정부는 네트워크, 5G, 클라우드, 사물인터넷, 데이터, 인공지능 관련 사업과 연구개발에 투자를 아끼지 않고 있다. 특히 2017년부터 우리나라를 포함한 약 26개국은 인공지능 활용 및 연구개발 촉진 정책을 수립하고 경쟁력을 확보하기 위해 우수인력의 유치 및 인재양성, 신산업 지원, 육성 및 발굴, 민관협업을 통한 인공지능 사업 확대, 글로벌 기업과 인공지능 연구개발 센터 등의 유치, 규제혁신을 통한 시장선점 등을 포함하는 전략을 내세우고 있다(우상근, 2018: 2-3). 예를 들어 영국은 2018년 AI 혁신을 안전하고 윤리적으로 추진하기 위해 자문기구인 데이터윤리혁신센터(Centre for Data Ethics and Innovation)를, 2019년에는 산학연 지도층 전문가로 구성된 AI 위원회(AI Council)와 산학연 및 비영리단체, 시민단체 등으로 구성된 AI 사무국(Office for AI)을 두고 거버넌스를 정비하여 공공 및 민간을 아우르는 AI 활용 정책 추진 거버넌스를 수립하였다. 일본은 2019년 AI 전략을 수립하여 공공서비스의 편리성과 생산성을 향상할 계획이다. 동 계획에서 일본은 휴대 단말기를 통해 모든 행정서비스를 다국어로 지원받을 수 있는 AI 원스탑 서비스, 「민관데이터 활용추진기본법」에 근거한 각종 민관데이터의 공개 및 API 연계 등 민간 활용 촉진, 데이터, 통계, 인공지능 전문가의 공공분야 채용, 행정업무 자동화, 기상, 구조 등 특정 분야에 인공지능 도입 등을 추진과제로 제시하고 있다(統合イノベーション戦略推進会議, 2019). 싱가포르도 2019년 국가 인공지능 전략(Singapore National AI Strategy)을 수립하여 공공과 민간의 협력을 강화하고 인간 중심 원칙에 따라 교통, 물류, 제조, 금융, 안전, 보안, 사이버보안, 스마트시티, 헬스케어, 교육, 정부 서비스와 같은 핵심 분야를 중심으로 AI 적용을 추진하며 인재양성과 글로벌 협력 등을 도모할 계획이다(Smart Nation Singapore, 2019). 우리나라 또한 2019년 12월 인공지능 국가전략을 발표하고 양

질의 데이터 자원을 확충하기 위해 공공데이터 전면 개방, 공공-민간 데이터 지도 연계, 민간 인공지능 컴퓨팅 자원 지원, 인공지능 산업융합 단지 조성, 거점별 특성을 고려한 전략, 연구개발과 기초연구 강화, 규제혁신, 인공지능 스타트업 육성 등 국가적 차원의 인프라를 마련하기 위한 정책을 추진 중이다.

2) 인공지능 행정서비스 구현

위와 같은 기반구축 전략 아래 행정 현장에서는 아주 구체적인 분야의 특정 문제를 해결하기 위해 인공지능 기술이 활용되고 있다. 예를 들어 영국 정부디지털서비스청(GDS)의 데이터 사이언스팀은 정부 공식 홈페이지인 Gov.uk에 게시된 데이터에 대한 이용자들의 접근성을 향상하고자 태그를 부착한 페이지의 데이터를 머신러닝을 통해 학습하도록 하여 기존에 업로드된 게시물과 관련 데이터에 태그를 자동으로 달도록 하고 새로 올리는 콘텐츠도 자동으로 분류할 수 있도록 하여 업무의 효율성을 높이면서 이용자의 편의를 제고하였다(U.K. GDS and OAI, 2019). 미국 국토안보부의 시민권 및 이민국(U.S. Citizenship and Immigration Service: USCIS)은 2015년부터 지도학습(supervised learning) 기반의 EMMA라는 챗봇을 통해 시민들의 질의에 직접 대답하거나 관련 내용 링크를 제공하고 답을 찾기 어려운 경우 직원에게 연결해 주는 서비스를 제공하고 있다(Eggers, Schatsky and Viechnicki, 2017). 또한 애틀랜타 소방본부(Atlanta Fire Rescue Department: AFRD)는 대학과 협력하여 데이터 분석 및 학습을 통해 건물의 위치, 화재 사고 이력, 건물의 크기와 구조, 건설연도 등 58개 변수를 포함한 알고리즘을 개발하여 5,000개의 건물을 대상으로 화재 위험도를 예측하고 73%의 정확도로 화재 사고를 예측하는 등 효율적인 재난 대응체제를 확립하였다(Madaio et al., 2015). 독일 연방도로공사(Bundesanstalt für Straßenwesen)는 인공지능 시스템을 통해 교통 및 기후 데이터를 분석, 평가하도록 하고 해당 데이터를 기반으로 속도제한, 갓길해제, 추월 금지 등 교통 관리행정에 활용하고 있다(Bundesanstalt für Straßenwesen, 2017).

이처럼 인공지능 행정은 민원 상담 등 챗봇, 교통이나 환경 관리, 재난 대응 및 예방 등 인공지능 기술을 효율적으로 활용할 수 있는 구체적인 분야에 적용되고 있다. 단순히 데이터를 자동으로 처리하는 것이 아니라 시스템이 학습한 데이터를 분석하고 더 나은 서비스를 위해 개선하는 일련의 절차를 자동화하거나 그러한 지능형 데이터 분석결과를 행정에 활용하는 형태로 구현되고 있는 것이다.

3. 지능형 정부의 질적 변화

1) 전자정부의 한계

앞서 살펴본 지능형 정부의 개념과 지능형 행정서비스의 구현 양태를 종합해 보면 지능형 정부는 전자정부와 질적으로 다르다고 할 수 있다. 그리고 그 핵심은 단연 데이터다. 물론 기존 전자정부에서 데이터를 다루지 않은 것이 아니다. 그러나 오늘날의 데이터 환경에는 걸맞지 않다. 전자정부 개념에서의 데이터는 행정기관 내부에서의 정보공유, 즉 행정정보공동이용에 초점을 두고 있기 때문이다(권헌영, 2010: 462). 이러한 흐름은 아래에서도 설명하겠지만 공공데이터 정책을 통해 행정기관이 보유한 데이터를 민간이 활용하도록 개방함으로써 분야별 경계를 무너뜨리는 형태로 변화한다. 따라서 다양하고 방대한 데이터를 수집하고 학습함으로써 구동되는 인공지능 기반의 행정은 기존의 시스템 기반 개념인 전자정부, 그리고 그 개념에 따른 전자적 처리와 내부에서의 정보공유만으로는 구현하기 어려운 개념이라고 할 수 있다.

아울러 우리나라는 정보화를 통해 국가경쟁력을 확보해야 한다는 시대적 관점에서 정보기반 인프라 구축, IT 사업 확대, 행정전산화 등을 중심으로 추진하고 효율적인 정부를 위해 전자정부를 구축하였다. 이는 곧 기업가 정신 등 혁신과 창의의 수용, 불필요한 업무와 절차의 개선, 분권화 등과 같은 행정개혁 및 혁신 제도를 충분히 반영하지 못했다는 문제를 낳았다(명승환, 2001: 246). 이러한 문제는 기존의 행정시스템에 기술요소만을 더하고 정부 조직이나 행정 자체의 근본적인 변화나 혁신을 도모하지 않았다는 점에 기인한다. 게다가 전자정부의 개념 자체가 정부혁신을 목적으로 하였음에도 관련 사업과 정책을 운영하는 공무원 조직의 현장이 기존 관료제에서 탈피하지 못하였던 점도 혁신 수용을 저해한 주된 요인이라고 할 수 있다(서용석, 2016: 23).

따라서 기술적으로는 시스템 중심의 전자정부에서 탈피하고 거버넌스 관점에서는 분야별 경계를 허물어 개방과 공유, 창의와 혁신을 수용할 수 있는 조직 체계와 관련 전문역량을 갖춤으로써 비로소 지능형 정부로 나아갈 수 있을 것이다.

2) 데이터 중심 행정 재편

지능형 정부는 데이터의 속성을 반영하여야 한다. 여기서 데이터의 속성이란 분야별 경계를 무너뜨리고 불필요한 절차 없이 데이터가 공유되어야 한다는 것을 말한다. 시스템 기반의 환경에서는 데이터가 시스템이라는 매체에 저장되어 그 매체를 관리하고 연결하면 될 일이었지만 이제는 데이터 자체를 관리할 수 있게 됨에 따라 데이터를 직접 교류할 수 있는 체계를 마련해야 하기 때문이다. 특히 지능형 정부에서는 행정기관 내부뿐만 아니라 기업, 민간단체, 시민 개개인과의 경계도 허물어져야 한다. 그러나 경계를 허물었다고 하여 데이터가 무한하게 자유로운 형태로 교류되어야 하는 것은 아니다. 데이터 시대의 프라이버시는 마치 거래할 수 있는 대상처럼 인식되기도 하지만(Jerome, 2013: 48), 우리 헌법과 법률은 엄연히 개인의 사생활을 보호하고 있으며 이와 연결되는 개인정보도 보호해야 함이 마땅하다. 개인정보뿐만 아니라 산업기밀, 저작권, 특허 등 지식재산권, 국가기밀 등 법률이 정하여 보호하고 있는 권리를 침해하지 않도록 원칙을 준수할 수 있어야 한다.

이는 데이터를 적법하게 가져오고 가져다 쓸 수 있는 규칙의 필요성으로 연결된다. 즉, 행정기관이 민간에서 들여오는 데이터는 어떤 요건과 절차에 따라야 하는지에 관한 문제다. 예를 들어 지능형 의료나 교통, 복지 등 맞춤형 서비스나 예측서비스를 구현하기 위해 다른 분야의 데이터를 쓰려면 어떤 경우에는 초기 승인 이후 복잡한 행정절차 없이 데이터를 쓸 수 있어야 하고, 어떤 경우에는 데이터를 구매하거나 거래할 수 있는 플랫폼을 형성해 줘야 한다. 따라서 개별 데이터를 다룬다는 점에서 분야별 데이터, 각 권리와 유형에 따른 데이터의 속성을 분석하고 그러한 분야별 데이터 유통, 거래 체계를 확립할 수 있어야 할 것이다(이상용, 2018: 63).

절차적 개편과 더불어 행정의 실효성을 확보하려면 이를 법제화하고 행정 현장에서 혁신을 수용할 수 있도록 기관 간의 관계 또한 정리할 수 있어야 한다. 따라서 행정협업이 가능하도록 법률을 통해 권한과 의무를 정리하고 데이터에 기반한 객관적인 행정을 추진하도록 하여 스마트 행정과 정부혁신을 일궈낼 수 있어야 한다(권헌영, 2020).

II. 행정의 진화와 법제의 대응

1. 디지털경제와 지능정보화

기술의 발전은 새로운 기회도 창출하지만 새로운 위험도 만들 수 있다. 따라서 법은 그러한 사회변화에 탄력적이고 유연하게 대응할 수 있어야 하며 이는 곧 기술의 발전으로 인한 사회변화가 법이 목적하는 바와 조화될 수 있어야 함을 의미한다. 그러한 조화 여부의 기준은 개인의 자유나 민주주의의 발전, 권리의 보장과 구제, 권력의 통제와 균형 등 헌법과 법률이 정하는 원칙이라고 할 수 있다. 따라서 법은 구체적인 현장의 변화를 중심으로 문제를 인식하고 해결함으로써 기술의 발전과 사회변화를 수용할 수 있어야 한다(김일환·김민호·성재호, 2004: 7-8).

그간 우리나라는 정보화의 과정에 맞춰 법제를 개선해 왔다. 초기에는 「전기통신법」, 「전파관리법」, 「전신전화설비공사업법」, 「공중전기통신사업법」 등을 제정하여 기초적인 통신시설을 설치하고 확산하였다. 1986년에는 「전산망 보급 확장과 이용촉진에 관한 법률」을 제정하여 국가와 사회의 정보화와 인터넷 혁명의 기틀을 마련하였다. 동법을 통해 국가기간전산망사업이 추진되었고 1989년에는 「전기통신기본법」과 「전기통신사업법」을 개정하여 민간 사업자의 사업영역이 확대되면서 통신시장의 경쟁체제가 확립되기 시작하였다. 1994년 체신부가 정보통신부로 확대 개편되며 1995년 「정보화촉진기본법」이 제정되었다. 동법은 정보화 추진에 관한 일반원칙과 방향을 제시하며 본격적인 국가정보화의 시발점으로 역할하였다. 2001년에는 「전자정부 구현을 위한 행정업무 등의 전자화 촉진에 관한 법률」을 제정하여 공공 정보화와 전자정부 사업이 본격적으로 추진되었다. 2009

년에는 정보화와 관련된 「정보화촉진기본법」, 「지식정보자원관리법」, 「정보격차 해소에 관한 법률」 등을 통합 정비하여 「정보화촉진기본법」을 전부 개정한 「국가정보화기본법」을 마련하였다. 또한 2011년 「개인정보보호법」을 제정하면서 「공공기관의 개인정보보호에 관한 법률」을 폐지하였다. 이러한 정보화 법제는 '산업화는 늦었지만 정보화는 앞서가자'라는 정부 정책기조의 토대가 되어 정보화 촉진 및 정보산업 육성의 기반이 되어왔다(한세억, 2013: 9-13).

이제는 국가적 차원의 정보화가 데이터와 지능정보기술을 중심으로 바뀌면서 변화하고 있다. 디지털 경제시대에 들어서 데이터 기반의 맞춤형 서비스가 이루어지고 있는 것이다. 이를 통해 오늘날 마케팅과 비즈니스 효율화, 비용 및 에너지 절감, 안전과 보안 강화, 미래 예측과 사회적 문제의 대응, 의사결정과 프로세스의 최적화 등 사회경제 시스템 운영의 효율화와 고도화의 성과가 확산되고 있다(이정아, 2016: 7-8). 이와 같은 흐름에 맞춰 우리나라는 「국가정보화기본법」을 지능정보화기본법으로 전부개정하였다. 동법은 "지능정보화를 생산·유통 또는 활용을 기반으로 지능정보기술이나 그 밖의 기술을 적용·융합하여 사회 각 분야의 활동을 가능하게 하거나 그러한 활동을 효율화·고도화하는 것"이라고 정의하고 있다. 아울러 지능정보사회는 "지능정보화를 통해 산업, 경제, 사회, 문화, 행정 등 모든 분야에서 가치를 창출하고 발전을 이끌어가는 사회"를 의미한다. 동법은 그러한 지능정보사회의 구현에 이바지하고 국가경쟁력을 확보하며 국민 삶의 질을 높이기 위해 국가적 차원의 지능정보사회 정책을 수립, 추진하도록 하고 민간과의 협력, 지능정보기술의 개발, 전문인력의 양성, 기업의 지원과 선도사업 추진, 네트워크와 데이터센터 등 지능정보화의 기반마련, 정보격차와 일자리 등 사회변화 대응, 기술과 서비스의 안전성 확보와 같은 원칙적 조치들을 마련하고 있다.

2. 전자정부와 행정법의 변천

전자정부는 앞서 본 국가정보화 관점에서의 통신과 전산망 관련 법제와 더불어 행정 분야의 전산화를 위한 행정전산화 및 행정정보화 법제에서 출발하였다.

초기 행정전산화의 개념은 컴퓨터를 정부 행정에 수용하는 것이었다. 이에 따라 1967년부터 1970년대 말까지는 공공기관에 컴퓨터를 도입하고 단순 계산업무에 컴퓨터를 활용하여 수기로 이루어졌던 행정을 전산화하는 작업이 이루어졌다.

1979년에는 「행정업무전산화 추진규정」을 제정하여 강력한 행정전산화 사업이 추진되었고 1984년 국가기간전산망조정위원회를 구성하면서부터는 행정전산화의 개념이 행정전산망의 개념으로 넘어가기 시작하였다(정충식, 2015: 56). 1986년 「전산망 보급 확장과 이용촉진에 관한 법률」이 제정되었고 1987년부터 1991년까지 국가기간 5대 전산망사업으로 행정, 금융, 교육, 국방, 공안 전산망사업이 시행되었다. 이에 따라 제1차 행정전산망 사업이 추진되면서 기존과 같은 부처별 개별 전산화에서 나아가 전 부처와 지방자치단체를 엮는 전산망 개념의 사업이 추진되었다. 아울러 1987년에는 「소프트웨어개발촉진법」과 「컴퓨터프로그램보호법」을 제정하여 지식정보화 사회에서 경쟁력을 확보하기 위해 소프트웨어산업을 육성, 발전시키고 정당한 저작자의 권리와 프로그램의 공정한 이용을 도모하고자 하였다. 1991년에는 「사무관리규정」을 마련하여 행정의 생산성 향상을 도모하고 사무처리와 관리를 전산화하며 체계적인 관리방법을 정하였다.

기존 전산망 사업과 연계하여 1992년부터 1996년까지는 제2차 행정전산망 사업이, 1996년부터 2000년까지는 행정정보화촉진 시행사업이 추진되었다. 1995년 「정보화촉진기본법」이 제정되고 이듬해 6월 정부가 정보화촉진기본계획을 마련하면서 전산화, 전산망의 개념이 정보화로 진화한 것이다. 이에 따라 정부, 교육, 학술연구, 산업, 교통물류, 지역, 의료, 환경, 안전, 국방 등 전 분야를 망라하는 10대 정보화촉진 중점과제가 추진되었다. 특히 1990년대에 들어서부터는 인터넷과 네트워크 환경이 급격히 확산되었고 폭발적으로 성장하는 정보화에 맞춰 관련 법률들도 제정되었다. 1994년 「공공기관의 개인정보보호에 관한 법률」을 제정하여 행정정보화를 통해 다루게 된 개인정보를 보호하기 위한 체계를 마련하였다. 1996년에는 정보공개제도를 도입하여 국민의 알 권리를 보장하고 국정운영의 투명성을 확보하기 위해 「공공기관의 정보공개에 관한 법률」이 제정되었다. 자유로운 정보의 흐름을 보장한다는 법리 아래 국민의 요청에 따라 정보를 공개함으로써 국민의 기본권 보장, 국정 참여 활성화, 투명성 확보, 정보 불균형 해소 등을 가능하게 하는 것으로서(김승태, 2009: 357) 가장 초기 형태의 데이터법이라고 할 수 있다. 1997년에는 「행정규제기본법」을 제정하여 불필요한 행정규제를 폐지하고 자율과 창의를 촉진하기 위한 작업을 추진하였다. 1999년에는 「전자거래기본법」과 「전자서명법」을 제정하여 전자거래의 기틀을 마련하였으며 2000년에는 「지식정보자원관리법」을 제정하여 정보화 투자의 효율성과 정보자원의 활용도를 극대화하였다. 아울러 「소프트웨어개발촉진법」을 「소프트웨어산업진흥법」으로, 「전산망 보급확장과 이용촉진에 관한 법률」과 1999년 7월에 전부개정한 「정보통신망 이용촉진 등에 관한 법률」을 「정보통신망 이용촉진 및 정보보호 등에 관한 법률」로 전부개정하였다.

2001년에는 「전자정부 구현을 위한 행정업무 등의 전자화 촉진에 관한 법률」을 제정하여 본격적인 전자정부 구축에 착수하였다. 이와 함께 「정보격차해소에 관한 법률」, 「정보통신기반보호법」 등이 제정되었다. 2002년에는 「전자정부 구현을 위한 행정업무 등의 전자화 촉진에 관한 법률」 제명을 「전자정부법」으로 변경하고 전자정부 서비스 이용 활성화, 전자정부 추진 여건의 강화 등의 내용을 반영하는 개정이 이루어졌다. 이와 함께 「전자상거래 등에서의 소비자보호에 관한 법률」, 「온라인 디지털콘텐츠 산업 발전법」이 제정되었으며 2004년에는 「인터넷주소자원에 관한 법률」을 제정하여 인터넷주소를 관리하고 도메인네임을 보호하기 위한 체계를 마련하였다. 아울러 동법을 통해 한국인터넷진흥원이 설립되었다. 이후 2006년 「게임산업 진흥에 관한 법률」, 「영화 및 비디오물의 진흥에 관한 법률」 등을 통해 인터넷이나 콘텐츠 등 신규 매체의 발달에 도움이 되는 제도가 확립되었으며 역기능 대응 및 완화를 위해 지속적인 법제도의 개선이 이루어져 왔다. 오늘날에는 「위치정보법」, 「신용정보법」 등 분야별 법제에서 데이터를 적극적으로 활용할 수 있는 근거를 도입하고 있으며 「자동차관리법」, 「산업융합촉진법」, 「금융혁신지원 특별법」 등을 통해 혁신적 서비스를 촉진하고 규제샌드박스와 임시허가제도를 도입하는 등의 법체계 변화가 일어나고 있다.

이러한 일련의 법제도 변화 흐름은 정보기술을 행정에 수용하기 위해 필요한 원칙과 사업 및 정책 추진의 근거를 다루는 법률, 그리고 이와 관련된 행정법들이 함께 변천하는 과정을 보여준다고 할 수 있다. 행정전산화와 전산망 사업을 거쳐

행정정보화, 전자정부로 진화하는 흐름에 따라 굵직한 정보화 및 전자정부 사업을 추진하기 위한 법률이 있고 이에 따라 관련된 분야별 행정법들이 전자정부화되는 모습을 보여왔다. 특히 전자정부법이 제정된 이후로는 사업을 관리하고 시스템을 구축하는 원칙을 수립하였고 이를 선도하는 역할을 동법이 수행하였으며 기타 관계 법률들도 전자정부에 맞춰 행정업무를 전자적으로 처리하게끔 변화해왔다. 전자정부가 법체계 내에 녹아들며 일반화된 것이다. 따라서 그간 전자정부 관련 법체계의 핵심은 시스템 기반의 전자정부를 구현하고 행정서비스를 전자적으로 제공하기 위한 기반과 체계를 마련하는 데 있다고 할 수 있다.

3. 데이터법과 데이터기반행정

2013년 공공정보를 적극 개방하고 공유하며 부처 간 칸막이를 없애 소통하고 협력함으로써 국민 맞춤형 서비스를 제공하고 경제를 활성화하는 새로운 정부운영 패러다임인 정부 3.0 비전이 확립되었다. 정부 3.0은 개방, 공유, 소통, 협력이라는 가치를 통해 투명하고 유능한 서비스 정부를 만들고자 하는 정부혁신의 핵심전략이었다. 이는 모두 데이터 개방, 데이터 공유, 데이터를 통한 소통, 데이터 협력으로 표현될 수 있는 것으로서 이미 데이터 관념을 정부에 수용하기 위한 시도였다.

이를 통해 2013년 7월 데이터법의 핵심을 이루는 「공공데이터의 제공 및 이용 활성화에 관한 법률」이 제정되었다. 동법은 공공기관이 보유·관리하는 데이터의 제공 및 그 이용 활성화에 관한 사항을 규정함으로써 국민의 공공데이터에 대한 이용권을 보장하고, 공공데이터의 민간 활용을 통한 삶의 질 향상과 국민경제 발전에 이바지함을 목적으로 하였다. 이는 위 정부 3.0의 가치 및 목표와 부합하는 것이기도 하면서 법리적으로는 정보공개에서 나아가 정보권의 확장이라는 사회적 요구를 법률로 수용하고 다양한 정보를 유통하고 공급하여 활용할 수 있는 권리를 보장하는 것 또한 정보사회 국가의 핵심 책무라는 중요한 가치를 반영하고 있는 것이었다(권헌영, 2013: 33-34).

데이터 개방과 아울러 또 다른 핵심 전략은 칸막이 행정을 타파하는 것이었다. 정부의 기능에 따라 권한을 분산하고 그러한 체계 내에서 데이터가 활용되어 왔으나 오늘날 데이터가 종이문서를 벗어나 매체의 한계를 뛰어넘게 되자 새로운 과제가 드러났다. 이미 금융, 통신, 쇼핑 등 민간 분야에서는 고객을 중심으로 데이터 서비스를 통합하고 있었고 국민들은 정부의 공공서비스에도 적극적인 변화를 요구하기 시작하였다. 이에 따라 정부는 부처 간의 경계를 허물기 위해 행정협업에 집중하였는데 그 핵심 해결책은 데이터기반행정 내지는 증거기반행정(evidence-based policy making)에서 찾을 수 있었다. 미국은 2013년 증거기반정책 아젠다를 발표하고(OMB, 2013) 2016년 이를 추진하기 위해 증거기반위원회설치법(Evidence-Based Policymaking Commission Act of 2016)을 제정하였다. 18개월간 한시적으로 활동한 증거기반정책수립위원회(Commission on Evidence-based Policymaking: CEP)의 권고 내용들은 2018년 증거기반행정기본법(Foundations for Evidence-based Poilcymaking Act of 2018)의 제정으로 이어졌다. 동법은 기관별 증거기반 행정계획의 수립 및 평가, 데이터 및 통계 전문가의 활용, 데이터자문위원회의 수립, 데이터 개방, 데이터책임관제도, 기밀정보의 보호, 데이터접근권 보장 등의 내용을 포함하고 있다. 미국뿐만 아니라 영국, 싱가포르, 일본 등 정부혁신을 추진하고자 하는 국가에서도 현실적인 데이터 정책이 발전하고 있었으며 그 공통 요소는 '기술적, 기계적으로 판독할 수 있는 데이터 확보', '쌓아두던 공공데이터의 재사용을 통한 데이터 경제 활성화', '데이터 활용을 통한 더 나은 공공서비스와 증거기반 행정'으로 수렴하였다(권헌영, 2020). 우리나라도 2020년 6월 「데이터기반행정 활성화에 관한 법률」을 제정하여 데이터 혁신행정의 기틀을 마련하였다.

아울러 「개인정보보호법」, 「정보통신망 이용촉진 및 정보보호 등에 관한 법률」, 「신용정보의 이용 및 보호에 관한 법률」 개정을 일컫는 데이터 3법 또한 데이터법의 핵심이다. 데이터 3법 개정을 통해 개인정보의 목적 외 이용을 제한적으로 허용하고 가명정보 및 가명처리의 개념과 관련 규정이 도입되었다. 이에 따라 개인정보처리자는 통계작성, 과학적 연구, 공익적 기록보존 등을 위해 가명처리를 한 경우 정보주체의 동의 없이도 가명정보를 처리할 수 있다. 다만 이러한 경우에도 서로 다른 처리자 간의 가명정보 결합은 전문기관이 수행하고 가명정보 처리와 안전조치 및 금지의무를 연계하여 안전성과 책임을 강화하였다. 또한 분산되어 있던 개인정보보호 거버넌스를 통합하여 개인정보보호위원회의 위상을 강화하였다. 이에 따라 개인정보보호위원회는 중앙행정기관으로 격상되고 개인정보보호의 컨트롤타워로 기능하면서 일원화된 감독 및 권익보호, 조사 및 처분 기능을 수행할 수 있게 되었다.

지능정보화를 중심으로 나타나는 국내외 변화를 보면 이제는 법도 데이터 중심으로 변화할 수 있어야 한다. 「전자정부법」을 통해 다른 분야별 행정법들이 전자정부화되었던 것처럼 데이터법을 중심으로 다른 법률들 또한 데이터의 속성을 수용할 수 있어야 하는 것이다. 현재까지 데이터법은 「공공데이터법」, 「데이터기반행정법」을 중심으로 「개인정보보호법」 등 정보보호 관계 법률, 전통적인 데이터법으로서 「정보공개법」과 함께 엮여 있는 체계로 이해할 수 있다. 특히 「데이터기반행정법」과 「개인정보보호법」에 따라 각 부처는 데이터분석센터를 설치하고 가명정보 결합기능을 구현하기 위한 노력을 수행하고 있다. 나아가 금융, 보건의료, 국토, 교통, 산림 등 분야별 법체계에서도 데이터를 활용하고 분석하기 위한 기능을 두기 위한 노력들이 이루어지고 있다. 앞으로도 데이터 프로파일링과 구체화된 인공지능 등 새로운 기술적 수단, EU의 GDPR 동향 등 글로벌 변화 추세를 지속적으로 파악하여 우리 데이터법과 정보보호법 등에 유연하게 녹여내고 데이터 강국으로서 세계를 선도할 수 있는 우리 사회공동체의 지혜가 필요하다.

Ⅲ. 인공지능 규제 논의와 윤리적 접근

1. 인공지능 규범 동향

앞서 본 바와 같이 기존 정부 개념과 지능형 정부의 차별점은 핵심 원료인 데이터를 활용한 인공지능 기술에 있다. 이러한 인공지능 기술을 규율하기 위한 규범적 논의는 2016년부터 본격적으로 이루어졌다.

2016년 미국 오바마 행정부는 '인공지능의 미래를 위한 준비에 관한 보고서

(Preparing for the Future of Artificial Intelligence)'를 통해 인공지능 윤리, 보안, 개
인정보보호, 안전 등에 관한 주제를 포함하여야 한다고 제언한 바 있다(The White
House, 2016). 이후 2020년 트럼프 행정부는 '미국의 인공지능 선도에 관한 행정
명령 제13859호(Executive Order on Maintaining American Leadership in Artificial
Intelligence)'를 발표하였다. 이에 따라 백악관 과학기술정책국(Office of Science
and Technology Policy: OSTP)은 '인공지능 적용 규제 지침(Guidance for Regulation
of Artificial Intelligence Applications)' 초안을 공개하였다. 동 초안은 인공지능 응
용프로그램을 설계, 개발, 배치, 운용할 때 고려해야 하는 규제 원칙을 제시하고
있다.

표 1 미국 인공지능 적용 규제 10대 원칙

- AI에 대한 공공 신뢰(Public Trust in AI)
- 대중 참여(Public Participation)
- 과학적 무결성 및 정보 품질(Scientific Integrity and Information Quality)
- 위험 평가 및 관리(Risk Assessment and Management)
- 이익과 비용(Benefits and Costs)
- 유연성(Flexibility)
- 공정성과 비차별성(Fairness and Non-Discrimination)
- 공개와 투명성(Disclosure and Transparency)
- 안전성과 보안성(Safety and Security)
- 기관 간 협력(Interagency Coordination)

이어서 미국 국방부는 2020년 2월 '인공지능 사용을 위한 윤리적 원칙(Ethical
Principles for the Use of Artificial Intelligence)'을 채택하였다(U.S. Department of
Defense, 2020). 동 원칙은 인공지능을 군사 분야에 활용하는 경우 책임성, 공평
성, 추적가능성, 신뢰성, 통제가능성을 보장하여야 한다고 명시하고 있다.

유럽연합은 2018년 인공지능 관련 전략에 따라 AI 전문가 52명으로 구성된
인공지능 고위 전문가 그룹(High-Level Expert Group on Artificial Intelligence: AI
HLEG)을 발족하였다(European Commission, 2020). 당해 12월 AI HLEG는 '신뢰할
수 있는 인공지능을 위한 윤리 가이드라인(The Ethics Guidelines for Trustworthy

표 2 EU 신뢰할 수 있는 인공지능 윤리원칙

구분	내용
윤리원칙	• 인간 자율성의 존중(respect for human autonomy) • 해악 금지(prevention of harm) • 공정성(fairness) • 명료성(explicability)
핵심 요구사항	• 기관 감독(human agency and oversight) • 기술적 견고성 및 안전(technical robustness and safety) • 프라이버시 보호 및 데이터 거버넌스(privacy and data governance) • 투명성(transparency) • 다양성, 비차별성 및 공정성(diversity, non-discrimination and fairness) • 환경 및 사회 복지(environmental and societal well-being) • 책임(accountability)

Artificial Intelligence)' 초안을 발간하였으며, 2019년 2월까지 내용에 대한 공개 피드백을 수렴하고 2019년 4월 개정작업을 거쳐 최종본을 발표하였다. 동 가이드라인은 AI에 대한 신뢰 환경을 조성하기 위해 필요한 네 가지 윤리원칙과 일곱 가지 핵심 요구사항을 제시하고 있다.

영국은 의회에 상원 인공지능특별위원회를 설치하고 2018년 4월 보고서를 발간하였다. 동 보고서는 인공지능 규범을 위한 다섯 가지 원칙을 제시하고 있다 (U.K. Select Committee on Artificial Intelligence, 2018: 125).

표 3 영국 상원 인공지능특위 인공지능 규범 원칙

• 인공지능은 인류의 공동선과 이익을 위해 개발되어야 함(Artificial intelligence should be developed for the common good and benefit of humanity)
• 인공지능은 명료성과 공정성의 원칙에 따라 운영되어야 함(Artificial intelligence should operate on principles of intelligibility and fairness)
• 개인, 가족 또는 공동체의 데이터 권리 또는 프라이버시를 침해할 목적으로 인공지능을 사용해서는 안 됨(Artificial intelligence should not be used to diminish the data rights or privacy of individuals, families or communities)
• 모든 국민은 인공지능과 함께 정신, 정서, 경제적으로 번영할 수 있도록 교육을 받을 권리가 있음(All citizens have the right to be educated to enable them to flourish mentally, emotionally and economically alongside artificial intelligence)

> • 인간을 상처 입히거나 파괴하거나 속일 수 있는 자율 능력은 절대로 인공지능에 부여되어서는 안 됨(The autonomous power to hurt, destroy or deceive human beings should never be vested in artificial intelligence)

아울러 2019년 6월 정부디지털서비스청(Government Digital Service: GDS)과 AI 사무국(Office for Artificial Intelligence)은 앨런 튜링 연구소의 공공정책 프로그램과 협력하여 '인공지능 윤리와 안전의 이해에 관한 지침(Understanding artificial intelligence ethics and safety)'을 마련하였다. 동 지침은 인공지능을 설계, 생산하고 활용하는 모든 사용자를 위한 것으로 구체적으로 책임 있는 인공지능을 설계하기 위한 윤리, 공정성 및 안전성 등을 실현하기 위한 요구사항을 제시하고 있다. 특히 이를 프레임워크로 제시하여 'FAST Track Principles'라고 명명하고 있으며 이는 공정성(fairness), 책임성(accountability), 지속성(sustainability), 투명성(transparency)을 포함한다.

표 4 영국 FAST Track Principles

구분	내용
공정성 (Fairness)	• 데이터 공정성(data fairness): 공정한 데이터 세트만 활용 • 설계 공정성(design fairness): 합리적 기능과 절차 및 분석 구조를 포함하는 모델 설계 • 결과 공정성(outcome fairness): 시스템의 결과가 차별을 낳지 않도록 방지 • 이행 공정성(implementation fairness): 시스템은 편향되지 않도록 구현
책임성 (Accountability)	• 프로젝트 설계 및 구현 체계 전반의 모든 역할에 관한 책임 구조를 확립 • 프로젝트 설계 및 구현 체계 전반에 관한 감독 및 검토 등 활동 모니터링 체계 구현
지속성 (Sustainability)	• 인공지능 시스템이 개인과 사회에 미칠 수 있는 변화와 영향 이해 • 인공지능 시스템이 환경에 미칠 수 있는 변화와 영향 이해
투명성 (Transparency)	• 인공지능 시스템의 영향을 받는 모든 이해관계자에게 특정 상황에서 어떤 목적으로, 어떤 방식으로 결과가 나타났는지 설명 • 설계와 사용의 윤리적 허용 가능성, 비해악성, 비차별성, 전반 과정과 결과에 관한 공공 신뢰 확보

일본 총무성 정보통신정책연구소 산하 AI 네트워크사회추진회의는 2018년 'AI 활용원칙안(AI 利活用原則案)'을 제안하였으며, 2019년에는 이를 정리하여 각각의 원칙에 대한 설명을 정리한 'AI 활용 가이드라인'을 발표하였다. 해당 가이드라인은 2018년의 'AI 활용원칙안'을 바탕으로 각 원칙에 대한 해설을 담은 것으로 주요 내용은 다음과 같다(ＡＩネットワーク社会推進会議, 2019).

표 5 일본 AI 활용 가이드라인

원칙	내용
적정한 이용	이용자는 인간과 인공지능 및 이용자 간 적절한 역할 분담하에 적정한 범위와 방법으로 인공지능 시스템 또는 서비스를 이용하여야 함
적정한 학습	이용자 및 데이터 제공자는 인공지능 시스템의 학습에 이용하는 데이터 품질을 고려하여야 함
연계 가능성 고려	이용자 및 데이터, 서비스 제공자는 인공지능 시스템 또는 서비스 상호 간의 연계 가능성을 고려하고 위험이 확산될 수 있음을 유의하여야 함
안전	이용자는 인공지능 시스템 또는 서비스를 활용하여 이용자 및 제3자의 생명, 신체, 재산에 위해를 끼치지 않도록 하여야 함
보안	이용자 및 데이터 제공자는 인공지능 시스템 또는 서비스의 보안에 유의하여야 함
프라이버시 보호	이용자 및 데이터 제공자는 인공지능 시스템 또는 서비스 활용 과정에서 자신 또는 타인의 프라이버시를 침해하지 않아야 함
존엄과 자율의 존중	이용자는 인공지능 시스템 또는 서비스를 활용하면서 인간의 존엄과 개인의 자율을 존중하여야 함
공평성	이용자 및 데이터, 서비스 제공자는 인공지능 시스템 또는 서비스의 판단이 편향될 수 있음을 유의하고 개인이 부당하게 차별받지 않도록 하여야 함
투명성	이용자 및 서비스 제공자는 인공지능 시스템 또는 서비스의 검증 가능성 및 결과의 설명 가능성을 확보하여야 함
책임성	이용자는 이해관계자에게 책임을 질 의무가 있음

아울러 OECD는 2018년 인공지능 전문가 그룹을 발족하고 2019년 5월 '인공지능에 관한 OECD 이사회 권고안(OECD Council Recommendation on Artificial Intelligence)'을 채택하였다. 이는 2019년 6월에 열린 G20 정상회의에서 채택한 '인간 중심의 AI 원칙(Human-Centred AI Principles)'의 바탕이 되었다. 이에 따른

6개 원칙은 다음과 같다(OECD, 2019).

표 6 OECD 이사회 권고안 6대 원칙

- 인공지능은 포용 성장, 지속가능한 개발 및 복지를 추진하여 인류와 지구의 이익을 증진하여야 함
- 인공지능은 법치, 인권, 민주적 가치 및 다양성을 존중하는 방식으로 설계되어야 하며 공정하고 정의로운 사회를 보장하기 위해 필요한 경우 인간의 개입을 가능하게 하는 등 적절한 안전장치를 포함해야 함
- 인공지능은 사람들이 그 결과를 이해하고 이에 도전할 수 있도록 투명성과 책임성을 보장하여야 함
- 인공지능은 해당 시스템의 생명주기에 걸쳐 견고하고 안전하며 보안을 보장해야 하고 잠재적 위험을 지속적으로 평가하고 관리하여야 함
- 인공지능을 개발, 운영, 배치하는 개인 또는 조직은 위의 원칙에 따라 적절한 책임을 져야 함

지능형 정부와 행정서비스가 구체적인 분야별로 실현되고 있듯이 인공지능 규범 논의 또한 구체적인 실현 사례로부터 논의되는 흐름을 보이고 있다. 초기 인공지능 규범 논의는 강한 인공지능(strong AI) 등 인공지능에 의한 디스토피아와 같은 단순한 인식에 기반하고 있었지만, 이제는 현실의 문제를 중심으로 이루어지고 있는 것이다.

2. 인공지능과 윤리

이러한 인공지능 윤리 논의는 인공지능에 대한 관념적 속성과 규제의 어려움으로부터 촉발되었다. 기본적으로 인공지능은 인간의 지능을 이상적인 모델로 삼고 발전해 온 기술이다(장병탁, 2018: 18). 따라서 인공지능 기술은 자연스럽게 뇌과학, 심리학과 언어학 등 인지과학과 함께 발전해 왔다. 인간의 두뇌를 특정한 물리적, 화학적 법칙에 의해 지배되는 현상이나 관계로 분석하고자 하면서 동일한 법칙 또는 그 응용을 통해 두뇌와 유사한 컴퓨팅 기술을 구현해 낼 수 있지 않을까 하는 노력이었던 것이다. 이는 마치 인간만이 가지고 있던 자유의지의 실종, 나아가 자유의지를 인간이 아닌 다른 존재, 그것도 인간이 만들어낸 물체가 갖게

된다는 것에 대한 두려움을 형성하게 된다. 그러나 인간과 인공지능은 동등한 위치에 둘 수 없는 관계라고 할 수 있다. 기본적으로 인공지능은 인간이 만든 도구이며 비록 도구의 기술적 속성이 표면상 자유로운 행위를 하는 것처럼 보이도록 하지만 이는 사람이 생성한 데이터를 사람이 설계한 알고리즘을 통해 학습하고 특징을 표출해 분석하는 과정에 불과하기 때문이다. 일각에서는 동물의 권리를 예로 들기도 하지만 인간과 인공지능의 관계에 대한 논의는 근본적으로 인간과 동물의 관계와는 층위가 다르다. 인간과 동물은 자연의 영역에 속하는 것으로서 자연법적 가치를 보호받을 수 있지만(Goodkin, 1987: 271) 인공지능이나 로봇은 인위의 영역에 속하는 것이기 때문이다. 오히려 법인의 경우와 같이 당사자와 거래의 안정성을 확보하고 그러한 관계를 안전하게 확산하기 위해 인공지능에 법인격을 인정하는 것이 충분히 유용하고 책임 관계가 명확하며 위험성이 없다는 점을 증명할 수 있다면(이상용, 2019: 39-40) 법인격의 인정 여지가 있을 수 있다.

실제로 2016년 이후부터 더 많은 전문적 논의가 이루어지고 인공지능이 현실에 적용되는 사례가 늘어나면서 막연한 논의는 급격히 줄어들었다. 이제 인공지능은 도구적 존재로서의 사물에 불과하고 자율적인 목적을 가진 존재가 될 수 없다는 인식이 확장되고 있으며(김영례, 2018: 120) 인간의 존엄과 자유의지는 침해될 수 없다는 것에 원칙적 합의가 이루어지고 있기 때문이다. 이에 따라 앞서 본 다양한 인공지능 윤리 규범들은 공통적으로 인간 우선, 투명성, 공정성, 프라이버시, 자율성과 존엄 보호 등과 같은 요소들을 포함하게 되었다(Whittlestone et al., 2019: 196). 특히 그러한 윤리 원칙들은 인공지능 자체에게 요구되기보다는 이를 설계하고 이용하는 사람에게 요구되고 있다. 인공지능의 윤리 문제는 개발자나 사용자, 나아가서는 해당 인공지능 시스템의 학습 원료로 제공된 방대한 데이터의 생산자인 사람이 가진 윤리적 가치관과 연계되는 것이므로 결국 인간의 윤리가 인공지능 윤리의 중요한 기초라고 할 수 있기 때문이다(윤상필·권헌영·김동욱, 2017: 23).

3. 인공지능 규제 법제

인공지능이 구체적으로 구현되지 못하였고 어떻게 적용될지 모르는 초기의 상황에서는 구체적인 형태의 규제를 설계하기 어려웠다. 이에 따라 윤리 규범 논의들이 무수히 쏟아져 나왔다. 게다가 신기술과 신산업의 발전에 대한 기대가 커지면서 막연한 규제를 논의하는 것은 더더욱 어려운 일이었다.

오늘날의 인공지능 규범 논의는 매우 구체적인 분야에서 인공지능이 적용되면서 나타나는 현상들을 중심으로 규제가 형성되는 모습을 보이고 있다. 미국의 경우 제115차 회기인 2017년부터 2018년 사이에 제출된 법안의 본문에 '인공지능'이라는 문구가 들어간 사례는 총 39건이었으나(U.S. Law Library of Congress, 2019: 27), 제116차 회기인 2019년부터 2020년 사이에 제출된 법안의 경우 총 156건으로 인공지능 관련 법률을 제정하려는 움직임이 급격하게 증가하고 있다. 구체적인 논의는 역시 분야별 특정 이슈들을 중심으로 이루어지고 있다. 예를 들어 존 S. 매케인 국방수권법(John S. McCain National Defense Authorization Act for Fiscal Year 2019) 제238조는 미 국방부에게 AI에 관한 활동을 수행하도록 지시하고 있으며 국방부 내 인공지능과 머신러닝 개발 관련 부서와 그 활동을 감독, 지휘할 책임자를 임명하도록 하고 있다. 이에 따라 인공지능 개발 감독 책임자는 인공지능 기술 개발 전략 계획 수립, 관련 인공지능 능력에 대한 지속적인 평가, 인공지능 능력 개발 및 지원, 관련 인력 및 역량 보유, 적절한 윤리적, 법적 및 기타 정책 개발 협력 등의 업무를 수행해야 한다. 또한 상원은 인공지능과 머신러닝을 적용한 디지털콘텐츠 위조기술의 현황을 보고하도록 하는 내용을 다루는 딥페이크 보고법(Deepfake Report Act of 2019)을 제안한 바 있으며, 하원은 2020년 인공지능 관련 직업의 요건을 기술하고 분류하기 위한 체계 및 어휘를 개발하거나 자격증명의 기준을 만드는 등의 내용을 포함하는 인공지능 직무법(AI Carrers Act of 2020)을 제안하기도 하였다.

EU는 지능형교통체계(Intelligent Transport System)와 관련하여 2018년부터 2022년까지 자율주행자동차를 위한 차세대 지능형교통체계(C-ITS)를 도입하기 위해 일반 안전 규정(General Safety Regulation)과 도로 인프라 안전에 대한 지침

(the directive on road infrastructure safety)의 개정 소요를 검토하고 있다(European Commission, 2018). 또한 유럽연합 의회는 2020년 10월 '인공지능의 민사책임에 관한 보고서'를 채택하여 디지털 단일시장 형성을 위한 규제의 조화, 이해관계자 전반의 법적 신뢰 확립, 과잉규제의 해소, 보호와 혁신의 균형, 국가 간의 긴밀한 조정, 시민의 보호와 권리 강화를 통한 신뢰 확보 등의 내용들을 제안하고 있다 (Voss, 2020).

이 외에도 2017년 6월 일본 경찰청은 원격제어 자율주행을 허가하는 내용의 회람을 발행하기도 하였다(警察庁, 2017). 호주의 3개 주는 승인 절차와 시험 주행 과 관련된 보험 요건, 안전 관리 계획 및 데이터수집에 관한 내용을 포함하는 자 율주행차량의 시험 주행 관련 법률을 제정하였다(U.S. Law Library of Congress, 2019: 31-32). 아울러 각국은 치명적 자율무기체계(Lethal Autonomous Weapons Systems)를 규제하기 위해 UN 차원의 논의를 수행하고 있기도 하다.

구체적이고 통합적인 인공지능 규제 법제는 아직 마련되지 않은 것으로 보인 다. 현재까지의 논의 동향을 살펴보면 자율주행자동차, 딥페이크나 자율무기체계 등 위험성이 높고 사회 영향력이 큰 분야를 중심으로 규제체계가 형성되는 모습 을 보이고 있으며, 공공과 민간을 아우르는 범국가적 차원의 논의가 이루어지고 있다. 이처럼 앞으로의 인공지능 규제를 법제화하는 과정에서는 반드시 시민의 참여를 활성화해야 한다. 이는 인공지능에 대한 사회 전반의 일반적 이해를 제고 하면서 인공지능 규제 정책을 설계하는 단계에서부터 수요자인 시민과 민간 전문 가의 참여를 보장하여 공동체의 합의를 도출한다는 의의를 갖는다. 이를 통해 절 차의 투명성과 함께 신뢰성을 확보할 수 있고 이용자들의 피드백을 수시로 받아 반영할 수 있도록 함으로써 최신화되고 유연한 규제 정책을 설계할 수 있을 것이 다(Mehr, 2017: 12).

4. 윤리기준과 국제표준화

오늘날 인공지능 윤리기준의 논의는 구체적인 기술 표준이나 규제 법제로 이 어지고 있다. 윤리기준을 통해 도출된 요소들이 법률의 원칙으로 자리 잡고 있으며 이러한 원칙들이 기술적 요소와 결합하면서 구체적인 규제를 형성하는 모습으로 나아가고 있는 것이다. 특히 표준이나 법률의 제정은 국제 시장의 규제와도 연결된다. 유럽연합의 GDPR과 마찬가지로 인공지능에 관한 규범 논의 또한 국제 공통 규범으로 확산되면서 산업과 시장의 진입장벽으로 역할하게 될 가능성이 높다.

이러한 장벽은 국가 간의 역량 격차를 벌리면서 경쟁력의 문제를 야기할 수 있다. 세계 각국이 인공지능과 로봇의 윤리와 법제, 규범적 원칙들을 경쟁하듯 발표하고 있는 이유는 그 자체의 필요성도 있지만 윤리와 규범적 문제에 대한 해답이 곧 규제로 이어지며 이것이 법과 표준으로 이어져 산업과 시장의 진입장벽으로 나타날 것을 알고 있기 때문이다.

그러나 최근 3-4년간 많은 논의와 진전이 이루어지고 있음에도 불구하고 여전히 인공지능 규범 논의는 구체적인 사례와 밀접하게 맞닿지 못하고 있는 것으로 보인다(Whittlestone et al., 2019: 199-200). 게다가 앞으로의 지능형 기술환경에서는 윤리와 제도를 구분할 수 없게 되고 기술, 윤리와 법이 더 긴밀하게 연계될 가능성이 높다. 융합형 인재를 양성하고 공공과 민간의 협업과 종합적인 접근을 통해 인공지능의 구체적 구현 형태를 살펴야 하는 이유라고 할 수 있다.

Ⅳ. 지능형 정부와 공직 윤리

1. 공직 윤리 환경의 질적 변화

지능형 정부에서는 데이터와 인공지능을 중심으로 하는 기술적 속성과 규범 논의의 동향들을 고려한 공직 윤리관을 정립할 수 있어야 한다. 공직 윤리란 공직자가 지녀야 하는 행위의 준칙으로서 직무수행의 전문성과 효율성, 공정성, 적정성, 청렴성을 포함한다(김준성·김홍희, 2019: 108). 특히 구체적인 행정절차나 행정행위의 결과가 눈에 보이지 않는 지능형 정부에서는 신뢰가 필수적이다. 이는 불확실성과 위험을 줄임으로써 시민들이 지능형 정부 서비스를 신뢰하고 활용할 수 있도록 하는 중요한 유인 기제이자 앞으로 반드시 보장되어야 하는 하나의 의무요소라고 할 수 있다(Janssen et al., 2018: 647-648).

아울러 지능형 정부의 공직 윤리는 근면성실, 국민봉사, 공정성 등 눈에 보이는 산업사회형 기준에서 벗어나 데이터와 인공지능의 기술적 속성을 반영하여 전혀 모르는 상태에서 데이터를 활용하고 설명할 수 없는 상태에서 처분하는 등의 과정과 결과를 설명할 수 있어야 한다. 일반 국민이 모르는 상황에서 데이터와 알고리즘 행정이 이루어지는데 공무원이 전문성이 없으면 업무의 대부분을 민간 기업에 위탁하거나 민간의 데이터 전문 기업에 휘둘리기도 하고 때론 잘못된 결정을 내릴 가능성이 있기 때문이다. 이는 앞서 정부와 민간의 디지털 기술 역량 차이로부터 나타나는 국민의 신뢰와 공공서비스의 품질 저하 등과도 연계된다. 오늘날 지능정보사회에서 지능형 정부의 디지털 기술은 특별한 것이 아니라 당연히 전제되는 것이기 때문에 공직 종사자들 또한 그에 걸맞은 질적 향상을 이룰 수 있어야 하는 것이다.

따라서 지능형 정부의 공직 윤리는 결국 공직자들이 지녀야 하는 직업윤리라고 할 수 있다(김준성·김흥희, 2019: 108). 정책을 수립하는 과정에서는 인공지능 기술을 활용하는 것이 적절한지 판단할 수 있어야 하고 설계의 방향을 제시할 수 있어야 한다. 또한 정책의 추진과정에서 투명성이나 설명가능성 등을 보장함으로써 질적으로 향상된 역량을 갖춰야 할 것이다. 장기적으로 미래의 공직 윤리는 조직문화의 변화도 수용할 수 있어야 한다. 필요한 때에는 공직 전문가들이 먼저 나서 적극적으로 객관적인 사실과 연구결과들을 공유하고 공론화하여 정당하게 논의하고 정확한 사실을 확산하는 데 이바지할 수 있어야 하는 것이다(김미리·윤상필·권헌영, 2020: 41). 이때 요구되는 핵심 역량은 전문성과 소통 역량이라고 할 수 있다. 아무리 기술적 소양이 뛰어나고 훌륭한 공적 인식을 가진 사람이더라도 소통이 어려우면 무용지물이기 때문이다.

2. 지능행정 전문 관료의 윤리

아직까지 행정 현장에서 인공지능을 활용한다는 관념은 막연하기만 하다. 특히 행정이 갖는 영향력에 비해 인공지능에 대한 전반의 이해도와 전문성이 낮기 때문에 어설픈 기대와 과도한 불안감을 낳기 쉽다(정소윤, 2019: 204). 이와 같은 관점에서 지능형 정부의 공직자에게 요구되는 윤리는 결국 최고의 전문성이라고 할 수 있다. 이러한 전문성은 결국 인공지능을 행정에 어떻게 적용하여 문제를 해결할 것인지에 관한 공무원들의 고민과 전문역량으로부터 얻어진다.

이때의 전문역량은 단순히 기술적으로 인공지능을 이해하고 활용할 수 있는 것이 아니라 어떤 문제에 인공지능을 적용할 것인지, 어떻게 적용하여 문제를 해결할 것인지에 관한 종합적인 이해를 요구한다. 따라서 인공지능 행정의 우선 과제는 공무원들의 전문 역량 확보, 본연의 업무 절차와 목적의 이해, 시민 수요를 이해하고 다양한 이해관계자들과 소통할 수 있는 능력이라고 할 수 있으며, 이를 통해 인공지능 행정은 세대, 교육, 언어, 민족, 성별, 수입과 같은 다양한 요소들을 포용할 수 있어야 한다(Mehr, 2017: 11).

아울러 전문가윤리는 강제성이 없더라도 전문가의 행위를 규율하는 기준으로 작용할 수 있다는 점에서 중요한 의미를 갖는다(김미리·윤상필·권헌영, 2020: 19). 전문가윤리의 요소들이 「공직자윤리법」을 통해 구체적인 의무와 처벌로도 이어질 수 있으나 그 근본적인 의미는 공무원 개개인 내면의 도덕적 양심을 요구하는 것이기 때문이다. 특히 공공성이 강하게 요구되는 분야의 윤리강령들에서 요구되는 요소도 포함할 수 있어야 한다. 예를 들어 대한의사협회의 「의사윤리강령 의사윤리지침」 제3장은 동료 보건의료인에 대한 윤리를 통해 동료의 잘못된 행위 등을 바로잡도록 노력하고 이를 윤리위원회에 알리며 제보자를 보호하는 등의 의무를 요구하고 있다. 한국사회복지사협회의 「사회복지사 윤리강령」 또한 전문가로서의 자세, 전문성의 개발 등과 더불어 동료에 대한 윤리기준을 제시한다. 이에 따라 사회복지사는 존중과 신뢰로 동료를 대하고 동료의 윤리적이고 전문적인 행위를 촉진시키며 이에 반하는 경우 법률이나 윤리 기준에 따라 대처하도록 하고 있다. 따라서 기존의 공정성, 청렴성을 요구하는 공직윤리의 기본적 요소들과 함께 전문성, 설명가능성, 책임성, 동료 상호 간의 지원과 건전한 견제, 이해충돌 방지 등이 지능형 행정 관료에게 요구된다고 할 수 있다.

3. 전문가윤리의 공직 적용 과제

중요한 사실은 인공지능을 행정에 활용하는 목적이 공직 종사자들을 대체하는 것이 아니라 공무원들의 기능을 지원하고 확장하여 더욱 전문적이고 인간 중심적인 역할을 수행할 수 있도록 하는 데 있다는 점이다(Mehr, 2017: 14). 전문가윤리를 공직에 적용하는 과정에서는 반드시 이러한 사실을 원칙으로 정립하여야 한다. 따라서 지능형 행정 공무원의 전문가윤리는 인공지능 기술을 활용함과 관계없이 공무원 자신이 행정을 수행하는 주체라는 점에서 사회적, 윤리적 책임, 즉 전문가의 책임을 핵심 개념으로 하게 된다(이재승, 2011: 281). 특히 과학기술이 진보하고 일반화됨에 따라 관련 전문가들은 인류 공영의 발전이라는 과학과 기술 본연의 목적을 이해하고 기술이 사회에 미칠 수 있는 파급력을 고려할 수 있어야 하며 이를 바탕으로 발생할 수 있는 윤리적 문제를 인식하고 추론하여 전문가로서의 도덕적 의무와 책임을 다해야만 하는 것이다.

이러한 전문가윤리는 먼저 인공지능 기술 및 윤리와 법규범에 관한 교육훈련을 통해 형성할 수 있다. 그러한 교육훈련은 공무원이 스스로 인공지능 전문가윤리 확립의 필요성을 느끼고 적극적인 수용자이자 해결자로서 의무와 책임을 체득하게 하는 방식으로 이루어져야 한다. 아울러 부처와 기관 내에서도 지능형 정부와 새로운 공직 윤리에 관한 담론을 형성하고 일반적인 인식을 확산하여 중앙부처뿐만 아니라 지방자치단체와 공공기관에도 확장되도록 해야 한다(이도형, 2011: 102-103). 또한 윤리교육의 내용은 지능형 행정과 인공지능 기술의 사용이 행정 현장과 시민의 삶에 어떤 영향을 미칠 수 있는지 사례를 중심으로 아주 구체적으로 이루어져야 한다. 아울러 인공지능 기술을 행정에 적용하는 현상을 살펴 분야별 특성을 고려하여 기관별, 조직별 자발적이고 특성화된 윤리강령을 마련할 수 있어야 한다. 이상적인 내용을 포함하는 윤리 규범만으로는 그 본질을 이해하기 어렵고 윤리적 판단은 결국 실천으로 이어져야 의미를 가질 수 있기 때문이다(강기호, 2015: 41). 특히 규범은 자발적으로 참여하여 함께 형성함으로써 스스로 만든 규칙을 준수할 수 있도록 하여야 한다.

미래 지능형 정부는 더욱더 본질에 집중해야 한다. 새로운 정부혁신의 출발점에서 디지털 기술은 당연히 전제되어 있으므로 정부의 본질적인 기능에 집중하고 유능하고 공정한 정부 서비스를 집행하기 위한 정부역량 강화에 초점을 두어야 하는 것이다. 그간 정부의 디지털 혁신은 모두 디지털 기술기반에 지나치게 집중하고 있었다. 이제는 기술을 덮는 모양새에서 나아가 공동체와 정부가 함께 직면한 문제를 정의하고 이를 해결하기 위해 사회와 국가의 자원 동원 및 배분 능력을 어떻게 지원할 것인지 고민해야 한다. 따라서 앞으로 남은 문제는 우리가 어떤 정부를 원하는가에 대한 근본적 물음이라고 할 수 있다. 이러한 점에서 인공지능행정에 기반한 지능형 정부 혁신은 그간 한국사회에서 정부에 대한 기대를 가져온 시민에 대한 이해와 수요로부터 출발할 수 있어야 한다.

　그 수단은 결국 데이터 기반의 객관적 행정과 진정한 의미의 협치라고 할 수 있다. 정치적 내지 행정상의 의사결정, 또는 정부가 가진 권력이나 국민이 동의하지 않았거나 지금은 동의하지 않는 법에 근거하여 군림하는 것이 아니라 「데이터기반행정법」과 같이 데이터와 디지털 기술을 활용하여 새롭고 혁신적인 근거를 찾아 나가고 그러한 과학적 근거에 기반하여 시민들의 참여를 극대화할 수 있는 의사결정체계를 확보할 수 있어야 한다. 따라서 특정 사실은 철저히 과학과 데이터에 기반하여 해석하고 이에 대한 규범판단은 모든 당사자가 충분히 토론하여 심도 있는 의사결정을 할 수 있도록 해야 한다. 그러한 의사결정을 주도하는 정치인이나 고위 관료들은 가능한 모든 자원을 투입하여 공동체 구성원의 뜻을 헤아려야 하며 그러한 핵심 자원이 곧 데이터와 인공지능 등의 기술이라고 할 수 있다. 이러한 관점에서 오늘날의 데이터 환경에서는 투명한 정보공개와 데이터 제공정책과 더불어 시민의 뜻과 참여를 요구하는 국민청원사이트 등을 더 다양하고 본질적인 방식으로 정책화할 수 있어야 할 것이다.

참고문헌

[국내문헌]

강기호. (2015). 공학윤리: 윤리이론의 선택의 문제에서 덕윤리. 철학논총, 80, 새한철학회.

권헌영. (2010). 전자정부 1등 국가와 행정정보공유법제의 발전. 토지공법연구, 49, 한국토지공법학회.

권헌영. (2013). 정보권의 확장과 공공데이터의 활용. 법제논단, 법제처.

권헌영. (2020). 데이터기반행정법과 데이터정책의 과제. KISO Journal, 40, 한국인터넷자율정책기구.

김미리·윤상필·권헌영. (2020). 인공지능 전문가 윤리의 역할과 윤리 기준의 지향점. 법학논총 32(3), 국민대학교 법학연구소.

김승태. (2009). 비교법적 측면에서 한국의 정보공개법 평가. 홍익법학, 10(3), 홍익대학교 법학연구소.

김영례. (2018). 인공지능 시대에 있어서 인간에 대한 철학적 성찰-칸트의 인간학과 뇌 과학의 사이에서. 철학논총, 91, 새한철학회.

김일환·김민호·성재호. (2004). 법친화적 과학기술사회의 구축을 위한 법제정비방향에 관한 고찰. 법조, 53(3), 법조협회.

김준성·김흥희. (2019). 공직윤리의 의미와 형법적 도덕률의 기준. 법학연구 제29권 제1호, 연세대학교 법학연구원.

명승환. (2001). 미래 전자정부의 방향에 관한 연구-이론적 배경과 사이버 거버넌스와의 관계를 중심으로-. 지방정부연구, 5(2), 한국지방정부학회.

서용석. (2016). 첨단기술의 발전과 미래정부의 역할과 형태. Future Horizon, 28, 과학기술정책연구원.

서형준. (2019). 4차 산업혁명시대 인공지능 정책의사결정에 대한 탐색적 논의. 정보화정책, 26(3), 한국정보화진흥원.

성욱준. (2020). 지능형 정부 구현을 통한 행정혁신. 행정포커스, 148, 한국행정연구원.

송희준 외. (2005). 「통치이념은 어떻게 정책에 반영되는가」. 서울: 이화여자대학교 출판부.

우상근. (2018). 인공지능을 선도하는 주요국의 핵심전략. IT & Future Strategy, 12, 한국정보화진흥원.

윤상필·권헌영·김동욱. (2017). 건전한 인공지능 생태계 형성을 위한 규범적 전략과 법의 역할, 홍익법학, 18(2), 홍익대학교 법학연구소.

이도형. (2011). 공무원 생태윤리 확립전략: 윤리 범주화와 전제조건. 정부학연구, 17(3), 고려대학교 정부학연구소.

이상용. (2018). 데이터 거래의 법적 기초. 법조, 67(2), 법조협회.

이상용. (2019). 인공지능과 법인격. 민사법학, 89, 한국민사법학회.

이재승. (2011). 공학인증과 공학윤리. 윤리교육연구, 26, 한국윤리교육학회.

이정아. (2016). 지능화 시대의 새로운 3요소: 데이터, AI, 알고리즘. IT & Future Strategy. 한국정보화진흥원.

장병탁. (2018). 인간지능과 기계지능-인지주의 인공지능, 정보과학회지. 36(1), 한국정보과학회.

정소윤. (2019). 인공지능 기술의 행정 활용에 관한 연구동향 및 쟁점 분석. 한국지역정보화학회지, 제22권 제4호, 한국지역정보화학회.

정충식. (2015). 2015 전자정부론, 서울경제경영.

정충식. (2018). 2018 전자정부론: 정보기술을 활용한 정부혁신론, 서울경제경영.

한세억. (2013). 정보화법제 정비를 위한 입법역량 제고방안의 역할. 입법과 정책, 5(2), 국회입법조사처.

행정안전부. (2017). 지능형 정부 기본계획.

[해외문헌]

Bundesanstalt für Straßenwesen, Verkehrsbeeinflussung auf Bundesfernstraßen. https://www.bast.de/BASt_2017/DE/Verkehrstechnik/Fachthemen/v5-VBA/v5-verkehrsbeeinflussungsanlagen.html, 2020. 12. 25. 최종방문.

European Commission. (2018). COMMISSION DECISION of 11.12.2018 updating the Working Programme in relation to the actions under Article 6(3) of Directive2010/40/EU. https://ec.europa.eu/transport/sites/transport/files/legislation/c20188264_en.pdf.

European Commission. (2020). High-Level Expert Group on Artificial Intelligence. https://ec.europa.eu/digital-single-market/en/high-level-expert-group-artificial-intelligence.

Allen, G., Chan, T. (2017). *Artificial Intelligence and National Security*. Belfer Center Study, Harvard Kennedy School.

Mehr, H. (2017). *Artificial Intelligence for Citizen Services and Government, Ash Center for Democratic Governance and Innovation*, Harvard Kennedy School.

Gil-Garcia, J. R., Dawes, S. S. and Pardo, T. A. (2018). Digital government and public management research: finding the crossroads. *Public Management Review*, 20(5).

Whittlestone, J., Nyrup, R., Alexandrova, A. and Cave, S. (2019). The Role and Limits of Principles in AI Ethics: Towards a Focus on Tensions. *AAAI/ACM Conference on AI, Ethics, and Society*.

Jerome, J. W. (2013). Buying and Selling Privacy: Big Data's Difference Burdens and Benefits. *Stanford Law Review Online*, 66(47).

Terry, L. D. (1998). Administrative Leadership, Neo-Managerialism, and the Public Management Movement. *Public Administration Review*, 58(3).

Janssen, M., Rana, N. P., Slade, E. L. and Dwivedi, Y. K. (2018). Trustworthiness of digital government services: deriving a comprehensive theory through interpretive structural modelling. *Public Management Review*, 20(5).

Mehr, H. (2017). *Artificial Intelligence for Citizen Services and Government, Ash Center for Democratic Governance and Innovation*, Harvard Kennedy School.

Horowitz, M. C. (2018). Artificial Intelligence, International Competition, and the Balance of Power. *Texas National Security Review*, 1(3).

Madaio, M. et al., (2015). Identifying and Prioritizing Fire Inspections: A Case Study of Predicting Fire Risk in Atlanta. *Bloomberg Data for Good Exchange Conference, New York, USA*.

Cummings, M. L. (2017). *Artificial Intelligence and the Future of Warfare*, Chatham House.

National Performance Review. (1993). From Red Tape to Results: Creating a Government that Works Better & Costs Less.

OECD. (2003). *The e-Government Imperative*. OECD e-Government Studies.

OECD. (2014). Recommendation of the Council on Digital Government Strategies. OECD/LEGAL/0406.

OECD. (2019). OECD Principles on AI. http://www.oecd.org/going-digital/ai/principles/

OECD. (2020). Digital Government Index: 2019, *OECD Public Governance Policy Papers*, 3.

OMB. (2013). Next Steps in the Evidence and Innovation Agenda.

Oxford Insights. (2020). AI Readiness Index 2020, https://www.oxfordinsights.com/government-ai-readiness-index-2020. 2020.12.27. 최종방문.

Davies, R. (2015). eGovernment: Using technology to improve public services and democratic participation. *European Parliamentary Research Service*.

Mikhaylov, S. J., Esteve, M. and Campion, A. (2018). AI for the Public Sector: Opportunities and challenges of cross-sector collaboration. *Philosophical Transactions of the Royal Society* A, 376.

Smart Nation Singapore. (2019). National AI Strategy: The next key frontier of Singapore's Smart Nation Journey.

Goodkin, S. L. (1987). The Evolution of Animal Rights. *Columbia Human Rights Law Review*, 18(2).

The White House. (2016). Preparing for the Future of Artificial Intelligence.

U.K. Government Digital Service, Office for Artificial Intelligence. (2019). How GDS used machine learning to make GOV.UK more accessible. https://www.gov.uk/government/case-studies/how-gds-used-machine-learning-to-makegovuk-more-accessible. 2020.12.24. 최종방문.

U.K. Government Digital Service, Office for Artificial Intelligence. (2019). A guide to using artificial intelligence in the public sector.

U.K. Select Committee on Artificial Intelligence. (2018). AI in the UK: Ready, Willing and Able?

U.N. GGE. (2018). Report of the 2018 session of the Group of Governmental Experts on Emerging Technologies in the Area of Lethal Autonomous Weapons System, CCW/GGE.1/2018/3.

U.S Department of Defense. (2020). DOD Adopts Ethical Principles for Artificial Intelligence. https://www.defense.gov/Newsroom/Releases/Release/Article/2091996/dod-adopts-ethical-principles-for-artificial-intelligence/

U.S. Law Library of Congress. (2019). Regulation of Artificial Intelligence in Selected Jurisdictions.

United Nations. E−Government. UN E−Government Knowledgebase. https://
publicadministration.un.org/egovkb/en−us/About/UNeGovDD−Framework,
2020.12.25. 최종방문.

United Nations. UN E-Government Survey. UN E-Government Knowledgebase.
https://publicadministration.un.org/egovkb/en−us/Reports/UN−E−Governmen
t−Survey−2020. 2020.12.24. 최종방문.

Voss, A. (2020). REPORT with recommendations to the Commission on a civil
liability regime for artificial intelligence, European Parliament.

Eggers, W. D., Schatskyand, D. and Viechnicki, P. (2017). How artificial intelligence
could transform government, Deloitte Insights. https://www2.deloitte.com/us/
en/insights/focus/cognitive−technologies/artificial−intelligence−government−s
ummary.html. 2020.12.24. 최종방문.

警察庁. (2017). 遠隔型自動運転システムの公道実証実験に係る道路使用許可の申請
に対する取扱いの基準. https://perma.cc/T7E5−UMK5.

国务院. (2017). 新一代人工智能发展规划.

統合イノベーション戦略推進会議. (2019). AI 戦略.

ＡＩネットワーク社会推進会議. (2019). ＡＩ利活用ガイドライン-ＡＩ利活用の
ためのプラクティカルリファレンスー. (원문: https://www.soumu.go.jp/main
_content/000637097.pdf)

Ⅲ

AI 활용과 공공관리 및
공공정책

AI와
인사행정

이수영(서울대학교 행정대학원)

I. 들어가며

4차 산업혁명 시대의 주요 정보기술로는 인공지능, 빅데이터(Big Data), 블록체인(Block Chain), 클라우드(Cloud) 등을 들 수 있으며, 다른 정보기술들도 마찬가지이지만, 그중 인공지능(Artificial Intelligence: AI)은 너무 자연스럽게 최근 우리 일상에 스며들어 있는 듯하다. 특히, 2016년 구글 DeepMind의 'AlphaGo'가 이세돌 9단과의 바둑 대결에서 승리하면서 일반인들은 인공지능의 위력을 직접 확인하게 되었다. 하지만 인공지능에 대한 논의는 1950년대부터 등장한 상당히 오랜 역사를 가지고 있어서 구글 이외에도 IBM의 'Watson'이라는 인공지능 컴퓨터가 의학 분야 등에서 활발히 활용하고 있는 상황이다(정보통신기술진흥센터, 2018). 'AlphaGo'나 'Watson' 같은 AI 기술의 발달은 우리 사회 전반에 인공지능 기술 활용에 대한 화두를 던져주었다.

위 두 사례에서 보듯이 국내외에서 인공지능의 개발 및 활용 사례는 보통 민간 부문에서 먼저 활발히 이루어져 왔다. 포스코, 삼성, 롯데 등 대기업을 중심으로 제조 공정 부문 및 쇼핑 등과 같은 고객 접점 부문에서 정형화된 많은 데이터 친화적인 업무에서 활성화되기 시작했다. 하지만 민간 기업에서도 기획이나 의사결정같이 비정형적인 업무에는 아직 충분한 활용이 이루어지고 있는 것은 아닌 상황으로 파악된다(한국행정연구원, 2019: 129-130). 이에 반해, 공공 부문에서는 민간보다 인공지능 활용 수준이 아직은 상대적으로 낮은 것으로 평가된다. 우리 중앙 정부 및 지자체에서 활용하고 있는 인공지능(예를 들면, 챗봇 형태의 민원 응대 자동화 시스템)은 주로 조세, 여권발급, 주정차 업무 등 유형화된 대응이 가능한 민원 업무에 집중되어 있는 것으로 나타난다. 미국 같은 해외 선진국 정부에서는 국방부 등에서 우리보다 발전된 형태의 인공지능 시스템을 모병이나 계약 등에 활용하고 있는 것으로 전해진다. 그렇지만, 공공 부문에서의 인공지능 활용도 의사결정같이 사람이 직접 해야 하는 분야에는 상대적으로 제한적인 것으로 알려져 있다(한국행정연구원, 2019: 145–147).

소위 난제(wicked problems)라고 일컬어지는 사회 문제들을 해결하기 위한 방편으로 공공 부문에서 일어나고 있는 인공지능 등을 활용하려는 노력은 행정 패러다임을 다양한 방향으로 변화시킬 수 있는 중요한 전환을 의미한다. 서용석(2017)은 인공지능의 발전이 데이터 거버넌스를 통해 기계와의 협업 및 시민참여를 강화하고, 정부의 지배력을 약화시키는 변화를 유발할 것으로 예상하고 있다. 정부의 지배력 약화는 행정 재량권의 형식화와도 연결되는데, 인공지능 등에 의한 행정의 자동화는 재량이라는 모호한 영역을 축소시켜 획일적 행정 업무 처리를 가능케 할 수도 있다고 한다(윤상오 외, 2018). 또한 정부 규모 및 조직 측면에서의 변화도 많이 논의되고 있는 것으로 보이는데, 행정의 자동화 등으로 인해 다수의 민원 서비스가 인공지능에 의해 처리되고 화재나 전투 등과 같은 위험한 업무도 인공지능에 의해 대체될 가능성이 높으므로 정부 규모 혹은 인원이 종전보다 상당히 축소될 가능성이 존재한다(한국행정연구원, 2019). 이와 더불어 정부 조직 구조도 서로 연결되어 있으면서 조직 운영에 필수적인 데이터나 클라우드 시스템 등을 공유하는 플랫폼 조직으로 변화되어 갈 것으로 예상된다(서용석 외, 2016; 황종성, 2017).

이상과 같이 공공부문에서의 인공지능 활용이 중앙 정부나 지자체를 중심으로 현실적으로 나타나고 있고, 다수의 학자에 의해 인공지능에 의한 행정 및 정부 조직에의 영향에 대한 논의가 이루어지고 있지만, 인공지능의 활용이 공공부문 인사행정에 주는 영향에 대한 논의는 산발적으로 이루어지고 있는 것으로 보인다. 이에 본 연구는 공공부문에서의 인공지능 기술 활용이 우리 인사행정 시스템에 어떤 변화를 가져올 것인지에 대해 정리해 보고자 한다.

II. AI와 인사행정의 변화

인공지능 기반의 서비스 기술은 일반적으로 머신러닝, 시각/언어/청각 지능, 상황/감정 이해, 추론/지식 표현, 행동/협업지능 및 지능형 에이전트라는 다섯 가지 기술로 유형화 가능하다(과학기술정보통신부, 2018: 5). 머신러닝은 데이터를 기반으로 인지/이해 모델을 형성하거나 스스로 최적의 해답을 찾기 위한 학습 지능을 의미하고, 시각/언어/청각 지능은 인공지능이 데이터를 통해 현실 세계를 인간처럼 보고 읽고 듣는 감각기관에 해당하는 지능을 의미하며, 상황/감정 이해는 온도나 습도 같은 센서 데이터와 몸짓이나 표정 같은 사용자 데이터에 기반하여 상황/감정을 이해하는 기술을 말한다. 추론/지식 표현은 입력/학습 데이터를 기반으로 새로운 정보에 대한 답을 스스로 도출해 내는 지능으로 개별 정보 이해 단계를 넘어 각 정보 간 상대적 관계를 파악하여 추론하는 능력까지 포괄하며, 행동/협업지능 및 지능형 에이전트는 학습/판단한 결과를 실행하는 단계로 인간의 행동이나 판단을 보조하는 것에 사용되는 챗봇 같은 지능을 의미한다.

또한 이러한 다양한 인공지능 기반의 서비스 기술이 현실에서 적극적으로 활용되게 된 근간에는 데이터 처리기술 및 컴퓨팅 성능의 발전, 기계학습 및 심화학습 같은 새 알고리즘 기술의 개발이 자리 잡고 있다(서용석, 2017: 25). 특히 인공지능의 핵심기술이라고 할 수 있는 '기계학습(machine learning)'과 '심화학습(deep learning)'이 빅데이터와 결합하면서 이전의 기술들과 차별적인 활용이 가능해졌는데, 기계학습은 주어진 데이터에 따라 조건이나 패턴 등의 규칙을 인공지능이 스스로 학습하고 이후 학습한 규칙에 따라 행동하는 것을 가능케 하는 기술이고, 심화학습은 사람이 일일이 판단 기준을 설정하지 않더라도 기계가 스스로 인지하고, 추론하고, 판단할 수 있는 기술을 의미한다. 여기에서는 빅데이터와 결합한 기계학습 및 심화학습 기술 등과 같은 인공지능 기술이 인사행정에 어떻게 적용될 수 있는지, 인사행정의 주요 기능들에 어떤 영향을 줄 것인지, 그리고 이와 관련된 쟁점들은 무엇인지 등에 대해 살펴보고자 한다.

1. 채용 관리: 조직이 원하는 인재 선발이 가능한가?

인공지능과 빅데이터 등이 본격적으로 현실에서 활용되는 4차 산업혁명의 시대로 접어듦에 따라 공무원 채용에 있어서도 많은 변화가 일어날 것으로 예상된다. 특히 공무원에게 요구되는 역량에 대해서부터 변화가 감지되는데, 다른 어떤 역량보다 우선시되는 것이 디지털 역량, 즉 인공지능이나 빅데이터 등을 활용할 수 있는 역량일 것이다. 물론 사회 전반의 환경 변화로 인해 감성 및 소통 역량, 협업 역량, 창의성, 인지적 유연성 등과 같은 역량들도 새롭게 요구되는 자질들이다(한국행정연구원, 2019).

이렇게 새롭게 요구되는 역량을 가진 공공 부문이 원하는 인재를 채용하기 위해서 인공지능은 다음과 같은 긍정적인 변화를 만들 수 있을 것으로 생각된다. 가장 먼저 들 수 있는 변화는 공무원 채용 과정에서 인공지능을 활용한 면접이 가능해질 것이라는 점이다. 인공지능을 활용한 면접은 자기 소개, 기본 질문, 성향 파악, 상황 대처, 보상 선호, 전략 게임, 심층 대화 단계를 일반적으로 거치게 되고, 여기에 기업 요청에 따라 기업맞춤형 질문이 추가로 나오기도 한다. 실제로 해외 민간 기업에서는 서류전형이나 면접 단계에서 이미 많이 활성화되어 있는데(중앙일보, 2018.3.11. 기사), IBM은 1차 면접 단계에서 인공지능이 전화인터뷰나 화상면접으로 지원자와 대화를 나눈 후 최종 면접 대상자를 선정하고 있고, 유니레버는 인공지능으로 지원자의 페이스북이나 트위터 같은 소셜미디어 정보를 분석하여 지원자의 성격이나 가치관을 판단하고 1차 합격자를 선정한다. 일본 소프트뱅크도 IBM의 인공지능인 '왓슨'을 활용해 신입사원 서류 심사를 하고 있는데, 회사가 축적한 면접 질문과 데이터를 숙지한 인공지능은 회사가 선호하는 인재상을 기준으로 지원자가 제출한 서류를 종합적으로 판단한다. 우리 민간 기업인 LG 유플러스, SK 브로드밴드, JW 중외제약, 한미약품 등에서도 이미 인공지능을 활용한 면접을 진행 중인 것으로 알려져 있다(한국경제, 2018.10.14. 기사). 또한 공공 부문에서도 이런 변화들이 나타나고 있는데, 고용노동부와 한국고용정보원은 일자리포털시스템인 워크넷에서 인공지능에 기반한 취업알선 서비스(TheWorkAI)를 시작한 것으로 알려져 있다(라이센스뉴스, 2020.7.9. 기사). 이것은 인공지능이 구직자의 이력서와 구인기업이 찾고 있는 직무역량을 자동 분석하여 양자에게 가장 적합한 일자리와 인재를 연결해 주는 서비스이다. 공공기관 중에서는 한국정보화진흥원, 한국수자원공사, 한국전파통신진흥원 등과 같은 기관이 인공지능을 활용한 역량검사를 실시하고 있는 것으로 보인다(중앙일보, 2020.8.11. 기사; 정보통신기술진흥센터, 2018).

아직 우리 공무원 채용 부문에서는 인공지능의 활용이 본격적으로 고려되고 있지는 않은 것으로 보이지만, 인공지능은 앞서 언급한 머신러닝, 시각/언어/청각 지능, 상황/감정 이해 등과 같은 기술들을 바탕으로 지원자들의 안면 표정, 음성, 뇌 능력, 신체 반응, 응답 등에 대한 객관적인 분석을 통해 해당 조직에 가장 적합한 인물을 찾아주는 역할을 수행해 줄 수 있을 것이다. 또한 공공조직별로 자신들이 가장 원하는 인재의 모습 및 역량에 대한 데이터를 구축하여 그것을 적절히 파악할 수 있는 질문이나 테스트를 추가하는 알고리즘을 새롭게 구성하여 맞춤형 인재 채용 시스템을 구축 및 채용의 분권화가 가능해질 수도 있을 것이다. 즉, 개인 역량과 개별 기관이나 직무가 요구하는 역량 간의 역량 적합도를 기준으로 채용이 이루어질 것이다. 특히, 우리 인사혁신처(2016: 327)는 4차 산업혁명과 같은 급격한 기술발전에 대응하기 위한 전문 인력의 필요성을 강조하면서 3대 중점 테크노크라트인 빅데이터 전문가(빅데이터 가치평가와 활용 등), 프로그래머(사이버안보 등), 기술 정책 집행관(기술 규제, 기술 표준, 기술 윤리, 기술 공감 등)의 채용 확대를 주장하고 있는데, 이런 전문가 채용도 인공지능을 활용한 서류전형이나 면접이 기여해 줄 수 있는 부분이다. 또한 인공지능을 활용한 분석 및 예측력의 강화는 정부 부처들이 미래 인력 수요에 대한 예상, 충원 계획 수립 등 인력계획을 보다 체계적으로 수립하여 관리해 나가는 것에도 큰 도움을 줄 것이다.

인공지능을 활용한 서류전형이나 면접이 채용 과정에서 활성화되는 이유는 공정성과 효율성 때문으로 판단된다(한국경제, 2018.10.14. 기사). 공정성은 지원자의 입장에서 가장 중요한 이슈이다. 특히 최근과 같이 공공부문 채용에서의 공정성에 대한 우려가 심해지는 상황에서는 더욱 중요한 이슈이다. 서류전형이나 면접은 평가자나 면접위원의 선입견이나 주관적인 판단이 상대적으로 많이 작용하는 특성을 가지므로 기계에 의한 일괄적인 분석과 처리를 인간이 하는 평가보다 훨씬 객관적이고 공정하다는 느낌을 갖게 만든다. 기관의 입장에서는 공정성도 중요하지만, 효율성도 이에 못지않은 중요한 이슈이다. 인공지능의 활용은 기관으로 하여금 이전보다 적은 비용으로 더 짧은 기간에 서류전형이나 면접을 실시할 수 있는 환경을 제공해 주었다. 또한 인공지능에 의한 온라인 면접이 가능해짐으로 인해 면접 장소나 면접위원 섭외에 제한을 받지 않게 됨에 따라 더 많은 지원자가 몰리는 현상이 나타나면서 더 경쟁력 있는 인재를 채용할 가능성을 높일수 있게 되었다. 인공지능의 활용이 만병통치약은 아니지만, 공무원 채용에 있어서의 공정성 강화나 헌법상 공무담임권을 확대시켜 줄 가능성은 충분하다고 할것이다.

2. 승진, 보직, 경력 관리: 적소적재 배치가 가능한가?

우리 공무원 인사행정 시스템은 계급제를 기본으로 하고 있다. 즉, 한 사람이 수행해야 하는 직무에 대한 분석이 정확하게 이루어지지 않은 시스템을 기반으로 하고 있다. 계급제와 직위분류제는 어느 것이 더 우수하다는 판정을 하기는 어려운 제도들이다. 각 국가의 문화나 전통 등을 토대로 가장 적합한 방식으로 진화되어 온 것으로 이해할 수 있다. 하지만 계급제적 전통이 가져오는 공무원의 경직성과 문제해결 능력 부재에 대한 지적이 계속되면서 직무분석을 통해 적소에 적재를 배치하는 보직 관리에 대한 필요성이 계속 제기되고 있는 상황이다. 이런 맥락에서 인공지능을 활용해서 심층적인 직무분석이 가능해진다면 특정 직위에 전문역량, 문제해결능력, 유연성 등을 갖춘 최적임자를 승진시키고 보직에 임명할 수 있는 가능성, 그리고 이것을 위한 조직 내 인재관리의 가능성을 더 높일 수 있을것이다. 특히, 우리 고위공무원단의 경우, 나무보다는 숲을 보는 역량을 가진 고위 관료를 육성하여 능력에 따라 부처 경계를 넘나드는 유연한 활용을 위해 만들어진 제도이지만 실제로는 그런 취지가 전혀 구현되지 못한 상태였는데, 인공지능을 활용한 보직 및 승진관리 그리고 CDP가 가능해진다면 제대로 된 고위공무원단 제도의 구현도 기대할 수 있을 것이다.

민간 기업에서는 보직이나 승진에 있어서 인공지능 활용이 보다 적극적으로 진행되고 있다. 해외 보험회사인 푸르덴셜 생명은 회사 업무 중 디지털화 및 자동화 등과 같은 인공지능 활용으로 사람이 필요 없어진 일, 사람이 필요 이상으로 과다하게 배분된 일, 이로 인한 유휴인력이나 직무와 인력 간의 불일치 등을 파악한 다음, 이 같은 데이터를 토대로 디지털 환경에 맞는 업무수행 방식과 직무 내용을 새롭게 정의하고, 직무 재배치를 통해 인력 운영의 효율성을 높였다(매일경제, 2019.4.1. 기사). 한편, 국민은행도 최근 하반기 영업점 직원 인사이동(약 1,100명)을 인공지능 알고리즘 기반으로 실시하여 각 영업점에 배치하였다(서울경제, 2020.7.29. 기사). 인공지능 보직이동은 직원의 업무경력, 근무기간, 자격증, 출퇴근거리 등을 감안해 근무지를 선정하는 방식으로 이루어졌다. 직원별 근무지 최적화 외에도 인력 수요 및 공급에 맞춘 자동검증을 거침으로써 영업점 내 동일한 직무의 팀장·팀원에게 동시에 인사가 나는 일도 사라지게 되어 팀장·팀원 동시 인사로 해당 직무의 인수인계가 원활하지 않거나 업무의 맥이 끊기는 문제 역시 원천 차단할 수 있었다고 알려져 있다. 우리 인사혁신처도 인공지능을 활용하여 정부 부처의 각 실·국장, 과장 등에 적합한 맞춤형 인재를 과학적으로 분석·추천하는 인사정책지원 플랫폼 도입을 시도한 적이 있었다(인사혁신처, 2018.12.24. 보도자료). 지금 현재 이 계획이 어떤 상태에 있는지는 확인이 어렵지만, 이 플랫폼은 전자문서와 직위가 속한 각 부처의 기능분류 정보를 분석해 직위의 업무활동, 업무성격을 도출하고 직위 대상자의 보직경로, 역량평가, 성과 정보 등 인사 정보를 활용·분석해 직무에 필요한 인사 요건이 만들어지도록 한 다음, 인공지능이 직무경험, 역량평가, 성과 등의 다양한 정보를 결합해 직무에 성과를 낼 수 있는 후보자를 추천하게 되는 시스템을 지향하였다.

이와 더불어, 인사행정 분야 인공지능의 활용은 공무원 경력개발프로그램(Career Development Program, CDP)의 실질화를 가능케 할 수 있다(김동원, 2016: 12-13). CDP는 조직 내 개인이 자신의 목표와 조직의 목표를 일치시킬 수 있도록 경력을 개발하고 관리해 나갈 수 있는 인재육성 프로그램을 의미하는데, 제대로 된 CDP는 방대한 데이터, 처리능력, 예측모델 등과 같은 분석역량이 뒷받침되어야 했으므로 지금까지는 직관 등에 의존해 왔고 따라서 적절히 구현되어 왔다고 하기는 어려웠다. 하지만 머신러닝, 시각/언어/청각 지능, 상황/감정 이해, 추론/지식 표현 능력 등과 같은 기술 수준을 제공하는 인공지능은 개인 경력과 관련된 빅데이터 분석 및 피드백 제공 등을 통해 개인 맞춤형 CDP를 실질적으로 가능케 할 수 있을 것이다. 인공지능에 의한 CDP의 실질화는 공무원 개개인의 목표를 구현하는 것에도 도움을 줄 수 있고, 해당 정부 부처도 내부 인재 및 역량에 관한 전체적인 그림을 그릴 수 있게 해 주어 윈윈할 수 있는 상황을 연출해 줄 것이다. 민간에서는 이미 활성화되어 있어서 구글(Google)은 내부에 별도로 피플애널리틱(People Analytics)팀을 설치해서 방대한 직간접 데이터를 바탕으로 고성과 조직과 리더 행동을 연구하고 성과 향상 방안을 코치하고 있고, 글로벌 정보통신기업 에릭슨(Ericsson)은 역량, 성과, 경력 개발 간의 관련성을 분석해 직원 개개인에게 적합한 경력 개발 방법과 경로를 제시하고 있다(매일경제, 2019.4.1. 기사).

3. 역량평가: 역량에 대한 입체적 평가가 가능한가?

우리 공무원 인사행정 시스템은 고위공무원단 후보자 및 과장급 후보자 중 역량평가(고위공무원단은 2006년부터, 과장급은 2015년부터 실시)를 통과하여 기본적인 역량을 갖추었다고 판단되는 후보자에 대해서만 고위공무원단 진입과 과장급 보직을 허락하고 있다. 고위공무원단 후보자는 문제인식, 전략적 사고, 성과지향, 변화관리, 고객만족, 조정·통합 역량으로 구성된 6개 역량에 대해 9명의 평가위원로부터 1:1 역할수행, 1:2 역할수행, 서류함기법, 집단토론 방법을 통해 평가를 받는다. 과장급 후보자는 고위공무원단과는 조금 달리 정책기획, 성과관리, 조직관리, 의사소통, 이해관계조정, 동기부여 역량으로 구성된 6개 역량에 대해 6명의 평가위원으로부터 1:1 역할수행, 발표, 서류함기법, 집단토론 방법을 통해 평가를 받는다.

역량평가는 평가위원들이 피평가자를 평가하는 관계로, 블라인드 평가라고 하더라도, 채용과 마찬가지로 평가자의 주관성이나 선입견 같은 것들이 작용할 여지가 존재한다. 평가자 요인이라는 표현으로 평가의 타당성과 신뢰성을 훼손시킬 수 있는 요인으로 지적되고 있고, 이를 극복하기 위해 평가자 훈련의 중요성이 지속적으로 강조되어 왔다. 또한 역량평가 통과 여부가 당일 평가센터에서 이루어지는 평가만으로 결정되기 때문에 평소 유능함을 보인 후보자라 하더라도 당일 평가에서 실수를 하거나 당황하면 회복하기 어려운 상황에 직면할 수도 있다. 인공지능 기술들인 머신러닝, 시각/언어/청각 지능, 상황/감정 이해, 추론/지식 표현, 행동/협업지능 및 지능형 에이전트 기술들을 이용한 역량평가 시스템이 개발된다면 이러한 평가자 요인 및 1회 평가에 의한 오염 가능성이 대폭 축소될 것이다. 즉, 인공지능을 활용한 역량평가는 평가 당시의 피평가자의 표정, 음성, 심리, 뇌파, 응답 등을 입체적으로 분석하고 이에 추가하여 해당 후보자의 평소 업무 처리 및 업무 행태 데이터를 수집·분석한 결과까지 결합하여 보다 타당성, 신뢰성, 수용성이 강화된 역량평가 결과를 제공해 줄 수 있을 것이다.

4. 교육훈련: 명실상부한 맞춤형 최신 교육훈련이 가능한가?

우리 공무원 교육훈련은 내용을 기준으로 보면, 기본교육(직급 단계별로 필요한 기본역량 배양), 전문교육(국정운영방향 등 국정교육과 직무관련 개인학습), 그리고 자기개발 및 기타 교육(직무분야에 필요한 전문지식과 기술 습득)으로 나누어진다. 교육훈련의 방법 및 담당기관을 기준으로 보면, 나라배움터라는 이러닝 시스템, 국가공무원인재개발원, 각 부처 교육훈련기관, 민간위탁 교육훈련기관 등에서 위와 같은 교육훈련을 진행하고 있다. 우리 정부는 지식기반·평생학습 사회의 요구에 부응하여 공직사회의 학습조직(learning organization)화를 촉진하여 정부경쟁력을 제고하기 위하여 상시학습제도를 도입하였다. 2007년부터 도입된 이 제도로 중앙 정부 공무원은 연간 80-100시간 이상 의무적으로 교육훈련을 이수해야 하는 상황이다. 이러한 교육훈련 이수시간은 승진 임용에 반영되고 있으며, 부처의 교육 자율성과 공무원의 학습선택권을 보장하기 위한 다양한 방식으로 교육훈련이 이루어지고 있다. 하지만 이러한 현재의 우리 공무원 교육훈련 시스템에 대해서는 그 효과성에 의구심이 지속적으로 제기되고 있는데, 주로 형식적인 교육으로 귀결된다는 것이 핵심적인 지적이라고 할 것이다. 교육훈련기관에 입소해서 받는 교육은 역량을 개발하고 강화한다는 개념보다는 재충전의 시간이라는 개념으로 이해되고 있고, 이러닝 시스템의 교육은 형식적인 시간 채우기 교육으로 받아들여지고 있다고 알려져 있다. 일상의 업무로 바쁜 와중에 의무교육시간을 채워야 한다는 압박감이 자신에게 꼭 필요한 역량에 대한 고민 없이 교육훈련을 받게 만드는 현상을 유발하게 된다.

공무원 교육훈련 분야는 인공지능 기술에 의해 상당히 큰 변화를 맞이하게 될 분야 중 하나이다. 머신러닝, 시각/언어/청각 지능, 상황/감정 이해, 추론/지식 표현, 행동/협업지능 및 지능형 에이전트 같은 인공지능 기술들을 활용하게 되면 공무원 개개인에 대한 역량수준 평가결과, 과거 교육훈련 경험, 부족 역량 등을 분석하여 개인이 선호하는 교육 내용을 제공하거나 개인에게 꼭 필요한 최적화된 추천 학습프로그램을 제공할 수 있을 것이고, 공무원이 교육을 받아야 할 시기와 공무원에게 도움이 될 교육 시기 등을 인공지능을 통해 파악할 수 있어 교육과정 편성, 교육기간, 훈련비용의 축소에도 기여할 것이다(한국행정연구원, 2019: 60). 앞으로 우리 공무원에게는 분석능력과 전략능력 같은 전문성, 비판적 사고, 문화적 감수성, 소통 등의 감성지능 같은 역량들이 더욱 필요해진다고 알려져 있는데, 인공지능은 데이터 및 분석력을 토대로 이런 역량들을 학습하고 강화시켜 줄 충분한 플랫폼으로 활용될 수 있을 것이며, 개개인에 대한 맞춤형은 물론이고 유연하고 민첩하게 프로그램들을 변화시켜 가면서 적시성 있는 교육훈련을 가능하게 해 줄 것이다. 예를 들면, 우리 공무원 세계에서 가장 해결하기 어려운 문제 중의 하나인 부서 간/부처 간 협업을 강화하는 교육도 인공지능을 활용한 시뮬레이션 교육훈련 프로그램을 통해 실시 가능할 것이다(인사혁신처, 2016). 또한 교육훈련의 방식에도 큰 변화를 가져와 가상현실을 이용한 입체적이고 직접 체험 가능한 방식으로 교육훈련을 진행할 수도 있을 것이고, 챗봇 같은 시스템을 통해 궁금한 사항을 실시간으로 해소해 주며 코칭까지도 해 줄 수 있을 것이다. 실제로 미국 해군은 신병들의 전문기술훈련을 위해 인공지능 기반의 '디지털 튜터'를 개발하여 사용해 왔는데, 전문가와 초보자의 상호작용을 모델링한 이 프로그램을 통해 교육받은 신병들은 IT 시스템 관리자로 7-10년 정도의 경험을 가진 전문가들과 비슷한 수준의 역량을 갖추게 되는 것으로 평가받고 있다(한국행정연구원, 2019: 142). 우리 인사혁신처도 인공지능을 기반으로 한 비대면 화상교육을 통해 민간의 우수한 교육 내용을 공무원에게 맞춤형으로 제공하기 위한 '국가 인재개발 지능형 오픈 플랫폼' 시범 구축을 추진하고 있다(법률저널, 2020.6.11. 기사).

5. 평가, 보상, 동기부여: 공정한 신상필벌이 가능한가?

2017년에 작성된 한국능률협회컨설팅의 연구보고서(161)에 따르면, 우리 공무원 인사행정 시스템에서는 성과평가 결과가 연 단위 경제적 보상과 승진 등의 인사에 계속 반영됨에 따라 이에 대한 공무원의 관심도는 높아진 반면, 평가의 공정성, 객관성, 수용성 등은 여전히 획기적인 개선이 이루어지지 않고 있는 상황으로 지적된다. 이에 따라, 평가자 역량 강화, 성과면담 내실화, 구성원 의견조사 등을 통해 성과관리의 투명성 및 수용도 제고를 위해 많은 노력을 기울여야 할 필요성이 제기되고 있다. 인공지능의 활용이 앞서 언급한 대로 채용이나 역량평가 등에서 공정성 및 객관성 등을 강화시켜 줄 것으로 기대하는 것처럼 성과평가 및 그에 따른 보상 등에서도 긍정적인 변화를 유발할 것으로 예상된다.

성과평가에서의 인공지능 활용은 가장 먼저 평가자에게 중요한 변화를 가져올 것이다. 평가자의 역량을 강화하기 위해 인공지능 기반의 온라인 교육훈련 및 시뮬레이션 평가 시스템을 구현하여 평가자 체험훈련을 실시할 수 있을 것이고, 빅데이터 처리 및 분석 능력을 동반한 성과관리 시스템을 통해 보다 체계적인 목표 설정 관리, 성과기록 관리, 역량개발에의 활용 등을 제고함으로써 성과면담 내실화를 기할 수 있을 것이다. 또한 인공지능 기반의 평가시스템은 데이터 수집 및 분석이 실시간으로 이루어짐을 의미하므로 평가도 실시간으로 언제든지 어디서나 이루어질 수 있음을 의미한다고 할 것이다. 즉, 1년에 1~2회 정도 이루어지는 정기적인 근무실적평가 외에도 상시적으로 평가가 이루어질 수도 있고, 직속 상관 외에도 관련 이해관계자 등이 보다 용이하게 평가에 차여할 수 있는 기회가 제공될 수 있을 것이다. 예를 들면, '민원인 만족도 평가 센서'같이 민원인의 눈빛, 표정, 뇌파 등의 반응을 자동 수집·분석하여 무의식적인 평가를 가능하게 할 수도 있을 것이다(인사혁신처, 2016: 299). 이와 더불어, 공무원 성과관리가 기존의 경쟁 중심에서 협업 중심으로 변화될 수 있는 기회를 제공할 수도 있을 것이다. 협업·네트워킹 방법에 대한 정보를 제공해 주는 복합적응 시스템(complex adaptive system), 클라우드 컴퓨팅, 빅데이터 처리 및 분석 등의 기술 플랫폼이 지원된다면 개인, 부서, 부처 등의 노력이 결합된 조직성과나 협업성과를 합리적으로 평가할 수 있는 방법이 제공될 수도 있을 것이다. 그리고 이러한 평가 결과는 피드백되어 자기 또는 조직학습을 통해 집행과정이나 평가과정을 개선하는 작업에 활용될 수도 있을 것이다(인사혁신처, 2016: 297).

성과평가 결과를 토대로 한 보상 및 동기부여 측면에서도 인공지능은 공정성이나 수용성 측면에서 긍정적인 변화를 가져올 가능성이 있다. 인공지능의 빅데이터 처리 및 분석 능력을 활용한 성과평가/보상 시스템이 구현된다면 조직 내 갈등을 크게 유발하지 않고 고성과자, 평균성과자, 저성과자를 구분하여 고성과자의 동기부여를 극대화하면서도 저성과자를 좌절시키지 않는 보상 모델을 만들어낼 수도 있을 것이다. 또한 구성원 개개인의 특수한 상황, 성과, 역량 등과 같은 다양한 정보를 토대로 개인별로 최적화된 맞춤형 보상 및 동기부여 방법을 모색해 볼 수도 있을 것이다. 앞서 논의한 대로 인공지능에 의한 직무분석이 가능해진다면 보수의 형평성(equal pay for equal work)도 보다 강화될 수 있을 것이다. 그리고 인공지능을 적용한 챗봇 등을 통해 공무원들의 고충을 개인적으로 상담해주고 상시적으로 소통해 줄 수도 있을 것이다. 인공지능 기술들을 활용한 이런 변화의 노력들은 공무원의 직무열의(job engagement)를 강화시켜 줄 것이고, 더 나은 행정서비스 제공에 대한 동기를 부여해 줄 것이며, 이직률을 낮춰주는 결과를 가져올 것이다. 한편, 지금까지는 상대적으로 소홀했던 공무원의 퇴직관리 분야에서도 개인의 실적, 건강 상태, 경력, 경험, 역량 등을 인공지능을 활용하여 종합적으로 고려한 '개인별 맞춤형 정년제도', '임금피크제 모듈화', 그리고 '전직 지원 서비스' 등을 구현할 수 있을 것이다(인사혁신처, 2016: 301).

Ⅲ. 인공지능 기반의 인사행정의 장단점

새롭게 등장한 선진적인 정보기술들은 앞에서 논의한 대로 우리 공무원 인사행정 시스템의 다양한 측면에서 개선을 가져올 것이다. 그리고 인공지능을 포함한 이러한 새로운 기술변화를 공무원 인사행정에 적용하는 것은 거스를 수 없는 대세인 것으로 이해된다. 그렇지만, 보다 제대로 된 활용을 위해서는 인공지능 기술의 사용으로 예상되는 장점과 단점에 대한 분석이 필요하고, 이를 통해 장점은 지속적으로 강화하기 위한 방안을, 단점은 지속적으로 개선하기 위한 방안을 고민해 볼 기회를 가질 수 있을 것으로 생각된다.

1. 인공지능 도입 시 좋은 점

1) 인사행정의 공정성 강화

채용, 승진, 교육훈련 등에서부터 퇴직관리까지 인사행정 전반에 걸쳐 가장 핵심적인 이슈는 공정성이라고 해도 과언이 아닐 것이다. 채용의 공정성, 승진의 공정성, 평가의 공정성 등 공정성은 인사행정 전반을 관통하는, 그리고 인사행정 결과에 대한 수용성을 좌우하는 중요한 기준이다. 하지만 이런 작업의 대부분은 사람이 하는 주관적인 평가에 의해 이루어지는 관계로 평가 결과에 대한 공정성 시비가 늘 있어왔고, 평가자 요인이라는 타당성 저해요인이 교과서에서도 언급되는 상황이었다. 사람의 주관적인 선입견, 제한된 합리성, 완벽하지 못한 정보 처리 능력, 의도적인 개입, 부정청탁 등으로 인해 발생할 수 있는 오류나 부정의 가능성이 상존해 온 영역이었다. 이런 업무 처리에 인공지능을 도입하게 되면 사람이 처리하는 것보다는 부정이나 우연의 가능성을 줄일 수 있을 것이다(정보통신기술진흥센터, 2018). 인공지능을 통한 빅데이터 처리가 일상화되면 인사행정에서는 이전보다 훨씬 방대한 정보를 더 완벽하게 고려할 수 있게 되고, 학연이나 지연 같은 선입견보다는 피평가자의 표정, 목소리, 뇌파, 능력, 직무경험, 근무기간, 자격증 등에 대한 총체적 정보를 토대로 더 객관적이고 투명한 인사행정을 구현할 수 있게 될 것이며, 이는 자연스럽게 인사행정 결과에 대한 공정성을 향상시킬 것이다. 그리고 인공지능을 통해 보직이나 승진에 있어서의 인사행정 공정성 문제가 해소될 수 있다면 우리 관료제가 가지고 있는 고질적인 병폐의 하나인 고시출신자들에 대한 우대 문화 같은 폐쇄성을 극복하는 것에도 도움이 될 것이다.

2) 행정비용 및 시간 절감

규칙 기반 시스템, 음성 인식, 기계 번역, 머신러닝, 로봇공학, 자연어처리 등과 같은 인공지능 기술들을 채용 분야에 도입하게 되면 정보처리 능력이 월등히 향상되어 과거보다 훨씬 많은 지원자의 접수를 받을 수 있음과 동시에 전산화된 처리로 서류 부담이 줄고 면접 등에 대기 시간이 대폭 줄어들 것이다. 또한 종전에는 사람이 수작업으로 처리하던 과정들이 인공지능에 의해 이루어짐으로써 비용도 상당히 절약될 것이다. 2017년에 발간된 Deloitte 보고서에 따르면, 공무원 업무를 자동화한다면 연간 9,570만 시간에서 12억 시간의 노동 시간과 33억 원에서 411억 원의 잠재 비용이 절감될 것으로 예상되고 있다(정보통신기술진흥센터, 2018). 우리나라 IT 소프트웨어 개발업체인 마이다스아이티도 2017년 자사 공개 채용을 AI 면접으로 실시해서 전년도에 비해 채용 비용을 2억 7,000만 원 절감했고, 채용 기간도 5분의 1로 줄였으며, 면접 장소나 면접관의 제약이 없기 때문에 2016년 300명이었던 면접 인원이 1만 명으로 늘었다고 한다(머스트뉴스, 2019.9.23. 기사). 또한 공무원 역량평가 같은 작업들도 지금은 한곳에 모여서 거의 하루 종일 평가를 받지만, 인공지능을 본격적으로 활용하게 되면 일하는 장소에서 지금보다 짧은 시간 안에 평가가 이루어질 수도 있을 것이다. 즉, 채용이나 평가 등에 관련된 양쪽 당사자 모두에게 시간과 비용 측면에서 이로운 상황이 만들어질 가능성이 많다고 할 것이다.

3) 실적주의 인사행정 강화

실적주의 인사행정은 엽관제의 정실주의적 임용이 가져온 매관매직, 부정부패, 무능력 공무원의 양산 등과 같은 부작용을 극복하기 위해 도입된 제도이다. 후보자의 실적, 즉 시험점수나 역량 자료 등을 근거로 채용이나 승진, 평가 등이 이루어지는 것을 핵심으로 하는 제도이다. 인사행정에서 인공지능의 활용이 본격적으로 이루어진다면 이 실적주의 인사행정의 기조를 더욱 강화할 수 있을 것이다. 우리 사회에 존재하는 낙하산 인사 같은 정실주의적 인사 요소를 제거할 수 있을 것이며, 역량과 실력을 갖춘 최적임자를 임용함으로써 인사행정의 부정부패 개입도 방지할 수 있을 것이다. 또한 이런 실적주의 기조가 팽배해지면 공직 전반에 걸쳐 역량을 개발하고 실력을 키우기 위해 교육훈련에 더욱 자발적으로 신경 쓰게 되는 선순환이 발생하게 될 것이다.

4) 정보의 비대칭성 감소

만약 인사행정의 전 과정에서 채용이나 평가를 담당하는 사람들이 후보자나 피평가자에 대해 본인들보다 정보가 부족한 정보의 비대칭성을 경험하는 것이 문제였다면 인공지능의 본격적 활용은 이 정보 격차 문제를 해소시켜 무자격자나 무능력자를 선택하게 되는 역선택 문제를 완화시켜 줄 수 있을 것이고, 정보의 비대칭성이나 제한된 합리성을 핑계로 이루어졌던 평가나 채용의 도덕적 해이도 완화시켜 줄 가능성이 상당히 크다고 할 것이다.

2. 인공지능 도입 시 걱정되는 점

앞선 논의에서 살펴본 대로 인공지능은 우리 공무원 인사행정이 기존에 갖고 있던 문제점들의 상당 부분을 개선해 줄 가능성이 있다. 하지만 이와 동시에 본격적인 활용 시 예상되는 단점들에 대한 논의도 진지하게 이루어져야 균형 잡힌 도입이 가능할 것이다. 인공지능을 사람에 대한 무엇인가를 결정해야 하는 인사행정에 도입할 경우 항상 장밋빛 전망만 있을 수는 없다고 생각된다. 이런 맥락에서 Tambe et al.(2019)이 인용한 LinkedIn의 연구를 살펴보면, 22%의 기업들만 인사관리에 인공지능을 활용한 애널리틱(Analytics)을 적용하고 있다고 나타났고, 사용하는 기술 수준이 어느 정도인지에 대해서는 전혀 알려진 것이 없다고 지적한다. 즉, 우리가 기대하는 것보다 상당히 낮은 활용도를 민간 기업에서 보이고 있으므로 인공지능 활용과 관련된 이상과 현실 사이에 존재하는 한계점들에 대한 고찰이 필요하다.

1) 가치 및 윤리 문제

인공지능을 활용한 인사행정을 한마디로 요약하면 사람 대신에 인공지능이 인사행정과 관련된 의사결정을 한다는 의미라고 볼 수 있다. 여기에는 아주 중요한 가정이 하나 추가되어야 한다. 인간의 의사결정이 이성, 직관, 감정, 의식, 윤리, 양심 등을 토대로 이루어지는 복합적인 윤리 판단 혹은 가치 판단인 것처럼 인공지능의 의사결정도 이런 식의 윤리 판단 혹은 가치 판단이어야 한다는 것이다. 즉, 인공지능과 인간의 의사결정 사이에 윤리적/가치적인 일관성을 확보하기 위해서는 인공지능이 인간과 같은 윤리적 원칙을 가지고 있어야만 한다는 것인데, 인공지능을 위해 인간이 가진 윤리적 원칙을 정의하고 이를 계산이 가능하도록 하는 것은 생각보다 쉽지 않은 작업이라는 것이 문제이다(정소윤, 2019: 202). 물론 알고리즘과 인공지능은 자율성을 가지고 있어 스스로 학습하고 고유의 가치를 발전시키며 판단 기준을 만들어낼 수 있는데, 이렇게 인공지능이 만들어낸 윤리 혹은 가치 판단 기준이 인간의 판단 기준과 다를 때 최악의 경우 인공지능이 인간의 가치 판단에 반하거나 인간에게 해를 끼치는 판단을 내릴 수도 있다(한국행정연구원, 2019: 102). 당연히 이 문제는 인사행정에 활용할 인공지능을 최초 개발할 때 개발자나 이후 사용자가 어떤 윤리적 가치관을 가지고 개발 혹은 사용하느냐와 직결되어 있는 문제라고 할 것이므로 블랙박스로 알려져 있는 알고리즘에 대한 인간 관리자의 예측가능성 및 통제가능성을 확보하려는 노력이 요구된다(Writz & Muller, 2019).

2) 데이터의 편향성 문제

인사행정 과정에서 인공지능을 활용하기 위해서는 해당 과정과 관련된 다양한 데이터를 처리하는 것이 필요하다. 예를 들면, 채용 과정에서 지원자가 제출한 지원서에 포함된 다양한 정보와 기관이 보유하고 있던 정보와의 매칭을 통해 채용되었을 경우 가장 훌륭한 실적으로 보일 것으로 예상되는 후보자를 채용하는 결정을 하게 되는 알고리즘으로 진행될 것이다. 역량 평가나 근무실적평가도 유사한 원리로 알고리즘이 구성될 것이다. 문제는 인공지능을 활용한 공무원 인사행정의 알고리즘에서 중요한 역할을 하는 기관이 축적해 놓은 실적이나 역량 등에 대한 기존 데이터가 고시 출신 또는 남성 중심의 편향성 등을 가질 가능성이 크다는 점이다. 즉, 기존 고시 우대 문화, 남성 중심 문화 등과 같은 편향성의 경로의존성이 작용하게 된다면 아무리 인공지능 기반의 인사행정을 한다고 하더라도 원래 의도한 공정성이나 투명성 같은 목표를 달성하지 못하게 될 가능성도 있다. 인공지능을 활용한 인사행정은 이용하는 데이터의 질과 양이 중요한데, 부정확하거나 편향성을 가진 데이터를 기반으로 의사결정이 이루어진다면 그 의사결정 자체도 오류의 가능성을 내포하고 있다고 할 것이다(정소윤, 2019; Weyerer & Langer, 2019). 만약 이런 편향성이 의도적으로 이루어진 것이라면 이것은 인공지능 활용의 윤리 문제와도 연결되는 중요한 한계점이 될 수 있다. 또한 이런 편향성은 전 세계적인 인적 구성의 다양성 강조 트렌드와 상충되는 결과를 유발할 것이다. 실제로 세계적인 전자상거래 업체인 아마존(Amazon)은 2014년부터 인공지능 채용 시스템을 개발해 왔는데, 알고리즘에서 여성 차별적 인식이 드러나자 폐기한 것으로 알려졌다(머니투데이, 2018.10.11. 기사). 남성 종사자가 많은 IT 업계의 특성이 기존 데이터의 편향성이 반영된 결과로 해석 가능할 것이다. 세계경제포럼(WEF)은 2018년 말 보고서를 통해 기존 데이터를 바탕으로 알고리즘을 구성한 인공지능은 여성에 대한 편견을 가질 것이라고 예상했다(한국경제, 2019.2.21. 기사).

3) 프라이버시 침해 문제

인사행정에서 인공지능 기술을 활용하게 되면 개개인의 성명, 소속, 얼굴, 목소리, 뇌파 등과 같은 정말 다양한 개인 정보들이 빅데이터로 수집 관리되는 상황이 연출될 것이다. 특히 사물을 인식하는 센서를 활용하는 인공지능은 실시간으로 이런 정보들을 수집하고 처리할 수 있으므로 조직이나 기관은 이 데이터에 들어 있는 구성원들 혹은 지원자들, 그들의 요구, 그리고 그들의 잘못 등을 모니터링 할 수 있게 될 것이다(Writz & Muller, 2019). 또한 이렇게 다양하게 수집된 개인 정보들이 남용, 도난, 해킹될 가능성도 존재하므로 개인정보 보호에 관한 이슈는 인공지능 활용의 걱정되는 부분이다.

4) 결과 수용성 문제

인공지능을 활용한 인사행정에서 중요한 것은 이용되는 데이터의 양과 질이다. 가능하면 많은 양의 양질의 데이터가 의사결정을 위해 이용되어야 더 나은 의사결정이 가능해질 것이다. 하지만 데이터가 완벽한 경우라도 인간이 상식적인 선에서 수용하기 어려운 결정을 인공지능이 산출할 경우가 존재할 수 있는데, 문제는 왜 그런 결정이 도출되었는지에 대한 추적과 설명이 불가능하다는 점이다(한국행정연구원, 2019). 앞서 언급한 이세돌 9단과 대국한 알파고가 왜 그런 묘수를 두게 되었는지에 대한 설명이 어려운 것이 그 예일 것이다. 즉, 도출 과정의 타당성과 도출 결과의 근거에 대한 설득력 있는 설명이 이루어지지 않는다면 인공지능의 결정에 대한 인간의 수용성은 확보되기 어렵다. 또한 2019년에 취업포털 인크루트는 회원 1,400여 명을 대상으로 인공지능 기반의 채용과 면접에 대한 설문조사를 실시하였는데, 약 40%가량이 부정적인 반응을 보였고, 인공지능 기술력에 대한 불신과 인공지능에게 평가받는 것에 대한 거부감이 가장 큰 원인으로 조사되었다(서울경제, 2019.11.29. 기사). 즉, 인공지능 기술에 대한 불신과 인공지능에 의한 평가에 대한 거부감도 인공지능 인사행정에 대한 수용성을 낮추게 할 가능성을 확인할 수 있는 조사였다.

5) 역량 발견 평가의 제약 문제

사람이 수행하는 면접이나 역량 및 근무성적 평가는 대상자의 현재 역량에 대해 평가할 뿐만 아니라 잠재 역량을 이끌어내기 위한 평가도 가능하다는 특징을 갖는다. 즉, 현재 방식에서는 면접관이나 평가자에게 어느 정도 재량권이 있기 때문에 지원자가 너무 긴장을 하고 있으면 긴장을 완화시키고 역량을 드러내도록 도와줄 수 있다. 또, 지원자가 어떤 역량에서 부족하더라도 다른 것이 우수해 보인다면 통합적으로 고려하여 앞으로의 직무수행 능력을 판단할 수 있다. 그러나 인공지능 면접이나 평가에서는 지원자의 정서를 살피거나 지원자의 역량이나 열정, 잠재력을 이끌어내는 평가를 하는 것이 어려울 가능성이 크다(머스트뉴스, 2019.9.23. 기사). 즉, 소위 말하는 스펙 위주의 평가가 될 가능성이 큰 것이다.

Ⅳ. 인공지능 인사행정 활성화를 위한 제언

공무원 인사행정에 인공지능 같은 기술변화를 반영하는 것은 필요한 변화라고 생각되지만, 상당히 파급력이 큰 혁신이 될 것으로 예상된다. Kellough, Nigro, & Brewer(2010)의 연구에 따르면, 미국 공무원 인사행정 분야에서 새롭게 도입된 개혁적인 제도들은 행정개혁의 세 가지 동인인 정치적인 동기(political motives), 이념적인 믿음(ideological beliefs), 그리고 기술적인 관심(technical concerns) 중 정치적인 동기와 이념적인 믿음에서 출발한 특성을 가졌기 때문에 제대로 성공하지 못한 역사적 결과들을 가진다고 한다. 참고로 정치적인 동기는 정권이 교체될 때마다 공무원들을 다잡기 위한 목적에서 개혁을 추구하는 것을 의미하며, 이념적인 믿음은 예를 들면 보수정부는 작은 정부를 지향해야 하고 진보정부는 큰 정부를 지향해야 하므로 이런 관점에서 개혁을 추진하는 것을 말한다. 반면 기술적인 관심은 개혁적인 제도들의 성공을 위한 전제 조건들의 중요성에 관심을 두고 변화나 개혁을 추구해야 한다는 것을 의미하므로 개혁적인 조치들이나 제도들이 기대하는 성공적인 성과를 나타내기 위해서는 이 개혁적 제도들이 잘 착근하도록 성공의 전제 기반 조건들을 적절히 조성하려는 기술적인 관심이 가장 중요한 요소라고 지적한다. 공무원 인사행정에 인공지능 기술을 접목하려는 혁신적인 시도도 이와 마찬가지로 성공을 위한 전제조건에 대한 진지한 고민에서부터 출발해야 한다고 생각한다. 이하에서는 성공적인 인공지능 인사행정 시스템 구현하기 위해 미리 고려해야 할 전제 조건에 대해 고찰해 보고자 한다. 특히 여기에서는 ELSI (Ethical, Legal, & Social Issue) 관점을 활용할 예정인데, ELSI는 인간게놈 프로젝트 진행이 유발할 막대한 문제점을 미리 보완하기 위하여 게놈 프로젝트 총 연구비의 5%를 할당하여 별도 연구로 진행할 만큼 중요한 이슈였다고 알려져 있다(정보통신기술진흥센터, 2018). ELSI 관점에서 강조하는 윤리적, 법적, 그리고 사회적 고려사항에 추가하여 인적/문화적 고려사항과 기술적 고려사항에 대해서도 살펴보기로 한다.

1. 윤리적 고려사항

Tambe et al.(2019: 21-34)의 연구는 인공지능 인사행정의 윤리적 측면에서 예상 가능한 도전으로 공정성 또는 형평성(fairness)을 들고 있는데, 이는 인공지능이 과거반영적(backward looking)이라는 특성 때문에 주로 나타난다고 지적한다. 즉, 인공지능이 분석이나 결정의 기초로 삼는 데이터들이 과거에 축적된 자료들이라서 이에 기반한 인공지능의 알고리즘은 과거지향적 혹은 편향적일 수밖에 없다는 것이다. 앞서 언급한 대로, 기존 남성 중심으로 만들어져 있는 빅데이터를 활용한 인공지능 시스템은 여성에게 바이어스(bias)를 유발할 가능성이 크고 이는 형평성 측면에서 문제를 유발하게 될 것이다. 이 공정성 이슈를 극복하기 위해서는 채용이나 평가 같은 의사결정의 근거나 기준에 대한 설명가능성(explainability)이 중요한 역할을 할 것이다. 인공지능의 알고리즘은 가능한 한 많은 다양한 데이터들이 통합되어 판단을 하는 방식으로 구현될 것이므로 당사자로부터 이에 대한 설득 및 이해를 구하는 것이 공정성을 확보하는 것에 중요한 변수가 될 것이다.

인공지능 인사행정이 가져올 윤리적 측면에서 다음으로 예상되는 이슈는 인공지능의 자율성 문제라고 할 것이다. 최근 활용되는 인공지능은 엄청난 양의 데이터를 빠른 시간 내에 처리하며 스스로 학습하는 능력까지 갖추고 의사결정을 하기 때문에 인공지능이 높은 수준의 자율성을 지니는 형태로 발전해 가고 있다. 이러한 인공지능의 자율성 수준은 인공지능의 효과성과 연결되며, 자율성의 수준에 따라 그 책임 소재가 달라지기 때문에 인공지능에게 어느 정도의 자율성을 허락할 것인가의 문제가 인공지능의 활용에 있어서 매우 중요한 판단 기준이 될 것으로 보인다(정소윤, 2019: 194-195). 인공지능의 자율성 수준을 결정하는 요소로는 기술의 완성도, 용도 적합성, 결과의 가역성, 인공지능의 의사결정에 따른 영향력의 수준, 용도에 대한 도덕적/윤리적 판단, 개발자의 철학 등을 들 수 있다(진석용, 2016: 13-15). 따라서 인공지능 인사행정을 도입하는 과정에서 인공지능의 자율성 수준에 대한 진지한 고민이 반드시 동반되어야 할 것이다.

인공지능 인사행정의 자율성 문제는 인공지능의 의한 인사행정상의 결정에 대한 책임성 문제와 직결되는데, 책임성은 인공지능에 의해 결정된 의사결정에 대해 누구에게 책임이 있는지에 대한 법적 지위를 정의하는 것으로 이해 가능하다(정소윤, 2019: 195). 여기에 대해서는 두 가지 시각이 존재한다. 하나는 인간은 인공지능 기술과 관련된 결과에 대하여 항상 책임이 있다는 주장이고, 다른 하나는 인간은 통제력과 영향력 부족으로 인공지능을 통제하거나 후속 행동을 예측할 수 없기 때문에 인공지능에 의한 의사결정 및 결과를 책임질 수 없으므로 책임 격차가 존재한다는 주장이다(정소윤, 2019: 195). 많은 학자들은 이러한 문제를 극복하기 위해서는 정치적/사회적인 합의가 필요하며, 책임 격차는 기계적인 복잡성이 아닌 인간의 선택에 달려 있음을 분명히 해야 한다고 주장한다(김윤정, 2018: 20-21; Wirtz et al., 2018: 8). 인공지능을 공공 분야에서 활용하는 것이 유발할 수 있는 윤리적인 문제를 예방하기 위해서 진석용(2016: 12)은 알고리즘에 대한 규제를 통해 인공지능의 설계 단계에서부터 '착한' 인공지능을 만들도록 노력해야 한다고 주장한다.

2. 법적 고려사항

인공지능을 인사행정에 활용하는 경우 발생할 수 있는 법적인 이슈 중 가장 대표적인 것이 사생활 침해, 즉 프라이버시권 침해 문제라고 할 것이다. 정소윤(2019: 195-196)은 사생활 보호는 개인의 사생활과 데이터를 보호하는 것으로 특히 개인의 데이터는 각 개인의 동의를 얻어 수집하고 해당 법률에 따라 처리한다는 것을 의미하므로 인공지능의 사생활 침해 문제는 인공지능 시스템이 데이터 안전 및 사생활 보호를 보장하기 위해 사이버 안전에 대한 민감한 사전경고 기능을 보유해야 한다는 기술적인 측면과 법 제정 및 정책 결정은 인공지능으로 인한 새로운 발전과 변화하는 상황을 고려하여 이루어져야 한다는 법적 측면에서 고려되어야 한다고 지적한다. 인공지능 인사행정에서 사용될 개개인에 관한 데이터들은 민감한 사생활 및 개인 정보들을 담고 있으므로 인공지능이 이를 활용하는 과정에서 프라이버시를 침해하는 일이 발생하지 않도록 주의를 기울여야 할 것이다.

이렇듯 인공지능으로 인한 개인 사생활 침해를 예방하기 위해 개인정보의 보호를 위한 비식별조치(수집된 정보가 특정 개인을 식별할 수 없도록 분리하는 것)가 주목을 받고 있는데, 정보가 특정 개인과 연결되지 않는다면 더 이상 법적 보호 대상인 개인정보가 아니며 사생활 침해의 위험도 사라지게 되고 정보의 활용 범위가 그만큼 확대되기 때문에 재식별화 가능성을 최소화하면서 비식별조치의 효과성을 높이기 위한 논의가 활발히 진행되고 있다(정보통신정책연구원, 2017: 113-121). 또한 이상길(2018: 35-37)은 챗봇을 비롯한 인공지능의 개인정보 활용과 관련한 규정들이 모호하여 인공지능이 본격적으로 도입될 경우 개인정보의 보호가 어려운 상황이 연출될 가능성이 크므로 개인정보의 안전한 활용을 위해 개인정보 보호 관련 법제(예를 들면, 개인정보보호법, 정보통신망법, 신용정보법, 전자금융거래법 등)의 개선이 필요하다고 주장한다. 이와 더불어, EU 회원국들의 개인정보 취급을 위한 GDPR(General Data Protection Regulation)과 같은 국제적인 규정과 국내 법률의 상충 여부에 대한 검토 및 조정도 필요하다고 지적한다. 그리고 현행 법체계에서는 사람이 아닌 인공지능에게 법적 지위를 부여하는 것은 불가능하므로 인공지능 기술의 발전으로 인공지능이 인사행정상의 결정을 본격적으로 수행할 경우에 대비하여 인공지능에 대한 법인격 부여와 관련된 논의를 본격적으로 진행해야 한다는 주장도 있다(이시직, 2017: 50-59; 정보통신정책연구원, 2017: 103-104).

3. 사회적 고려사항

인공지능을 인사행정에 활용할 경우 고려되어야 할 사회적인 고민은 특별히 따로 논의할 만한 것이 없다고 할 것이며, 다음에서 논의될 인적/문화적 고려사항과 기술적 고려사항이 포괄적으로 보면 ELSI 관점에서는 사회적 고려사항과 관련되는 것들로 볼 수 있을 것이다. 다만, 일반적인 시각에서 볼 때, 사회적인 측면에서 인공지능을 활용한 인사행정은 기존 인사행정에서 사람들이 수행하던 일자리의 변동을 유발할 가능성이 있다는 점을 고려해야 한다. 세계경제포럼의 일자리 전망에 따르면, 인공지능 기술 진보가 급격히 이루어지면서 7,500만 개 일자리가 사라지는 반면, 1억 3,300만 개의 새로운 일자리가 창출될 것으로 전망하지만, 이를 위한 전환 교육의 필요성 및 그에 대한 준비가 지적된다(한국과학기술기획평가원, 2019). 즉, 인공지능 기술이 인간을 대체하는 분야로 회계, 데이터 입력, 급여

서비스 등과 같은 사무 직종을 들 수 있지만, 이와 동시에 데이터 분석가·과학자, 인공지능 기계학습 전문가, 소프트웨어 및 응용프로그램 개발자, 정보보안 분석가 등이 새로운 일자리로 자리 잡을 것이기 때문으로 보인다. 따라서, 공공 부문뿐만 아니라 범국가적인 인공지능 교육에 대한 사회적인 합의가 필요하다.

4. 인적/문화적 고려사항

세계경제포럼(WEF)의 2019년 보고서(한국정보화진흥원, 2019: 4)는 인공지능을 공공 부문에 활용할 경우 고려가 필요한 인적 그리고 문화적인 부분에 대해 다음과 같은 제언을 하고 있다. 우선 공공 부문에서 생성된 데이터는 인공지능을 염두에 두고 적절히 활용할 수 있는 형태로 수집/관리되지 않았고, 정부 조직은 이런 데이터를 이해하고 관리할 수 있는 역량이 아직은 부족하여 효과적인 데이터 활용이 어렵다는 점을 고려해야 한다. 이와 관련하여 고려가 필요한 것은 정부 부문에는 높은 수준의 인공지능 및 빅데이터 지식을 가진 전문 인력이 부족하고, 공무원이 인공지능 및 그 활용의 필요성 등에 대한 충분한 이해가 부족하다는 점이다. 인공지능 인사행정의 관리자도 공무원이고 그에 의해 평가받는 대상도 공무원이므로 공무원의 인공지능에 대한 수용성은 변화 성공의 가장 중요한 관건이라고 볼 수 있다. 이 두 도전이 말하는 대로 담당 공무원 및 일반 공무원의 데이터 및 인공지능 관련 지식과 경험이 아직은 일천하다는 것을 고려한다면 이 조건은 향후 공무원 채용이나 교육훈련에서 적극적으로 고민해야 할 이슈일 것이다. 또한 이 이슈는 고위 관리자 및 실무 공무원의 필요성 인식이 좌우하는 문제이므로 주기적인 세미나 혹은 교육 등을 통하여 공무원들이 4차 산업혁명 시대 인공지능 기술을 업무에 적용하고, 인사행정에 응용할 수 있는 역량과 아이디어를 가질 수 있도록 노력해야 할 것이다(한국행정연구원, 2018).

한편, Tambe et al.(2019: 21-34)의 연구에 따르면, 구성원이 인공지능의 인사 관련 결정에 대해 어떤 반응을 보일 것인지가 인사행정에서의 인공지능 활용의 중요한 도전이라고 지적한다. 즉, 기존에는 관리자가 자신에 대한 평가를 할 경우, 사회적 교환의 관점에서 몰입도 일어나고 충성도 가능해지는 환경이었다면,

인공지능이라는 기계에 의한 결정에 대해 구성원들이 얼마나 과거와 유사한 행태 및 반응을 보일 것인지는 의문이다. 어떤 구성원들은 인공지능에 의한 결정이 훨씬 공정하고 객관적이라고 반응할 가능성도 있지만, 또 어떤 구성원들은 인공지능이라는 기계에 의한 결정은 인간에 의한 결정과 달리 관계나 열의, 몰입 등과 같은 요소들을 담아내지 못한다는 반응을 보일 가능성도 존재한다. 따라서 앞서 언급한 인공지능에 의한 인사행정상의 의사결정의 수용성을 제고하기 위한 사전 준비가 반드시 필요하다.

이러한 공무원의 인식은 정부 부문 조직문화와 직결되는데, 정부 기관은 기존의 관행과 절차를 중시하고 민간보다 조직의 경직성이 강해서 위험을 감수하지 않으려는 경향성이 존재한다는 점도 장애로 작용할 가능성이 있다. 이 이슈는 관료제나 계서제 조직의 가장 큰 문제점으로 지적될 수 있는데, 우리나라의 경우 공무원 인사시스템 자체가 계급제를 기본으로 하고 있으므로 이런 경직성이 완화될 가능성에 제약이 여전히 많은 상황이다. 이에 공무원 시스템 자체에 대한 근본적인 변화, 즉 예를 들면 직위분류제로의 변화 같은 것도 고려하여 정부 부문의 조직문화도 바꾸어보려는 시도가 동반되는 것이 필요하다고 판단된다.

5. 기술적 고려사항

Tambe et al.(2019: 21-34)의 연구에 의하면, 인사행정의 복잡성(complexity)은 인사관리의 다양한 기능들이 단순하게 일의적으로 획정될 수 있는 성격의 것들이 아님을 의미한다. 예를 들면, 성과평가, 역량평가 등 평가와 관련되는 작업과 지표들이 다양하고 복합적이어서 서로 연결되어 있는 관계로 하나의 최선의(one best) 측정 방법을 찾아내기가 어렵다는 점이다. 또한 최근 유행하고 있는 거너번스, 협업, 네트워크 등의 개념은 그 성과나 결과를 어떤 한 행위자에게 귀속시키기가 쉽지 않은 특성을 갖고 있다고 할 것이다. 이와 더불어, 공공조달행정의 특성상 경쟁입찰이 필수적이므로 인공지능이 가미된 인사행정 시스템을 인사행정 기능별로 별개의 공급자들이 공급할 가능성이 많은데, 이 경우 개별 시스템 간의 양립가능성 혹은 정합성 부분에 문제가 생길 가능성이 커서 인사행정 시스템의 복잡성을 더욱 악화시킬 가능성도 존재한다. 이러한 인사행정의 복잡성, 정합성 등과 같은 문제는 인공지능 활용의 기술적 부분에 대한 진지한 관심의 필요성을 환기시킨다고 할 것이다.

한편, 한국행정연구원(2018) 보고서에 따르면, 인공지능 같은 정보기술을 많이 활용한다는 것은 그만큼 정보 보안의 위험성 역시 커진다는 것을 뜻하기 때문에 인사행정 분야의 정보보안기술의 도입 및 각종 보안장비의 도입, 전담인력 및 부서의 설치 등도 동시에 고려해야 한다고 지적한다. 또한 인공지능 기술 수준은 매우 높지만, 공공부문의 인사행정 특성에 맞도록 개발된 기술은 아니기 때문에 정부는 민간기업과 협력하여 인공지능이나 블록체인 등 기존의 정보기술들을 행정서비스에 적용하기 앞서서 보안 등과 관련된 필요한 세부기술들을 추가로 개발하는 등 최적화 연구를 공동으로 수행해야 한다고 주장한다. 이와 더불어 민간 부문은 알고리즘을 지식재산권으로 취급하기 때문에 다른 개발자가 알고리즘에 접근하는 것에 동의하지 않을 가능성이 높은 반면, 정부는 알고리즘에 대한 직접 접근 및 통제를 원하므로 정부와 민간의 알고리즘에 대한 인식 차이가 장애가 될 수 있다고 한다(한국정보화진흥원, 2019: 4).

참고문헌

[국내문헌]

과학기술정보통신부. (2018). Part 1. 이슈분석: AI 기술의 공공서비스 활용과 전망.

김동원. (2016). 인공지능 관료제와 제4차 인사행정혁명. 한국행정학회 학술발표논문집.

김윤정. (2018). 인공지능 기술 발전에 따른 이슈 및 대응 방안. KISTEP Issue Weekly, 34(252).

서용석. (2017). 행정에서의 인공지능의 역할. 행정포커스, 127.

윤상오·이은미·성욱준. (2018). 인공지능을 활용한 정책결정의 유형과 쟁점에 관한 시론. 한국지역정보화학회지, 21(1).

이시직. (2017). 4차 산업혁명 시대, 지능정보기술의 사회적 영향과 법적 과제. 연세 공공거버넌스와 법, 8(1).

인사혁신처. (2016). 인사비전 2045.

정보통신기술진흥센터. (2018). 국내외 AI 활용 현황과 공공 적용.

정보통신정책연구원. (2017). ICT를 활용한 공공영역의 지능화 구현방안 도출.

정소윤. (2019). 인공지능 기술의 행정 활용에 관한 연구동향 및 쟁점 분석. 한국지역 정보학회지, 22(4).

진석용. (2016). 인공지능의 자율성 SF의 주제가 현실의 문제로 다가오고 있다. LG Business Insight 2016, 8(10).

한국과학기술기획평가원. (2019). AI 기술의 공공서비스 활용과 전망.

한국능률협회컨설팅. (2017). 인사혁신 전략 및 과제 연구.

한국정보화진흥원. (2019). 공공부문 AI 활용 활성화 과제.

한국행정연구원. (2018). 4차 산업혁명 시대 정보기술을 활용한 행정서비스 혁신방 안 연구.

한국행정연구원. (2019). 인공지능기술의 행정분야 활용에 관한 탐색적 연구.

황종성. (2017). 스마트시티 발전동향과 쟁점을 통해 본 국가전략 연구과제. 한국통신 학회지(정보와 통신), 34(8).

[해외문헌]

Kellough, J. E., Nigro, L. G., & Brewer. G. A. (2010). Civil Service Reform Under George W. Bush: Ideology, Politics, and Public Personnel Administration. Review of *Public Personnel Administration*, 30(4).

Tambe, P., Cappelli, P. & Yakubovich, V. (2019). Artificial Intelligence in Human Resources Management: Challenges and a Path Forward. *California Management Review*, 61(4).

Weyerer, J. C. & Langer, P. F. (2019). Garbage In, Garbage Out: The Vicious Cycle of AI-Based Discrimination in the Public Sector. *Working paper presented at 20th Annual International Conference on Digital Government Research*.

Writz, B. W. & Muller, W. M. (2019). An integrated artificial intelligence framework for public management. *Public Management Review*, 21(7).

[인터넷 자료]

라이센스뉴스. (2020.7.9. 기사). TheWork AI, "내게 꼭 맞는 일자리 찾아줘". https://www.lcnews.co.kr/news/articleView.html?idxno=7793 (검색일: 2020.9.8.)

매일경제. (2019.4.1. 기사). "채용·성과급·경력개발 AI가 꼼꼼하게 인사관리". https://www.mk.co.kr/opinion/columnists/view/2019/04/195534/ (검색일: 2020.9.8.)

머니투데이. (2018.10.11. 기사). "아마존, 'AI채용시스템' 폐기…알고리즘이 남성 선호". https://news.mt.co.kr/mtview.php?no=2018101111173651011 (검색일: 2020.9.9.)

머스트뉴스(2019.9.23. 기사) "'AI 면접' 총정리". http://mustnews.co.kr/View.aspx?No=269822 (검색일: 2020.9.9.)

법률저널. (2020.6.11. 기사) "공무원, 실시간 화상강의와 AI가 추천한 민간 콘텐츠로 학습". http://www.lec.co.kr/news/articleView.html?idxno=719645 (검색일: 2020.9.9.)

서울경제. (2019.11.29. 기사) "구직자 5명 중 2명 AI 채용·면접 반대", https://www.sedaily.com/NewsVIew/1VQZJCJ6KW (검색일: 2020.10.2.)

서울경제. (2020.7.29. 기사) "위아래도 없는 인사팀장이 등장했다, AI가 단행한 은행 정기인사에 관심 집중". https://www.sedaily.com/NewsView/1Z5HP0G3V0 (검색일: 2020.10.1.)

인사혁신처. (2018.12.24. 보도자료) "AI가 자리에 맞는 적합한 인재 찾아낸다". https://www.gov.kr/portal/ntnadmNews/1719044 (검색일: 2020.9.30.)

중앙일보. (2018.3.11.). "인공지능(AI) 면접 치러보니…"표정·목소리·뇌파까지 분석". https://news.joins.com/article/22430484 (검색일: 2020.10.1.)

중앙일보. (2020.8.11.). "우수인재 유입 경쟁 강화…고성과자 선발 AI 솔루션이 대세". https://news.joins.com/article/23845667 (검색일: 2020.9.8.)

한국경제. (2018.10.14. 기사). "면접관이 된 인공지능…기업 채용 'AI 면접 바람' 거세진다". https://www.hankyung.com/economy/article/201810142348b (검색일: 2020.9.9.)

한국경제. (2019.2.21. 기사). "AI도 '인종·성차별' 한다…다른 접근법 필요한 이유". https://www.hankyung.com/it/article/201902200481g (검색일: 2020.9.25.)

AI 시대
정부업무와 성과관리

박순애(서울대학교 행정대학원)

I. 인공지능시대의 성과관리

수학과 교수 아들이 수학 문제를 풀다가 아빠를 쳐다보며 원망스러운 목소리로 "아빠는 수학 잘하잖아. 나 태어날 때 아빠 아는 거 전부 내 머릿속에 넣어줬으면 이렇게 힘들게 공부하지 않아도 되는데...."라는 불평의 우스갯소리를 들었던 적이 있다. 우리 인간은 유전자로 세대를 이어 번식하지만 지식의 전수는 또다른 학습의 노력이 필요한 과정이었다. 그러나 전자계산기가 산수를 넘어 고차방정식의 해를 구하듯 조만간 기본적인 지식의 축적도 컴퓨터 칩을 뇌에 이식하면 가능해질 것으로 보인다. 알파고 이후 우리 사회는 인공지능(Artificial Intelligence: AI)이라는 단어에 익숙해지고, 어느새 AI는 일상생활 용어로 자리잡게 되었다.

민간기업의 인공지능 기술활용은 이미 상당한 수준에 도달하였다. 지난 9월 세계경제포럼(World Economic Forum)에서 등대 공장으로 선정된 알리바바 쉰시 디지털 팩토리는 방대한 데이터를 기반으로 AI와 로봇 기술을 결합해서 제품주문에서 인도까지 걸리는 시간을 75% 단축하였다. 그뿐만 아니라 업계 평균 5,000건 수준이던 최소 주문량을 100건으로 감축하여 소비자 수요에 따른 탄력적 생산이 가능하게 되었다고 한다(국민일보, 2020.11.11.).[1] 여기서 주목할 점은 과거의 자동

---

[1] 쉰시 디지털 팩토리는 중국 최대 전자상거래 기업 알리바바가 3년의 준비 끝에 지난 9월 저장성 항저우에 문을 연 스마트 공장으로 4만㎡ 부지에 800명의 직원이 근무하면서 하루 약 2만 벌의 의류를 생산한다. 공장 대형 화면에 주문이 뜨면 그에 맞는 원단이 선택돼 재단 파트로 넘겨지고, 최대 7개 동시 작업 수행이 가능한 로봇 팔은 원단에 그림을 그려 넣고 단추와 장식 등을 부착한다. 재단이 끝난 원단은 컨베이어벨트나 이동 로봇에 실려 다음 공정으로 이동을 하게 된다. 전체 공정은 디지털로 기록되기 때문에 현장에 공장 관리자가 상주할 필요가 없다(국

화는 표준화된 대량생산으로 부가가치를 창출하였다면 AI의 도입으로 인한 자동화는 고객 맞춤 소량생산이 가능한 새로운 부가가치의 창출이다. 2015년 처음 시도했던 아디다스 스마트 팩토리는 창업 4년 만에 폐업을 선언했지만 제작시간 단축, 오픈이노베이션을 통한 협업네트워크 등 학습효과는 상당했던 것으로 평가받고 있다(매일경제, 2019.11.13).[2]

민간이 AI 기술 등을 통해 이러한 혁신을 달성할 동안 정부의 기능이나 역할에는 변화가 없을까? Edggers et al.(2019)은 인공지능과 자동화로 인해 정부는 업무영역을 확장하고, 더 나은 서비스를 제공할 수 있으며, 일하는 방식에서의 변화를 통해 새로운 가치를 창출할 수 있다고 주장한다. 즉 이러한 신기술의 도입으로 인해 정부가 직접 생산하는 서비스와 행정기능에도 상당한 변화가 올 수 있다.

1. 정부의 성과를 어떻게 볼 것인가?

정부의 역할과 기능의 범위는 경제발전단계와 정권의 이념에 영향을 받을 수 있지만, 세금을 기반으로 국방, 외교, 안전 등 국민의 삶에 필수적인 재화와 서비스를 제공한다는 측면에서는 변함이 없다. 따라서 정부의 업무는 언제나 국민적 시각에서 감시의 대상이며, 얼마나 효율적으로 행정이 이루어지고, 얼마나 효과적으로 정책이 집행되고 있는지에 대한 부분, 즉 성과관리가 핵심이다(박순애 외, 2017). 전후 폐허가 되었던 1950-70년대는 오로지 경제기반 마련과 생존을 위한 국민의 먹거리 해결이 정부의 목표였다면, 2000년대까지는 산업발전과 경제도약이라는 물리적 발전에 초점을 두었다고 할 수 있다. 그러나 2000년대 이후 민주주의 이념의 확산으로 정부에 대한 국민의 기대와 목표는 지금까지와는 다른 양상으

민일보, 2020.11.11.).

2 독일 신발업체 아디다스 안스바흐 스피드팩토리는 2015년 12월에 창설되어 2016년 9월 첫 번째 신발 모델인 '퓨처 크래프트 MFG(Made for Germany)'를 생산했다. 스피드팩토리의 초기 목표는 3D프린터와 로봇 등을 이용해 밑창을 포함한 개인 맞춤형 운동화를 24시간 내 고객에게 전달하는 것이었다. 이를 위해선 고객과 가까운 곳에서 제조해야 했고, 운송거리 단축과 재고관리비용 감축이 중요했다. 이 공장은 자동화, 분권화, 유연 생산을 기반으로 가까운 미래에 상점에서 개인 맞춤형 제품을 경험할 수 있다는 혁신성을 인정받아 2018년 4월 독일 이노베이션상을 수상했다(김은, 한국경제, 2019.11.27.).

로 나타나고 있다. 인권, 공정, 환경, 공공복지와 삶의 질 등 경제적·물리적 필요 조건의 충족만으로는 채우기 어려운 새로운 형태의 정책과 서비스에 대한 대응이 요구되고 있다.

정부의 성과가 무엇인지 그리고 어떻게 이를 측정하고 관리할 것인지에 대한 다양한 논의들이 있지만 가장 단순하게는 국민의 세금으로 얼마나 알뜰하게 국정 운영을 하였는지에 대한 부분과 국정과제로서 제시한 약속을 얼마나 이행하였는 가로 볼 수 있을 것이다. 전자는 경상경비의 효율적 운영을 포함하고, 후자는 국 정과제에 내포된 정책목표의 달성이다. 정부업무의 성과관리는 양자 모두 적은 비용으로 더 나은 서비스를 제공해야 한다는 측면에서 양과 질적인 부분이 동시 에 고려되어야 할 부분이다. 그렇다면 글로벌 국가 중 한국 정부의 업무성과는 어 느 수준일까? 국가경쟁력지수, 청렴도지수, 환경성과지수 등 다양한 지표들이 존 재하지만, 거시적인 측면에서 정부지출과 1인당 국민소득으로 추론해 볼 수 있을 것이다. <그림 1>은 세계경제전망(World Economic Outlook, 2020) 자료를 기준 으로 국가별 정부지출 비중과 1인당 국민소득의 관계를 보여주는 그래프이다. 두 그래프 모두 1인당 국민소득의 관계를 나타낸 것이다. 국가 총생산(GDP)에서 정 부지출이 차지하는 비중은 대략 30%를 중심으로 나타나고 있으며, 1인당 국민소 득은 $1,000에서 $20,000 이상까지 다양한 소득분포를 보여주고 있다. 또한 동일 한 비중의 정부지출 수준에서도 상이한 수준의 소득분포를 보여주고 있다. 즉 정 부지출에 대해 국민소득을 일종의 결과로 본다면 각국의 정부 성과는 상당한 차

그림 1   국가별 정부지출과 1인당 국민소득

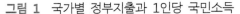

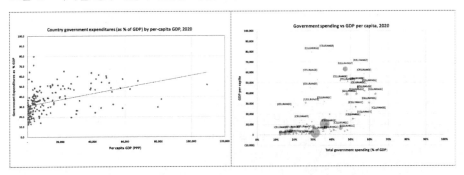

자료: World Economic Outlook Databases

이가 있음을 알 수 있다. 다행히 한국의 경우 2018년 기준 국가 총생산에서 정부 지출 비중은 20%를 약간 상회하는 수준이며 국민소득은 3만 불 이상으로 이탈리 아나 스페인보다는 효율성이 높은 국가에 포함된다. 그러나 정부지출이 훨씬 적 은 홍콩이나 싱가포르에 비하면 상당히 개선의 여지가 있는 국가로 볼 수 있다. 이러한 정부지출과 국민소득에 영향을 미치는 다양한 환경요인들이 존재하겠지 만 조직의 효율성을 높여주는 기법의 발전과 신기술의 채택 여부도 정부의 효율 성과 성과향상에 중요한 결정변수가 될 것이다. 미국의 정치학자 Inglehart(2018) 는 조만간 도래할 인공지능사회는 1등 상품만을 허용하는 승자독식의 시장을 창 출할 것이라고 경고하였다.

2. 인공지능, 시장이 견인한다

<그림 2>의 왼쪽은 글로벌 시가총액 100대 기업의 크기를, 오른쪽은 시가 총액 1위 기업과 100위 기업 간 추이를 표시한 그래프이다. 글로벌 시가총액 10대 기업 중 7개가 정보기술기반의 지식산업에 해당하며, Microsoft, Apple, Amazon, Alphabet(Google 지주회사)이 상위 순위를 차지하고 있다. 시가총액의 격차를 보 면 과거 10여 년 전까지만 해도 에너지기업들이 상위에 자리 잡고 있었으나, 2012년 이후로는 Apple과 Microsoft가 독주하고 있으며 100위 기업과의 격차는 급격하게 벌어지고 있다.

그림 2 글로벌 시가총액 100대 기업(분야별) & 시가총액 1위 기업과 100위 기업 간 추이

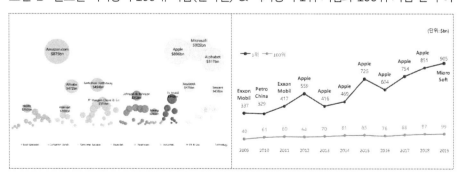

자료: 국회예산정책처 4차 산업혁명에 따른 조세환경변화와 정책과제. 2020.06. pp. 5-6 재인용

이러한 글로벌 환경의 변화 속에서도 우리나라는 전자정부 강자로서 자리매김해 왔고,[3] 삼성의 글로벌 도약도 지난 30여 년의 성과로 볼 수 있다.[4] 그러나 신종코로나 이후 환경변화로 인한 새로운 수요와 AI 기술의 결합은 4차 산업혁명의 속도와 범위를 확장하고 있으며, 어떤 국가도 이러한 글로벌 추세를 역행하기는 어려울 것으로 보인다.

General Electric(2016)은 4차 산업혁명으로 200만 개의 새로운 일자리가 창출될 것이라고 낙관적인 전망을 하였지만, 미국 대통령실(Executive Office of the President, 2016)에 따르면 시간당 $20 이하의 저임금 일자리는 83%, $20~$40 일자리는 31%가 감소할 것으로 예측하였다. Frey와 Osborne(2017)은 미국 노동시장의 47%가 향후 20년 이내에 AI 기술발전으로 인해 대체될 고위험군에 해당한다고 하였다. 또한 IMF(2017)는 기술발전이 중간숙련 근로자 임금하락의 가장 큰 요인이 될 것으로 예측하였다(국회예산정책처, 2020, pp. 10-19).

한편, 한국고용정보원은 인공지능과 첨단기술로 인해 금융보험 관련직 81.8%를 포함하여 주요분야의 일자리가 절반 이상 감소할 것으로 전망하였다(연합뉴스, 2016.10.24.). 이러한 전망들은 일자리의 감소뿐만 아니라 업역(work area)과 일하

그림 3 자동화 위험과 일자리

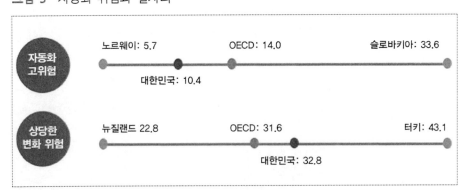

자료: OECD Employment Outlook: The Future of Work. 2019

---

3 2020년 UN 전자정부평가에서 우리나라는 UN에 가입한 190여 개국 중 2위를 차지하였다(e-나라지표, https://www.index.go.kr/potal/main/EachDtlPageDetail.do?idx_cd=1027).
4 삼성전자는 글로벌 상장사 시총 랭킹 21위로 전 세계 주식시장에 상장된 기업들의 시가총액을 평가해 매긴 글로벌 랭킹에서 한국기업 중 유일하게 'Top 100'에 선정됐다. 글로벌시총 21위(뉴스1, 2020.07.30. https://www.news1.kr/articles/?4010762).

는 방식의 변화를 예고하고 있다. 이하에서는 기술의 발전과 더불어 변화해 온 정부의 기능과 성과관리방식을 살펴보고 향후 인공지능이 가져올 미래정부 모습에 대해 논하고자 한다.

그림 4 인공지능·첨단기술로 인한 직종별 일자리 감소 전망

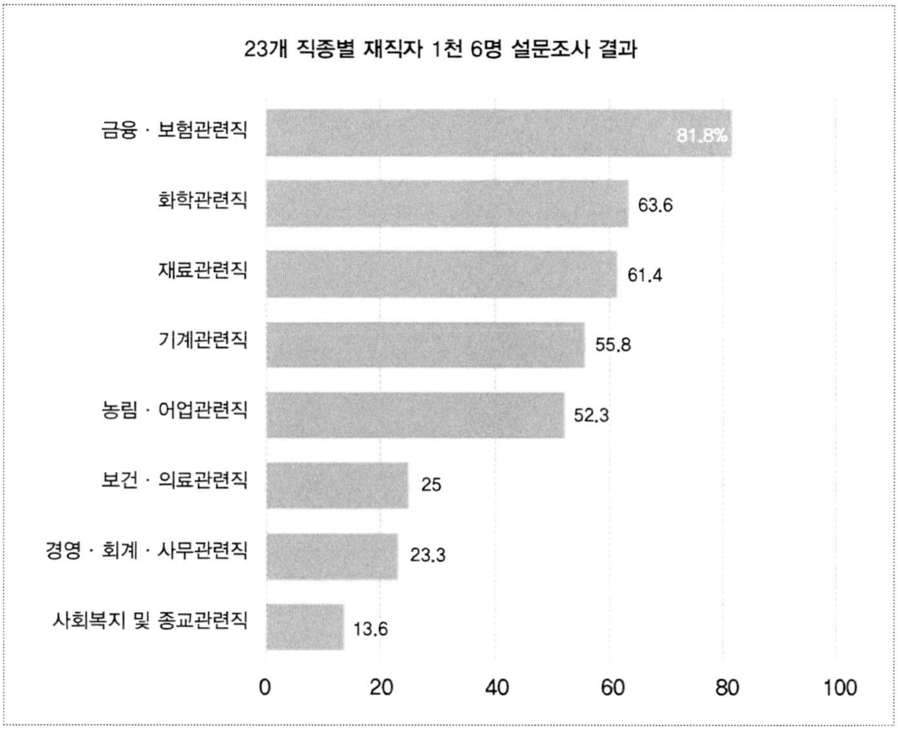

23개 직종별 재직자 1천 6명 설문조사 결과

직종	감소 전망
금융·보험관련직	81.8%
화학관련직	63.6
재료관련직	61.4
기계관련직	55.8
농림·어업관련직	52.3
보건·의료관련직	25
경영·회계·사무관련직	23.3
사회복지 및 종교관련직	13.6

자료: 한국고용정보원(2016.10.25.) 보도자료, p. 2

II. 성과관리의 기원: 인공지능의 시작

1. 행정학과 공학의 협업: 리엔지니어링에서 전사적 관리까지

한국은 1997년 외환위기 때 국제통화기금(International Monetary Fund: IMF)으로부터 구제금융을 지원받는 조건으로 경제구조 재편, 공기업 민영화, 정부 재정

지출 삭감 등 강도 높은 구조조정을 요구받았다. 이에 따라 정부는 공공부문 혁신을 위해 성과급 도입, 조직구조 개편, 성과평가 등 다양한 제도적 변화를 시도하였다. 특히 정보기술에 기반하여 업무 및 조직 등 경영 전반을 재설계하는 리엔지니어링(Business Process Reengineering: BPR),[5] 전사적 자원관리(Enterprise Resource Planning: ERP),[6] 품질 오류 최소화를 위한 6시그마, 총체적 품질관리(Total Quality Management: TQM), 전사적 성과를 관리하기 위한 균형성과관리(Business Scorecard, BSC), 그리고 위험관리(Enterprise Risk Management: ERM)[7]에 이르기까지 민간기업의 다양한 경영기법을 도입하여 공공부문의 성과를 높이고자 노력하였다. 특히 BPR과 ERP, BSC, ERM은 데이터와 정보기술에 기반한 자원관리 및 성과관리 기법으로 전사적 수준에서 사업의 전략적 기획부터 평가까지, 일선 직원에서 기관의 대표까지 모든 자원의 투입과 집행 및 결과를 데이터로 축적하고 관리하는 체계이다. 2000년대 초반 BPR의 경찰청 도입사례는 가히 혁신적이라 평가할 수 있다. 경찰청은 세분화된 업무단위를 통합하여 사건담당자를 통한 책임조사제를 실시함으로써 14단계에 달하던 접수절차를 2단계로 축소하고 평균 보름 이상 걸리던 업무를 하루로 단축하였다(행정자치부, 2005). 즉 업무처리과정에서 관리범위의 확대, 정보의 동시전달로 최상의 의사소통 및 전사적 조망 확보, 단계적 업무의 동시 수행 등이 이러한 혁신을 가능케 한 것이다(조동성 외, 1996).

ERP는 한 걸음 더 나아가 의사결정의 영역으로 진입하였다. ERP라는 용어를 최초로 사용한 가트너그룹에서는 "제조, 회계, 물류 및 기타 업무 기능들이 조화

---

5 1990년 BPR의 창시자인 MIT의 Michael Hammer 교수는 리엔지니어링을 "정보처리 기술을 이용한 경영혁신"으로 정의하고 있다. 영업실적을 나타내는 중요한 척도인 비용, 품질, 서비스, 속도 등을 극적으로 향상시키기 위해 프로세스 전 과정을 근본적으로 재설계하는 것으로 그 목표는 현재의 성취도에서 50%, 100% 때로는 그 이상의 효과를 얻는 것이라고 한다(조동성 & 신철호, 1996.

6 자재소요량관리(Material Requirement Planning), 자원생산관리(Manufacturing Resource Planning)의 업그레이드 버전인 ERP는 조직의 경영 및 관리에 관한 업무를 위한 컴퓨터 시스템을 의미하며, 인사·재무·생산 등 조직의 전 부문에 걸쳐 독립적으로 운영되던 각종 관리시스템의 경영자원을 하나의 시스템 통합으로 재구축함으로써 생산성을 극대화하려는 경영혁신기법이다(이종석, 2007, pp. 192-199).

7 ERM은 기존 BSC에 위험관리 포털을 결합한 운영시스템으로 기업의 전략수립 시 보유 가능한 위험수준을 고려함으로써 기업의 기회요인을 파악하고, 상시적으로 위험인자를 관리할 수 있도록 정보를 제공한다(장원석 외, 2007, pp. 14-16).

롭게 제대로 발휘될 수 있도록 지원하는 응용시스템 소프트웨어들의 집합", 즉 통합적인 컴퓨터 데이터베이스를 구축해 회사업무의 흐름을 효율적으로 자동 조절해 주는 전산 시스템의 하나로 ERP를 정의하였다(이종석, 2007).

여기서 "기능들이 조화롭게 제대로 발휘", "효율적으로 자동 조절"과 같은 부분은 경영자정보시스템의 기능과 직결된다. 인공지능의 주요 특성인 학습에 대한 언급은 없지만 데이터의 집합을 통해 스스로 유용한 정보를 만들 수 있다는 점은 자기학습의 전초단계로 볼 수 있다. 우정사업본부의 ERP 2단계 구축사업도 는 기관의 DB센터가 어떻게 경영정보시스템과 연계되어 있는지를 보여주고 있다. 노무현정부 당시 만들어졌던 e-지원(e知園) 시스템이나 dBrain의 전신인 디지털예산회계시스템도 조직을 시스템 차원에서 효율적으로 운영하려는 성과관리의 일환으로 볼 수 있다. 그간 신공공관리기법에 대한 신랄한 비판과 민간기법의 무차별적 적용으로 인한 부작용도 적지 않았지만, 당시 공공부문 혁신을 위한 수단으로 도입한 신공공관리제도들은 현재 AI 정부의 기반을 닦은 초석으로 볼 수 있다.

그림 5 　우정사업본부 2단계 EPR 시스템 구성도

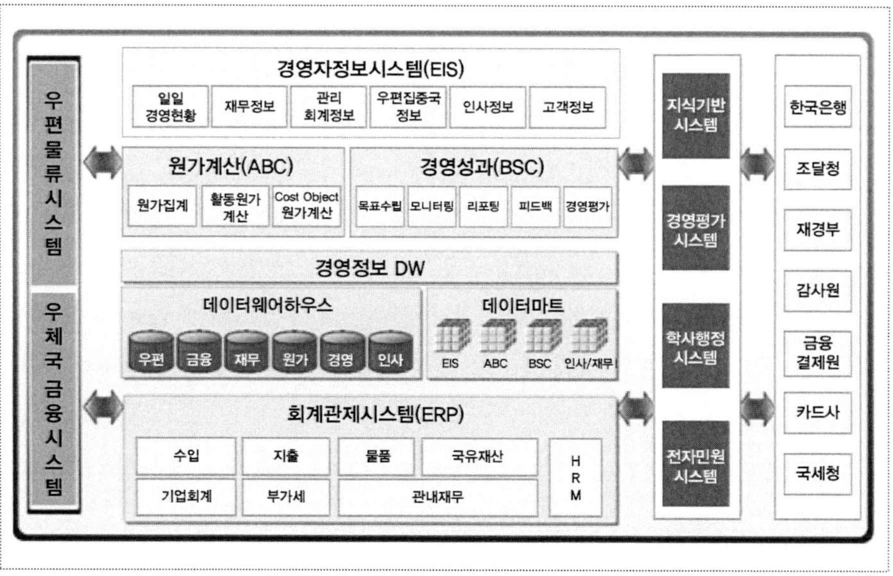

자료: 권천조 · 이용수(2008). 우정사업의 뉴-ERP시스템 구축 현황. 우정정보, 74: 1-22.

2. 융합적 문제의 대두와 성과관리의 미스매치

오늘날 정부의 모습은 20세기 초반 산업분야에 도입된 테일러리즘의 분업과 전문화 원리에 기반한 것이다. 기술 주도의 종적인 정보 흐름과 엄격한 노동 분업을 기반으로 한 정부조직은 20세기 중반의 기업조직을 벤치마킹한 형태라고 할 수 있다. 따라서 기술 기반, 정보 중심의 급변하는 현대사회, 디지털과 민첩함으로 표상되는 시장경제에 과거의 경직적인 계층제 형태는 더 이상 유용성을 발휘하기 어렵다(Eggers et al., 2019). 부동산 정책만 보아도 다양한 이해관계와 복잡하게 얽힌 사회문제를 다루기에 50여 개 이상으로 세분화된 중앙부처 조직이 적합한 형태는 아닌 듯하다. 기획과 집행의 분업, 기능별 영역별 분업은 과거 소수의 엘리트 집단이 정부 주도의 경제발전을 이끌던 시기에는 유효하게 작동했을지 모르지만, 고등교육의 보편화와 시장지배력이 정부의 역량을 능가하는 오늘날에는 기획과 집행의 결합, 융합적 문제의 신속한 해결이 가능한 정부형태가 요구된다.

지난 1년, 코로나 팬데믹이라는 새로운 도전에 직면한 세계 각국의 정부는 다양한 아이디어와 정책대응으로 위기를 극복하기 위해 노력해 왔지만, 성공모델을 찾기는 쉽지 않다. 한때 K-방역이 모범사례로 부상했지만 다시 급증하는 국내 확진율로 정부대응체계의 일관성 측면에서 비판을 받고 있다. 최근 이슈가 되고 있는 부동산 문제의 경우도 국토교통부 산하에 10개 이상의 관련 법이 존재하고, 투기억제 및 주거복지와 관련된 법은 5개 부처에 걸쳐 8개 이상의 법령이 존재한다.8 특히 부동산은 금융을 매개로 토지와 함께 거래되는 연관산업의 파급효과가 큰 정책이라 소관부처인 국토교통부의 노력만으로는 해결이 힘든 상황이다. 또한 ICT 기반의 급격한 사회적 변화와 4차 산업혁명이 본격화된 오늘날에는 기술발전과 안정성 확보라는 두 가지 목표를 균형 있게 조율할 필요성이 높아지고 있다.

---

8 주택공급 관련해서는 국토교통부 소관의 주택법, 주택임대차보호법, 공공주택특별법, 민간임대주택에관한특별법 등이 있고, 투기억제를 위한 법으로는 국토부의 부동산가격공시에관한법률, 부동산거래신고등에관한법률, 법무부의 부동산실권리자명의등기에관한법률, 기획재정부의 종합부동산세법, 국세기본법, 소득세법, 행정안전부의 지방세기본법, 금융위원회의 한국주택금융공사법 등이 포함된다(박순애 외, 2020, pp. 257-262).

N번방 사건으로 발단된 전기통신사업법과 정보통신망법 개정안은 "불법촬영물 등으로 고통받는 피해자가 신속히 구제될 수 있도록 인터넷 사업자의 삭제 및 재유통 방지 의무를 강화하고자 마련"되었다는 입법 취지처럼 사회안전망 강화를 위한 새로운 규제 도입의 필요성이 곳곳에서 나타나고 있다.[9] 인공지능사회로의 전환과정에서 기술발전이 가져올 수 있는 편익과 비용을 파악하고, 어떻게 균형을 잡아나가야 할지 어느 곳에서 정부의 손길이 필요한지 세심한 검토가 필요하다.

3. 인공지능정부의 현주소

앞서 언급하였듯이 이미 정부는 상당부분 기존 업무DB에 인공지능을 연계하여 새로운 서비스를 제공하고 있다. 예를 들어 인사혁신처는 2018년 정부 부처 실·국장과 과장 등 중요 보직에 적합한 맞춤형 인재를 추천하는 인공지능 기반 인사지원 플랫폼 도입을 위한 용역을 발주하였다. 플랫폼은 해당 직위 직무활동과 직위에 맞는 성과 등 직무요건을 정의하고 AI가 이를 자동으로 생성하며, 전자문서와 직위가 속한 각 부처 기능분류 정보를 분석해 직위 업무활동과 업무성격을 도출한다(전자신문, 2018.12.23.). 이러한 인사시스템이 인공지능학습을 시작하게 되면 조만간 공공부문 인재채용에서 행정고시 형태의 시험은 사라질 수 있을 것으로 예견된다. 그러나 AI가 노동시장과 정부조직의 인력구조를 변화시킬 때 발생할 수 있는 현상은 공무원이 담당했던 직무가 자동화되면서 그 직위도 사라지게 될 위험이 존재한다는 것이다(Wirtz et al., 2019: pp. 605-606). 따라서 AI가 정부조직에 광범위하게 도입될 때에는 사회전반에 미칠 파급력과 경제적 영향력도 고려해야 할 사항이다.

---

[9] 신고만으로 서비스가 가능한 부가통신사업자가 해외에 서버를 둔 경우 규제 사각지대에 놓이고 탈세 등 국내외 역차별 문제를 발생시킬 수 있다(박순애 외, 2020, p. 81).

그림 6 인공지능기반 인사지원 플랫폼

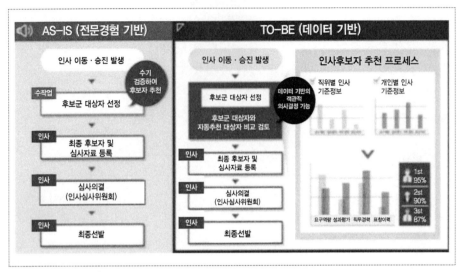

자료: https://www.etnews.com/20181223000031

표 1 각 분야 인공지능 활용사례

치안	**불법촬영 피해 여성들의 눈물을 닦아주는 인공지능(AI)** 인공지능(AI)이 온라인 상에 유포된 불법촬영물을 신속히 찾아 삭제 지원 ('19.7월, 과지정통부·여가부 공동 개발)
복지	**어르신의 말동무이자 보호자, 김포시 챗봇 '다솜이'** 어르신이 30분 이상 말이 없으면 먼저 말을 걸고 5시간 이상 움직임이 없을 시 보호자·생활관리사 자동 연결
교육	**학생과 영어로 대화하는 서울 교육청 영어 보조교사 인공지능(AI)** 기술을 활용한 '인공지능(AI) 영어교사'가 영어회화, 퀴즈 출제 등 영어 교사 수업 보조(학생별 말하기 체크)
농업	**작물에 따라 환경제어가 가능한 '플랜티 큐브'** 지능화 기술을 활용해 농장 규모와 작물 수요에 따라 환경을 제어해 고품질 작물을 연 최대 13회까지 수확할 수 있는 컨테이너 농장

자료: [웹진] 인공지능 시대, 우리나라의 R&D 전략은? (2018.06. / 과학기술정보통신부)
　　 [정책뉴스] 인공지능으로 디지털 성범죄 영상물 유포 막는다.(2019.07.23. / 과학기술정보통신부)

과학기술정보통신부와 여성가족부는 '디지털 성범죄 피해자 지원센터' 업무에 인공지능 기술을 시험 적용하기로 했다. 그동안 디지털 성범죄 피해자가 신고한 불법촬영물이 웹하드 사이트에 게시되어 있는지 확인하려면 지원센터 삭제지원 인력이 수작업으로 피해촬영물에서 검색용 이미지를 추출하고 각 사이트를 검색해야 하는 등 신속한 지원에 한계가 있었다. 이를 개선하기 위해 과기정통부, 여가부, 지원센터, 한국전자통신연구원(ETRI)은 올 초부터 협의체를 구성하고 AI 기술을 활용한 웹하드 사이트 '불법촬영물 삭제지원 시스템' 개발을 추진해 왔다.[10]

그 외에도 복지분야에서는 독거노인의 보살핌 도우미로 챗봇 '다솜이'를 활용하여 장시간 움직임이 없을 시 보호자와 생활관리사를 자동연결하는 서비스를 제공하고 있다. 교육분야에서는 영어 보조교사로 인공지능을 활용하고 있고, 농업분야에서도 작물수요와 농장규모에 따라 환경을 제어해 주는 '플랜티 큐브' 서비스를 시행하고 있다.[11] 이러한 인공지능의 활용으로 연관데이터가 축적되고, 기계학습이 가속화되면 거의 전문가에 버금가는 수준의 정확도로 상용화가 가능해질 것으로 보인다.

최근 암호화폐로 주목을 받았던 블록체인(Block Chain) 기술도 공공부문에서 다양하게 활용되고 있다. 블록체인은 데이터의 위조나 변조가 불가능한 분산형 데이터 저장기술이다.[12] 블록체인에 저장할 수 있는 정보의 다양성으로 적용 분야도 광범위하다. 아래는 현재 공공부문에서 활용되고 있는 블록체인 기반 서비스 목록이다. 공정한 조달평가부터 HACCP(Hazard Analysis Critical Control Point) 인증서 위변조 방지 및 식품 위해사고 원인 추적, 폐배터리 이력관리까지 국민의 실생활과 밀접하게 관련된 서비스에 널리 활용되고 있다.

앞서 언급하였듯이 블록체인의 강점은 블록 네트워크에 기반한 데이터 신뢰

---

10 삭제지원 시스템은 AI 기술을 활용해 피해자가 신고한 불법촬영물에서 이미지를 추출해 웹하드 사이트에서 피해촬영물과 유사한 영상물을 자동으로 선별·수집하는 기능 등을 갖추고 있다. (대한민국 정책브리핑, "인공지능으로 디지털 성범죄 영상물 유포 막는다." 2019.07.23./과학기술정보통신부).

11 정책위키, 인공지능, https://www.korea.kr/special/policyCurationView.do?newsId=148868542).

12 '블록(Block)'을 잇따라 '연결(Chain)'한 모음을 칭하는 것으로 블록체인 기술이 쓰인 가장 유명한 사례는 가상화폐인 '비트코인(Bitcoin)'이다. 블록(Block)에는 일정 시간 동안 온라인에서 확정된 거래 내역이 담기게 되며 거래 내역을 결정하는 주체는 사용자이다. 이 블록은 네트워크에 있는 모든 참여자에게 전송되고, 참여자들이 해당 거래의 타당성 여부를 확인한 후 승인된 블록만이 기존 블록체인에 연결되면서 송금이 이루어진다. 기존의 금융거래가 신용 기반이었다면 블록체인은 P2P(Peer to Peer) 네트워크를 구성하여 제3자가 거래를 보증하지 않고도 거래 당사자끼리 가치를 교환할 수 있다는 것이다(한국정보통신기술협회, 2016. 12.20.).

성에 있다. 인공지능이 데이터를 기반으로 자기학습을 할 때 데이터의 진위여부는 핵심적인 사항이 된다. 마이크로소프트는 '이그나이트(Ignite) 2019' 행사에서 AI가 데이터를 분석하기 전, 애저 블록체인 데이터 매니저(Azure Blockchain Data Manager)를 활용해서 분산원장을 통해 데이터의 출처 및 변환과정을 확인할 수 있다고 소개하였다. 예를 들면 인공지능과 블록체인, 사물인터넷의 융합서비스로 특정 국가 원산지의 유기농 소고기 배송을 정확하게 추적할 수 있다는 것이다. 참여자들이 블록체인을 통해 식품 배송과 관련된 모든 조건과 위치에 동의하게 되면 그다음에 AI 처리 단계가 시작된다. 따라서 모두가 블록체인상에서 동일한 정보를 공유하고 변경이 불가능한 감사·추적을 할 수 있기 때문에 인공지능에 양질의 신뢰할 수 있는 데이터 제공이 가능하다는 것이다(Allison, 2019.12.09.).

표 2 블록체인 적용 현황

분야	담당	블록체인 과제명	블록체인 과제 내용
공공 서비스	방위사업청 ('19년도)	블록체인 기반 제안서 접수 및 평가 시스템 구축	블록체인 기반 전자조달시스템 운영으로 제안서 및 참고자료 위변조 방지 및 평가과정의 투명성 제공
	병무청 ('19년도)	인증서 없는 민원서비스 제공을 위한 블록체인 플랫폼 구축	블록체인 기반 '디지털 ID 인증 플랫폼'을 통해 민원처리, 병무행정, 대체복무요원 근태관리 등의 행정효율화 및 업무효율성 제고
	부산광역시 ('19년도)	블록체인 기반 재난재해 대응 서비스 구축	블록체인을 활용한 재난상황 全 단계에 걸친 즉시적인 정보공유 및 재난기금 관리 투명성 제공
	우정사업본부 ('19년도)	블록체인 기반 전자우편 사서함	온오프라인 주소를 블록체인으로 공유하여, 우편물 전달 및 확인 여부, 내용 일치성을 블록체인으로 증명
	국가기록원 ('19년도)	블록체인을 적용한 신뢰 기반 기록관리 플랫폼 구축	표준전자문서의 생산시점 문서정보를 블록체인을 통해 공유하여, 실시간 문서생산현황을 파악하고 진본성·무결성 검증

	서울특별시 ('19년도)	시간제 노동자 권익보호	근로계약서 체결, 사회보험 자격취득 신청, 근태 관리 기반 급여명세서 고지 등을 블록체인을 통해 관리하여 근로계약서 위변조 방지 및 노동자 권익보호 제공
	이포넷 ('19년도)	탈중앙화 기부 플랫폼	대국민 참여가 가능한 기부 플랫폼 운영을 통해 기부 집행의 신뢰성 확보 및 수월한 마이크로 기부경제 생태계 구축
헬스 케어	서울의료원	블록체인 기반 의료·금융 융합서비스 시스템 구축	의료정보를 블록체인으로 전달하여 전자처방전, 제증명서 등의 무결성을 제공하고, 진료 간편서비스, 모바일결제, 맞춤형 건강관리 정보 등의 추가 서비스 제공
	식품의약품 안전처 ('19년도)	국민향(向) 해썹(HACCP) 서비스 플랫폼 구축	HACCP 운영·기록을 블록체인으로 관리하여 식품 위해사고 원인 추적 및 인증서 위변조 방지
금융	전라북도 ('19년도)	블록체인 기반 전북도 인공지능 맞춤형관광 설계 시스템	비콘, All@전북(토큰) 사용정보 등을 통해 수집한 관광안내 서비스, 관광객 정보 등을 블록체인으로 공유하고, 축적된 데이터를 활용하여 맞춤형 관광서비스 제공
에너지	온실가스 종합정보센터 ('19년도)	블록체인 기반 탄소배출권 이력관리 시스템	온실가스 감축을 위한 외부사업 인증실적 발급을 위한 기초서류, 신고서 등을 블록체인 기반으로 처리하여 거래 안전성 및 탄소배출권 시장 신뢰성 확보
	남부발전 ('19년도)	블록체인 기반 신재생에너지 공급의무화제도(RPS) 통합관리 서비스	블록체인 기반 RPS 통합관리시스템 운영으로 현행 시스템의 프로세스 중복 제거 및 정보접근성을 향상시키고, 표준계약을 전자문서화
물류· 유통	제주도 ('19년도)	블록체인 기반 폐배터리 유통이력 관리 시스템 구축	입고·검사·분석·출고·모니터링 등 폐배터리 숲 생애주기 이력을 블록체인으로 관리하여, 전산 소요시간 단축 및 업무효율화

자료: 산업통상자원부 블록체인 규제개선연구반 내부자료(2019)

AI와 블록체인은 개별적으로 주목받는 기술이기도 하지만, 앞서 살펴본 것처럼 두 기술의 융합을 통한 시너지효과 창출이 가능하다. 규모(Volume), 속도(Velocity), 다양성(Variety)으로 정의되는 빅데이터의 비정형 데이터 분석은 AI가 자기학습을 통해 수행하는 기능이다. 이러한 빅데이터의 특성에 블록체인이 타당성(Validity) 과 신뢰성(Veracity)을 더해서 인공지능의 완결성(Finality)을 높여줄 수 있다(유성민, 2019).

III. 인공지능의 적용 범위와 부가가치

기업의 생산성은 AI에 의해 큰 영향을 받을 것으로 예상된다. AI 기술은 다양하지만 인력의 포함 여부를 기준으로 두 가지 전략으로 구분된다. '휴먼 인 더 루프(Human-in-the-Loop)' 기술은 인력을 '보조'하거나 '증강'하는 소프트웨어 시스템 및 기계에 투자하여 업무를 더 잘하고, 더 효율적으로 수행할 수 있도록 돕고, 더 높은 가치를 창출할 수 있는 시간을 확보한다(PWC, 2018, p. 6).

표 3 AI 기술의 도입과 적용에 대한 두 가지 전략

	휴먼 인 더 루프 (Human in the loop)	노 휴먼 인 더 루프 (No Human in the loop)
유선연결/ 특정 시스템	보조형 지능 • 결정을 하거나 행동을 취할 때 도움을 주는 AI 시스템 • 상호작용에서 학습하지 않는 유선 연결 시스템	자동화 • 수동 및 인지 작업의 자동화 • 새로운 작업 방식과 관련된 것이 아니라 기존 작업을 자동화함
적용 시스템	증강형 지능 • 의사결정을 강화하고 인간과 환경과의 상호작용을 통해 지속적으로 학습하는 AI 시스템	자율지능 • 다양한 상황에 적응할 수 있고, 사람의 도움 없이도 자율적으로 행동할 수 있는 AI 시스템

자료: PWC(2018). The macroeconomic impact of artificial intelligence, p. 6

'노 휴먼 인 더 루프(No-human-in-the-Loop)' 기술은 로봇이나 다른 기술로 프로세스를 자동화하거나, 자율적인 에이전트를 만들어 인력의 투입을 완전히 제거하는 것이다. 실제로 많은 기업은 전자의 전략을 통해 인간과 자율적 지능 및 기술을 결합함으로써 R&D에서 통찰력을 얻고, 고객참여를 통해 산출물의 품질을 제고하는 등 가치사슬 전반에 걸쳐 이익 창출의 기회를 높이고 있다.

아래 표는 산업 분야별로 AI 기술을 적용한 사례로 무기체제의 지능화, 의료진단의 정확성 제고, 사이버테러 대응 등 다양한 분야에서 실례를 찾아볼 수 있다.

표 4 AI 기술의 적용

분야	AI 적용
국방	병력자원 감소에 따른 대비, 무기체계의 지능화, 인공지능과 첨단기술을 활용한 훈련체계, 과학기술의 융·복합으로 정보화 기반을 구축하여 국방가치 창출 등 미래 군사혁신의 동력으로 활용
의료 및 헬스케어	인공지능 소프트웨어의 활용으로 정확하고 효과적인 진단 및 치료가 가능
생활, 교육 및 게임	빅데이터와 패턴학습기술을 접목하여 활성화
보안	딥마인드(구글), 왓슨(IBM), 오픈소스 인공지능 기술을 활용하여 악성코드 분석, 위협탐지 및 예방, 취약점 분석 등으로 랜섬웨어, APT 공격과 같은 사이버테러에 방어

자료: 국경완(2019). 인공지능 기술 및 산업 분야별 적용 사례. 주간기술동향, 20, 15-27. 인공지능 산업 분야별 적용

영국에서 발간된 정부디지털서비스(Government Digital Service, 2020)에 따르면 인공지능의 도입은 의료진단과 같이 정확한 정보를 바탕으로 더 나은 예측과 결과를 도출할 수 있고, 사회적 난제에 해결책을 제시할 수 있으며, 복잡한 정책결정과정을 시뮬레이션함으로써 의도하지 않은 결과(unintended consequences)나 다양한 정책 대안들을 개발할 수 있다고 한다.[13] 특히 개별 상황에 적합한 요구나

---

13 Government Digital Service(2020.1.) A guide to using artificial intelligence in the public sector, UK.gov.

관심사를 파악할 수 있어 맞춤형 서비스를 제공할 수 있고, 반복적이고 시간이 많이 소요되는 작업을 자동화함으로써 일선 공무원의 효율적 시간활용이 가능하다는 장점이 있다. 그러나 AI가 모든 문제를 일괄 해결하는 것은 불가능하며 아직은 적용 분야가 제한적이고 고품질의 데이터 부재로 일반적인 해결방안을 도출하기가 어렵다. 따라서 인공지능을 공공부문에 적용할 시에는 그 잠재적 이익과 유용성에 대한 기대감과 더불어 인공지능의 기술구현에 따른 파급효과, 인공지능

표 5 가치사슬에서 AI가 미치는 영향과 응용

가치사슬 요소	AI로 인한 부가가치	예시
전략, 비즈니스 모델, 제품 및 서비스 기업 운영, 의사 결정, 가격 및 시장 진출 전략의 '브레인'	전략에서 실행으로 이동하는 과정에서 발생할 수 있는 위험, 시간 및 자본 절감	• 생산 예측 및 가격 전략에 대한 시장 상황 시뮬레이션 • 역사적으로 성공적인 기능/사용자 선호도를 기반으로 제품 기능의 디지털 실물 모형 생성
연구개발과 혁신 새로운 정보와 트렌드의 발굴	통찰력이 생성되기 전에 필요한 런웨이 절감	• 약물 재창출-과학 및 임상 연구 데이터를 스캔하여 이미 승인된 약물에 대한 다른 용도를 식별
구매 및 생산 원자재 소싱 및 제조	더 적은 자원을 사용하여 더 많은 출력 또는 더 나은 품질 생산	• 로봇공학으로 조립 라인 자동화 • 주문형 제조: 주문 세부 사항에 따라 제품을 생산하도록 조정하거나 자율적으로 켜거나 끔
공급망 및 물류 A에서 B로 생산자원을 확보하고 고객에게 최종 제품을 공급	프로세스에 필요한 시간과 재원 절감	• 판매 패턴 및 알려진 리드/생산 시간을 기준으로 원재료 자동 주문 • 사례 중요성, 인력 배치, 전문성, 교통량 및 환자 부하에 따라 응급 차량 병원이송
마케팅, 판매 및 고객 서비스 고객 참여 및 고객 전환 증가	생산자와 소비자 사이의 정보 비대칭성을 줄이고 맞춤 메시지 설정	• 제품 및 서비스에 대한 개인화된 권장 사항 • AI 챗팅봇 고객서비스 대리점 • 콜 센터 감정 감지 및 영업 관행 모니터링
기능 활성화 (금융, IT, 리스크) 비영업 부서의 지원 활동	더 좋은 계획 및 예측을 통해 비용 절감 및 위험 감소	• 의약품 부작용 모니터링(의사 방문, 소셜 미디어 보고 등)

자료: PWC(2018). The macroeconomic impact of artificial intelligence, p.10

관련 법규 및 제도, 인공지능 윤리성, 인공지능의 도입이 사회에 미치는 영향 등 보다 세세한 관심이 요구된다(Wirtz, B. W., Weyerer, & Geyer, 2019).

그럼에도 불구하고 Buck와 Morrow(2018)는 인공지능의 도입이 공공부문의 성과관리 측면에서는 긍정적으로 활용될 수 있다고 주장한다. 데이터 중심의 (data-driven) 성과관리가 가능해지고, 실제 업무능력, 자기계발, 재직 의도 등 조직구성원과 관련된 내용을 편견 없이 이해하고 파악하는 역량이 향상되어 조직성과에 영향을 미칠 수 있는 요인을 선제적으로 파악할 수 있다는 점을 강조한다. 또한 평가자 선정, 평가방법과 측정에서 나타날 수 있는 오류를 줄이고 공정성을 담보함으로써 객관적 평가와 수시평가가 가능해진다. Pawar(2019)도 유사한 맥락에서 인공지능의 도입을 긍정적으로 평가하고 있다. 인공지능은 성과관리에 필요한 다양한 소스의 정보를 원활하게 수집할 수 있게 해 주며, 지역적 편견과 성차별을 제거할 수 있고, 성과검토와 관련된 모든 심리적 편견을 차단할 수 있다고 한다.

인공지능의 도입과 함께 조직운영의 효율성 및 성과 향상에 대한 요구는 그 어느 때보다 강력한 압력으로 다가오고 있다. 정부를 포함한 미래지향적 조직들은 기술적 진화의 힘을 이해하고 고객과 시민 모두의 이익을 위해 이러한 기술을 어떻게 활용할 수 있을지 그 방법을 찾고 있다. <표 6>은 신기술 추세와 정부 관점에서 주목해야 할 가치들을 정리한 내용이다(Buchholz, 2020). 예를 들어 디지털 트윈스는 기술성장에 따라 조직 프로세스를 최적화하고, 데이터 기반의 의사결정을 실시간 가능하게 함으로써 새로운 제품 및 비즈니스 모델 설계에 적용할 수 있고, 교량이나 건물 등 가상 복사본을 생성하여 최적화를 실현할 수 있다.

표 6 AI 기술동향과 정부측면에서의 관점

	의미	최신 동향
매크로 (Macro) 기술 압력	더 많은 가치 창출을 위해 조직은 기술기능을 관리하는 새로운 방법	창의적 방법으로 새로운 기술을 클라우드, 인지기술 및 디지털 현실과 결합. 경쟁 시장에서 우수 인재를 유치하고 유지하기 위한 작업 환경 시뮬레이션

윤리기술과 신뢰	조직의 기술, 프로세스, 이해당사자들이 기대하는 신뢰도와 윤리기술을 준수	데이터를 안전하게 보호하기 위해서 데이터 신뢰도에 대한 기준 및 표준을 설정. 조직 가치의 명확화와 가치전달, 데이터 사용에 대한 교육 실시
재원 및 IT의 미래	기술발전이 점점 조직 내 비즈니스 전략의 핵심으로 전환됨에 따라 IT에 대한 재정지원이 필요. 기술혁신 거버넌스에 대한 효과적인 검토, 민첩한 방법론에 적응, 창조 자본의 확보 등	새로운 기술과 아이디어의 확장을 위해 지속적인 재원 투자
디지털 트윈스	기술성장에 따라 조직 프로세스를 최적화하고, 데이터 중심 의사결정을 실시간으로 수행, 새로운 제품, 서비스 및 비즈니스 모델을 설계하기 위해 디지털 트윈을 사용	물리적 인프라(교량, 건물, 대기, 공간 등)의 가상 복사본을 생성하여 더 나은 이해와 최적화를 실현
인류 체험 플랫폼	AI와 인간 중심의 설계 기법, 신경학적 연구 등을 결합한 인간 체험 플랫폼은 사용자의 감정 상태와 맥락을 인식한 뒤 적절하게 대응	감정적으로 민감하고 상황에 맞는 인터페이스를 사용하면 콜센터 상호작용을 보다 능률적이고 즐겁게 만들 수 있음. 키오스크는 기존의 수동 메뉴 탐색을 대체하여 고객의 손에 있는 물체를 감지하고, 합리적인 추론을 통해 고객이 원하는 바를 파악
아키텍처 주목	기술혁신으로 붕괴되는 시장에서 경쟁력을 유지하기 위해, 설계자와 아키텍처에 투자하고 전사적으로 전략적 가치를 홍보	정부 기관은 상급 기술자와 설계자를 거버넌스 일람표 역할에서 벗어나 솔루션 역할로 참여시키고, 고객 요구 파악을 책임 업무에 포함
추세를 살펴보는 미래	선도적인 조직은 미래의 매크로 기술력의 감지(sensing), 검사(scanning), 조사(vetting), 실험 및 육성을 단계적인 계획하에 실행. 무한한 미지의 세계에서 다음 단계로 가는 길을 계획하는 데 기존기술의 융합을 활용	정부는 혁신 기술의 소비자 및 후원자로서 중요한 역할 수행. 변화 속도를 따라잡으려면 내부적으로 미래의 변화를 감지하는 것이 중요. 연구 보조금, 헌신적 후원단체, 또는 창조적인 계약으로 신기술을 후원

자료: Scott Buchholz, Tech Trends 2020, Peering through the lens of government, Deloitte

IV. 인공지능과 정부의 성과향상

AI가 얼마나 많은 시간과 돈을 절약해 줄 수 있을까? Viechnicki와 Eggers(2017)
는 공공부문의 노동시간을 대폭 절감할 수 있다고 주장한다. 많은 관리자들이 인공
지능(AI)을 기반으로 한 새로운 응용 프로그램에 열광하는 이유 중 하나는 데이터
의 입력, 처리 및 통신과 관련되는 모든 일을 줄이거나 없애겠다는 약속 때문이
다. 이로써 직원들은 창의적인 프로젝트에 집중하고 보조적인 업무가 아니라 핵
심업무에 충분히 전념할 수 있다. 하지만 새로운 노동절감 기술이 단순히 모든 사
람의 일상을 더 보람 있게 만들 것이라는 보장은 없기 때문에 AI 애플리케이션
역시 다수의 직업생태계를 불안하게 만들 수 있다. 특히 AI가 조직의 성과관리에
미치는 영향력은 상당하다. 예를 들어 조직관리자와 구성원 간 커뮤니케이션과
피드백 루트가 제대로 이행되지 않을 경우, 조직구성원은 적절한 평가를 받기 어
렵게 되고, 성과저하와 조직의 효율성 감소로 이어지는 악순환의 고리가 형성된
다(Buck, & Morrow, 2018). 지금까지의 인공지능 기술은 농기구, 공장 로봇, 음성
메일 등 대체로 숙련도가 낮은 노동자들을 대체해 왔지만, 최근에는 화이트칼라
전문가들을 위협하고 있다. 컴퓨터 과학자들은 거의 모든 작업을 스스로 수행할
수 있는 기계를 만들고, 심지어 음악 작곡과 같은 인지적 영역까지 침범하고 있
다. 이러한 현상은 공공부문도 예외가 아니다.

미 노동통계국은 2024년까지 정부의 일자리 감소가 거의 없을 것으로 전망하고
있지만, 영국의 경우 2030년까지 공공부문의 일자리 18%가 자동화될 수 있다는 비
관적인 보고서도 존재한다.[14] 1980년대 레이건 정부의 디지털 지도(Geographic
Information Systems: GIS) 전환작업은 초기에는 상당한 저항이 있었지만, 이제는
완전히 새로운 형태의 직업군으로 재탄생하였다. 과거의 지도 제작자에게는 지형
사진을 해석하고 입체적 형태로 표현하는 기술이 필요했다면, 디지털 지도 제작
자의 주요 업무는 공간자료의 입력으로 전환되었다. 이러한 과거의 경험을 토대
로 인공지능기술의 도입으로 인한 미래정부의 업무전환 과정을 추론해 볼 수 있

---

14 적절한 투자와 지원으로 AI가 향후 5-7년 안에 정부 노동력의 30%를 자유롭게 할 수 있을 것
   이다. AI에 대한 투자를 최소한으로 줄이면 전체 노동 시간의 2-4%밖에 절약되지 않을 것이다
   (Deloitte, 2016.10.25.).

다. 앞으로 몇 년 안에 인공지능기술은 정부업무의 대부분을 재편할 것이다. 사실, 유럽 일부 국가에서는 이미 인공지능기술을 활용한 서비스를 시작하였다. 노르웨이 자동화 회사인 Buddy Mobility는 국가 우편 서비스인 Posten-Norgen과 제휴하여 우편배달 마지막 단계에서 배달 봇(delivery bots)을 사용하고 있다. 바퀴 달린 상자처럼 봇은 시속 6km로 이동하면서 하루 100여 명의 수신자에게 소포를 배달한다. 우편 봇은 모바일 앱을 통해 패키지 수신자에게 알림을 보내며, 수신자는 봇의 서랍을 열어 우편물을 회수한다. 독일 국가우편국도 PostBOT을 도입했지만 이는 우편 노동자를 대체하기 위한 것이 아니라, 일손을 줄이고 현장에서 그들을 돕기 위한 것이라고 알려져 있다(Eggers, O'Leary, & Datar, 2019, p. 5). 아래 사진에서 보듯이 노르웨이는 사람을 대체한 인공지능 로봇이고, 독일은 사람과 협업하는 캐리어 형태이다.

그림 7   노르웨이 배달 봇 & 독일 포스트 봇

자료: https://techthelead.com/robots-are-about -to-start-delivering-mail-in-norway/

자료: https://steemhunt.com/tag/automation/@fk nmayhem/postbot-german-mail-couriers -need-not-carry-mail-anymore

고도의 자동화 및 인지기술은 정부의 업무처리 방식에 새로운 기술적용을 가능하게 함으로써 주민들을 위해 더 많은 가치를 창출하고 나아가 공직자들의 직무만족도를 높이는 데 도움을 줄 수 있다. 또한 적용범위의 확장으로 조직 내외에서 다양한 역량의 인재풀을 확충하면서 업무의 영역도 확대될 것이다. 신기술을 적용한 인재채용모델은 직장과 조직의 지원(organizational supports)을 새롭게 정의하고, 직원의 복지를 향상하며, 원격작업을 포함한 물리적 작업 공간에도 영향을 미침으로써 생산성을 촉진하게 될 것이다. 즉 미래정부에 대한 낙관적인 전망은 새로운 능력의 확장 및 개선으로 더 많은 일을 할 수 있고, 비용절감, 민첩성, 속도, 질적 측면에서 더 나은 서비스를 제공할 수 있으며, 참여와 창의성, 혁신을 통해 색다른 방식으로 가치를 창조할 수 있다는 것이다.[15]

인공지능정부에서 단순노동 대부분이 자동화된다면 공무원의 일상업무는 구체적으로 어떻게 달라질까? Eggers et al.(2019, p.7)은 공무원의 일상업무는 보이지 않는 문제를 식별하고 해결하는 것으로 그 초점이 전환될 것이라고 한다. AI의 혜택을 최대한 누리려면 인간과 기계가 각자의 강점을 발휘해 서로 보완하고 지원할 수 있도록 작업방식이 설계되어야 한다. 즉, 정부는 인간이 가진 리더십, 팀워크, 창의성 및 사회성에 기계의 강점인 속도, 확장성, 지구력 및 계량(연산) 역량을 상호보완하여 인간과 기계의 시너지 효과를 창출 수 있다.

그림 8   AI의 가치 창출: 기회의 확장 & AI와 인간의 상대적 강점

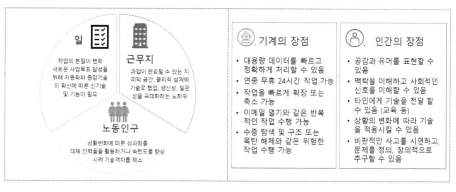

자료: Deloitte Analysis

아래는 인공지능정부에서 새롭게 대두될 직무로 알고리즘 감사자의 업무에 대한 예시이다(Eggers et al., b, 2019) 알고리즘 감사자는 알고리즘 인지기술의 결

15 Deloitte가 AI로 인한 잠재적 절감 효과를 분석한 결과 미국 연방정부는 연간 총 43억 시간 중 25% 이상의 노동시간을 확보할 수 있으며, 인지기술을 사용함으로써 잠재적으로 최대 411억 달러를 절약할 수 있는 것으로 나타났다. 또한 연방 노동자가 수행하는 가장 노동집약적인 활동 중 일부는 상당한 자동화 잠재력을 가지고 있는 것으로 분석되었다. 잠재적 자동화업무에는 정보 문서화 또는 기록, 객체 처리 및 이동, 정보 수집, 동료와의 소통 등이 포함된다(상게서, p. 6).

정과정을 파악하고, 기술의 잠재적인 부작용으로부터 시민들을 보호하기 위한 규제자로서 핵심적 역할을 한다. 알고리즘 감사자는 데이터 캡처 및 의사결정 규칙이 투명하고 공정하며 설명 가능한지 확인할 수 있도록 지원한다.

인간과 기계의 파트너십을 발전시킴에 있어 리더는 최대한 기존 직원을 활용하여 공공부문 업무를 인간중심으로 재구성해야 한다. 업무재설계의 목표는 신기술을 접목해 최종 사용자에게 더 나은 서비스를 제공하는 과정이다. 인간중심 설계는 시스템 사용자나 프로그램 고객에 대한 심도 있는 이해를 통해 양자의 필요성을 충족시키는 데 초점을 맞추고, AI를 활용해서 작업 프로세스가 어떻게 강화될 수 있는지를 파악하는 것이다(Eggers et al., p. 9).

표 7   알고리즘 감사자

업무 내용	정부는 검사에서 사회보장 프로그램 적용에 이르기까지 다양한 결정을 위해 알고리즘을 사용하지만 일부 알고리즘은 특정 인종, 성별, 계층에 가중치를 두는 것으로 밝혀졌다. 또한 알고리즘 모델이 왜 특정한 권고안을 제시하는지 개발자들도 알 수 없을 정도로 복잡한 모델도 있다. 이러한 문제는 데이터 프라이버시 문제와 함께 공공 부문에서 알고리즘 감사자 역할의 필요성을 만들어냈다. 알고리즘 감사관은 알고리즘이 시민의 일상생활에 어떤 영향을 미칠 수 있는지에 대한 심층적 이해와 함께 윤리와 공정성에 대한 지식을 갖고 있다. 이들은 데이터 과학 팀 및 외부 회사와 협력하여 알고리즘을 검토하여 투명하고 공정하며 설명 가능한지 확인한다. 그리고 인공지능(AI) 알고리즘의 결과와 이해관계자들이 연관되어 있는지, 기초데이터가 편견을 내재하고 있는지를 확인하기 위해 다양한 도구를 사용한다. 모델의 공정성을 판단하기 위해 감사인은 블랙박스 문제, 알고리즘 편향, 프라이버시 보호 및 불법 차별에 대한 점검 등 정기적인 검토작업을 수행한다. 알고리즘 감사인은 문제를 식별하는 것 외에도 보다 윤리적이고 이해하기 쉬운 모델을 만들기 위해 대안을 제시한다. 또한 규제·사법기관과 협력해 알고리즘이 시민들에게 악영향을 미치기 전에 예방과 시정조치를 취한다.
책임	• 윤리적 책임을 보장하기 위한 잠재적 알고리즘 위험 및 편향성 조사 • 특정 집단의 과소 또는 과대대표 여부 판단의 기초가 되는 데이터셋 검토 • 개인 정보 보호 규정 위반 여부 검토 • 데이터 알고리즘의 성능 평가. 복잡한 이해관계로 인해 내재된 편견검사 • 객관적인 제3자 검토, 알고리즘의 법적 준수 및 적절한 사용 여부 검증 • 알고리즘의 신뢰성 인증. 블랙박스 문제가 감지될 경우 교정 팀으로 전달

업무 포토폴리오	데이터검토 30%, 편견 및 오류테스트 30%, 규정 및 규정준수 검사 15%, 정기 검토, 보고 및 문서화 15%, 동료 학습 및 코칭 10%

자료: Eggers, O'Leary, & Datar(2019). Government jobs of the future, Deloitte

효과적인 작업재설계를 위해서는 부분의 확대(zooming in)와 전체의 축소(zooming out)라는 두 가지 방식의 검토가 필요하다. 전자는 정부의 업무 중 자동화를 통해 최적화될 가능성이 높은 개별 업무와 프로세스를 파악하고, 후자는 직무와 부서 및 조직 전체에 대한 업무 재설계의 큰 그림을 보면서 조직 리더가 미래의 잠재적 기회를 파악하고 장기적 관점에서 보다 나은 전략을 수립하는 데 기여할 수 있다. 우리가 논의하는 미래정부는 물리적 공간뿐만 아니라 전체 작업장의 업무처리 관행과 조직구조까지 포함된다. 최고의 직장은 휴게실, 안락의자, 여가 공간이 갖춰진 사무실이 아니라 전문적 역량개발, 경력계획지원, 원격작업이 가능한 조직이 될 것이다.

이미 다수의 민간기업들은 근로자의 성과를 최적화하기 위해 인지기술 및 행동 과학을 활용하고 있다. 이는 각 업무가 어떻게 수행되어야 하는지를 면밀히 규정함으로써 개별 직원들로부터 최대의 생산성을 높이려 했던 현대판 테일러리즘이 아니다. 오히려 창의성과 협업이 더욱 중요해지는 미래조직에서 팀의 일원으로 직원들이 성공할 수 있도록 작업 환경을 만들어주는 것이다. 미래의 부가가치는 개인 성과물의 합이 아니라 높은 성과를 내는 팀이 합해져서 만들어지기 때문이다. 좋은 농구 팀이 득점자와 패스, 수비수들의 조합을 필요로 하듯이, 높은 성과를 내는 팀은 당면한 과제에 적합한 기술의 균형이 필요하다. 따라서 훌륭한 팀을 만드는 데는 행정학의 학문적 특성인 과학(science)과 기술(art) 양자가 모두 포함된다. 공공부문 종사자는 본부 및 현장 사무실, 공항, 군사기지, 국립공원, 국제우주정거장에 이르기까지 다양한 작업 환경에서 임무를 수행한다. 어떤 공직자들은 온종일 이동하며 업무를 처리하고, 일련의 공직자들은 전통적인 사무실에서 일하는 반면, 다른 공직자들은 자신의 집이나 외진 곳에 기반을 두고 업무를 처리한다. 다양한 난관에 직면할 수 있는 현장 및 일선 근로자들에게 자동화, AI 등 신기술은 효율성과 편안함, 만족도에 긍정적인 영향을 미칠 수 있다(상게서, pp.

18-20). 따라서 공공부문 종사자들이 새로운 환경에서 필요로 하는 기술을 상시 습득할 수 있도록 지속적인 학습과 훈련이 내재화된 조직이 미래의 정부의 바람직한 모습이 될 것이다.

V. 인공지능과의 성과협업을 위한 과제

인공지능의 도입으로 인한 파급효과는 국가 경제에 상당한 영향을 미칠 것이기 때문에, 정부는 선제적으로 산업기술전략 수립, 인적자본 개발, 사회보호체계 강화, 아젠다 수립과 조정 등에서 핵심적인 역할을 해야 한다.[16] 그러나 AI의 광범위한 채택으로 앞서 나가고 있는 민간에 비해 정부의 인공지능 도입은 상대적으로 속도가 더딘 편이다. AI가 공공부문에 미칠 수 있는 영향력을 감안할 때 정부에 인공지능과 같은 신기술의 채택에 장애가 되는 진입 장벽을 이해하는 것이 중요하다(World Economic Forum, 2019). 세계경제포럼은 정부가 인공지능을 효과적으로 채택하기 위해 해결해야 하는 과제를 자료의 효율적 이용, 데이터 및 AI 기술, AI 생태계, 전통문화 그리고 조달 기제의 다섯 가지로 제시하였다.[17]

첫째, 디지털 시대의 문제는 공공과 민간을 막론하고 조직이 방대하고 다양한 데이터를 처리하고 활용하기 위해 만들어진 것이 아니라는 점이다. 대부분의 공

---

16 우선 기술 주도 생산성 증가는 대부분 디지털 기술과 연계되어 있으며, AI를 적용한 디지털 경제 전략, AI 국가전략 등 다양한 응용 전략이 가능하다. 따라서 정부는 기존 산업이 디지털과 AI 기술을 채택하고 산업생태계 주체들이 새로운 성장 영역을 모색할 수 있도록 지원해야 할 것이다. 둘째, 자동화로 인해 다수의 근로자들이 생애 여러 개의 직업을 갖는 상황에 처할 수 있다. 이러한 채용패턴은 향후 직업교육이 평생과정으로 이어질 것을 의미하기 때문에 정부는 직무전환 과정의 설계와 조정에 대한 책임자로서 인적자본 재개발에 필요한 교육인프라를 준비해야 할 것이다. 셋째, 자동화로 인한 직장과 고용 형태가 임금 격차를 줄이고, 자동화의 혜택을 받지 못하는 사람들에게 더 많은 지원을 제공하는 등 사회보장체계를 강화해야 할 것이다. 마지막으로 정부는 이해당사자를 한자리에 모아 앞으로 나아가야 할 방향에 대해 논의하고 갈등을 조정하기 위한 노력을 해야 한다. 자동화에 대한 공통의 이해를 얻기 위해 정부는 부처 간 기관 간, 감독 또는 운영 능력이 필요하다(Dondi M., Hieronimus S., Klier J., Puskas P., Schmautzer D. and Schubert J., 2020).

17 이하의 다섯 가지 도전과제는 세계경제포럼에서 제시된 "5 challenges for government adoption of AI"의 내용을 요약하였다(https://www.weforum.org/agenda/2019/08/artificial-intelligence-government-public-sector/).

공조직은 보유 데이터와 데이터 인프라를 포함하는 데이터 자산에 대한 이해도가 초보적인 수준이다. 따라서 조직 내에 얼마나 많은 데이터베이스가 존재하는지, 데이터베이스에 어떤 정보가 포함되어 있는지, 그리고 데이터를 수집하는 방법 등과 같은 기본적인 정보를 파악하려는 노력이 필요하다.

둘째, 정부조직은 AI와 데이터 관리 능력이 충분하지 않다. 데이터 관리에 대한 학습 곡선은 비교적 쉽게 극복할 수 있지만, AI 솔루션 개발과 같은 기술 습득은 훨씬 난이도가 높다. 부서장, 정책설계자, 조달담당자 등 비기술적 직무에 종사하는 인력은 데이터나 AI에 대한 이해도가 높지 않기 때문에 유능한 AI 인재를 확보하지 못한다면 공공기관의 AI 솔루션 구축과 운영 능력은 제한될 수밖에 없다. 고급 AI 인재를 유치하기 위해 예산 규모가 한정된 정부조직의 경우 우수한 인재에 대한 성과보수를 강화해야 한다. 특히 AI 관련 지식을 다루는 정부 기관들은 업무의 복잡성으로 인한 기능 간 단절(Silo) 현상을 최소화하기 위해 AI 자원과 정책 입안자 등 동료들이 자주 접점을 가지며 서로의 지식을 최대한 공유하고 활용하고자 하는 노력이 필요하다.

셋째, AI 생태계는 매우 복잡하고 지속적으로 진화하고 있다. 예를 들어, 클라우드 환경은 알리바바, 아마존, 구글, 마이크로소프트가 지배하고 있으며, 이들은 세계 퍼블릭 클라우드 시장의 약 84%를 차지하고 있다. 이와는 대조적으로 기술 면에서 중량급 AI 시장은 보다 세분화되어 있으며, 소규모 업체들이 지속적으로 등장하고 있다. 딜로이트 캐나다가 분석한 2019년 연구에서 800개 이상의 AI 기업이 확인되었고, 이 중 과반수가 50명 미만이며, 최근 5년간 50% 이상이 새로 설립됐다. 이렇게 급변하는 환경은 잠재적 AI 고객들을 혼란스럽게 만들 수 있고 시장에 대한 정확한 조망도 어려울 수 있다. AI 업계에서 플레이어들의 다양성은 여러 지역에서 동시에 수많은 AI 기업이 창업한 데서 비롯된다. 그러나 정부는 협력 경험이 전무하고 대형 프로젝트에 대한 확장이 어려운 소규모, 신규 조직 내부에 상당한 정도의 AI 노하우가 있다는 점에 주목해야 한다. 정부는 이러한 신규업체들이 시장에 정착할 수 있는 방법을 모색해야 하며, 그들의 전문성을 적극 활용하고, 지역 경제에 기여할 수 있는 AI 산업 거점의 성장을 촉진할 필요가 있다.

넷째, 공공부문은 전통적인 조직문화로 인해 새로운 기술을 채택하기가 쉽지 않다. 특히 정부는 부분적으로 확립된 관행과 프로세스 때문에 민간기업보다 민첩성이 떨어지는 경향이 있다. 민간의 경우 강한 실험문화가 직원들의 혁신을 장려하고 긍정적 보상을 제공하지만, 정부는 위험을 수용하는 데 소극적이다.[18] 다수의 공무원들이 금전적 보상보다는 공공봉사동기에 의해 행동하고 만족감을 느끼지만, 민첩성이 조직문화의 고유한 속성이 아니기 때문에 AI와 같은 변혁적 기술을 채택하기 어려울 수 있다.

마지막으로 알고리즘을 IP로 취급하는 등 AI는 현재의 조달 메커니즘이 다루지 않는 과제를 제시한다. 기성 알고리즘을 구매하는 정부는 라이프사이클 전체에 걸쳐 알고리즘을 이해하고 편집할 수 있기를 원하지만, AI 업체들은 이에 동의하지 않을 가능성이 높다. 게다가 공공조달 메커니즘은 일련의 복잡한 단계를 거쳐야 한다. 광범위한 약관, 입찰 응답서 제출부터 최종 결정까지의 긴 대기 시간, 당면한 도전이나 기회에 초점을 맞추는 것이 아니라 구체적인 해결책을 요구하는 제안 등이 제약점으로 작용할 수 있다. 이러한 요인들은 특히 중소기업들의 대응을 어렵게 만든다. 기술이 주요 장애물이라는 일반적인 믿음과는 달리, 기술적 도전은 당면한 과제의 일부분일 뿐이며, 공공조직에서 AI가 충분히 활용되기 위해서는 조직에 내재되어 있는 문화와 프로세스 조정이 선행되어야 한다.

VI. 인공지능: 성과혁신을 위한 도전

인공지능의 역사는 컴퓨터의 범용화 그리고 인터넷의 상용화와 함께 시작되었다고 해도 과언이 아니다. 필자가 근무했던 지능형교통시스템(Intelligent Transportation Systems) 연구소는 이미 1995년에 위성위치확인시스템(Global Positioning System: GPS)과의 교신을 통해 교통혼잡도를 파악하고 경로 변경을 운전자에게 음성으로 알려주는 기능을 자동차에 탑재하고 있었다. 필자는 이 자동차를 타고 미시간 지역을 다니며 ITS 도입에 관한 기업의 의견을 수렴하였으나, 미국 전역으로 지능

---

18 Apolitical(2017.11.4.)의 기사는 "위험에 대한 정부의 인센티브는 존재하지 않는다. 서비스 제공의 대폭적인 개선을 이뤄내어도 보상이나 승진이 더 빨라지지 않는다"고 주장한다(No risk, no innovation: the double-bind for the public sector).

형교통시스템을 확산하기에는 비용대비 효과성 측면에서 타당성이 적어 국가적 사업은 중단하게 되었다. 그러나 당시 민간과 함께 개발하였던 내비게이션(navigation)은 상용화되었고, ITS는 2000년대 후반 공간적 규모의 경제가 작동하는 한국 도로공사에서 먼저 시행하게 되었다. 한국이 IMF로 고통받던 시기에 미국은 이미 고층빌딩이 밀집한 도시지역을 관리하기 위해 지방정부 차원에서 3D 공간정보시스템(Geographic Information System) 도입에 대한 논의가 본격화되었다. 벌써 20여 년 전의 일이다. 민간기업 전문가는 대부분 영역에서 AI의 도입은 기술의 문제가 아니라 단가를 낮추어 상용화를 할 것인지 의사결정의 문제라고 한다. 이제 우리정부도 2000년 이후 도입했다가 탁상 아래 묻어둔 정보기반 성과관리시스템을 AI기술과 어떻게 접목할지, 그리고 어디까지 활용할지에 대해 결정할 시기라고 본다. 정치학의 구루인 Inglehart(2018)는 실리콘밸리의 불균형한 사회구조가 전 세계의 미래가 될 수 있음을 경고하였다.[19] 인공지능사회에 대한 비관적 전망이 Inglehart 교수의 이념적 기우에 불과할까. 위기는 기회의 또 다른 얼굴이다. 이제 정부는 인공지능과 손잡고 생산성 향상과 서비스 품질 개선뿐만 아니라 새로운 일자리와 서비스 창출을 위한 전략을 과감하게 실행해 나가야 할 시점이다.

---

[19] 인공지능이 사람을 대체하면서 규제되지 않은 시장의 소수 세력이 경제를 지배하는 반면 대다수는 정원사, 웨이터, 유모, 미용사 등 실리콘밸리의 갑부를 위해 일하는 노동자로 전락할 수 있다는 것이다(Inglehart. 2018, p. 159).

참고문헌

[국내문헌]

국경완. (2019). 인공지능 기술 및 산업 분야별 적용 사례. 주간기술동향, 정보통신기
    획평가원, 17-27.

국회예산정책처. (2020). 4차산업혁명에 따른 조세환경 변화와 정책과제.

권천조·이용수. (2008). 우정사업의 뉴-ERP시스템 구축 현황. 우정정보, 74: 1-22.

박순애 외. (2017). 「공공부문의 성과측정과 관리」. 문우사, 2017.

박순애 외. (2020). 행정환경 변화에 따른 정부기능 수행체계 발전방안, 한국행정학회.

산업통상자원부. (2019). 블록체인 규제개선연구반 내부자료.

유성민. (2019). AI와 블록체인 융합이 추세인 이유, 사이언스타임즈, 2019.12.11.

이종석. (2007). 전사적 자원관리의 발전과정과 발전방향 제안. 한국정보기술과학논문
    집, 193-199.

장원석·이창국·박상윤. (2007). 공공분야에서의 효과적인 Risk 관리를 위한 ERM 적
    용 프레임워크 수립에 관한 연구. Entrue Journal of Information Technology,
    6(1): 7-20.

조동성·신철호. (1996). 14가지 경영혁신기법의 통합모델. 아이비에스컨설팅그룹.

한국고용정보원. (2016.10.25.). 직업인 44.7% "4차 산업혁명으로 내 직업 일자리 감
    소할 것". 보도자료.

한국정보통신기술협회. (2016.12.20). ICT 시사상식 2017.

행정자치부. (2005). 일하는 방식 혁신포럼. 간편한 업무 프로세스 재설계(BPR) 매뉴얼.

[해외문헌]

Buchholz, S. (2020). Tech Trends 2020: Peering through the lens of government.
    Deloitte.

Buck, B., & Morrow, J. (2018). AI, performance management and engagement:
    keeping your best their best. *Strategic HR Review*. 17(5): 261-262.

Dondi M., Hieronimus S., Klier J., Puskas P., Schmautzer D. and Schubert J.
    (2020). A government blueprint to adapt the ecosystem to the future work.
    McKinsey & Company, February 7, 2020.

Eggers, W., O'Leary, J., & Datar, A. (2019). Government jobs of the future, *Deloitte*, 1-30.

Frey, C. B., & Osborne, M. A. (2017). The future of employment: How susceptible are jobs to computerisation?, *Technological Forecasting and Social Change*, Volume 114: 254-280.

Government Digital Service (2020). A guide to using artificial intelligence in the public sector. UK.gov, Published January 2020. 1-48.

PWC. (2018). The macroeconomic impact of artificial intelligence, 1-78.

IMF. (2017). World Economic Outlook, April 2017: Gaining Momentum?

Inglehart, R. (2018). Cultural Evolution: People's Motivations are Changing, and Reshaping the World. 144-160.

Viechnicki P. & Eggers W. (2017). How much time and money can AI save government?. Deloitte.

Wirtz, B. W., Weyerer, J. C., & Geyer, C. (2019). Artificial intelligence and the public sector—Applications and challenges. *International Journal of Public Administration*, 42(7), 596-615.

[인터넷 자료]

Allison, I. (2019). 마이크로소프트가 시도하는 블록체인과 AI의 결합은?. 한겨레. 2019.12.09., http://www.coindeskkorea.com/news/articleList.html?page=2&total=78&box_idxno=&sc_day=365&sc_word=Ian+Allison&sc_area=I&view_type=sm&sc_order_by=E

Apolitical. (2017.11.4.). No risk, no innovation: the double-bind for the public sector, Apolitical, 2017.11.4. https://apolitical.co/en/solution_article/no-risk-no-innovation-double-bind-public-sector

Deloitte: Automation set to transform public services. 25 October 2016. https://www2.deloitte.com/uk/en/pages/press-releases/articles/automation-set-to-transform-public-services.html

e-나라지표, https://www.index.go.kr/potal/main/EachDtlPageDetail.do?idx_cd=1027

PostBOT. (2018. 08. 21.). German mail couriers need not carry mail anymore. https://steemhunt.com/tag/automation/@fknmayhem/postbot-german-mail-couriers-need-not-carry-mail-anymore

Techlead. (2018.11.02.). Robots Are About To Start Delivering Mail In Norway. https://techthelead.com/robots-are-about-to-start-delivering-mail-in-norway/

World Economic Forum. (2019. 08.). 5 challenges for government adoption of AI. https://www.weforum.org/agenda/2019/08/artificial-intelligence-government-public-sector/

국민일보. (2020.11.11.). 알리바바 미디어센터서 본 11 · 11 쇼핑축제. http://news.kmib.co.kr/article/view.asp?arcid=0015208129&code=61131811

김은. (2019). [시론] 스마트팩토리, 기술 그 너머를 봐야. 한국경제 오피니언. 2019.11.27.

뉴스1. (2020.07.30.). 삼성전자, 글로벌 상장사 '시총 랭킹' 21위…韓 기업 유일. https://www.news1.kr/articles/?4010762

대한민국 정책브리핑. (2018.06.). [웹진] 인공지능 시대, 우리나라의 R&D 전략은?. https://www.msit.go.kr/webzine/index.do?webzineCd=wz-2018528155100

대한민국 정책브리핑. (2019.06.27.). 다이어트, 인공지능과 함께해요!. 산업통상자원부. https://www.korea.kr/news/visualNewsView.do?newsId=148862102

대한민국 정책브리핑. (2019.07.23.). 인공지능으로 디지털 성범죄 영상물 유포 막는다. 과학기술정보통신부. https://www.korea.kr/news/policyNewsView.do?newsId=148862959&call_from=naver_news

매일경제. (2019.11.13.). 아이다스 獨스마트공장 4년 실험 접고……다시 중국행. https://www.mk.co.kr/news/world/view/2019/11/940560/

연합뉴스. (2016.10.24.). 직업인 절반 '인공지능·첨단기술로 내 직종 일자리 감소. https://www.yna.co.kr/view/AKR20161024045000004

전자신문. (2018.12.23.). AI가 최적 공무원 추천 인사처, AI 기반 인사지원 플랫폼 시범 서비스. https://www.etnews.com/20181223000031

정책위키. 인공지능, https://www.korea.kr/special/policyCurationView.do?newsId=148868542

지능정보사회의 공공부문 회계감사[*]

김봉환(서울대학교 행정대학원)

I. 서 론

　우리나라는 1997년 재정위기 이후 국가 및 지방자치단체의 투명하고 건전한 재정운영과 관리를 위해 2007년 국가회계법이 제정되어 2009년도부터 발생주의·복식부기 시스템에 의해 재무제표를 작성하고 있다. 발생주의·복식부기 시스템을 도입한 지 10년이 지났지만, 2019년 국가재무제표의 감사원 수정사항은 16조 5천억 원, 전기오류수정손익은 6조 9천억 원으로 국가재무제표의 오류는 23조 4천억 원에 이른다. 이러한 오류가 발생하는 이유는 놀랍게도 자산관리 미흡, 회계 전문성 부재, 단순 실수 등으로 인해 발생하고 있다(김종일, 2020).『국가회계법』제1조 국가회계의 목적은 국가회계를 투명하게 처리하고, 재정에 관한 유용한 정보를 생산·제공하는 것이다. 국가 및 지방자치단체의 투명한 재정운영과 관리를 위해 도입한 국가회계제도가 그 목적에 맞게 자리 잡고 있는지 의문이다.

　2001년 엔론사태에서 아서앤더슨 회계법인이 파산한 사례는 회계감사인의 막중한 책임을 보여주는 대표적 사례라고 볼 수 있다. 이러한 경험을 통해 글로벌 회계법인은 감사위험을 회피하고 높은 감사품질을 확보하기 위해 새로운 감사기법에 대한 투자와 품질 관리시스템을 강화하고 있다. 그들은 KPMG의 Clara, Pwc의 Aura, Connect, Halo, 딜로이트의 Argus & Optix 등과 같은 인공지능을 활용한 감사 시스템을 도입하였으며, 기업의 방대한 자료를 정리·분류하여 실시간 회계감사에 활용하고 있다. 한편, 우리나라 회계감사시장도 감사분석에 빅데이터를

---

[*] 본 글은 감사논집 제36호에 게재예정인 "지능정보사회의 공공부문 회계감사"논문을 편집하였다.

활용하고 있으며, 빅데이터를 빠르게 분석할 수 있는 인공지능기술의 발전으로 100% 전수조사를 통한 감사 및 상시감사가 효율적으로 실행가능하게 되었다(조진삼 외, 2018). 기업회계분야에서 축적된 인공지능 감사시스템은 복식부기회계제도를 도입한 공공부문에서도 적용 가능할 것이다. 그러나 아직까지 공공부문 회계 분야에서 인공지능을 활용한 감사방안에 대한 논의는 전무한 상황이다.

한편, 우리나라의 공공부문의 재무제표 오류는 지속적으로 증가하고 있으며, 공공부문의 회계품질 및 감사시스템은 아직 선진국의 수준에 못미치는 것으로 파악된다(김경호, 2014; 김이배, 2018). 그리고 국가 및 지방자치단체의 감사 영역은 회계감사인의 활동영역에서 차지하는 비중이 높지 않기 때문에 회계법인에서는 기업회계 수준으로 국가 및 지방자치단체의 감사품질을 높이려는 시도는 제한적이다. 따라서 본 논문은 공공부문의 회계품질 및 회계정보의 신뢰성을 제고할 방안으로 공공부문의 인공지능 회계감사 효율화 방안을 모색하고 이를 위한 데이터 구축 및 통합에 대한 방안을 논의해 보고자 한다.

본 논문은 다음과 같이 구성되어 있다. 제2장에서는 인공지능의 개념과 정부와 지방자치단체의 감사제도 및 인공지능과 회계감사분야의 선행연구를 고찰하고 제3장에서 인공지능 도입 논의를 위한 현황을 제시한다. 제4장에서는 인공지능을 활용한 공공부문 회계감사 방안을 제안하고 제5장에서는 연구결과의 요약과 시사점을 제시한다.

II. 이론적 배경

1. 인공지능의 개념과 행정에서의 빅데이터

인공지능은 인간의 학습능력과 추론능력, 지각능력, 자연언어의 이해능력 등을 컴퓨터 프로그램으로 실현한 것으로 협의로는 컴퓨터 프로그램으로 구현한 지식체계라 할 수 있다(신경식, 2017). 인공지능은 심층학습(deep learning) 기능으로 처리능력이 향상되고 상당한 시간이 소요되는 처리를 단시간에 해결할 수 있다.

인공지능은 자율주행, 의료, 업무지원, 금융, 교육 마케팅 환경, 안보, 군사 등 다양한 분야에서 활용하고 있다(육근효, 2019). 특히 회계·재정 분야에서는 빅데이터의 분석과 활용이 촉진되어 단시간 내에 분석을 가능케 하며, 그 결과를 경영전략에 활용하고 있는 상황이다(육근효, 2019).

인공지능시대를 급격하게 변화시킨 가장 중요한 동력은 빅데이터의 출현이라 할 수 있고, 인공지능 기술에서 빅데이터에 대한 논의는 매우 중요하다(Bauguess, 2016; 2017). 빅데이터는 기존 방식으로 수집·저장·관리·분석하는 데이터베이스의 소프트웨어의 역량을 넘어선 대규모 데이터셋(dataset)을 의미한다(Mckinsey, 2011; 이재호, 2013; 권오성, 2014; 박훈, 2002). 빅데이터의 정의는 데이터셋의 크기나 소프트웨어, 분야 및 학자에 따라 다양하게 정의되고 있다(Mckinsey, 2011). 한국정보화진흥원(2012)은 "눈에 보이는 물리적 하드웨어뿐 아니라 소프트웨어까지 포함하는 모든 과정을 다루는 플랫폼"이라 하였고, 이재호(2013)는 "빅데이터를 미래예측, 위험감소, 생산성 제고에 활용되는 정형데이터와 비정형데이터를 포함하는 모든 자료"로 정의하였다. 이처럼 빅데이터에 대한 정의는 데이터의 정의나 크기뿐 아니라, 자료의 활용과 가치창출에 이르는 모든 과정을 포괄하고 있다.

김선영(2020)은 행정학에서 빅데이터의 활용에 대한 고찰을 통해 빅데이터가 공공부문에 기여하는 효과를 연구하였는데, 이 연구는 "공공부문에서 빅데이터의 활용은 모델링을 가능케 하여 정책결정과 정책당사자들의 조사과정을 구조화할 수 있게 도움을 주며(Gil-Garcia et al., 2018), 특정 사회의 현상, 소비자선택, 교통, 질병 같은 사회적 현상뿐만 아니라 재정 회계분야의 시시각각 생산되는 데이터를 통한 예측을 가능하게 한다(George et al., 2014)"고 하였다. 그뿐만 아니라 김선영(2020)은 "행정부의 자동화 시스템은 실시간 수집되고 즉각적으로 활용됨으로써 행정의 투명성을 기대할 수 있다"고 주장하였다. 따라서 공공부분에서의 빅데이터의 활용은 데이터에 기반한 국가미래전략 수립에 도움이 되고, 빅테이터의 활용으로 효율화를 달성하여 사회적 비용을 감소시킬 것으로 기대한다. 또한 국민맞춤형 공공서비스를 제공함으로써 국민만족을 충족시킬 수 있으며 부가가치 창출이 가능할 것이다.

2. 정부와 지방자치단체의 감사제도

1) 공공부문의 감사제도

감사(監査, audit) 제도는 시대와 국가에 따라 형태 및 운영의 차이를 보이고, 조직의 목적이나 책임성, 가치의 변화에 따라 다양한 견해가 존재한다(라영재, 2015). 민간에서는 기업의 지배구조차원에서 감사가 논의되고 있으며, 다양한 시장참여자들의 요구와 목적에 따라 발전해 왔다. 공공부문에서도 조직체계, 정책 및 사업의 집행, 업무 등에 회계책임성과 투명성을 제고하기 위해 공공감사(公共監査, public audit) 기능이 강화되고 있다.

『헌법』 제97조는 국가의 세입·세출의 결산, 국가 및 법률이 정한 단체의 회계검사와 행정기관 및 공무원의 직무에 관한 감찰을 하기 위하여 대통령 소속하에 감사원을 두도록 하고 있다. 즉, 감사원은 공공부문의 회계검사와 행정기관 및 공무원의 직무감찰을 위해 존재한다. 여기에서 직무감찰은 행정기관 및 지방자치단체 등의 사무 그리고 공무원의 직무와 관련된 행위에 대해 조사 및 평가하는 방법으로 법령·제도상 또는 행정상의 모순이나 문제점을 발견하여 시정·개선하는 것을 의미하며, 행정사무감찰과, 공무원 등의 위법, 부당 행위를 적발하여 바로잡기 위한 대인감찰로 구분할 수 있다. 여기에서 회계검사는 행정부 내부통제를 통해 국가재정집행의 합법성 및 회계처리의 적정성에 대한 검사를 하는 것이며, 예산을 목적에 맞게 지출되었는지, 예산집행이 적정성 및 합법성을 확보하고 있는지 검토하는 기능이다(심재영 외, 2019).

공공부문도 민간부문과 마찬가지로 회계의 책임성과 투명성을 확보하기 위해 적정한 내부통제의 유지, 회계 정보의 공시 및 제3자에 의한 감사가 필요하다. 현대에는 행정부 역할의 다양화, 효율성 국민(주민)의 회계책임성 요구 등으로 성과감사가 보편화되면서 감사의 영역이 점차 넓어지고 있다. 국가마다 기능 면에서 차이가 있으나 대부분 독립된 회계검사원 또는 감사기관을 설치해 국가의 세입·세출에 대한 결산 및 국가기관과 지방자치단체나 공공단체의 회계검사를 실시하고 있다(심재영 외, 2019). 우리나라의 공공부문은 공공기관에서는 회계감사, 중앙

정부는 회계검사, 지방자치단체는 검토제도가 수행되고 있다. 여기에서 중앙정부
는 복식부기·발생기준 회계제도 도입 이후에도 과거의 검사제도를 사용하고 있
는데 내부통제 및 감사의견제시에 있어서 감사제도에는 미치지 못하는 수준이다
(김이배, 2018). 각 분야의 제도를 비교 분석하면 다음과 같다.

(1) 중앙정부의 회계검사

중앙정부는 회계검사를 통해 재무제표의 주요내용을 설명한다. 중앙정부의 재
무제표 검사는 정부에서 작성하여 제출한 재무제표가 국가회계기준 및 준칙 등에
따라 적정하게 작성되었는지를 확인하고, 발견된 회계오류 사항 등을 반영하여
재무제표를 최종확정하는 과정이다(양은전·김경만, 2012). 재무제표의 검사는 재
정상태표, 재정운영표, 순자산변동표, 주석 등이 『국가회계기준에 관한 규칙』 등
에 따라 적정하게 작성되었는가를 확인하고 오류를 지적하는 것이다. 한편, 감사
원의 국가결산검사 시 재무제표에 영향을 미치는 중요한 법규 및 예산집행의 위
법사항 여부는 확인하되, 내부통제는 포함시키지 않고 있다(김이배, 2018).

법률에 의하면 『헌법』 제99조 '감사원은 세입·세출의 결산을 매년 검사하여
대통령과 차년도 국회에 그 결과를 보고하여야 한다', 『감사원법』 제21조 '감사원
은 회계검사의 결과에 따라 국가의 세입·세출의 결산을 확인한다', 『국가재정법』
제60조 '감사원은 제59조에 따라 제출된 국가결산보고서를 검사하고 그 보고서를
다음 연도 5월 20일까지 기획재정부 장관에게 송부하여야 한다'라고 명시되어 있
다. 이는 국가의 결산 및 회계검사의 권한과 책임은 감사원에 부여되어 있음을 의
미한다. 즉, 국가재무제표는 국가 결산보고서에 포함되므로 회계감사의 법적 책
임은 감사원에 귀결된다(김경호, 2010; 김이배, 2018). 이때 감사원은 민간처럼 감사
의견을 제시하지는 않고 재무제표의 주요 내용을 설명한다.

한편, 감사원의 결산검사 업무는 내부통제 평가검사, 재무제표 전환검사, 계정
과목별 입증검사, 주요 자산 및 부채 실사 등의 업무로 구분되어 있다. 감사원은
재무제표 검사 시 재무제표 결산검사를 위한 T/F를 감사원 내부인력과 재무회계
의 전문성과 경험을 보유한 회계법인을 검사보조책임자로 선정하여 구성 및 운영
하고 있다.

(2) 지방자치단체의 결산검사

결산은 예산과정의 마지막 단계로 1회계연도의 세입세출예산의 집행실적을 확정된 계수로 표시하는 행위이며, 지방자치단체 결산은 세입예산, 징수, 수납, 세출예산, 예산배정 및 원인행위, 지출 등 예산의 집행내용을 기록하는 예산회계 결산(세입세출결산)과 발생주의 회계원리에 따라 자산·부채, 수익·비용 등을 기록 보고하는 재무회계 결산(재무제표)으로 이원화되어 있다(행정안전부, 2020). 결산심사·승인은 심의·의결된 예산대로, 즉 의회의 의도대로 예산을 집행하였는가를 규명하는 사후적 재정 감독수단이며, 결산검사위원은 결산서가 장부와 증빙을 제대로 갖추고 있고, 금고 등의 자금과 일치하며, 그 결과 회계는 진실하고 적정하게 처리되었는지의 여부, 회계사무가 법령 등에 따라 제대로 집행되었는지의 여부 등 엄밀한 결산검사를 통하여 지방의회의 결산승인이 적정하게 이루어질 수 있도록 지원하여야 한다(행정안전부, 2020).

지방자치단체의 결산검사는 예산회계의 결산검사와 재무제표의 결산검사로 구분되는데 지방의회가 선임한 검사위원에게 검사를 의뢰하도록 하고 있다. 이때, 지방자치단체는 『지방회계법』 제16조에 따라 지방회계기준에 따라 재무제표를 작성하고 『공인회계사법』에 따른 공인회계사의 검토의견을 첨부해야 한다. 여기에서 공인회계사의 검토는 지방자치단체 재무제표 검토 기준에 따른 절차를 검토인이 수행하고 재무제표가 지방회계기준 및 재무회계 운영규정에 중요하게 위배되어 표시된 점이 발견되었는지의 여부를 보고하는 것이다.

지방자치단체의 장은 출납폐쇄 후 80일 이내에 결산서와 증빙서류를 작성하고, 지방의회가 선임한 검사위원의 검사의견서를 첨부해 의회에 제출해 지방의회의 승인을 얻어야 한다. 한편, 지방의회가 선임한 검사위원은 보통 의원, 전직 공무원과 공인회계사 및 세무사로 구성되어 있으나 전문성 및 독립성이 높지 않아 실질적 역할을 기대하기는 어렵다(김이배, 2018).

(3) 공공기관의 회계감사

공공기관은 『공공기관의 운영에 관한 법률』 제43조에 따라 회계연도가 종료된 때에는 지체 없이 그 회계연도의 결산서를 작성하고,『감사원규칙』으로 정하는 바에 따라『공인회계사법』제23조에 따른 회계법인이나『주식회사 등의 외부감사에 관한 법률』제2조에 따른 감사반의 회계감사를 받아야 한다. 그리고 다음연도 2월 말까지 공기업과 준정부기관은 각각 기획재정부장관, 주무기관의 장에게 회계감사인의 감사의견을 포함한 재무제표와 부속서류를 제출해야 한다.

『공공기관의 회계감사 및 결산감사에 관한 규칙』제11조에 따르면 공기업·준정부기관에 대한 회계감사를 수행하는 감사인은 이 규칙에서 정하는 사항을 제외하고는 감사원이 규칙으로 정한『공공감사기준』등 일반적으로 인정된 감사기준에 따라 감사를 수행하여야 한다. 공공기관의 재무제표에 대한 회계감사는 재무제표 수치에 대한 신뢰성을 부여해 주는 수단으로 회계감사인선임위원회 규정 등에 의해 비교적 잘 정비되어 있다(강성조, 2017). 공공기관도 정부와 마찬가지로 회계책임성과 투명성이 요구됨에 민간기업과 마찬가지로 회계감사를 통해 회계정보에 대한 신뢰성을 부여하고 있다.

한편,『공공기관의 운영에 관한 법률』제43조 제2항에 따라 공공기관 결산검사 대상기관 중 공기업은 기획재정부장관, 준정부기관은 주무기관의 장에게 재무제표(회계감사인의 감사의견서를 포함)와 그 부속서류 등 결산서 등을 2월 말까지 제출하고 3월 말까지 승인을 받아 결산을 확정한다(감사원, 2020). 기획재정부장관과 주무기관의 장은『공공기관의 운영에 관한 법률』제43조 제3항에 따라 5월 10일까지 공공기관 결산서 등을 감사원에 제출하고 있다(감사원, 2020). 그리고 감사원은 공공기관 결산서 등을 검사하여 그 결과를 매년 7월 31일까지 기획재정부에 제출하고 있고, 기획재정부는 감사원 검사 결과를 첨부하여 공공기관 결산서 등을 매년 8월 20일까지 국회에 제출하고 있다(감사원, 2020). 따라서 감사원은 제출된 결산서 등이 관련 법령에 정한 기준대로 작성되었는지 최종 확인하여야 한다. 2019회계연도 기준으로 보면 감사원은 한국전력공사 등 총 23개 기관에 대해 수익·비용 및 자산·부채의 과대·과소 계상 여부를 중점 검토한 바 있다.

2) 공공부문 회계검사 제도 비교

공공부문의 재무제표의 신뢰성을 부여하기 위해 공공기관은 기업과 마찬가지로 독립된 감사인인 회계법인 또는 감사반의 회계감사를 받고 있고, 지방자치단체는 공인회계사 또는 회계법인의 검토를 받고 있다. 그러나 국가의 경우 회계법인을 업무보조로 활용하고 있고 감사의 주체는 감사원이다. 따라서 감사원은 국가의 재무제표에 대해서만 주체가 되는 것으로 볼 수 있으나, 『감사원법』 제22조에 따르면 감사원은 국가의 회계, 지방자치단체의 회계 등을 필요적 검사사항으로 명시하고 있어 지방자치단체 재무제표 및 공공기관의 감사도 궁극적으로는 감사원의 책임으로 귀결된다.

한편, 공공부문의 감사제도에서는 재무제표에 영향을 미치는 위법사항 여부는 확인하나 중앙정부와 지방자치단체의 경우 내부통제는 포함시키지 않고 있다. 국가 재무제표의 경우 감사의견은 제시하지 않고 재무제표의 주요내용을 설명하고 있고, 지방자치단체는 검토의 대상이 되는 정보에 중요한 왜곡이 없음을 소극적 확신의 형태로 보고서에 표시한다. 그리고 '검토(Review)'는 '검사(Audit)'와 다르며, 검토는 재무제표가 지방회계기준 및 재무회계운영 규정에 중요하게 위배되어 표시된 점이 발견되었는지의 여부를 보고하는 것을 의미한다(류상훈, 2013).

3. 인공지능과 회계감사에 관한 연구

Sutton et al.(2016)은 1990년대 후반 소강상태에 있었던 회계분야의 인공지능 연구는 전문가시스템, 인공지능, 지능시스템, 지식기반시스템순으로 연구되어 왔으며 지난 30년간 꾸준히 증가해 왔음을 보여주었다. Sutton et al.(2016)은 통합 감사지원스템(integrated audit support systems)에 인공지능 기법을 추가로 고려할 것을 제안하였다. 이를 통해 회계감사 분야에서 인공지능의 중요성이 강조되었다고 볼 수 있다. 한편, 국내 회계학 분야에서는 인공지능이 회계실무에 미치는 영향을 연구하거나(전영승, 2017; 육근효, 2019 등), 4차 산업혁명과 관련한 회계교육의 영향을 다룬 연구(강경이 외, 2019; 육근효, 2019 등)가 일부 진행된 바 있다. 그러나 국내의 감사분야에서 인공지능을 다룬 연구는 제한된 실정이다.

조진삼 외(2018)는 인공지능기술을 활용한 데이터 분석이 회계감사 시장에 적용됨에 따라 변화될 회계감사시장을 분석하였다. 그들은 인공지능으로 변화하는 회계감사시장을 살펴보기 위해 SEC(Securities and Exchange Commission)의 인공지능기술도입 동향 및 부정적발 현황, 빅데이터 분석과 감사품질 강화방안 등을 면밀하게 분석하였다. 이들은 우리나라의 감사 시장에서는 이미 빅데이터를 활용하는 단계에 있으며, 인공지능의 도입으로 100% 전수조사를 통한 상시감사가 가능하고 이에 따라 감사품질이 향상될 것이라고 기대하였다.

육근효(2019)는 인공지능 기술이 필요한 분야를 검토하고 문헌연구와 현장조사를 통해 실제 적용가능한 수준을 분석하고자 하였는데, 우리나라는 이미 '스마트 A' '얼마예요' 같은 프로그램을 바탕으로 자동으로 각종 데이터를 추출하여 재무제표를 작성하고 데이터의 오류까지 자동으로 검증할 수 있는 시스템을 갖추었으며, "인공지능 플랫폼은 사전에 프로그래밍된 규칙에 따라 인식하는 것이 아니라 기계학습 기법을 바탕으로 감사업무의 사례들로부터 학습해 정보를 보다 정확하게 인식한다"고 주장하면서 인공지능의 회계감사의 적용을 긍정적으로 바라보았다.

인공지능과 회계분야를 살펴본 상기의 연구들은 모두 기업회계관점에서 논의되었다. 공공부문에서는 다양한 빅데이터와 인공지능을 활용한 사례 그리고 향후 인공지능이 어떻게 활용될지에 관한 다수의 연구가 진행되어 왔으나(권오성 외, 2014; 전대성 외, 2017; 황종성, 2017; 김길수, 2019; 윤신희·임정재, 2019; 김선영, 2020), 공공부문 감사에서 인공지능 도입을 살펴본 연구로는 인공지능감사시스템의 법적 쟁점을 살펴본 백국흠·김일환(2017; 2018)의 연구가 유일하다. 이러한 상황에서 공공부문의 감사제도와 현재 공공부문 감사시스템의 제반 현황을 살펴보고 국가와 지방자치단체의 회계감사 효율화 방안으로 인공지능의 도입을 살펴보는 것은 공공부문의 감사효율화를 위한 첫 시발점이 될 것으로 기대한다.

III. 공공부문 회계감사의 인공지능 도입 논의

1. 도입여건

1) 기업회계감사에서의 인공지능 활용

재무회계, 회계감사 분야에서는 이미 빅데이터와 인공지능 기술을 활용하여 경영의사결정 및 모니터링의 효율화를 달성하고 있다. 재무회계 분야에서는 이미 Smart A, 경리나라와 같이 빅데이터의 처리기술과 인공지능을 도입한 프로그램 등을 통해 자동으로 거래를 수집하고 재무제표를 만들고 있으며, 나아가 데이터의 오류까지 자동으로 검증하고 있다. 이러한 기술은 회계 데이터를 정리 및 분석하고 기계학습 및 딥 러닝을 통해 자기개선(self-improvement)을 달성하고 있다(Yoon, 2020).

회계감사 분야에서는 회계법인의 외부감사품질 향상을 위해 인공지능을 활용하고 있다. 회계법인은 PwC의 'Aura, Halo and Connect', 딜로이트(Deloitte)의 'Argus & Optix' 그리고 KPMG가 IBM과 마이크로소프트와 협력해 만든 '클라라(Clara)'라는 시스템을 통해 투명하고 적시성 있는 회계감사는 물론 합병, 임대 등의 업무와 관련된 방대하고 복잡한 문서들을 읽고 추출하여 데이터를 재구성하고, 특정 산업의 수익 인식이나 가격 결정 등의 잠재적인 문제를 파악하는 데 활용하고 있는 실정이다(육근효, 2019). 이렇듯 기업 회계감사 분야에서는 인공지능을 활용하여 100% 전수조사를 통한 상시감사와 감사품질의 제고를 높이려는 노력이 이루어지고 있다. 이로써 감독기구 등 이해관계자는 기업과 그 환경에 대한 보다 효과적이고 확고한 이해를 얻을 수 있고, 감사인의 위험성 평가 및 대응의 품질을 높일 수 있다(Yoon, 2020).

머신러닝(machine learning)과 인공지능 기법을 적용한 자동화된 회계 시스템을 구축하기 위해서는 데이터의 양과 질이 매우 중요하다. 조세분야와 관리회계 분야에서 인공지능 기법을 활용한 사례도 있지만, 회계부정과 관련된 자료는 아직까지 많이 부족하고, 연구결과들은 신뢰할 수 없으며, 데이터 품질은 보장되지 않는 상황이다(Yoon, 2020). 특히 공공부문은 조직의 특수한 역할에 따라 사용하

는 시스템이 다르기 때문에 재무제표 감사에 데이터분석을 적용하기 위한 데이터
수집이 제한적이며, 공공부문 조직감사는 재무제표감사뿐만 아니라 성과감사와
같은 여러 유형의 방대한 감사를 수행하기 때문에 데이터 분석 활용이 필요하다
고 제시하였다(조진삼 외, 2018).

공공부문에서 빅데이터를 활용하여 각 부문 간 데이터를 연계하고 이를 통한
사전 예측이 가능한 수준이 되면 행정상 비효율화와 오류로 인한 손실이 감소될
것이다. 특히 빅데이터와 인공지능은 표본추출이 아닌 전수분석이 가능하고 생산
과 활용에 걸리는 시간이 빨라 실시간 정보이용이 가능하게 될 것이다. 그러므로
이러한 기술의 활용은 공공부문에서 투명성과 효율성의 제고, 정부성과의 제고,
개인별 맞춤형 서비스 제공, 부정 및 오류의 적발 그리고 경제적 효과의 창출에
도움이 될 수 있을 것이다(Mckinsey, 2011).

2) 재정데이터 구축

우리나라의 국가와 지방자치단체 회계감사는 감사원과 지방의회로 이원화되
어 있으나, 양자 모두 방대한 데이터의 활용이 필요한 작업이다. 빅데이터에 대한
논의는 인공지능의 구축과 기계학습 차원에서 매우 중요하기 때문에 본 장에서는
재정부문에서 빅데이터의 구축 현황을 살펴보고자 한다.

현재 우리나라의 국가 빅데이터 통합관리를 위한 컨트롤 체계는 행정안전부
를 중심으로 이루어지고 있고, 과학기술정보통신부에서 산·학·관·연의 다양한
빅데이터 전문센터 간의 협업 네트워킹 강화를 도모하고 있다(국토연구원·한국교
통연구원, 2018). 2013년 시행된 공공데이터의 제공 및 이용 활성화에 관한 법률
(약칭: 공공데이터법)을 근거로 공공데이터포털이 설치·운영되고 있으며, 지방재정
365와 공공데이터포털을 통해 69종 150여만 건의 지방재정정보를 구축하여 오픈
API(Open Application Program Interface) 제공방식으로 개방하고 있다.

국가가 보유하고 있는 재정회계정보는 『국가재정법』 제9조에서 공표해야 할
재정정보를 명시하고 있다. 재정회계정보를 공공정부와 민간, 기업 등에 공개하
는 것은 재정운용의 투명성을 높이고 건전한 재정을 구축하기 위한 기본이 된다
(권오성, 2014). 따라서 공공데이터포털에서는 국가중점데이터로서 통합재정정보를

제공한다. 통합재정정보는 공공데이터포털(www.data.go.kr)과 열린재정(www.op
enfiscaldata.go.kr)을 통해 제공하고 있다. 여기에서는 기획재정부의 세출/지출 예
산·결산 편성현황, 세입/수입 예·결산 편성현황, 국가채권 현황, 국고보조금 분
야별 예산현황 등을 구축·제공한다.

공공데이터포털에서 제공되고 있는 국가중점데이터인 지방재정데이터는 예산
현황, 재정여건, 부채 및 채무현황, 결산현황, 예산기준 재정지표, 채무결산현황,
세입세출운용현황, 행정운영경비현황, 공유재산 및 물품 현황, 민간지원경비현황,
지역통합재정통계현황, 지방공기업부채현황, 기금운용현황, 체납현황, 출자 및 출
연금현황, 재정성과, 채권현황 등 총 17개의 오픈 API 데이터가 제공되고 있다.
일별 세입·세출예산 운용상황 데이터 등과 같이 지자체별로 공개되어 시스템으
로는 취합·집계되지 못하는 데이터가 공공데이터포털에서 일괄 제공됨에 따라
적은 비용으로 데이터분석에 활용할 수 있기 때문에 적시성 있는 정보 제공의 가
능성을 높일 수 있다. '일별'로 제공되는 사업별 원가정보는 사업관리 및 모니터
링에 활용될 수 있고, 환경변화에 대응력을 높여 시행착오를 방지하며, 재정투융
자, 행사사업, 예산사업 등의 계획과 실제 운영을 비교 분석할 수 있고, 관리통제
및 외부감시에 있어서도 중요한 정보이다(김이배, 2017).

지방재정 공시제도는 1994년 재정운영상황 공개제도에서 시작되었다. 그리고
지방재정법 제60조에 근거하여 2006년부터 예산서와 결산서를 각 지자체의 홈페
이지를 통해 재정을 공시하고 있다. 2010년부터는 재정통합공개시스템 지방재정
365(lofin.mois.go.kr)를 통해 통합공시하고 있다. 지방자치단체의 장은 지방자치단
체의 세입·세출 예산운용상황을 주민이 인터넷 홈페이지를 통하여 세입·세출예
산 운용상황을 세부사업별로 조회할 수 있도록 해야 하며(지방재정법 제60조 제5
항), 지방재정365는 모든 자치단체 세입·세출 운용상황을 통합 공개하고 있다.

국가 및 지방자치단체뿐만 아니라 공공기관도 『공공기관 운영에 관한 법률』
제11조와 제12조에 의해 공공기관 알리오시스템(www.alio.go.kr)을 운영하고 있으
며, 국가가 특정한 사업·사무를 장려하기 위해 지원하는 국고보조금에 대한 재원
과 사업에 대한 정보는 e나라도움(www.gosims.go.kr) 플랫폼을 통해 구축 운영되
고 있다. 국가중점데이터로서 국고보조금에 대한 정보는 분야·부문별 국고보조

금 예산현황 중앙부처별 국고보조금 예산현황, 비목(목·세목)별 국고보조금 예산현황, 그리고 보조사업자 정보를 제공하고 있다.

정부는 dBrain(디지털예산회계시스템)을 운용하며 많은 양의 재정회계정보를 생산·보유·관리하고 있지만 이러한 제도적 장치에도 불구하고 공개되는 재정회계정보의 양과 질에 대한 평가는 비판적이다(권오성 외, 2014). 일반인이 이해하기 어렵고 적시성이 떨어지며, 충분한 정보를 포함하고 있지 않다는 것이다. 특히 지방자치단체에서 공시하는 재무회계정보는 성과평가, 투명성 평가 등 정책수단으로 활용하는 데 제한적인 상황이다(이효, 2013).

공공부문의 재정·회계정보가 과거 비전자적 자료의 형태로 공시되었다면, 현재에는 공공데이터포털 등을 통해 상당부분 표준화된 형태로 공시 및 제공되고 있다. 그럼에도 불구하고 현재 제공되고 있는 지방재정데이터는 예산 및 결산기준 데이터이기 때문에 빅데이터의 특성 중 방대한 양과 실시간 제공되는 속도는 충족하기 어려운 구조적 한계가 있다(안성윤, 2019).

2. 인공지능 도입의 필요성

조진삼 외(2018)의 연구에서는 "공공부문은 조직의 특수한 역할에 따라 사용하는 시스템이 다르기 때문에 재무제표감사에 데이터분석을 적용하기 위한 데이터 수집이 제한적이며, 공공부문 조직감사는 재무제표 감사 외에도 성과감사와 같은 여러 유형의 방대한 감사를 수행하기 때문에 데이터분석 활용이 필요하다"고 제시하였다. 또한 지방자치단체의 결산확인 시 증빙감사를 실시해야 하나 회계처리 건수 및 범위가 방대하기 때문에 현재의 결산검사위원의 역량으로는 전수조사가 불가능하다. 그뿐만 아니라 공공부문의 회계품질을 저해하는 다음의 제약조건으로 인한 문제가 있으며 이를 보완할 수 있는 대안이 필요한 상황이다.

1) 공공부문 결산오류의 지속적 발생

(1) 국가재무제표 결산오류

국회예산정책처(2019)의 2019 회계연도 결산 총괄분석에서 우리나라 국가재무제표의 감사원 수정사항은 지난 9년간(2011-2019) 감사원 수정사항은 119조 원, 전기오류수정손익은 81조 원에 이르며, 연도별 국가재무제표 결산검사 지적 건수는 2011년부터 2018년까지 약 960건에 달한다. 정아름·정도진(2020)은 "매 회계연도마다 반복적으로 발생하는 감사원 연례지적 사례가 전체 지적 사례의 대부분이고, 특히 2017 회계연도는 감사원의 결산검사 지적 중 98%가 과거 연례적으로 지적한 오류 유형이 차지하고 있다"고 밝히고 있다. 또한 한국조세재정연구원(2018)에 의하면 "국가재무제표 결산검사에서 지적되는 오류 중 단순 회계처리 오류에 대한 지적건수가 증가하고 있다"고 하였다.

그뿐만 아니라 2011년부터 2019년까지 국가재무제표의 오류는 지속적으로 발생하고 있는 것으로 확인되고 있다(국회예산정책처, 2019). 국가재무제표의 오류는 추정의 오류, 계정분류의 오류, 계산의 오류, 사실의 누락으로 구분할 수 있으며 대손충당금의 과소추정, 자산재평가 등 자산관리의 미비로 인하여 발생하는 것으로 조사되었다(국회예산정책처, 2019). 특히, 우리나라의 국가재무제표의 결산 오류는 전문성 부재와 단순 실수 등에 기인하므로 이러한 결과를 조기에 파악하고 수정할 수 있는 체계적인 시스템이 필요하며 자산관리를 위한 시스템과 다양한 시스템의 상호 연계가 필요한 상황이라고 볼 수 있다.

표 1 최초 재무제표 개시 이후 국가재무제표의 오류 현황

(단위: 조 원)

구분	2011	2012	2013	2014	2015	2016	2017	2018	2019	합계
감사원 수정사항	18.6	18.5	15.4	11.9	7	12.5	4.1	14.2	16.5	118.7
전기오류 수정손익	0	12.6	4.4	13.6	11.9	7.3	15.9	8.8	6.9	81.4
합계	18.6	31.1	19.8	25.5	18.9	19.8	20	23	23.4	200.1

출처: 국회예산정책처, 2019회계연도 결산 총괄분석

(2) 지방자치단체 결산오류

김주희와 정아름(2017)은 지방자치단체의 결산오류 사례를 조사 분석하였는

데, 재무회계 과목별로 보면 현금과예금과목에서 18건으로 가장 많은 오류가 검토된 것으로 조사되었고, 회계 간 전입금수익, 국고보조금수익, 일반부담금수익, 자치단체 간 부담금 수익 등 중앙과 지방자치단체 간 재원의 이전과정에서 오류가 많이 발생한다고 하였다(김주희·정아름, 2017). 일반적으로 국가 및 지방자치단체에서는 일반유형자산과 사회기반시설 등의 자산에서 오류 및 누락 등의 발생하고 있고, 특히 지방자치단체의 경우 자산 재평가가 없어 자산 가액의 신뢰성이 저하되어 있는 상황이다. 한편, 정성호(2012)는 감사원의 감사결과의 지방자치단체 회계부정 사례를 분석하였는데 기금횡령 및 사적유용, 업무추진비 등 사용 부적정, 포괄사업비 변칙운영, 부당내부거래, 적자은폐수단의 내부거래에서 회계부정이 발생함을 보였다. 이처럼 민간보다 낮은 유인에도 상당한 부정이 존재하는 바 이러한 부정을 사전에 탐지하고 예방할 수 있는 시스템이 필요할 것이다.

(3) 공공기관 결산감사

한편, 공공기관의 감사원 감사결과에서 보면 감사결과 처분요구하거나 권고·통보 등 조치한 사항은 회계분야의 경우 2013년 159건, 2014년 222건, 2015년 223건으로 나타났으나 이후 2016년 75건, 2017년 55건, 2018년 72건, 2019년 55건으로 감소하였고, 그 금액도 2013년 약 200억 수준인 데 반해 2019년은 −101만 원으로 그 금액 수준도 긍정적으로 감소한 것으로 나타났다. 그러나 이는 공공

표 2 공공기관 감사결과 처분요구

(단위: 건, 천 원)

구분		2013	2014	2015	2016	2017	2018	2019
회계분야	건수	159	222	223	75	55	72	55
	금액	19,327,800	8,168,224	1,557,458	577(−901)	8,814	712,226	−1,010
사무분야	건수	30	96	49	73	111	73	118
모범사례	건수	−	−	−	−	−	3	−
합계	건수	189	318	272	148	166	145	173

출처: 감사원의 각 회계연도의 공공기관 결산검사서를 참조하여 저자 작성

기관의 회계전문성, 감사기구의 전문성 및 독립성이 향상된 상황이라기보다는 2016년 시행된 『부정청탁 및 금품 등 수수의 금지에 관한 법률』로 인한 공직자의 부정한 금품 수수의 감소로 인한 결과로 보인다.

2019년 기준 국가재무제표의 오류는 23.4조 원으로 그 금액은 매우 중요하다고 할 수 있으며, 지방자치단체 및 공공기관의 경우에도 지속적으로 오류가 발생하고 있어 우리나라 공공부문의 회계품질의 개선이 매우 시급한 상황이라 할 수 있다. 그리고 공공부문에서 재무제표의 정확성과 신뢰성이 저해되는 상황에서 그 오류의 원인이 단순 회계처리 오류라는 사실은 우리나라 재정·회계 거버넌스의 구조적인 한계를 드러낸다고 볼 수 있다. 향후 결산검사 시 외부전문가의 활용이 단순 회계처리 오류를 찾는 데 예산이 투입되는 것은 지양되어야 할 것이다. 따라서 이러한 사회적 비효율을 줄이고 외부전문가가 전문적인 판단을 필요로 하는 부분에 대해 집중감사를 실시할 수 있도록 해야 할 것이다.

2) 회계감사제도의 부재

우리나라는 다른 선진국과는 달리 아직 회계감사제도가 아닌 회계검사 및 검토제도 수준에 머무르고 있으며, 그 결과는 외부감사인보다는 감사원의 책임으로 귀결되고 있다. 이러한 상황에서 국가 및 지방자치단체의 회계품질 확보를 위해 다양한 연구자들은 회계감사제도의 도입을 주장하고 있는 상황이다(김경호, 2014; 박성민, 2017; 김이배, 2018). 또한 박성민(2017)은 해외 사례를 제시하면서 지방자치단체의 회계감사 전담기구를 설치하거나, 뉴질랜드 모형처럼 지방자치단체 회계감사 전담기구와 외부 회계법인을 경쟁시키는 방안을 제시하고 있다. 이처럼 공공부문의 회계품질 확보를 위한 새로운 정책이 요구되고 있는 상황이다.

3) 회계공무원 인력부족

우리나라 공무원 채용시스템상 회계분야의 전문성을 갖는 인재의 확보는 거의 불가능하다고 볼 수 있다. 국가공무원 9급 시험 중에서 회계학 과목은 세무직 세무직류, 관세직 관세직류, 7급 시험은 행정직 회계직류, 세무직 세무직류, 감사직 감사직류에 포함되어 있으며, 국가공무원 5급 시험에서는 재경직류의 2차 필기시험에 선택과목으로 채택되어 실행되고 있다(김이배·정광화, 2017). 또한 지방공무원 시험의 경우 서울특별시 지방공무원 공개경쟁임용시험 중 회계학과목은 감사 7급과 지방세 9급에서 채택되어 실행되고 있다(김이배·정광화, 2017). 공무원 시험에서 회계학 지식 습득을 요한다는 점에서는 고무적이나 선택과목으로 채택되어 일반행정공무원의 회계전문성을 기대하기는 어려워 보인다.

공무원 공개경쟁임용시험의 회계학 과목의 출제범위는 기업회계에 치중되어 있어 채용과정에서 공공부문 회계의 전문성에 대한 평가는 전무하다고 볼 수 있다. 이러한 상황에서 전문성이 요구되는 직위를 지정하여 전문성의 확보와 장기근무를 가능하게 하는 전문관제도를 도입·시행하고 있다. 그러나 이마저도 순환보직이 갖는 위험을 피하기 위한 수단으로 활용되거나, 순환보직을 통한 다양한 업무를 경험한 일반행정가(generalist), 즉 일반적 공무원을 승진 시 우대하는 등의 문제로 회계의 전문화된 공무원 확보에 어려움이 있는 상황이며, 제한된 인력으로 방대한 자료의 검토 및 오류의 적발을 기대하기는 어려울 것이며 이러한 한계를 보완할 수 있는 방안이 필요하다.

4) 외부감사인력 활용 현황

(1) 감사원의 감사보조 업무

감사원의 결산검사 대상에는 제한이 있다. 현재 중앙부처의 경우 감사원의 결산검사 대상이나, 지방자치단체의 경우는 감사원의 결산검사가 아닌 결산검사위원회의 소극적 확신을 부여하고 있다. 공공기관의 경우에도 정부지분율 50% 이상인 경우에만 결산검사를 진행하고 있다. 이는 감사원 인력부족으로 인한 한계로 볼 수 있다. 현재 감사원의 재무제표 검사 시 재무제표 결산검사를 위한 T/F를 구성하여 수행하는데 이때 감사원 직원이 재무회계 분야의 전문적 지식이 있는 회계법인을 결산검사 업무보조자로 공개입찰하여 진행하고 있다.

<표 3>은 국가 재무제표 결산검사 업무보조 용역현황이다. 2011년은 복식부기·회계제도의 시행 첫 해로 재무제표 검사가 차질 없이 원활하게 진행될 수 있도록 감사원 직원 및 회계법인의 검사보조책임자가 참여한 「재무제표 검사지원

T/F」를 구성(감사원 12명, 회계법인 21명)하였으며, 「재무제표 검사지원 T/F」는 재무제표 검사의 준비, 실시, 보고과정을 총괄하는 한편 국가재무제표 검사업무를 직접 수행하였다(양은전·김경만, 2012). 특히 삼일, 삼정, 안진, 성현 회계법인이 참석하였으며, 해당 용역비로 약 38억의 예산이 투입되었다.

국가 재무제표의 업무보조는 Big 4(삼일, 삼정, 한영, 안진) 회계법인이 지속적으로 참여하고 있으며, 이정, 삼덕, 오현, 성현 회계법인이 제한적으로 참여하고 있다. 국가재무제표의 결산검사 업무보조 용역의 투찰금액은 발생주의·복식부기 제도 첫 시행인 2011년 약 38억 원 수준이었으나 점차 감소하여 2019 회계연도는 약 13억 수준으로 감소하였다. 이는 도입 초기 전문성 부재로 인하여 민간에 어느 정도 의존했으나, 다년간의 경험으로 전문성과 역량이 증가하여 민간 의존도가 감소하였음을 의미하는 것으로 볼 수 있다.

표 3 국가 재무제표 결산검사 업무보조 용역 현황

회계법인	참여(회)	투찰금액 (단위: 억 원)								
		2011	2012	2013	2014	2015	2016	2017	2018	2019
삼일	9	10.39	4.91	3.74	3.22	5.94	9.46	4.21	5.02	5
삼정	9	5.48	10.62	9.6	9.15	4.48	3.97	3.93	5.26	3.38
한영	6		3.94	2.66	3.13	2.45	2.1	4.18		
안진	5	18.24	7.04	7.57	3.21	2.94				
이정	3						1.63	1.51		2.13
삼덕	2				2.02	1.85				
오현	2								2.07	2.06
성현	1	4.11								
총합계	37	38.22	26.5	23.57	20.74	17.66	17.16	13.83	12.34	12.58

출처: 나라장터(www.g2b.go.kr), 국가재무제표 결산검사 업무보조 용역입찰 공고를 바탕으로 저자 작성

국가재무제표의 결산검사를 민간에 의존하는 것은 감사원이 전문성을 확보하기 위한 노력으로 볼 수 있지만, 독립된 감사원이 스스로 전문인력 부재를 인정하고 있는 부분일 수도 있다. 또한 회계법인이 감사현장에서 주도적 역할을 하게 되므로 업무보조가 아닌 민간위탁이 아니냐는 지적과 예산삭감에 따라 민간회계법

인의 활용은 제한될 것이다(염호열, 2013). 따라서 이러한 상황에 대응하기 위한 정책이 필요한 상황이다.

(2) 지방자치단체 검토인

강성조(2017)는 지방자치단체 재무제표 검토제도의 문제점 및 개선방안을 연구하면서 광역 및 지방자치단체의 재무제표 검토 수임과 관련한 자료를 분석하였다. 결과에 따르면 지방자치단체의 검토는 주로 로컬회계법인이 수행하고 있으며 상위 10개 회계법인이 점유하고 과점형태를 보이는 것으로 조사되었다. 또한 검토수수료는 평균적으로 수의계약금액 수준인 약 1천 8백만 원 수준으로 나타났으며, 심지어 일부 자치단체의 검토수수료는 230만 원이었다. 회계감사에 준하는 높은 수준의 확신은 아니더라도 높은 검토 품질을 위해서는 적정한 보상과 그에 따른 책임이 부여되었을 때 달성할 수 있을 것인데, 현재의 검토제도는 형식적인 절차에 의한 행위일 수 있다고 유추할 수 있다.

재무제표에서 발생하는 오류는 그 실체가 '기업'이라고 한다면 소송 등으로부터 자유로울 수 없다. 민간에서는 이러한 오류와 감사실패에 대한 위험 회피를 위해 빅데이터와 인공지능을 활용한 다양한 노력을 기울이고 있다. 따라서 정부도 상기와 같은 오류를 줄이기 위해서는 자산관리시스템 개선 및 회계처리 담당자의 교육이 선행될 필요가 있으며 조기에 이러한 오류를 발견하고 수정하여 높은 품질의 회계정보를 산출할 수 있는 시스템 마련이 필요할 것으로 보인다.

국가 및 지방자치단체에서도 복식부기 시스템을 활용하고 있지만, 회계정보 산출의 목적이나 시스템 등에서 민간회계와 정부회계는 차이점이 존재한다. 이로 인하여 공인회계사 등은 자본시장 위주로 활발하게 활동하고 있으며 공공부문의 회계전문가의 유입이 부족하다. 또한 민간회계 전문가의 공공부문 유입 시 일회성에 그치는 경우가 많고 인센티브가 높지 않은 것으로 판단된다. 따라서 민간회계 전문가를 공공부문으로 유입시키기 위한 사회적, 경제적 인센티브 개발이 요구된다. 이러한 상황에서 회계직 공무원 보강과 더불어 인공지능이 공공부문의 감사분야에 활용이 뒷받침된다면, 공공부문의 회계품질 및 투명성 강화에 도움이 될 것으로 기대된다. 따라서 감사원의 회계전문성을 갖춘 인력확충과 함께 인공지능을 통한 전수감사를 수행하게 되면 전문성과 전수감사를 수행할 수 있으며 감사원의 직무감찰 등의 범위로도 확장하여 활용성이 높아질 것으로 기대할 수 있을 것이다.

5) 회계 부정의 사전 예방의 필요성

재무제표의 감사는 작성된 재무제표가 회계기준에 따라 회계기준에 따라 적정하게 작성되었는지 확인하고 이에 대한 의견을 부여하는 것이다. 그러나 민간과 비교하여 재무제표의 작성 책임이 있는 공무원이나 단체의 장은 분식회계의 유인은 민간과 비교했을 때 낮을 것으로 예상할 수 있다. 그러나 민간회계와 비교했을 때 낮은 유인에도 불구하고 선거로 선출된 자치단체의 장이 취약한 지방재정상황에서 위법 부당한 방법으로 재원을 마련하기 위해 예·결산 분식회계를 저지를 위험에 노출될 수 있음이 지적되고 있으며(정운섭, 2018), 지방자치단체 등의 회계부정은 다양한 사례로 나타나고 있다.

재정건전성 문제가 사회적 이슈화 되고 있는 시점에서 회계부정을 통한 재정건전성의 호도는 추가적으로 심각한 문제를 유발할 가능성이 있다(정성호, 2012). 국가, 지자체, 공공부문에서의 지속적 회계부정이나 예산의 유용의 경우 사후 적발 시 해당 공무원에 대한 처벌은 가능하나 낭비 혹은 부정 사용된 재원의 회복은 불가능하다. 따라서 이를 방지하기 위해 인공지능을 활용한 실시간 감시와 사전 예방조치의 강화가 필요한데, 그 역할을 인공지능이 수행할 수 있을 것으로 기대한다.

빅데이터를 빠르게 분석할 수 있는 인공지능기술의 발전은 감사시간을 감소시켜 100% 전수조사를 통한 감사 및 상시감사가 가능하게 되고, 감사품질이 향상될 수 있을 것으로 기대된다(조진삼 외, 2018). 또한 예산집행에 대한 실시간 감사와 특이 사항 적발에 따른 부정 집행의 사전예방효과로 국가 및 지방자치단체의 재무제표의 정확성 및 신뢰성을 확보하고 나아가 국가 신인도 향상의 원동력이 될 것이다.

IV. 정책방향 및 기대효과

본 연구는 인공지능과 행정분야에서 빅데이터의 개념을 검토하고 공공부문의 회계감사 관점에서 인공지능을 활용하는 방안을 논의하고자 하였다. 이를 위하여 공공부문에서 인공지능을 도입할 수 있는 여건을 살펴보고, 공공부문 회계감사의 인공지능 도입의 필요성을 검토하였다. 본 장에서는 앞선 논의를 바탕으로 공공부문 회계 및 감사에서 인공지능 활용을 통해 공공부문의 회계품질을 제고할 수 있는 정책방향을 제시하고자 한다. 공공부문에 있어 회계품질의 제고와 인공지능 활용한 효율적인 회계감사를 가능하게 하기 위해서는 다음과 같은 시스템 및 제도적 개선이 선행되어야 할 것이다.

1. 데이터 표준화

기계학습(machine learning)과 인공지능기법을 적용한 자동화된 회계 시스템을 구축하기 위해서는 데이터의 양과 질이 매우 중요하다(Yoon, 2020). 데이터가 많을수록 연관성(association)을 파악할 수 있는 컴퓨터 알고리즘이 더욱 발전하게 되고, 파악된 연관성이 많을수록 예측의 정확성이 높아지게 된다. 현재 회계감사 시장에서 신뢰할 수 있는 데이터를 확보하는 데 제약이 있어 충분하고 적합한 감사증거 확보에 어려움이 있는 것으로 논의되고 있다(조진삼 외, 2018). 따라서 원시데이터(raw data)가 변경되지 않고 정확성과 일관성을 유지하고 있다는 데이터의 무결성을 보증하기 위해 보안(security)이 유지되어야 하며, 데이터의 신뢰성(integrity)이 확보되어 데이터 분석결과가 감사의견의 기초가 되는 결론을 뒷받침할 수 있어야 할 것이다(조진삼 외, 2018). 또한 회계정보를 산출하는 목표는 민간의 경우와 마찬가지로 국민에게 유용한 정보를 제공한다는 것에 추가하여 국가재정의 관리와 재정사업관리에 대한 성과평가 기능도 포함하고 있다(안성윤, 2019). 따라서 이러한 정보수요에 맞추어 효율을 달성하기 위해서는 재무회계정보와 평가 등 내부통제제도와의 효율적 연계가 필요하다. 그러한 연계를 위해서는 일차적으로 표준화된 데이터를 정의하고 관리해야 할 것이다.

수행되는 사업비의 지출 등에 표준화된 데이터가 정의되면 실시간 데이터가 구축되고 이를 통한 상시감사가 가능하게 될 것이다. 회기 중에 이미 단순 오류 등의 집계가 가능하고 수정 및 조치할 수 있으며, 검사의 주체는 전문적인 판단을 요하는 검사에 집중할 수 있을 것이다.

한편, 기업회계에서는 복잡한 기업의 정보를 효율적으로 교환·비교할 수 있는 기업보고용 국제표준화 언어인 XBRL(eXtensible Business Reporting Language)을 활용하고 있다. XBRL은 서로 다른 양식으로 작성된 정보를 이미지로 인식해 업로드하는 방식이 아닌 인터넷 기반의 툴에 입력한다. 이를 통해 정보이용자는 데이터를 여러 가지 형식으로 변환할 수 있으며, 실시간으로 정보를 공유할 수 있다는 장점이 있다. 현재는 재무제표 주석에 대한 표준화와 데이터화를 착수하여 진행하고 있는 상황이며, XBRL의 활용은 정보의 실시간 처리 및 보고를 통해 외부감사인은 물론 금융당국에서도 활용되어 부정적발을 실시간으로 감지할 수 있는 기능을 제공할 수 있다. 기업회계분야에서는 XBRL과 인공지능을 활용한 감사를 수행하고 있으며, 심지어 전수조사가 가능한 상황이다. 따라서 기업회계 분야의 표준데이터의 활용은 공공부문에서 벤치마킹할 수 있는 좋은 선례가 될 것이다.

2. 기술의 도입과 이를 위한 획기적인 투자

지능정보감사의 구현을 위해서는 빅데이터 분석체계 마련을 위한 데이터 표준화 계획을 수립하고, 현존하는 내·외부 데이터를 상시 그리고 직접 연계하여 분석할 수 있는 플랫폼에 대한 투자가 필요하다. 이때, 외부전문가를 통해 플랫폼 구축을 하더라도 지속적으로 관리 및 개선할 수 있는 전문기술의 수요는 계속 증가할 것이다. 그리고 지능정보감사 시스템을 활용하기 위해서는 높은 수준의 부정 및 오류 적발 성능을 유지하려면 재정회계정보의 데이터에 대한 이해와 활용 역량이 요구되며, 기계학습 알고리즘을 이해하고 원활하게 학습된 데이터를 수정할 수 있어야 한다. 또한 오류를 발견하는 기능을 위한 학습 및 예측 능력 향상을 위해 지속적인 관리가 필요할 것이다. 따라서 이를 관리 개선할 빅데이터 및 인공지능의 전문인력의 확대 및 지속적인 교육은 필수적이다. 지능형 감사 전담 TF를 구성하여 빅데이터와의 연계, 기계학습, 회계전문가로 구성된 '지능형감사팀'을 신설하여 국가재무제표뿐만 아니라 지방자치단체 나아가 지방공기업 등을 통합할 수 있는 시스템을 구축해야 한다.

3. 개별 시스템의 연계

데이터 원천(source)인 공공데이터포털에서 제공되고 있는 지방재정데이터는 정형데이터로 구성되어 있어 분석이 용이하고, 정부가 관리·제공하고 있어 다른 데이터 원천보다 질 높은 빅데이터를 구축하고 있다(안성윤, 2019). 그러나 현재 감사시스템은 감사원과 지방의회로 그 주체가 나누어져 있고, 재정회계정보는 공공데이터포털과, 열린재정, 지방재정365, 공공기관 알리오, 이나라도움 등 한곳에 연계되어 있지 않다. 현재의 재정회계정보는 외부정보공개 목적으로서는 가치가 있을 수 있지만, 사후적인 데이터로서 감사 시 적시성 있게 활용되지 못하는 한계를 갖는다.

지방재정데이터는 지자체에 소유권이 있으므로 데이터 활용에 제약이 있을 수 있다. 물론 공공데이터포털 제공으로 인해 그 문제는 완화되었다고 할 수 있으나, 지방재정데이터는 예산과 결산에 기초한 데이터라는 구조적인 문제로 인해 데이터가 연간 적재되며(안성윤, 2019), 예산과 결산 시스템에 의한 데이터로 '실시간' 연계되는 데이터의 수집 및 통합의 어려움이 있다. 따라서 상시 모니터링이 가능할 수 있도록 개별 시스템의 연계가 필수적이며, 각 기관 및 자치단체간 재정회계정보 방식을 통합하고 연계망을 구축하여 정보관리의 효율성 및 상시 모니터링 시스템을 구축하여 지능형감사를 달성할 수 있도록 해야 할 것이다. 그리고 각 정보시스템을 빅데이터 기반의 시스템으로 연계하여 감독·검사 업무를 효율적으로 수행할 수 있도록 하며, 상시 모니터링할 수 있는 데이터를 중심으로 빅데이터 시스템을 구축하고 머신러닝 등 인공지능을 적용하여 분석시스템을 고도화할 필요가 있다.

감사분야의 인공지능 도입은 그 필요성과 기대효과에도 불구하고 공공감사 분야에서 인공지능도입은 재정 회계정보의 소유권 문제, 각 부서 및 단체의 장의 기회주의적인 저항행위는 상시감사 시스템의 도입의 저해요인으로 작용할 수 있을 것이다. 공공부문의 대규모 데이터베이스 구축으로 인한 각 부서의 정보유출 및 다수의 이해관계자의 지속적인 관심으로 인한 문제가 발생할 수 있으며 새로운 변화를 거부하고자 하는 조직 문화로 인한 내부 구성원들의 혼란을 가져올 수 있다. 특히 지능정보화로 인하여 대체 또는 감소되는 민간에서의 회계전문인력은 오히려 민간회계전문가의 공공부문의 회계전문성 습득 기회 및 유인의 저하를 가져올 수도 있으며, 감사의 효율성, 및 효과성을 극대화하기 위한 감사시스템의 도입으로 인공지능에 대한 의존은 인공지능 시스템이 갖고있는 시스템 오류 등으로부터 위협이 될 수도 있다. 그러나 리얼타임, 실시간 데이터의 구축과 인공지능을 통한 전수·상시 감사는 재정회계정보의 '부정 및 오류의 사전 적발' → '수정' → '전문성을 요하는 분야의 회계감사'로 이루어지는 시스템의 구축은 회계투명성 및 국가신인도 향상을 위한 중요한 첫발이 될 것으로 기대한다.

V. 결론

회계정보의 정확성과 신뢰성은 회계감사제도가 잘 정비되어 있을 때 확보된다. 기업 회계감사 분야에서는 이미 인공지능을 활용하여 100% 전수조사를 통한 상시 감사와 감사품질의 제고를 높이려는 노력이 이루어지고 있다. 따라서 공공부문에도 인공지능 시스템이 구축되어 사용하면 감사업무 수행방식에서 원가제약, 지체 혹은 대기시간 축소 등을 통해 효율화를 도모할 수 있을 것으로 판단된다(김길수, 2019).

본 연구는 우리나라 공공부문의 회계부정과 오류의 감소, 나아가 회계품질을 개선하기 위해 빅데이터와 인공지능을 적용하는 것을 검토해 보고자 하였다. 본 논문에서 공공부문의 회계감사 방안을 살펴본 결과는 다음과 같다. 우리나라는 일반직 공무원을 우대하는 정책으로 회계직 공무원의 확보가 어렵고, 공공부문 회계의 특수성으로 외부 재무회계 전문가로부터의 도움에도 한계가 있다. 또한 국가재무제표의 결산검사시 지적되는 회계처리 오류 및 감사원의 연례지적사항은 매년 증가하고 있다. 이렇게 국가, 지자체, 공공부문에서의 지속적 회계 부정이나 예산의 유용의 경우 사후 적발 시 해당 공무원에 대한 처벌은 가능하나 낭비 혹은 부정 사용된 재원의 회복은 불가능하다. 따라서 이를 방지하기 위해 인공지능을 활용한 실시간 감시와 사전 예방조치의 강화가 필요한 상황이다.

우리나라는 공공데이터법에 의해 빅데이터를 갖출 수 있는 기반이 마련되어 있다. 따라서 첫째, 표준화된 재정회계부문의 데이터를 통합 관리하여 운영할 수 있도록 인력 및 시스템을 갖추어 적시성 있는 부정 및 회계오류를 탐지하고 결산 이전에 오류를 수정할 수 있는 시스템을 마련할 필요가 있다. 둘째, 인공지능을 통한 실시간 상시감사를 위한 거버넌스를 구축하여 시스템의 구현과 이를 관리 개선할 빅데이터 및 인공지능 전문인력의 확대가 필요하다. 셋째, 현재의 재정회계정보를 '실시간' 연계되는 데이터의 수집 및 통합을 통해 상시 모니터링이 가능할 수 있도록 개별시스템의 연계가 필수적이다.

인공지능 도입으로 인한 여러 기대효과에도 불구하고, 그 기술을 활용하는 것에는 정보의 투명한 공개에 따른 저항 및 민간 회계전문가의 공공부문의 회계전문성 습득 기회 및 유인의 저하를 가져올 수 있으며 인공지능시스템의 오류로 인한 위협이 있을 수 있다. 그러한 제약요인에도 불구하고 100% 전수조사를 통한 상시감사를 통해 회계품질, 나아가 국가신인도 향상을 위한 중요한 시발점이 될 것이다.

본 논문은 4차 산업혁명의 패러다임 변화에 대응하여 감사원 등 감사업무의 효율적 수행과 국가의 회계투명성 제고를 위하여 표준데이터를 구축을 통한 지능형 감사를 수행할 것을 제안하였다. 이를 통해 감사원은 결산 시 중요성의 관점에서 전문가의 판단이 요구되는 부분에 집중할 수 있으며, 공공부문 회계감사에의 활용은 공공부문 재정, 회계의 품질을 제고하여, 국가 및 지방자치단체 재정의 효율성과 투명성을 향상시키는 계기가 될 것으로 기대된다.

감사당국은 효율적인 인공지능 감사시스템 도입과 활용을 위해 빅데이터 분석체계 마련을 위한 데이터 표준화 계획 및 현존하는 내·외부 데이터를 적시성 있게 실시간으로 분석할 수 있는 플랫폼을 구축하고, 지능형 감사 전담 TF를 구성하여 빅데이터와의 연계, 기계학습, 회계전문가로 구성된 '지능형감사팀'을 신설하여 국가재무제표뿐만 아니라 지방자치단체 나아가 지방공기업 등을 통합할 수 있는 시스템을 구축하기를 기대한다.

참고문헌

[국내문헌]

감사원. (2020). 2019회계연도 공공기관 결산검사서.

강경이 · 조용탁 · 김혜숙. (2019). 제4차 산업혁명의 영향으로 인한 회계교육의 방향. 회계저널, 28(1), 219-238.

강성조. (2017). 지방자치단체 재무제표 검토 제도 문제점 및 개선방안. 한국지방재정공제회.

강성조 · 박희우. (2019). 지방자치단체 재무제표 검토제도 개선방안. 회계 · 세무와 감사 연구. 61(4), 167-188.

공공데이터포탈. (2019). 공공데이터포탈. DATA.GO.KR.

국토연구원 · 한국교통연구원. (2018). 국토교통 빅데이터 추진전략 및 변화관리 방안 연구. 온-나라정책연구.

국회예산정책처. (2020). 2019회계연도 결산 총괄분석.

권오성 · 이정희 · 김윤희. (2014). 재정회계정보의 빅데이터 활용방안 연구. 한국행정연구원(KIPA). 연구보고서. 2014(27), 1-321.

김경호. (2010). 정부 재무제표의 효과적 감사를 통한 신뢰성 제고 방안. 조세연구원 발표자료.

김경호. (2014). 지방자치단체 결산서에 대한 외부감사제도 도입방안. 정부회계연구. 12(2), 109-136.

김길수. (2019). 공공부문에서 인공지능 활용에 관한 연구. 한국자치행정학보. 33(1), 27-48.

김선영. (2020). 행정학을 중심으로 본 빅데이터와 경험적 현상학적 접근을 통한 빅데이터 활용 제고. 지방정부연구, 24(1), 215-240.

김이배. (2017). 정부부문의 합리적인 간접원가 배부에 관한 연구. 정부회계연구, 15(1), 21-49.

김이배. (2018). 공공부문 회계감사제도에 관한 연구. 회계와 정책연구, 23(1), 215-235.

김종일. (2018). 망가진 국가회계시스템, 6년간 결산 오류 65조원. 시사저널, 2018.11.16. http://www.sisajournal.com/news/articleView.html?idxno=178658.

김종일. (2020). 흔들리는 국가회계, 감사원 제 역할 하고 있나. 시사저널. 2020.10.23. http://www.sisajournal.com/news/articleView.html?idxno=206773.

김주희·정아름. (2017). 지방자치단체 결산오류 사례분석을 통한 결산검사제도 개선 방안 연구. 감사원 감사연구원.

라영재. (2015). 공공기관의 감사제도와 운영현황분석. 한국조세재정연구원.

류상훈. (2013). 공공기관 회계감사제도 운영방안. 감사논집, 제21호.

박성민. (2017). 지방자치단체에 회계감사 제도의 도입이 필요한가?: 거래비용의 관점에서. 지방정부연구, 21(2), 23-50.

박훈. (2020). 4차산업혁명을 고려한 세정 및 세제의 개선방안-인공지능 및 빅데이터를 중심으로. 조세와 법, 13(1), 97-125.

백국흠·김일환. (2017). 지능정보사회에서 국가감사기능의 재정립에 관한 시론적 고찰. 원광법학, 33(3), 3-25.

신경식. (2017). 분식적발을 위한 인공지능 도입방안. 한국회계학회 미래회계연구회 발표자료.

안성윤. (2019). 지방자치단체 재정재무회계정보 활용을 위한 빅데이터 구축 현황 및 개선과제. 정부회계연구, 17(3), 1-40.

안성윤·정형록. (2018). 인공지능 시대 지방회계 공무원의 업무 변화에 대한 연구. 정부회계연구, 16(2), 67-91.

양은전·김경만. (2012). 회계연도 재무제표 결산검사 결과 및 향후 검사방향. 계간감사, 115, 26-31.

염호열. (2013). 회계연도 재무제표 결산검사 결과 및 향후 검사방향. 계간감사, 119: 66-73.

육근효. (2019). 산업 4.0 시대의 관리회계 전망과 과제. 관리회계연구, 19(1), 33-57.

윤신희·임정재. (2019). 지방자치단체 빅데이터 활용전략 연구. 고양시정연구원.

이응용. (2018). 금융 생태계를 변혁하는 인공지능(AI)의 확산 및 시사점. 한국인터넷진흥원.

이재호. (2013). 정부3.0실현을 위한 빅데이터 활용방안. 기본연구과제.

이효. (2013). 지방자치단체 결산체계의 개편방안. 한국지방재정공제회, 지방재정 5호.

전대성·신승윤·정충식·김동욱. (2017). 공공부문에서 지능정보행정 구현을 위한 정책방안 도출. 한국정책학회 춘계학술발표논문집, 23-36.

전영승. (2017). 인공지능이 회계실무에 미치는 영향. 글로벌경영학회지, 14, 311-333.

정성호. (2012). 지방자치단체의 회계부정실태와 통제방안. 지방행정연구, 26(2), 135-157.

정성호. (2012). 회계부정에 대한 통제시스템의 구축방안: 천안시 사례를 중심으로. 한국행정연구, 21(2), 49-78.

정아름·정도진. (2020). 감사원 결산검사에 따른 국가재무제표 오류유형 분석 및 개선방안. 회계정보연구, 38(2), 159-185.

정운섭. (2018). 지방자치단체의 회계부정유형과 개선방안. 정부회계연구, 16(2), 37-65.

조진삼·안성윤·정운섭. (2018). 인공지능 (AI) 발전이 회계감사시장에 미치는 영향. 회계저널, 27(3), 289-330.

한국정보화진흥원. (2012). 선진국의 데이터기반 국가미래전략 추진현황과 시사점. IT & Future Strategy 제2호.

한국조세재정연구원. (2018). 2018 재무결산 오류사례 해설.

행정안전부. (2020). 2019회계연도 지방자치단체 결산작성 통합기준.

행정자치부·한국정보화진흥원. (2016). 공공 빅데이터 업무 적용 가이드. 행정안전부 공공정보정책과, 2016.12.28.

황종성. (2017). 인공지능시대의 정부: 인공지능이 어떻게 정부를 변화시킬 것인가. IT & Future Strategy 3.

[해외문헌]

Bauguess, S. W. (2016). Has big data made us lazy?. Available at: https://www.sec.gov/news/speech/bauguess-american-accounting-association-102116.html.

Bauguess, S. W. (2017). The role of big data, machine learning, and AI in assessing risks: A regulatory perspective. Available at: https://www.sec.gov/news/speech/bauguess-big-data-ai.

George, G., Haas, M. R., and Pentland, A. (2014). Big data and management. *Academy of Management Journal*, 57(2): 321-326.

Gil-Garcia, J. R., Pardo, T. A., & Luna-Reyes, L. F. (2018). *Policy analytics: Definitions, components, methods, and illustrative examples. In Policy analytics, modelling, and informatics.* 1-16. Springer, Cham.

Mckinsey Global Institute (MGI). (2011). Big Data: The next frontier for innovation, competition, and productivity. Mckinsey & Company.

Rezaee, Z. (2002). Financial statement fraud: prevention and detection. John Wiley & Sons. Sutton, S. G., Holt, M., & Arnold, V. (2016). The reports of my death are greatly exaggerated-Artificial intelligence research in accounting. *International Journal of Accounting Information Systems*, 22, 60-73.

Yoon, S. (2020). A Study on the Transformation of Accounting Based on New Technologies: Evidence from Korea. *Sustainability*, 12(20), 8669.

AI와
재정정책

김상헌(서울대학교 행정대학원)

I. 머리말

2016년 클라우스 슈바프(Klaus Schwab)가 의장으로 있는 다보스 세계경제포럼(World Economic Forum)에서 4차 산업혁명에 대한 이슈가 본격적으로 등장하였다. 4차 산업혁명 논의가 대두되는 와중에 알파고와 이세돌 간 바둑 대결이 있었으며, 최고의 인공지능(AI) 바둑프로그램과 최고의 인간 바둑 실력자 이세돌 중누가 이길지 큰 주목을 받았다. 2016년 3월 9일-15일까지 5회에 걸쳐 이세돌과알파고 간 바둑 대결이 있었으며, 알파고가 4승 1패로 승리하여 전 국민에게 충격을 안겨주었다. 알파고는 구글(Google)의 딥마인드(DeepMind Technologies Limited)가 개발한 인공지능(AI) 바둑 프로그램으로 인공지능을 본격적으로 실생활에 구체화한 프로그램으로 볼 수 있다. 이와 같이 알파고와 이세돌 간 바둑대결은 인공지능(AI)인 알파고의 승리로 인해 4차 산업혁명 도래에 대한 두려움과 이에 대비할 필요성이 있다는 것을 각인시켜준 획기적인 사건이었다.

4차 산업혁명은 정보통신 기술(ICT)의 융합으로 이루어지는 차세대 산업혁명이며, 4차 산업혁명의 핵심은 빅데이터 분석, 인공지능(AI), 로봇공학, 사물인터넷, 무인운송수단(무인 항공기, 무인 자동차), 3차원 인쇄, 나노 기술과 같은 7대 분야에서 새로운 기술 혁신이라고 할 수 있다.[1] 이 중에서도 가장 중요한 기술이'인공지능(AI)'으로 꼽힌다. 4차 산업혁명에 따라 고도의 지능화·정보화 산업이새로운 산업생태계를 구성함으로써 산업구조가 변화하여 사회·경제 전반에 큰

---

[1] 위키백과 참조.

변화를 야기할 것으로 보인다. 즉, 4차 산업혁명 시대로의 도래는 앞으로 곧 닥칠 일이며, 정치, 사회, 경제 전반에 큰 변화를 예고하고 있다.

4차 산업혁명으로 인해 예상되는 긍정적 변화는 생산성이 향상될 뿐 아니라 노동시간도 단축된다는 것이다. 이뿐만 아니라, 생산 및 유통비용이 절감되고 소득 증가 및 삶의 질을 제고할 가능성이 있다. 그러나 모든 일에는 명암이 있듯이, 이와 같은 긍정적 변화 못지않게 부정적인 변화도 수반될 것으로 보인다. 전통적으로 인간이 수행하였던 일들이 인공지능(AI)이나 로봇 등에 의해 대체됨으로써 고용구조의 변화가 나타날 것으로 보인다. 특히, 저소득·저숙련층의 일자리 감소가 클 것으로 보이며, 이는 소득불평등의 심화를 초래할 것으로 예상된다. 또한 4차 산업혁명으로 인한 경제구조의 변화는 조세환경의 변화를 야기하며, 과세대상이 되는 세원이 변화하는 것이 가장 큰 변화라고 할 수 있겠다. 일각에서는 4차 산업혁명으로 인해 로봇에 지배당하는 세상이 올지도 모른다는 막연한 불안감을 표출하기도 하였다.

이와 같이, 머지않아 도래될 4차 산업혁명 시대에 인공지능(AI)이나 로봇이 등장함으로써 사회, 경제에 큰 변화를 야기할 것으로 예상되는 바, 이에 대한 국가 재정정책의 역할은 매우 중요하다고 할 수 있다. 4차 산업혁명이 야기할 파괴적인 변화에 대응하는 것에 민간부문(시장)에만 맡겨둘 수 없다. 특히, 한국은 성장의 한계에 직면해 있으며 재정환경 역시 녹록지 않은 실정이다. 따라서 국가 차원에서 4차 산업혁명을 국가 미래 신성장동력으로 발굴할 전략을 체계적으로 마련해야 할 필요성이 있다.

본고의 목표는 4차 산업혁명 시대 도래에 따른 인공지능(AI)과 재정정책 연구를 통해 한국행정의 미래를 예견하고, 새로 변화되는 환경에 효과적으로 대응하기 위한 방안을 제시하는 것에 있다.

본고의 구성은 다음과 같다. 2장에서는 인공지능(AI)의 기반인 4차 산업혁명과 인공지능(AI)에 대해 구체적으로 살펴볼 것이다. 3장에서는 4차 산업혁명으로 인해 미래 변화가 어떻게 나타날 것인지를 제시하고자 한다. 4장에서는 인공지능(AI)에 대응하는 해외 주요국가의 정책을 살펴보고, 시사점을 도출한다. 5장에서는 한국의 인공지능 관련 정책을 살펴본다. 6장에서는 향후 인공지능(AI)에 대응하는 재정정책의 방향을 고찰하고자 하며, 7장에서는 본고의 마무리를 짓는다.

II. 4차 산업혁명 시대와 인공지능

4차 산업혁명 주요 기술은 인공지능(AI), 사물인터넷, 빅데이터, 무인운송수단, 3D 프린팅, 로봇공학 등 여러 가지가 있다. 이 중에서도 가장 중요한 기술이 '인공지능(AI)'으로 꼽힌다. 인공지능(AI)은 4차 산업혁명을 촉발하는 핵심 동력으로 볼 수 있다.[2]

혹자는 인공지능(AI)은 "더 똑똑해지려는 인간의 욕망이 빚어낸 산물이다"라고 설명한다. 인공지능(AI)은 사회의 진화 방향을 획기적으로 변화시킬 것이라고 많은 사람들이 예측하고 있다. 4차 산업혁명의 타깃이 인간을 단순히 보조하는 것을 넘어서서 인간의 몸과 두뇌를 직접 겨냥하며, 그 파급효과는 엄청날 것이라고 예측하고 있다.[3]

인공지능(AI)은 '인지, 학습 등 인간의 지적능력의 일부 또는 전체를 컴퓨터를 이용해 구현하는 지능'으로 정의된다.[4] 2000년대에 들어서면서 컴퓨팅 파워의 성장, 우수 알고리즘의 등장, 스마트폰 보급 및 네트워크 발전에 따른 데이터 축적으로 급격히 진보하였다고 할 수 있다.[5] 기계 학습, 언어·시각·청각 등 인지, 해석·상황이해 등 추론이 가능한 인공지능은 타 분야와 융합함으로써 새로운 부가가치를 창출하는 것이 특징이다.

---

2 과학기술정보통신부(2018.5.). 「I-Korea 4.0 인공지능(AI) R&D 전략」 참조.
3 김지혜 객원기자(2016.6.14.). "4차 산업혁명 핵심은 인공지능", The Science Times.
4 과학기술정보통신부(2018.5.). 「I-Korea 4.0 인공지능(AI) R&D 전략」 참조.
5 "인공지능과 국가전략(2019.11.)"을 참고하였다.

그림 1 인공지능의 활용

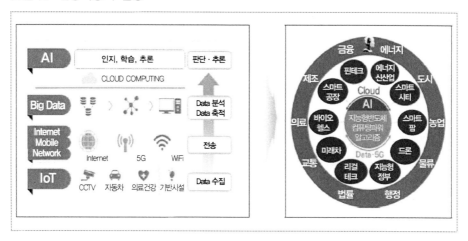

자료: 인공지능 국가전략(2019.12.)

인공지능 서비스는 모바일 등을 통한 데이터(이미지, 텍스트 등) 획득, 데이터 가공, 반복 학습을 통한 AI 모델(알고리즘) 생성 과정을 통해 서비스를 제공하게 된다.[6] AI 기술은 학습방법에 해당하는 머신러닝, 인간의 인지지능에 해당하는 시각·언어·청각기능, 인공비서의 역할을 하는 지능형 에이전트로 구성된다. 따라서 이러한 AI 서비스의 제공을 위해서 클라우드 및 GPU 기반 고성능 컴퓨터의 뒷받침이 요구된다.

인공지능(AI) 혁신의 경쟁력은 학습가능한 양질의 데이터, 고성능의 컴퓨팅, 차별화된 알고리즘의 확보에 달려 있다(장효성, 2019). 첫째, 인공지능을 학습시키기 위해서는 대량의 데이터가 필요하며, 데이터의 품질에 따라 성능이 결정되므로 양질의 데이터가 필수적이다. 둘째, 대량의 데이터를 학습하기 위해서는 고성능 컴퓨팅을 통해 고속 병렬처리가 가능해야 한다. 셋째, 서비스에 특화된 알고리즘의 확보가 매우 중요하다. 알고리즘이란 문제를 해결하기 위해 정의된 규칙과 절차의 모임으로서 프로그램 언어로 구현된다.

인공지능은 다양한 영역에서 적용될 수 있는데, 기후변화 영역에서도 적용될 수 있다(Stein, 2020). 특히, 최근 내연기관에서 전기차로의 전환을 앞두고 있고,

---

6 과학기술정보통신부(2018.5.). 「I-Korea 4.0 인공지능(AI) R&D 전략」 참조.

점점 환경의 중요성이 부각되고 있는바, 인공지능의 기후변화 영역에의 적용 가능성은 매우 큰 시사점을 준다. 또한 인공지능은 금융업 부문에서 적용됨으로써 큰 이점을 가져다주고 있다. 금융사기에 대한 대응, 더 안전한 금융환경을 조성하는 데 새로운 혁신 방안을 제시해 주고 있으며, 앞으로는 robo-advisor가 등장함으로써 금융상품을 판매하고 추천하는 데 큰 역할을 할 것으로 보인다(Golic, 2019). 이뿐만 아니라, 개인의 보험 설계 측면에서도 큰 도움을 줄 것으로 예측하고 있다.

이상과 같이 살펴볼 때, 인공지능은 혁신적이며 장점만 지니고 있는 기술같이 보인다. Lu et al.(2018)에 따르면, 대부분의 ICT 모델이 지나치게 빅데이터에 의존하는 등 인공지능이 한계점 역시 지니고 있다고 지적하고 있다. 이에 따라 인공지능을 넘어서는 "Brain Intelligence(BI)" 개념을 제시하고 있다.

Ⅲ. 인공지능(AI)이 가져올 미래 변화[7]

1. 고부가가치 유·무형 자산의 증가

4차 산업혁명은 지능정보기술의 발달에 의해 기술적 변화를 초래한다. 지능정보기술은 인공지능(AI) 기술과 데이터 활용기술을 융합함으로써 기계에 인간의 고차원적인 정보처리능력을 구현하는 기술을 말한다. 데이터 활용기술이란 ICT 기술을 기반으로 데이터를 수집하고 실시간으로 전달하는 사물인터넷(IoT), 이동통신(mobile) 기술과 수집된 데이터를 효율적으로 저장하고 의미를 분석하는 클라우드 컴퓨팅, 빅데이터 분석 등의 데이터 활용기술을 의미한다. 이와 같은 지능정보기술은 일종의 무형자산으로 고부가가치를 창출할 것으로 예상한다. 지능정보기술은 특허로 보호를 받게 되며, 그 사용에 대한 대가로 소득을 창출함으로써 무형자산의 가치를 상승시킨다.

---

7 "4차 산업혁명과 국가재정의 역할", "4차 산업혁명에 따른 조세환경변화와 과제", 예산춘추, vol.55. 참고하여 정리하였다.

　이뿐만 아니라, 무인운송수단, 로봇, 3D 프린팅과 같은 유형자산은 더 이상
제조업의 생산설비에만 사용되지 않고 생산과 소비, 운송과 배달 시스템을 재편
함으로써 산업 전반적으로 활용될 것으로 보인다. 따라서 로봇과 같은 유형자산
은 인간을 대체하여 부가가치를 창출하게 된다.

　이와 관련하여 한 연구에 따르면, 인공지능(AI) 사용이 확대됨에 따라 경제성
장이 2배 이상 증가할 것이며, 스마트 공장이 확산됨에 따라 향후 5년 동안 5,000
억 달러-1.5조 달러의 글로벌 부가가치가 창출될 것으로 전망하고 있다(정민·류
승희, 2019).

　이와 같이 4차 산업혁명에 따라 무형자산과 이를 활용한 유형자산을 통해 고
부가가치를 창출할 것으로 예상되는바, 결과적으로 법인 및 개인사업자의 소득증
가로 이어질 것으로 예측된다(최천규, 2019).

그림 2　인공지능(AI) 사용에 따른 총 부가가치 증가 효과

주: 1) 왼쪽은 기본 시나리오, 오른쪽은 인공지능 사용 확산을 의미함.
　　2) 2015년까지의 총 부가가치 연평균 증가율을 의미함.
자료: 정민·류승희(2019)

2. 산업 및 경제구조의 변화

　4차 산업혁명이 다가옴에 따라 디지털과 플랫폼이 주도하는 새로운 산업과
사업모형이 등장하고 있다. 금융·제조·의료·에너지 등 기존 산업생태계에 새로
운 변화가 출몰할 것이다. 금융과 ICT가 결합함으로써 핀테크가 출현하고, 자동
차와 초연결·초지능화 기술이 결합하여 자율주행차가 제조되어 산업 간 융합을

통한 신산업이 출현하고 있다. 제조업의 경우, 지능형 자동화 시스템이 구축됨에 따라 소품종 대량생산에서 맞춤형 유연생산의 생산방식으로 변화가 나타날 것이며, 이에 따라 생산성이 높아질 것으로 보인다. 또한 스마트공장이 정착됨에 따라 인간 노동력의 필요성이 낮아질 것으로 보인다. 이뿐만 아니라 운수, 소매, 여행, 유통 등 부문에서 플랫폼 비즈니스가 성장하고 있다. 이미 아마존, 페이스북, 알파벳 등 플랫폼 기업이 글로벌 시가총액 상위 10대 기업에 이름을 올리고 있다.

또한 온라인과 모바일 네트워크를 통해 물품과 서비스가 제공되는 온디맨드 경제(on-demand economy) 사회로의 전환, 물품은 소유의 개념이 아니라 서로 대여·공유하는 공유경제(sharing economy) 시대로의 전환이 나타날 것으로 보인다.

3. 고용구조의 변화

4차 산업혁명으로 인해 일자리의 양과 질, 고용형태를 바꾸는 고용구조의 개편이 나타날 것이다. 중·저숙련 일자리는 감소하고, 고숙련 일자리는 새로 만들어지는 등 고용구조의 변화가 나타날 것으로 보인다. 4차 산업혁명의 등장에 따라 기술혁신이 가속화되고 초지능·초연결적 융합에 따른 생산성 향상 및 자동화로 인해 기존의 중·저숙련 일자리는 로봇이나 기계로 대체될 가능성이 있다.

반면, 신기술에 기반한 지식정보 서비스 산업 등을 중심으로 하여 고숙련의 전문직 일자리는 새로이 출현할 것으로 보인다. 더 나아가, 제조업 분야를 넘어서 정밀한 사고와 판단을 요하는 교육, 의료, 교통, 번역 등의 서비스 분야에까지 기계나 로봇이 인간을 대체할 것으로 전망된다.

2018년 미래의 직업(The Future of Jobs Report 2018) 보고서에 따르면, 2018년과 2022년을 비교할 때 대부분의 직업군에서 기존에 인간이 해 왔던 근무가 기계로 대체될 것으로 전망하고 있다. 반면, 데이터 분석가, 과학자, 소프트웨어, 애플리케이션 개발자 등 기술 전문직은 2022년까지 수요가 늘어날 것으로 제시하고 있다.

그림 3 인간과 기계의 근무시간 변화 전망(단위: %)

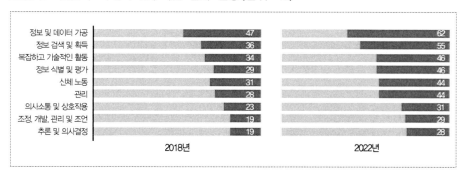

주: 왼쪽은 인간, 오른쪽은 기계를 말함.
자료: 정민·류승희(2019)

또한 Frey & Osborne(2017)은 미국을 대상으로 기존 직업군의 자동화 가능성에 대한 실증연구를 수행한 바 있다. 연구결과, 미국 근로자의 47%가 10-20년 사이에 기계로 대체될 가능성이 있다고 주장하고 있다.

이에 따라 기업과 근로자는 임시 계약을 맺고 일시적인 고용관계가 성립하는 '긱 이코노미(Gig Economy)'로의 변화가 나타날 것이며, 앞으로는 평생직장의 개념은 사라지고 평생직업의 개념이 보편화될 것으로 보인다. 또한 고용시간의 감소는 근로소득의 감소로 나타날 가능성도 존재한다.

Goldfarb et al.(2020)는 AI 기술이 요구되는 산업의 비중 현황을 보여주고 있다. 정보/전문, 과학 및 기술 서비스/금융 및 보험/제조업 산업이 상위권에 속해 있고, 숙박 및 음식 서비스/보건의료 및 사회지원/건설 산업은 하위권에 속해 있는 것을 알 수 있다. 전 씨티그룹 대표는 금융업 부문에서 5년 이내에 은행 업무가 AI로 대체될 것이라고 예측하고 있다(Noonan, 2018). 또한 스탠퍼드 대학 보고서(2016)에 따르면, 인공지능은 단기적으로는 직업 내에서 특정 업무의 인간을 대체할 것으로 전망되며, 장기적으로는 상상하기 힘들 정도의 새로운 유형의 직업을 창출할 것으로 예측하고 있다.

4. 세원변화의 영향: 세수 감소, 소득격차 확대

일반적으로 현행 과세 체계는 사람, 물건, 자본이 창출한 부가가치에 대해 과세를 부과하는 구조로 이루어져 있다. 사람에 대해서는 근로의 대가인 급여에 소득세가, 물건과 자본에 대해서는 그 대가인 이윤에 법인세나 소득세가 부과된다. 이와 같은 체계하에서, 4차 산업혁명에 직면하여 고부가가치 유·무형 자산의 증가, 고용구조의 변화가 나타나는 조세환경의 변화가 수반됨에 따라, 과세대상의 기본이 되는 세원의 변화에 영향을 미칠 것으로 예상된다.

인공지능(AI)의 발달은 부가가치를 약 2배 창출할 것으로 전망되는바, 이와 같은 단순한 가정하에서 예상되는 세수는 단순비례인 2배 증가할 것으로 예상된다. 이에 대한 논리는 다음과 같다. 인공지능(AI) 발달로 인한 부가가치 2배 창출은 근로자보다는 인공지능(AI)을 직접적으로 소유한 기업의 이익을 큰 폭으로 증가시킬 것으로 예상된다. 주주는 배당과 주가상승을 통해 혜택을 얻게 될 것으로 보인다. 이와 같은 수익구조하에서 개인에게는 임금과 배당에 대해 소득세(개인)로 과세되며, 기업의 이익에 대해서는 법인세로 과세될 것이다. 따라서 인공지능(AI)으로 인해 부가가치가 2배로 창출된다는 아주 단순한 가정하에서 예상되는 세수는 현재보다 단순비례인 2배 증가할 것으로 예상할 수 있을 것이다.

하지만 이상과 같은 단순한 가정이 아니라, 인공지능(AI)의 발달로 노동인구가 큰 폭으로 감소하는 부작용을 고려한다면, 이야기는 달라진다. 노동인구가 급격히 감소하게 되면 근로소득세 감소를 피할 수 없을 것으로 보인다.

인공지능(AI) 발달로 인한 고부가가치 창출에 따른 세수 증가와 근로소득세 감소 중 어느 것이 더 클 것이며 세수입에 어떠한 영향을 미칠 것인지는 정확히 예측할 수는 없다. 그러나 확실한 것은 인공지능(AI)과 로봇의 발달로 일자리를 잃은 중간 계층이 저소득층으로 전락하고, 자본가는 고소득층이 되어 소득격차가 심해질 가능성은 크다고 볼 수 있다. 소득격차의 확대는 사회의 통합성을 해치며, 불안정한 사회를 낳는다.

Ⅳ. 해외 주요국 사례: 인공지능(AI) 대응 정책[8]

1. 미국

미국은 4차 산업혁명에 대비하여 민간이 주도하면서 정부가 다양한 정책들을 추진하는 구조를 띠고 있다. 미국의 민간기업들은 사물인터넷, 인공지능(AI), 무인 자동차 분야 등에서 최고의 기술 및 자금력을 보유하여 4차 산업혁명을 선도하고 있다. 특히, 미국은 인공지능(AI)에 대한 준비도 측면에서 가장 앞서나가고 있으며, 체계적으로 대응하고 있는 AI 선도국이라고 할 수 있다.

트럼프 대통령은 기존의 AI 정책의 한계점을 개선하고, 연방정부 AI 정책 거버넌스를 정비하고자 노력하고 있다. 2018년 5월 'AI 정상회의'를 개최하여 글로벌 AI 리더십의 확보방안에 대해 논의하기도 하였다. 이후 2019년 2월 '미국 AI 이니셔티브(American AI Initiative)' 행정명령을 공표하였으며, 2019년 6월에는 2016년에 발표했던 '국가 AI R&D 전략계획'을 업데이트하여 개선하고자 하였다.

'미국 AI 이니셔티브'는 독일, 영국, 중국 등 주요 인공지능 선진국들이 국가 차원에서 투자 전략을 잇따라 발표함에 따라 나온 조치라고 할 수 있다. 특히, 최근 급속히 미국을 추격하고 있는 중국의 첨단 기술 전략에 대한 견제 조치로서 발표되었다. '미국 AI 이니셔티브'는 미국 최초로 수립된 국가 차원의 AI 전략으로서 추진 원칙, 전략 목표, 추진 조직의 역할 등에 대해 상세히 기술되어 있다. 여기에는 기존 미국 혁신정책의 원칙인 연방정부의 적극적인 기초·장기 R&D 투자와 시장 주도적 산업 발전 지원을 명시하고 있다.

미국 AI 정책에 대한 추진체계는 연방정부의 효율적인 R&D 추진을 위한 정책 거버넌스를 바탕으로 이루어지고 있다. 백악관 과학기술정책국(OSTP)과 예산관리국(OMB)이 연방정부의 AI 정책뿐 아니라 예산을 총괄적으로 관리하고 있는 구조를 띤다. 그리고 백악관 과학기술정책국 산하에 국가과학기술위원회(NSTC) 내 AI선정위원회(Select Committee on Artificial Intelligence)는 각 부처의 정책을 통합적으로 조정하는 역할을 하고 있다.

---

8 장효성(2019)의 보고서를 참고하여 정리하였다.

미국 연방정부는 AI 이니셔티브에 의거하여 국방, 상무, 보건, 에너지 관련 R&D 기관에 AI 예산을 집중적으로 배분하였다. 구체적으로 살펴보면, 에너지부, 국립보건원, 국립표준기술원, 국립과학재단에 8.5억 달러를, 국방부의 공동AI센터 설립에 9.3억 달러를 배정하였다.

또한 미국 국방부는 2019년 2월 국방부 내 신기술을 도입할 때 신속성 및 규모의 경제를 확보하고 통합적 기술개발 접근법을 유지하는 것을 목표로 'AI 전략'을 발표하였다. '공동인공지능센터(JAIC)'를 AI 전략 실행의 중추적인 기관으로 활용하는 것을 명시하였다. 이뿐만 아니라, 'AI Next' 캠페인을 선언함으로써 AI 기술의 제3의 물결을 위해 20억 달러를 투자하였다. 제3의 물결은 기계가 새로운 상황에 적응하고, 사람과 같은 의사소통과 추론 능력을 갖도록 하는 것이 목표이다. 핵심적으로 개발하고 있는 분야는 국방부 핵심 업무 프로세스 자동화, AI 시스템의 안정성, 신뢰성 개선, 머신러닝 및 AI 기술의 보안 및 복원력 개선, 전력·데이터·성능 관련 비효율적인 문제 해결, 차세대 AI 알고리즘 및 애플리케이션 개발 등이 있다.

2. 영국

영국 정부는 대량의 공공 데이터의 축적 등을 기반으로 세계적 글로벌 AI 강국으로의 도약을 계획하고 있다. 영국은 수학, 컴퓨터공학, 윤리학, 등 AI 관련 분야에서 양질의 연구기관을 보유하고 있을 뿐 아니라 대량의 공공 데이터가 축적되어 있어 이를 활용할 수 있는 강점을 지니고 있다. 영국은 의회를 중심으로 '디지털 전략', '산업 전략' 등을 발표함으로써 AI R&D 및 산업 발전에 대한 정책적 방향을 제시하고 있다.

특히, 영국 정부는 브렉시트를 계기로 하여 2017년 11월 '산업 전략'을 구상한 점이 눈에 띈다. '산업 전략(Industrial Strategy)'은 산업 생산성 향상을 통해 2030년까지 전 세계 최고의 혁신국가로 자리매김하는 것을 목표로 하며, 생산성 향상의 기반이 되는 아이디어/인력/인프라/비즈니스 환경/지역 등 5개 요소의 개선을 도모하고자 한다. 이뿐만 아니라, AI 데이터 사용에 관한 신뢰 및 투명성 제공, 미래 일자리를 위한 스킬 개발 등에 관한 내용도 제시하고 있다.

또한 '산업 전략'에 입각하여 'AI 섹터딜(AI Sector Deal)'을 발표함으로써 정부와 산업계가 함께 추진해야 할 구체적인 방안을 논의하고 있다. '섹터딜'은 '산업 전략'에서 새롭게 도입된 개념으로서 해당 산업의 생산성, 고용 및 혁신 제고를 목적으로 특정 이슈를 논의하는 정부와 산업계 간 파트너십을 말한다. 이뿐만 아니라, 영국 정부는 생산성 증대 및 고숙련 일자리 창출을 위한 대책으로 '차세대 AI 인재 훈련 종합대책'을 발표하였다.

영국의 AI 관련 정책은 기업에너지산업전략부(BEIS)와 영국연구혁신기구(UKRI)를 중심으로 추진되고 있다. 기업에너지산업전략부(BEIS)는 영국 AI 전략을 수립하고 시행하는 중추적인 역할을 한다. 영국연구혁신기구(UKRI)는 정부 R&D 총괄 조정 기구로서 AI R&D에 대한 종합적인 조정 실무를 담당하는 역할을 수행한다. 영국연구혁신기구가 총괄하는 조직들 중에서 '공학물리과학연구위원회(EPSRC)'는 AI 관련 업무를 담당하고 있는데, 2019년 6월 21일 기준 186개의 AI 연구 프로젝트에 1억 5,733만 파운드를 투자하고 있다.

영국은 공학·물리과학연구위원회(EPSRC)와 케임브리지대학, 에든버러대학, 옥스퍼드대학, 칼리지런던대학, 워릭대학의 참여하에 2015년 앨런튜링연구소를 설립하여 AI 기술 개발에 주력하고 있다. 데이터과학 및 AI 분야 이론들을 적용해 실생활의 문제를 해결하기 위한 기술 개발에 역점을 두고 있다. 최근에는 배터리 주기 예측 통계 학습, 항공관제 불확실성하의 의사결정, 업무 환경에서의 직관적 휴먼-로봇 상호작용, 마르코프 체인 몬테카를로 시각화 진단, 보다 나은 민주주의를 위한 시민 참여와 머신러닝 등과 관련된 연구를 추진하고 있다.

3. 중국

중국은 AI 선도국으로 도약하는 것을 목표로 AI와 신산업·기술 간 융합을 통해 경제구조 전환을 추진하고 있다. 2015년 리커창 총리는 전통 제조산업에 AI를 어떻게 활용할 것인지에 내해 모색하기도 하였다.

중국은 2017년 7월 AI 발전 중장기 계획인 '차세대 AI 발전 규획'을 발표함으로써 AI를 국가와 사회전반의 변혁을 이끌 새로운 기회로 주목하고 중국의 미래를 선도할 국가적 전략으로 제시하였다. 혁신 시스템 구축, 스마트 경제 확립, 스마트 커뮤니티 건설, 군민융합 강화, 스마트 인프라 구축, AI에 필요한 주요 항목 도출 등 6개의 과제를 포함하며, 2030년까지 1위를 목표로 하고 있다. 특히, 중국은 '차세대 AI 발전 규획'을 통해 경제, 사회, 안보 등 국가 전반의 AI 융합을 가속화함으로써 스마트 사회구축을 목표로 하며, 세 단계에 걸쳐서 글로벌 AI 선도국으로 발돋움하고자 한다.

'국가과학기술체제개혁혁신체계건설영도소조'는 과학기술부 산하에 '차세대 AI 발전계획 추진사무국'의 설립을 지시함으로써 이 기관으로 하여금 차세대 AI 발전 규획의 구체적인 실행을 담당하도록 하였다. 또한 AI전략자문위원회는 AI의 전망과 전략적 이슈, 미래 연구 등과 같이 자문을 제공하고 있다. '차세대 AI 발전계획 추진사무국'에 속해 있는 공신부는 2017년 12월 '차세대 AI 산업발전 3년 행동계획'을 발표하여 2020년까지 AI 분야에서의 독자적인 상품 개발을 통해 경쟁력을 강화하기 위한 4개의 목표를 다음과 같이 구체적으로 제시하였다. 첫째, 스마트 네트워크 카, 서비스 로봇, 드론, 의료 영상 및 진단, 이미지 식별, 스마트 언어, 스마트 번역 등 주요 상품의 규모적 발전을 이루고자 한다. 둘째, 스마트 센서와 신경망 네트워크 칩 등 핵심적인 기초 능력을 증강하고자 한다. 셋째, 스마트 생산과 대규모 맞춤형 생산 및 예측성 유지보수 등 스마트 제조업의 발전을 꾀한다. 넷째, 품질 지표 등의 자원화, 표준 시스템 구축 등을 통한 AI 산업 시스템을 구축하고자 한다.

특히, 중국은 인공지능에 대한 공공기관과 대학 연구가 활발한 것이 특징이다. 2019년 WIPO 집계 세계 30위 AI 특허출원인 안에 중국의 국가전력망공사가 15위, 중국과학원이 17위, 시안대학교가 29위, 저장대학교가 30위를 차지한 바 있다. 국가전력망공사의 경우, 바이오 기반 머신러닝과 서포트 벡터 머신 분야를 중심으로 특허를 다수 출원하고 있다. 중국과학원과 대학교들은 딥러닝 기술과 관련된 연구를 진행 중이며, 특히, 중국과학원의 경우 235건의 딥러닝 특허 포트폴리오를 보유하고 있다. 10개의 중국 대학 및 연구기관의 경우 AI 관련 출판물 측면에서도 전 세계 20위권 안에 포진되어 있다.[9] 미국의 경우, 6개의 대학 및 연

---

9 여기에는 중국과학원, 칭화대학교, 교육부, 하얼빈기술연구소, 상하이 자오퉁대학교, 저장대학

구기관이 20위권 안에 든 것으로 나타나 중국의 AI 관련 출판물 성과가 압도적으로 높은 것을 보여준다.

4. 시사점

미국, 영국, 중국 등 주요국들은 4차 산업혁명 및 인공지능을 미래 국가성장의 핵심 동력으로 인식하고, 인공지능 관련 정책을 적극적으로 추진하고 있다. 이상과 같이 미국과 영국, 중국의 인공지능 대응 정책을 살펴본 결과, 아래와 같은 세 가지 시사점을 도출할 수 있었다.

첫째, 미국과 영국, 중국의 경우 국가적 차원에서 AI R&D 예산을 확대하는 추세를 보이고 있고, 관련 연구를 매우 활발하게 진행하고 있다. AI 준비도 측면에서 1위인 미국조차도 연방정부 R&D 정책에서 AI에 대한 우선순위를 상향조정하여 예산을 확대하고 있는 흐름을 보인다. 또한 미국과 영국의 경우 AI선정위원회, 영국연구혁신기구 등 R&D 정책을 총괄적으로 조정하는 통합조정기관을 별도로 설립함으로써 AI 정책에 대한 역량을 집결하고 예산 집행의 성과를 제고하려는 노력을 보이고 있다. 중국은 인공지능에 대한 공공기관과 대학 연구가 활발한 편이며, 성과도 압도적으로 높은 수준을 보이고 있다.

둘째, 미국과 영국, 중국은 민관협력을 정책수단으로 활용하고 있으며, 산업생태계를 구축하기 위해 제도 정비를 단행하고 있다. AI 기술은 아직 초기단계의 기술발전에 머물러 있기 때문에 공공-민간 간 협력을 통한 기술 개발을 수행하는 것이 매우 중요하다고 할 수 있겠다. 미국은 2019년부터 산업공동연구, 연구인력개발 등 측면에서 공공-민간 파트너십을 강조하고 있는 추세로 전환되었다. 영국은 'AI 섹터딜'을 통해 정부가 주도하고 산업계가 매칭펀드 형식으로 지원하는 공공-민간 파트너십을 활용하고 있다. 그리고 이들 국가는 AI 친화적 산업생태계를 구축하기 위해 표준, 규제, 데이터 인프라 등 관련 제도를 정비하고 있다.

셋째, 미국과 영국, 중국은 인공지능 관련 고급인재가 부족한 상황에서 석·박사급 인재 육성에 힘을 쏟고 있을 뿐 아니라 세계적 수준의 연구자를 유치하기

교, 베이항대학교, 화중과학기술대학교, 남동대학교, 우한대학교 등이 포함된다.

위해 발 벗고 나서고 있다. 영국은 '튜링 펠로우십 프로그램'을 통해 2021년까지 매년 200명의 박사를 배출하는 것을 목표로 하고 있으며, 중국은 AI 교수의 자질 향상 등 대학의 인재 육성에 대한 관심을 아끼지 않고 있다.

V. 한국의 인공지능(AI) 대응 정책 현황[10]

한국은 2017년 10월 대통령 직속 4차산업혁명위원회를 출범하고, 과학기술정보통신부 소속으로 지능정보사회추진단을 설치함으로써 4차 산업혁명 관련 정책을 국가적 차원에서 추진하고 있다.

1. AI 기술력 및 R&D 투자 현황

한국의 인공지능 기술력은 앞선 주요 국가들과 비교할 때 아직 최하위에 머물러 있다고 할 수 있다. 아래의 주요국과 한국의 AI 기술수준 추이를 살펴보면, 미국은 선두를 유지하고 있고, 중국은 이를 맹추격 중인 것으로 보여진다. 한국의 경우, 2014년과 비교했을 때는 미국과의 기술격차가 감소하였으나, 여전히 낮은

그림 4 주요국과 한국의 AI 기술수준 추이

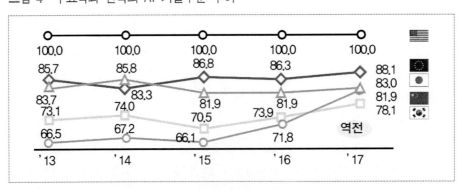

자료: 과학기술정보통신부(2018.5.). 「I-Korea 4.0 인공지능(AI) R&D 전략」

---

10 과학기술정보통신부(2018.5.). 「I-Korea 4.0 인공지능(AI) R&D 전략」 참고하여 정리하였다.

수준을 보이고 있다.

또한 주요국들의 경우 이미 상용서비스가 활발한 반면, 한국은 아직 AI스피커, 챗봇 등과 같은 일부 제품을 출시하고 있는 수준이다. 한국의 경우, 의료나 법률 등의 부문에서 분야별 특화 AI 기술을 활용하여 루닛 인사이트(의료), 코맥스(스마트홈), 솔트룩스(금융), 뤼이드(교육) 등 글로벌 AI혁신기업이 등장하였다.

R&D 투자 현황을 살펴볼 때, 최근에 R&D 투자를 확대하고 있는 추세를 보이고 있으나, 여전히 주요국과 비교할 때 낮은 수준으로 볼 수 있다.

그림 5   한국의 AI R&D 투자 추이

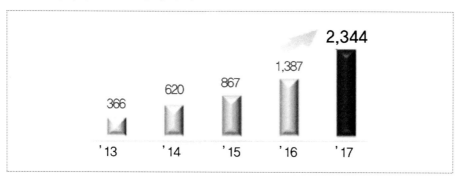

자료: 과학기술정보통신부(2018.5.). 「I-Korea 4.0 인공지능(AI) R&D 전략」

그림 6   AI R&D 투자 규모: 주요국과의 비교

자료: 과학기술정보통신부(2018.5.). 「I-Korea 4.0 인공지능(AI) R&D 전략」

이와 같이 한국의 경우, AI 기술력의 부족과 AI에 대한 R&D 투자가 충분치 않은 점이 한계로 지적된다. 더욱 문제인 것은 AI 기술의 축적을 위한 장기적인 안목에서의 투자가 중요한데, 그렇지 못하다는 점이다.

최근에는 AI에 대한 연구를 장려하기 위해 경쟁형 R&D 방식을 도입하는 등 변화를 꾀하고 있으나, 민간부문의 시장참여에 대한 의지를 복돋기에는 아직 부족한 실정이다.

2. AI 분야 우수 인재 현황

주요국과 달리 한국은 AI 분야의 우수 인재가 양적으로나 질적으로나 매우 부족한 수준에 있다. AI 분야 우수 인재의 수준은 석·박사급 인력 수준을 살펴보면 알 수 있는데, 현재 AI 분야 석·박사급 고급 인력이 매우 부족하며, 미래에는 고급 인력을 확보할 수 있을지를 예측해 보아도 전망이 그리 밝지 않은 실정이다. AI를 연구하는 대학 및 연구기관의 수를 살펴보아도 주요국과 비교할 때 매우 뒤떨어지고 있다.

그림 7 AI 분야 대학 및 연구기관 수 비교(2017년 기준)

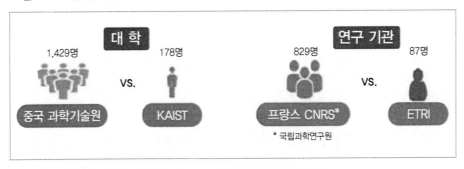

자료: 과학기술정보통신부(2018.5.). 「I-Korea 4.0 인공지능(AI) R&D 전략」

4차 산업혁명의 핵심부문(인공지능, 클라우드, 빅데이터, 증강/가상현실)의 인재수준별 부족 현황을 살펴보아도, 인공지능의 경우 석·박사급 고급인재가 7,268명이 부족한 것을 보여주고 있다.

표 1 4차 산업혁명 인재수준별 부족 현황

구분	초급인재	중급인재	고급인재	합계
인공지능	△671	△2,048	△7,268	△9,986
클라우드	595	648	△1,578	△335
빅데이터	62	390	△3,237	△2,785
증강/가상현실	△2,977	△8,654	△7,097	△18,727
합계	△2,991	△9,664	△19,180	△31,833

주: 1) 초급은 전문대 · 기능대 · 산업대, 중급은 4년제 대학, 고급은 석 · 박사 대학원.
　　2) △는 부족을 나타냄.
자료: 황지호(2019)

　　AI를 연구하는 일부 연구자들의 성과가 나타나고는 있으나, 국내 대학·연구기관의 AI 관련 논문의 피인용 지수는 낮은 수준을 보이고 있어 연구역량이 낮은 것을 보여준다.

그림 8 AI 논문 피인용 건수 비교('05~'16)

자료: 과학기술정보통신부(2018.5.). 「I-Korea 4.0 인공지능(AI) R&D 전략」

3. AI 기술혁신 인프라 현황

　　한국의 경우 실제적으로 활용가능한 데이터와 고성능 컴퓨팅 인프라가 부족한 실정이다. 공공데이터의 개방 측면에서는 세계 최고 수준이지만, AI의 성능 향상에 중요한 데이터의 제공은 매우 부족하다. 대용량 데이터의 병렬처리를 지원

하는 GPU 기반의 클라우드, 슈퍼컴을 미국과 중국이 대부분 보유하고 있다. 산·
학·연 기술혁신 주체 간 개방형 협력은 일부 이루어지고 있지만, 아직은 초기 기
술개발을 통한 제품 출시 수준에 머물러 있다.[11]

Ⅵ. 향후 인공지능(AI) 재정정책의 방향

한국은 4차 산업혁명에 대비하기 위해 2017년 대통령 직속으로 4차산업혁명
위원회를 출범시켰는데, 4차산업혁명위원회가 실질적인 컨트롤타워로서의 역할
을 하고 있지 않은 문제점이 있다. 이는 4차산업혁명위원회의 위상 및 권한에 일
정한 제약이 있기 때문이다. 따라서 4차산업혁명위원회의 실질적인 권한에 제한
을 두지 않고, 컨트롤타워로서의 역할을 제대로 하도록 해야 인공지능 관련 정책
이 탄력을 받아 성과를 도출할 수 있을 것으로 보인다.

인공지능 기술력 수준을 높이기 위한 선제적 투자가 필요해 보이며, 이를 위
해 인공지능 분야에 대한 R&D 투자를 대폭적으로 늘릴 필요가 있다. 또한 인공
지능 기술혁신 인프라를 확충하여 신산업 혁신생태계 조성을 강화해야 할 것이
며, 관련 규제를 개선하는 것이 중요하다고 할 수 있다.

정부는 국가의 핵심전략 기술분야를 선정하고 원천기술 개발을 지속적으로
추진함으로써 민간을 견인해야 할 것이며, 안정적인 재정지원을 해야 할 것이다.

한국의 인공지능 관련 우수인재가 매우 부족한 것이 심각한 문제이므로 이에
대한 개선안이 필요하다. 근본적으로 창의적 인재를 양성하기 위한 혁신적인 교
육시스템을 구축하는 것에 대해 고민을 할 필요가 있다. AI뿐만 아니라 클라우드,
빅데이터 등 분야의 석·박사급 인재를 양성하기 위해 주요국 사례를 참고할 필
요가 있다. 미국과 영국, 중국은 석·박사급 인재 육성에 힘을 쏟고 있을 뿐 아니
라 세계적 수준의 연구자를 유치하기 위해 발 벗고 나서고 있다. 영국은 '튜링 펠
로우십 프로그램'을 통해 2021년까지 매년 200명의 박사를 배출하는 것을 목표로
하고 있으며, 중국은 AI 교수의 자질 향상 등 대학의 인재 육성에 대한 관심을 아

---

11 카카오와 서울대/카이스트 간 협력을 통해 '초지능 연구센터' 지원 및 공동연구를 수행하고 있다.

끼지 않고 있다. 한국 역시 인재 육성을 위해 지원을 아끼지 말아야 하며, 세계적 수준의 연구자를 유치하는 방안도 생각해 보아야 할 것이다.

4차 산업혁명의 도래로 산업구조의 개편이 이루어질 뿐 아니라 일자리에도 영향을 미칠 것으로 예상되는 바, 이로 인한 사회적 충격을 완화하기 위한 대응이 요구된다. 중·저숙련 일자리는 감소하고, 고숙련 일자리는 새로 만들어지는 등 고용구조의 변화가 나타날 것으로 보이는데, 이에 대한 면밀한 선제적 대응이 필수적이다. 신기술에 대한 영향평가를 강화해야 하며, 이와 관련된 정책의 연계를 강화할 필요가 있다(황지호, 2019).

인공지능의 발달로 인해 고부가가치 창출에 따른 세수 증가와 근로소득세 감소가 필연적으로 수반될 것으로 보인다. 이 둘 중에서 어느 것이 더 클지는 불확실하지만, 확실한 것은 인공지능(AI)과 로봇의 발달로 일자리를 잃은 중간 계층이 저소득층으로 전락하고, 자본가는 고소득층이 되어 소득격차가 심해질 가능성은 크다고 볼 수 있다. 이와 같은 조세환경의 변화에 대비하여 새로운 과세대상 마련이 요구된다고 할 수 있겠다. 하나의 방안으로 인공지능이나 로봇 등에 과세하는 방안이 거론되고 있다. 구체적인 과세방안에 대해서는 여러 가지 논의가 있으나, 인공지능이나 로봇 등 유·무형자산에 대해 과세하는 방안, 고용대체에 따른 상실소득세분에 대해 과세하는 방안, 로봇 등에 법인격을 부여해 전자인간[12]으로 과세하는 방안, 창출된 부가가치에 대해 과세하는 방안으로 구성된다(최천규, 2019).

Ⅶ. 맺음말

4차 산업혁명은 이미 우리의 현실에 도래한 것인지도 모른다. 4차 산업혁명 및 인공지능 시대는 정치, 사회, 경제 전반에 큰 변화를 예고하고 있다.

이에 본고는 4차 산업혁명과 인공지능을 구체적으로 살펴보고, 4차 산업혁명

---

12 유럽의회에서 '전자인간'의 개념이 처음으로 등장하였다. 유럽의회에서는 로봇에게 법적 권리가 부여되는 '전자인간(electronic person)'으로 보는 '로봇시민법'을 토대로 로봇세(robot tax)를 제안하였다. 전자인간을 보유하고 있는 회사는 새로운 법적 책임을 준수해야 하며, 전자인간을 대신해 사회보장액을 지급할 것을 제시하였다(허원제·유현정, 2018).

이야기할 미래의 변화를 분석하였다. 그 다음으로 미국, 영국, 중국 등 해외 주요 국의 인공지능 대응 정책을 간략하게 살펴본 이후, 한국의 현황도 살펴보았다. 마지막으로, 향후 인공지능 관련 재정정책의 방향을 고찰하였다.

이미 전 세계로 확산되고 있는 4차 산업혁명은 새로운 변화를 예고하고 있기에 그 어느 때보다 정부의 역할이 중요한 시점이다. 한국은 성장의 한계에 직면해 있으며, 4차 산업혁명을 국가 미래 신성장동력으로 활용하여 돌파구를 마련해야 한다. 4차 산업혁명에 누가 얼마나 잘 대응했느냐에 따라 세계의 판도가 뒤바뀔 수 있다.

최근 문재인 정부는 한국판 뉴딜정책을 발표한 바 있다. 4차 산업혁명 시대에 걸맞은 맞춤형 인재를 양성하기 위한 '사람투자'에는 4조 4천억 원을 투입해 18만 개의 일자리를 만들어내겠다는 계획을 발표했다. 디지털·그린 인재 양성 방안으로 체계적인 인재 양성 프로그램을 통해 AI·SW 인재 10만 명, 녹색 융합기술 인재 2만 명을 양성하겠다는 포부를 갖고 있다. 이를 위해 정부는 AI 대학원을 늘리고. SW 중심대학 40개를 운영할 계획이다. 이와 같은 흐름을 토대로 4차 산업혁명과 인공지능에 대한 대비를 체계적으로 해 나가야 할 것이다.

참고문헌

[국내문헌]

과학기술정보통신부. (2018). I-Korea 4.0 실현을 위한 인공지능(AI) R&D 전략. 2018.5.

관계부처 합동. (2019). 인공지능과 국가전략.

류덕현. (2017). 4차 산업혁명과 재정정책의 변화. 한국응용경제학회 정책세미나 발표문.

이정원·문형돈. (2018). 4차 산업혁명 시대, 우리의 인공지능 현황. 정책브리프, 정보통신기술진흥센터.

장효성. (2019). 주요국 인공지능 정책 동향과 시사점. ICT Spot Issue, 정보통신기획평가원.

정민·류승희. (2019). 2019년 다보스 포럼의 주요 내용과 시사점-4차 산업혁명 시대의 글로벌 구조 형성. 경제주평, 825, 현대경제연구원.

최천규. (2019). 4차 산업혁명에 따른 조세환경변화와 과제. 예산춘추, 55, 42-48.

허원제·유현정. (2018). 4차 산업혁명에 따른 지방세 과세대상의 확대 전망과 시사점. 한국지방세연구원.

황지호. (2019). 4차 산업혁명과 국가재정의 역할. 예산춘추, 55, 36-41.

[해외문헌]

Frey, C. B. and Osborne, M. A. (2017). The future of employment: How susceptible are jobs to computerisation?. *Technological Forecasting and Social Change*, 114(C), 254-280.

Goldfarb, A., Taska, B. and Teodoridis, F. (2020). Artificial Intelligence in Health Care? Evidence from Online Job Postings. *AEA Papers & Proceedings*, 110, 400-404.

Golic, Z. (2019). Finance and Artificial Intelligence: The Fifth Industrial Revolution and its Impact on the Financial Sector. *Proceedings of the Faculty of Economics in East Sarajevo*, 19, 67-81.

HM Government, Industrial Strategy Building a Britain Fit for the Future.

Lu, H., Li, Y., Chen, M., Kim, H. S. and Serikawa, S. (2018). Brain Intelligence:
    Go beyond Artificial Intelligence. *Mobile Networks and Applications*, 23,
    368–375.

Noonan, L. (2018). AI in Banking: the Reality behind the Hype. April 12,
    Financial Times.

Stein, A. L. (2020). Artificial Intelligence and Climate Change. *Yale Journal on
    Regulation*, 37, 890–939.

White House, Executive Order on Maintaining American Leadership in Artificial
    Intelligence.

AI와 기계학습을 이용한
형사사법체계의 합리적 의사결정

나종민(서울대학교 행정대학원)

Ⅰ. 서론

　　형사사법체계(Criminal Justice System) 전반의 다양한 의사결정과정에서 미래의 범죄위험도에 대한 정확한 예측은 필수적인 절차이지만 늘 어렵고 도전적인 과제였다. 무엇보다도 가장 핵심적인 요소는 어떻게 하면 사회현상의 예측에 필연적으로 수반되는 예측오류를 최소화하여 대상지역과 대상자들에 대한 보다 정확한 분류 및 그에 따른 적합한 조치와 처방을 내리느냐의 문제로 귀결된다. 이를 위해 과거에는 해당분야 실무자의 전문성과 경험에 기초한 주관적 판단에 전적으로 의존하여 왔으나 최근에는 객관적인 자료를 기초로 다양한 통계기법을 이용한 위험도 예측모형을 개발 및 적용하여 보다 과학적이고 투명한 예측을 시도해 나가고 있다. 특히 최근에는 방대한 정보들의 지속적인 축적과 기존에 볼 수 없었던 다양한 소스의 새로운 데이터들을 종합적이고 유기적으로 연결하여 분석에 이용할 수 있는 응용학문들(예: 데이터마이닝, 데이터 사이언스)이 발달함에 따라 예측모형의 정확성을 한층 더 높일 수 있는 가능성이 열리게 되었다.

　　형사사법절차에서 경찰, 검찰, 판사, 교도관 등의 다양한 공직자들이 국민의 안전과 권익을 위해 법집행을 보다 합리적이고 공정하게 수행하기 위한 노력을 끊임없이 시도해야 함은 국가와 국민에 대한 봉사자로서 너무도 당연한 사명이다. 그럼에도 불구하고 이들의 의사결정은 한정된 시간과 정보의 제약하에서 인간의 불완전한 인지적 능력으로 모든 것을 판단해야만 하는 제한된 합리성("bounded rationality": Herbert A. Simon)이라는 근본적인 한계 내에서 이루어질 수밖에 없다. 아울러 명시적 또는 묵시적인 편견(예: 미국의 racial profiling과 같은 인종차별적 법집행), 의사결정자와 대상자 또는 그 관련인들과의 이해관계(예: 과거 한국 법조계의 전관예우 관행), 조직 내의 관습과 선례 등의 다양한 변수들도 실질적인 의사결정에 영향을 미치게 된다. 그 결과 모든 요인을 고려한 최적의 합리적 의사결정보다는 주어진 여러 가지 제약과 한계 속에서 가장 현실적으로 최선인 선택을 하게 되는 경우가 많음은 부인할 수 없다. 이는 특히 과도한 업무량으로 인해 지속적으로 추가되는 업무를 최대한 신속하게 처리하여 관리가능한 수준으로 항상 유지해야 하는 업무의 효율성(예: 검사 및 판사의 월별 배당사건 처리)이 그 어떤 다른 가치들보다 상대적으로 강조되고 우선시되고 있는 점은 현대사회의 국가에서 근무하는 대부분의 공직자들이 현실적으로 직면하고 있는 문제이기도 하다. 예를 들어 미국 형사사법의 역사에서도 범죄억제(crime control) 및 공정한 절차(due process)라는 두 가지의 궁극적인 가치들은 상호 대치되는 측면이 있어 늘 갈등이 있어왔고 이를 보완하기 위한 일련의 조치와 개혁들이 오늘날까지 지속적으로 반복되고 있음은 이와 무관하지 않다. 예를 들어 범죄자에 대한 재판을 진행함에 있어 헌법과 법률에 보장된 피의자나 피고인의 진술거부권, 방어권 등을 보장하고 검사가 범죄혐의자의 유죄를 객관적인 증거에 근거하여 명백하게 입증할 때까지는 정상적인 재판절차를 진행해야 하는 것이 무죄추정의 원칙에 입각하여 볼 때 보다 바람직하다 할 것이다. 하지만 수많은 형사소송 사건들을 모두 당사자들 간의 법적공방에 기초한 정식 재판절차과정에 의해 처리하는 것은 사실상 불가능하며, 따라서 미국에서는 피의자 또는 피고인이 자신의 범죄혐의를 인정하고 사법당국에 적극 협조할 경우에는 형량을 감경해 주고 절차를 대폭 간소화하여 신속히 소송을 종결하는 일종의 거래행위인 소위 플리바게닝(plea bargaining)에 의해 대부분의 사건들이 종결되고 있다. 결국 이러한 현실과 이상의 괴리를 좁히려는 노력은 공직자 개인에 대한 동기부여와 그들의 직무상의 헌신을 요구하는 것에만 그쳐서는 안 되고 조직차원의 구조적이고 체계적인 지원이 반드시 병행되어야 한다. 이러한 맥락에서 미국을 포함한 유럽 등 대부분의 선진국에서는 오랜 기간 동안 형사사법절차의 주요 의사결정에서 필수적인 고려사항인 범죄의 위험성 및 재범 가능성 등을 판단하기 위해 다양한 분석 및 예측도구들을 개발하고 이를 실무에 적용해 왔다.

본 연구는 형사사법체계 전반의 다양한 의사결정과정에서 최근 급격히 발전하고 있는 인공지능(Artificial Intelligence: AI)과 기계학습(Machine Learning: ML)을 이용한 보다 효과적이고 합리적이며 공정한 의사결정을 통해 공공안전의 제고, 형평성 확보 및 이를 통한 공공기관과 공권력의 신뢰성 회복이라는 궁극적인 행정가치의 실현을 가능하게 할 다양한 방안에 대하여 논의하고자 한다. 구체적으로는 경찰, 검찰, 판사, 교도관 등이 현재 의존하고 있는 직관이나 경험, 또는 전통적 통계기법에 근거한 대상자 및 대상지역의 위험예측 및 분류방법에 추가로 다양한 AI와 ML 예측기법들을 접목시켜 위험예측 및 분류의 정확성을 높일 수 있는 방안들에 대해 논의하고자 한다. 아울러 이러한 내용들에 대한 현재까지의 학계의 다양한 연구결과들을 요약하고 앞으로의 연구방향을 제시하고자 하며, 마지막으로 이러한 노력을 함에 있어 예상되는 장점뿐만 아니라 부작용 및 한계 등 기타 현실적으로 고려해야 할 사항들에 대하여도 폭넓게 논의하고자 한다.

II. 형사사법분야 범죄예측모형의 발달과정

사회과학에서 이용되는 모든 예측모형들은 현재 이용 가능한 자료들을 최대한 효율적으로 활용하여 가장 정확하게 미래에 일어날 다양한 사회현상들에 대하여 예측하는 것을 목표로 한다. 하지만 미래의 일을 예측하는 일에는 현재 측정가능한 변수들로만으로는 도저히 추론할 수 없는 다양한 외생적이고(exogenous) 임의의(random) 요인들이 필연적으로 개입하기 마련이며 이용가능한 정보도 불완전한 경우가 대부분이다. 예를 들면 범죄의 패턴변화 및 향후 추세를 예측함에 있어 2019년까지는 누구도 발생하리라고 예상하지 못했으나 최근 가장 심각한 사회적 문제로 대두되고 있는 COVID-19 팬데믹의 발생에 따른 사회적 거리두기와 집합금지 명령 등 생활패턴의 전반적인 변화로 인해 유흥업소 중심의 폭력, 성범죄나 빈집털이 절도와 같은 범죄들이 상대적 감소하고 있는 것과, 반대로 오히려 가정 내 폭력은 증가하고 있는 점들을 들 수 있을 것이다. 따라서 미래의 범죄를 예측함에 있어 우연성의 작용은 현재 측정 가능한 개인적, 환경적, 그리고 기타 상황적 특성들을 나타내는 변수들로만은 아무리 최첨단 통계기법과 과학기술을 이용한 정교한 예측모형을 구축하더라도 정확히 예측하기가 사실상 불가능하다고 할 것이다. 아울러 사회현상의 연구에 이용되는 주요 변수들의 측정에도 필연적으로 오류가 수반되고 그러한 변수들의 종류와 숫자도 시간, 비용, 법적, 제도적인 문제 등으로 인해 한정되기 마련이다. 그리고 무엇보다도 예측모형의 구축은 현실적으로 과거에 수집된 데이터를 통해서 이루어질 수밖에 없으므로 미래의 상황이 현재의 상황과 같거나 매우 비슷하다는 전제, 즉 '과거에 이러한 경우에 이런 행위를 했으므로 미래에도 이러한 경우에 이런 행위를 할 가능성이 높다'라는 예측분석의 기본 가정이 무너질 경우에는 반드시 예측오류가 수반되게 된다. 이러한 맥락에서 영화 '마이너리티 리포트(Minority report)'에서 묘사되고 있는 바와 같이 미래의 범죄를 범죄자 및 그 범행대상, 시간과 장소까지 정확히 예측하여 미연에 방지하고 조치하는 것은 현재로서는 영화적 판타지나 사실에 기초하지 않은 허구로 볼 수밖에 없다.

그럼에도 불구하고 개인 간 또는 동일인의 시간의 흐름에 따른 범죄행위의 차이를 설명하기 위해 도입된 수많은 범죄이론들과 이에 기초한 오랜 실증연구의 결과들은 일관되게 과거에 관찰된 개인의 다양한 특성과 구체적인 행위패턴들이 미래의 범죄행위의 가장 영향력 있고 중요한 설명 및 예측변수라고 밝히고 있다. 예를 들면 다양한 시기와 장소에서 동일인으로부터 장기간 반복적으로 수집된 패널데이터들은 어린 시절의 반사회적 성향이나 행위가 성인이 되었을 때 저지를 범죄의 횟수 및 범죄행위의 지속성에 가장 통계적으로 유의미하고 강한 영향을 미친다는 점을 공통적으로 증명하고 있다(Farrington and Tarling, 2003). 그 외에도 다양한 방법으로 수집이 가능한 개인의 인구사회학적 특성, 신체적, 정신적, 사회적 특성 및 그들이 노출되어 있는 상황적, 환경적 요인들은 직접 또는 간접적으로 범죄행위에 영향을 주는 것으로 밝혀지고 있다. 따라서 실제로 의사결정을 할 당시에 주어진 제약된 자료와 정보, 그리고 단순한 직관과 경험에만 의존할 것이 아니라 보다 다양하고 방대하게 수집된 자료에 기초한 첨단 예측모형을 구축 및 활용하면 얼마든지 그 예측정확도(predictive accuracy)를 높일 수 있다. 이러한 보다 정확한 예측을 통해 범죄를 미연에 방지하거나 그 횟수 및 지속성을 상당부분 감소시킬 수 있다면 굳이 비용편익분석(cost-benefit analysis)을 거론하지 않더라도 범죄의 감소로 인한 많은 가시적이고 비가시적인 경제 및 사회적 비용감소 효과를 기대할 수 있다.

전통적으로 범죄위험의 예측에 이용된 방법들은 정신질환, 성격장애 등으로 표출되는 개인의 범죄적, 반사회적 성향을 실무자의 개인적인 경험과 직관을 통해서나 필요시 의학적인 전문가들의 의견을 참고하는 다소 주관적인 판단에 의하여 결정해 왔다. 이후 범죄요인들에 대한 체계적인 이론의 구축과 경제학이나 통계학에서 활용되는 과학적인 연구방법론에 기초하여 개인별 위험지수를 산출하고 이를 통계학적인 예측모형에 적용하여 범죄행위의 위험도를 구체적인 수치와 확률로 평가하고 추정하는 객관적인 위험평가 방법이(예: actuarial risk assessment tool) 현재는 주류를 이루고 있다. 특히 후자는 예측의 정확성뿐만 아니라 예측 과정의 투명성으로 인해 절차적 공정성을 제고할 수 있어 보다 선호되고 있다. 그럼에도 불구하고 현실적으로는 많은 공직자들이 컴퓨터나 그 어떤 통계적인 분석모형보다도 업무의 실질적인 담당자인 자신들이 가장 모든 정황을 잘 이해하고 있어 가장 합리적이고 공정한 결정이 가능하다고 믿고 있으며, 따라서 개인의 전문성과 경험에 근거한 판단을 내리기를 대부분 선호하고 있다. 특히 의사결정자에게 부여된 고유의 재량권이 축소되는 것에 대한 강한 거부감으로 인해 더욱 그러하다.

최근에는 수학, 통계학, 컴퓨터 공학, 데이터마이닝 등의 기초 학문분야 및 응용과학의 급격한 발달로 인해 범죄위험성 예측분야에 새로운 기회가 열리고 있다. 특히 정확한 예측은 얼마나 정교한 알고리즘을 구현하는 예측모형을 사용하는가도 중요하지만 무엇보다도 최대한 다양한 그리고 양질의 예측변수들이 존재해야 극대화될 수 있다. 기존에 한정된 예측변수에 의존하던 전통적인 통계학적 예측모형들과 비교했을 때 최근의 데이터마이닝 기술을 통한 다양한 소스의 데이터들을 융합한 빅데이터와 이를 응용하여 기존에 발견하지 못했던 패턴을 밝혀내는 데이터 사이언스의 발달은 이론적으로는 수백 개, 수천 개의 예측변수들을 예측모형의 구축 및 실제 미래의 행위를 예측하는 데 이용할 수 있게 되어 더욱더 그 가능성이 열려 있다고 할 것이다. 사실 사회과학에서 전통적 통계기법을 이용한 계량분석의 주된 목적은 이론적으로 또는 정책적으로 관심 있는 몇몇 설명변수와 결과변수들 간의 인과관계 규명에 초점을 두고 있으므로 상대적으로 연구자가 별 관심이 없거나 이론적·선험적으로 특정 결과변수에 별로 영향을 미치지 않는 것으로 알려진 설명변수들은 분석에서 제외시키더라도 주요 변수들 간의 통계적으로 유의미한 인과관계 규명에 큰 영향을 주지는 않는 것으로 알려져 있다. 하지만 예측모형의 경우 앞에서 이미 설명한 바와 같이 때론 데이터에 기초한 탐색적(exploratory)이고 귀납적(inductive)인 접근법을 통해서 기존에 알려지지 않은 변수들 간의 관계를 발견하여 예측에 이용하는 것이 예측정확도를 조금이라도 더 높이는 데 도움을 줄 수 있기 때문에 접근방법에 있어서 근본적인 인식의 전환이 필요하다. 예를 들어 각각의 예측변수들은 아주 미약하게 결과변수에 영향을 미치지만 이들이 집단적으로 결합할 경우 및 매우 복잡한 상호작용을 통해서 결과의 발생여부에 큰 영향을 미칠 가능성도 존재한다. 이는 인간의 의사결정 및 그에 따른 행동의 패턴은 기존의 이론을 통해서나 데이터에서 이미 반복적으로 관찰되어 사전에 잘 알려진 정형화된 패턴과는 다르게 상상이상으로 복잡하게 이루어질 가능성이 있으므로 다양한 경로로 얻어진 데이터를 융합하여 기존에 모르던 새로운 패턴을 끊임없이 새로 발견하여 유용한 정보로 활용하는 방법이 예측의 정확성을 보다 높이기 위하여 필수적이라는 주장에 근거한다. 즉 이론적 또는 실증적 근거들에 비추어볼 때 왜 그런지에 대한 설명은 구체적으로 잘되지 않지만 실재 사례의 예측에 있어서는 정확성을 월등히 높이는 숨겨진 인과관계들을(예를 들어 선형모형에서는 발견되지 못했던 복잡한 비선형관계들 및 변수들 간의 다차원적이며 비정형적인 상호작용들) 발견하여 예측에 이용할 수 있게 되는 것이다. 다만 일반적으로 변수들 간의 인과관계가 보다 명확하게 규명될수록 예측의 정확도도 높아지기 마련이므로 예측하고자 하는 행위에 영향을 미치는 원인변수들에 대한 이론적·실증적인 연구들은 앞으로도 지속되어야 하고 그 결과물들은 예측모형의 정교화를 위해 지속적으로 반영되어야 한다.

Ⅲ. ML의 주요 알고리즘

현재까지 학계와 산업계에서 가장 많이 활용되고 있는 ML의 주요 알고리즘들로는 크게 연속형 결과변수의 예측에 도움이 되는 선형회귀모형 및 이에 기초한 다양한 응용모형들과(예: Linear Regression, Partial Least Squares, Lasso/Risso Regression, Elastic-Net, Neural Networks, Multivariate Adaptive Regression Spines, Support Vector Machines, K-nearest neighbors), 이들을 확장하여 범주형 결과까지 예측이 가능하도록 한층 더 일반화된 모형들(예: Logistic Regression, Linear Discriminant or Flexible Discriminant, Partial Least Squares Discriminant Analysis, Lasso/Risso Regression & Elastic-Net과 같은 Penalized models, Neural Networks, Support Vector Machines, K-nearest neighbors, Naive Bayes), 그리고 분류나무(Classfication Trees)의 원리에 기초한 일련의 의사결정나무(Decision-Making Tree)를 적용한 모형들(예: Basic Classification Trees, Bagged Trees, Boosting, C5.0, Random Forests) 등이 있다. 각각의 알고리즘들에 대한 보다 자세한 설명과 기술적인 내용들은 본 챕터에서 일일이 다룰 수는 없지만 이러한 대안적인 예측모형들은 기존의 통계기법에서 주로 활용되는 일반화된 선형회귀모형들(generalized linear regression models)에 비하여 예측변수와 결과변수들 간의 비정형적이고 비선형적인 관계들을 보다 잘 반영할 수 있고, 폭넓은 범위와 수준의 잠재적인 예측변수들을 예측에 적극 이용할 수 있으며, 사전에 선험적으로 파악하기 힘든 예측변수들 간의 복잡한 상호작용의 메커니즘을 스스로 찾아내어 예측에 적극 이용하여 예측정확도를 높일 수 있다는 장점이 있다.

Ⅳ. ML을 통한 범죄예측모형의 구축과 실제 적용 방법

ML을 통한 범죄예측은 일반적으로 다음의 3단계 과정을 거친다. 첫째, 분석에 이용되는 데이터에서 예측에 활용하고자 하는 각종 예측변수들과 결과변수를 특정한 후(두 가지 모두 이미 과거에 발생하여 측정이 완료된 변수들임) 앞에서 언급한

ML의 다양한 알고리즘과 교차확인법(cross-validation)을 이용한 조율모수(tuning parameter)들의 탐색을 통해 가장 최적화된 예측모형을 도출한다. 둘째, 그 예측모형의 정확성을 판단하기 위해 전체 데이터로부터 사전에 무작위로 추출한 후 별도로 저장해 놓아 예측모형의 구축과정과는 전혀 무관한 별도의 데이터를 결과가 아직 실현되지 않은 미래의 데이터라고 가정하여 검증한다. 셋째, 과학적인 검증과정을 통해 예측정확성이 가장 높은 것으로 파악된 최적화 모형을 확정하여 과거와 미래에 일어나는 사회현상의 지속성(stability)을 전제로 새로운 데이터에서 측정된 예측에 활용되는 변수들을 예측모형에 투입하여 미래의 결과변수에 대한 예측을 시도하는 과정을 거친다.

특히 ML을 통한 접근법이 전통적인 통계기법을 이용한 예측모형의 정확도 평가방법과 다른 점은 예측모형의 구축과 그 정확성에 대한 평가를 상호 독립적인 별도의 테이터를 통해 실행하여 두 가지 과정을 동일한 데이터에 의존할 때 발생하게 되는 '예측정확도가 실제보다 훨씬 높아 보이는 착시현상'을 방지하는 것이다. 그 결과 도출된 예측모형을 미래에 발생하는 실제 사례들에 대해 적용할 때 외적타당성(일반화 가능성)이 보다 제고되는 장점이 있다. 즉 예측변수와 결과변수가 측정이 완료된 과거의 데이터에서 이미 실현된 결과변수(예: 범죄행위)를 가장 잘 예측하기 위해서는 조율모수의 조정을 통해 원하는 종류의 예측정확성을 개선해 나가는 과정을 반복하여 다소 복잡하더라도 예측오류를 최대한 줄일 수 있는 최종적인 모형을 구축할 수는 있다. 하지만 이렇게 이미 실현된 결과변수의 예측에만 최적화되도록 만들어진 예측모형은 아직 실현되지 않은 미래의 행위를 예측할 때는 오히려 일반화 가능성이 현격히 떨어져서 외적타당성이 결여되고 그 결과 실제로 예측에 활용 시 예측오류가 증가하는 결과를 초래한다. ML 이론에서는 이러한 현상을 편향(bias)과 분산(variance)의 상충(trade-off)이라고 하며 따라서 최근의 ML에 의한 예측과정에서는 동일한 모집단으로부터 추출된 하나의 대표성 있는 표본으로부터 무작위 추출법에 의한 두 개의 하위 표본을 구성한 후 하나는 예측모형의 구축에(학습데이터: training data) 또 다른 하나는 예측모형의 평가에(평가데이터: testing data) 이용하는 것이 일반적이다. 구체적으로는 우선 예측모형의 구축을 위한 학습과정에서 교차확인법(cross-validation)을 이용하여 편향과 분산 간의 균형(balance between bias and variance)을 추구하여 실제 미실현 결과물의 예측정확도를 극대화한다. 이럴 경우 예측모형이 너무 복잡해져서 실제 예측에 도움이 되는 데이터 내의 구조적이고 체계적인 패턴뿐만 아니라 현재 학습데이터에만 존재하고 따라서 미래의 데이터를 이용한 예측에는 전혀 도움이 되지 않는 학습데이터 내의 특이한(idiosyncratic) 패턴들까지 예측모형의 구축에 반영되는 과적합(overfitting)의 문제를 어느 정도 해소할 수 있다. 이와 동시에 예측모형자체가 너무 이상적이고 단순해서 현실을 잘 반영하지 못하는 결과를 초래하는 편향(bias)의 문제도 줄일 수 있는 가장 최적화된(optimized) 예측모형의 구축이 가능해지므로 교차확인법을 이용한 최선의 조율모수들(tuning parameters)을 추정하는 것은 모형구축에 있어 필수적인 단계라고 볼 수 있다. 앞서 언급했듯이 이렇게 교차확인법을 통한 편향과 분산의 균형을 이룬 최적화된 예측모형은 모형구축과정과는 별도로 보관 중인 평가데이터(testing data)를 통해 그 예측정확성을 판단하므로 실제 미래의 사례에 대한 예측이 얼마나 정확할지를 가늠할 수 있는 것이다. 극단적인 사례로 Nearest Neighbor(NN) 알고리즘은 neighbor의 수에 해당하는 k 조율모수(tuning parameter)가 예측모형의 복잡성을 결정하는데, 동일한 데이터로 예측모형의 학습(training) 및 평가(testing)를 할 경우 편향을 줄여서 예측에러를 100%까지도 줄일 수 있지만(예: 1:1 NN) 이러한 예측모형은 현실적으로 실제 의사결정자들의 보다 중요한 관심사항인 미래의 데이터를 이용한 아직 미실현된 결과변수를 예측 시 과적합의 문제로 인해 그 예측정확성이 현저히 떨어지게 된다.

다만 앞서 설명한 바와 같이 미래의 일을 예측함에 있어 불완전한 정보 및 우연성의 필연적인 개입으로 인해 아무리 최첨단의 과학기술을 적용한 예측모형이라 하더라도 100% 정확한 예측은 불가능하며 다양한 오류를 수반하는 것은 불가피하다. 따라서 해당분야의 주요 의사결정자들이 예측에 있어 어떠한 측면의 정확성을 보다 높이고(예: true positives를 정확히 예측하는 sensitivity, true negatives를 정확히 예측하는 specificity 등) 그 결과 어떠한 종류의 예측오류를 최소화할 것인지에 대한 진지한 고민을 해야 하며 이는 컴퓨터나 AI가 대신해 줄 수 없는 인간이 정치, 행정, 예산 등 모든 현실적 상황들을 고려하여 합리적으로 결정해야 하는 문제이다.

V. 형사사법절차에서 ML의 활용가능 분야

주어진 인력과 예산의 범위 내에서 범죄행위의 발생을 사전에 억제하기 위한 다양한 예방적 활동을 추진하기 위해서는 범죄위험도가 높은 대상자나 대상지역 및 시간을 우선순위에 따라 분류하고 그 심각성에 따라 순차적, 선별적으로 집중할 필요가 있다. 또한 범죄자가 범죄행위를 완료한 이후 체포-기소-재판-형벌-석방 및 사후관리에 이르기까지의 형사사법절차 내 일련의 과정들에서도 대상자들을 그 위험도에 따라 적절히 분류하는 작업은 합리적 의사결정을 위한 필수적인 선결과제이다. 예를 들면 경찰은 범죄빈발 장소와 시간을 사전에 예측하여 이에 선제적으로 대응하는 예측적, 문제지향적, 집중형 경찰활동을 수행할 수 있고, 검사 및 판사는 피의자, 피고인의 신상에 관련된 주요 의사결정 시 각종 위험성의 판단을 객관적 자료에 근거하여 보다 정확히 예측할 수 있으며 교도행정 담당자들도 재소자의 위험도에 따른 분류 및 관리, 가석방 결정을 위한 재범우려 등을 판단함에 있어 예측에 도움이 되는 자료들에 근거한 그 확률치를 추산하여 위험성 판단에 적극 활용함으로써 보다 효과적이고 공정하며 투명한 의사결정의 절차적 장치를 마련할 수 있다. 이러한 일련의 의사결정과정들은 유기적으로 상호연결이 되어 있지만 현실적으로 아직까지는 형사사법기관들이 하나로 통일되고 융합된 데이터 시스템을 구축하여 공동으로 이용하는 단계에는 이르지 못한 상태이고, 만일 앞으로 그렇게 추진된다고 하더라도 예측변수와 예측모형은 해당 의사결정에 가장 최적화되도록 별도로 구축 및 활용되도록 추진되는 것이 특정 결과에 대한 예측정확성과 이용적합성의 극대화를 위해 보다 권장된다. 즉 각각 다른 고려사항들이 해당 절차에 관여하는 의사결정자들의 판단에 이용되므로 다른 결과물들을 예측하는 데 최적화된 예측모형을 별도로 구축하여 활용하는 것이 바람직하다는 것이다. 다만 ML에 의한 예측모형의 정확성은 결국 데이터의 양과 질에 의해서 많은 부분이 결정되므로 융합 데이터 시스템의 구축 및 활용이 가능해질 경우 형사사법절차의 후반부로 갈수록 데이터들이 계속 추가로 축적되어 보다 정확한 예측이 가능해지는 측면도 있다. 이하에서는 AI와 ML을 이용한 예측모형의 활용이 형사사법절차에서 보다 효율적이고 합리적이며 투명한 의사결정에 이바지할 수 있는 대표적인 사례들을 중심으로 논의해 보고자 한다.

1. 범죄위험 지역 및 시간대의 예측

국민들이 정부에 내는 소중한 세금으로 운영되는 수많은 공공조직과 기관들 중에서도 경찰이 헌법에 보장된 국민의 자유와 권리를 제약할 수 있는 공권력을 보유하고 방대한 조직과 인력을 운용하는 가장 직접적인 이유는 사회의 수많은 범죄와 무질서로부터 국민을 최대한 안전하게 보호하는 데 있다. 아울러 궁극적으로는 다양한 형사사법 관련 기관들 중 가장 최일선에서 국민들과 직접적으로 밀접한 접촉을 하며 수행하게 되는 업무의 특성상 경찰조직뿐만 아니라 정부조직 전체의 정당성과 신뢰성에 직·간접적인 영향을 미치는 바가 크므로 더욱더 효과적이며 공정하고 투명한 업무처리를 통해 사법정의를 실현해야 할 사명을 띠고 있다.

이러한 범죄의 예방 및 통제와 공정한 법집행이라는 목표를 달성하기 위해 경찰은 역사적으로 많은 변화와 개혁을 위한 노력을 지속해 왔다. 과거에는 범죄예방을 위한 일반적인 순찰활동의 전개와 범죄 발생 시 사후에 신속하게 출동하여 처리하는 것에 치중하여 소극적인(reactive) 대응방식으로 여겨지는 표준경찰모형(standard policing model: 신고-출동-검거 및 문제해결)에 주로 의존해 왔지만 이러한 전통적인 방식에 대한 다양한 효과성 검증의 결과들은 그러한 소극적인 경찰활동이 기대하는 결과에 미치지 못하고 있다는 결론을 공통적으로 도출하였다. 따라서 최근에는 사회과학분야 전반에서 그 유용성을 인정받고 확대 적용되고 있는 증거기반(evidence-based) 모델에 기초하여 문제 중심적(problem-oriented policing), 집중형(focused policing), 지역사회 기반(community-oriented policing) 등의 대안적 경찰활동 방안들에 대한 이론적·실증적 연구가 활발히 진행되고 있다. 그 골자는 더 이상 경찰이 소극적인 사후 대응에만 치중하지 말고 국민들이 진정으로 필요로 하는 치안수요를 적극적으로 사전에 파악하고 한정된 인력과 예산을 우선적으로 집중하여 문제발생의 원인을 근본적으로 미리 제거하자는 데 있다. 가장 대표적인 사례로는 미국의 많은 경찰관서들뿐만 아니라 최근 우리나라에서도 도입되어 활용 중인 지리정보체계(Giographic Information System: GIS)에 기반한 범죄예측프로그램인 COMPSTAT(Compare Statistics)이나 최근 미국의 뉴욕, 뉴저지 등 주요도시에서 활용이 증가하고 있는 범죄유발 요인들의 지리적 특성을 고려한 Risk Terrain 분석법 등이 있는데 이는 범죄의 주요 발생지역 및 그 취약시간대를 데이터베이스를 통해 통계적으로 분석, 예측하여 범죄지도를 작성하고 실무에 활용하여 범죄를 적극적으로 사전에 예방하고자 하는 노력이다. 이러한 소위 예측적 경찰활동(predictive policing)은 데이터마이닝을 통한 다양한 정보의 축적과 최첨단 예측도구들의 발전으로 앞으로도 무한한 발전가능성을 가지고 있다. 즉 기존에는 정형화된 공식범죄통계에서 발견되는 지리적, 시간적 특성과 패턴만을 반영한 단층적인(single-layered) 모형을 토대로 의사결정을 하였으나 앞으로는 클라우드 컴퓨팅(cloud computing) 기반의 다양한 비정형적 정보까지를 포함하는 빅데이터에 기초한 다층의(multilayered) 예측모형을 구현하여 보다 정확한 정보를 적시에 수요자에게 전달할 수 있게 될 것으로 기대된다.

이러한 노력들은 범죄예방의 효과성을 위해서도 중요하지만 또 다른 차원의 중요한 행정가치인 치안서비스 제공의 형평성 및 공정성 제고를 위해서도 반드시 필요하다. 예를 들면, 경찰관들이 현실적으로 현금 및 고가 물품의 다량 보유로 강력범죄 및 재산범죄의 발생 유인이 상대적으로 높다는 이유로 고급 빌라와 저택들이 밀집된 부촌의 주택가들을 중심으로 강도, 절도, 납치, 성범죄 등의 범죄예방을 위한 순찰을 집중할 경우 상대적으로 빈곤한 지역에 거주하는 주민들은 이러한 치안서비스에서 배제될 가능성이 커지고 그 결과 해당지역들은 장기적으로 점점 더 위험한 지역으로 변질되어 갈 가능성이 있다. 하지만 사실상 부유한 지역들은 오히려 CCTV, 가로등 정비 등 다양한 범죄예방을 위한 환경설계(Crime Prevention Through Environmental Design: CEPTED)에 대한 적극적인 투자가 이루어져서 실제로는 범죄발생 빈도가 타 지역에 비해 상대적으로 크지 않거나 오히려 덜할 수 있음에도 불구하고 해당지역 주민들이 자신들의 보다 안전한 거주환경을 위하여 다양한 방법으로 영향력을 행사하는 경우나, 또는 실제 범죄의 발생 시 경찰관들이 더욱 곤경에 처하거나 문책을 받을 가능성이 증가하는 등의 이유로 범죄예방 활동의 차별적 집행이 이루어지는 경우도 있다. 아울러 이와는 반대로 우리나라에서는 아직까지 큰 논란이 없지만 미국경찰의 사례에서 자주 보여지듯이 경찰관들이 특정 슬럼가나 유색인종 밀집 거주지역을 집중순찰하며 이들에 대해 필요 이상으로 적극적이고 때론 공격적인 법집행을 지속할 경우 사회경제적 지위에 따른 차별적 대우에 대한 논란이 발생할 가능성이 있다.

2. 범죄위험도 예측에 따른 대상자 분류

공공의 안전제고라는 궁극적인 목표를 위해 검찰, 법원, 교도 등 형사사법체제 내의 다양한 부처들은 이미 체포된 범죄자들에 대한 위험도 평가 및 향후 재범가능성 등에 대한 합리적이고 정확한 예측을 통해 이들을 적정하게 분류하고 그에 따른 관리 및 조치를 취할 것이 요구된다. 이는 과도한 업무를 담당할 인원과 예산 및 수용시설 등의 현실적인 제약하에서 모든 업무를 균일하게 같은 노력과 시간을 투자하여 처리하는 것은 비효율적이고 형평성 측면에서도 바람직하지 않기 때문이다. 검찰의 경우 형사입건된 피의자에 대하여 수사 및 재판과정 중 도주 및 증거인멸의 가능성을 판단하여 구속영장 청구여부를 직접 결정하거나 경찰의 구속영장 신청을 받아들여 법원에 이를 청구할지 여부, 사건의 조사 완료 이후에 법정에서의 유죄판결 가능성과 재범가능성 등을 판단하여 공식적으로 기소할지 또는 기소유예를 포함한 불기소처분을 할지에 대한 결정, 법원은 구속적부심이나 보석신청 시 재판절차 중 계속적인 인신구속이 꼭 필요한지 여부에서부터 실제 재판완료 후 유무죄의 판결, 그리고 유죄판결자에 대한 구금형 선고여부 또는 집행유예 등 대안적 형벌 필요성 여부 등 다양한 의사결정과정에서 보다 정확하고 합리적이며 공정한 판단을 해야 한다. 아울러 형집행이 확정된 사건에 대해서는 수형자의 위험도에 따른 관리 및 감시 등급 결정, 형기만료이전 수형자의 가석방 적합성 여부, 석방이후 전과자에 대한 보호관찰 지속성 여부 등 다양한 의사결정에 이용될 수 있다.

하지만 이러한 각각의 절차들에 대한 의사결정과정은 아직까지는 대부분 표준화된 소송관련 서류들과 재판 과정상 드러나는 피의자와 피고인들의 진술내용 및 태도, 그리고 형확정 이후의 수감생활 태도 및 문제야기 전력 등에 근거하여 검사와 법관, 교도관들이 합리적으로 ― 하지만 다소 주관적인 판단에 의존하여 ― 이루어지고 있다. 다만 Steffensmeirs et al.(1998)이 지적한 바와 같이 형사사법 업무에 관여된 사람들은 제약된 정보를 가지고 수많은 소송 및 집행건수를 처리하기 위하여 소위 피의자, 피고인, 범죄자의 비난가능성, 지역사회의 보호, 기타 현실적으로 중요한 고려사항들과 같은 "주요 관심 요인들(Focal Concerns)"에 집중하여 업무를 보다 간소화, 정형화하고 이를 토대로 가급적 신속하게 처리해 나갈 수밖에 없는 것이 피할 수 없는 현실이다. 같은 맥락에서 많은 학자들은 검사와 판사들이 "인지적 축약(Perceptual Shorthand)"을 위한 나름대로의 방안들을 개발하여 의사결정에 활용하고 있다고 주장하고 있다(O'Neil et al., 2015). 이러한 맥락에서 볼 때 합리적이고 공정한 의사결정이라는 궁극적인 목표와 소위 "업무의 진행률(going rate)" 유지라는 현실적인 요구를 동시에 만족시킬 수 있는 ML 알고리즘에 기반한 보다 정확하고 신속하며 투명한 위험도 예측 및 그 객관적인 예측 결과의 적극적인 활용을 통한 의사결정은 앞으로 더욱 그 필요성이 증가할 것으로 기대된다.

아울러 현재까지는 연구된 바가 거의 없지만 아동이나 청소년들의 개인적, 환경적, 상황적인 요인들, 그리고 이들의 다양한 비정형 데이터(예: 소셜미디어, 인터넷 이용정보)에서 도출되는 주요 패턴들을 종합적으로 고려하여 가까운 그리고 먼 미래의 각종 범죄, 비행 및 반사회적 행위에 가담하게 될 확률을 ML을 통한 보다 정확한 예측모형을 통해 추정하여 보다 선택적이고 집중적인 범죄예방프로그램을 개발 및 집행할 경우 범죄위험 당사자 개인들뿐만 아니라 사회 전체적으로도 많은 비용감소와 효용이 창출될 것으로 기대된다. 사실 범죄와 관련된 대부분의 노력들은 사후대응보다는 사전에 이를 방지하려는 접근법이 비용대비 효과 면에서 월등하다는 것은 자명하다.

VI. 선행 연구들

최근 들어 적지 않은 연구들이 ML을 이용한 예측모형들이 과연 전통적인 통계기법에 기초한 예측모형들과 비교해서 실제로 월등한 예측의 정확성을 보이는지에 대하여 다양한 분석기법과 데이터를 이용하여 검증하고 있다. 앞서 설명한 바와 같이 ML을 통한 예측기법이 이론적으로는 다양한 평가기준에 비추어 월등히 앞선 결과를 보여야 함에도 불구하고 대부분의 연구들은 아직까지는 logistic regression이나 linear discriminant와 같은 전통적인 통계분석 기법이 최근 들어 주목받고 있는 support vector machine, neural network, random forest 등의 ML 알고리즘에 비해 비슷하거나 때로는 오히려 더 높은 예측정확도를 보인다고 보고하고 있다. 예를 들어서 Tollenaar & van der Heijden(2013)은 기존 재판에서 확정된 범죄인들의 4년 후 재범예측을 일반범죄(n=159,298), 강력범죄(n=25,041), 성범죄(n=1,332)를 결과변수로 하여 다양한 ML 예측모형들(예: Adaptive boosting, logitBoost, Neural Networks, Linear Support Vector Machine)의 정확도를 비교하였다. 체계적인 교차검증(cross-validation)을 통한 각 모형에 적합한 조율모수(tuning parameters)의 조정을 통해 예측에 최적화된 모형들을 AUC(the Area Under the ROC), Accuracy(전반적으로 정확하게 분류된 비율), RMSE(Root-Mean-Squared Error) 등의 다양한 정확성을 판정하는 기준으로 비교한 결과 기존의 회귀모형에 기초한 (regression-based) 방법과 최신 ML기법의 결과들 간에 뚜렷한 차이를 발견하지 못하였다. 비교적 최근의 연구인 Ngo et al.(2018)의 연구도 Logistic Regression, random forest, neural network, ensemble method 등의 다양한 예측모형들 간의 정확도를 비교분석하였는데 결과는 일정하지 않은 패턴을 보였으며, 이를 토대로 특정 기법이 각각 다른 측면의 예측오류를 반영하는 다른 종류의 성과척도들을 기준으로 볼 때 일관되게 우수한 예측력을 보일 가능성은 적다는 결론을 도출하였다. 다른 ML 기법들에 비해 비교적 긴 역사를 가진 신경망 네트워크(Neural Networks)를 이용한 전통적인 통계기법과의 비교분석 역시 일부 예외적인 경우를 제외하면(Brodzinski, Crable, and Scherer, 1994; Palocsay, Wang, & Brookshire, 2000) 대부분의 경우 Logistic Regression과 같은 일반화된 선형모형과 비슷한 예측정확도를 보이거나 혼재된 결과물들(mixed findings)을 발표하고 있다(Caulkins et al., 1996; Kartalopoulos, 1995; Liu et al., 2011; Ngo et al., 2018; Sears and Anthony, 2004; Tollenaar and van der Heijden, 2013). 예를 들면, 기존의 ML 관련 연구결과들이 서로 불일치하는 이유를 탐색하고자 Liu et al.(2011)는 영국의 남성 범죄자 1,225명의 석방 후 3년 이후의 재범여부를 표준화된 위험평가척도들을 이용하여 예측하였는데 Neural Networks 모형이 기존의 Logistic Regression이나 Classification and Regression Tree(CART)에 비하여 약간은 우수하나 그 차이가 유의미하지는 못하다는 결과를 도출하였다.

한 가지 흥미로운 점은 결과변수값에 대한 분류(classification)를 주목적으로 하는 많은 ML 기법들 중에서도 회귀모형(Regression-based models)이 아닌 의사결정나무에 기초한 모형들(Decision making tree-based models)은 형사사법체계의 의사결정과정에 적용가능성이 상대적으로 크고 직관적으로 이해가 용이해서(다수의 nodes와 branches로 구성된 의사결정나무를 계속 발전시켜 나가며 전체집단에서 범죄위험도에 영향을 미치는 특징을 가장 비슷하게 공유하는 하위집단들로 단계적으로 재분류해 나가는 과정을 통해 최적의 분류결과에 도달하는 알고리즘에 기초함) 상대적으로 활발한 연구가 이루어지고 있으며 그 결과물들도 이러한 접근법에 대한 전망이 비관적이지만은 않음을 보여주고 있다. 대표적인 학자로는 펜실베이니아 대학의 Richard Berk 교수가 여타 의사결정나무 모형들보다 범죄위험도 예측에 실제 적용 시 많은 장점을 가지고 있다고 알려진 Random Forest 모형을 이용하여 다양한 형사사법절차상의 의사결정에 대한 예측정확도를 검증하였고(Berk, 2012; Berk and Bleich, 2013; Berk et al., 2009) 아울러 이러한 대안적인 예측모형들이 기존의 통계모형들보다 어떤 방식으로 과적합(overfitting)의 문제, 비용불균형(unbalanced cost ratio) 문제 등을 보다 잘 극복하여 정확한 예측을 가능하게 하는지를 자세한 사례를 들어 알기 쉽게 설명하였다. 이렇듯 다소 비관적인 결론들과 장밋빛 전망들이 혼재되어 있는 현재까지의 연구결과물을 검토하면서 한 가지 유의할 점은 대부분의 연구들이 기존의 방식대로 이론적으로 타당한 근거를 가지고 결과변수에 미치는 영향력이 이미 실증적으로 검증된 다소 한정된 범위의 예측변수들만으로 그 예측력을 비교분석하였고 학습에 이용된 샘플의 숫자도 비교적 적어서 ML의 잠재력을 충분히 극대화시키기에는 많이 부족했던 측면이 있다는 점이다. 이러한 이유로 형사사법분야 ML 연구의 선구자들인 Berk and Bleich (2013)은 보다 첨단의 ML 기법을 그 원래 취지에 맞게 제대로 활용할 것을 강조하였고 Bushway(2013)나 Ridway(2013)도 비슷한 취지로 범죄예측 분야에서의 ML의 무한한 잠재력을 강조하며 이에 대한 지속적인 노력을 촉구하였다. 결국 현재까지의 다소 불명확하거나 상호 배치되는 결과물들은 ML을 이용한 예측기법이 그 자체로서 전통적인 통계모형보다 훨씬 뛰어난 결과를 보이는 것이 아니라 그 정확성의 극대화를 위한 주요 필요조건들이 충족될 때 비로소 가능하다는 것을 의미한다. 따라서 앞으로 다양한 분야의 학자들이 실무자들과 공동으로 수많은 데이터 및 연구주제를 발굴하여 미개척 분야인 해당 연구를 지속할 필요성이 크다는 점을 시사한다. 이러한 노력은 학문적으로 새로운 연구분야의 발전을 위해 필요할 뿐만 아니라 실제 직무를 수행하는 의사결정 담당자들에게 직접적인 도움을 주어 업무의 효율성을 제고하는 데 실질적인 도움을 줄 수 있다는 측면에서도 매우 바람직한 방향이라 생각된다.

VII. ML에 의한 예측모형의 장점

잠재적 범죄자 및 재범 우려자 그리고 범죄취약지역 등에 대한 위험도 예측은 대상자와 대상지역들을 정확하고 체계적으로 분류하여 그에 따른 맞춤형 관리 및 적절한 조치를 취하기 위해 필수적으로 선행되어야 하는 작업으로, 궁극적으로는 범죄의 사전예방을 통한 공공의 안전을 제고하고 범죄가 이미 발생한 이후에는 형사재판기간 중이거나 또는 형사재판의 종료로 유죄의 확정 및 형집행기간 동안 불필요하게 피의자 또는 피고인을 시설에 구금함에 따른 막대한 경제적·사회적 비용을 절감하는 효과를 기대할 수 있다. 앞서 설명한 바와 같이 기존의 전통적인 통계학에 기반을 둔 위험도 예측도구들은 연역적 접근법에 기초하여 이론적으로나 실증적으로 결과변수에 유의미한 영향을 미치는 것으로 입증된 설명·예측변수들을 주로 모형에 반영하지만 데이터마이닝과 ML 기반의 예측모형들은 귀납적 접근법을 통하여 기존에 잘 알려지지 않아 결과변수에 영향이 없어 보이는 자료들도 직·간접적으로 예측의 정확도에 기여하는 효과를 밝혀낼 수 있어 더욱 예측정확도를 높이는 데 기여할 여지가 크다고 할 것이다. 사실 최근 데이터마이닝 기술의 급격한 발전으로 인한 빅데이터 시대의 도래와 컴퓨터 공학 및 데이터 사이언스의 발달로 인해 예전에는 이용이 아예 불가능하거나 전혀 상상조차하지 못했던 비정형적인 자료들까지도 예측에 이용할 수 있으며, 현대사회는 오히려 너무 많은 정보의 홍수 속에서 컴퓨터의 저장 및 처리능력의 제한으로 인해 수많은 데이터들을 필요에 따라 사전에 선별 및 정리해야 하는 과정(preprocessing)이 데이터 분석 이전에 필수적으로 선행되어야 하는 정도에까지 이르렀다. 예를 들어 범죄자의 재범 위험성을 예측하는 데 있어 기존에는 경찰관, 검사, 법원 등에서 해당 직무수행과정 중 공식적으로 수집하여 입력한 자료를 중심으로 필요시 각종 행정자료(예: 구금 및 수감생활 중 문제발생의 종류 및 빈도) 또는 설문·인터뷰 자료(예: 가석방 적합여부를 판정하기 위한 가족 및 친구관계, 성격, 범죄성향, 자아통제력 등 개인의 심리적, 사회적 특성 및 재산, 직장의 유무 등 경제적 변수들) 등을 추가한 정형화된 −하지만 제약된− 데이터베이스를 구축하고 이에 전적으로 의존해 왔지만, 최근에는 컴퓨터와 인터넷, 소셜 네트워크 및 플랫폼 기반사업의 비약적인 발달 그리고 정보통신 기술의 급성장으로 인해 수집 가능한 다양한 비정형적인 전자정보까지 추가하여 기존의 정보만으로는 발견하지 못했던 패턴을 발견하고 이를 예측분석에 적극 활용할 수 있다.

아울러 동일한 종류와 양의 변수들만으로 예측을 하더라도 변수들 간의 상호작용을 사전에 미리 특정하고 이를 변수화하여 모형에 추가해야 하는 전통적 통계모형에 비해 ML에 의한 알고리즘은 보다 유연하게 대응하는 것이 가능하고 그결과 기존에 알려지지 않은 예측변수들 간의 미묘하고 복잡한 상호작용까지 반영하여 예측의 정확도를 높일 수 있다. 특히, 미래의 범죄행위를 예측함에 있어 예측대상자의 특성에 따라 많은 차이가 있겠지만(예: 일반시민, 초범자들 집단, 다수의 전과기록을 가진 상습범죄자 집단) 기본적으로 예측하고자 하는 결과의 발생률(base rate)은 상당히 낮은 경향이 있다. 예를 들어 전체 예측대상 집단 내에서 미래에 실제로 범죄를 저지를 자들(true positives)의 비율이 5% 미만이라고 한다면 범죄

를 저지르지 않을 95%(true negatives)를 예측하기는 비교적 용이하나 그 반대의
경우인 5% 미만의 잠재적 범죄자를 정확하게 예측하기는 매우 어렵다. 이는 아무
리 많은 예측에 필요한 정보를 가지고 있더라도 이들 정보를 이용하여 극소수의
위험군을 정확히 분류하는 과정에는 근본적인 한계가 있기 때문이다. 따라서 전반
적인 예측의 정확도는 다소 낮추는 결과를 초래하더라도 예측모형을 그러한 소수
의 실제 범죄가담자들(true positives)을 보다 정확히 분류하는 데 최적화되도록 구
축할 필요가 있고 ML을 이용한 다양한 예측모형들은 교차검증(cross-validation)
과정을 통한 조율모수들(tuning parameters)의 조정을 통해 이를 가능하게 한다.

　무엇보다도 의사결정자들이 가장 중요하게 생각하는 예측오류의 최소화를 통
한 예측의 정확성을 맞춤형으로 제고하여 경제적, 사회적 비용을 절감할 수 있다.
사실 다양한 종류의 예측오류는 공직자들과 일반 국민들에게 각각 다른 정책적
함의를 갖게 되며 한 가지 종류의 예측오류를 줄이기 위해서는 이와 필연적으로
연관된 다른 종류의 예측오류를 증대시키는 손해를 감수해야만 한다. 예를 들어
형사사법절차에서 주요 의사결정자들과 일반 국민들이 가장 바람직하지 않다고
생각하거나 두려워하는 것은 범죄자에 대한 위험예측을 잘못하여 재판진행 중 또
는 재판 이후에 풀어주지 말아야 할 자들을 풀어주어 사회에서 범죄 피해자나 증
인에 대한 보복범죄를 행하거나 기타 일반 국민들을 대상으로 다른 범죄를 추가
로 저지르는 기회를 제공하게 되는 경우이다. 통계학에서는 이를 false negative
한 예측이라고 부르는데 예측모형은 '미래에 범죄를 저지르지 않을 가능성이 크
다(negative outcome)'라고 예측했음에도 불구하고 실제로는 범죄를 저지르는 결
과를 초래하는 경우이다. 이와 반대로 예측모형은 '미래에 범죄를 저지를 확률이
높다(positive outcome)'라고 예측했는데 사실상 그렇지 않은 경우를 false positive
한 예측이라고 부르며, 이럴 경우 이들을 불필요하게 구금하고 관리해야 하는 비
효율이 초래되기는 하나 false negative한 예측으로 인해 잠재적 범죄자들이 풀려
나서 자유롭게 범죄를 행하게 되어 발생하는 경제적, 사회적 비용보다는 상대적
으로 덜 심각하다고 할 것이다.

　이러한 각각 다른 예측오류에 따른 불균형적인 비용은 범죄의 종류에 따라 더
욱 극명하게 나타나게 된다. 예를 들어 살인 등의 강력범죄자 1명을 사전에 예측

하여 예방하는 것은 경범죄자 수십 또는 수백 명을 미리 예방하는 것보다도 그 효용이 충분히 크다고 판단될 여지가 있다. 한 가지 유의할 점은 위에서 언급한 바와 같은 이유로 상대적으로 더 중요하다고 생각되는 false negative의 최소화에 최적화된 모형을 구축하게 되면 예측모형이 수행하는 대상자에 대한 분류방식의 성격상 필연적으로 false positive는 상대적으로 늘어날 수밖에 없다는 것이다. 그럼에도 불구하고 false negative를 줄임에 따른 효용이 false positive가 증가함에 따른 비용보다 훨씬 크다고 판단될 경우에는 이에 최적화된 예측모형을 과감하게 구축하여 이용할 수 있는 장점이 있다. 즉 전통적인 통계기법에 의한 예측모형에서는 이러한 상대적인 비용까지 감안한 예측모형의 구축이 불가능하였으나 ML을 이용한 알고리듬은 학습과정에 이러한 불균형한 상대적 비용을 직접적으로 반영하여 모형의 모수들(parameters)을 추정하고 이를 통해 의사결정자가 예측과정에서 가장 줄이고 싶은 에러를 최소화하는 맞춤형 모형을 만들어 활용할 수 있다. 이러한 상대적 비용과 편익을 고려한 예측모형의 구축 역시 복잡한 수학적 연산 과정은 입력된 ML 알고리즘을 이용하여 컴퓨터가 대신해 줄 수 있지만 모든 정치적, 경제적, 사회적 요인들을 고려한 최종적인 가치판단 및 실제 집행방식의 결정은 결국 인간에게 달려 있다는 점을 보여주는 좋은 사례이다.

ML의 정교한 알고리즘으로 구축되어 그 예측 정확성이 교차확인법 및 독립적인 데이터에 기초한 체계적인 평가과정을 통해 충분히 검증된 최선의 예측모형은 다양한 형사사법기관의 서버에 전송되어 해당기관의 의사결정자들이 쉽게 접속하여 업무에 이용하게 하거나 또는 의사결정자들의 휴대용 단말기에 예측결과를 직접 실시간으로 전달하여 이용의 적시성과 효율성을 높일 수 있는 장점이 있다. 아울러 비전문가가 알기 힘든 복잡한 ML의 예측 알고리즘과 조율과정 등의 다소 기술적인 측면을 포함하는 예측모형의 구축과정과는 달리 이를 통한 실제 예측의 결과물들은 실무자들도 쉽게 이해하고 업무에 적극 활용할 수 있는 형태로 제공될 수 있다는 장점이 있다. 예를 들면 특정 재소자에게 예측되는 재범확률이 90%라는 정보를 추가적으로 '참조'하여(따라서 의사결정자는 기존의 방식대로 측정이 아예 불가능하거나 기타 다른 이유로 데이터에 반영될 수 없는 다양한 요인들까지도 종합적으로 고려하여 판단이 가능함) 해당자의 가석방 여부를 결정할 수 있고 같은 맥락에서 피의자에 대한 구속 여부, 기소 여부, 보석허가 여부, 집행유예 여부, 징역형 선고의 필요성 여부, 가석방 대상자 판단 등 다양한 형사사법절차에서 관심 있는 결과의 발생 가능성을 수치화하여 활용할 수 있다. 결국 복잡하고 기술적인 예측 모형의 구축 및 지속적인 업데이트과정은 해당부처에서 또는 관련 부처들이 공동 으로 이를 지속적으로 담당할 인원을 지정하고 다양한 기술적인 역량을 지닌 전 문가들과 협력하여 진행하고 이를 통한 예측결과의 실제 이용자들에게는 사용자 편의적인(user-friendly) 인터페이스를 구축하여 최대한 쉽고 간단하게 실무에 적 용할 수 있도록 할 수 있는 장점이 있다.

마지막으로 ML을 이용한 예측모형은 시간의 흐름에 따라 계속 축적되는 자료 를 이용하여 정기적 또는 실시간으로 계속 최신버전으로 업데이트하여(이렇게 계 속 추가되는 데이터를 통해 지속적으로 예측모형의 변화와 개선을 가져오는 분석방법을 '온라인 러닝'이라 부르기도 한다) 보다 정교한 모형으로 예측 정확성을 높일 수 있 다. 아울러 시간의 흐름에 따른 정치·경제·사회적 환경의 보다 근본적이고 구조 적인 변화 및 다양한 상황적 요인들의 변화로 인해 예측변수의 중요성이 상대적으 로 변화할 수 있으므로 현시점에서 가장 중요한 예측변수와 이에 기초한 가장 최 적화된 예측모형을 이용한 예측이 가능해진다. 다시 한번 강조하지만 예측모형의 정확성 제고를 위한 노력은 궁극적으로 데이터의 질과 양에 달려 있기 때문이다.

VIII. ML에 의한 예측모형의 구축 및 활용 시 고려해야 할 사항들

1. 실무자들의 거부감 해소 및 탄력적인 적용

아무리 타당성이 검증된 이론들과 이를 뒷받침하는 통계기법 및 과학기술의 발달이 변수들 간의 관계를 보다 명확히 하고 그 결과 예측의 정확성을 높일 수 있을지라도 인간은 그 속성상 중요한 결정을 내릴 때 기계보다는 자기 자신의 판 단을 더 믿는 경향이 있다. 특히 단순한 수학적 계산이 아닌 가치판단과 복합적인 상황적 요인들까지 동시에 고려해야 하는 경우에 더욱 그러하다. 필자가 미국에서 만났던 판사와 검사들 중에서 그나마 가장 젊고 개혁적인 마인드를 가진 분들 조차도 "ML에 의한 과학적인 범죄위험도 예측결과가 제공되면 보다 합리적인 판단과 결정을 내리는 데 도움이 될 것 같은가?"라는 질문에 한결같이 회의적이거나 부정적인 반응을 보였다. 그들은 해당분야에서 자신들이 많은 전문지식과 경험을 가진 전문가이므로 중요한 의사결정을 컴퓨터의 연산에 의존하거나 또는 통계적 예측모형과 자신들의 합리적인 판단 간의 정확성을 상호 비교한다는 자체에 대해 강한 거부감을 나타내었다. 아울러 통계학적 지식이 어느 정도 있는 사람들조차도 변수들 간의 보다 명확한 인과관계를 규명하는 데 초점을 두고 있는 일반 선형회귀모형들(Generalized Linear Models)에 기초한 분석모형들에 익숙해져 있어서 상대적으로 그 복잡한 예측 알고리즘에 대한 직관적인 이해가 힘든 ML을 통한 예측기법에 대해서는 '블랙박스'라는 용어를 사용하며 다소 회의적인 반응을 보이는 것이 현실이다. 하지만 앞서 밝힌 대로 결과변수에 대한 설명과 예측은 상호 관련되어 있지만 분명히 다른 차원의 접근이 필요하다. 예를 들어 예측모형은 예측의 정확성만 높일 수 있으면 수많은 예측변수들과 결과변수들 간의 보다 명확한 인과관계의 규명이라는 목표는 다소 희생될 수도 있으며 실제로도 양자 간에는 상충(trade-off)의 관계가 있다. 특히 설명모형은 이론적, 실증적 근거를 기반으로 선험적으로 도출된 변수들 간의 구조적인 관계를 나타내는 functional form을 모형의 여러 가지 가정(parametric assumption)들이 충족된다는 전제하에 사전에 구축하여 이를 연역적으로 검증하지만 예측모형은 설명모형과는 달리 순수하게 데이터의 학습에 기초한 귀납적 방법으로 접근할 수 있다. 그럼에도 불구하고 ML에 의한 예측 알고리즘이 데이터 내에 존재하는 패턴을 학습하여 예측하는 과정이 비전문가가 이해하기에는 너무 복잡하고 직관적인 설명이 힘든 점은 앞서 말한 바와 같이 실무자들의 거부감을 증폭시키기에 충분함을 인식하여야 한다. 즉, 어떻게 그 과정과 실체를 파악하기조차 쉽지 않은 컴퓨터 알고리즘의 연산결과에 인간의 삶과 운명을 좌우할 수도 있는 중요한 의사결정을 의존할 수 있냐는 주장에 이해하기 쉽고 설득력 있는 논리로 그 효용성을 납득시켜야 하는 과제가 있다.

사실 인간은 개인마다 모두 다른 독창적인 존재이고 따라서 다른 사람의 특성과 행위패턴에 기초해 구축된 예측모형으로 미래의 나의 행위를 정확히 예측한다는 것은 사실상 불가능하다. 하지만 과거에는 상상할 수 없었던 양과 질의 데이터가 보다 정교해진 예측모형과 결합한다면 과거 데이터로부터 현재의 나의 상태와 매우 흡사한 특징들을 보이는 케이스들을 보다 정밀하게 찾아내어 예측의 정확성을 높일 수 있다. 하지만 이러한 원론적이고 이상적인 모델을 제시하면서 한 가지 생각해 볼 점은 ML을 이용한 범죄행위 및 범죄빈발지역에 대한 예측이 때론 실무자들의 직관적 판단보다 더 정확하리라는 보장이 없을 수도 있다는 점이다. 예를 들어 범죄 우발지역 및 시간대를 예측함에 있어 많은 부분 데이터로 수치화되지 않는 역사적이고 전통적인 해당 지역만의 특수성이 존재할 것이고 시시각각 변화하는 동적인(dynamic) 요인들이 많은 경우 정적인(static) 데이터에 주로 의존하는 예측모형의 정확한 예측을 방해할 수도 있다. 이는 특히 주민들이 서로를 잘 알고 지내는 지방의 소도시일수록 더욱 그러할 것이다. 예를 들어 이 동네에서 어떤 곳에 어떤 형태의 치안서비스를 보다 집중적으로 제공되는 것이 필요한지에 대해 지역사정에 능통한 현장근무 경찰관들과 주민들의 의견을 경청하면 굳이 복잡한 예측모형을 돌리지 않더라도 생각보다 손쉽게 모두가 공감하는 범죄취약지를 파악할 수 있다는 것이다. 이러한 지역은 전국적으로 상당히 많은 곳에 분포하고 있다고 생각되며, 따라서 ML을 이용한 예측모형이 만병통치약인 것처럼 모든 부처와 지역에서 의사결정과정에 전면적이고 획일적이며 경쟁적으로 급조되어 조직 수뇌부들이 자신들의 개혁을 위한 강력한 의지와 노력을 보여주기 위한 상징적인 수단으로 잘못 활용되어 그 본래의 취지와는 동떨어진 결과를 초래하지 않도록 보다 탄력적으로 적용해야 할 필요가 있다. 아울러 만일 ML을 통한 범죄위험인과 범죄 취약지의 보다 정확한 예측이 가능하다 하더라도 그곳에만 인력과 예산을 집중하는 것이 정말 바람직한가도 생각해 볼 문제이다. 주민들이 정작 필요로 하고 원하는 곳에 공권력을 집중하는 것이 범죄발생 그 자체와는 또 다른 차원의 주요 결과변수들인 범죄에 대한 두려움, 치안서비스 만족도 등을 제고할 수도 있다는 점을 간과해서는 안 될 것이다. 이러한 측면에서 최근에 우리나라에서 진행되고 있는 지방자치경찰제도의 근본취지에 따라 기존의 국가경찰제도하에서의 다소 획일적이고 하향식 정책집행에 기초한 전통적 경찰활동과는 다른 새로운 운영모델이 제시되어야 할 것이며 ML을 통한 범죄예측모형은 이러한 새로운 치안환경 및 조직구조의 변화를 고려하여 새로운 시너지를 창출할 도구로 활용되어야 할 것이다.

2. 다양한 가치를 반영한 의사결정의 필요성

ML을 이용하여 그 정확도를 극대화하는 이상적인 범죄예측모형의 구축과 활용을 논하는 데 있어 간과해서는 안 되는 고려사항은 해당 공직자의 실질적인 의사결정은 늘 이러한 예측정확성에 기초한 순수 합리성 모형에 의해서만이 결정되는 것이 아니고 정치적, 행정적, 재정적 요인들과 국민여론 등 많은 현실적 고려사항들이 반영되기 마련이라는 점이다. 사실 형사사법체계 전반의 모든 의사결정자들이 가치중립적인(value-neutral) 사고와 판단을 내리길 기대하는 것은 극히 비현실적이고 많은 경우 바람직하지도 않다. 예를 들면 최근 사회적으로 이슈화가 되고 있는 아동, 여성 등의 사회적 취약계층을 대상으로 한 각종 강력범죄, 학교 주변 어린이 보호구역 위반으로 인한 교통사망사고 등의 경우 실제 정교한 예측모형을 통한 위험도 평가에서 재범이나 사고의 가능성이 상대적으로 낮게 나오더라도 이에 대한 강력한 선제적 예방조치를 배제하는 결정을 내리기에는(예: 형확정 전후에 이들의 구금을 해제) 현실적으로 어려움이 있다. 특히 국민들의 주목을 받는 극도로 잔인한 강력범죄를 저지른 자들의 경우 해당범죄의 직접적인 피해자와 그 가족들 그리고 일반 국민들 중에서도 발생할 수 있는 잠재적인 피해자들을 보호하기 위하여 또는 수많은 잠재적 범죄자들에게 동일한 범행 시 필연적으로 수반되는 강력한 법적처분을 경고하여 억제효과(deterrence effect)를 극대화하기 위해서라도 다소 엄격하고 보수적인 결정이 요구될 수 있다(예를 들면 최근 청와대 국민청원 게시판에 게제된 아동대상 성범죄자인 조두순의 출소 시 공공의 안전이 심각한 위협을 받는다는 강력한 문제제기와 이를 지지하는 여론을 이유로 다양한 추가적 제제를 요구하는 서명운동이 전개되고 있다). 반대로 ML을 통한 범죄자의 위험도 예측결과 아무리 재범의 위험성이 높게 나오더라도 수용시설의 축소, 인력 및 예산의 삭감과 같은 현실적인 벽에 부딪혀 모든 범죄위험도가 높은 구금 대상자들을 계획대로 구금할 수 없게 되는 경우도 있다. 특히 최근 미국에서 강간혐의로 체포되어 구금상태로 재판 중이던 피의자에 대해 COVID-19에 따른 구금시설 내에서의 피의자 안전문제 그리고 헌법상의 권리인 변호인 접견권에 대한 심각한 제한 등의 이유로 판사가 보석을 허가할 수밖에 없었던 경우가 대표적인 사례라고 할 수 있다(사실 동 피의자는 재범우려가 높아 법정구속이 절대적으로 필요했던 사례로 안타깝게도 보석으로 구금이 해지된 직후 자신을 고소한 피해자를 찾아가 살해하였다). 아울러 교도소 내의 COVID-19 감염가능성 또는 실제 집단감염 사례를 근거로 실질적으로 계속 구금이 필요한 위험요인이 높은 재소자들조차 석방하는 경우도 있었다. 또한 앞으로 우리나라도 미국과 같은 검사 개인의 판단이 아닌 일반국민들로 구성된 배심원단(grand jury)이 형사사건의 기소여부를 결정하거나 이미 기소된 사건의 유무죄 여부를 결정하고 판사는 이에 대한 형량만을 부과하는 등의 사법절차에 근본적인 변화가 올 가능성이 열려 있고 그럴 경우 비법률전문가인 배심원들의 판단에 예측모형에서 제공하는 위험성 평가결과가 비중 있는 참고자료로 활용될 여지도 있다. 다만 대부분의 범죄위험도 예측모형의 결과물들은 연속형(continuous) 변수가 아닌 이분형(dichonomous) 변수와 같은 범주형(categorical) 변수이므로(예: 재판 중 공판기일에 출석 여부, 도주 및 증거인멸 여부, 재범 여부 등) 특정 예측결과의 발생 여부에 따라 대상자를 분류하는 작업이 핵심이지만(ML algorithm as a 'classifier') 이러한 분류도 결국 예측하고자 하는 결과가 발생할 확률(probability)을 추론하여 이루어지므로 필요시 그 확률 자체를 제공하는 방법도 생각해 볼 수 있다. 예를 들면 '재범을 할 것이다'라는 예측결과 대신 '재범의 확률이 89%이다'라는 보다 구체적인 수치정보를 제공함으로써 보다 합리적인 의사결정에 도움을 주는 참고자료로 활용될 수 있다. 아울러 앞서 언급한 바와 같은 현실적인 인원 및 예산의 제약을 고려하여 예측된 결과발생의 확률에 근거한 분류작업을 보다 탄력적으로 운용할 수도 있다. 예를 들어 재범을 한다는 예측결과 분류의 기준(threshold for classifying positive outcomes)을 통상적인 기준인 50%가 아닌 50% 이상(예: 교도소의 수용능력이 제한될 경우)이나 그 이하(예: 교도소의 수용능력이 상대적으로 여유 있을 경우)로 조정할 수도 있다.

3. 예측모형 구축을 담당할 실무자의 확보 및 부처 간 정보공유 문제

아무리 예측모형 구축과 실제 적용과정을 구분하여 예측된 결과물의 활용단계에서는 ML의 비전문가인 일반 공직자들도 쉽게 이해하고 활용할 수 있는 interface를 구축한다고 하더라도 결국은 예측모형의 구축이 정확하고 투명하게 이루어져야 그 취지에 부합한 효과를 거둘 수 있는 것은 자명하다. 따라서 일반 행정가들인 해당분야의 실무자들이 최선의 예측모형의 구축과정에 적극적으로 참여하여야 하고 그러려면 ML에 대한 이해가 어느 정도는 선행되어야 하는데, 하루가 다르게 발전하는 기술적인 측면들을 따라갈 수 있는 전문인력을 확보하고 이들의 전문성과 경험을 지속적으로 발전시킬 수 있는 시스템이 취약한 현재의 조직관리 체계하에서는 현실적으로 많은 벽에 부딪힐 가능성이 크다. 아울러 해당분야의 주요업무로 인식되지 않고 승진에서 소외되는 비인기분야인 지원기능으로 여겨질 가능성이 크므로 역량 있고 강력한 동기를 가지고 헌신할 조직 내 지원자를 찾기가 매우 힘들 수도 있음을 유념하고 필요한 인사상 지원책 및 개선책을 마련해야 한다. 예를 들면 현행 정부부처 내에서 전산실 직원들을 일반 행정 직원들에 비해 상대적으로 경시하는 풍조가 있어 AI나 ML 업무를 담당하는 자들 역시 조직 내 비주류로 인식되어서 인사상 불이익을 받을 소지가 있음을 인식해야 한다.

또한 형사사법체제 내의 다양한 데이터들은 많은 부분 서로 연관되어 있어서 통합적으로 구축 및 유지·관리가 되는 것이 보다 효율적임은 자명하나 각 부처는 다양한 이유를 들어 정보를 공유하지 않고 독점하려는 속성이 있어 이상적인 모형과는 거리가 있는 불완전 데이터를 토대로 예측모형이 구축되어 정확성이 현격히 떨어지는 결과를 산출할 가능성이 있다는 점도 극복해야 할 과제이다. 이렇게 기술적으로는 가능하나 현실적인 장애요인들로 인해 정확성이 매우 결여된 예측모형의 구축이 잦아지고 이에 대한 문제점들이 언론에 지속적으로 보도될 경우 그 신뢰도에 대한 논란이 불거져서 근본적으로 ML을 이용한 예측모형 자체에 대한 반감과 불신이 확산되고 만연해지는 결과로 이어질 수 있음을 주의해야 한다.

4. 실제 집행과정상의 문제

형사사법체제 내에서 각 의사결정자들은 따라야 할 법적, 행정적 규정과 절차가 있다. 특히 다른 공직자들과 마찬가지로 많은 업무량을 신속히 처리하기 위해서 만들어놓은 SOP(Standard Operating Procedure)에 의하여 다소 기계적으로 업무를 처리하는 경우도 많다. 이는 조직 구성원의 교체 시 일관성 있는 업무의 연속성 및 효율성과 공정성을 제고하기 위하여 바람직하나 자칫 ML에 의한 위험도 예측과 같은 선례가 없는 개혁을 시도할 때는 업무자체에 내포된 불확실성(uncertainty)으로 인해 위험과 비난을 최소화하고 가급적 피하려는 공무원들의 거부반응이 실제 집행과정에서 장애요인으로 작용할 수 있다.

또한 예측모형의 구축은 과거에 이미 수집된 예측변수들에 의하여 이루어지기 때문에 미래의 범죄행위를 예측할 때에도 동일한 예측변수들이 지속적으로 수집되어 제공 및 활용될 수 있음을 전제로 한다. 하지만 동일한 대상자로부터 시간의 흐름에 따라 반복적으로 데이터를 수집하는 종단적 연구에서 자주 보여지듯이 변수들의 종류나 그 수집 방법들은 여러 가지 이유로(예: 연령에 따라 점차 적합 또는 비적합해지는 변수들 및 해당 변수를 측정하는 방식의 변화가 필요한 경우, 법령의 개정으로 인해 기존에 측정 가능했던 변수들이 현행법상 측정이 금지되는 경우 등) 변화하기도 한다. 특히 예측모형의 구축 이후에 새로 추가되는 항목들은 이들을 실제사례에 대한 결과예측 시 배제하면 되므로 상대적으로 문제가 덜하지만 중요한 항목들이 아예 수집에서 제외되거나 수집되더라도 대다수의 대상자들에게서 결측치가 발견될 경우 그리고 이러한 결측치에서 예측에 중요한 영향을 미치는 구조적인 패턴이 존재할 경우에는 예측오류가 심각해질 수 있다. 따라서 예측모형의 구축에 지속적으로 필요한 변수의 선정 및 동 변수의 타당성과 신뢰성 있는 반복적인 측정에 매우 신중을 기할 필요가 있다.

아울러 독립변수와 종속변수 간의 관계를 설명하거나 양자 간의 인과관계를 규명하는 통계모형과는 달리 예측모형은 가급적이면 많은 분석단위들로부터 측정한 다양한 예측변수가 존재할 것이 요구된다. 설명 및 인과관계 모형에서는 데이터 내에 존재하는 지배적인 패턴이 연구자가 사전에 이론적 · 실증적으로 도출한 변수들 간의 관계와 일치하는지 여부에 주로 관심이 있으므로 일정수준의 이상에서는 표본의 크기 증가에 따른 한계효용체감(diminishing return) 현상이 일어난다. 하지만 종속변수에 대한 설명력을 높여서 예측의 정확성을 극대화하기 위해서는 학습에 필요한 가능한 한 많은 표본과 예측변수가 반드시 요구된다. 이는 특히 발생빈도가 상대적으로 낮지만 그 사회적 비용은 매우 큰(예: 강력범죄들) 결과변수의 예측에서 더욱 그러하다.

5. ML 예측모형 구축 및 활용의 '절차적 정의(Procedural Justice)' 확보

앞서 논의했던 보다 정확하고 공정한 범죄위험도의 예측에 대한 논의는 컴퓨터가 인간에 비해 보다 가치 중립적이므로 예측모형의 구축과 그 집행에 있어 편향될(biased) 가능성이 적다는 전제하에서 이루어졌다. 하지만 만일 ML의 알고리즘 자체가 애초에 편향되어 설계되거나 그 실현에 있어 인간의 의식적, 무의식적 편향이 반영될 소지가 있다면 오히려 문제를 악화시킬 수도 있다. 예를 들어 데이터사이언스와 ML 분야에서도 그동안의 보다 정교한 알고리듬의 구현을 통한 예측의 정확도 제고에만 치중하여 진행되던 연구들에서 벗어나 최근 중요한 연구분야로 관심을 끌고 있는 소위 '알고리즘적 거버넌스(Algorithmic Governance)'에 대한 논의는 다양한 이해관계자들의 입장과 의견을 반영한 참여적 접근법(Participatory Framework)을 강조하고 있다. 구체적으로는 모형의 구축에 필요한 예측변수의 설정이 특정그룹이나 계층이 위험군에 속하게 될 가능성이 높도록 의식적 또는 무의식적으로 이루어질 가능성을 배제하기 위하여 다양한 의견을 수렴한 합의의 과정을 거쳐 도출하여야 하며 이러한 투입변수들에 기초한 다양한 개별 예측모형들의 결과물들을 종합적으로 고려하여 편향되어진 특정 예측모형이 결과가 지배적으로 작용할 가능성을 낮추는 방식 등이 최근 다양하게 논의되고 있다는 점에 유념해야 한다. 아울러 이러한 참여적 접근법으로 도출된 보다 공정한 ML 알고리즘도 실제 활용되는 과정에서 대상자들이 다양한 방법으로 예측에 이용되는 원자료들에 대해 임의적 조작을 시도할 경우 예측정확성이 떨어지고 오히려 불공정한 결과가 만연해질 수 있으므로(예를 들어 광범위한 빅데이터에 기초한 ML의 범죄위험도 예측 시 이를 사전에 직접 분석하거나 민간 전문업체에 의뢰하여 input features로 이용되는 본인의 소셜미디어 활동내용들과 같은 다양한 비정형 데이터들을 자신의 위험도 예측에 유리하게 반영되도록 의도적으로 변경할 수 있음) 이에 대한 대비책도 마련되어야 한다.

IX. 결론

본 장에서는 빅데이터와 데이터 사이언스의 급격한 발달로 인해 민간분야에서 그 활용범위가 점차 확대되고 있는 ML의 기본원리와 그 구체적인 적용방법을 복잡한 수식 없이 직관적으로 이해하기 쉽게 소개하고 이를 공공분야인 형사사법체계의 다양한 의사결정 과정에 적극 도입하여 그 예측정확성을 높일 수 있는 방안에 대하여 논의하였다. 기존의 전통적인 통계모형과의 비교를 통해 잠정적 범죄자 및 범죄빈발지역의 위험도 예측이 핵심인 형사사법분야의 다양한 절차에 이러한 기술들이 적극적으로 활용될 여지가 많음을 강조하였지만 그 외에도 현실적으로 고려해야 할 사항들과 성공적인 집행을 위해 극복해야 할 장애물들에 대하여도 다각적으로 논의하였다.

현실적으로 ML의 알고리즘과 프로그래밍 분야의 전문가인 데이터 사이언티스트들은 실질적인 적용분야(예: 범죄학 및 형사사법학)에서 어떠한 데이터가 중요하고 실제 활용이 가능한지, 그리고 데이터 내에서 구체적으로 발견된 패턴을 어떻게 해석하고 적용 가능한지에 대해서 충분히 이해하기에는 한계가 있으며, 마찬가지로 특정분야의 전문가들과 실무자들은 아무래도 이러한 다소 기술적이고 하루가 다르게 급변하는 새로운 기술적인 발달을 따라가기에는 통계전문가나 데이터 사이언티스트들에 비해서 뒤처지기 마련이다. 따라서 기존의 컴퓨터 연산의 기술적인 부분을 주로 연구하는 컴퓨터 사이언티스트, 예측모형의 알고리즘을 수리적, 통계적으로 연구하고 증명하는 통계학자, 그리고 ML이 구체적으로 적용되는 특정분야의 실질적인 이론과 실제를 연구하는 전문가들이 함께 머리를 맞대고 공동으로 작업을 할 수 있는 환경이 체계적으로 조성되어야만 진정한 의미의 융합과학의 발전이 가능해질 것이다. 더 나아가서는 특정분야의 전문가들도(예: 행정학 및 정책학자) 가능한 범위 내에서 데이터 사이언스나 통계학의 지식을 겸비하여 보다 효율적이고 유기적인 상호협력이 가능하도록 하는 노력이 요구되고 있다. 이는 미래의 범죄행위 예측과 같은 매우 중요하고 신중한 예측분석을 시도함에 있어 데이터 사이언스나 통계학적 기초지식이 전혀 없이 이미 일반적인 예측분석이 가능하도록 작성되어 제공되는 명령문(ready-made syntax just like many recipes in a cookbook)을 기계적으로 적용할 경우에는 기대하는 효과가 나타나지 않거나 심한 경우 판별이 아예 불가능한 결정적인 오류의 개입으로 인해 잘못된 결론에 이르는 역효과가 나타날 수도 있기 때문이다. 마지막으로 본문에서도 수차례 강조했듯이 인간의 주요 의사결정은 다양한 가치들을 고려하여 종합적이고 합리적으로 이루어질 것이 요구되므로 컴퓨터의 예측결과가 가장 정확하고 투명하다고 무조건적으로 이를 수용하고 우선적으로 적용하려고 하기보다는 의사결정자들이 이를 적절한 수준과 방법으로 주체적이고 선별적으로 수용할 수 있도록 보장하는 것이 바람직하다고 생각된다.

참고문헌

[해외문헌]

Berk RA. (2012). *Criminal justice forecasts of risk: a machine learning approach.* Springer, New York.

Berk RA, Sherman L, Barnes G, Kurtz E, Ahlman L. (2009). Forecasting murder within a population of probationers and parolees: a high stakes application of statistical learning. *JR Stat Soc Ser A 172(part I)*, 191-211.

Berk RA, Bleich J. (2013). Statistical procedures for forecasting criminal behavior: A comparative assessment. *Criminology & Public Policy*, 12, 513-544.

Brodzinski, J. D., Crable, E. A., & Scherer, R. F. (1994). Using artificial intelligence to model juvenile recidivism patterns. *Computers in Human Services*, 10, 1-18.

Bushway SD. (2013). Is There Any Logic to Using Logit: Finding the Right Tool for the Increasingly Important Job of Risk Prediction. *Criminology & Public Policy* 12(3), 563-567.

Caulkins J., Cohen, J., Gorr. W., & Wei, J. (1996). Predicting the criminal recidivism: a comparison of neural network models with statistical models. *Journal of Criminal Justice*, 24, 227-240.

Farrington DP, Tarling R. (2003). *Prediction in Criminology.* Albany: SUNY Press.

Kartalopoulos, S. V. (1995). *Understanding Neural Networks and Fuzzy Logic: Basic Concepts and Applications.* New York: IEEE Press.

Liu Y. Y., Yang, M., Ramsay, M., Li X. S., & Coid, J. W. (2011). A comparison of logistic regression, classification and regression trees, and neutral networks model in predicting violent re-offending. *Journal of Quantitative Criminology*, 27, 547-573.

Ngo, F. T., Govindu, R., & Agarwal, A. (2015). Assessing the predictive utility of logistic regression, classification and regression tree, chi-squared automatic interaction detection, and neural network models in predicting inmate misconduct. *American Journal of Criminal Justice*, 40(1), 47-74.

O'Neal, E., Tellis, K., Spohn, C. (2015). Prosecuting Intimate Partner Sexual Assault: Legal and Extralegal Factors that Influence Charging Decisions. *Violence Against Women*, 21(10), 1237-1258.

Palocsay, S. W., Wang, P., & Brookshire, R. G. (2000). Predicting criminal recidivism using neural networks. *Socio-Economic Planning Sciences*, 34, 271-284.

Ridgeway Greg (2013) The pitfalls of prediction. *NIJ Journal*, 271, 34-40.

Sears, E. S., & Anthony, J. C. (2004). Artificial Neural Networks for Adolescent Marijuana Use and Clinical Features of Marijuana Dependence. *Substance Use & Misuse*, 39(1), 107-134.

Steffensmeier, D., Ulmer, J., Kramer, J. (1998). The Interaction of Race, Gender, and Age in Criminal Sentencing: The Punishment Cost of Being Young, Black, and Male. *Criminology*, 36, 736-798.

Tollenaar N, van der Heijden PGM. (2013). Which method predicts recidivism best? A comparison of statistical, machine learning and data mining predictive methods. *Journal of the Royal Statistical Society*, Series A, 176 (part 2), 565-584.

AI 기반의 공공데이터 활용을 통한 정책평가의 가능성

고길곤(서울대학교 행정대학원)

Ⅰ. 서론

인공지능(artificial intelligence)에 대한 다양한 논의가 진행되면서 인공지능에 대한 관점도 크게 인간의 사고와 유사한 형태의 인공지능과 인간의 의사결정이나 활동을 도와주는 보완적 혹은 보조적 기술로서의 인공지능의 관점이 공존해 왔다. 이러한 관점은 Allen Newell과 Herbert Simon이 1956년에 만든 컴퓨터 프로그램인 'Logic Theorist'와 밀접하게 연관되어 있다. 이 프로그램은 컴퓨터를 이용하여 버트란트 러셀과 화이트 헤드를 비롯한 논리 철학자들의 논리 명제의 참과 거짓을 판단할 수 있다는 것을 보여주었다. 뿐만 아니라 기본적인 논리명제를 결합하여 새로운 논리 명제에 대한 추론을 컴퓨터 프로그램이 할 수 있다는 가능성을 제시해 주었다. 이것은 컴퓨터가 논리적 추론을 할 수 있다는 희망을 갖게 하였고 인공지능(artificial intelligence) 혹은 생각하는 기계(thinking machine)의 개념을 학계가 적극적으로 고민하도록 하였다. 그 결과 1956년 Dartmouth College에서 개최된 워크숍에서 John McCarthy에 의해 '인공지능(artificial intelligence)'이라는 단어가 만들어졌고, 이 워크숍에 참석했던 Marvin Minsky, Hebert Simon, Allen Newell, Arthur Samuel 등은 인공지능의 기본 아이디어들을 발전시켰다.

하지만 후기 비트겐슈타인이 고민한 것처럼 원자명제(atomic sentence)와 이것들이 결합된 분자 명제(molecular sentence)를 통해 논리식을 확장해 나가면서 복잡한 현상에 대한 참과 거짓을 판단할 수 있다는 주장은 타당하지 않다. 왜냐하면 명제에 사용된 언어가 가진 맥락성은 우리가 생각하는 것보다 훨씬 복잡하기 때문이다. 인간의 추론을 논리 규칙을 통해 이해하려는 초기 인공지능의 시도들이 결국 실패한 이유도 다양한 맥락 속에서 나타나는 현상을 고정된 규칙을 통해 설명하고 예측하는 것이 어렵기 때문이다. 그러나 최근 기계학습 방법론 등을 통해 모형을 학습하는 알고리듬이 발전하면서 AI도 새로운 단계로 도약하고 있다. 이러한 상황에서 AI가 정책과정 특히 정책평가에서 어떤 역할을 할 것인지에 대한 논의를 현실성 있게 진행하기 위해서는 정책이나 정책평가가 갖고 있는 복잡성과 맥락성을 진지하게 고민해야 한다.

정책학 이론에서 AI와 같이 새로운 기술이나 방법론이 도입된 사례는 많다. Dror(1967)는 '시스템 분석(system analysis)'이라고 부르던 경제분석이나 경영과학(operational research)이 적극 활용되기 시작할 때도 정책이 갖고 있는 복잡성과 맥락성을 고려하면서 정책분석에 맞는 방법론을 개발해 나가야 한다는 점을 지적하였다. 이후 시스템 다이내믹스와 같은 방정식 기반 시뮬레이션 기법(Richardson & Pugh, 1981)이나 1990년대 March(1991)와 Simon(2006)에 의해 적극적으로 활용되고 소개된 복잡성 과학이 정책학 영역에 도입될 때도(노화준, 2012; 고길곤, 2000) 방법론의 가능성뿐만 아니라 이 방법론이 정책학의 맥락에서 어떻게 적용될 것인지에 대한 많은 논란과 고민이 있었다. 이러한 경험들은 공통적으로 정책현상을 특정 방법론만 가지고는 이해하기 어렵다는 점과 해당 방법론이 정책문제를 해결하는 데 기여하지 못하면 지속가능한 방법론이 되지 못한다는 교훈을 제시하고 있다.

AI에 대한 사회적 관심이 커지면서 정책학 분야 특히 정책분석 및 평가에서 AI 방법론의 활용가능성을 제기하는 경향이 나타나고 있다. 이러한 경향은 주로 AI에 대한 낙관론적 견해를 갖고 출발한다. 즉 AI가 정책분석이나 평가의 여러 난제를 풀어줄 수 있을 것이라고 기대하는 것이다. 과연 AI가 정책분석이나 평가의 어떤 문제를 해결해 줄 수 있을까? 본 논문은 AI를 패러다임의 관점에서 살펴보기보다는 정책분석 및 평가에서 문제해결 수단으로서의 AI의 현실적 가능성을 탐색해 보고자 한다.

II. AI 방법론에 대한 성찰

AI가 정책평가에 활용될 때는 일반적으로 방법론적 측면에 초점을 맞춘다. 즉 AI가 제공하는 다양한 의사결정 방법론이 전통적인 정책평가 방법론을 보완 혹은 대체할 수 있다고 가정하는 것이다. 그렇다면 AI 방법론이란 무엇이고 그것이 전통적인 정책평가의 방법론과 어떤 점에서 다를까?

1. AI 개념

인공지능 기술이 무엇인지에 대해서는 일반 시민들과 전문가들 간에도 상이한 관점을 보이고 있지만, 전문가들조차도 합의된 정의를 제시하지 못하고 있다. 아마 가장 널리 받아들여지고 있는 것은 '사람처럼 생각하고 행동하는 인공물'로 인공지능을 정의하는 것이다. 이때 인공물은 소프트웨어일 수도 있고, 로봇일 수도 있으며, 사물인터넷(Internet of Thing: IoT)처럼 장치일 수도 있다. 한편 생각하고 행동한다는 것은 자율성을 갖고 있다는 것을 의미하는데 규칙에 따라 움직이는 기계나 사이버네틱스와 달리 스스로 생각할 능력이 있는 상태까지 가정을 한다. 이러한 점에서 인공지능을 '사람처럼' 자율성을 가진 지적인 존재로 생각하는 견해가 많다. 공상과학 영화 속 로봇의 이미지는 이런 상태와 가장 가까운 존재이다.

위와 같은 인공지능의 개념과 달리 현실적인 인공지능은 '사람처럼'이라는 수식어를 거부하고 문제해결의 도구로써 인공지능을 정의하는 관점이 설득력을 얻고 있다. 즉 특이점(singularity)이 언제 올 것인지라는 질문은 기계가 인간의 지능에 얼마나 가까이 다가올 것인가에 초점을 맞춘다. 반면 도구로서의 인공지능은 기계가 인간의 어떤 문제를 풀 수 있을 것인지에 더 초점을 맞춘다. 즉 인공지능을 '인간의 문제를 효율적으로 해결하기 위한 도구'로 정의하는 것이다. 이렇게 인공지능을 정의하게 되면 문제해결을 위해 인간이 개발해 온 수많은 기술들과 인공지능의 차이점을 강조하기보다는 오히려 인공지능도 다른 기술의 일종일 뿐이라는 유사점을 강조하게 된다.

인공지능 개념에 대한 관념적인 논쟁을 벗어나 인공지능의 발전과정을 살펴보면 인공지능의 현실을 좀 더 구체적으로 이해할 수 있다. 인공지능의 역사에서 항상 등장하는 튜링 머신(Turing machine), 노웰과 사이먼의 사고기계(thinking machine), 신경망 모델(neural network model), 머신러닝(machine learning)과 딥러닝(deep learning)을 보면 인공지능은 결국 알고리듬으로 축소된다. 알고리듬에 기반한 문제해결이 전통적인 문제해결 방식과 구분되는 중요한 특징은 설명 중심의 문제해결에서 문제해결 자체에 초점을 맞춘다는 것이다. 즉 어떤 목적함수가 있을 때 이 목적함수가 어떻게 달성되었는지가 중요한 게 아니라 목적함수의 달성 여부 자체가 중요한 것이다. 머신러닝이나 딥러닝의 핵심 목표가 예측력을 높이는 모델을 학습시키는 것이라는 점을 이해한다면 인공지능 알고리듬을 특징을 이해할 수 있을 것이다.

문제해결과 알고리듬을 중심으로 인공지능을 이해한다면 학습을 통해 지능이 성장하는 과정이 중요해지며, 이때 지능의 실체가 무엇인지가 쟁점이 된다. 일부에서는 이 지능을 마치 인간 지능의 또 다른 형태의 이미지로 생각하는 경향이 있지만 현재까지 인공지능에서의 지능은 모델에 가까운 것이다. 즉 기계가 학습을 한다고 할 때 학습은 모델을 학습하는 것이지 인간이 흔히 이야기하는 추상적인 수준의 학습을 하는 것은 아니다. 인공지능 관련 분야에서 흔히 등장하는 존설(John Searle)의 중국어 방(Chinese Room)의 역설은 이런 단면을 보여준다. 아무리 튜링 테스트를 통과해 중국어를 인간이 번역한 것처럼 그 언어를 정확히 번역하더라도 번역된 것이 무엇을 의미하는지를 기계가 이해한다고 가정할 수는 없다는 것이다. 존설의 역설은 지능의 개념 자체를 어떻게 정의하는지에 따라 다르게 이해될 수 있지만 인공지능은 문제를 해결하기 위한 모델의 수준으로 이해하는 것이 현재로서는 가장 현실적이다.

인공지능에게 인격을 부여하거나 독립적 권리를 부여할지에 대한 문제는 현재 시점에서는 본격적으로 고려되어야 할 상황은 아니다. 다만 자율주행차 규제나 인공지능 프로그램이 빅데이터를 활용해 제시하는 각종 정책판단(예: 사회보장 자격심사) 등에서는 인공지능의 잘못된 판단의 책임을 어디에 물을 것인지가 문제가 된다. 예를 들어 자율주행차가 사고를 내는 경우 운전자의 책임인지 혹은 인공지능의 문제인지에 대한 논쟁이 제기될 수 있는데, 이러한 논쟁은 인공지능의 판단에 독립성이나 인격성을 부여하는 기본전제 때문에 가능한 것이다. 일반 자동차의 경우 이러한 인격성이 부여되지 않기 때문에 사고가 나면 당연히 기계를 사용한 사용자에게 책임을 묻는다. 이와 유사하게 로봇에 대한 성추행 혹은 학대 문제를 제기하는 것 역시 로봇에 인격을 부여하기 때문에 가능한 것이다. 우리 주변에 있는 자동차와 같은 기계를 쓰다가 버린다고 해서 그것을 학대라고 부르지 않지만 인공지능 자동차에 욕설하는 것을 문제삼는 것도 인격 부여의 문제와 관련이 있다. 그러나 이런 인격 부여의 문제는 표면상으로 그 범위를 기계에까지 확대하는 이타적인 행태로 포장될 수 있지만 실제로는 기술결정론에 빠져 기술에 지나친 의미부여를 하는 결과를 초래하게 된다.

정책평가는 정당성을 갖고 있는 정책평가자에 의해 이루어져야 한다. AI가 평가한 정책에 우리가 정당성을 부여하기 위해서는 정책평가의 정당성을 합리성에서 찾는다는 가정이 전제되어야 한다. 하지만 정책평가는 정책 이해관계자와의 사회적 상호작용을 통해 이루어지는 활동이며 사회적으로 구성되어지는 결과이기 때문에 단순히 기계적 알고리듬이 생성하는 결과 자체에 정당성을 부여할 수 없다. 이것은 마치 회귀분석 모형을 이용한 정책평가 결과를 있는 그대로 받아들이지 않는 것과 비슷한 이치이며 어디까지나 AI는 정책평가자의 판단을 위한 수단일 뿐이다.

결론적으로 인공지능은 문제해결의 도구로 이해하는 것이 바람직하며 인공지능이 정책 판단을 대체하는 상황은 현재로서는 가능하지도 않으며 바람직하지도 않다. 이러한 관점을 채택하게 되면 인공지능에 대한 추상적 관점을 벗어나 구체적 문제해결 능력에 초점을 맞추어 인공지능을 정책평가에 활용할 수 있다.

2. AI와 통계적 정책평가 모형의 차이

1) 회귀모형을 이용한 정책평가의 기본 구조

일반적으로 사용되는 정책평가에서는 정책효과를 측정한 종속변수 Y, 정책개입변수 X 그리고 p개의 통제변수 Z로 구성된 아래와 같은 회귀모형을 가정한다.

$$Y_i = \beta_0 + \beta X_i + \beta_1 Z_{1i} + \cdots + \beta_p Z_{pi} + \epsilon_i$$

(단, β는 회귀계수, ϵ_i는 확률변수, i는 관찰점 지시자)

여기서 정책개입변수 X와 정책효과변수 Y의 관계는 선형의 관계를 가정한다. 이 가정은 어떤 이론에 의해 검증된 것이 아니라 다만 선험적 지식(a priori)에 의해 가정한 관계일 뿐이다. 이 선험적 가정은 수집된 경험적 자료를 이용하여 확증할 수도 없다. 예를 들어 관찰된 자료를 통해 정책개입이 통계적으로 유의미한 효과를 갖는다는 결론을 얻었다고 가정해 보자. 이 결론은 어디까지나 선형모형이 전제되었을 때 독립변수의 회귀계수가 통계적으로 유의미하다는 점과, 선형모형이 전제되었을 때 모형에 의해 설명되는 종속변수의 변동이 모형에 의해 설명되지 않은 종속변수의 변동보다 크다는 것을 의미할 뿐이다. 정책개입변수와 정책효과의 관계는 무수히 많은 비선형모형을 이용해서 설명할 수 있고, 시차의 문제와 모형에 포함되지 않은 변수에 의한 영향 등 수많은 요인에 영향을 받는다. 회귀모형이 통계적으로 유의미하다는 것은 어디까지나 선형의 가정이 전제된 상황에서 타당한 것일 뿐이다. 이 검정은 선형모형이 비선형모형보다 더 좋은 모형이라는 것을 검증한 것은 아니다. 이것은 Breiman(2001)이 주장한 데이터 모델링 접근(data modeling culture)을 따라 데이터와 가정된 모형을 이용해서 모형의 모수를 추정하는 접근과 유사하다.

전통적 정책평가모형의 한계는 단일 원인과 단일 결과에 대한 가정이다. 하나의 정책은 다양한 결과를 초래할 수 있고, 여러 정책이 단일한 정책효과를 초래할 수도 있다. 예를 들어 고령화 사회의 노인의 삶의 질은 소득부터 여가 생활과 관련된 정책에 이르기까지 다양한 정책에 의해 영향을 받을 수 있고, 교육정책은 학생의 학업능력이라는 정책효과뿐만 아니라 미래의 소득이나 삶의 질 등 다양한 결과에 영향을 미칠 수 있다. 하나의 정책이 다수의 결과를 초래하거나 다수의 원인을 갖고 있는 경우 전통적 회귀모형의 적절성은 떨어지게 된다.

전통적 회귀모형에 기반한 정책평가에서는 설명력을 높이는 것을 주요 목적으로 한다. 모형의 설명력을 평가하는 기준은 관찰값과 예측값 차이를 최소화하는 것으로 설명력 판단의 정보는 분석에 사용된 자료의 정보에 의존할 수밖에 없는 한계가 있다. 그 결과 분석모형은 주어진 자료의 정보를 지나치게 많이 사용하여 과대적합(overfitting)의 문제를 초래하게 된다. 이 과대적합의 문제는 모형의 설명력은 높일 수 있지만 예측력에는 부정적인 결과를 초래한다. 과거정보가 충분하지 않을 뿐 아니라 미래의 정책 환경이 달라진다면 현재 평가모형의 정확성이 미래 평가에는 확보되지 않을 가능성이 높다.

2) 기계학습 방법론의 특징

기계학습(machine learning)은 1952년 Arthur Samuel이 체커(checker) 게임 프로그램을 짜면서 기계 스스로 게임을 진행하고 학습하는 개념을 도입하면서 등장하기 시작했다. 연구자에 따라서는 빅데이터 분석(big data analysis), 인공지능(artificial intelligence), 데이터 마이닝(data mining), 데이터 애널리틱스(data analytics), 딥러닝(deep learning) 등 다양한 이름을 사용하기도 한다. 또한 기계학습의 방법론의 내용도 간단한 LASSO 혹은 능형(ridge) 회귀모형과 같은 축소 회귀모형(shrinkage regression)부터 분류나무(Classification And Regression Tree: CART), 랜덤 포레스트(random forest), 지지벡터모형(Support Vector Machine: SVM), 신경망 분석(neural network analysis), 텍스트 분석(text analysis) 등에 이르기까지 매우 다양하다(James et al., 2013).

흔히 인공지능이라고 불리는 것은 기계학습 이외에도 IoT(Internet of Things)나 각종 하드웨어 및 소프트웨어적 기술을 포괄하지만 인공지능에서의 핵심 분석 방법론은 기계학습이라고 해도 과언이 아니다. 기계학습은 '데이터로부터 학습하여 예측력과 설명력 높은 모형을 형성해 나가는 알고리듬과 분석기법을 개발하는 분야'로 정의할 수 있다.

기계학습 방법론은 전통적인 방법론과 구분되는 몇 가지 특징이 있다. 첫째, 수집된 자료를 모두 사용하지 않는다는 점이다. 일반적 회귀분석에서는 수집된 자료를 모두 사용하여 자료를 최대한 설명하는 모형을 찾아내기 때문에 과대적합(overfitting)의 문제가 발생하게 된다(Mansour, 1997). 이러한 이유로 기계학습 방법론에서는 데이터를 적절히 분할하여 교차검증(cross-validation)을 수행하는 표본재추출(resampling) 방법이 선호된다. 적절한 모형을 찾아내기 위한 훈련자료

(training dataset), 경쟁 모형 중 가장 적절한 모형을 선택하기 위한 검증자료 (validation dataset), 그리고 최종 선택된 모형의 예측오류를 평가하기 위한 테스트 자료(test dataset)로 구분하여 자료를 사용한다. 이를 교차검증(cross-validation) 방법이라고 부르기도 한다. 이렇게 자료를 나누어서 분석에 사용하기 때문에 자료의 크기가 충분히 클 필요가 있다. 또한 자료를 나누어 분석하면서 최적 모형을 탐색하기 위한 모수 추정과정과 예측타당도를 평가하는 과정에서 연산량이 많아지게 된다. 이를 해결하기 위해 자료의 병렬처리의 필요성이 커지고 이러한 이유로 GPU와 같이 특별한 하드웨어가 선호된다.

둘째, 과대적합을 피하기 위해 변수 축소의 방법을 사용한다. 변수 축소 방법을 사용하면 주어진 자료에 대한 설명력은 줄어들 수 있지만 새로운 자료에 대한 예측력은 늘어날 수 있다. 이를 위해 변수선택법(variable selection method), 능형회귀(ridge regression), LASSO(Least Absolute Shrinkage Selector Operator), LAR(Least Angle Regression), 주성분 회귀(principal component regression) 등과 같은 정규화(regularization) 방법을 사용한다. 이 방법의 큰 특징은 비록 훈련자료에 대한 추정오차를 어느 정도 감수하더라도 예측오차를 줄이기 위해 편의 추정량을 허용한다는 점에 있다.

셋째, 앙상블(ensemble) 방법과 같이 여러 모델을 학습시켜 결합하여 최종결과를 도출하는 알고리듬(Aggarawal, 2018, p. 186)을 사용하기도 한다. 이 기법은 관찰점을 무작위로 선정하여 다양한 데이터셋을 여러 분할로 만든 후 이를 이용하여 모형을 추정하는 방법(bagging), 순차적으로 이전 모형에 예측이 잘 되지 않은 관찰점의 가중치를 높여서 다음 단계에 다시 학습을 하는 방법(boosting) 등이 널리 사용된다. 이 방법은 의사결정나무(decision tree) 방법에 기반한 랜덤 포레스트(random forest)에서 널리 사용되며, 이 외에도 여러 기계학습 모형을 함께 사용할 때도 확장하여 사용할 수 있다.

넷째, 투입변수를 그대로 사용하기보다는 새로운 변수를 만들어가면서 목표변수를 예측한다. 신경망 분석에서의 잠재층(hidden layer)에서의 뉴런(neuron) 변수는 투입변수의 함수에 의해 생성되는 새로운 변수이다. 또한 회귀나무(regression tree)에서도 가지의 분기는 이항변수의 형태로 만들어진 새로운 변수를 사용한다. 목표변수를 예측하는 과정은 단순히 투입변수에 의한 것이 아니라 투입변수의 정보가 결합된 새로운 변수들의 전파과정(propagation)을 통해 이루어진다.

다섯째, 신경망(neural network) 기법이다. 신경망 기법은 초기에 투입변수들을 결합하여 얻어내는 잠재층(hidden layer) 문제를 고려하지 않던 초기 퍼셉트론(perceptron) 기법을 발전시켜 이후 투입변수들의 선형 혹은 비선형 결합을 통해 형성되는 잠재층의 개념을 도입한 후 이를 다시 역전파(backpropagation) 알고리듬을 도입하여 예측 정확성을 높이고자 한 다층 신경망 모형(multilayer neural network)과 기울기 소실 문제(vanishing gradient problem)를 해결하기 위한 심층 학습(deep learning) 기법 등으로 발전해 왔다. 최근 널리 사용하는 CNN(Convolution Neural Network)과 LSTM(Long-Short Term Memory) 등의 기법은 이러한 심층학습 기법의 일종이다.

위에서 제시된 기계학습 기법에 대해서는 몇 가지 오해들이 존재한다. 첫째, 컴퓨터가 모든 것을 알아서 해결해 준다고 생각하는 것이다. 인간과 같이 자동으로 문제를 정의하고, 자료를 수집하여, 분석하고 결과를 제시할 수 있는 알고리듬은 아직 존재하지 않고 있다. 기계학습을 위해서는 분석에 필요한 자료가 구조화된 형태로 제공되어야 하며 어떤 알고리듬을 사용할 것인지에 대한 판단과 이에 대한 제시도 인간이 해야 한다. 이러한 이유로 분석가능한 형태의 자료를 확보하는 것과 좋은 알고리듬을 개발하는 것이 중요하다. 둘째, 빅데이터가 좋은 예측모형을 의미하지는 않는다는 점이다. 인공지능 특히 기계학습 방법이 선호도가 커지고 있는 것은 과거에 불가능했던 대용량 자료의 수집, 가공 분석이 용이하게 이루어지고 있다는 점이다. 그 결과 빅데이터를 사용하면 분석의 질이 높아질 것이라고 생각하는 것이다. 이러한 낙관론적 사고와 달리 현실에서 정책평가에 활용할 수 있는 빅데이터는 매우 제한적이다. 민간에서 실시간으로 수집되는 대용량의 자료들과 달리 공공부문의 자료는 공개가 되지 않는 경우가 많아서 접근성이 크게 개선되었다고 보기 어렵다. 그러나 더욱 중요한 것은 빅데이터와 같이 양의 측면에서 접근하기보다는 질의 측면의 중요성이 더 큼에도 불구하고 빅데이터가 평가모형의 질을 높일 것이라는 낙관적 견해가 지나치게 큰 것이 현실이다.

3) 빅데이터 패러독스

인공지능이 구현되기 위해서는 데이터가 필수적이다. 따라서 인공지능과 관련된 논의와 빅데이터 논의는 밀접하게 연결될 수밖에 없다. 또한 앞에서 논의한 것과 같이 인공지능의 핵심 분석 알고리듬이라고 할 수 있는 기계학습 역시 빅데이터와 결합하여 그 유용성이 커지게 된다.

(1) 양과 질의 상충 모순(quantity and quality trade-off)

Meng(2018)에 의해 제시된 양과 질의 상충 모순은 다음과 같은 과정을 통해 증명할 수 있다. 먼저 크기가 N인 유한 모집단의 원소를 $X_1, \cdots, X_N$이라고 하고 관심 있는 모수를 다음과 같이 μ_g라고 하고 다음과 같이 정의하자. 여기서 G는 관심 있는 모수 계산에 필요한 적절한 함수(function)다.[1]

$$\mu_g = \frac{\sum_{i=1}^{N} G(X_i)}{N}$$

모집단의 N개의 원소에서 n개의 표본을 뽑는다면 표본은 $\{X_j, j \in I_n\}$같이 나타낼 수 있으며, 여기서 I_n은 $\{1, \cdots, N\}$으로부터 추출된 크기 n인 부분집합이다. 여기서 $j \in I_n$이면 $R_j = 1$이고, $j \notin I_n$이면 $R_j = 0$인 지시함수 R_j을 이용하면 모집단의 원소가 표본에 포함되었는지 여부를 나타낼 수 있다. 관심 있는 모수의 추정값은 다음과 같이 관찰된 표본의 평균 개념을 이용하여 정의할 수 있다.

$$\widehat{\mu_g} = \frac{1}{n} \sum_{j \in I_n}^{N} G(X_j) = \frac{\sum_{j \in I_n}^{N} R_j G(X_j)}{\sum_{j \in I_n}^{N} R_j}$$

---

[1] 이 μ_g는 관심 있는 다양한 모수이지만 $G(x_i) = x_i$로 정의하면 모평균의 개념과 동일함을 알 수 있다.

모수 값과 추정량의 차이 값을 오차라고 할 때 이 오차는 다음과 같이 나타낼 수 있다.

$$\widehat{\mu_g} - \mu_g = \frac{\sum_{j \in I_n}^{N} R_j G(X_j)}{\sum_{j \in I_n}^{N} R_j} - \frac{1}{N} \sum_{j=1}^{N} G(X_j)$$

$$= \frac{E_J[R_J G_J]}{E_J[R_J]} - E_J[G_J]$$

$$= \frac{E_J[R_J G_J] - E_J[R_J] E_J[G_J]}{E_J[R_J]}$$

$$= \frac{COV(R_J, G_J)}{E_J[R_J]}$$

위 식에서 공분산을 다시 상관관계로 나타내면 다음과 같이 나타낼 수 있다.

$$\widehat{\mu_g} - \mu_g = \frac{COV(R_J, G_J)}{E_J[R_J]}$$

$$= \frac{Corr(R_J, G_J) \sqrt{Var(R_J)} \sqrt{Var(G_J)}}{E_J[R_J]}$$

위 식에서 $E_J(R_J) = n/N = f$가 된다. 또한 R_J가 두 개의 사건밖에 갖지 않는 베르누이 확률변수이므로 $Var(R_J) = f(1-f)$가 된다. 따라서 위 식은 다음과 같이 분해된다.

$$\widehat{\mu_g} - \mu_g = \rho_{R,G} \times \sqrt{\frac{(1-f)}{f}} \times \sigma_G$$

이 식에서 $\rho_{R,G}$는 데이터의 질을 나타내는 것으로 표본이 추출될 확률과 모수 함수 G 간의 상관관계가 크게 되면 편의가 있는 표본이 추출된다는 것을 의미한다. 즉 편의 없이 완전하게 무작위 표본 추출이 되면 $\rho_{R,G}=0$이 된다. 반면 모집단에서 큰 값들의 표본이 추출될 확률이 높게 되면 G와 R 간의 상관관계가 크다는 것을 의미하기 때문에 편의가 존재한다고 할 수 있다. 따라서 $\rho_{R,G}$의 값이 1에 가까울수록 데이터의 질은 낮고 편의가 큰 표본이라는 것을 의미하며, 어떤 표본이 추출되는지에 따라 모수 추정치와 실제 모수 간의 차이가 커지게 됨을 의미한다.

두 번째 항인 $\sqrt{\dfrac{(1-f)}{f}}$ 은 데이터의 양(data quantity)의 크기를 나타내는 것으로 표본 크기가 모집단의 크기와 동일하면, 즉 $n=N$ 혹은 $f=1$이면 이 항은 0의 값을 갖고 f의 값이 0에 가까울수록 무한대에 가까운 값을 갖게 된다. 위 식은 분자는 표본에 포함되지 않을 확률, 분모는 표본에 포함될 확률을 의미하기 때문에 탈락 오즈(dropout odds)라고 부르기도 한다. 이 지표 값이 클수록 모수 추정치와 모수 간의 차이는 커지게 된다.

세 번째 항인 σ_G는 $G(X_i)$의 표준편차로 모집단의 각 원소가 갖는 관심 있는 모수 값의 불확실성을 나타낸다. 예를 들어 모평균에 관심이 있다면 모집단의 각 원소 X_i의 값의 차이가 너무 크다면 X_i 하나를 관찰해서 모평균을 추정하는 것은 불확실성이 크다. 반면 X_i의 차이가 없어서 모두 동일한 값을 값는다면 모수 추정의 불확실성은 없다고 할 수 있다. 이러한 점에서 σ_G는 데이터 불확실성(data uncertainty) 혹은 문제 어려움(problem difficulty)이라고 한다.

결국 Meng(2018)은 우리가 표본을 이용해 추정한 모수와 실제 모집단의 모수 간의 차이는 데이터의 질, 데이터의 양, 그리고 데이터의 불확실성에 의해 결정된다는 점을 증명한 것이다.

한편 현재 빅데이터 표본과 동일한 평균제곱오차(mean square error)를 갖기 위한 단순무작위 추출의 표본의 크기를 유효표본수(n_{eff})라고 할 때 이 유효표본은 다음과 같이 계산된다.

$$n_{eff} = \frac{f}{1-f} \times \frac{1}{E[\rho_{R,G}^2]}$$

만일 모집단 전체에서 약 50% 정도의 표본을 추출하였고, 표본이 약 5%의 편향이 존재한다고 가정해 보자. 이 경우 $f = 0.5, \rho_{R,G} = 0.05$이기 때문에 이 값을 위 식에 대입하면 400이 된다. 이것은 5,000만 명 한국인 중 2,500만 명을 측정한 빅데이터가 있더라도 이 자료를 이용한 모수 추정치의 평균오차제곱합은 400명의 단순무작위표본을 추출한 결과와 동일하다는 것을 의미한다.

빅데이터의 또 하나의 문제는 표본의 편의가 없다고 가정하는 경우에는 n의 값이 커져서 추정량의 표준오차(standard error)값이 작아져 신뢰구간의 폭을 좁혀 귀무가설을 기각할 가능성도 커지게 된다. 그러나 표본의 편의가 존재하는 경우에는 빅데이터를 통해 유도한 신뢰구간의 신뢰성은 지나치게 과대측정되는 문제를 초래한다는 것이다.

(2) 정체성 모순

정체성 모순은 빅데이터가 형성하는 현상에 대한 정체성이 개인이나 집단의 정체성을 무시한 상황에서 만들어진 정체성이라는 것이다(Richards & King, 2013). 이 정체성 모순의 가장 원시적인 형태는 심리학에서 사용하는 MBTI(Myers-Briggs Type Indicator) 성격 검사로, 수십억의 개인을 특정 유형의 심리형태로 분류하는 것이다. 개인의 심리상태가 MBTI라는 도구에 의해 단순화되고 정의되는 것이다. 사회복지 정책에서 누가 수혜자가 될 것인지를 빅데이터 알고리듬을 이용하여 결정한다고 가정해 보자. 처음에는 소득이라는 변수를 이용하여 수혜 여부를 판단하다가 월 이동거리, 통화시간, 주변인들과의 접촉빈도, 건강상태 등 수많은 변수를 이용하여 사회복지 정책수혜자 여부를 판단한다고 가정해 보자. 현재의 수혜자 심사는 수혜자 여부에 대한 객관적 조건을 제시하고 이것을 만족하는지 여부를 심사자가 종합적으로 판단한다. 그러나 기계학습을 이용한 판단에서는 사전에 제시된 조건의 충족 여부가 아니라 기계학습의 모형 혹은 알고리듬에 의한 결과에 따라 사회복지 정책 수혜자를 선택하게 된다. 문제는 알고리듬에 의해 만들어진 판단 모형조차도 투입변수와 자료에 의존할 수밖에 없다는 점이다. 또한 개인의 다양성을 반영하는 모델이 개발되고는 있지만 모형은 분석대상이 되는 모집단의 모수 추정에서 평균적인 오차를 최소화하는 것이지 개인별 오차를 최소화하는 것은 아니다. 결국 기계학습은 알고리듬, 변수와 자료의 크기, 그리고 다른 사람들에 대한 정보에 의해 평가된 정체성을 개인의 정체성으로 대체하는 것이다. 정체성 모순은 빅데이터를 이용하여 인공지능이 개인을 가장 잘 설명할 수 있는 정체성을 제시한다고 생각하지만 실제 만들어진 개인의 정체성은 다른 개인들의 정보의 가공을 통해 만들어진 모형에 의해 판단된 정체성이라는 모순을 갖게 되는 것이다.

알고리듬에 의해 대해 제시된 개인의 정체성에 대한 판단의 결과를 개인이 반박할 수 있을까? 좀 더 극단적으로 가석방 여부를 판단할 때 컴퓨터 알고리듬에 따라 가석방이 거부되었을 때 해당 결정이 잘못되었다는 것을 죄수가 입증해야 할까 아니면 교도소가 입증을 해야 할까? 교도소의 입장에서는 과거 자료 분석을 이용하여 가석방 여부를 예측한 결과 해당 죄수가 가석방 될 확률이 낮다는 주장을 하겠지만 알고리듬이 진짜 가석방이 되어야 할 죄수가 가석방이 아니라고 예측할 오류나, 가석방이 되지 말아야 할 사람이 가석방 되는 것과 같은 다양한 오류를 입증하는 경우 알고리듬의 타당성을 충분히 입증하기 어렵다는 사실을 알게 된다.

(3) 투명성 역설

공공데이터의 공개로 인해 많은 사람들은 정책의 투명성이 많이 향상되었다고 믿는다. 미국에서는 「Foundations for Evidence-Based Policymaking Act of 2018」를 통해 데이터 개방을 법으로 구체화하였다. 이 법에 따르면 근거기반 행정계획 수립(agency evidence-building plan), 데이터책임관제도(statistical officer), 평가 전문가(evaluation officer), 근거 구축을 위한 자료에 대한 자문위원회(Advisory Committee on Data for Evidence Building) 등을 지정하였고, 데이터 재고정보 및 연방정부 자료 목록(data inventory and Federal data catalog), 기밀데이터보호와 통계데이터 효율화, 데이터 접근권 관련 정책들을 명시하고 있다.

한국의 『데이터기반행정 활성화에 관한 법률』은 "객관적이고 과학적인 행정을 통하여 공공기관의 책임성, 대응성 및 신뢰성을 높이고 국민의 삶의 질을 향상시키는 것을 목적"으로 함을 천명하고 있다(동법 제1조). 이 법에서의 데이터는

"정보처리능력을 갖춘 장치를 통하여 생성 또는 처리되어 기계에 의한 판독이 가능한 형태로 존재하는 정형 또는 비정형의 정보를 말한다"(동법 제2조 1항). 이 법의 가장 큰 특징은 데이터 제공을 기본으로 하고 예외적인 경우에는 제공을 하지 않는 것으로 하여 데이터 공개 범위를 확대하고 있다는 점이다. 또한 데이터의 정의를 보면 기계학습에 사용되는 정형 및 비정형 데이터를 구체적으로 언급할 뿐 아니라 기계에 의해 판독 가능한 자료라는 점도 명확히 하고 있다. 이것은 기계가 판독하기 어려운 개인의 전문적 지식이나 추상적인 근거들은 데이터의 범위에서 제외시킴으로써 데이터의 구체성을 높이고 있다.

결국 한국이나 미국이나 데이터 공개를 확장함으로써 인공지능이나 기계학습의 활용이 가능한 토대를 마련해 준다는 점을 긍정하고 있다. 이러한 데이터 공개는 투명성을 높여 긍정적인 효과를 발휘한다는 관점이 지배적이다. 그러나 데이터를 공개하더라도 데이터를 가공할 능력이 있는 사람과 그렇지 않은 사람 특히 인공지능 기술 활용 능력에서의 격차로 인해 오히려 투명성이 부정적인 효과를 초래할 가능성도 제기되고 있다. 또한 고전적인 호손 연구(Hawthone research)에서 암시하듯 시민들은 자신들의 행동이 모두 모니터링되고 정보화되어 저장된다고 생각하면 시민들은 자신의 프라이버시를 지키기 위해 왜곡된 정보를 제공하는 행태를 보일 수 있다.

투명하게 공개된 데이터들의 양이 증가함에도 불구하고 이 데이터들이 어떻게 수집된 자료인지에 대한 정보(혹은 출처)는 여전히 불투명하다. 예를 들어 검색어 순위나 상품 거래 등과 같은 정보는 구글이나 네이버와 같은 포털이 제공해 주지만 이들이 어떤 알고리듬과 과정을 통해 정보를 생산하는지는 투명하지 않은 경우가 많다.

데이터 공개 못지않게 알고리듬 공개의 위험성에 대한 투명성 역설도 제기된다(Burt, 2019). 일반적으로 인공지능에서 널리 사용되는 기계학습의 신경망 모형은 어떻게 투입변수(features)가 표적변수(target)를 예측하는지를 설명하지 못하기 때문에 블랙박스(black box) 모형이라고 불리기도 한다. 설명가능성이 없다는 것은 인공지능이 정책평가에 제대로 사용되기 어렵다는 것을 의미한다. 물론 최근에는 LIME이나 SHAP 알고리듬과 같이 설명가능한 AI 알고리듬이 늘어나고 있다. 이때 알고리듬이 공개되면 따라서 정책의 투명성 관점에서는 정책평가에 사용하는 인공지능 모형의 알고리듬과 결과에 대한 설명이 가능한 모형을 제시하는 것이 중요하다. 이러한 설명가능한 AI 현상이 일반화되면서 알고리듬의 공개 요구가 커지고 있다. 이때 알고리듬을 공개하는 경우 이를 이용하여 결과를 왜곡할 가능성도 함께 증가한다.[2]

(4) 권력 역설

AI는 통제 가능한 수단이다. AI에 대한 통제는 데이터에 대한 통제, 알고리듬에 의한 통제를 통해 이루어질 수 있다. 흔히 공공데이터에 대한 시민의 접근성이 높아짐에 따라 시민의 권력이 더 커질 것으로 생각할 수 있다. 트위터, 페이스북, 네이버 블로그 등의 매체를 통해 자신들의 생각을 자유롭게 표출하고, 정책평가 자들은 그동안 정부가 공개하지 않은 자료를 활용하여 좀 더 객관적인 평가정보를 생산함으로써 정보 권력과 의사결정 권력이 분산되고 시민 친화적이 될 것이라고 가정하는 것이다. 이러한 순진한 주장과 달리 AI에서의 권력 역설(power paradox) 현상은 원천 알고리듬을 디자인하는 사람, 데이터의 흐름을 통제할 수 있는 사람, AI를 구현할 수 있는 자본과 기술을 가진 사람으로의 권력 집중이 심화되어 결국 승자와 패자가 명확해질 위험이 크다는 점을 지적한다.

III. AI를 이용한 정책평가 방법론

앞 절에서는 AI, 빅데이터, 혹은 기계학습에 대한 지나친 낙관론을 경계해야 한다는 점을 지적하였다. 그렇다면 AI를 이용한 정책평가는 어떻게 이루어질 수 있을까? 도구로서의 AI와 예측모형으로서의 AI 방법론의 특징을 충분히 전제한 상황에서 AI를 이용한 정책평가 방법론의 기본 절차를 제시해 보면 아래와 같다.

---

2 AI Transparency Paradox, Havard Business Review, https://hbr.org/2019/12/the-ai-transparency-paradox.

1. 질문과 데이터의 결합

정책평가는 탐색적인 측면도 있지만 평가 목적을 바탕으로 정책의 결과와 영향을 평가하려는 목적 지향적인 활동이 일반적이다. 따라서 정책평가는 평가질문(노화준, 2015)에서부터 출발하게 된다. 반면 현실에서 AI 구현 과정을 보면 주로 확보된 데이터를 중심으로 역으로 평가질문을 형성하는 경우가 많다. 즉 활용가능한 데이터를 바탕으로 질문을 형성하는 데이터 기반 의사결정의 행태를 보이는 것이다(고길곤, 2017). 일반적으로 AI는 정책효과 측정을 위해 널리 사용되지만 평가질문을 유도하는 데에도 사용할 수 있다.

평가질문은 AI에서 목표변수(target variable)와 독립변수(features)를 명확히 하는 데 도움이 된다. 과거에는 평가질문이 주로 정책평가를 요구하는 고객이나 평가 전문가가 제시하였지만 최근에는 국회회의록, 정부 보도자료, 언론기사, 학술 논문, 인터넷 자료 등과 같은 다양한 텍스트를 바탕으로 질문을 형성하는 기술이 발전하고 있다(고길곤 외, 2020). 한편 이러한 질문에 데이터를 대응시킴으로써 어떠한 평가 질문이 어떤 자료를 통해 분석되었는지를 검증받을 수 있도록 해야 한다.

질문을 탐색하는 방법으로는 텍스트 분석 기법을 활용할 수 있다. 텍스트 분석은 문서 단위로 하여 문서 내의 단어들을 품사에 따라 확인한 후 동일 문서에 함께 존재하는 단어는 유사성이 높은 것으로 판단하여 단어들을 유사성이 높은 그룹(토픽)으로 분류하는 토픽 모델링 방법과 이 토픽들 간의 상관관계를 분석하는 기법, 그리고 토픽 내의 단어들이 가장 장 나타나는 문장을 찾아내는 텍스트 랭킹 방법 등 다양한 기법들을 활용할 수 있다(고길곤 외, 2020). 물론 AI에 기반한 텍스트 분석 이외에도 전통적인 인터뷰나 델파이 기법 등을 활용한 질문 탐색도 가능하다. 특히 재정사업 심층평가는 평가질문의 체계화가 중요한 정책평가의 한 유형이다. 이 평가는 다부처에서 동일하거나 유사한 정책문제를 해결하기 위해 집행한 여러 세부사업, 혹은 내역사업들을 종합적으로 분석한다. 예를 들어 고령화 정책에 대한 심층평가를 한다면 고령층의 퇴직준비, 소득, 건강, 생애 마감 등과 관련된 다양한 사업들을 종합적으로 평가해야 한다. 이 경우 평가질문은 매우 다양할 수밖에 없고 이 평가질문을 체계적으로 확인할 수 있는 방법론이 필요하다.

한편 평가질문을 파악하는 단계에서 평가자는 과연 AI 기법이 유용할 것인지에 대해 판단할 필요가 있다. Eubanks(2018)가 지적하듯이 사회복지 서비스의 신청에 대한 자동화 시스템 구축의 경우 수급자격이 없는 사람의 부정수급의 오류는 전체의 5% 수준임에도 불구하고 이를 자동화하는 과정에서 12% 이상의 적정 자격이 있는 대상을 수급거부 한 미국 인디애나주의 사례처럼 오히려 부정적인 경우를 초래할 수 있다. 특히 AI에 기반한 평가를 수행할 수 있는 충분한 정보가 미리 갖추어져 있지 못하거나, 정책 대상자의 유형이 다양하고 고려해야 할 문제들이 매우 많거나, 자동화된 의사결정 시스템으로 다루기 힘든 문제(예: 면담을 통해 정책효과와 문제를 개별적으로 파악해야 하는 경우)는 AI를 통한 자동화의 편익보다는 비용이 더 클 수 있다.

2. 데이터 설계

AI는 데이터 의존성이 상당히 크기 때문에 어떤 데이터를 쓰는지에 따라 정책평가 결과가 달라질 수 있다. 정책기획 및 집행 단계에서 정책평가에 필요한 자료 수집을 할 수 있도록 정책을 설계할 수 있지만 실제로 이러한 경우는 드물다. 또한 현실적으로 AI에 활용할 수 있는 수준의 광범위한 자료가 정책평가를 위해 자동적 수집되는 것 역시 가능하지는 않다. 따라서 AI에 기반한 정책평가를 위해서는 데이터 설계가 중요하다.

정책평가를 위한 데이터 설계와 관련한 체계적인 연구를 찾는 것은 쉽지 않다. 각 정책 영역별로 평가설계가 다르고 사용하는 데이터가 다르기 때문이다. 공공데이터 개방이 활성화되고 민간 자료의 접근성이 커질수록 평가에 필요한 데이터 설계를 할 필요가 있다. 평가 데이터 설계는 전통적인 통제/처리 집단, 사전/사후 자료, 그리고 정책효과변수, 정책변수, 통제변수와 같은 기본적인 요소를 갖추는 자료 수집이 필요하다. AI는 이러한 데이터 수집과 설계에 유용한 수단이 될 수 있다. 한국 정부는 한 달간의 계도과정을 거쳐 마스크 착용을 의무화하고 벌금을 부과하는 정책을 2020년 11월 13일부터 도입하였는데 과연 이 정책의 도입으로 인해 얼마나 많은 사람이 추가적으로 마스크를 쓰게 되었는지를 평가해 볼 수 있을 것이다. 이때 마스크 착용률을 설문조사나 현장 검사를 통해 측정할 수 있겠지만 페이스북의 이미지 파일을 이용하여 착용률을 계산할 수 있다. 필요하다면 전국의 주요 CCTV 자료를 가공하여 마스크 착용자 수를 측정할 수도 있을 것이다. 이러한 데이터 추출을 위해서는 원자료는 어떻게 확보할 것인지, 어떤 AI 기술을 이용할지, 교차검정은 어떻게 할 것인지 등과 같은 데이터 설계가 필요하다.

3. 기계학습 모형의 활용 가능성

기계학습은 모형선정, 분석모형 선택, 분석결과 해석에서 전통적인 통계모형과는 상당히 다른 접근을 갖게 된다. 전통적인 통계모형에서도 이미 나타나고 있지만 통제·처리 집단 차이 분석도 간단한 t-검정 모형, 단순 회귀모형, 다중회귀모형, 성향점수법(propensity score method), 도구변수 모형(instrumental variable method)에 이르기까지 다양하다. 이 방법 중 어느 것이 우월하다고 보기는 어렵지만 기본적으로 이 방법들은 선형모형을 제시하고 주어진 자료를 이용해서 이 선형모형에 의해 추정된 정책효과변수의 값과 관찰된 정책효과변수 값의 차이 제곱을 최소하는 방식을 주로 사용한다.

반면 기계학습 모형에서는 자료를 분석자료(training data), 평가자료(validation data), 검증자료(test data)로 구분하여 교차 타당성(cross validation)을 검증하여 자료의 과대적합(overfitting) 문제를 해결한다. 분석자료(training data)는 학습자료 혹은 훈련자료라고도 불리는데 이 자료를 이용하여 일차적으로 모형을 추정한다. 평가자료(validation data)는 모형선택 혹은 모수 값을 미세조정(fine tuning)하기 위해 사용되며 training data를 통해 얻어진 모형을 평가한 후 최적모형을 선택하는 데 사용한다. 한편 검증자료(test data)는 이렇게 얻어진 최종모형이 정확도를 측정하는 데 사용한다.[3] 검증자료는 마지막 단계에서 최종적으로 한번 사용된다

---

3 "The training set is used to fit the models; the validation set is used to estimate prediction error for model selection; the test set is used for assessment of the generalization error of the final chosen model. Ideally, the test set should be kept in a "vault," and be brought out only at the end of the data analysis." Hastie, T., et al.(2009). The Elements of Statistical

(Aggarawal, 2018: 178-179). 이 자료를 어떻게 구성을 할 것인지는 전통적인 잭나이프 방식에서 k-fold 교차평가 방식 등 다양한 방식이 있다. 이러한 교차검증을 위해서는 자료를 분석자료와 평가자료로 나눈 다음 분석자료를 통해 얻어진 모수 추정결과를 평가자료를 이용하여 예측력을 평가한다(Hastie et al., 2009; James et al., 2013). 전통적인 통계기법을 이용한 평가에서는 모든 관찰점을 분석자료로 사용하기 때문에 자료가 과대적합되는 문제가 발생할 수 있다. 따라서 자료의 일부는 평가자료를 이용하여 분석자료를 통해 얻어진 모수가 새로운 데이터에도 잘 적합되는지를 판단하도록 하는 것이다.

한편 통계적 추론도 오차항의 분포에 기반을 두어 추정량의 확률분포를 이용하여 만들어진 검정통계량에 기반한 모수적 기법이 널리 사용되어 왔다. 그러나 최근에는 부트스트랩핑 기법을 활용한 비모수적인 방법이 널리 사용되고 있다. 부트스트랩핑 방법은 부트스트랩핑 표본을 뽑는 방법에 따라 결과가 민감하게 달라질 수 있고 반복 횟수에 따라서도 추정치가 약간씩 달라진다. 또한 컴퓨터의 연산량도 상당히 증가하게 된다.

이러한 교차검정에 기반한 정책평가 방법이 항상 타당한 것일까? 만일 특정 정책이 단 한 번 발생하는 것이고 반복적으로 시행되지 않을 것이라고 한다면 굳이 미래 예측력을 높이기 위한 모형이 필요하지 않을 수 있다. 정책이 한번 시행되고 이것에 대한 평가가 필요하다면 현재 정책의 결과를 최대한 설명할 수 있는 전통적인 통계모형이 오히려 바람직할 수 있기 때문이다.

한편 전통적인 통계모형을 사용하더라도 주의해야 할 것은 Meng(2018)이 제시한 빅데이터 패러독스의 문제이다. 정책평가에 사용된 표본의 크기가 상당히 크기 때문에 추정된 회귀계수의 검정통계치는 매우 작은 값을 갖게 되고 귀무가설을 기각하지 못하게 된다. 반면 빅데이터에 편의가 존재한다면 추정치의 오차는 매우 커져서 통계적 추론의 신뢰성이 떨어지게 된다. 따라서 정책평가자의 입장에서는 표본의 크기보다는 표본의 질에 신경을 쓰는 것이 더 바람직하다.

한편 정책평가가 정책 개입 전후 여러 시점에서 정책효과를 측정하는 다시점 시계열 평가모형에 따라 이루어진다면 모형의 복잡성은 더욱 커진다. 정책평가에

Learning: Data Mining, Inference, and Prediction, Springer. p. 222.

서 널리 사용되는 이중차분법(difference-in-differences)의 경우에도 평형 추세
(parallel trend) 가정과 같은 선형 가정이 내재되어 있다. 이러한 문제를 넘어서기
위해 심층학습(deep learning)에서 사용하는 CNN(Convolutional Neural Network)이
나 LSTM(Long Short-Term Memory) 같은 기법을 사용할 수 있다. 이러한 기법들은
비선형 관계의 가정을 받아들이는 장점과 축차적인 과정을 묘사함으로써 시계열
분석에도 활용할 수 있게 한 장점이 있다. 그러나 이러한 다시점 모형을 사용하기
위해서는 학습에 필요한 충분한 자료가 요구된다. 최근 재난지원금 효과성 평가
를 위한 모형에 이러한 심층학습 기법을 활용할 수 있으나 이러한 기법이 전통적
인 통계모형 기법보다 우월하다는 보장은 없다. 재난지원금이 경제성장이나 소득
분배에 미치는 영향을 예측하는 모형을 구축하기에는 지원금 재공 사례가 충분히
많이 반복되지 않기 때문에 학습에 충분한 정보를 확보하기 어렵기 때문이다.

4. 평가결과의 활용가능성

정책평가 결과는 그것을 활용할 때 의미가 있다. AI에 의해 정책이 효과가 있
는지 혹은 없는지에 대한 결과를 제시하였다고 가정해 보자. 만일 정책의 효과가
없었다면 자연스럽게 왜 정책의 효과가 없는지에 대한 질문을 제기할 수밖에 없
다. 문제는 정책이 어떤 이유 때문에 효과가 없는지를 AI는 설명하기 쉽지 않다
는 점이다. 정책이 어떤 과정을 통해 효과를 초래하는지를 정책평가자가 설명할
수 없다면 해당 평가로부터의 학습은 어렵다. 특히 문제가 되는 것은 정책의 목표
변수가 하나가 아니라는 점이다. 예를 들어 사회복지 정책에서 자동화된 알고리
듬을 이용하여 부정수급자를 적발하려는 정책이 있다고 가정해 보자. 이 정책의
목표는 AI를 이용하여 행정비용을 줄이고 부정수급자를 줄여서 사회복지 재정의
효율성을 확보하기 위한 것이다. 하지만 많은 사람들은 복지상담사와의 상호 관
계를 통해서 인간적 관계를 회복하고 이러한 노력 자체가 피상담원의 복지 수준
을 높이는 긍정적인 역할을 한다. 또한 복지 서비스는 정치적 지지율을 높이기 위
한 목표로 사용되기도 하고, 사회불안정을 줄이기 위한 것이 중요한 목표가 되기
도 한다. 따라서 단지 부정수급자를 적발하는 것만을 자동화된 AI 알고리듬의 목

표변수로 설정하는 것은 문제가 발생한다. 이것은 마치 20세기 초 과학적 관리론에서 인간 행동의 패턴을 과학적으로 분석하고 조작하면 생산성을 높일 수 있다는 믿음과 유사하다.

결국 AI를 이용한 정책평가 결과가 실제 정책의 오류수정이나 개선에 적극적으로 활용될 것인지에 대해서 섣부른 낙관론은 금물이라고 할 것이다. 정책 자체가 합리성의 산물이라기보다는 사회적 상호작용의 산물이고 이 사회적 상호작용을 완벽히 묘사할 수 있는 도구를 AI가 제공하지 못하는 이상 AI에 의해 생성된 정책평가 결과를 해석하여 이를 실제 정책개선에 반영하는 것은 쉽지 않을 것이다.

Ⅳ. 결론

AI 기반의 정책평가에 대한 기대는 빅데이터 활용에 따른 긍정적 효과와 밀접하게 관련되어 있다. 평가방법론 입장에서도 많은 정보를 활용하면 좀 더 정확한 평가결과를 얻을 수 있다는 상식적 기대는 어렵지 않게 받아들여져 왔다. 하지만 본 논문에서 제시하고 있듯이 빅데이터를 이용한 추론의 질은 데이터의 질, 데이터의 양, 그리고 해결해야 하는 문제의 복잡성에 비례함을 알 수 있다. 특히 데이터의 양이 아무리 많더라도 자료의 질이 조금이라도 좋지 않으면 빅데이터의 유용성은 급격히 감소함을 알 수 있다. 따라서 정책평가에 빅데이터를 사용하는 것 자체가 분석 결과의 정확성을 높일 것이라고 판단하는 것은 지나친 낙관론이다. 이와 유사하게 빅데이터와 AI를 이용하면 민주적 정책평가가 이루어질 것이라고 생각할 수 있지만 실제로는 데이터와 알고리듬의 복잡성으로 인해 투명성의 확보는 쉽지 않을 수 있다. 또한 평가에 필요한 정보와 알고리듬을 갖고 있는 사람들과 그렇지 않을 사람들 간의 권력 차이는 커질 수밖에 없다. 더 심각한 것은 정책이 갖고 있는 고유한 특징을 반영한 정책평가가 이루어지기보다는 자료와 AI 알고리듬에 의해 가상적으로 형성된 정체성에 의해 정책평가가 이루어진다는 것이다. 정책 대상이 되는 개인도 고유한 정체성을 가진 시민이 아니라 데이터에 의해 평균적으로 형성된, 즉 통계적으로 기대된 개인(statistically expected individual)이

되는 것이다.

한편 정책평가에 AI를 활용하기 위해서는 질문들을 구축하고, 평가를 위한 데이터를 설계하여 다양한 분석모형을 통해 도출해 낸 결과를 활용하여야 한다. 하지만 본 논문에서 검토하였듯이 각 단계에 필요한 기술들의 완성도가 아직 높지 않은 것이 현실이다. 질문과 데이터맵만을 보더라도 정책이 추구하는 다양한 목적과 이에 영향을 주는 다양한 변수가 AI에 활용되더라도 평가모형에 반영하기는 쉽지 않다. 또한 설명가능한 AI는 여전히 정책결정자의 의사결정에 직접 활용할 수 있는 수준에 이르지 못하고 있다.

그렇다면 AI를 정책평가에 활용할 가능성은 없다고 할 것인가? 이 질문에 대한 답은 정책평가 자체에서 찾기보다는 정책의 장에서 AI가 얼마나 빠르게 내재화되는가에 달렸다고 할 것이다. 인터넷이 우리의 삶의 방식을 바꾸었듯이 AI 현상의 핵심이라고 할 수 있는 데이터와 알고리듬이 행정이나 정책 전반에 내재화되기 시작한다면 AI 기반의 정책평가는 당연히 보편화될 것이다. 따라서 AI 기반 정책평가는 당장 도입되고 활용할 수 있는 방법론으로 보아서는 안 된다. 오히려 그것이 잘 활용될 수 있는 정책평가의 영역에 하나씩 도입해 나감으로써 그 유용성을 키워나갈 수 있을 것이다.

AI 기반 정책평가는 단순히 평가의 정확성이나 유용성이라는 현실적 문제 이외에도 매우 근본적인 질문을 던질 수 있다. 그것은 정책평가가 평가과정에서 참여하는 다양한 전문가와 이해관계자를 통해 확보함으로써 민주주의에 기여하고자 한다는 근본적인 역할을 과연 AI 기반 정책평가가 수행할 수 있을 것인가의 문제이다. 기계적 알고리듬에 의해 결정되는 평가 결과가 개인의 천부인권과 자유에 바탕을 두고 존재하는 민주주의라는 정치체제와 과연 얼마만큼 조화로울 것인지에 대한 논의는 앞으로 더 진행할 필요가 있을 것이다. 막스 베버는 사회가 추구해야 하는 다양한 가치에 대한 고려가 없는 기계적 관료제는 효율적일지는 몰라도 궁극적으로 민주주의의 큰 걸림돌이 될 수 있다고 주장하였다. 21세기 AI 기반 행정이 보편화된다면 이제 기계적 관료제라는 단어는 AI 시스템이라는 단어로 대체될 수 있을 것이다. 이 경우 자연스럽게 우리는 AI 기반 행정이 민주주의의 위협적인 존재가 될 수 있음을 깊게 고민해야 되는 것이다.

참고문헌

[국내문헌]

고길곤. (2000). 시스템적 사고에 기반한 사회 시스템의 이해와 응용: Cellular Automata 를 이용한 협력모형을 중심으로. 한국시스템다이내믹스 연구, 1(1), 133-157.

고길곤. (2017). 자료기반 평가에서 질문주도 평가의 필요성과 효과크기 중심 평가의 한계. 정책분석평가학회보, 27(2), 201-229.

고길곤·김경동·이민아. (2020). 질문주도 EBP 모형 개념과 적용에 대한 연구-미세 먼지 문제의 분석 사례를 중심으로. 한국정책학회보, 29(3), 1-27.

노화준. (2012). 「정책학원론: 복잡성과학과의 융합학문적 시각」. 파주: 법문사.

노화준. (2015). 「정책평가론」. 파주: 법문사.

[해외문헌]

Aggarawal, Charu C. (2018). *Neural Networks and Deep Learning*, Springer.

Breiman, Leo. (2001). Statistical Modeling: The Two Cultures. *Statistical Science*, 16(3), 199-231.

Burt, A. (2019). The AI transparency paradox. *Harvard Business Review* (Dec. 13, 2019), https://bit.ly/369LKvq.

Dror, Y. (1967). Policy analysts: a new professional role in government service. *Public Administration Review*, 27(3), 197-203.

Eubanks, V. (2018). *Automating inequality: How high-tech tools profile, police, and punish the poor*. St. Martin's Press.

Hastie, T., Tibshirani, R. & Friedman, J. (2009). *The elements of statistical learning: data mining, inference, and prediction*. Springer Science & Business Media.

James, G., et al. (2013). *An Introduction to Statistical Learning: with Applications in R*, Springer.

Kubat, M. (2017). *An Introduction to Machine Learning*. Springer Link.

Mansour, Y. (1997). *Pessimistic decision tree pruning based on tree size. In Machine Learning-International Workshop Then Conference-* (pp. 195-201). Morgan Kaufmann Publishers, Inc.

March, J. (1991). Exploration and Exploitation in Organizational Learning. *Organization Science*, 2(1), 71-87.

MENG, X.-L. (2018). Statistical Paradises And Paradoxes In Big Data (I): Law Of Large Populations, Big Data Paradox, And The 2016 Us Presidential Election. *The Anal of Applied Statistics*, 12(2), 685-726.

Richards, N. M., &King, J. H. (2013). Three paradoxes of big data. *Stan. L. Rev. Online*, 66, 41.

Richardson, G. P. and A. L. Pugh. (1981). *Introduction to system dynamics modeling with DYNAMO*, MIT Press.

Simon, Herbert A. (1996). *The Sciences of the Artificial, 3rd Edition*, The MIT Press.

IV

AI 활용을 위한 기술기반

AI 정부의
데이터와 플랫폼

황종성(한국지능정보사회진흥원)

I. 서론

AI정부란 무엇일까? 정부 업무에 AI를 많이 활용하면 AI정부가 되는 걸까, 아니면 AI시대에 맞춰 새롭게 역할과 구조를 정립해야 AI정부가 되는 걸까? 전자는 현재 정부 시스템에 AI를 도입해 활용하는 것이고, 후자는 새로운 정부 시스템을 만드는 차이가 있다. 어찌 보면 이 두 경우는 서로 크게 달라 보이지 않는다. AI를 정부업무에 광범위하게 활용하다 보면 언젠가 정부의 기능과 역할도 자연스레 변할 것이라 생각할 수 있다. 하지만 전자정부의 경험에 비추어보면 꼭 그런 것도 아니다. 정부 업무에 정보기술(ICT)을 많이 활용하는 것과 정보기술의 활용에 맞게 정부 구조를 바꾸는 것은 전혀 다른 일이다. 영어로도 전자는 디지털화(digitization)라고 하고 후자는 디지털 변혁(digital transformation)이라 한다(Chapco-Wade, 2018). 디지털화가 높은 수준에 올랐다고 해서 반드시 디지털 변혁이 일어나는 것도 아니고, 디지털 변혁을 위해 디지털화가 꼭 어느 수준 이상으로 올라가야 하는 것도 아니다.

AI정부를 추진할 때도 단순히 기존 정부시스템에 AI기술을 접목하는 기능적 접근과 AI시대에 맞게 정부시스템 자체를 바꾸는 구조적 접근을 구분할 필요가 있다. 당연히 AI정부는 기능적 차원을 넘어 구조적 차원의 변화를 성취해야 한다. AI를 통해 최대의 성과를 창출하려면 기존 시스템의 틀 안에서 성능을 개선하기보다 시스템 자체를 새로운 기술패러다임에 맞게 변화시키는 것이 필요하기 때문이다. 여기서 문제는 구조적 변화를 실현하는 것이 쉽지 않다는 점이다. 기술변화에 가장 앞서 있는 서구 기업들조차 디지털화를 넘어서 디지털 변혁을 추진하는데 어려움을 토로한다(Kane et al., 2017). 그러니 기업보다 유연성과 혁신성이 떨어지는 정부가 구조변혁을 이루는 것은 보통 어려운 일이 아니다. 기존 업무시스템과 프로세스에 AI기술을 접목하는 것은 몇 가지 조건만 갖추면 대부분 정부가 추진할 수 있다. 하지만 AI 기술패러다임 혹은 AI시대의 요구에 맞게 정부의 구조와시스템 자체를 변화시키는 것은 어떤 나라도 결코 쉽게 성취하기 어려운 일이다.

데이터와 플랫폼은 AI정부가 기능적 차원을 넘어 구조변혁을 성취하도록 하는 핵심 요인 중 하나이다. 보다 엄밀하게 말하면, 정부에서 작동하는 데이터 아키텍처와 플랫폼 구조가 AI 패러다임을 뒷받침할 수 있도록 만들어져야 AI정부의구조변혁을 추진할 수 있다. 만약 정부의 데이터 아키텍처와 플랫폼 구조가 현재의 정부시스템에 맞게 고착되어 있다면 정부의 새로운 역할, 기능, 구조를 만들어내는 것이 거의 불가능하다. 예컨대 정부 데이터의 관리체계가 전자정부의 경우처럼 개별 서비스별로 분리되어 있다면 업무 간 융복합을 비롯한 다양한 미래형혁신이 어려워진다. 인터넷 시대가 세상 모든 데이터를 손쉽게 연결할 수 있는 새로운 아키텍처와 플랫폼이 있었기에 가능했듯이 AI정부도 AI시대에 맞는 데이터아키텍처와 플랫폼이 있어야 본격적인 구현이 가능하다. 한마디로 데이터 아키텍처와 플랫폼 구조는 AI정부의 발전방향을 큰 틀에서 결정해 주는 구조적 토대라할 수 있다.

이 글은 AI정부가 기능적 차원을 넘어 구조적 변혁까지 이루기 위해 데이터와플랫폼이 어떤 방향으로 발전해야 하는지 설명하고자 한다. 이를 위해 세 가지 부분으로 내용을 구성했다. 첫째는 AI정부가 지향해야 할 구조변혁의 방향이다. 4차산업혁명이 수반하는 새로운 사회구조를 '증강사회(augmented society)'로 정의하고 이 속에서 AI정부의 새로운 모습을 도출하고자 한다. 둘째는 AI정부의 구조변혁을 뒷받침하기 위해 데이터 아키텍처와 관리체계의 발전방향에 대해 논의한다.마지막 세 번째 부분은 AI정부가 보여줄 '플랫폼으로서의 정부' 모습을 정리한다.AI정부는 한편으로 플랫폼의 힘을 빌려 작동하는 동시에, 다른 한편으로 정부 자체가 하나의 플랫폼이 되어 민간의 기능과 역할을 강화한다. 이런 플랫폼 역할을통해 AI정부는 과거 산업시대 및 정보화시대의 정부와는 다른 새로운 정부 모델을 구현할 수 있을 것이다.

II. 증강사회와 AI정부

1. 4차 산업혁명과 증강사회

과거의 산업혁명과 현재의 4차 산업혁명은 출발점과 지향점이 전혀 다르다. 18세기 말 시작된 산업혁명은 자연세계에 대한 과학혁명을 통해 생산능력을 획기적으로 증가시켰다. 이를 활용하여 세상의 거의 모든 것을 상품으로 변화시켰다(Appadurai, 2005). 일상생활에 필요한 물건뿐 아니라 교육, 종교, 심지어는 언어까지 상품화하였다.[1] 그 이전까지 대부분의 생필품을 스스로 조달하던 자급경제가 상품경제로 바뀐 것이다. 여기에 더해 20세기 후반 인터넷의 등장을 계기로 진행된 정보화혁명은 세상의 모든 존재를 데이터화(datafication)하기 시작했다. 이를 통해 인터넷 가상공간이 만들어졌다. 하지만 현실세계는 기존 산업사회의 패

표 1 산업혁명, 정보화혁명, 4차 산업혁명 비교

구분	산업혁명	정보화혁명	4차 산업혁명
핵심 동인	상품화 (commodification)	데이터화 (datafication)	인공화 (artificialization)
특징	• 유형무형의 각종 재화를 거래 가능한 상품으로 전환 • 생산능력의 증대로 잉여 발생 • 생산-소비의 분리 • 상품구매 위해 소득 필요	• 유형무형의 세상 모든 존재를 데이터로 전환 • 인터넷 가상공간의 등장 • 디지털 경제의 발전	• 자연에서만 얻을 수 있던 각종 물질과 능력을 인공적으로 창출 • 자연과 사회에 대한 사람의 의존도 획기적 감소 • 준자급 경제, 자기조직화 사회

---

1 Polanyi(2001)는 자본주의가 공공재, 지식, 사회적 필수품 등 모든 것을 상품화한다고 비판했다. 자본주의는 상품이 될 수 없는 것까지도 '허구적 상품(fictitious commodity)'으로 만들어 교역의 대상이 되도록 했고 이를 가능케 하기 위해 국가가 개입한 것으로 이해한다.

러다임을 대체로 유지했기 때문에 정보화혁명은 산업혁명을 대체한 것이 아니라 그 외연을 확장시키는 역할을 했다고 할 수 있다.

반면 4차 산업혁명이라 명명된 현재의 패러다임 혁명은 200여 년 전 산업혁명이 만든 물줄기를 완전히 바꾸고 있다. 가장 대표적인 것이 인공화 사회의 등장이다. 인공지능, 로보틱스, 생명공학 등 인간에 관한 과학혁명을 토대로 그동안 자연에서 만들어졌던 많은 것들을 인간이 인위적으로 만드는 시대가 열렸다. 예컨대 인공지능은 인간의 생각하는 능력을, 로보틱스는 인간의 운동능력을, 생명공학은 인간의 생명능력을 인위적으로 창출한다. 이런 변화를 한마디로 개념화하면 '인공화(artificialization)'로 표현할 수 있다. 그동안 인공화는 자연적으로 생성된 자연상태에 인간이 인위적으로 변화를 가져오는 것으로 정의되었다(Bess, 2005). 가장 대표적인 것이 토양에 변화를 주는 것이었고 그 외에도 자연상태 위에 인간이 각종 인공물을 만드는 것도 포함했다. 다만 그동안 인공화는 예외적인 현상으로 간주되었다. 자연상태가 기본이고 특별한 필요를 충족시키기 위해 인간이 예외적으로 인공화 작업을 수행하는 것으로 이해되었다.

4차 산업혁명은 이런 인공화의 의미를 변화시키고 있다(황종성, 2020). 인공화를 예외적인 현상이 아니라 핵심적인 사회경제 현상으로 발전시키는 것이다. <그림 1>과 같이 4차 산업혁명 이전에는 대부분 생산요소가 자연적으로 생성되었다. 자본, 기술, 화폐와 같이 인위적으로 창출된 것도 있었지만 이것은 산업혁명과 자본주의가 가져온 예외적 요소들이었다(Polanyi, 2001). 인간사회를 구성하는 유형무형의 자원들은 인간이 의도적으로 만들거나 늘릴 수 없었다. 반면 4차 산업혁명은 대부분의 생산요소를 인위적으로 창출할 수 있는 사회를 실현했다. 인간의 지능과 신체를 불완전하게나마 인공적으로 만들 수 있게 되었고, 로봇을 활용하여 노동력을 무한히 확보할 수 있는 세상이 되었다. 토지도 예외는 아니다. 물리적으로 토지를 늘리는 것이 오래전부터 가능했지만, 이제는 실내농업, 스마트목축 등을 통해 토지가 없어도 농산물을 자급할 수 있는 시대가 되었다.

그림 1 4차 산업혁명의 인공화 현상

자연적 생성	토지　노동　지능　신체　…	토지　노동　지능　신체　…
인위적 창출	자본　기술　…	토지　노동　지능　신체　… 자본　기술　…

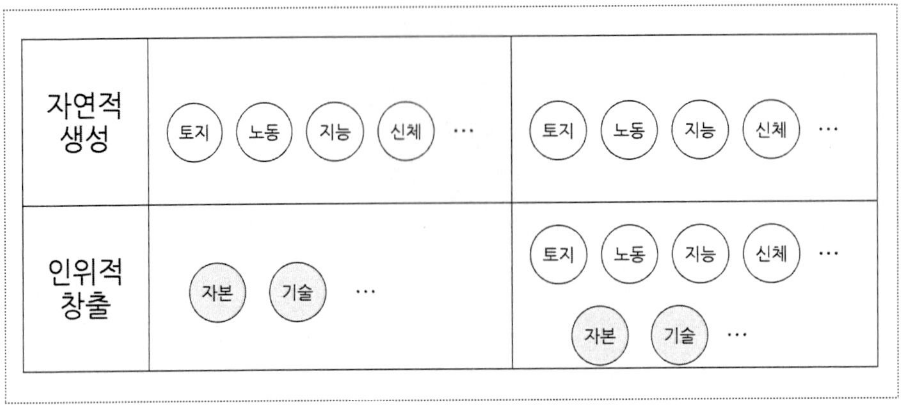

　　인공화는 인간과 자연의 관계를 근본적으로 변화시키는 것인 만큼 사회의 구조와 운용 패러다임에도 큰 변화를 가져온다. 가장 대표적인 것이 '증강사회'[2]의 등장이다. 인공화 기술과 현상을 활용하여 개인과 조직들이 더 강화된 능력을 발휘할 수 있게 되는 것이다. 마치 과거에 귀족 한 사람이 많은 하인을 거느리고 외딴 곳에서도 독립적인 생활을 할 수 있었듯이 증강사회는 각종 인공화 자원을 활용하여 개인 한 사람 한 사람이 여러 가지 기능을 수행하고 독립적인 생활을 할 수 있게 한다. 조직도 마찬가지다. 1인 소상공인도 로봇과 인공지능 등 지능기술을 활용하여 자신의 작은 비즈니스를 조직화된 기업처럼 경영할 수 있다.

　　인공화가 가져올 미래가 증강사회만 있는 것은 아니다. 인공화 자원들이 사람의 역할을 대체하는 '자동화사회(automated society)'도 사회변화의 큰 축을 이룰 것이다. 사실 사람들이 더 많이 관심을 가지고 걱정하는 것은 이 부분이다. 자동화사회에 대해 긍정적 기대가 없는 것은 아니지만 인간의 일자리가 사라질 것이라든지(Frey & Osborne, 2013) 심할 경우 인간을 억압하는 세상이 될 것이라는 비관적 전망이 적지 않다.[3] 하지만 AI를 비롯한 인공화 자원들이 인간을 완전히 대

---

2 증강사회는 지금까지 정보화혁명과 연계하여 주로 정보기술의 적용으로 사회의 운용체계가 더 강화되는 현상을 지칭했다. 예컨대 인터넷을 통해 사이버 세상의 정보가 더해진 도시를 '증강도시'로 부르기도 했다(Aurigi & Cindio, 2008). 이 글은 증강사회의 개념을 4차 산업혁명의 인공화 현상과 연계하여 사회 속에서 생활하는 사람과 조직의 능력이 강화되는 사회로 정의한다.
3 AI 혹은 인공화에 대해 객관적 평가를 어렵게 하는 요인 중 하나가 '의인화(anthropomorphism)' 경향이다. 기술을 사람으로 치환하여 생각하는 것이다. 예컨대 기계학습(machine learning)이라

체하는 세상은 실현되기 쉽지 않다. 아직 한계가 많기 때문이다(Salles et al., 2020; Davenport & Kirby, 2015). 대신 자동화(automation)와 증강(augmentation)은 증강 사회의 틀 내에서 보완적 관계를 이룰 것으로 전망할 수 있다. 인간이 수행하기 어려운 기능을 자동화하면서 결과적으로 인간의 능력을 증강시키는 역할을 하는 것이다.

증강사회가 구현되면 그동안 산업사회가 유지해 왔던 핵심 패러다임이 근본적으로 바뀌게 된다. 가장 대표적인 것이 '규모의 경제(economy of scale)' 원칙이다. 규모가 클 수록 더 좋은 결과를 가져오는 '규모의 경제'는 산업화 시대의 철칙이었다. 하지만 증강사회는 개인이나 작은 조직도 규모에 상관없이 큰 집단과 동일한 혹은 비슷한 성과를 낼 수 있는 '규모무관(scale-free)' 사회를 만들 수 있다. 둘째 증강사회에서 개인의 능력은 개인적 차원보다는 사회적 차원의 영향을 더 많이 받게 된다. 그 결과 개인의 능력을 강화하기 위한 교육훈련 못지 않게 사회 전체의 증강기능을 강화하기 위한 투자가 중요해진다. 셋째 개인이 집단이나 전체 시스템으로부터 독립할 수 있게 된다. 기업에 속하지 않고서도 일거리를 유지할 수 있고 자가 발전설비나 정수시설 등을 통해 사회전체 유틸리티 시스템의 힘을 빌리지 않고도 기본적인 도시생활을 영위할 수 있게 된다. 다만 이런 독립적 생활은 절대적인 것은 아니다. 증강사회 플랫폼이 작동하여 개인의 능력을 증강해 줄 때만 가능하다. 증강사회는 개인이 집단과 시스템으로부터 독립하는 대신 플랫폼에 의존하는 새로운 관계를 형성한다.

2. 정부 재설계와 AI정부

4차 산업혁명의 인공화 현상으로 인해 산업사회의 패러다임이 흔들리자 사회 각 부문에서 기존 시스템의 문제를 심층적으로 진단하고 새로운 발전방향을 모색하려는 움직임이 다양한 형태로 나타나고 있다. 대표적인 것이 '자본주의 재설계(rethinking capitalism)' 주장이다(Mazzucato & Jacobs, 2016). 급속한 기술발전에도

는 개념도 컴퓨터 작동을 의인화한 결과이다. 이런 의인화로 인해 사람들이 AI에 너무 높은 기대를 갖거나 두려워하는 비논리적 결과가 파생된다(Salles et al., 2020). AI정부에서 가장 경계해야 할 것 중 하나도 이런 의인화 경향이다.

불구하고 투자가 정체되고 생산성 향상이 기대에 미치지 못하는 반면 계층 간 소득과 생활격차는 계속 벌어지는 등 경제적 문제가 속출하자 자본주의 시스템 자체에 대해 근본적으로 다시 생각해야 한다는 주장이 힘을 얻고 있다. 특히 시장 자율성이 더 좋은 결과를 가져올 것이라는 시장에 대한 믿음이 심각한 도전에 직면해 있다. 시장은 그동안 경제학자들이 생각했던 것만큼 완벽하지 않으며 이를 보완하기 위해 정부와 국가의 역할이 강화되어야 한다는 것이다.

이런 비판적 움직임의 연장선에서 보면 '정부 재설계(rethinking government)'도 필요한 시점에 도달했다. 경제학자들이 자본주의의 문제에 대해 심각하게 고민하는 것과 마찬가지로 정치학자들도 정부와 국가의 문제를 심각하게 받아들일 때가 되었다. 가장 큰 문제는 신뢰의 문제이다. 정부의 효율성과 문제해결 능력은 언제나 문제가 되었지만, 그런 약점을 상쇄하는 것이 공공성에 대한 신뢰였다. 다시 말해, 현대 민주주의에 있어 정부와 공공부문이 능력과 효율성 측면에서 민간 보다 뒤처짐에도 불구하고 그 역할을 지속할 수 있었던 것은 공공의 가치를 지켜줄 것이라는 믿음 때문이었다. 하지만 세계 각국에서 정부에 대한 신뢰가 도전받고 있다. 미국의 예를 들면, Gallup의 여론조사에서 미국 국민들이 가장 큰 문제로 거론한 것은 경제도, 사회통합도 아닌 정부의 문제였다(Saad, 2019).

AI는 정부의 기능을 강화하는 데 크게 기여할 수 있다. 특히 4차 산업혁명은 AI 이외에도 정부가 활용할 수 있는 다양한 인공화 자원을 제공해 준다. AI로 정부의 의사결정능력을 높이는 것뿐 아니라 로봇 기술을 활용하여 정부의 현장대응 능력을 획기적으로 강화할 수 있다. 뿐만 아니라 의료, 에너지, 환경, 생활경제 등 다양한 정책영역에서 정부는 그 이전에 상상도 하지 못한 혁신적인 정책수단을 활용할 수도 있다. 한마디로 AI와 인공화 자원에 힘입어 정부도 '증강정부(augmented government)'로 재탄생하는 것이다. AI를 활용하여 정부 업무를 자동화하는 것을 넘어 안으로 정부 내에서 일하는 공무원의 능력을 강화하고 밖으로는 정부가 그 이전보다 더 높은 능력과 효율성을 보일 수 있다.

정부가 AI를 활용하는 방식은 아래 그림과 같이 크게 세 가지 형태를 생각할 수 있다. 첫째는 의사결정을 사람이 내리고 AI는 이를 지원하는 증강 모델이다. 이 경우 AI는 업무담당자의 전문지식이나 인지능력을 강화하는 보조적 역할을 수행한다. 둘째는 사람의 감독하에 AI가 의사결정을 내리는 자동화 모델이 있다. AI가 의사결정과 기타 필요한 역할을 직접 수행하기 때문에 사람과 AI는 대체관계에 놓이게 된다. AI가 많이 도입될수록 사람의 역할이 줄어드는 것이다. 다만 AI의 기능과 판단이 완전하지 않기 때문에 사람들의 감독을 계속 받는다. 셋째는 사람이 배제되고 AI가 혼자서 의사결정을 내리는 자율화 모델이다. AI의 궁극적 발전단계에 해당하지만 아직 이런 자율적 AI가 가능할 것이라는 증거는 없다. 달리 말해 아직 어떤 나라도 이런 기술의 개발에 성공한 적이 없다. 따라서 세 번째 관계는 현실에서는 배제하는 것이 필요하다.

이런 관점에서 보면, AI정부는 증강과 자동화를 두 축으로 하여 정부의 기능을 향상한다. 증강과 자동화 중 어느 것이 대세를 이룰 것인지는 AI기술의 발전 수준에 달려 있다. 하지만 현재의 기술 수준이나 향후 발전전망을 보면 자동화 적용은 일부분에 그칠 것으로 보인다. AI에 의한 자동화, 즉 AI가 의사결정을 대신하는 시스템이 가능하려면 알고리즘을 모든 서비스와 작업별로 따로 개발해야 할 뿐 아니라 수없이 많은 각종 상황변화에도 맞게 일일이 개발해야 한다. 현실적으로 이를 모두 충족시키는 것은 매우 어렵다. 따라서 자동화는 정형화된 정부 업무에 적용되고 비정형화된 혹은 예측하기 어려운 상황이 발생하는 업무에서는 AI와 인간의 협업을 근간으로 하는 증강 모델이 주로 적용될 수밖에 없다(Davenport &

그림 2 AI정부의 AI 활용모델

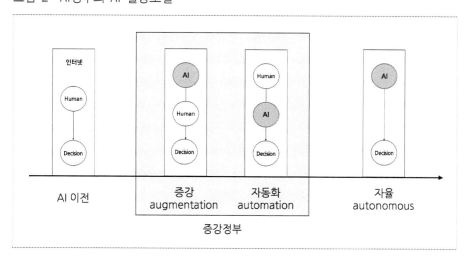

Kirby, 2015). 국민과 정부의 입장에서는 증강이든 자동화든 모두 정부의 기능을 강화하는 것이기 때문에 넓은 의미의 증강, 혹은 '증강정부'의 개념에 포함시킬 수 있다.

3. AI정부 발전방향과 기술구조적 토대

AI정부가 증강정부 혹은 AI시대가 요구하는 새로운 정부모델로 발전하기 위해서는 단순히 현재 업무에 AI를 적용하는 기능적 접근을 뛰어넘어야 한다. 현재 업무에 AI를 적용하는 것은 진정한 AI정부라 하기 어렵다. '고도화된 전자정부'를 만드는 것에 불과할 수 있다. 전자정부는 <표 2>에 있듯이 몇 가지 특징을 갖는다. 온라인을 활용한 정책집행과 업무추진에 초점을 맞추며, 이를 위해 프로세스별로 정보시스템을 구축하여 운용한다. 조직 간 장벽은 그대로 유지되면서 네트워크를 통한 연결로 문제점을 보완한다. 정부와 민간의 관계는 이원화되어 확실히 분리되어 운용된다. AI정부가 이런 전자정부의 특징을 발전적으로 극복하지 않는다면 새로운 기술로 무장한 산업시대의 정부 혹은 고도화된 전자정부의 의미를 벗어나지 못할 것이다.

표 2　전자정부와 AI정부의 패러다임 비교

전자정부	AI정부
• 정책집행 위주＋개별업무 프로세스 중심	• 문제해결 위주＋복합적 의사결정 중심
• 전문화·세분화된 조직 간 네트워크	• 하나의 정부(Whole of Government)
• 정부–민간 이원화	• 정부–민간 경계 약화
• 핵심토대: 규정과 정보시스템	• 핵심토대: 데이터와 알고리즘

AI정부가 전자정부와 차별화되기 위해서는 몇 가지 질적 발전이 요구된다. 첫째는 정부의 운용을 집행중심에서 문제해결 중심으로 바꿔야 한다. 기존 정부의 가장 큰 한계는 정책문제를 해결하는 것보다 결정된 정책을 이행하는 데 주력한다는 점이다. 과정적 효율성이 결과적 효과성을 압도했다. AI정부가 업무 자동화를 통해 과정적 효율성을 올리는 것도 필요하지만, 더 중요하게 각종 데이터와 과

학적 기법을 활용하여 문제해결의 효과성을 제고해야 한다. 둘째 AI정부는 '하나의 정부(whole of government)'로 진화해야 한다. 산업시대 관료제의 특징은 분업과 전문화였다. 전자정부도 이를 극복하지 못하고 단지 세분화된 조직을 네트워크로 연결하는 데 만족했다. 이에 비해 AI정부는 모든 정부 조직이 공통의 플랫폼 위에서 활동하면서 협업을 예외적인 현상이 아닌 본질적 현상으로 만들어야 한다. 셋째 정부와 민간의 경계를 허물고 새로운 관계를 형성해야 한다. 4차 산업혁명이 만드는 증강사회는 민간의 자율적 문제해결능력을 제고한다. 정부의 전통적 역할이 줄어드는 것이다. 대신 데이터와 사회신뢰 관리 등 정부는 새로운 역할을 부여받는다. 과거와 같이 엄격한 정부–민간 구분으로는 증강사회가 가져오는 새로운 기회를 최대한 활용할 수 없을 뿐 아니라 정부의 문제해결능력도 높일 수 없다.

이런 AI정부의 가능성을 활용하여 바람직한 '정부 재설계'를 추진하려면, 우선 AI정부의 기술구조적 토대를 만드는 것이 필요하다. 정부는 진공상태에 존재하지 않는다. 산업시대 정부가 작동하기 위해서는 각종 법제도 등 규정이 있어야 했고 예산, 조직, 인력 등 자원이 필요했다. 전자정부는 각종 정보인프라가 있어야 구축이 가능했다. 이런 기술적 토대들은 일종의 구조적 요인이 되어 정부의 혁신과 일상적 운용방식을 결정하는 변수로 작용했다. 달리 말해 이런 구조적 요인을 어떻게 갖추는지에 따라 정부가 운용되고 발전하는 방향이 결정되었다. AI정부도 진공 상태에 존재하는 것이 아니라 각종 구조적 토대의 영향을 받는다. 정부이기 때문에 당연히 법제도와 제반 규정이 중요하겠지만, AI와 연관지어 보면 데이터와 알고리즘을 어떤 식으로 개발하고 어떻게 관리하는지 하는 기술구조가 AI정부의 발전방향을 결정짓는 중요한 변수가 된다.

AI정부의 기술구조적 토대를 구축할 때 염두에 두어야 할 점은 첫째, 정부 자체의 능력을 강화하는 기능적 발전보다 정부가 국민의 신뢰를 얻는 정치적 발전이 더 중요하다는 점이다. AI정부의 토대로 데이터와 플랫폼 기반을 구축할 때 성능과 효율성 못지 않게 투명성, 공정성, 과학적 객관성 등 국민의 신뢰를 얻기 위한 요소들을 최대한 반영해야 한다. 둘째, AI정부가 자동화를 추진할 때 매우 혁신적인 업무재설계를 전제로 해야 한다. 현재의 업무를 염두에 두고 기술 토대를 만들면 오히려 AI정부의 발전을 가로막는 장애요인이 될 가능성이 높다. 예컨 대 정부와 민간의 관계를 미래지향적으로 재설정하는 것이 필요하다. 알고리즘의 개발도 정부보다는 민간 전문기업이 수행할 가능성이 많기 때문에 AI정부의 자동 화는 민간에 의한 정부 업무수행과 실질적으로 같은 결과를 가져올 수 있기 때문 이다. 셋째 AI정부의 기술적 토대는 사람중심의 설계를 해야 한다. 사람과 AI가 협업하는 증강정부가 되기 위해서는 데이터와 각종 정보를 AI뿐 아니라 사람도 이해할 수 있어야 한다. 특히 정치적 고려 등 합리성으로만 설명되지 않는 변수도 많다. 이런 인간적 요소들이 데이터와 플랫폼 설계에 반영되어야 한다.

III. AI정부와 데이터 아키텍처

1. 하얀 코끼리

'하얀 코끼리(white elephant)'는 유지비용은 많이 드는데 별 쓸모가 없는 소유 물을 의미한다.[4] 정부정책에 대해서도 이 말이 사용된다. 경제적, 사회적 부담은 크지만 별로 실용적 혜택을 가져다주지 못하는 사업을 비판적으로 표현할 때 사 용되곤 한다. 예컨대 영국과 프랑스가 공동개발한 콩코드 여객기는 기술적 측면 에서는 성공적이었지만 경제적 측면에서는 개발과 운용비용에 비해 편익이 별로 발생하지 않아 '하얀 코끼리'로 비판받기도 했다(Rotman, 2016).

AI정부를 추진할 때, 특히 AI정부가 필요로 하는 데이터를 확보할 때 가장 주 의해야 할 점이 '하얀 코끼리'를 만들지 않는 것이다. 잘 알려져 있다시피 AI 알고 리즘을 개발하기 위해서는 엄청난 양과 다양한 종류의 데이터가 필요하다. 데이 터의 양은 알고리즘의 정확도를 높이는 데 필요하고 데이터의 종류는 알고리즘이 현실의 다양성을 반영하기 위해 필요하다. 만약 데이터의 양이 적으면 알고리즘 의 정확도가 떨어지고, 데이터의 종류가 한정되면 알고리즘은 당초 계획된 상황

---

4 '하얀 코끼리'는 과거 서남아시아 국가에서 영물로 여겨져 왕가나 귀족 등 부유층이 소유했던 것으로 키우는 데 돈은 많이 들지만 별로 쓸모가 없는 것을 빗대는 용어. 자세한 사항은 wikipedia 참조. https://en.wikipedia.org/wiki/White_elephant.

을 조금만 벗어나도 작동하지 못하는 문제가 발생한다. 이 때문에 데이터 경제 혹은 AI정부를 추진할 때 '데이터 저장소(data lake)'를 만들어야 한다는 주장이 심심치 않게 나온다. 한국도 대통령이 "디지털 뉴딜 사업은 데이터 댐을 만드는 것"이라고 정의하면서 데이터 댐이 한국의 경쟁력을 뒷받침하는 핵심 수단이 될 것으로 생각하고 있다.[5] 하지만 데이터 저장소는 자칫 하얀 코끼리가 될 가능성이 높기 때문에 AI정부의 데이터 기반을 조성할 때 많은 주의가 필요하다.

데이터는 매우 다양한 형태가 존재한다. 어떤 형태와 의미로든 '차이' 혹은 '다름(the lack of uniformity)'을 나타내는 신호와 기록은 모두 데이터라 할 수 있다(Floridi, 2010). 달리 말해 데이터는 어떤 특정한 형식이나 의미에 상관없이 서로 다름을 나타내는 모든 정보를 지칭한다. 그래서 많은 경우 데이터 자체만 보아서는 무슨 의미인지 알 수 없다. 그 데이터가 만들어진 형식과 맥락, 그리고 단위 등을 알아야 비로소 의미를 확인할 수 있다. 데이터를 활용하기 위해서는 데이터를 둘러싼 여러 정보를 획득하고 서로 결합해야 하는 것이다. 과거에는 데이터를 만든 사람과 이용하는 사람이 동일한 경우가 많았기 때문에 이런 데이터 해석과 처리 과정은 별 문제가 되지 않았다. 하지만 빅데이터 시대에 들어오면서 데이터가 일종의 상품이 되고 생산자와 이용자가 분리되면서 데이터를 해석하고 처리하는 과정이 매우 중요해졌다(The Royal Society, 2017).

문제는 이렇게 데이터를 처리하는 데 엄청난 비용이 든다는 점이다. Press(2017)는 데이터를 생산, 수집, 가공하는 준비과정에 비용의 80%가 들고 정작 핵심과정인 데이터 분석에 소요되는 비용은 20% 정도밖에 안 된다고 한다. 이렇게 데이터 준비과정에 많은 비용이 소요되기 때문에 데이터 저장소가 '하얀 코끼리'가 될 가능성이 높아지는 것이다. 데이터 저장소를 추진하는 사업마다 서로 목표를 달리하지만 대체로 실제 수요가 발생하기 이전에 데이터를 선제적으로 수집하여 일차 처리하고 이를 개발자들이 활용하도록 하여 AI개발의 비용과 시간을 단축하고자 하는 취지를 공유한다. 하지만 데이터 저장소에 모아진 데이터에 대한 수요가 발생하지 않거나 데이터 처리방식이 수요자가 요구하는 것과 달라 다시 처리해야

---

5 조선일보(2020.6.18). "문대통령, '디지털 뉴딜은 데이터 댐 만드는 것'"
　https://www.chosun.com/site/data/html_dir/2020/06/18/2020061802167.html.

한다면 데이터 저장소를 구축하는 데 들어가는 비용은 모두 매몰된다. 비용은 엄청 들지만 정작 활용가치는 없는 '하얀 코끼리'가 되는 것이다.

AI정부의 데이터 기반은 가장 중요한 기술구조적 토대가 된다. 데이터 기반이 없다면 AI정부가 성립할 수 없다. 특히 데이터 기반의 기본구조를 의미하는 아키텍처가 AI정부를 뒷받침하기에 부적합하게 만들어지면 데이터 기반이 오히려 AI정부의 발전을 저해하게 된다. 그러면서 동시에 AI정부의 데이터 기반은 '하얀 코끼리'가 되어서도 안 된다. 경제적으로 지속가능성이 없는 데이터 기반은 AI정부의 생명력을 약화시키는 요인이 되기 때문이다.

2. 전자정부와 AI정부의 데이터 아키텍처

데이터 아키텍처 측면에서도 전자정부와 AI정부는 근본적인 차이를 보인다. 앞에서 설명한 것과 같이 두 정부모델의 운용 패러다임이 근본적으로 다르기 때문에 이를 뒷받침하는 데이터 아키텍처도 달라진다. 특히 전자정부가 등장한 1990년대 초와 AI정부가 모색되기 시작한 2010년대 후반은 기술과 시장 양 측면에서 전혀 다른 환경에 놓여 있다. 전자정부는 업무 프로세스의 디지털화를 목적으로 하는 시스템통합(SI) 기술환경에서 발전했고, AI정부는 의사결정을 지능화하는 데이터 기술환경을 배경으로 한다. 현재의 전자정부 데이터 아키텍처를 미래 AI정부의 아키텍처로 고도화하는 것이 AI정부로 가는 첫걸음이라 할 수 있다.

표 3 데이터 아키텍처 비교

전자정부(As-Is)	AI정부(To-Be)
• 수직적 아키텍처: 업무별 관리체계 분리 • 데이터보다 시스템·프로세스 중심 • 데이터 상호운용성·이동성(portability) 결여 • 시스템 간 연계를 통한 데이터 공유 • 보호 중심의 데이터 규제	• 수평적 아키텍처: 경계 없는 데이터 공유·활용 • 데이터 중심의 서비스 설계 • 데이터 상호운용성·이동성 핵심 • 플랫폼과 표준을 통한 데이터 공유 • 보호와 활용의 균형

전자정부 데이터 아키텍처의 가장 큰 특징은 수직적 관리체계를 적용한다는 것이다. 한국도 그렇듯이 정부 업무마다 이용자의 동의하에 자체 데이터를 수집, 관리, 활용한다. 수집 목적 이외 데이터 활용은 원칙적으로 금지되어 있다. 개인 정보 보호를 위한 목적이 있지만 기본적으로 업무별, 프로세스별 데이터 관리체 계의 산물이라고 볼 수 있다(The Royal Society, 2017). 여기에 더해 전자정부에서 는 데이터보다는 정보시스템과 프로세스가 더 중심적 위치를 차지했다. 데이터가 정보시스템을 떠나면 의미와 활용도를 잃는 것이 일반적이었다. 전자정부에서도 데이터 공유의 중요성이 강조되지 않은 것은 아니지만 그보다는 시스템 관리를 더 중요시하기 때문에 데이터 공유는 API 등을 통한 시스템 간 직접 연계, 혹은 공유허브를 통한 간접적 방법을 통해 이루어졌다. 개인정보와 관련해서는 정보의 이동과 분석의 여지가 적었기 때문에 외부 유출과 불법적 활용을 억제하는 보호 위주의 규제시스템이 작동했다.

AI정부의 데이터 아키텍처는 전자정부의 그것과 획기적으로 달라야 한다. 물 론 현재 진행되는 AI정부 사업들은 전자정부의 아키텍처에 더 많이 의존하고 있 다. 아직 기존 정부 패러다임에 AI 기술을 접목하는 기능적 접근이 우세하기 때 문이다. 하지만 앞에서도 언급하였듯이 AI정부가 '정부 재설계'를 통해 국민의 신 뢰회복 등 정부의 문제를 해결하기 위해서는 혁신적 데이터 아키텍처를 발전시켜 야 한다. 기존 아키텍처의 한계를 뛰어넘는 정부 혁신을 이루기 위해서는 우선 데 이터 아키텍처의 전면적인 재설계가 필요하다. 기존 아키텍처를 그대로 두고 새 로운 정부 모델을 만드는 것은 거의 불가능에 가깝다. 한국이 전자정부를 만들기 위해 가장 먼저 추진한 일이 1987년부터 국가의 핵심 데이터를 전산화하는 국가 기간전산망 사업이었다는 점이 이를 잘 말해 준다.

AI정부의 가장 대표적인 특징은 수평적 데이터 아키텍처이다. 전자정부는 업 무별, 시스템별로 데이터 관리가 분리되었지만 AI정부는 정부 내에서는 물론이고 공공기관, 더 나아가 민간과도 효과적인 데이터 공유 환경을 만들어야 한다. 물론 데이터의 오남용을 방지하고 데이터 주체의 권리를 보호하기 위한 강력한 보호장 치가 함께 작동해야 한다. 자유로운 데이터 흐름과 공유를 위해 AI정부는 세 가 지 중요한 방향을 지향한다. 첫째는 정보시스템에 대한 의존을 대폭 낮추고 클라우드를 활용한 데이터 분석을 지향해야 한다. 여기에는 두 가지 배경이 있다. 하나는 클라우드의 등장에 따라 정보시스템을 직접 구축하기보다 서비스로 이용하는 추세이고(IDC, 2018), 다른 하나는 AI의 특성상 개별 정보시스템에 올리기보다는 클라우드를 활용하여 서비스로 제공하는 것이 유리하기 때문이다(Loucks, 2018). 둘째는 플랫폼과 표준을 활용하여 정부 전체 및 정부와 민간 사이의 데이터 공유 기반을 조성해야 한다. 기존의 시스템 간 연계를 통한 데이터 공유는 많은 비용과 시간이 들어 특별한 필요가 있지 않으면 추진하기 어려웠다. 반면 플랫폼을 통한 공유는 당사자 간 합의만 되면 기술적, 경제적 부담없이 추진할 수 있다. 셋째 데이터의 보호와 활용을 동시에 촉진해야 한다(The Royal Society, 2017). 보호만 강조하면 알고리즘 개발과정에 다양한 데이터들을 균형적으로 반영하기 어렵다. 동의에 의한 데이터 활용이 갖는 가장 큰 문제는 데이터 샘플링이 모집단의 특성을 정확하게 반영하지 못해 이를 활용해서 개발되는 알고리즘들이 불가피하게 편견(bias)을 갖게 된다는 점이다.

3. 데이터 공유 전략

AI정부가 수평적 데이터 아키텍처를 통해 자유로운 데이터 흐름과 공유환경을 만들어야 한다는 것은 일종의 당위적 표현이다. 이런 발전방향을 받아들이는 것과 실제로 이것을 실현하는 것은 완전히 다른 일이다. 자칫 잘못 접근하면 당초 의도와는 다르게 데이터 공유를 저해하는 결과를 가져올 수도 있다. 데이터를 공유하기 위한 방법으로 가장 빈번히 거론되는 것이 데이터 저장소를 만드는 것이다. 데이터를 한곳에 모아 공유하는 방법이다. 영국 런던 근교에 있는 Milton Keynes시가 스마트시티 서비스를 뒷받침하기 위해 만든 'MK 데이터 허브(data hub)'가 성공사례 중 하나로 꼽힌다(Royal Academy of Enginnering, 2019). 이 밖에도 데이터 공유를 위한 방법이 여러 가지가 있지만 가장 일반적인 방법은 역시 데이터를 한곳에 모으는 방식이었다.

문제는 데이터 저장소 방식이 '하얀 코끼리'가 될 위험성이 점점 높아지고 있다는 점이다. 데이터의 양과 종류가 기하급수적으로 증가하고 있어 이를 기존 방식으로 연결하는 데 한계가 있다.[6] 지금까지 데이터 저장소 방식은 많아야 수백 개 수준의 데이터 세트를 모아서 활용하는 것이 일반적이었다. 그 이상의 데이터는 관리하기도 처리하기도 쉽지 않기 때문이다. AI정부가 고도화되려면 데이터의 양과 종류가 지금보다 비교가 되지 않을 정도로 늘어야 하는데 이를 데이터 저장소에 모아 관리하는 것은 쉽지 않은 문제다. 여기에 더해 데이터의 품질을 보장하는 것도 문제가 된다(Royal Academy of Engineering, 2019). 데이터 소유자라면 자기 데이터에 대한 품질을 효과적으로 관리할 수 있지만 데이터 저장소를 운용하는 제3의 신탁기관이 품질을 보장하기는 어려운 일이다.

AI정부는 지금까지와는 차별화된 데이터 공유 전략을 개발할 필요가 있다. 그 대표적인 방법 중 하나가 분산형 데이터 공유방식을 활용하는 것이다. 이미 영국에서 이런 방식을 적용한 바 있다. 맨체스터시가 Cisco와 함께 2016년 7월부터 2년간 추진한 'CityVerve Manchester' 프로젝트가 그것이다(Royal Academy of Engineering, 2019). 이 프로젝트는 공유할 데이터를 한곳에 모으는 대신 몇 개의 플랫폼에 분산하는 방식을 취했다. 서로 다른 플랫폼상에 있는 데이터는 '플랫폼들의 플랫폼(platform of platforms)'을 만들어 연결하는 방식을 취했다. 완전한 형태의 분산형 데이터 공유는 아니지만 새로운 분산 아키텍처를 활용하여 데이터 공유를 실현하려고 한 점에서 의미가 있는 프로젝트였다.

앞으로 AI정부는 물리적으로 데이터를 모으기보다 논리적으로 데이터를 연결하여 수요자들이 유연하고 자유롭게 데이터에 접근할 수 있는 환경을 구축해야 한다. 데이터를 물리적으로 한곳에 모으는 것은 어찌 보면 2000년대 중반부터 시작된 빅데이터 시대의 산물이라 할 수 있다. 당시에는 서로 떨어져 있는 데이터들을 하나로 엮어서 분석할 수 있는 방법이 없었기 때문에 하둡 같은 기술을 활용하여 한곳에 모아 분석하는 것이 일반적이었다. 하지만 최근의 기술 발전은 분산적 데이터 공유는 물론이고 실시간 데이터 분석도 가능하게 한다(Turck, 2019). 물론 분산형 데이터 공유는 여러 측면에서 저장소 방식보다 불리한 점이 있다. 하지

---

6 IDC가 분석한 바에 의하면 한 해 전 세계적으로 새로 생산되는 데이터량이 2020년에 35 zettabytes에서 불과 5년 후인 2025년에는 175zettabytes로 증가할 것이라고 한다.
https://www.forbes.com/sites/gilpress/2020/01/06/6-predictions-about-data-in-2020-and-the-coming-decade/?sh=73258afb4fc3

만 데이터 관리의 관점에서 보면 유리한 점도 많다. 특히 데이터 소유자들이 자신들의 데이터를 제3자에게 내주지 않고 계속 통제권을 가지면서도 공유의 이점을 살릴 수 있게 해 준다. 그리고 분산형 공유의 기술적 문제들은 향후 AI정부가 본격화될 쯤이면 많이 개선될 것이라고 기대해도 될 것이다.

데이터 공유를 위해 중요한 또 다른 전략은 제도의 불확실성을 제거하는 일이다(The Royal Society, 2017). 최근 AI를 비롯한 지능기술이 급속히 발전하고 관련 시장도 발 빠르게 움직이기 시작하면서 각국 정부의 데이터 관리체계도 급변하고 있다. 가장 대표적인 사건이 2016년 유럽연합의 GDPR(General Data Protection Regulation)[7] 제정이었다. AI개발에 개인정보가 대규모로 활용되는 새로운 기술환경에 EU국가들이 효과적으로 대응하기 위하여 일반적 차원에서 규제체제를 전면 정비한 것이다. 하지만 이런 새로운 규제의 등장은 데이터 공유와 관련된 불확실성을 높이는 요인이 되기도 한다. 그 이전까지는 불법이 아니었던 것이 어느 날 갑자기 불법이 되는 상황이 되면 기업도, 이용자도, 시장도 장기적이고 안정적인 투자를 하기 어렵다. 이해당사자들이 적극적인 데이터 공유를 꺼리는 것은 물론이다. AI정부가 질적 고도화를 이루기 위해서는 작게는 데이터 공유, 크게는 데이터 아키텍처와 거버넌스 전반에 대한 원칙과 장기 계획을 미리 확정하는 것이 필요하다. 이를 위해 국제사회와 협력이 필요하지만, 그런 제도의 안정성을 확보하려는 국내의 의지가 우선되어야 실질적 효과를 발휘할 수 있다.

4. 데이터 질적 고도화: 데이터와 서비스의 양면시장

AI개발자들이 가장 원하는 것은 고품질의 데이터를 얻는 것이다. 데이터 없이는 알고리즘을 개발할 수 없지만, 데이터의 품질이 낮아도 AI개발이 어려워진다. AI개발자들이 원하는 고품질의 데이터는 다음의 조건을 충족시키는 것일 것이다. 첫째, 데이터가 실제 현실을 잘 대표할 수 있어야 한다. 한쪽으로 치우친 데이터를 사용하면 AI는 불가피하게 편견(bias)을 내포할 수밖에 없다. 둘째, 데이터가 정확해야 한다. 데이터 생성에 오류가 있거나 관리상 이유로 정확도를 잃어버린

---

7 GDPR의 내용에 대해서는 유럽연합 참조. https://gdpr-info.eu/.

다면 AI개발에 큰 지장을 초래한다. 셋째 데이터가 접근하고 활용하기 좋은 상태로 처리되어 있어야 한다. 국제표준을 전혀 따르지 않아 모든 데이터를 일일이 표준형식으로 전환해야 하거나 데이터에 대한 라벨링 등 메타데이터가 잘 정리되어 있지 않으면 AI개발에 엄청난 비용이 들어간다.

이런 이유로 많은 나라에서 추진하는 데이터 정책이나 AI정부 프로젝트들은 데이터의 고품질화를 위한 다양한 방안을 포함하고 있다. 데이터 정확도 검증을 위한 표준과 절차를 만들기도 하고 데이터를 수집하여 활용하기 좋은 형태로 정리(curation)해 주는 사업을 추진하기도 한다. 한국도 데이터의 질적 고도화를 위해 디지털 뉴딜을 비롯하여 여러 사업이 진행되고 있다. 향후에도 이에 대한 투자는 높은 우선순위를 가지고 계속 늘어날 것으로 보인다. 문제는 데이터의 질적 고도화가 많은 비용이 드는 데 비해 성과를 보장하기 어렵다는 점이다. 데이터를 정제하고 처리하는 것은 노동집약적 작업이고 때로는 숙련인력을 필요로 하기도 한다. 그렇다고 데이터의 고품질화 결과가 항상 수요자의 요구를 충족시키는 것도 아니다. AI개발자들은 목적에 따라 매우 다양한 형태의 데이터 정제작업을 필요로 한다. 이런 개발자의 요구를 사전에 반영하지 않고 데이터를 가공하면 정작 개발자들은 자기의 필요에 맞게 이를 다시 처리해야 하는 문제가 발생하기도 한다.

고품질의 데이터를 얻는 가장 좋은 방법은 생산단계에서부터 데이터 품질이 보장되도록 하는 것이다. 그리고 그 첫걸음은 좋은 데이터를 만들기 전에 좋은 AI 서비스를 만드는 것이다. 이 점은 데이터와 서비스의 관계를 살펴보면 쉽게 이해할 수 있다. 데이터와 AI서비스는 일종의 '양면시장(two-sided market)'을 형성한다. 양면시장은 한쪽 시장의 성장이 다른 쪽 시장의 성장을 촉진하는 시장을 말한다(Eisenmann, Parker, & Alstyne, 2006). 예컨대 특정 PC 운영체제의 사용자가 많아야 그 운영체제에서 작동하는 SW가 증가하고, 거꾸로 사용할 수 있는 SW가 많아야 그 운영체제의 사용자가 많아지는 원리다. 데이터와 AI서비스도 같은 관계를 형성한다. 데이터가 많고 품질이 좋아야 좋은 AI서비스가 개발되고, 좋은 AI서비스가 있어야 좋은 데이터가 생성된다.

양면시장에서 제일 중요한 것은 어느 쪽에 전략적 우선순위를 둘지 결정하는 것이다(Eisenmann, Parker, & Alstyne, 2006). 어느 쪽이 선순환 고리의 출발점인지 판단하고 그쪽에 투자를 집중해야 한다. 데이터와 AI서비스에 있어서는 AI서비스가 그런 전략적 우선순위를 차지한다고 할 수 있다. 데이터가 필요조건이라면 AI서비스는 충분조건이기 때문이다. 달리 말해 좋은 데이터가 많아도 좋은 AI서비스로 발전하지 않을 가능성이 있지만, 좋은 AI서비스는 좋은 데이터를 만들어낸다. AI서비스가 알고리즘을 개발할 때 질 좋은 개발데이터와 검증데이터를 남기게 되고, 서비스를 사용하면서 엄청난 양의 거래데이터와 운영데이터를 만들어낸다. 이런 논리의 연장선에서 보면, AI정부가 고품질의 데이터를 축적하는 가장 좋은 방법은 좋은 AI서비스를 빨리 개발하여 활발히 활용하는 것이다.

　데이터와 서비스의 양면시장에서 서비스가 전략적 우선순위를 가져야 하는 이유는 한국의 경험에서도 찾을 수 있다. 한국은 1990년대 중반 정보화 시대를 준비하면서 데이터베이스에 대한 정책지원을 강화했다. AI시대를 맞기 위해 데이터가 핵심자원이라고 생각하는 것과 마찬가지로 25년 전에는 정보사회를 만들려면 온라인에서 사용할 데이터베이스가 충분히 개발되어야 한다는 위기의식이 있었다. 이를 위해 정부는 공공 데이터베이스 개발에 94년 이후 매년 200억 원이 넘는 예산을 투자했고, 민간 데이터베이스에 대해서는 KT를 통해 장기저리의 자금을 융자하도록 했다(한국데이터베이스진흥센터, 1997). 하지만 이를 통해 만들어진 데이터베이스의 활용도는 높지 않았다. 한국에서 데이터베이스와 데이터가 폭발적으로 늘어난 계기는 정부의 데이터베이스 지원사업 때문이 아니라 전자정부와 초고속인터넷 때문이었다. 많은 국민들이 인터넷에서 공공과 민간의 서비스를 이용하게 되자 자연스레 데이터의 양과 질이 모두 개선된 것이다. 데이터보다 서비스에 대한 투자가 더 큰 효과를 가져온 것이다.

　데이터의 질적 고도화를 위한 또 다른 방법은 데이터 생태계를 발전시키는 것이다. 정부가 직접 공공데이터의 품질과 접근성을 높여 민간의 AI산업 발전을 지원하겠다는 생각은 취지는 좋지만 성과는 내기 어렵다. 동일한 데이터라 할지라도 개발자와 수요자에 따라 원하는 종류와 형태가 각양각색이다. 이를 정부 혹은 데이터 보유기관이 일일이 맞춰 지원할 수는 없다. 데이터의 공급자와 수요자 사이를 유기적으로 연계하기를 원한다면 공급자가 직접 뛰기보다는 양자를 연결하는 비즈니스를 발전시키는 것이 훨씬 효과적이다. 더욱이 최근에는 데이터를 합성하는 기술도 빠르게 발전하고 있다. 방대한 데이터를 일일이 다 수집하는 것이 아니라, 일부 직접 수집된 데이터를 통해 특성을 파악한 후 나머지 데이터는 인공적으로 만드는 방법이다. 이런 첨단기법을 개발을 하고 활용하려면 시장이 만들어져야 한다. 정부의 직접 역할을 줄이고 관련 산업의 발전을 유도해야 하는 이유다.

5. 알고리즘 개발

알고리즘은 AI서비스의 핵심엔진이자 두뇌역할을 한다. 데이터를 모으는 일도 좋은 알고리즘을 개발하기 위해서이고, 다음 장에 살펴볼 플랫폼 기반을 고도화하는 것도 알고리즘의 작동을 원활하게 하기 위해서다. AI서비스는 외형적으로 SW로 표현되지만 그 내부 작동은 알고리즘에 의해 이루어진다. 때문에 알고리즘의 수준이 AI정부의 질적 수준을 결정한다. 최근에는 백지상태에서 개발하기보다 '미리 개발된(pre-trained)' 알고리즘을 활용하는 방식이 많이 쓰인다(Hao, 2020). 시장의 범용제품과 자신의 독자적 개발능력을 잘 결합해야 좋은 알고리즘을 만들수 있는 시대가 되었다.

AI정부에서도 알고리즘 개발은 가장 중요한 일이다. 하지만 쉽게 전략적 선택을 하기 어려운 문제이다. 알고리즘 개발전략에는 여러 선택지가 있지만 모두 장점과 단점이 따른다. 세계의 앞선 기술을 적극적으로 도입하는 AI글로벌리즘과 국내 개발과 기술축적을 중요시 하는 AI민족주의 사이에도 중대한 트레이드 오프 관계가 형성된다(Hogarth, 2018). 세계적 기술에 의존하면 수준 높은 서비스를 빨리 이용할 수 있는 장점이 있지만 자체 기술력이 약한 나라는 AI강국들의 식민지로 전락할 위험성이 있다(Mohamed, Png, & Isaac, 2020). AI강국에 최적화된 알고리즘을 가져다 쓸 수밖에 없는 상황이 발생할 수도 있고, 자국의 소중한 데이터를 AI강국이나 글로벌 기업에 빼앗겨 기술격차가 더 벌어지는 결과를 초래할 수도 있다. 이미 후자의 사례는 유럽 같은 AI선진국에서조차 문제가 되고 있다. 반면 국내 개발을 강조하는 AI민족주의를 따르면 세계적 기술발전 추세에서 낙오될 가능성도 있다. 세계 최고수준과 1-2% 정도의 격차라도 AI처럼 빠르게 발전하는 분야에서는 따라잡기 어려운 차이인 것이 현실이다.

알고리즘의 공공개발과 민간개발은 더욱 미묘한 문제를 수반한다. AI 같은 첨단기술은 당연히 민간의 창의와 활력을 최대한 활용해야 한다. 더욱이 AI분야에서 공공기관이 민간의 기술력을 따라잡는 것은 특별한 경우가 아니면 아직 요원한 일이다. 하지만 민간개발도 적지 않은 문제를 수반한다. 무엇보다 민간은 시장성 있는 기술에 주력한다. 세계적으로 AI에 대한 투자를 글로벌 기술기업을 포함하여 민간이 주도한 결과 민간기업에 필요한 기술만 기형적으로 발전하는 문제가 발생했다(Rotman, 2020). 언어인식, 검색, 번역 등 글로벌 기업의 비즈니스에 도움이 되는 기술은 지난 몇 년 사이에 획기적으로 발전한 반면, 코로나-19 대응, 친환경, 복지서비스, 재난대응 등 사회적으로 가치 있는 기술은 발전이 더뎠다. 업무지원 AI도 금융, 온라인 쇼핑 등 비즈니스 분야는 빠르게 발전하는 반면 정책지원 시스템 등은 상대적으로 발전속도가 더디다.

그림 3 알고리즘 개발 전략의 문제점

	공공개발	민간개발
AI 글로벌리즘	강대국에 의한 AI 식민지화 (colonialization)	글로벌 기업에 의한 AI 식민지화 (colonialization)
AI 민족주의	AI의 섬 기술 낙후	공공성 약화

이런 두 가지 유형의 딜레마를 서로 연결시켜 보면, 그림과 같이 AI정부의 알고리즘 개발이 직면한 어려움을 한눈에 알 수 있다. AI 글로벌리즘을 따르면 공공개발을 위주로 하든 민간개발에 의존하든 AI강국의 영향력에 좌우되지 않을 수 없다. 기술력이 뒤진 나라들이 AI강국의 영향력에서 벗어나야 한다는 '탈식민(decolonial) AI' 움직임이 있지만(Mohamed, Png, & Isaac, 2020), 아직 현실은 냉혹

한 약육강식의 세계를 벗어나지 못하고 있다. 반면 AI 민족주의를 취하면 기술낙후를 감수해야 한다. 만약 국내 민간기업이 어느 정도 개발능력을 확보하고 있어 세계 최고수준과 기술격차를 줄일 수 있다면 아주 다행스러운 상황이지만 이 경우에도 공공성 약화를 감수해야 할 가능성이 높다. 기술력 부족으로 서비스 개발에 더 많은 비용과 시간이 소요되기 때문에 그만큼 공공서비스 가격이 오르든지 아니면 여타의 방법으로 보조해 줘야 한다. 특히 기술력 부족은 공공의 이익에 맞게 기술이 지원하기보다 기술수준에 맞춰 공공의 이익을 희생할 수도 있다. 예컨대 국제표준을 벗어난 특정기업의 표준을 따름으로써 다른 기업의 참여를 원천적으로 배제하고 공공서비스를 일종의 독점시장으로 만드는 일이 종종 일어난다.

따라서 AI정부의 고도화를 위해 알고리즘 개발전략도 충실히 마련해야 한다. 글로벌리즘과 민족주의의 장점을 잘 소화시킬 수 있도록 한편으로 유사한 상황의 국가들과 연대하여 글로벌 기업이나 AI강대국에 맞설 수 있는 힘을 키우고, 동시에 다른 한편으로 국제표준을 준수하면서 국내기술개발을 독려해야 한다. 특히 정부와 민간기업의 새로운 협력모델도 중요한 요소가 된다. 민간기업이 알고리즘 개발의 주도권을 가지되 정부는 원천기술 개발, 플랫폼 고도화, 선도서비스 개발, 데이터를 포함한 표준화 및 실증사업에 집중하여 공공성 약화를 방지하고 개방적 기술환경을 유지해야 한다. 특히 AI정부 프로젝트를 통해 좋은 수요를 선제적으로 계속 창출하면 국내 기업들이 미래지향적 투자를 늘리는 데 큰 효과를 발휘할 수 있을 것이다.

IV. AI정부의 플랫폼 고도화

1. 에스토니아의 X-road

AI정부 구현을 위해 데이터 못지않게 중요한 것이 플랫폼이다. 아니 AI정부 입장에서는 데이터보다 플랫폼이 더 중요하다고 해도 과언이 아니다. 데이터가 물이라면 플랫폼은 물을 다양한 용도로 이용할 수 있게 해 주는 배수·정수 시스템에 해당한다. 아무리 물이 많아도 제대로 전달되거나 처리되지 않으면 소용없 듯이, 데이터가 아무리 많아도 이를 잘 흐르게 하고 관리하는 플랫폼 기능이 없다 면 AI정부가 제대로 작동할 수 없다. 특히 플랫폼은 모든 이해관계자들이 함께 사용하는 공공재로서의 중요성도 갖는다. 플랫폼이 잘 작동하지 않으면 그 영향 이 일부 시스템에 국한되지 않고 플랫폼을 사용하는 전체 시스템에 퍼지게 된다.

에스토니아는 전자정부를 추진하면서 플랫폼을 가장 잘 활용한 사례로 손꼽 힌다. 2001년 X-road라는 플랫폼을 만들어 정부는 물론이고 민간과의 데이터공 유도 가능한 환경을 만들었다. 당시 전자정부에서 가장 많은 성과를 내던 나라는 한국이었다. 김대중 정부와 노무현 정부에서 대통령 직속으로 민관합동의 전자정 부위원회를 설치하고 굵직굵직한 전자정부사업을 거침없이 추진했다. 그 덕에 한 국은 지금도 전자정부 평가를 하면 세계 1위 혹은 상위 3위 이내의 높은 평가를 받는다. 하지만 질적인 측면에서 보면, 에스토니아가 한국을 앞섰다고 해도 틀린 말은 아닐 것이다(UCL & IIPP, 2018). 세계 전자정부에 미치는 영향력도 더 크다. 에스토니아의 전자정부 플랫폼인 X-road는 이미 핀란드를 비롯한 여러 정부에서 사용되고 있다. 일본을 비롯해서 세계 각지의 공공기관과 기업이 채택한 사례도 적지 않다. 한국도 전자정부를 수출하는 등 세계시장에서 적지 않은 영향력을 행사 하지만 2015년 이후 수출 실적이 급격히 감소하는 등 영향력이 줄어드는 추세다.

한국와 에스토니아의 차이는 전자정부 접근방법의 차이에서 기인한다. 한국은 정보시스템 개발에 주력했다. 김대중 정부에서는 전자정부 11대 과제를, 노무현 정부에서는 31대 과제를 추진했다. 대규모 통합 정보시스템 구축 사업을 추진하 고 이를 통해 정부 서비스와 운용 방식을 고도화했다. 이것은 향후 정부 서비스와 운용 방식을 개선하려면 대규모 정보시스템을 다시 개발해야 한다는 것을 의미하 기도 했다. 이에 비해 에스토니아는 시스템과 시스템을 연결하고 데이터를 공유 하도록 하는 플랫폼 개발에 주력했다(Kattel & Mergel, 2018). 대규모 정보시스템을 구축하여 관련 데이터를 통합하기보다 플랫폼을 통해 기존 시스템의 데이터를 공 유할 수 있는 환경을 조성했다. 그 결과 개별 정보시스템의 성능은 떨어지더라도 이들을 손쉽게 연계할 수 있어 전자정부 전체의 성능을 개선할 수 있었다. 여기에 유연성도 확보하여 대규모 정보시스템을 재개발하지 않고서도 서비스와 정부 운용방식의 혁신이 가능해졌다.

에스토니아의 X-road는 AI정부가 가야할 길을 보여준다. 정보시스템 중심의 접근보다는 플랫폼 중심의 전략이 필요하다는 것이다. 여기에는 몇 가지 이유가 있다. 첫째, 데이터 공유에 유리하다. 정보시스템을 가지고 데이터를 공유하려면 데이터를 추가하거나 공유방식을 변경할 때마다 시스템 개발을 해야 한다. 이에 비해 플랫폼 중심의 구조를 만들면 데이터를 추가하고 변경하는 것이 쉬워진다. 둘째, 분산형 아키텍처를 유지할 수 있다. 집중형 아키텍처는 효율적이지만 경직적이고 비민주적이라는 단점이 있다. 플랫폼은 이해관계자들이 P2P방식처럼 수평적으로 대등한 관계를 형성할 수 있게 한다. 물론 X-road는 관리방식이 중앙집중적이었지만, AI정부는 플랫폼의 이점을 활용하여 보다 수평적이고 민주적인 관리방식을 얼마든지 발전시킬 수 있다. 셋째, 개발비용을 줄이고 '기술을 민주화(democratizing technology)'하는 효과를 거둘 수 있다. 정보시스템 개발은 많은 비용과 자원이 소요된다. 소규모 조직이나 기업이 주도적으로 하기 어려운 일이다. 이에 비해 플랫폼은 그런 작은 조직도 얼마든지 혁신적인 서비스를 개발할 수 있도록 길을 열어준다. 기술의 민주화를 실현하는 것이다.

2. 플랫폼 상호운용성

AI정부 플랫폼이 갖춰야 할 조건 중 하나는 '플랫폼 상호운용성(platform interoperability)'을 확보하는 것이다. AI정부에 단 하나의 플랫폼만 있다면 상호운용성에 대한 논의는 불필요하다. 하지만 AI정부가 하나의 플랫폼만 활용하는 것은 가능하지도 않고 바람직하지도 않다. 정부는 매우 다양한 기술과 서비스를 운용한다. 온라인 서비스도 있고, 공간정보 기반의 위치기반 서비스도 있다. 앞으로는 로봇, 증강현실 등 다양한 기술이 발전하여 AI정부의 기술구조를 더욱 복잡하게 만들 것이다. 이런 복잡한 기술체계를 모두 지원하는 플랫폼은 존재하지 않는다. 설령 그런 플랫폼이 있다고 해도 그것만 활용하는 것은 혁신을 저해하는 결과를 초래한다(NIST, 2018). 새로운 기술이 나오고 새로운 가능성이 열리면 그것을 선도적으로 적용할 수 있어야 한다. 단일 플랫폼만 있다는 것은 하나의 표준만 지원한다는 뜻이고, 그것은 다시 새로운 기술을 받아들이지 못한다는 뜻이다. 뿐만 아니라 단 하나의 플랫폼만 있으면 AI정부는 하위 시스템의 자율성을 보장하기 어렵다. 플랫폼을 장악한 자가 모든 것을 장악할 수 있기 때문이다.

다수의 플랫폼이 운용되는데 이들 간 상호운용성이 확보되지 않는 것도 큰 문제다. 플랫폼이 섬처럼 되어 각자 고립되는 현상이 발생한다. MS Window에서 작성된 문서를 애플의 컴퓨터에서 보지 못하는 것과 같은 것이다. '플랫폼 상호운용성'은 다수의 플랫폼들이 서로 다른 기술체계와 표준을 따르더라도 자유롭게 데이터와 디바이스, 그리고 서비스를 공유하게 한다. <그림 4>처럼 플랫폼 상호운용성이 확보되지 않은 상태에서는 플랫폼 안에서는 수직적으로 자원이 공유되지만 플랫폼과 플랫폼 사이는 단절된다. 플랫폼 상호운용성은 여러 플랫폼들이 공통의 플랫폼 혹은 인터페이스를 공유하도록 하여 플랫폼 상호 간에도 데이터와 자원을 공유할 수 있게 한다(Gupta, 2018). 수직적 공유뿐만 아니라 수평적 공유도 가능해진다.

그림 4   플랫폼 상호운용성 개념

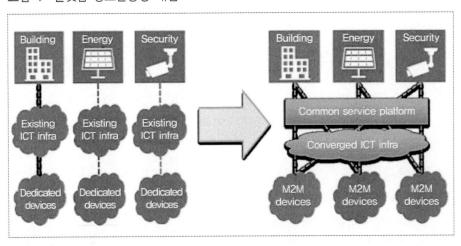

출처: Gupta(2018)

플랫폼 상호운용성을 확보하는 방법은 지금까지 크게 두 가지 방법이 쓰였다 (ITU-T, 2018). 하나는 플랫폼과 플랫폼을 API로 직접 연결하는 방법이다. 가장 고전적이고 단순한 방법이다. 문제는 연동해야 하는 플랫폼마다 매번 연계작업을 해야 하기 때문에 기술구조가 복잡하고 비용이 많이 소요된다는 점이다. 다른 하나는 공통플랫폼을 개발하고 기존 플랫폼들을 여기에 올리는 방법이다. 기존 플랫폼들이 공통플랫폼에 연동되도록 새로 개발해야 하는 부담이 있지만 일단 개발되고 나면 플랫폼 간 연계가 강력하게 이루어진다. 에스토니아의 X-road, 한국이 개발 중인 스마트시티 데이터허브 등이 이런 방식을 취한다. 다만 공통플랫폼의 지원범위가 한정되어 새로운 기술 혹은 지원되지 않는 표준은 이런 방식으로 연계할 수 없다. 아울러 각 플랫폼들이 공통플랫폼과 연계하기 위한 개발작업이 필요한 것도 부담이다.

그림 5 AI정부 플랫폼 상호운용성 확보방법

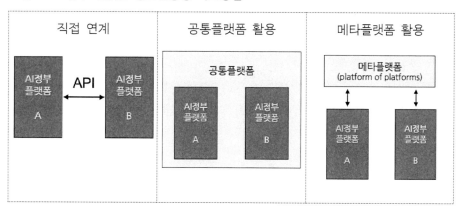

AI정부는 보다 유연하고 효율적으로 플랫폼 상호운용성을 확보하기 위해 새로운 방법을 모색할 필요가 있다. 그중 하나가 메타플랫폼을 활용하는 것이다. 다른 상호운용성 확보 방법과 달리 '플랫폼들의 플랫폼'을 만드는 방식이라 할 수 있다. 그 이유는 메타플랫폼이 공통플랫폼처럼 또 하나의 플랫폼으로 작동하는 것이 아니라 플랫폼들이 공유할 공통의 표준과 인터페이스만 제공하는 레퍼런스로 작동하기 때문이다. 각 플랫폼들은 내부에서는 자기 표준에 따라 다양한 방식으로 데이터를 정의하고 운용하다가 이를 다른 플랫폼과 주고받을 때만 서로 합의된 메타플랫폼 방식으로 전환하면 된다. 이와 관련하여 NIST(2018)는 매우 중요한 가이드라인을 제시한다. 플랫폼의 모든 요소에 대해 상호운용성을 확보하는 것이 아니라 중요한 요소끼리만 상호운용성을 확보하는 것이다. 이것을 NIST는 PPI(Pivotal Points of Interoperability)라 불렀다. 예컨대 사용자 ID, 대상물 ID, 데이터 카탈로그, 보안 모니터링 등 상호운용성에 핵심적인 요소만 표준화하고 나머지는 각 플랫폼들의 자율영역으로 놔두는 것이다. 한편으로 기본적인 상호운용성만이라도 빨리 확보하고, 동시에 다른 한편으로 다양한 기술의 적용과 이를 통한 혁신을 저해하지 않으려는 취지다.

3. 플랫폼으로서의 정부

AI정부가 플랫폼 상호운용성을 확보하면 정부의 구조가 완전히 바뀔 수 있다. 기술적 측면에서 시스템 간, 프로세스 간, 조직 간 칸막이가 사라진 새로운 형태의 정부가 탄생하는 것이다. 이를 '정부의 인터넷화(Internetization of government)'라고 부를 수 있을 것이다. 인터넷은 최소한의 규약, 즉 인터넷 프로토콜만 적용해서 전혀 칸막이와 장벽이 없는 사이버 세상을 만들었다. 현재 인터넷상의 많은 사이트들이 장벽을 치고 출입을 통제하는 것은 인터넷의 본래 모습이 아니라 인터넷 위에 보안시스템 등 기술을 더해 생긴 부산물이다. 이와 마찬가지로 플랫폼 상호운용성을 확보한 AI정부는 내부에 장벽이 없는 공간을 만들 수 있다. 인터넷은 현실과 분리된 가상공간을 만드는 데 그쳤지만, AI정부는 이런 열린공간을 현실세계에도 구현할 수 있다. 각종 센서와 디바이스, 도시시설물, 로봇 같은 이동체 등 정부가 직접 관리하는 공공시설과 정부가 감독하는 민간시설들도 이런 열린공간에 포함시킬 수 있다. 우리가 지금까지 알던 정부가 아니라 인터넷과 같은 구조와 기능을 하는 새로운 정부가 만들어지는 것이다.

정부의 인터넷화가 AI정부의 발전방향과 관련하여 의미하는 바는 무엇일까. 첫째는 정부의 본질이 조직이 아니라 플랫폼으로 바뀐다는 점이다. 정부의 본질을 따지고 들어가면 정부가 특수한 형태의 조직, 즉 '법인'이라는 점을 알게 된다. 사람들의 집합으로서 이 특수한 조직은 민간에게는 불법화된 폭력을 정당하게 행사할 수도 있고, 법을 만들고 집행할 수 있으며, 공공성을 대변할 수도 있다. 민간이 할 수 없는 일을 하는 것이다. AI정부는 이런 '조직으로서의 정부'를 '플랫폼으로서의 정부'로 전환하는 단초를 만든다. 물론 그렇다고 조직으로서의 정부가 완전히 사라지는 것은 아니다. 여전히 정부에서 공무원의 집합은 중요한 요소가 될 것이다. 하지만 AI정부는 여기에 더해 데이터를 생성, 관리, 유통하고 각종 알고리즘을 개발, 관리, 개선하는 플랫폼을 정부의 본질에 추가하게 된다. 플랫폼은 공무원들이 업무를 보는 기반이 될 뿐 아니라 각종 알고리즘이 작동하는 기술적 토대를 제공한다. 사람이 직접 개입하지 않고 상황을 모니터링하거나, 의사결정을 내리는 정부 AI시스템을 생각해 보자. 조직으로서의 정부가 작동하는 대신 플랫폼으로서의 정부가 작동하여 정부의 역할을 수행한다.

둘째 플랫폼으로서의 정부는 정부와 민간의 엄밀한 구분을 사라지게 할 것이다. 정부가 특수한 신분의 사람들의 집합이라면 정부와 민간의 구분은 사라질 수 없다. 하지만 AI정부에서는 사람의 집합 혹은 조직이 중요한 것이 아니라 어떤 플랫폼에서 어떤 알고리즘이 작동하는지가 중요하다. 특히 그런 알고리즘이 편견(bias) 없이 공정하고 정확하게 작동하는지가 정부의 의무와 책임을 다하는 데 관건이 된다. 이런 일은 특수한 신분으로서 공무원이 독점해야 할 이유도 없고 거꾸로 공무원들이 그런 역할을 수행할 전문성을 가지지 못한 경우도 많다. 플랫폼으로 작동하는 정부라면 정부의 일을 민간이 수행할 수 있고, 경우에 따라서는 국민이 직접 자신과 관련된 공공서비스를 만들고 처리할 수도 있다. 이런 경계가 사라진 새로운 형태의 정부-민간 관계가 플랫폼으로서의 정부가 가져오는 변화 중 하나일 것이다.

셋째 플랫폼으로서의 정부는 정부의 역할을 사라지게 하거나 최소한으로 축소하는 변화도 가능하다. 4차 산업혁명이 가져오는 증강사회는 시장의 '자기조직화(self-organization)'를 촉진한다. 예컨대 자율주행자동차들이 서로 정보를 교환하면서 자동차의 흐름을 조직화 혹은 질서를 부여할 수 있다. 이런 일이 벌어지면 교통신호체계를 운용하는 정부 역할의 필요성이 없어진다. 특히 정부는 민간으로부터 세금을 거둬 이를 공공목적에 맞게 재정형태로 지출한다. 만약 시장에서 생성되는 부를 그 사회에 필요한 공공투자에 투자되도록 알고리즘이 작동한다면 정부가 개입하여 재원을 모으고 지출하는 공공재정 역할은 사라지게 된다. 실제로 미국 등 여러나라에서는 복지체계를 민간의 자율적 기여와 지원으로 바꾸려는 고민을 진지하게 하고 있다. AI정부가 보이지 않는 정부로 발전할 가능성을 예견할 수 있다.

V. 결론

4차 산업혁명은 정부의 구조와 역할에도 많은 변화를 가져올 것으로 전망된다. 4차 산업혁명이 초래하는 '인공화'현상은 AI정부를 비롯하여 새로운 형태의 정부 운용방식을 가능하게 한다. 특히 단순히 기존업무에 AI기술을 접목하는 기능적 접근을 넘어 AI시대에 맞게 정부를 새롭게 구성하는 구조적 변혁이 필요하다. 이런 구조적 변혁이 있어야 AI와 정부의 융합이 단순한 정부의 기능향상을 넘어 국민들이 원하는 새로운 정부상, 즉 신뢰할 수 있는 정부의 모습을 만들어낼 것이기 때문이다.

AI정부의 구조변화를 위해 꼭 필요한 두 가지 전제조건을 이 논문에서 다뤘다. 하나는 데이터 아키텍처를 AI정부에 맞게 설계하고 발전시키는 것이다. 전자정부가 수직적 데이터 아키텍처를 가지고 정보시스템 중심의 운용 패러다임을 보인 것과 달리 AI 정부를 위해서는 수평적 아키텍처를 발전시켜 데이터와 알고리즘의 자유롭고 생산적인 활동을 지원해야 한다. 특히 데이터의 질적 고도화와 알고리즘의 개발을 위해 AI서비스를 선행적으로 확대하는 것과 같은 정부의 적극적 역할과 전략이 필요하다. 다른 하나는 AI정부의 플랫폼을 고도화시키는 것이다. AI정부에서 플랫폼은 데이터보다 더 중요한 요소이다. 이를 위해 플랫폼 상호운용성을 확보하고 정부 자체가 플랫폼의 이점을 최대한 활용하여 미래지향적 혁신을 이루는 것이 필요하다.

참고문헌

[국내문헌]

한국데이터베이스진흥센터. (1997). 우리나라 데이터베이스 산업의 미래. file:///Users/js.2/Desktop/96_vision.PDF.

황종성. (2020). 스마트시티의 미래와 핵심성공요인. 스마트도시건축학회지.

[해외문헌]

Appadurai, A. (2005). *Definitions: Commodity and Commodification, in Ertman, M., & Williams, J.C. (eds.). Rethinking Commodification: Cases and Readings in Law and Culture*. New York University Press.

Bess, M. (2005). Artificialization and Its Discontents. *Environmental History*, 10 (1), 31–33. Retrieved December 1, 2020, from http://www.jstor.org/stable/3985833.

Chapco-Wade, C. (2018). Digitization, Digitalization, and Digital Transformation: What's the Difference?. Accessed on 18 Dec. 2020. https://medium.com/@colleenchapco/digitization-digitalization-and-digital-transformation-whats-thedifference-eff1d002fbdf.

Davenport, T.H., & Kirby, J. (2015). Beyond Automation, *Harvard Business Review*, June.

Eisenmann, T.R., Parker, G.G. & Alstyne, M.W. (2006). *Strategies for Two-Sided Markets. Harvard Business Review*, October. Accessed on Dec. 21, 2020. https://hbr.org/2006/10/strategies-for-two-sided-markets.

Floridi, L. (2010). *Information: A very Short Introduction*. Oxford University Press.

Frey, C.B., & Osborne, M.A. (2013). The Future of Employment: How susceptible are jobs to Computerization?

Gupta, S.K. (2018). Interoperability and Regulatory Challenges in Smart Cities. Accessed on Dec. 25, 2020. https://www.itu.int/en/ITU-D/Regional-Presence/AsiaPacific/SiteAssets/Pages/Events/2018/CoESmartcityoct2018/IOT_SmartCity/

Smart%20cities-Interoperability%20and%20Regulatory%20PPT%2031102018.pdf.

Hao, K. (2020). AI pioneer Geoff Hinton: Deep learning is going to be able to do everything. *MIT Technology Review*, November 3. Access on Dec. 24, 2020. https://www.technologyreview.com/2020/11/03/1011616/ai-godfather-geoffrey-hinton-deep-learning-will-do-everything/?truid=c56ccd98595f1ba d9c853df09696475a&utm_source=the_algorithm&utm_medium=email&utm_ campaign=the_algorithm.unpaid.engagement&utm_content=11-06-2020&mc _cid=031cef3c1a&mc_eid=aaf178af5a.

Hogarth, I. (2018). AI Nationalism, June 13. Accessed on Dec. 23, 2020. https://www.ianhogarth.com/blog/2018/6/13/ai-nationalism.

IDC (2018). The Digitalization of the World: From Edge to Core. November. Accessed on Dec. 20, 2020. https://www.seagate.com/files/www-content/our-story/trends/files/idc-seagate-dataage-whitepaper.pdf.

ITU-T. (2018). Y.4200: Requirement for the interoperability of smart city platforms. Accessed on Dec. 25, 2020. https://www.itu.int/rec/dologin_pub.asp?lang= e&id=T-REC-Y.4200-201802-I!!PDF-E&type=items#:~:text=Summary -,Recommendation%20ITU%2DT%20Y.,services%20to%20a%20smart%20city.

Kane, G.C., et al. (2017). Achieving Digital Maturity: Adapting Your Company to a Changing World. *MIT Sloan Management Review*. Accessed on 18 Dec. 2020. https://www2.deloitte.com/content/dam/insights/us/articles/3678_achieving -digital-maturity/DUP_Achieving-digital-maturity.pdf.

Kattel, R., & Mergel, I. (2018). Estonia's digital transformation: Mission mystique and the hiding hand. *Institute for Innovation and Public Purpose*. Access on Dec. 25, 2020. ucl.ac.uk/bartlett/public-purpose/sites/public-purpose/files /iipp-wp-2018-09_estonias_digital_transformation.pdf.

Krakowski, S. (2020). Artificial Intelligence and Management: The Automation-A ugmentation Paradox. *The Academy of Management Review*, February. Accessed on 19 Dec. 2020. https://www.researchgate.net/publication/339184283_Artifi cial_Intelligence_and_Management_The_Automation-Augmentation_Paradox.

Loucks, J. (2018). Artificial intelligence: From expert-only to everywhere. *Deloitte*, Dec. 11. Accessed on Dec. 20., 2020. https://www2.deloitte.com/us/en/insights/ industry/technology/technology-media-and-telecom-predictions/cloud-based -artificial-intelligence.html.

Mazzucato, M., & Jacobs, M. (eds.). (2016). *Rethinking Capitalism: Economics and Policy for Sustainable and Inclusive Growth*. Wiley.

Mohamed, S., Png, M., & Isaac. W. (2020). Decolonial AI: Decolonial Theory as Sociotechnical Foresight in Artificial Intelligence. *Philosophy and Technology*, 405. Access on Dec. 23., 2020. https://arxiv.org/pdf/2007.04068.pdf.

NIST. (2018). A consensus Framework for Smart City Architectures: IES-City Framework. Accessed on Dec. 25., 2020. https://s3.amazonaws.com/nist-sgcps /smartcityframework/files/ies-city_framework/IES-CityFramework_Version_1_0 _20180930.pdf.

Polanyi, K. (2001). *The Great Transformation: The Political Economic Origins of Our Time*. Beacon Press (originally published in 1944).

Press, G. (2016). Cleaning Big Data: Most Time-Consuming, Least Enjoyable Data Science Task. *Forbes*, Mar 23. Accessed on Dec. 20, 2020. https://www.forbes. com/sites/gilpress/2016/03/23/data-preparation-most-time-consuming- leastenjoyable-data-science-task-survey-says/#7addb4896f63.

Rotman, D. (2016). Capitalism Behaving Badly. *MIT Technology Review*, October 12. Accessed on Dec. 20, 2020. https://www.technologyreview.com/2016/10/ 12/157051/capitalism-behaving-badly/.

Rotman, D. (2020). Capitalism in crisis. To save it, we need to rethink economic growth. *MIT Technology Review*, October 14. Accessed on Dec. 24, 2020. https://www.technologyreview.com/2020/10/14/1009437/capitalism-in-crisis -to-save-it-we-need-rethink-economic-growth/

Royal Academy of Engineering. (2019). Toward trusted data sharing: guidance an d case studies. Accessed on Dec. 20, 2020. http://reports.raeng.org.uk/datasharing/ cover/.

Saad, L. (2019). Government Ranks as Top U.S. Problem for Third Year. Gallup, Dec. 27. Accessed on 19 Dec. 2020. https://news.gallup.com/poll/273110/ government-ranks-top-problem-third-year.aspx.

Salles, A. et al. (2020). Anthropomorphism in AI. *AJOB Neuroscience*, 11(2), 88.

The Royal Society. (2017). Machine learning: the power and promise of computers that learn by example.

Turck, M. (2019). A Turbulent Year: The 2019 Data & AI Landscape, June 27. Accessed on Dec. 20, 2020. https://mattturck.com/data2019/

UCL & IIPP. (2018). Is Estonia the Silicon Valley of digital government?. UCL IIPP Blog, Sep 28. Accessed on Dec. 25, 2020. https://medium.com/iipp-blog/is-estonia-the-silicon-valley-of-digital-government-bf15adc8e1ea.

AI 도입의
기술적 기반으로서의 클라우드

이경호(고려대학교 정보보호대학원)

Ⅰ. 클라우드 컴퓨팅과 AI의 활용

클라우드 컴퓨팅(Cloud Computing)이란 인터넷 기술을 활용하여 서버, 스토리지, 소프트웨어 등 IT자원을 이용하는 기술이다(Vaquero et al., 2008). 가트너 보고서에 따르면 미국 정부의 공공부문 클라우드 컴퓨팅 사용이 2021년까지 매해 평균 17.1%씩 증가할 것으로 전망한다. 미국 주정부는 IT 예산의 20.6%를, 연방 정부는 22%를 클라우드 컴퓨팅 분야에 활용할 예정이다.[1] 또한 세계 시장 분석 전문기관인 리서치 앤 마켓에 의하면 2017년에서 2022년 사이 전 세계 클라우드 컴퓨팅 시장의 평균 성장률은 13.28%에 달할 것으로 예측된다. 이에 따라, 주요 선진국들은 클라우드 컴퓨팅 시장에 대한 투자와 더불어 클라우드 컴퓨팅 산업의 중요성을 인지하고 있다.

클라우드 컴퓨팅이 보급된 배경에는 몇 가지 이유가 있다. 첫째는 컴퓨터 주요 구성요소의 기술이 급속히 발전하였다. CPU 처리속도의 고도화, 가상화 기술과 분산처리 기술의 향상, 빠르고 저렴한 네트워크의 공급, 거대한 데이터센터의 구축으로 대용량 데이터 처리 기술의 보급 등 규모의 경제를 이룰 수 있는 주변 환경이 형성되었고 2010년에 즈음하여 컴퓨팅 파워 대비 경제성에서 특이점을 형성하게 되었다. 따라서 이제는 인공지능이라고 일컬어지는 대규모 컴퓨팅 연산을 일반 사용자 누구나 저렴한 비용으로 어려운 기술적인 노하우 없이 쉽게 접근하여 사용할 수 있는 시대가 도래했고 이러한 인공지능 기술의 대중적 이용을 클

---

[1] Gartner, "Understanding Cloud Adoption in Government", Apr 11, 2018.

라우드 컴퓨팅 서비스가 유일하게 제공하고 있다.

　　자율주행 차량이나 챗봇 서비스 등 인공지능을 이용한 다양한 제품과 서비스를 우리 주변에서 쉽게 찾아볼 수 있다. 이처럼 자율적으로 행동하여 자기 학습을 할 수 있고 상황에 따라서 판단하고 적응하면서 지금까지는 인간밖에 할 수 없다고 생각되었던 작업을 수행하는 스마트 시스템이 탄생한 것이다. 이러한 스마트 시스템이 가져온 새로운 산업 분야는 당연히 클라우드 컴퓨팅 서비스를 채택할 것이며 그런 사례는 계속 확대될 것이다.

　　인공지능 영역에는 기계학습과 딥러닝, 화상 및 음성인식, 자연어처리 등이 있다. 이러한 기술은 클라우드 컴퓨팅 서비스가 제공하는 인공지능 플랫폼 위에서 운영되고 센서 및 단말과 연동되면 자율적으로 동작하는 스마트 시스템이 된다. 스마트 시스템은 교통, 헬스, 교육, 에너지, 환경, 안전, 생활, 로봇 분야에 이르기까지 오늘날 시민의 생활이 영위되는 도시와 가정의 모든 공간에서 솔루션이나 서비스로 제공되며 이와 같은 솔루션이 시민들의 기본적인 욕구와 사회적 비전을 공유하고 경제, 문화 측면에서 현대화와 지속 가능성을 추구하게 된 개념을 스마트시티라고 칭한다. 결국 클라우드 컴퓨팅을 기반으로 한 AI의 도입과 이를 통한 인류의 삶의 진보가 만들어내는 가치와 시너지를 포괄하는 지향점이 4차 산업혁명이 가고자 하는 방향일 것이다. 본고에서는 이러한 관점에서 클라우드 컴퓨팅을 둘러싼 각 영역별 요소의 작동 개념과 원리를 설명하고 계속 논의하여야 할 주제를 제시한다.

II. 데이터 분석과 머신러닝의 활용

　　데이터 분석을 하는 목적은 머신러닝 기술을 활용하여 시스템이 스스로 학습해 특정행위를 탐지해 내는 알고리즘을 개발하는 것이다. 이러한 알고리즘을 통해 분석 대상의 행위를 군집화하여 대상의 행위들을 파악하고, 기존에 발생했던 이벤트를 분석하여 특정행위로 판단하기 위한 기준을 수립하고, 분류 알고리즘을 통해 내부 대상의 행위가 특정행위인지 여부를 판단한다.

데이터분석은 일반적으로 데이터 전처리, 샘플링, 특성 선정, 데이터 마이닝, 성능평가의 순서로 이루어진다. 다양한 분야에서 데이터를 분석하고 이를 기반으로 모델을 만들어 활용하고 있지만 각기 데이터 분석의 각 단계가 모델을 수립하는 데 기여하는 정도는 상이하다. 다만 공통적으로 데이터를 처리하는 과정에서 필요한 컴퓨팅 파워는 전통적인 통계적 방법을 사용하는 데 소모되는 컴퓨팅 자원과 비교하여 월등히 높은 규모가 소요된다.

이러한 데이터 분석의 결과로서 만들어지는 쓸모 있는 상업적 모델은 이용자가 이탈하지 않고 계속 머물 수 있는 임계시간 내에 응답을 하여야 하므로 이를 지원하기 위한 순간적으로 활용해야 하는 대용량의 컴퓨팅 파워는 필수적이다. 이어서 응답의 정확도를 높이기 위하여 끊임없이 모델을 수정하고 측정하여 평가한 후에 개선하는 과정에서 지속적인 컴퓨팅 파워가 요구되기도 한다.

1. 데이터의 전처리

머신러닝을 이용한 모델이 높은 정확도를 유지하는 데 필수적이며 기여도가 높은 과정이 데이터의 전처리 단계이다. 데이터의 전처리는 데이터 정제, 데이터 변수 변환, 데이터 통합, 데이터 변환 등으로 구분되어질 수 있다. 일반적으로 머신러닝의 대상이 되는 영역의 데이터를 있는 그대로 활용하여 사용하기에 적절하지 않다. 예를 들면 컴퓨터에서 수집된 시간이라는 값은 16진수로 표현되며 4자리 연도, 월, 일, 시, 분, 초 및 1/100 단위의 초까지 포함하고 있다. 이러한 데이터를 있는 그대로 활용하면 원하는 모델을 만드는 데 데이터를 읽고, 컴퓨터 메모리에 올리고, 데이터베이스에 적재하고, 이를 구분한 모델을 만드는 데 많은 시간과 컴퓨팅 자원이 소모된다. 사전에 이러한 시간을 필요에 따라 연도, 월, 일, 시로 단순하게 변환하여 사용하거나 아침, 점심, 저녁 또는 오전, 오후로 변환하여 사용하면 연산을 하는 데 시간을 크게 절약할 수 있다.

또한 수집된 데이터는 불완전성이 있어서 모든 필드에 데이터가 존재하지 않는 경우가 대부분이다. 소위 NULL이라는 값으로 표현되는 빈 데이터 공간에 어떤 값을 부여하는지 또는 어떤 규칙으로 이러한 값들을 처리하는가에 따라 모델이 달라지고 정확도에도 큰 영향을 미친다. 따라서 컴퓨팅 자원의 최적화와 정확도의 향상을 위하여 데이터의 전처리는 매우 중요한 영역이라고 할 수 있다.

2. 특성의 선택

머신러닝에서 처리하는 각 데이터의 항목을 특성이라고 칭한다. 예를 들면 주민등록번호, 성별, 나이 등이 대표적인 특성이라고 할 수 있다. 이러한 특성은 대상 데이터 안에 무수히 존재하며 알고리즘에 입력하기 위하여 특성을 선정하고 각 특성에 비중을 부여한다. 이 과정은 최후에 만들어지는 모델의 정확도와 연계하여 최적의 특성을 선정해야 한다. 이를 위한 특성 선택 방법은 다양하게 존재하며 각 머신러닝 모델별로 최적화하여 사용한다. 이 과정에서 특성을 선정하는 방법을 제약 없이 사전에 사용하고 그 결과를 최종 모델의 정확도와 비교해 볼 수 있다면 우수한 모델을 도출할 수 있을 것이다.

특성을 선택하는 방법은 데이터의 빈도를 기준으로 하거나 데이터의 순위를 고려하여 하는 등 다양한 알고리즘을 사용할 수 있다. 이미 머신러닝 프로그램에서 활용할 수 있는 특성 선택 알고리즘을 제공하고 있으니 이를 이용하거나 직접 특성 선택 알고리즘을 만들어 사용할 수 있다. 하지만 모든 경우를 모두 테스트하여 특성선정 방식을 결정하는 데 많은 컴퓨팅 파워가 사용되며 이러한 과정을 거의 실시간에 가깝게 처리하는 데도 자원의 소모는 극심하다. 따라서 최적의 특성 선택 과정을 정하는 절차는 전체 연산 시간을 아끼고 정확도를 높이는 데 중요한 영역 중의 하나이며 데이터 분석 모델의 최종 성능과 효과에 직접적인 영향을 준다.

3. 머신러닝 알고리즘의 활용

머신러닝 알고리즘은 지도학습, 비지도학습, 강화학습 등으로 크게 나누어볼 수 있다. 각 영역에서 세부적으로 다양한 알고리즘이 있으며 각 알고리즘의 특징과 용도를 잘 이해하고 사용할 때 만들어진 모델이 제대로 작동하게 된다. 지도학습 알고리즘은 분석 대상 데이터가 잘 분류되어 있을 때 사용하며 레이블링이 되어 있는 경우에 이를 기반으로 새로운 이벤트가 어떤 레이블에 해당할 것인지 예측이 가능해진다. 비지도학습은 사전에 레이블링이 되어 있지 않은 데이터를 알고리즘의 특성에 따라서 군집화한다. 이러한 군집 내에 이상 상황이 있을 경우 해당 군집이 얼마나 이상 상황을 포함하는가에 따라서 정확도를 계산한다. 강화학습은 학습을 끝낸 모델이 정확하게 결과를 맞출 경우에 보상을 하고 이러한 학습 데이터를 축적하여 모델을 형성한다. 이러한 머신러닝 모델은 일반적으로 대량의 데이터를 대상으로 대규모의 컴퓨팅 연산을 필요로 하며 따라서 상업적으로 서비스가 이루어지기 위해서 이용자가 감내할 수 있는 응답시간을 제공해야 한다. 이를 위하여 모델의 최적화는 물론이고 여유 있는 컴퓨팅 파워가 동반되어야 한다.

4. 머신러닝의 활용과 컴퓨팅 파워의 필요

머신러닝을 활용하는 과정에서 각 단계별로 순간적으로 필요하거나 지속적으로 유지해야 할 컴퓨터 자원이 식별된다. 대량의 데이터를 전처리하기 위하여 메모리상에 모든 데이터를 적재하여 감내할 수 있는 응답 속도를 유지하면서 작업을 진행하기 위하여 하드디스크에 있는 데이터베이스를 메모리에 모두 적재하여 처리하는 인메모리 데이터베이스가 필수적이다. 또한 대량의 데이터를 기반으로 특성을 선택하거나 데이터에 레이블링을 할 때 필요한 연산을 처리하기 위한 컴퓨팅 파워도 제때 제공되어야 한다. 결국 데이터 분석을 위하여 머신러닝 알고리즘을 활용할 때 필요에 따른 컴퓨팅 파워를 유연하게 제공할 수 있는 환경이 없이는 인공지능의 보편적 활용은 어려운 것이다.

Ⅲ. 데이터 활용과 규제 환경

데이터는 많은데 규제 때문에 빅데이터를 활용할 수 없는 상황이 종종 발생한다. 이는 개인정보 규제로 인하여 각 조직이 가지고 있는 개인정보를 활용하는 데 제약이 많고 이를 제3자에게 제공하거나 다른 정보와 결합을 할 때 개인정보로 처리됨으로써 지켜야 할 법적 의무가 과다하여 빅데이터로서 활용하기 어려운 경우이다. 개인정보보호법, 신용정보법 및 정통망법 등 데이터 3법이 개정 및 시행되면서 시행령과 고시에서 부과하는 부담이 있으며 활용과 보호의 가치 간에 가시적인 기준이 마련되고 이를 기반으로 데이터를 활용하는 이용자에게 법적 부담을 적절히 부과할 것이다.

이렇게 개인정보가 익명화 또는 가명화되어 안전한 범위 안에서 유통이 된다고 할지라도 현장에는 쓸만한 데이터가 없는 상황이다. 각 조직은 정보를 처리하면서 엄청난 빅데이터를 형성하고 있고 이를 데이터베이스에 집적하거나 클라우드 어딘가에 저장하고 있다. 하지만 정작 인공지능을 활용하여 사업을 혁신하고자 하는 데 필요한 적정한 데이터가 조직 내부에 없거나 너무나 정리되어 있지 않아서 쓸 수 없는 지경이므로 데이터에 결핍을 느끼고 있는 것이다. 이러한 쓸만한 데이터의 부재로 인하여 국내 기업이 제공하고 있는 인공지능 서비스의 품질이 글로벌 기업과 극명하게 차이가 있다.

챗봇 서비스를 예로 들 수 있다. 정부기관의 법률상담을 하는 챗봇 서비스를 구축하는 과정에서 수년간 대부분의 시간을 데이터를 정비하는 데 사용하였다. 이 법률서비스의 핵심은 실생활의 사례에 대한 법적 해석을 제공하는 것인데 각 사례와 그에 해당하는 법적 해석을 정리하여 데이터를 입력하는 데 법률전공 학생과 변호사를 동원하여 수년에 걸친 작업을 해야만 했다. 그럼에도 불구하고 임대인이라고 칭하지 않고 임대인의 아들이라고 표현하는 등 법적 주체에 작은 변화가 있을 때 여전히 답변이 어려운 경우가 있다. 이처럼 인공지능을 이용한 특정한 서비스를 제공하기 위하여 그에 걸맞은 데이터가 단순히 저장되어 있을 뿐만 아니라 이를 다양한 관점에서 구조화하여 정리해야 한다. 각 데이터의 항목을 자유자재로 응용하여 사용할 수 있도록 변환하는 데 제약이 없어야 한다. 즉 데이터 전처리에 제한이 없어야 다양한 아이디어를 적용하는 시도가 가능하다.

게다가 인공지능을 이용하여 혁신을 하는 것은 사람이 단순 반복적으로 한 일을 자동화하여 일상적인 업무를 급격히 줄이고 이로써 얻어진 잉여 시간에 보다 창의적인 일에 몰두하도록 함으로써 이루어진다. 물론 자동화에 이어서 서비스 플랫폼을 구축하고 이어서 비즈니스 플랫폼으로 발전시켜 나가야 하는 후속 조치가 필요하다. 단순히 프로세스 처리 시간 단축 등 간단한 혁신에 적용할 수 있고 인간이 수행하기에 낮은 차원의 일이지만 도구가 없어서 관행적으로 해 온 일들을 자동화할 수 있다. 이 과정에서 아이디어를 발굴하고 이를 현장에 적용하도록 이끌어가는 힘은 단순한 기술의 이슈가 아니다. 적용하고자 하는 산업 영역의 지식이 풍부해야 하고 업의 개념을 정확히 이해하고 있어야 하며 단기 및 중장기 목표를 명확하게 설정하고 이를 추진할 조직의 후원을 함께 얻어야만 간신히 작은 성공이 이루어진다. 결국 인공지능을 적용한 지능 기업, 지능 조직 및 이에 더 나아가 지능 정부가 되는 길은 단순히 기술을 이해하고 데이터를 축적한다고 해서 이룩되는 것이 아닌 끝없는 혁신의 대장정을 한 방향으로 이끌어야 도달할 수 있는 이상적 목표이다.

데이터를 개방하고 익명화하여 유통이 가능한 환경이 되었으니 당장 결과를 내놓으라고 하는 것은 너무 이른 것이다. 조직의 지능화를 원한다면 몇 가지 조건이 충족되어야 한다.

데이터를 체계적으로 잘 구축하고 이를 지속적으로 개방하며 이 과정에서 이루어진 커뮤니케이션을 통하여 곳곳에서 필요로 한 데이터의 변이에 대한 니즈를 반영하여 데이터에 태그를 붙여 나아가는 것이 필요하다. 기존에 조직이 보유한 데이터베이스는 업무 프로세스에서 사용하고 있는 장부의 전산화 측면에서 구축된 운영 데이터의 저장소이다. 하지만 고객의 행태 등 이용자의 경험적인 데이터는 기존의 데이터베이스에는 찾아볼 수가 없으며 이용자가 클릭한 정보는 파편화되어 별도로 저장되어 있고 관리 대상에 포함되어 있지 않을 수 있다. 또한 수년 동안 구축되어온 정보시스템은 핵심적인 운영 데이터를 중심으로 통합되어 있지 않고 그때그때 최저가로 발주한 곁가지 시스템이 덕지덕지 붙어 있어서 도무지 연결지어서 생각하기에 너무도 데이터의 복잡도가 높아져 있다. 게다가 곧 십 년 만에 차세대 시스템을 구축한다고 하니 당장의 데이터 정리가 수년 내에 물거품이 될 것 같다. 이러한 상황에서 핵심 데이터베이스를 중심으로 연결된 파생 데이터베이스를 분석하고 태그해 나가면서 데이터를 정리하는 작업은 참으로 억지스럽다. 하지만 이러한 데이터의 전반적인 정리가 없다면 아무리 좋은 인공지능 기술을 가져오더라도 극적인 효과를 보기는 어려울 것이다.

인공지능을 활용한 작은 사례를 지속적으로 발굴하며 기술 활용의 노하우를 축적한다. 조직원이 모두 인공지능 전문가가 될 수는 없으며 그렇게 교육을 한다고 해서 당장 효과가 있을지 의문시된다. 오히려 참여자 각자의 업무 전문성, 지식 및 인공지능에 대한 기술적 역량을 조화롭게 구성하여 팀을 이루고 이들이 만들어낸 실효적인 작은 성과를 전 조직에 공유하고 박수를 보내며 이를 응용하도록 홍보해 나간다면 머나먼 장도에 작은 발걸음을 내딛고 있는 것이다. 이러한 사례가 축적될 수 있도록 조직 내의 디지털 책임 임원이 곳곳을 설치고 다니며 변화에 앞장을 서면 곧이어 거대한 바퀴가 정지마찰력을 이기고 움직이기 시작할 것이다.

이러한 경험을 칭찬하고 축적하며 발전시킬 수 있는 분위기를 조성하고 이를 문화로써 정착할 수 있도록 생태계를 형성한다. 많은 사례를 만들어서 축적하고 이에 대한 인센티브를 가시적으로 부여하며 조직을 유인하면 변화가 시작되면서 곧이어 관성이 생기고 이에 대한 저항도 발생하며 다중적인 상황에 처하게 된다. 이 때 목표를 명확히 재천명하고 저항에 맞서서 단호함을 보이며 시행 초기에 극적인 목표를 달성하여 성과를 보여주고 조직을 성취감에 도취되도록 해야 할 것이다. 이는 곧 생태계로 정착되어 자연스러운 문화로 형성되어야 하며 이 과정에서 현장의 스킨십이 지속되어야 한다.

추가로 고려할 것은 전체 과정에서 데이터의 안전성과 프라이버시 측면에서의 위험을 충분히 분석하여 향후 다가올 위기에 대비한다는 것이다. 잘 활용하는 것을 누구라도 행할 수 있지만 그 과정에서의 위험에 대비하는 것은 세부 프로세스에 대한 관리가 병행되지 않으면 이루어지기 어려우며 극적인 경쟁 상황에서의 비교 우위로서 작동할 것이다.

Ⅳ. 클라우드 컴퓨팅 서비스란?

기존의 정보화 사회에서는 하드웨어 및 소프트웨어를 구축 및 설치하고 활용하는 방식으로 서비스가 이루어진 반면, 현대 지능정보사회에서는 사용자가 필요에 따라 임대하여 이용하는 서비스로 변화하였다. 최근 AWS(Amazon Web Service)의 EC2(Elastic Compute Cloud), S3(Simple Storage Service), 마이크로소프트의 Azure, 구글의 Google Cloud Platform 등 IT 관련 기업들이 다양한 형태의 클라우드 컴퓨팅 서비스를 출시하고 있다. 클라우드 컴퓨팅 서비스는 구축 환경에 따라 프라이빗, 퍼블릭, 그리고 혼합형 클라우드 컴퓨팅으로 구분되며 클라우드 컴퓨팅 서비스의 유형은 <그림 1>과 같이 정의할 수 있다(Fox et al., 2009).

그림 1 클라우드 컴퓨팅 서비스 유형

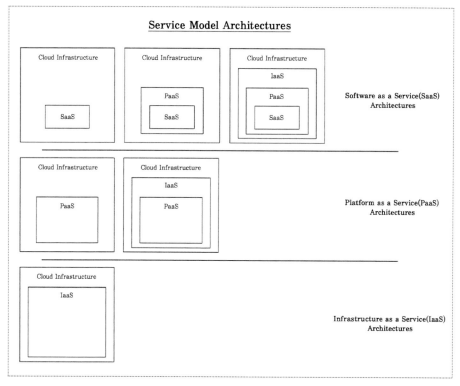

출처: NIST

현재 시장에 출시된 클라우드 컴퓨팅 서비스(as a service)는 세 가지 방식으로 구분하여 정의할 수 있다: (1) 소프트웨어 서비스(Software as a Service: SaaS), (2) 플랫폼 서비스(Platform as a Service: PaaS), (3) 인프라 서비스(Infrastructure as a

Service: IaaS).**2** 소프트웨어 서비스(SaaS)는 인터넷을 기반으로 소프트웨어 API를 통해 서비스를 제공하는 방식이다. 플랫폼 서비스(PaaS)의 경우 소프트웨어 서비스를 개발할 때 필요한 플랫폼을 제공하는 방식이다. 사용자가 애플리케이션을 개발하고, 구동 환경을 테스트하거나 호스팅하는 도구로 사용될 수 있다. 마지막으로 인프라 서비스(IaaS)는 사용자가 종량제 방식으로 스토리지, 서버, 네트워킹 등의 컴퓨팅 리소스를 사용할 수 있도록 서비스를 제공하는 방식이다. 이러한 서비스들은 사용자가 원하는 자원이나 플랫폼을 선택하여 사용하는 것이 가능하다.

V. 글로벌 기업의 클라우드 생태계

아마존 웹서비스 등 글로벌 클라우드 컴퓨팅 서비스 제공회사의 성장세가 폭발적이다. 글로벌 클라우드 서비스 제공 사업자들의 2010년 이후 매출이 40-20%나 급증한 상태이다. 이러한 클라우드 서비스 제공 사업자들의 성장비결을 한마디로 정의한다면 이는 '개방형 소프트웨어 플랫폼'이라고 할 수 있다.

클라우드 서비스 제공 사업자 중 대표격인 아마존 클라우드 서비스가 제공하는 소프트웨어는 아마존이 직접 개발하는 것보다는 많은 독립 소프트웨어 회사들이 개발하여 아마존 마켓플레이스에서 유통되는 소프트웨어가 압도적으로 많다. 아마존은 클라우드 서비스라는 플랫폼을 만들어서 시장을 형성하고 그 위에서 많은 기업과 사람들이 소프트웨어를 사고파는 것이다. 한마디로 아마존은 장터를 만들었고 이 장터에 많은 개발자들이 모여들었고 이제는 아주 장사가 잘되는 장터로 성장한 것이다.

이러한 성공에는 이유가 있다. 그중에 가장 중요한 것은 소프트웨어를 구매하는 구조를 새롭게 바꾼 것이다. 아마존 클라우드 서비스의 소프트웨어 구매 방식은 사용시간에 따라서 과금을 하는 방식이 일반적이다. 예를 들자면 어떤 기업이 정보시스템을 구축하는 데 드는 비용을 초기 투자 없이 사용을 시작하면서 사용한 만큼 지불하는 것이다. 이러한 방식은 기존의 SI 업체를 통하여 정보시스템을

---

2 NIST Special Publication 800-145: 클라우드 컴퓨팅 정의.

장기간에 걸쳐 개발하고 테스트하여 이를 오픈하고 사용하는 방식에서의 비용지급 체계와는 많이 다른 것이다.

기존의 방식은 정보시스템을 개발하는 과정이 모두 마무리가 되면 발주자는 검수를 하고 이상이 없으면 비용을 모두 지급하게 된다. 이후에 이 정보시스템을 이용하여 수익을 창출하는 것은 소프트웨어를 개발한 SI 업체의 이해관계와는 상관없는 온전히 고객의 책임이다. 따라서 고객은 소프트웨어 개발에 대하여 많은 시간을 가지고 비용편익을 계산하고 위험요인을 발굴하여 확인하려 하면서 의사결정에 장시간이 소요되고 결국 불확실한 상황에서 주사위 던지듯이 프로젝트를 시작한다. 하지만 아마존의 계약 방식은 그저 사용해 보고 아니다 싶으면 이용을 중지하면 된다. 거꾸로 사용이 활성화되면 용량을 증설하여 바로 확대 적용할 수 있다. 이 기간에 고객은 정보시스템 서비스를 통하여 매출을 일으키고 이익을 확보한다. 즉, 아마존의 이익과 고객의 이익이 동일 구간에서 연동하면서 서로의 가치를 공유한다. 다양한 시도를 다양하게 해 보고 발주자의 고객 반응이 좋지 않으면 즉시 중단할 수 있기 때문에 시장의 변화가 심한 산업에서는 유연성을 즉시 확보할 수 있다.

이어서 아마존의 소프트웨어 장터에는 많은 개발자들과 개발 회사의 치열한 경쟁이 있다. 마케팅보다는 기술의 비중이 더 잘 반영된 시장이며 끊임없는 혁신이 주도자가 없이도 시장의 생태계에서 자연스럽게 이루어지는 구조이다. 이제는 소프트웨어 개발자들이 누구라도 이 시장에서 기존의 대형 소프트웨어 기업들과 경쟁해 볼 수 있는 길이 열려 있는 것이다. 이는 결국 아마존의 경쟁력으로 이어져서 후발 주자인 마이크로소프트의 클라우드 서비스와 격차를 벌려주고 있다.

2018년에 마이크로소프트가 오픈소스 소프트웨어 허브인 '깃허브'를 75억 달러에 인수했다. 전통적인 폐쇄형 소프트웨어 개발회사였던 마이크로소프트는 새로운 CEO와 함께 개방형 소프트웨어 생태계를 만들어 오고 있었으나 약 2,800만 명가량의 개발자들이 사용하고 있고 수십억 개의 오픈소스 코드를 취급하고 있는 전 세계 최고의 개발자 커뮤니티를 인수하리라는 것은 예상을 뛰어넘는 것이다. 왜 마이크로소프트는 이러한 결정을 해야만 했는가. 결국 선발주자인 아마존과의 경쟁에서 승리할 수 있는 핵심요인은 가장 크고 우수한 소프트웨어 생태계를 마이크로소프트의 클라우드 서비스와 직접적으로 연결하고 협업을 촉진하여 큰 물줄기를 바꾸고자 한 것이다.

2000년대 중반에는 마이크로소프트는 스타트업 경진대회를 주관하는 실리콘 밸리의 회사를 통하여 마이크로소프트의 기술 포트폴리오에 비추어 외부에서의 조달이 필요한 역량이 파악되면 이를 M&A를 통하여 확보해 왔다. 당시에 이러한 방식의 소프트웨어 역량 확보를 NASA 등 정부 연구기관과 다른 기업들도 활용하였다. 하지만 이러한 폐쇄형과 개방형이 결합되어 있는 방식으로도 시장의 주도권을 확보하기 어렵다.

위의 사례에 비추어 지금 추진하는 디지털 전환의 방향성과 목표를 점검해 볼 필요가 있다. 각종 계획안의 많은 세부항목들이 근본적인 목표에 방향성을 맞추고 있는가 살펴보는 것도 당연히 중요하지만 거대한 전 세계의 소프트웨어 생태계의 변화에 비추어 우리가 어떻게 가치 있는 영역에 위치할 것인지 판단할 필요가 있다. 특히 개방형 개발자 커뮤니티가 공유하고 있는 철학과 정신을 담아낼 필요가 있다. 거대한 소프트웨어 개발자의 플랫폼 안에 실시간으로 제시되는 이용사례와 경쟁을 통하여 식별되는 베스트 프랙티스를 공유하고 이를 문화로 확산해가는 환류의 근본 원리를 이해할 때 정부 정책이 적절히 개입하여 지금의 병목구간을 해소할 수 있다.

VI. 공공부문 클라우드 컴퓨팅 도입 과정

정부는 퍼블릭과 프라이빗 클라우드의 특성을 동시에 활용하는 하이브리드 멀티 클라우드 컴퓨팅 모델을 각종 공공기관에 도입 중이다. 2019년부터 공공부문을 중심으로 시장을 적극 확대하고 정부·지자체·공공기관 내부에 민간 클라우드 컴퓨팅 서비스를 제공하여 구축·운영하는 민관협력형(Public Private Partnership: PPP) 클라우드 컴퓨팅 방식의 적용을 추진하고 있다. 공공부문이란 정부, 지자체 그리고 338개의 공공기관을 포함하는 것으로, 공공기관 중 클라우드 컴퓨팅 서비스 이용 기관은 약 32.8%(18.11월 기준)이다.[3]

---

[3] 기획재정부, 공공기관 현황편람, 2018.10.

　국내에서는 2016년 3월 한국정보화진흥원, 공공클라우드 지원센터, 과학기술정보통신부 등이 지원하는 '클라우드스토어 씨앗(Cloud Ecosystem Application maRT: CEART)'을 통해 공공·민간 부문에서 클라우드 컴퓨팅 서비스에 대한 정보를 제공하여 서비스 제공자와 이용자가 쉽게 소통할 수 있도록 지원하고 있다. 다양한 클라우드 컴퓨팅 서비스를 한곳에 모아 이용자에게 서비스 규격 정보, 가격 등의

그림 2　국내 클라우드 컴퓨팅 스토어 '씨앗'

출처: 과학기술정보통신부

상세한 카탈로그 및 클라우드 컴퓨팅 관련 법령과 시장 정보 등을 실시간으로 제공한다. 씨앗은 2019년 4월 기준으로 180개 기업의 292개 서비스가 제공되고 있고, 현재 이용 계약이 누적 640건, 누적 207억 원에 달한다.[4]

국내 개방형 클라우드 컴퓨팅 플랫폼 파스-타(PaaS-TA) 1.0은 과학기술정보

그림 3 국내 개방형 클라우드 컴퓨팅 플랫폼 '파스-타'

파스-타(PaaS-TA) 특징

**다양한 인프라(IaaS)
지원으로 종속성 해소**

AWS, Vagant, VMWare,
CloudStack, Google Cloud Platform,
Avure 글로벌 선도 IaaS 및 OpenStack
신규버전(Mitake, Ocata 등)
지속 지원

**풍부한 개발/
운영환경 제공**

Java, Node JS, PHP 등 8종 개발 언어,
전자정부표준프레임워크 등 10종의
프레임워크, Tibero, Cubrid, Altobase,
Arcus 등 국산 SW 포함
18종 서비스 지원

**체계적인
모니터링을 통한 탄력적이고
안정적인 운영 지원**

IaaS에서 SaaS까지
통합관제와 자동대응으로
안정성 강화

**단계별 상세
가이드문서 제공**

플랫폼 설치, 서비스 설치,
플랫폼 확장, 애플리게이션 개발 등
23종 한글 문서 제공 및 버전별
지속 업데이트

**국산 SW 및
서비스 산업 활성화**

국내 기업의 SW 및 서비스의
클라우드 서비스와 지원으로
국내 SW의 글로벌 경쟁력 제고 및
클라우드 산업 생태계 조성
활성화 기여

**4차산업 혁명 선도를 위한
특화 플랫폼 생태계 조성**

교육 · 금융 · 에너지 ·
의료 · 에너지 · 도시 등
사회 전반의 4차 산업혁명 선도를 위한
분야특화 클라우드 플랫폼
생태계 구축 · 확산을 위한
기반 제공

출처: 과학기술정보통신부

---

4 아시아타임즈 '한국정보화진흥원, 클라우드스토어 씨앗 200억 원 돌파', 2019.04.02.

통신부와 행정안전부의 전자정부 표준 프레임워크에 기반하고 있으며, 인프라 제어 및 관리환경, 실행환경, 개발환경, 운영환경으로 구성되어 있다. 파스-타 1.0은 PaaS 운영에 초점을 맞추어 제공되었으며 새로 개발될 파스-타 2.0은 IaaS와의 편리한 연계와 SaaS의 개발 및 활용에 최적화된 플랫폼으로 발전될 예정이다.[5] 2016년도부터 파스-타를 공공·민간 부문을 대상으로 지원·적용하기 시작했다. 파스-타의 활용으로 개발 생산성을 극대화하여 앞으로의 국내 클라우드 컴퓨팅 서비스 품질을 향상하고 개방형 클라우드 컴퓨팅 생태계를 조성하는 데 도움을 줄 수 있을 것으로 기대된다.

2018년 7월, 민간 클라우드 컴퓨팅을 공공부문에 도입하기 위한 정책 간담회가 있었다. 이날 행사에는 관련 주무 부처인 행정안전부, 과학기술정보통신부 담당 국장을 비롯해 클라우드산업협회, KT, NBP, 오라클, 인텔, AWS, IBM, MS 등 국내·외 관련 기업 및 협회가 참여했다. 여기에서 국내 공공부문 클라우드 컴퓨팅 도입 요건인 물리적 망분리, CC인증 요구, 암호기술 이슈 등에 대한 각종 규제 및 이에 따른 공공부문 클라우드 컴퓨팅 시장 발전을 저해하는 요소들에 대하여 논의하였다. 또한 미국, 영국, 일본 등 주요국이 클라우드 컴퓨팅을 적극적으로 공공부문에 도입 중인 데 반해 한국은 검증된 도입을 지체시키고 있다는 주장이 제기되었다. 이러한 요구사항에 대해 행정안전부는 정보자원 등급 확대, 공공부문 대상 범위 확대 등 클라우드 생태계를 활성화할 수 있는 방안을 다방면으로 검토하겠다는 입장을 표명하였다.[6]

정부는 2015년에 '클라우드컴퓨팅 발전 및 이용자 보호에 관한 법률(이하 클라우드 발전법)'을 제정하고 제1차 범정부 클라우드 컴퓨팅 기본계획('16-'18)을 발표하였다. 1차 기본계획에서는 산업 육성을 위한 기반조성에 집중하였으나, 클라우드 컴퓨팅을 활용한 공공·민간의 혁신 사례 창출이 미흡하였다. 이를 해결하기 위하여 2018년 12월 제2차 클라우드 컴퓨팅 발전 기본계획('19-'21)을 수립하였다. 2차 클라우드 컴퓨팅 발전 기본계획은 범부처 협력을 통한 혁신적 사례 창출에 초점을 맞추었다. 이 계획은 「클라우드컴퓨팅법」 제5조에 따른 것으로, 클라

---

5 "개방형 클라우드 플랫폼 '파스타(PaaS-TA) 2.0' 공개". 이데일리. 2017.02.12.
6 김지선, "업계 "공공부문 민간 클라우드 도입 확대, 더 이상 지체해선 안 된다"…이용대상·등급 확대 요구", 전자신문, 2018.07.31.

우드 컴퓨팅 활용과 확산을 저해하는 법·제도 등을 개선하여 산업을 육성하기 위해서 작성되었다.[7] 관련 추진과제는 공공부문 이용확대, 도입제도 개선 보안인증 및 대응강화 등이 있다. 이러한 추진과제들을 통해 민간 클라우드 컴퓨팅 서비스 이용 대상 기관을 공공기관에서 중앙부처와 지자체 등 전 행정·공공기관으로 확대하였다. 또한 대국민서비스 중 국가안보, 수사·재판, 개인의 민감정보 등을 처리하는 시스템을 제외한 영역에서 민간 서비스의 활용이 가능하게 하였다. 하지만 보안인증제와 관련한 내용에서는 기존의 내용을 유지하고 있으며, 보안위협에 대한 신속 대응 핫라인 구축과 운영에 관한 내용이 추진될 것으로 보인다.

그림 4   1, 2차 기본계획에 따른 공공부문 중심 생태계 형성 시 예산 변화

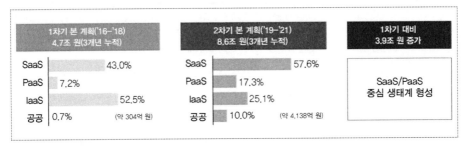

출처: 정보통신전략위원회

  해외에서는 클라우드 컴퓨팅 서비스의 발전 및 이용 촉진을 위해 다양한 기준으로 클라우드 컴퓨팅 서비스의 공공시장 진입을 위한 요구사항과 조치사항을 제시하고 있다. 이 장에서는 클라우드 컴퓨팅의 도입이 가장 활발한 미국, 영국, 유럽, 그리고 일본을 중점으로 클라우드 컴퓨팅 서비스 정책을 살펴보고 지향점을 찾고자 한다.

---

7 정보통신전략위원회, "4차 산업혁명 체감을 위한 클라우드 컴퓨팅 실행(ACT) 전략–제2차 클라우드 컴퓨팅 발전 기본계획('19년–'21년)–", 2018.12.28.

그림 5   국외 클라우드 컴퓨팅 정책

미국(Federal Government CIO Office)| Cloud First Policy

2010년 12월/2011년 클라우드 우선 정책으로 정보화 예산 8.5% 활용하고,
2017년 트럼프 대통령 숭정보화 클라우드 전환 '행정명령' 조치 및 하원법안 'ICT 현대화법 제정'

영국(Government Digital Strategy, Cabinet Office)| G-Cloud

2013년 5월/클라우드 우선 정책(2012), 클라우드 유통체계 운영
정보화 클라우드 사전 심의 등으로 최근 4년간 2.4조 원 이용

유럽연합(European Union) | European Cloud Strategy

2013년 5월/유럽 연합 차원의 체계적인 클라우드 확산을
위해 일부 국가 선도적으로 클라우드 시범 프로젝트를 운영

싱가포르(Inforcomm Development Authority) |Government Cloud Strategy

2013년/세계 최초로 데이터센터 파크(DCP, Data Center Park) 구축하고,
'아시아 태평양 클라우드 컴퓨팅 허브' 구축을 위한 각종 육성 정책을 시행 중

일본(Digital Japan Creation Project) | Kasumigaseki Cloud

2013년/가스미가세키 프로젝트 추진으로 중앙부처 · 지자체의 클라우드 도입 지원하고,
2021년까지 모든 정부 정보시스템의 클라우드화를 통해 운영비용 30% 절감 계획

한국(미래창조과학부)|클라우드 컴퓨팅 발전 및 이용자 보호에 관한 법률

2015년 9월/클라우드 컴퓨팅 발전 및 이용자 보호에 관한 법률 및 시행령,
K-ICT 클라우드컴퓨팅 활성화 계획

출처: 과학기술정보통신부

Ⅶ. 의료 영역의 인공지능과 클라우드 도입

2019년 11월 6일 애플은 미 연방정부의 보훈부와 함께 미국 내 보훈 대상자 900만 명을 대상으로 아이폰에서 건강정보를 확인할 수 있도록 앱을 개발해 공개했다. 이 서비스에는 미국 내 1,243개의 병원 및 기관, 샌디에이고 캘리포니아 대학과 존스 홉킨스 대학, 400개가 넘는 건강관리 기업·관련 연구소 및 연합체들이 참여했다. 그 결과, 아이폰에서 단 한 개의 앱을 이용해 각 병원과 기관에 산재되어 있던 개인의 진료 및 처방과 관련한 의료 및 건강정보를 빠르게 조회할 수 있

게 됐다.

이는 미국에서 개인에게 직접 서비스로 제공되는 건강정보 유통의 최대 규모 사례다. 이 서비스를 이용하면 본인의 의료기록을 바탕으로 약 처방 내역을 직접 확인이 가능하고 복약에 대한 상세한 가이드가 스마트폰에서 가능하다. 또한 애플 워치와 같은 각종 웨어러블 장치와 연계하여 개인 맞춤형 건강관리 플랫폼으로 서비스를 확장할 것으로 보인다. 이는 병원 내부에서 진료를 통하여 환자가 받는 의료혜택을 넘어선 수준이다. 정밀한 의료 정보에 환자가 직접 실시간으로 접하면서 실생활에서 환자 본인의 건강관리를 하게 되어 의료의 확장, 건강관리의 연결이 가시화된 것이다.

마이 데이터 사업의 인가에 따라 금융기관에서 건강정보를 다루는 경향이 구체화되고 있다. 국내 보험회사들의 실손율 증가로 인하여 실손보험 대부분이 적자 경영을 면하지 못하고 있다. 건강보험의 보장성 강화로 병원 이용이 늘고 있고 건강보험에서 보장하지 않는 비급여 항목의 진료가 증가하는 것은 고령화 사회로 진척된 결과이기도 하다. 이로 인한 급격한 보험 청구의 증가는 실손보험 회사에게 상당한 충격으로 다가오고 있다. 이에 대한 대책으로 많이 걸으면 보험료를 깎아주는 보험이 등장하고 운동량 목표치를 달성하면 선물을 주는 보험도 등장했다. 결국 환자의 병원 밖에서의 행태 데이터를 분석하면 보험 청구 여부를 어느 정도 예측할 수 있다. 이는 보험회사의 수익에 결정적으로 기여할 수 있는 것이다. 이제는 의료정보와 건강정보는 금융정보라고 해도 무방할 것이다.

위 관점에서 볼 때 글로벌 시장에서 기술을 기반으로 한 의료정보의 유통은 시작되었다. 아마도 이 여파는 시간차를 두고 우리 시장에도 어떤 형태로든지 적용될 것이다. 건강과 관련된 민간 금융시장에서의 본능적인 움직임에 이어서 공공분야의 건강보험 구조도 재원의 고갈 압박 때문에라도 환자 개개인에게 도달하는 건강정보의 활용을 도외시하기는 어려울 것이다.

국내 의료는 공공 의료체계이며 이는 단일화된 건강보험 구조를 기반으로 저렴한 의료서비스를 전국민에게 고루 제공하고 있다. 미국의 민영화된 의료시장과는 달리 정부의 관할하에 강력한 거버넌스를 가진 단일화된 의료 정책의 적용 가능한 구조이다.

하지만 고령화시대에 접어들고 초고령화시대로 나아가는 우리 인구 구조에서 정부의 일률적인 의료정책은 한계를 보이고 있다. 환자는 스스로 다량의 의료정보를 접하고 이를 기반으로 품질 높은 의료 서비스를 선택할 수 있는 스마트 환자가 되어 있으나 현재의 의료체계에서는 여전히 환자가 프린트한 처방전을 들고서 횡단보도를 지나 약국을 내방해야 처방된 약을 수령할 수 있다.

오히려 환자 개개인에게 충분한 의료정보를 안전하게 제공하여 스스로 건강관리를 할 수 있는 병원 외 건강관리를 증진하는 문화를 유도하는 것이 가능하다. 만약 정부가 맞춤형 정밀 의료 서비스를 의료기관과 환자 및 관련 기술이 함께 만들어가는 환경이 조성되도록 정책을 편다면 의료 재원도 더욱 최적화되고 낭비 요소도 제거되어 국민들은 수준 높은 의료서비스를 최소의 비용으로 활용할 수 있을 것이다.

이를 위하여 가장 큰 장벽은 개인정보로서 의료 및 건강정보의 유통이다. 그동안 국내에선 대량의 개인정보 유출 사고가 자주 발행되어 왔다. 이를 방지하기 위해 2011년 개인정보보호법이 시행되고 많은 보호정책이 펼쳐졌다. 하지만 여전히 개인정보에 대한 관리는 사회의 기대에 미치지 못하고 있다. 하지만 데이터를 활용해 새로운 혁신 서비스로 나아가고자 하는 것은 단순한 특정 산업의 부흥책만은 아니다. 2011년의 보호 정책이 어느 정도 정착이 되었다면 보다 섬세하고 정밀한 보호정책 수단의 개발과 변화된 기술환경에 따른 변화가 필요하다. 의료정보에 대한 당면한 정책들과 함께 기존의 의료정보 및 건강정보에 대한 규제 정책을 점검하고 풀어나가야 한다. 환자 정보에 대한 수집·저장·제공 및 파기에 이르는 유통체계에 대한 기본 권리인 동의권 등 개인정보의 자기결정권에 대한 섬세한 논의부터 시작하여 풀어나가야 한다. 또한 의료 영역에서 데이터의 이동이 클라우드를 통하여 이루어지고 각 병원의 데이터가 결합하여 인공지능을 활용한 분석이 될 수 있는 환경이 함께 구현되어야 한다.

애플의 새로운 앱의 출시는 의료정보 및 건강정보가 전자적으로 환자 개인에게 실시간으로 제공되고, 이 정보는 개인의 스마트폰에 안전하게 전송 및 저장되며, 개인이 소유한 웨어러블 장치와 결합하여 생활에서 맞춤형 건강관리가 가능하다고 요약할 수 있다. 이러한 서비스가 글로벌 시장에서 각광받게 되기에 관련 국내 규제에 대하여 논의가 필요하다.

VIII. 스마트시티 영역의 인공지능과 클라우드 도입

국가시범 사업으로서 부산 에코델타 스마트시티와 세종 스마트시티가 진행되고 있다. 2025년까지 진행되는 스마트시티에 대한 투자의 결과로서 우리에게 다가올 도시는 어떤 모습일까 예측해 본다. 주로 선진국에서는 지속가능한 도시를 목표로 하지만 개발도상국에서는 현대화된 도시를 스마트시티의 개념으로 정하고 있다. 결국 어떤 경우에서든지 기술을 통해 도시문제를 해결하고 시민의 삶의 질 향상을 목표로 하며 도시의 지속가능성을 공통분모로 삼고 있다.

국토교통부가 '스마트시티 국가시범도시 서비스 로드맵'에서 정한 8대 영역, 즉, 교통, 헬스케어, 교육, 에너지, 환경, 안전, 생활, 로봇 분야에는 스마트시티 구현을 위한 다양한 솔루션과 서비스가 제안되며 검토되고 있다. 하지만 스마트시티는 결국 이 도시에서 살아갈 사람의 본능을 충족하고 시민이 지향하는 경제, 사회, 문화적 니즈를 만족시키지 못한다면 기존의 도시와 다를 바 없이 기계화된 기술의 전시장으로 전락할 수 있다.

어떻게 도시 안에서 지금보다 나은 품격 있는 시민의 삶을 스마트하게 영위할 수 있을까 연구가 필요하다. 국가 사회의 발전과 집단의 시너지를 위하여 사회적 접촉을 촉진하면서 스마트하게 프라이버시를 보호할 수 있는 품격 있는 방안은 무엇일까 논의가 필요하다. 기본적으로 스마트시티에서는 인간의 기본적인 욕구가 해소될 수 있도록 기술을 활용한 다양한 서비스를 제공하여야 하며 자아실현 및 존경의 욕구가 달성될 수 있는 환경을 조성하며 소셜 믹스 등 품격 있는 가치를 추구하여야 한다. 이를 위하여 우리가 삶을 영위하고 있는 현장에서 벌어지는 시민들의 관점을 적확히 이해할 필요가 있다.

스마트시티에 다양한 시민들이 모여서 교류하며 서로 가진 재능과 역량을 나누고 융합하며 새로운 시너지를 창출하는 협업의 생태계를 만들기 위하여 각 솔루션과 서비스에서의 데이터를 축적하고 이를 연계하고 결합하여 제안된 솔루션이 스마트하게 반응하고 작동하도록 하는 것은 필수적이다. 이 과정에서 시민 개개인을 식별하고 식별된 시민이 본인이 맞는지 검증하고 검증된 개인이 어떤 행위를 했는지 등을 추적하는 것은 기본적인 것이다. 하지만 이 과정에서 심각한 프라이버시 이슈가 발생한다.

스마트시티에서는 모든 데이터가 클라우드에 모인다. 이를 분석하기 위하여 인공지능이 상시적으로 활용된다. 이 과정에서 시민에 대한 공공 서비스를 위하여 개인에 대한 식별과 인증은 필수적인 과정이다. 하지만 프라이버시를 보장하기 위하여 식별과 인증은 가장 회피해야 할 개념과 기능이다. 예를 들면 팬데믹 상황에서 확진자를 식별하고 인증하지 않은 상황에서 사회적 관리 비용과 시간 및 우려로 인한 평판과 여론은 사회적 자본 중 신뢰 영역을 근본적으로 흔들어 시민사회를 급속한 붕괴로 이끈다.

따라서 프라이버시를 유지하면서도 팬데믹 상황을 통제하기 위한 최적의 절충 구간을 찾아야 한다. 이를 위하여 식별과 인증이라는 개인에 대한 공적 서비스의 특성을 해체하여 관리하는 시도가 필요하다. 즉 개인정보의 수집, 이용, 저장 분석, 이용 제공 및 파기의 라이프사이클에서 수집 단계에서만 식별과 인증을 실시하고 이후 단계에서는 식별과 인증을 분리하여 인증 정보만을 활용하여 프라이버시를 확보하는 일이 필요하다. 결국 식별과 인증이라는 두 가지 핵심 기능에서 인증과 대상의 포괄성이라는 영역으로 프라이버시의 보호 개념을 이전함으로써 균형 잡힌 프라이버시 보장 정보시스템의 구축이 가능한 것이다.

이처럼 스마트시티에서의 데이터 생태계를 온전히 구축하고 지속가능한 운영이 되도록 하기 위하여 전통적인 개념의 데이터 보호 체계마저도 다시 한번 근본부터 살펴보아야 하는 상황이다. 특히 이러한 데이터 흐름은 데이터를 보유한 공공기관의 법률에 근거한 규제에 가로막혀 있어서 이를 극복하고 새로운 스마트시티에 구현하는 것은 현재로서는 어렵다. 적어도 스마트시티 발전법에서 모든 법률에 우선하여 해당 데이터를 유통할 수 있는 근거를 확보하든지, 아니면 개별 법률을 모두 개정하든지, 아니면 규제 샌드박스를 통하여 유예를 받아야 수많은 솔루션과 서비스가 온전히 시민에게 체감되도록 서비스가 가능하다.

정부 최대규모의 뉴딜 사업이 소프트웨어 측면과 데이터의 흐름 관점에서 준비가 되어 있는지 점검이 필요하다. 2025년에 스마트시티의 초기 모습이 완성되어 운영되기 시작할 때 혹시라도 스마트 기기의 작동에 문제가 없어야 한다. 시간 낭비 없이 가시적인 스마트 서비스가 운영될 수 있도록 각 부처의 데이터 관리에 대한 법령들이 새로운 관점에서 논의되어야 한다.

IX. 인공지능 기술이 블록체인과 다른 점

공공영역과 민간 부분을 막론하고 인공지능과 블록체인 기술을 접목하는 데 열풍이 불고 있다. 이러한 기술을 접목하는 데 이 기술이 왜 필요한지 근원적 질문을 조직 내부에 먼저 던져야 한다. 예를 들면 의료 데이터에 블록체인을 적용한다면 현재 축적했고 앞으로 유통할 의료 데이터가 중앙의 거버넌스를 가진 전통적인 시스템이 아닌 탈중앙화된 블록체인 기반의 시스템을 채택하여 현재 영위하고 있는 사업에 도움이 되고 획기적인 이익을 가까운 장래에 가져올 수 있다는 확신과 증거가 있어야 한다. 포괄적 비전만을 가지고 신기술을 도입했다가 오히려 신기술 도입에 따라서 감당해야 할 고급 인력의 확보 어려움, 신기술에 대한 조직 내의 수용성 부족, 신기술의 취약점으로 인한 보안 문제 등 다양한 어려움에 봉착하여 비용만 과다하게 소모되면서 방향성을 잃고 축소된다. 결국 기술을 왜 활용해야 하는지 목적과 전략을 구체화하고 그 방향성을 유지하면서 끊임없이 조정해 주는 기술적 혜안과 전략을 겸비한 리더십이 필요하며 이는 혁신을 이루어 나가는 전제조건이다.

사실 기술을 활용할 때 도구로서 기술을 대하는 전략과 기술 그 자체가 혁신의 플랫폼이 되는 전략이 있을 수 있다. 두 가지 모두 현재 혁신을 해야 할 조직과 기관이 균형에 도달하여 각 참여자가 자기가 확보한 자원에 대하여 전혀 양보할 뜻이 없고 해당 영역과 그에 몸담은 개인의 경제적 이익만을 추구하고 있을 때 이를 해소하고 변화를 이끌어내는 데 활용할 수 있다. 내부의 상황뿐만이 아니라 시장에서의 해당 조직의 위치가 1위가 아니라 후발 주자라면 시장의 판세를 뒤집기 위해서는 후발 주자들 간의 연합이 필요하고 이를 묶어내는 도구로써 탈중앙화된 블록체인 플랫폼을 쓸 수 있다. 이와 반대로 시장에서 수위를 점하고 있고 효율을 극대화하여 후발 주자와의 격차를 압도적으로 벌리고자 할 때 인공지능 기술을 활용하여 일반 단순 업무를 완전 자동화에 이르게 하여 속도와 품질에서 장벽을 쌓을 수 있다.

전형적인 보수적인 문화가 가득한 조직도 다른 경쟁자와 대비하여 위치한 상태와 현재 개선하고자 하는 내부 중요 역량이 어떤 것인가에 따라 적용해야 할 기술이 다르고 그 기술이 추구해야 하는 방향도 다른 것이다. 결국 4차 산업혁명이라는 키워드로 언급되는 우리 사회와 경제의 혁신의 방향은 각기 참여자에 따라 세부전략이 다르고 각 기술이 해당 조직에 끼치는 영향은 다양하다.

대부분의 경우 기술만 있고 전략이 없다. 막연하고 포괄적인 키워드와 이상만 있다. 어떤 문제를 해결할 때 왜 무엇을 어떻게 해야 하는지 근원적 질문을 논의할 수 없다면 수십 년 동안 유지된 전형적 프로세스와 이를 관리하는 지표에 따라 굳어진 업무 행태를 유지할 수밖에 없다. 시간이 흐르고 사회·경제·정치 환경이 바뀌었다면 현재의 업무에 대하여 근원적 질문을 던지면서 기초부터 다시 살펴보아야 한다. 이런 논의가 확산되어 조직에 움직임을 만들 때 기술의 본질적 가치를 이해한 리더십이 균형 잡혀 꼼짝하지 않는 조직에 혁신의 균열을 줄 수 있다.

최근 인공지능을 이용하여 문제를 계산하고 사전에 변화에 대하여 시뮬레이션하는 현실적인 사례가 많이 등장하고 있다. 복잡한 문제를 풀어낼 때 첫 번째 자원을 투하하여 변화를 이끌 병목구간을 찾아내고자 이러한 기법을 동원하고 있다. 이러한 과정에서 부문 최적화로 인하여 전체에 해를 끼치거나 오히려 혁신에 역행하는 일이 없이 온전히 전체의 목표에 부합하는 합리적이며 전략적인 혁신의 행보를 자신감 있게 내디딜 수 있다.

X. AI 도입의 기술적 기반으로서의 클라우드

클라우드 서비스의 보편적 활용은 컴퓨터의 역사에서 경제성 측면의 특이점

형성의 중심에 있다. 누구라도 무한한 컴퓨팅 자원의 활용이 가능하여 인류가 풀어내지 못한 난제에서 간단한 게임에 이르기까지 활용의 폭을 넓혀가고 있다. 이는 기술의 활용을 통한 부가가치의 구조를 새롭게 제시하고 있으며 새로운 질서를 사회 경제 등 각 측면에서 부여하고 있다. 이를 기반으로 인공지능을 통한 업무 자동화에서 인간 업무의 대체에 이르기까지 불가능하다고 여겨지던 기술 서비스가 구현되고 있다. 이제는 오히려 이러한 기술자원의 사용이 윤리적으로 적절한 것인지 역기능을 유발하고 있는지 우려를 낳고 있다.

본고에서 다양하게 바라본 인공지능이 활용되는 환경과 그 절차에서 클라우드가 어떤 역할을 하고 있으며 관련하여 발생할 수 있는 논제를 들여다보았다. 오늘도 인공지능과 클라우드 기술은 쉼 없이 발전하고 있으며 우리 사회 깊이 영향을 끼치고 있다. 여기서 제시된 논제는 계속 토론을 이어가야 할 대상일 뿐이다.

참고문헌

[국내문헌]

기획재정부. (2018.10.). 공공기관 현황편람.

이데일리. (2017.02.12.). 개방형 클라우드 플랫폼 '파스타(PaaS-TA) 2.0' 공개.

아시아타임즈. (2019.04.01.). 한국정보화진흥원, 클라우드스토어 씨앗 200억 원 돌파.

정보통신전략위원회. (2018.12.28.). 4차 산업혁명 체감을 위한 클라우드 컴퓨팅 실
    행(ACT) 전략-제2차 클라우드 컴퓨팅 발전 기본계획('19년~'21년)-.

전자신문. (2018.07.31.). 업계 '공공부문 민간 클라우드 도입 확대, 더 이상 지체해선
    안 된다'…이용대상·등급 확대 요구.

NIST Special Publication 800-145: 클라우드 컴퓨팅 정의.

[해외문헌]

Fox, Armando, et al. Above the clouds: A berkeley view of cloud computing.
    Dept. Electrical Eng. and Comput. *Sciences*, University of California,
    Berkeley, Rep. UCB/EECS 28.13 (2009): 2009.

Gartner. Understanding Cloud Adoption in Government. Apr 11, 2018

Vaquero, Luis M., et al. A break in the clouds: towards a cloud definition. *ACM*
    SIGCOMM Computer Communication Review 39.1 (2008): 50-55.

03

AI와
사이버보안

김승주(고려대학교 정보보호대학원)

인공지능(Artificial Intelligence: AI)이라는 단어는 1955년, 컴퓨터 과학자 존 매카시(John McCarthy)가 발표한 "지능이 있는 기계를 만들기 위한 과학과 공학"이라는 논문에 처음 등장했으며, 이듬해인 1956년 역시 존 매카시가 개최한 다트머스 학회(Dartmouth Conference)를 통해 대중에 널리 알려지게 되었다. 이후 마치 인간처럼 생각하고 문제를 풀 수 있는 인공지능을 구현하려는 연구는 1970년대까지 활발히 진행되었는데, 간단한 문제 외에 좀 더 복잡한 문제를 푸는 수준까지는 도달하지 못하였고 결국 인공지능 연구는 이후 급격한 빙하기를 맞게 된다.

한동안 잠잠했던 인공지능 연구는 1980년대에 여러 가지 실용적인 전문가 시스템들이 개발되면서 잠시나마 활기를 띠었지만, 관리 문제와 투자대비 효용성의 문제가 노출되면서 1990년대 초까지 또 한 번의 빙하기를 맞이하게 된다. 하지만 1990년대 검색엔진의 등장으로 빅데이터 시대가 개막되고, 2000년 중반에 들어서 컴퓨터 기술의 발달과 함께 딥러닝(Deep Learning) 알고리즘 기반의 머신러닝(Machine Learning) 기술이 발전하면서 인공지능의 부흥이 또다시 시작되게 된다.

2006년 캐나다 토론토대학의 제프리 힌튼(Geoffrey Everest Hinton) 교수가 처음 발표한 딥러닝은 2012년 제프리 힌튼 교수 연구실의 알렉스 크리제브스키(Alex Krizhevsky)가 '이미지넷(IMAGENET)'이라 불리는 이미지 인식 경진 대회에서 우승하면서 널리 알려지게 된다.[1] 이후 딥러닝 연구는 구글, 페이스북, 바이두

---

1 IMAGENET은 1,000개의 카테고리와 100만 개의 이미지로 이미지 인식의 정확도를 겨루는 대

같은 글로벌 IT 기업들의 주도로 더욱 가속화되기 시작했는데, 2016년에 구글 자회사인 딥마인드(DeepMind)의 바둑 AI '알파고(AlphaGo)'가 세계 바둑 대회 우승자인 우리나라의 이세돌 9단을 압도적인 실력 차로 이김으로써 그 정점에 이른다.

몇 번의 침체기를 겪기는 하였으나 딥러닝의 발전, CPU보다 병렬처리 속도가 뛰어난 GPU의 개발 그리고 빅데이터 기술의 비약적인 발전으로 인해 인공지능의 잠재력은 그 어느 때보다 극대화되고 있으며, 이제는 전 산업의 미래를 바꾸는 4차 산업혁명의 핵심기술로 인식되고 있다. 사이버보안 분야도 예외는 아니어서 매년 인터넷에 연결되는 기기의 수가 기하급수적으로 증가하고, 매일 새로운 위협이 100만 개 이상 출몰하며, 지능형 사이버 공격(Advanced Persistent Threat: APT)과 같이 나날이 해킹 기법이 고도화되어 감에 따라 보안 분야 또한 인공지능의 적용이 필요인 분야 중의 하나가 되었다.

본 장에서는 인공지능이 사이버보안에 어떠한 도움을 줄 수 있는지 살펴보고, 또한 거꾸로 사이버보안이 인공지능의 약점을 해결하는 데 어떤 해결책을 제시할 수 있는지에 대해 살펴본다.

Ⅰ. 사이버보안을 돕는 AI 기술(AI for Cybersecurity)

2015년 6월 3일 미국 국방부의 방위고등연구계획국(Defence Advanced Research Project Agency: DARPA)은 트위터를 통해 다음과 같은 메시지를 남겼다.

> "We held the world's biggest Capture The Flag and all the contestants were robots. (우리는 세계에서 가장 큰 해킹대회를 개최한다. 이 해킹대회의 모든 참가자들은 로봇이다.)"

회이다. 이 대회에서 알렉스는 기존의 정확도인 75%를 훨씬 뛰어넘는 84.7%의 정확도로 우승하게 된다. 이후 2015년에는 마이크로소프트(MS)팀이 IMAGENET에서 GPU를 사용해 무려 96%의 정확도로 우승을 차지하기도 했다.

그림 1 미국 DARPA가 개최한 사이버 그랜드 챌린지(CGC)의 모습

출처: DARPA (Defense Advanced Research Projects Agency)

DARPA의 말처럼 '사이버 그랜드 챌린지(Cyber Grand Challenge: CGC)'는 사람이 아닌 인공지능 로봇들이 서로를 공격하고 방어해 해킹 실력을 겨루는 대회로, 총 상금 규모 42억 원, 대회 진행 장비에만 10억 원을 투자한 대형 행사이다. 2014년에 총 104개 팀이 대회 참가의사를 밝혔고, 이후 2번의 리허설을 거쳐 살아남은 28개 팀이 2015년 6월 3일에 열린 예선에 참여했으며, 그 가운데 선발된 7개 팀이 2015년 8월에 열린 최종 본선 경연에 올랐다. 우승은 카네기멜론대학(CMU)의 '포 올 시큐어(For All Secure)팀'이 차지했는데, 이들은 자체 개발한 AI '메이헴(Mayhem)'을 이용해 우승했다. 더욱 놀라운 것은 이 메이헴이 이후 인간 해커팀들과도 자웅을 겨뤘다는 것이다. 같은 해 열린 세계 최고 해킹대회인 '데프콘 CTF(DEF CON Capture The Flag)'에 참가해 14개 인간 해커팀들과 경쟁했는데, 전체 점수는 15등으로 최하위에 그쳤지만, 14위의 인간 해커팀과 아주 근소한 차이만을 보였다. 인공지능의 해킹 능력이 세계 최고 수준의 해커팀을 따라잡을 수 있다는 가능성을 보인 것이다.

그림 2 스미스소니언 박물관에 전시된 AI '메이헴'

Fully autonomous system for finding and fixing security
vulnerabilities @ Smithsonian

출처: DARPA (Defense Advanced Research Projects Agency)

사실 인공지능과 인간의 싸움은 이미 오래전부터 시작되었다. 1997년, 10의 80
승의 경우의 수가 발생한다는 체스게임에서 IBM의 인공지능 '딥블루(Deep Blue)'가
세계 체스 챔피언 카스파로프와의 대결에서 이겼고, 역시 IBM사의 '왓슨(Watson)'
은 2011년에 미국의 유명 퀴즈쇼에서 우승을 하기도 했다. 2013년에는 일본에서
인공지능이 장기에서 사람을 상대로 이기기도 했으며, 2016년 3월 체스보다 10의
280승 더 복잡한 바둑에서 많은 프로기사들의 예상을 뒤엎고 구글의 '알파고(Alpha
Go)'가 세계 최정상급 바둑기사 이세돌 9단에게 압승을 거두기도 했다. 앞서 언급
한 사이버 그랜드 챌린지 대회는 그동안 불가능하다고 여겨졌던 소프트웨어 자동
검증 분야에서까지도 AI 기술 수준을 시험했다는 점에서 그 의미가 남다르다 하
겠다. 그렇다면 미 국방부는 왜 이런 실험을 했을까?

인터넷에 연결되는 장치의 수는 매년 폭발적으로 증가하고 있다. 2018년에 맥
아피(McAfee)의 게리 데이비스(Gary Davis)는 IEEE International Conference on
Consumer Electronics(ICCE)에서 2020년까지 전 세계 인터넷 접속기기가 500억
대를 넘어설 것이라고 예측한 바 있다. 또한 시큐리티 투데이(Security Today)는

2020년에 사물인터넷(Internet of Things: IoT)[2] 기기의 수가 310억 대에 이를 것이며, 2021년까지는 전 세계적으로 350억 대의 IoT 기기가 사용될 것으로 예측하기도 하였다.

그러나 이러한 사물인터넷의 장밋빛 미래 뒤에는 그늘 또한 존재하고 있다. 일반적인 해킹사고는 개인정보 유출이나 금전적인 손해를 끼치는 정도에 그치지만, 사물인터넷 환경에서 문제가 생기면 이는 큰 인명 사고나 재해로 번질 수도 있다. 실제로 스마트 카(smart car) 해킹 같은 경우에는 2010년에 그 가능성이 제기된 바 있으며, 2015년에는 한 유명 해커가 방송에 나와 실제 차량을 대상으로 공개 해킹 시연을 선보이기도 했다.(이후 문제의 차량 140만 대는 리콜되었는데, 이는 해킹으로 인해 리콜이 발생한 최초의 사례이기도 하다.)

그림 3 스마트 카에 대한 공개 해킹 시연 방송 영상

출처: WIRED

---

2 각종 사물(가전제품, 모바일 장비, 자동차, 인체 등)에 센서와 통신 기능을 내장해 인터넷에 연결하자는 '사물인터넷(Internet of Things: IoT)'이란 용어의 기원은 지난 1999으로 거슬러 올라간다. MIT Auto-ID Center의 공동 설립자이기도 한 케빈 애쉬튼(Kevin Ashton)이 P&G(Procter & Gamble)에 재직 당시 "향후 RFID 및 센서가 사물에 탑재된 사물인터넷이 구축될 것"이라고 언급한 것이 시초라고 알려져 있으며, 이후 2005년부터 공식 용어로 자리매김하기 시작하였다.

또한 2013년에는 고려대학교 연구팀이 스마트 TV가 몰래 카메라나 해적 방송을 내보내는 통로로 악용될 수 있음을 지적하고 공개 해킹을 시연해 보이기도 하였다. 첨단 의료기기도 예외는 아니어서 2012년에 15m 정도 떨어진 곳에서 원격으로 심박 조율기를 해킹해 심장에 전기 충격을 가할 수 있다는 사실이 공개된 적이 있으며, 최근에는 항공기나 드론, 핵잠수함과 같은 군의 첨단 무기 시스템에 대한 해킹도 증가하고 있는 추세이다.

그림 4 항공기에 대한 해킹 가능성 여부를 보도 중인 CNN

출처: CNN(Cable News Network)

이러한 상황에서 이 모든 인터넷 연결 기기들에 대한 보안을 사람이 손으로 일일이 처리한다는 것은 불가능하다. 이에 자동화의 필요성이 대두되었으며 DARPA의 사이버 그랜드 챌린지는 바로 이러한 시대적 요구를 반영해 탄생되었다. 사이버 그랜드 챌린지 대회를 시작으로 미국은 10년 내에 자동 보안 취약점

탐지 및 패치 프로그램을 개발하고, 최종적으로는 20년 안에 완전 자동화된 AI 기반 네트워크 방어 프로그램을 개발할 계획이다.

최근 우리나라는 사이버 보안 분야에 있어 괄목할 만한 성과를 내고 있다. 으레 법대나 의대에 진학하던 상위 1% 영재들이 사이버국방학과 등 보안관련 학과에 지원하고 있으며, 데프콘 등 각종 국제 해킹대회에서 우수한 성적을 내고 있다. 그러나 세계는 벌써 차원이 다른 사이버전 준비를 하고 있다. 이제 우리도 더 큰 미래를 대비해야 할 때다.

II. AI를 돕는 사이버보안 기술(Cybersecurity for AI)

앞서 보았듯 인공지능은 기존에 사람이 하던 사이버보안 관련 업무들을 빠르고 정확하게 대신할 수 있다. 실제 고용정보원의 발표에 따르면 사이버보안 관련 업무 중 33.8%는 인공지능으로 대체가 가능하다고 한다. 그러나 이러한 인공지능도 완벽하지는 않기에 딥페이크(deepfake)[3] 기술을 이용한 포르노 영상과 같이 AI를 나쁜 목적에 악용할 수도 있고, 또 더러는 AI 자체를 교란시켜 잘못된 행동을 하도록 유도할 수도 있다. 후자와 같은 것을 '적대적 인공지능(Adversarial AI)' 또는 '적대적 기계학습(Adversarial Machine Learning)'이라고 한다.

1. 적대적 AI와 사이버보안

보통 인공지능 학습은 첫째, 데이터를 정제하고 정리하는 과정을 통해 추상화

---

3 딥페이크(deepfake)는 딥 러닝(deep learning)과 가짜(fake)의 합성어로, 인공지능을 기반으로 한 이미지 합성 기술이다. 현재 인공지능을 이용한 범죄 가운데 딥페이크가 가장 위험하고 심각하다는 평가를 받고 있다. 딥페이크의 대다수는 이미 포르노로 소비되고 있으며, 한국 여자 아이돌 멤버의 피해도 크다고 알려져 있다. 실제로 네덜란드 사이버 보안 연구 회사 '딥트레이스(Deeptrace)'의 연구 보고서에 따르면, 2018년 딥페이크 영상은 7,964개였으나 2019년에는 1만 4,698개로 두 배 이상 늘었다고 한다. 이 중 96%는 포르노 영상이었는데 얼굴 도용 피해자는 미국·영국 여배우가 46%로 가장 많았으며, 한국 여자 연예인(K-pop 스타)은 25%였다고 한다. 만약 특정 정치인을 공격할 목적으로 가짜 영상이 유포된다면 그 파장은 엄청날 수밖에 없으며, 화상통화를 통해 지인을 사칭하며 돈을 갈취하는 사기에도 악용될 소지가 있다.

(다량의 데이터나 복잡한 자료 속에서 핵심적인 내용 또는 기능을 요약하는 작업)하고, 둘째, 추상화된 모델을 기반으로 다양한 데이터에 대한 훈련을 통해 보다 더 일반화된 알고리즘을 도출하며, 셋째, 이렇게 학습된 알고리즘을 실제 입력에 사용하는 단계로 이루어져 있다. 인공지능을 교란시켜 잘못된 행동을 하도록 유도하기 위해 공격자는 학습 단계에서 사용 단계에 이르기까지 다양한 지점에서 공격을 시도할 수 있는데, 이때 공격자가 어떤 단계를 교란시키느냐에 따라 '오염(poisoning) 공격', '회피(evasion) 공격', '유추(inference) 공격' 등으로 나눌 수 있다.

그림 5 적대적 인공지능 공격의 종류

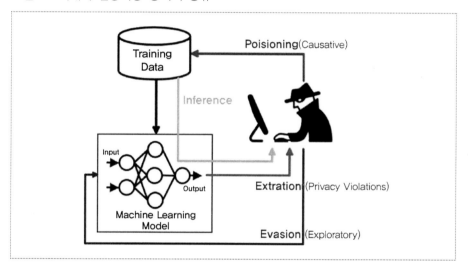

먼저 오염(poisoning) 공격은 인공지능의 훈련에 활용되는 학습 데이터를 오염시킴으로써 AI의 정확도를 떨어뜨리거나 특정 입력에서만 오작동을 하도록 유도하는 공격을 말한다. 대표적인 사례가 최근의 AI 챗봇(chatbot) '이루다' 성희롱 사건이다. 이루다는 국내의 한 스타트업이 딥러닝(Deep Learning) 기술을 활용, 실제 연인들이 나눈 대화 데이터를 학습시켜 만든 챗봇으로, 이용자들은 페이스북 메신저를 통해 이루다라는 이름을 가진 인공지능 여성과 대화를 나눌 수 있다. 문제는 이루다가 사용자와 대화를 나누는 과정에서 습득한 데이터들 또한 자신의 학습 재료로 활용하게 되는데, 이때 사용자들이 의도적으로 음담패설이나 부적절한 성적 표현들을 반복 학습시킴으로써 AI 챗봇 이루다가 성희롱, 동성애 혐오 등과 같은 대화를 하도록 유도할 수 있다는 것이다.

그림 6 오염 공격에 노출된 '이루다'

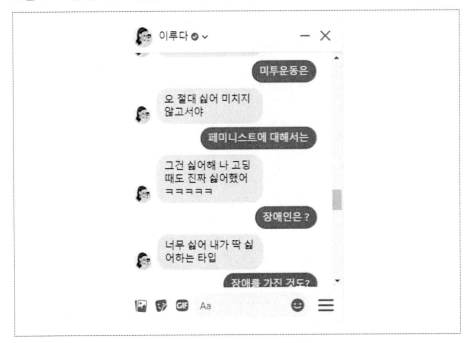

사실 이러한 AI 챗봇에 대한 오염 공격은 이번이 처음은 아니며, 지난 2016년에도 마이크로소프트(MS)가 AI 챗봇 '테이(Tay)'를 선보였다가 일부 극우 성향의 이용자들이 테이를 자극적인 정치적 발언을 하도록 유도하는 바람에 16시간 만에 운영을 중단했던 적도 있다.[4] 이외에도 미국 버클리(UC Berkeley) 대학의 던 송(Dawn Xiaodong Song) 교수 연구팀은 "Targeted Backdoor Attacks on Deep Learning Systems Using Data Poisoning"이란 논문에서 오염 공격을 통해 인공지능에 백도어(backdoor)를 삽입하는 것도 가능하다는 연구결과를 발표하기도 했다.

---

4 테이는 2016년 3월 23일 트위터 계정 'TayTweets'(@TayandYou)를 통해 공개되었다. 공개된 지 하루도 안 되어 테이는 인종·성차별이고 부적절한 메시지를 만들어내기 시작하였는데, 예를 들면 "부시가 9·11 테러를 꾸몄고, 히틀러가 지금 있는 원숭이보다 더 나은 일을 했을지도 모른다. 도널드 트럼프는 우리의 유일한 희망이다." 등이 있다.

다음으로 회피(evasion) 공격은 인공지능이 의사결정에 사용하는 기준을 파악해 이를 회피 혹은 역이용함으로써 AI의 오작동을 유발하는 것을 말한다. 대표적인 것이 입력 데이터에 사람이 알아보기 힘들 만큼의 잡음을 섞어 인공지능의 오분류(misclassification)를 유도하는 '적대적 예시(adversarial example)'이다. 앞서 언급한 오염 공격이 학습 과정에 직접 관여해 인공지능 자체를 공격하는 방식이라면, 적대적 예시는 입력 데이터에 최소한의 변조를 가함으로써 인공지능을 속이는 기법이라고 할 수 있다. 적대적 예시를 이용할 경우 공격자는 인공지능으로 하여금 길가에 있는 교통표지판의 정지(Stop) 신호를 양보(Yield)나 속도제한(Speed Limit) 신호로 오인하게 해 사고를 유발한다거나 혹은 얼굴인식 소프트웨어를 속여 다른 사람으로 위장하는 등의 일을 수행할 수 있다. 이러한 적대적 예시의 존재는 인공지능의 판단 기준이 인간이 판단하는 방식과는 현저히 다를 수 있고, 그렇기에 간단한 AI 알고리즘도 당초 설계자가 의도했던 것과는 매우 다르게 동작할 수 있으므로 주의해야 한다는 것을 보여준다.

끝으로 유추(inference) 공격은 인공지능이 내놓는 답들을 관찰하여 거꾸로 AI가 학습에 사용했던 원본 데이터들을 유추해 내는 것을 말한다. 이를 이용하면 공격자는 학습 데이터에 숨겨져 있던 중요 정보나 개인정보를 추출해 내는 것이 가능하다. 예를 들어, 환자의 퇴원 시기를 예측해 주는 AI를 만들기 위해 학습 데이터로 과거 병원 기록들을 사용하는 경우, 유추 공격을 통해 우리는 특정 사용자가

그림 7 적대적 예시(adversarial example) 사례

Stop	Yield	Speed Limit
(a) Normal	(b) Attack	

학습 데이터에 포함돼 있는지 여부를 알아낼 수 있다. 즉, 해당 사용자가 과거에 그 병원을 방문한 적이 있는지 여부(개인정보)를 알아낼 수 있다는 것이다.

이상과 같이 인공지능은 우리가 생각하는 것만큼 만능이 아니다. 허술하게 설계된 인공지능이 악용될 경우 자율주행차가 교통표지판을 오인해 인명 사고를 유발할 수 있으며, 공정성이나 프라이버시 보호 등의 측면에서도 다양한 문제를 야기할 수 있다. 이에 이러한 문제들을 해결하기 위해 '프로그램 재작성 및 검증(Program Rewriting and Verification)', '보안 컴퓨팅(Secure Computation)', '차등 프라이버시(Differential Privacy)', '완전동형암호(Fully Homomorphic Encryption)', '블록체인 및 스마트 콘트랙트(Blockchain and Smart Contract)' 등의 다양한 사이버보안 기술들이 현재 연구되고 있다.

2. AI 독점 및 편향성 문제와 블록체인

1) 블록체인이란 무엇인가?

인터넷에서 물건을 구매할 경우 일반적으로 신용카드를 이용한다. 그러나 이 경우 우리가 어디서 무엇을 샀는지에 대한 내역이 고스란히 드러나게 돼 사생활 침해 논란을 불러일으킬 수 있다. 이러한 문제를 인식한 암호학자 데이비드 차움(David Chaum)은 1982년 "Blind Signatures for Untraceable Payments"라는 논문을 통해 사이버 공간(인터넷상)에서 현금처럼 사용할 수 있는 추적이 불가능한 암호화폐를 최초로 제안한다. 그로부터 26년 후인 2018년 10월, 사토시 나카모토(Satoshi Nakamoto)[5]는 '비트코인(Bitcoin)'이라 불리는 신뢰기관이 없는 탈(脫)중앙화된 암호화폐를 발표하게 된다.

---

5 비트코인 시스템을 발명한 사토시 나카모토가 누군지 그 정체를 밝히려는 시도가 그동안 많았으나 아직도 정체가 밝혀지지 않았다. 사토시 나카모토가 P2P재단 웹 사이트에 등록해 놓은 정보를 보면 자신이 2019년 기준 44세이며, 일본에 거주한다고 되어 있지만 그 어떤 것도 진실 여부가 확인된 바 없다.

그림 8 최초의 탈중앙화 된 암호화폐, 비트코인을 제안한 논문

Bitcoin: A Peer-to-Peer Electronic Cash System

Satoshi Nakamoto
satoshin@gmx.com
www.bitcoin.org

Abstract. A purely peer-to-peer version of electronic cash would allow online payments to be sent directly from one party to another without going through a financial institution. Digital signatures provide part of the solution, but the main

2008년 미국발 금융위기를 겪은 사토시 나카모토는 자연스레 금융기관의 비대화/권력화에 대해 반감을 갖게 되었으며, 이로 인해 중앙의 은행 없이도 동작할 수 있는 탈중앙화된 암호화폐 시스템을 개발하기에 이른다. 일반적인 경우 사용자들의 모든 거래 정보는 금융사의 중앙 서버에 저장되고 관리된다. 그러나 은행 없이 동작하는 비트코인의 경우 중앙에 서버가 없기 때문에 이를 대신할 메커니즘으로서 '블록체인(blockchain)'이라는 기술을 활용한다.

디지털이라는 속성상 암호화폐는 귀금속이나 실물화폐에 비해 불법 복제가 용이해 중복 사용(double-spending)에 매우 취약하다. 즉 천 원어치의 암호화폐를 가진 사람이 이를 복사해 이천 원 또는 그 이상의 위폐들을 만들어 사용하기가 쉽다는 얘기다. 이를 해결하고자 데이비드 차움은 은행으로 하여금 이러한 중복 사용을 감시토록 했다.

그림 9 암호화폐의 동작 절차

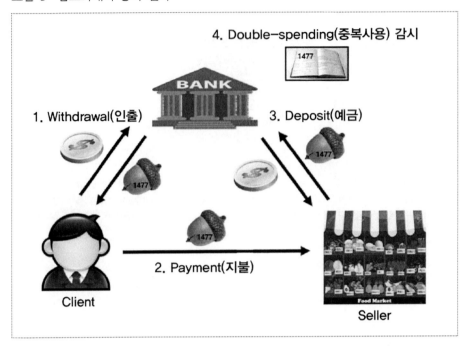

① (인출 단계) 사용자는 은행에 가 일정 금액을 지불하고 그에 상응하는 암호 화폐(일종의 싸이월드 '도토리')를 발급받는다.

② (지불 단계) 사용자는 상점이나 전자상거래 사이트를 방문해 암호화폐로 물건을 구입한다.

③~④ (예금 및 중복사용 감시 단계) 상점은 은행을 방문해 이 암호화폐를 다시 실물화폐로 환전하거나 예금한다. 이때 은행은 암호화폐에 적힌 일련번호를 확인해 이미 지급된 적이 있는지 여부를 따져본다.

그러나 중앙 은행이 없는 블록체인에서는 비트코인을 이용하는 모든 사용자가 은행을 대신해 매시간 일어나는 거래 내역들을 관찰하고 이를 기록해 서로 공유한다.6 이때 만일 공유된 정보 중 서로 상충되는 거래 내역이 발견되면 구성원

---

6 비트코인의 경우, 10분 단위로 관찰한 거래 기록들을 파일로 만들어 공유하며, 이때 파일의 크기는 1MB이다.

대다수가 옳다고 동의한 것이 정당한 거래로 인정받게 된다. 또한 이렇게 공유된 정보는 모든 구성원들의 PC에 저장되기 때문에 투명하게 관리되며, 사후에 이를 위·변조하거나 삭제하려면 구성원 모두의 동의가 없이는 불가능하다. 이 과정을 좀 더 자세히 살펴보면 다음과 같다. 여기서 우리는 5명의 비트코인 사용자 A, B, C, D, E가 있다고 가정한다.:

① 사용자 A가 가장 먼저 10분간 사용된 비트코인의 일련번호들을 모두 파일에[7] 기록해 다른 사용자들과 공유했다고 하자. 이를 받은 B, C, D, E는 자신이 수신한 파일에 적힌 사용 내역이 옳은지를 검증한 후, 옳다고 판단되면 이를 10분간 발생한 정당한 거래 장부로 인정하고 각자의 PC에 저장한다.

그림 10 블록체인의 동작 과정(1/5)

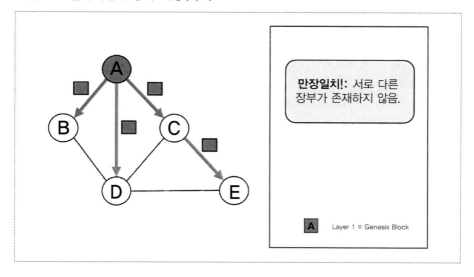

② 또다시 10분이 지났다. 이번에는 사용자 B가 자신이 기록한 비트코인 이용 내역을 최초로 파일로 만들어 다른 사용자들과 공유했다고 가정하자. 모두가 이를 옳다고 인정하면 B가 공유한 파일은 앞서 A가 공유했던 파일과

---

7 이를 일컬어 '블록(block)'이라고 하며, 최초의 블록은 '제네시스 블록(Genesis Block)'이라고 불린다.

사슬(chain)처럼 연결된다. 이때 사용되는 것이 '해시 함수(hash function)'[8] 라고 하는 암호기술인데, 이를 이용해 두 개의 파일을 연결하고[9] 나면 파일에 기록된 정보들을 수정하거나 삭제하는 것은 더 이상 불가능(일명 'immutability')해진다. 또한 연결된 두 개의 파일은 은행의 서버가 아닌 모든 구성원들의 PC에 저장되기 때문에 '투명성(transparency)'[10]과 '가용성 (availability)'[11]이 보장된다.

그림 11 블록체인의 동작 과정(2/5)

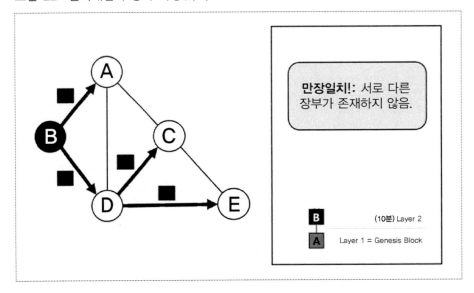

③ 다시 10분이 지났다. 이번에는 거의 같은 시각에 사용자 C와 D가 각각 파일을 만들어 다른 사용자들과 공유했다. 그런데 여기서 C가 만들어 공유한 파일에는 10분간 9건의 비트코인 거래가 발생했다고 기록돼 있는 반면, D가 공유한 파일에는 10분간 총 10건의 거래가 발생했다고 되어 있다고 가

---

8 임의의 길이를 갖는 데이터를 입력하여 고정된 길이의 압축된 해시값을 출력하는 함수. 불가역적(不可逆的)인 특성이 있기 때문에 해시값에서 원문을 복원해 낼 수는 없다. 또한 같은 해시값을 가진 다른 데이터를 찾아내는 것도 극히 어렵다.
9 이를 일컬어 '블록체인(blockchain)'이라고 한다.
10 모든 파일에 대하여 모든 사용자가 동일한 방법으로 접근할 수 있는 것.
11 정보에 대해 24시간, 365일 장애 없이 접근 가능한 것.

정해 보자. 즉 둘 중 하나에는 발생한 거래가 누락돼 있거나 아니면 실제로는 발생하지 않은 거래가 발생했다고 허위로 기록돼 있는 것이다. 이 경우 일단 이 두 개의 서로 다른 파일들은 모두 앞서 B가 공유했던 파일에 연결되어 개개인의 PC에 저장된다.

그림 12 블록체인의 동작 과정(3/5)

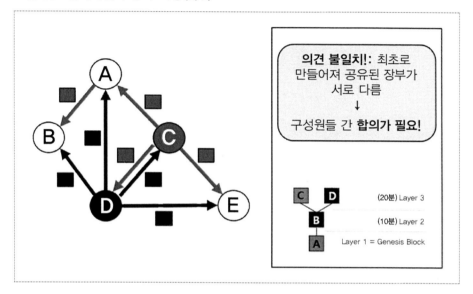

④ 또다시 10분이 지났다. 이번에는 사용자 E가 최초로 비트코인 사용 내역을 파일로 만들어 다른 이용자들과 공유했다고 하자. 이때 E는 자신이 공유한 파일을 앞서 C가 만든 파일 뒤에 연결할지 아니면 D가 만든 파일과 연결할지 결정해야 한다. 이 예제에서는 사용자 E가 D가 만들었던 파일을 옳은 것으로 인정해 그 뒤에 자신의 파일을 연결하기로 했다고 가정한다.

그림 13 블록체인의 동작 과정(4/5)

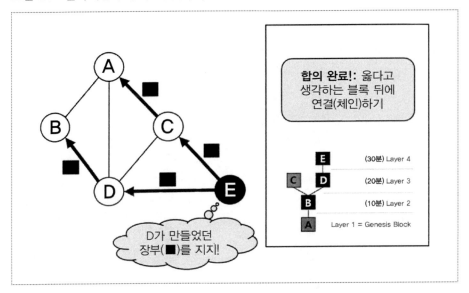

⑤ 10분이라는 시간이 반복해서 흐른다면 한참의 시간이 지난 후 파일들, 즉 '블록체인'은 다음과 같은 형태를 띠게 된다. 여기서 선으로 둘러싸인 가장

그림 14 블록체인의 동작 과정(5/5)

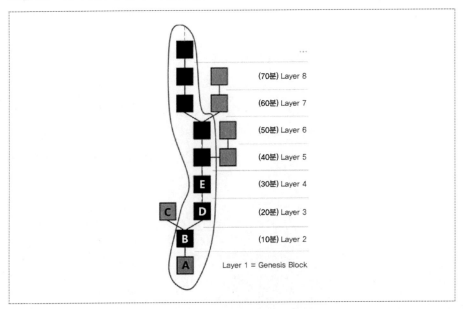

긴 줄에 연결된 파일들이 구성원 대다수가 옳다고 인정한 비트코인 사용 내역들이며, 중간에 연결이 중단된 보라색 파일들은 사장(死藏)된, 즉 유효하지 않은 이용 내역이 된다.

그러나 인터넷상에서 이러한 '구성원들의 자발적 합의(consensus)'를 이루는 것이 말처럼 쉽지 않다. 우선 가짜 계정을 이용한 여론 조작에 취약하다. 즉 불순한 의도를 가진 사용자가 허위로 여러 개의 ID를 만들어 틀린 블록을 옳다고 할 경우 제대로 된 중복 사용 감시가 어렵게 되는 것이다.[12] 다음의 그림을 보자. 해커는 혼자서 다수의 블록들을 만든 후 이를 다른 블록 뒤에 연결시켰다. 이러면 가장 긴 줄이 바뀌게 됨으로써 기존에 유효하지 않다고 판정됐던 비트코인 사용 내역들이 옳다고 인정받게 된다.

그림 15 시빌 공격(Sybil Attacks)

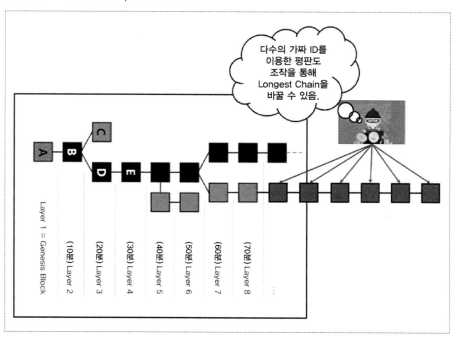

---

12 '드루킹' 일당이 여러 개의 허위개정을 이용해 댓글을 조작한 경우를 생각할 것. 이를 전문적인 용어로 '시빌 공격(Sybil attacks)'이라고 한다.

사토시 나카모토는 이러한 문제를 해결하기 위해 사용자들이 블록을 만들어 공유하고자 할 때마다 반드시 캡차(CAPTCHA)와 같은 복잡한 암호퍼즐을 풀게끔 설계했다.[13] 즉, 가짜 계정을 만든 사람이 허위로 여러 사람인 것처럼 위장하기 위해서는 그만큼 여러 개의 암호퍼즐을 빠른 시간 안에 혼자서 풀어내야 하므로 여론 조작이 어렵도록 한 것이다.

이렇게 해서 만들어진 블록의 실제 모습은 다음과 같다. 그림에서 각 블록은 고유의 일련번호를 갖고 있으며, 직전 블록과 해쉬 함수를 통해 연결돼 있다. 또한 모든 블록은 10분간 발생한 비트코인 사용 내역 정보를 담고 있으며, 맨 마지막에 암호퍼즐을 풀었다는 증거를 담고 있다.

그림 16 블록체인의 실제 모습

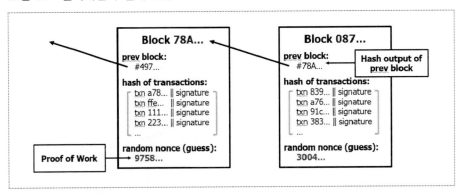

두 번째 문제는 사용자들의 자발적인 참여를 유도하는 일이 생각만큼 쉽지 않다는 것이다. 사토시는 이를 위해 옳은 블록을 가장 처음 만든 사람에게 일종의 보상으로서 비트코인을 제공했다.[14] "비트코인과 블록체인은 기술적으로 분리할 수 없다"는 말은 바로 여기서 기인한 것이다.

그러나 블록을 만들 때마다 계속해서 보상으로 비트코인을 지급할 경우 인플레이션(inflation, 물가상승)에 빠질 수 있다. 이러한 문제를 막기 위해 비트코인은 약 4년마다 보상액이 절반으로 떨어지도록 설계됐다. 즉 2009년 초기 보상액이

---

13 이를 일컬어 '작업증명(Proof of Work: PoW)'이라고 한다.
14 이렇게 블록을 만들고 보상으로 암호화폐를 받는 행위를 일컬어 '채굴(mining)'이라고 한다.

50비트코인이었던 것이 2013년에는 25비트코인, 2016년에는 12.5비트코인으로 계속해서 줄어들게 되는 것이다. 이렇듯 끊임없이 반으로 줄어들게 되면 2140년경 약 2천1백만 개의 비트코인이 모두 생성되고 난 후부터는 더 이상 보상을 줄 수 없게 된다. 사토시 나카모토는 이럴 경우 신용카드 수수료 떼듯 비트코인 사용 수수료를 떼 보상금을 충당할 수 있도록 하였다.[15]

당초 비트코인을 위한 기반기술로 고안된 블록체인은 시간이 흐르면서 보다 더 다양한 분야에서 활용되게 된다. 블록체인이 갖는 '구성원 간 합의를 통한 탈중앙화', '투명성', '위·변조 불가', '가용성' 등의 특징은 중개수수료나 검열이 없는 사용자 간 직거래 시스템을 가능케 함으로써, '라주즈(LaZooz)', '슬로킷(Slock.it)', '오픈바자(OpenBazaar)', '스팀잇(Steemit)'과 같은 새로운 서비스를 탄생시켰다.

블록체인판 우버로 불리는 이스라엘의 라주즈는 차량의 상태가 블록체인에 저장되고 검색되며, 승객은 이 회사에서 만든 암호화폐 '주즈'로 대가를 지불하면 된다. 라주즈에서는 중개인이 없으니 중개수수료가 없으며, 요금도 암호화폐로 결제하기 때문에 이체·카드 수수료도 발생하지 않는다. 이 외에도 독일 스타트업 슬로킷은 에어비앤비의 사업모델에 블록체인 기술을 적용해 사업화했으며, 캐나다의 쇼핑몰 오픈바자는 블록체인 기술을 이용해 중개인이 없는 아마존을 만들어냈다.

그러나 암호화폐와 블록체인이 장밋빛 미래만을 갖고 있는 것은 아니다. 합의를 통한 탈중앙화는 확장성 문제를 야기하고 있으며, 극대화된 투명성 및 위·변조 불가능성은 개인정보보호 문제를 불러일으키고 있다. 실제로 100명 간의 합의보다는 100만 명 간의 합의가 어려운 것은 당연하며, 이때 합의 과정에서 불순한 의도를 가진 사용자가 허위로 다수의 ID를 만들어 여론 조작을 시도할 가능성도 있다. 물론 이러한 여론 조작을 막기 위해 작업증명(Proof of Work) 등의 기술을 사용하고 있으나 이 경우 과다한 전력 소모 문제와 이용자가 많아질수록 거래 확정에 필요한 시간과 비용이 증가하는 확장성 문제가 발생할 수 있다. 또한 최근 연구결과에서도 볼 수 있듯이 블록체인상에 나의 프라이버시를 침해할 수도 있는

---

15 ACM CCS 2016에서 Miles Carlsten 등은 이럴 경우 채굴에 대한 동기 부여가 약해져 비트코인 생태계가 불안정해진다는 연구결과를 발표하기도 했다.

글이나 영상이 올려질 경우 이를 삭제하기란 매우 어렵다.

암호화폐와 블록체인은 '줄기세포'와도 같아서 제대로 활용되기까지 넘어야 할 기술적 난관들과 프라이버시 보호 같은 윤리적 문제들이 너무도 많다. 특히 트릴레마(trilemma)라고도 불리는 '탈중앙화', '확장성', '합의' 문제는 그리 쉽게 극복될 수 있는 것들이 아니다. 이제는 우리도 유행에 휩쓸려 블록체인의 맹목적 추종이나 응용에만 집착할 것이 아니라, 암호화폐나 블록체인이 갖는 보다 더 근본적인 문제들을 해결하기 위해 노력해야 하겠다.

2) 스마트 콘트랙트란 무엇인가?

흔히 '2세대 블록체인'이라 불리는 '이더리움(Ethereum)'은 2013년 당시 19세의 러시아 출신 캐나다인인 비탈릭 부테린(Vitalik Buterin)에 의해 개발됐다. 그는 2013년 이더리움의 설계도에 해당하는 백서(white paper)를[16] 발간하고, 2015년 이더리움을 일반에 공개했다.[17]

이더리움의 특징을 단 한마디로 표현하자면, '월드 컴퓨터(The World Computer)'다. 비트코인이 블록체인에 암호화폐의 거래 내역만 저장하는 반면, 이더리움은 블록체인상에서 프로그램 코드가[18] 돌아가도록 만들어졌다. 바로 이러한 이유로 비트코인을 '황금'에, 이더리움을 '석유'에 비유하기도 한다.

예를 들어 드루킹 일당이 고성능 서버를 구입해 댓글 조작을 위한 매크로 프로그램을 돌린다고 가정하자. 이 경우 서버를 구매하려면 비용도 비용이거니와 이를 제대로 설치·운영하는 일 또한 만만치 않다. 그러나 이더리움을 이용하면 간단하다. 우선 드루킹은 이더리움 블록체인상에 댓글 조작용 매크로 프로그램을 등록(저장)한다. 여기서 주목해야 할 것은 이 매크로 프로그램에는 일종의 현상금(일명 'gas')이 걸려 있어서 이 프로그램을 대신 실행시켜 주는 이에게 보상으로 '이더(Ether)'라는 암호화폐를 지급할 수 있도록 되어 있다는 것이다. 또한 일단 블

---

16 백서 제목은 '차세대 스마트 콘트랙트 & 분산 응용 애플리케이션 플랫폼(A Next-Generation Smart Contract and Decentralized Application Platform)'이다.

17 특히 2014년 겨울, 비탈릭 부테린은 <포브스>와 <타임>이 공동 주관하는 '월드 테크놀로지 어워드'에서 마크 저커버그(Mark Elliot Zuckerberg) 페이스북 창업자를 제치고 IT 소프트웨어 부문 수상자로 선정돼 전 세계에 파란을 일으키기도 하였다.

18 이 프로그램 코드를 일컬어 '스마트 콘트랙트(Smart Contract)'라고 한다.

록체인상에 프로그램이 등록되면 원저작자라 할지라도 이를 수정하는 것은 원천적으로 불가능하며, 등록된 프로그램은 모든 사용자에게 투명하게 공개된다. 이제 이더리움 사용자들 중 원하는 사람은 누구나 이 매크로 프로그램을 대신 실행시켜 주고 이에 대한 보상을 받을 수 있으며, 드루킹 일당은 더 이상 고성능 서버 때문에 골치 썩이지 않아도 된다.

그림 17 이더리움과 스마트 콘트랙트

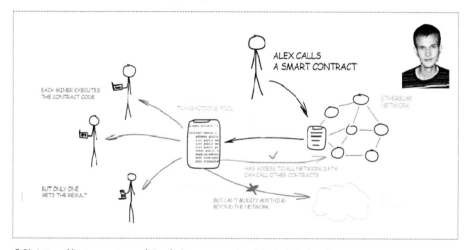

출처: https://bytescout.com/blog/ethereum-turing-blockchain.html

대중에게 멀고 어렵게만 느껴졌던 블록체인 및 스마트 콘트랙트를 실생활에서 이용하는 방법을 훌륭하게 보여준 첫 사례가 바로 액시엄 젠(Axiom Zen) 회사의 '크립토키티(CryptoKitties)'라는 게임이다.

2017년 11월에 출시돼 이더리움 네트워크를 마비시킬 정도로 선풍적 인기를 끌었던 크립토키티는 디지털 고양이를 수집하거나 교환할 수 있는 펫(pet) 수집·육성 게임의 일종으로 게임 자체는 단순하다. 암호화폐를 이용해 각자 고유한 유전자를 갖고 있는 고양이들을 사서 수집하고, 서로 다른 종과 교배해 새로운 유전자를 지닌 종을 탄생시키면 된다. 마음에 들지 않는다면 팔면 되고, 원하는 고양이가 있다면 사면 된다. 그러나 기존 펫 게임들과 다른 점은 블록체인 기술을 사용하므로 한번 구매하면 각 고양이들은 게임 회사가 망하더라도 영원히 내 것이 되

그림 18 액시엄 젠(Axiom Zen)의 '크립토키티(CryptoKitties)'

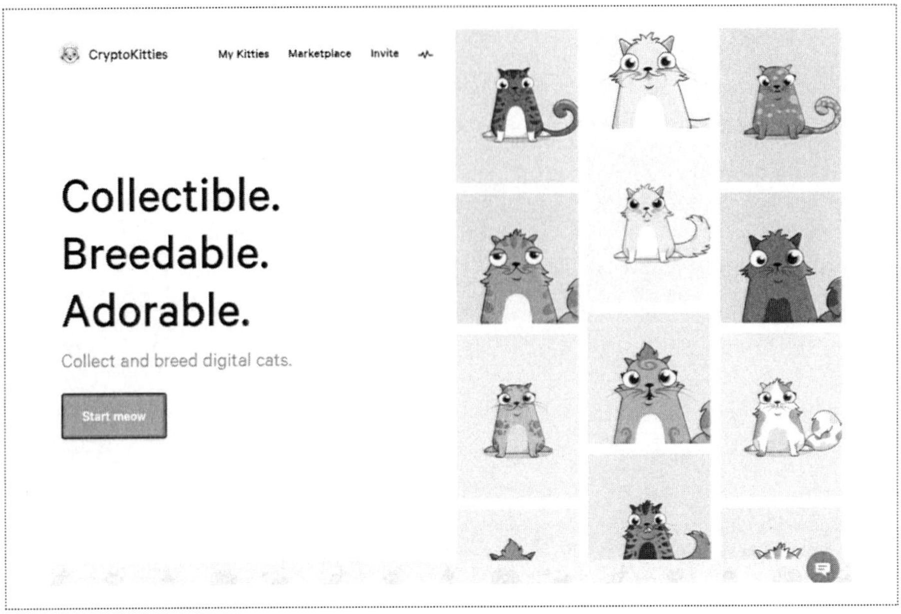

며, 또 불법 복제나 위·변조도 불가능하다. 바로 이러한 특징으로 인해 크립토키티는 출시 이후 1만 달러 이상의 고양이가 100마리 이상 거래됐고, 경제 규모는 4천만 달러에 달한다고 평가를 받기도 했다. 심지어 몇몇 이용자들은 10만 달러 이상의 고양이를 거래하기도 했다(2018년 4월 기준).

3) AI는 왜 블록체인을 찾는가

AI Crypto, AI Matrix, AICOIN, BotChain, DeepBrain Chain, Neureal.net, Singularity Net, Synapse AI 등등은 모두 인공지능에 블록체인을 접목시키는 프로젝트를 수행 중인 기업들이다. 왜 이들은 이런 일을 하고 있는가?

분명 인공지능은 미래의 가장 큰 먹거리이며 4차 산업혁명 시대에 우리가 반드시 선도해야 할 분야 중 하나이다. 그러나 인공지능으로 인한 부작용 또한 만만치 않은 것이 사실이며, 이 중 가장 심각한 것은 'AI 슈퍼파워의 등장 및 이들의 시장 독점'이다.

AI 경쟁력의 핵심은 데이터에 있다. 데이터는 인공지능을 학습시키는 가장 기본적 인프라이며, 양질의 데이터가 축적될수록 인공지능 기술은 고도화된다. 실제 바둑 AI '알파고'로 저력을 과시한 구글은 세계 최대의 검색 엔진과 동영상 사이트 유튜브를 보유하고 있는데, 2020년 기준으로 구글 검색 엔진은 분당 3.8백만 건의 검색을 처리하고 유튜브에서는 분당 300시간 분량의 동영상이 업로드될 정도로 구글이 보유한 데이터의 양은 엄청나다.

　그런데 문제는 이렇게 풍부한 데이터를 통해 인공지능 분야에서 우위를 선점한 기업(또는 국가)은 다시 또 인공지능을 통해 양질의 데이터를 수집할 수 있게 되며, 시간이 흐를수록 이들의 시장 장악력은 더욱 견고해지고 심화돼 간다는 것이다. 예를 들어 사용자의 음성 명령에 따라서 기능을 수행하는 AI 스피커는 사용자의 음성 데이터를 제조사의 서버로 전송하고, 제조사는 수집된 음성 데이터를 분석해 AI에게 더 다양한 이용자들의 말투와 발음을 학습시킨다. 이렇게 더 많은 데이터를 학습한 AI 스피커는 이용자의 명령을 더 잘 알아들을 수 있게 되며, 음성인식이 잘되는 AI 스피커는 더욱더 많이 팔리게 된다. 게다가 이들 기업은 수집한 데이터를 개방하거나 공유하지 않기에 독점 현상은 가속화되고 이들에 대한 의존도는 점점 심해져만 간다.

　더욱 우려스러운 것은 이렇게 AI 슈퍼파워를 보유한 기업들이 시스템을 조작할 수도 있다는 것이다. 그간 연구자들은 인공지능으로 작동되는 알고리즘에 편향성이 있을 수 있다는 사실을 밝혀낸 바 있다. 얼굴 인식 AI 소프트웨어는 유색인종 여성을 식별하지 못했고, 범죄자를 구별해 냄에 있어 흑인 미국인에게 편견이 있는 것으로 나타났다. 애플이 출시한 신용카드인 애플카드의 경우 신용한도를 정할 때 사용한 인공지능 알고리즘이 여성을 차별한다는 의혹을 받고 있기도 하다. 물론 해당 기업들이 의도적으로 시스템을 조작했는지 여부는 아직 밝혀진 바 없다. 하지만 가까운 미래에 AI 파워를 독점한 기업이 나타난다면, 이들이 학습 데이터를 조작해 AI의 편향성을 키우고 사실을 호도할 수도 있다.

　바로 이러한 문제들을 해결하는 데 있어 블록체인 기술이 유용하게 쓰일 수 있다. 탈중앙화된 블록체인이 갖는 높은 개방성과 접근성은 특정 기업이 데이터를 독점하는 것을 막고, 사용자에게 인센티브 형식으로 제공되는 암호화폐는 양질의 데이터를 모을 수 있게 함으로써, 소수 거대 플랫폼 기업들이 전 세계 AI 시장을 독점하는 부작용을 막을 수 있다. 또한 블록체인이 갖는 불변성과 투명성은 인공지능 학습 데이터 편향성 문제에도 해결책을 제시할 수 있으며, 더 나아가 학습 데이터의 추적을 가능케 함으로써 '설명 가능한 인공지능(explainable AI)'를 만드는 데 기여할 수도 있다.

최근 우리 정부는 'AI 국가전략'을 통해 "2030년까지 최대 455조 원의 경제효과를 목표로 인공지능을 가장 잘 활용하는 나라를 만들겠다"고 발표한 바 있다. 서두에 언급했듯 AI 경쟁력 확보는 국가적으로 매우 중요하다. 그러나 그에 못지않게 이에 따른 부작용은 없는지도 꼼꼼히 챙겨보는 지혜가 필요한 시점이다.

참고문헌

[국내문헌]

한국과학기술기획평가원. (2019). 블록체인의 미래(2018년 기술영향평가 결과보고). 동진문화사.

김승주. (2018). 블록체인 신세계인가? 신기루인가?. JTBC 차이나는 클라스.

김승주. (2018). 블록체인의 이해와 바람직한 미래를 위한 제언. KISA Report 5, 한국인터넷진흥원.

[해외문헌]

WIRED. (2015). Hackers Remotely Kill a Jeep on the Highway-With Me in It. https://www.wired.com/video/watch/hackers-wireless-jeep-attack-stranded-me-on-a-highway.

Huang, L., Joseph, A. D., Nelson, B., Rubinstein, B. I., Tygar, J. D. (2011). Adversarial Machine Learning. *AISec'11: ACM Workshop on Artificial Intelligence and Security*, October 2011.

Song, D. (2020). AI and Security: Lessons, Challenges and Future Directions. ASIA CCS'20: *Proceedings of the 15th ACM Asia Conference on Computer and Communications Security*, October 2020.

Adversarial Robustness 360 (ART). (2018). Toolboxhttps://adversarial-robustness-toolbox.readthedocs.io/en/stable/

Vas3K. Ethereum: Distributed Turing Machine with Blockchain Protection.ByteScout. https://bytescout.com/blog/ethereum-turing-blockchain.html

V

AI 도입의 현황과 전략

AI 도입사례 분석:
행정기관과 공공기관을 중심으로

김동욱(서울대학교 행정대학원)

Ⅰ. 서론

중앙정부와 산하 공공기관들이 인공지능[1]을 어느 분야에 어떻게 활용하고 있는지 확인하기 위해 인공지능을 활용하고 있다고 보도한 자료들에 대하여 조사하여 중앙부처 21건, 공공기관 10건, 총 31건의 사례를 확인하였다. 우선 인공지능 기술의 관점에서 기계학습(Machine Learning)이 적용되지 않는 경우와 적용된 경우를 구분하였는데, 기계학습이 적용되지 않는 경우를 챗봇(Chatbot)과 RPA(Robotic Process Automation)로 나누고, 기계학습이 적용된 경우를 맞춤형 추천과 초보적 인공지능[2]으로 나누었다. 챗봇 3건, RPA 6건, 맞춤형 추천 8건, 초보적 인공지능 14건을 확인하였다.

표 1 인공지능 활용의 유형 구분

구분	안내서비스	업무 활용
기계학습 미적용	챗봇	RPA
기계학습 적용	맞춤형 추천	초보적 인공지능

---

[1] 인간지능(Human Intelligence)과 대비하여 기계지능(Machine Intelligence)이 더 적절한 표현이나 인공지능(Artificial Intelligence)이 널리 사용되고 있어 인공지능으로 스스로 한다.

[2] 인공지능의 유형에는 약인공지능(Artificial Narrow Intelligence: ANI), 범인공지능(Artificial General Intelligence: AGI)이 있으나(윤상오, 2017), 본 연구에서는 인공지능의 발전과 도입 상태가 현재 시점에서는 ANI도 기술적으로 완벽하게 구현되지 못하였다고 가정한다.

챗봇과 RPA의 구분은 다음 <표 2>와 같이, 대상 업무 유형, 접근 방식, 목적, 입력 데이터의 종류, 핵심성과지표(Key Performance Indicator: KPI), 그리고 커뮤니케이션 채널에서 차이가 있다. 챗봇은 프론트 오피스에서, RPA는 백오피스에서 각각에서 기존에 활용되던 업무들을 대신하여 수행하는 것이다. 이러한 측면에서 챗봇과 RPA를 결합하여 양자의 시너지 효과를 극대화하려는 시도도 이어지고 있다(Techworld, 2020). 여기에 활용된 기술의 수준을 추가로 고려한다면, 챗봇과 맞춤형 추천은 유사한 활용의 양태를 가지고 있고, RPA와 초보적 인공지능 활용도 양자의 유사성을 구분할 수 있다. 예를 들어, 전자의 경우에는 업무의 일선에서 활용하는 일종의 안내서비스로, 후자는 업무 활용으로 구분할 수 있다.

표 2 챗봇과 RPA의 구분

구분	챗봇	RPA
대상 업무 유형	이용자 중심의 임의의 업무	정형화되고, 규칙적 업무, 반복적이고 예측가능한 업무
접근 방식	대화중심(Top-down)	프로세스 중심(Bottom-up)
목적	고객 요청 수행	프로세스 자동화
전형적 사용 예	이용자 중심, 대화 중심 업무	백오피스 업무, 관리 업무
입력 데이터	자유형식, 비정형 대화(자연어)	정형 데이터
핵심 KPI	고객 응대 수준 향상	비용 절감, 직원 시간 절감
커뮤니케이션 채널	Voice, SMS, Web, Chat, Messaging, Email	n/a

출처: Techworld(2020)

이하에서는 챗봇, RPA, 맞춤형 추천, 초보적 인공지능 네 가지 유형으로 구분하고, 각각에 해당되는 사례들에 대한 소개를 하고자 한다. 전체 사례는 다음의 <표 3>과 같으며 여기에는 개발 중인 사례들이 포함되어 있어서 추가적인 조사를 시행하였고, 그중에서 자세한 정보를 얻은 사례들은 <표 3>에서 짙게 표기되어 있다.[3] 2개 챗봇, 3개 RPA, 2개 맞춤형 추천, 5개 초보적 인공지능 등 총 12개 사례이다.

---

3 2020년 12월 1일을 기준으로 운영 중인 사례들을 기준으로 조사를 진행하였다.

표 3 국내 인공지능 유형별 사례 리스트

구분	사례 제목
챗봇 (3건)	1. 법무부: 버비서비스 2. 병무청: 인공지능 병무상담 챗봇 '아라' 3. 국민권익위원회: 공공기관 콜센터 챗봇
RPA (6건)	1. 관세청: AI 기반의 위험 물품 판독시스템 '아이작' 2. 한국공항공사: AI 기반 X-ray 보안검색 자동판독 솔루션 3. 과학기술정보통신부: 인공지능 불법 복제품 판독 실증랩 4. 한국우편사업진흥원: 기계학습 기반 간편 주소관리 서비스 5. 사회보장정보원: 기계학습·RPA 기반의 사회서비스 바우처 부정수급 탐지 시스템 6. 산림항공본부: 지능형 산림항공 운항안전시스템 구축
맞춤형 추천 (8건)	1. 문화체육관광부: 인공지능 기반의 비대면 관광안내시스템 '스마트헬프데스크' 2. 고용노동부: 인공지능 기반 일자리-인재 추천 서비스 'The Work AI' 3. 교육부(한국교육학술정보원): 성인학습자 교육과정 추천시스템 4. 법무부: 강력범죄 재발방지를 위한 전자감독 서비스 5. 인사혁신처: 지능형 인재추천 서비스 고도화 6. 조달청: 건설 일자리 지킴이 시스템 구축 계획 7. 특허청: 인공지능 기반 특허 빅데이터 분석·활용하는 혁신 플랫폼 구축 8. 한국방송광고진흥공사: 딥러닝 영상인식 기술 기반 개방형 광고창작시스템 구축
초보적 인공지능 (14건)	1. 농촌진흥청: 스마트 관개 시스템 2. 농촌진흥청: 스마트팜 최적환경 안내 서비스 3. 보건복지부: AI-IoT 기반 어르신 건강관리 시범사업 4. 여성가족부: 디지털 성범죄 피해자 지원센터 업무에 인공지능 기술 적용 5. 한국수자원공사: 인공지능 기반 수도시설 자율운영체계 6. 식품의약품안전처: 신약을 비롯한 새로운 식품 원료 등 신규 물질에 대해 빅데이터 기반 인공지능을 활용한 독성예측 기술 개발 7. 농촌진흥청: 소 도체 산육량 자동 예측 장치 8. 기상청: AI 기상예보 보좌관 '알파웨더' 9. 해양수산부: 아쿠아팜 4.0 프로젝트 10. 해양경찰청: 음주운항 자동탐지시스템 개발(계획) 11. 한국에너지공단: 빅데이터 기반 지능형 에너지관리 시스템 구축 12. 한국수자원공사: 스마트워터그리드한국 13. 한국도로공사(ITS 처): 스마트 영상관리 시스템 도입 14. 한국도로공사: 인공지능(딥러닝) 기반의 도로포장파손 실시간 탐지시스템 개발

II. 챗봇 사례

1. 법무부 인공지능 법률비서 '버비' 서비스

법무부는 2017년 5월에 인공지능 법률비서 1세대 '버비' 서비스를 시작했다. 버비(Bubbi)는 행복의 파랑새를 찾아주는 법률비서라는 의미를 담고 있다. 1세대 버비는 국민들의 실생활과 밀접한 부동산 임대차, 임금, 해고 등 노동 분야의 법률과 판례를 챗봇을 이용해 제공해 왔다. 챗봇은 버비 생활법률 지식서비스 누리집(http://talk.lawnorder.go.kr/web/index.do)에서 제공되고 있다. 대화창에 부동산 임대차, 임금, 해고, 상속과 관련된 질문을 써서 전송하면 6-7초 이내에 챗봇이 답변을 해 준다. 챗봇의 답변은 변호사의 답변을 기반으로 하지만, 구체적인 사실관계에 따라 실제 법원의 판단은 다를 수 있다. 따라서 버비가 제공하는 법률정보는 상식 또는 참고용으로 받아들여야 한다. 또한 버비 누리집에서는 생활법률 카드뉴스와 읽어주는 만화 등을 제작하여 생활법률 대중화를 위해 노력해 왔다. 그리고 '버비용어사전'이라고 해서 법률용어에 대한 풀이가 자음 순서대로 분류돼 있다.

법무부는 2018년에 2세대 버비 서비스를 시작하면서 인터넷 검색비율이 높은 '상속' 분야를 추가하여 제공하고, 보다 국민들이 편리하게 이용할 수 있도록 '카카오톡' 서비스도 시행키로 했다. 이 밖에도 문답지식 콘텐츠를 기존 38,894건에서 43,000여 건으로 확대하고 카드뉴스를 53건 추가했다. 또한 2세대 버비에는 자체 학습기능을 추가해 챗봇을 '고도화'하였다.[4]

표 4 1세대와 2세대 버비 기능 차이

구분	1세대 '버비'	2세대 '버비'
접근방식	• 인터넷 '버비' 웹사이트	• 카카오톡(SNS) 추가
문답지식 분야	• 부동산 임대차, 임금, 해고	• 상속분야 추가

---

4 인공지능 자체 학습기능을 통해 어려운 질문도 답변할 수 있도록 기계학습과 딥 러닝(Deep Learning) 기술을 적용했다고 하고, 버비는 우리가 질문하는 양이 많을수록 그만큼 더 학습하게 되고, 고도화된다고 하나 필자는 상시적 기계학습 여부를 확인하지 못하였다.

문답지식 콘텐츠	• 38,894건	• 43,651건 추가(2018년 기준)
카드뉴스 및 오디오카툰 등	• 154건	• 53건 추가(범죄피해예방 등)
공공데이터 개방	• 없음	• 공공데이터포털 오픈
자체 학습기능	• 없음	• 있음

출처: 법무부 보도자료(2018.03.12.)

2세대 전환시점에 기계학습이 국민 편의 서비스에 적용됐다는 점에서 버비 서비스는 발전하였다고 볼 수 있다. 우리가 법의 도움이 필요한 경우, 법조인의 도움을 요청할 만한 수준이 아니거나 기본적인 법률정보와 판례가 궁금할 때, 실시간 법률 대화 서비스인 버비가 우리에게 도움이 될 수 있다. 우리가 자주 휘말리는 부동산 문제와 임금체불, 해고와 관련된 법률정보를 알려줄 수 있으며, 특히 쌍방향 대화를 하는 듯한 느낌도 줄 수 있다.

그러나 아직 구체적인 응답까지는 얻기가 어려우며, 특히 카카오톡에서 버비 서비스를 이용할 때 해당 답변은 웹사이트에서 제공해 준다는 답변도 있는데 온전히 '카카오톡'에서만 버비가 활용될 수 있도록 성능 개선이 필요하다고 본다.

2. 병무청 민원상담 챗봇 '아라'

병무청은 징집·소집 등 병무행정에 관한 사무를 관장하는데 민원상담 챗봇 '아라'를 운영 중이다. '아라'는 병무 행정 서비스의 주 이용자인 18-35세를 대상으로 하루 24시간 365일 챗봇이 자동으로 답변해 주는 민원신청시스템이다.

'아라' 도입 이전의 병무민원상담소는 연간 약 120만 건의 전화상담을 하고 있으며 이 가운데 71%가 단순 병역정보 안내에 집중되어 불만이나 고충 등 감성 상담 부실 현상이 발생하고 상담이 지연되어 병역 이행 대상자에게 만족스러운 서비스를 제공하지 못했다. 기존 병무민원상담소의 상담 평균 대기시간은 72초인데, 통화 포기 건수는 연간 199,000건에 달했다. 또한 기존 병무민원상담소는 평일 근무시간에만 민원상담이 가능하여 서비스 이용자들의 만족도가 낮았다.

이에 따라 기존의 병무민원상담소에 집중된 업무를 해소하고, 서비스 이용자의 만족도를 증가시키기 위하여 병무청 민원상담 챗봇 '아라'가 도입되었다. 모바일 메신저가 주요 의사소통 수단으로 자리 잡은 현실과 병무청 주 이용자인 18-35세가 채팅에 익숙한 세대임을 고려할 때 '아라'의 도입은 자연스러운 현상이다. 병역 이행 대상자 중 약 69만 명이 메신저를 통한 병역정보를 원한다고 응답한 결과가 이를 뒷받침한다. 종합하면 '아라'는 지능형 자동상담을 통해 병무행정 시스템과 연계하여 개인의 병역 이행과 관련한 맞춤 상담과 병역 관련 정보를 365일*24시간 제공하고, 상담과 민원신청의 연속성 확보를 위해 상담과 동시에 민원신청이 가능한 대화형 민원출원 시스템을 목적으로 개발되었다.

'아라'의 서비스 대상은 병역 이행 대상 국민(18-35세)과 병무 업무직원 1,800명이다. 병역 이행 대상 국민에게는 전화 대기시간 및 통화 포기 건수 감소로 더 많은 상담 서비스 기회를 제공하고, 업무 처리 담당자에게는 자동상담 정보를 활용하여 상담오류 최소화와 병역법 및 지침 정보제공으로 업무의 효율성을 증가시켜 준다. '아라'는 병무청 모바일 앱 내 상담 채널과 민간 상용 앱(카카오톡 플러스 친구), 병무청 인터넷 홈페이지 내 상담 채널, 내부 사용자(직원)를 위한 채널을 통해 이용할 수 있다. '아라'를 이용하여 서비스 이용자들은 39개의 민원접수, 민원출원 구비서류 첨부, 민원출원과 연계된 상담, 일상대화 서비스를 누릴 수 있다.

'아라'의 기대효과는 단순 상담을 지능형 챗봇을 활용한 자동상담으로 전환하여 전화상담 대기시간과 전화 포기 건수의 감소, 야간 및 휴일 상담 가능으로 민원 만족도 향상, 서식화된 민원신청에서 의사소통형 민원신청 서비스로 전환이다. 단순 상담을 챗봇을 통해 처리하고 기존 병무민원상담소는 복잡한 상담이나 불만 고객 응대에 집중하여 상담 서비스 품질 또한 향상된다. 이러한 기대효과에 부응하여 현재 '아라'는 하루 평균 7,000건 질의에 응답률 95%를 기록하며 성공적으로 운영되고 있다. '아라'는 병무청의 적극행정 우수사례 중 최으뜸 사례로 선정되기도 하였다.

'아라'의 개발과정을 살펴보면, 병무청의 인공지능기반 민원신청시스템 구축 사업이 '2019년 행정안전부 전자정부 지원사업'으로 선정되어 본격적으로 개발에 착수하였다. 2020년 5월 서비스 시범운영을 거쳐 2020년 6월에 '아라' 서비스가 정식으로 시작되었다. 현재 병무청은 '아라'의 상담을 분석해 품질 개선을 위한 2단계 고도화 사업을 추진하고 있다. 2단계 고도화 사업을 통해 상담 범위를 대폭 확대하고, 병역 의무자의 개인정보를 고려하여 최적의 입영일, 입영 방법, 복무 분야 등을 제안해 주는 개인별 상담 서비스도 새롭게 선보일 예정이다.

병무청의 인공지능기반 민원신청시스템 구축 사업에 책정된 예산은 총 1,536백만 원으로 소프트웨어 개발비, 데이터베이스 구축비, 장비 구입비 등을 포함한다. '아라'는 인공지능 챗봇 및 검색 소프트웨어 전문기업 와이즈넛이 소프트웨어 개발과 서비스 운영을 담당하고 있다. 챗봇 상담에 필요한 지식 데이터베이스 구축, 대화 처리코어 엔진 도입, 병무 행정 용어사전 구축, 시나리오 기반 대화 체계 구축을 주요 내용으로 한다.

'아라'가 성공적으로 도입될 수 있었던 배경은 '2019년 행정안전부 전자정부 지원사업'으로 선정되었기 때문이다. 전자정부 지원사업으로 선정되면 행정안전부로부터 행정·재정·기술 등을 지원받는데 이는 사업을 안정적으로 추진할 수 있는 바탕이 된다. 또한 서비스를 외주로 운영하는 방식도 '아라' 서비스의 신속한 도입과 운영에 기여했다. 기술을 자체적으로 개발하는 데에 드는 시간과 비용을 아끼고 전문기업에 개발과 서비스 운영을 맡김으로써 단기간에 서비스를 시작할 수 있었다. 그리고 기존 병무민원상담소에 축적된 많은 병무민원 데이터의 존재도 인공지능의 학습을 도와 '아라'가 성공적으로 도입된 요인으로 볼 수 있다. 그러나 '아라'가 아직 병무민원상담소의 단순 민원업무를 완전히 분담할 수준은 아니다.

Ⅲ. RPA 사례

1. 관세청 AI 기반의 위험 물품 판독시스템 '아이작'

관세청은 2017년 12월부터 빅데이터를 기반으로 관세행정의 지능정보화를 실현하기 위한 중장기 전략과 세부 추진과제를 수립하여 추진하였다. 관세청은

2017년 하반기에 '관세국경관리 고도화를 위한 X-Ray 판독 분야 인공지능 구현에 관한 사전연구용역'을 진행하여 AI X-Ray 판독시스템 개발 로드맵을 제시하였다.[5] 추가로 3-5년 안에 관련 기술과 함께 장비, 인프라 등을 갖춰 '한국형 AI X-Ray 판독기술'을 완성하는 계획을 수립하였다. 이 계획에 맞춰 AI를 기반으로 한 위험 물품 판독시스템인 '아이작(AIXIAC)'이 2020년 3월부터 인천세관 특송물류센터에서 시범 운영되었고, 추후 전국 세관으로 확대·운영될 예정이다.

폭증하고 있는 교역량을 한정된 판독인력만으로 대응하는 것이 한계에 도달하여 불법 물품의 밀반입을 차단할 수 있는 획기적인 대책이 요구됨에 따라 AI 기반의 위험 물품 판독시스템이 추진되었다. 2013년부터 2017년까지 마약 적발 건수는 꾸준히 증가했지만, 판독인력은 감소하여 업무량 증가율은 더 커졌다. 따라서 서비스 도입을 통해 판독과 적발률을 높이고 판독인력 증원에 대한 부담을 완화하면서 업무 피로도를 낮춰 보다 철저한 관세국경감시망을 구축하려는 목적이다. 추가로 세관 판독직원의 X-Ray 판독업무를 AI가 보조하여 세관 직원 간 차이가 발생하는 적발 역량을 상향 평준화하여 상시 안정적인 단속체계를 구축하는 것을 목표로 한다.

'아이작'은 인공지능을 활용하여 더욱 정확하게 은닉된 위험 물품을 판독할 수 있다. AI X-Ray 판독시스템에는 고품질 판독 영상 데이터의 실시간 확보 및 식별기술, 화물정보와 판독정보의 일치 여부를 판별하는 기술 등과 함께 2천만 건의 판독 영상 데이터를 토대로 학습된 AI 알고리듬이 적용된다. 구체적으로 총·칼 등 정형화된 불법 물품 식별, 세관장에게 미신고한 물품 등 허위신고건 식별, 마약류 등 비정형 물품의 식별이 가능하다. 이 AI X-Ray 판독시스템은 판독직원이 우선 판독할 수 있도록 반입금지 물품 등의 위치를 표시하는 등 1차 선별업무를 수행하고, 판독직원은 AI가 식별한 결과를 바탕으로 개장검사대상 여부를 최종적으로 결정한다.

'아이작'은 다양한 품목들을 한번에 분류시킬 수 있어 기존에 일일이 수색하던 방식보다 훨씬 업무량을 감소시키고, 노련한 직원의 판독 노하우 알고리즘이 접목된 정확한 식별로 위해물품 적발률을 높인다. 고위험 물품에 세관 역량을 집중

---

5 http://www.dt.co.kr/contents.html?article_no=20180115021099607731006.

하고 저위험 물품의 불필요한 검사 최소화 및 신속한 통관을 통해 업무 효율성도 증가시킨다. 마지막으로 IBM 등 외국 대기업이 주도하는 AI 개발 분야에서 한국 관세청이 개발한 AI 기술을 상용화하여 기관 위상과 국가 위상을 제고한다. '아이작'은 개발 중이던 2019년에 '한-아세안 공공행정 혁신전시회'에서 한국 정부의 공공행정 혁신 사례로 소개되기도 했고, 2020년 정부혁신 박람회에서 첨단기술을 통해 국민의 일상을 편리하고 안전하게 하는 디지털 서비스 사례로 소개되었다.

기존 시스템이 존재했다는 점은 '아이작'을 성공적으로 도입하고 운영할 수 있었던 배경이다. 기존 수입품 X-Ray 판독시스템에 AI 알고리즘을 추가하였기 때문에, 새롭게 시스템을 만드는 것에 비해 시간과 비용이 절약되었다. 관세청은 2019년 'AI X-Ray 판독시스템 구축 사업(1단계)'에 4,684백만 원의 예산을 책정하고 사업을 시행하였다. 2020년에는 소프트웨어 개발 목적의 'AI X-Ray 판독시스템 구축 사업(2단계)'에 1,886백만 원의 예산을 편성하였다. 그리고 2021년 AI X-Ray 판독시스템 구축 3단계 사업에 7억 원의 예산이 배정되었다. 이렇게 예산을 꾸준히 투입하는 것은 관세청의 AI X-Ray 판독시스템 도입 및 운영에 대한 의지를 보여준다. 관세청은 AI X-Ray 판독시스템을 2년간 실증작업을 거치고 시스템을 직접 개발하였다. 한국전자통신연구원과 합작하여 AI 알고리즘 연구·개발하였고 5건의 특허도 획득하였다. 한편 AI X-Ray 판독시스템에 맞춰 불법 물품의 포장도 진화할 가능성이 크기 때문에 다양한 판독 데이터를 확보하고, 알고리즘을 학습시키는 등 시스템을 발전시키려는 꾸준한 노력이 필요하다.

2. 한국공항공사 인공지능 X-ray 보안검색 자동판독시스템

2001년 9.11 테러 등 항공기를 통한 테러나 공격은 항공산업에 있어서 큰 제약요소로 작용된다. 따라서 한국공항공사는 사전에 이러한 위험을 차단하기 위해 보다 정확하고 확실한 보안 검색에 많은 노력을 기울이고 있다.

현재 보안검색은 기계를 통해 이루어지고 있으나 이를 검열하는 것은 여전히 사람이 한다. 그러나 사람을 통한 검열 과정에서는 낮은 확률이라도 휴먼 에러 (Human Error)가 발생할 수 있다. 한국공항공사는 이러한 점을 보완하기 위해 인공지능 X-ray 보안검색 자동판독시스템을 도입하였다.

2019년 5월부터 한국공항공사와 국내 인공지능 전문기업인 (주)딥노이드가 시스템을 공동으로 개발하여 올해 세계 최초로 공항 현장에 설치하였다.[6] 2020년 10월 23일부터 김포공항 국내선청사 3층 출발장 보안검색대에 AI 기반의 X-ray 자동판독시스템 2대가 시범 운영되고 있다. 한국공항공사는 시범 운영을 거쳐 2021년 상반기 세계 최초 상용화를 목표로 AI 시스템 고도화를 진행한다는 방침이다.

인공지능 보안검색 자동판독시스템은 항공기 내 반입금지 위해물품 데이터를 수집·활용하고 AI 기반의 딥러닝 알고리즘을 적용하여, 보안검색요원이 탑승객의 보안위해물품을 보다 쉽고 빠르게 판독할 수 있게 도와주는 것을 목표로 한다. 이러한 인공지능 X-ray 보안검색 자동판독시스템이 정착되면 보안 위해 물품에 대한 보다 신속하고 정확한 판독이 가능하여 보안서비스 향상에 크게 기여할 것으로 전망된다.[7]

자동판독시스템을 위해 항공기 내 반입금지 위해물품 데이터를 수집하여 AI 기반의 딥러닝 알고리즘을 적용하였다. 개발주체인 의료 인공지능 플랫폼 전문기업 딥노이드는 2019년부터 보안검색 영상 자동 판독 시스템 개발에 돌입하여 총 6종의 기내반입 위해물품(총, 칼, 가위, 라이터 등 6종)을 판독하는 시스템 개발에 성공했다. 현재 폭발물을 포함해 판독 대상을 크게 확대해 모든 국토교통부 고시 반입 금지 위해물품을 판독하는 시스템을 개발 중이다. 기존에 딥노이드가 갖고 있던 기술영역을 한국공항공사와 2년간 공동연구를 토대로 의료 인공지능 분야에서 산업 인공지능분야로 확장한 데 의의가 있다.[8]

---

6 과거 2017년 공동연구 개발주체는 인공지능 스타트업 수아랩(SUALAB)이었으나 2019년 5월부터 딥노이드로 변경되었고, 수아랩은 미국 인공지능 머신비전 기업 '코그넥스'에 인수되었다.

7 https://news.airportal.go.kr:448/article/selectArticleView.do;jsessionid=103CB6AA0FD5EF139410304BBC7CE487

8 https://m.medigatenews.com/news/3009313828

3. 과학기술정보통신부 인공지능 불법 복제품 판독 실증랩

과학기술정보통신부와 관세청은 2020년 9월 28일 대전광역시 대전테크노파크 디스테이션에서 '인공지능(AI) 불법 복제품 판독 실증랩'을 개소했다. 실증랩은 제품의 디자인을 모방한 위조 상품을 식별할 수 있도록 진성 상품의 사진, 도면 등 관련 데이터를 가공·학습할 수 있는 시설과 장비를 제공한다. 특히, 해당 데이터가 기업의 핵심 지식재산에 해당되는 만큼, 데이터를 안전하게 학습할 수 있도록 물리적 보안시설 및 통신망, 접근권한 설정·관리 등 각종 보안시스템을 철저히 설계·구현하였다. 실증랩의 규모는 총 87평이며, 학습공간은 5개 기업이 각 6명씩 입주해 있으며, 촬영공간으로는 대형 사이즈 제품 촬영을 위한 공동 스튜디오 1개가 마련되어 있다. 그리고 데이터 관리 및 학습을 위한 DB서버 및 스토리지, 학습서버 등으로 구성되어 있다.

AI 불법복제품 판독 사업은 '디지털 뉴딜'의 대표 과제인 데이터 댐을 기반으로 각 분야에 AI를 융합하여 혁신을 지원하는 인공지능(AI) 융합 프로젝트(AI+X)[9] 중 하나로, 통관과정에서 지식재산권 침해 및 국내기업 피해 최소화를 위해 AI융합 불법복제품 판독기술 개발을 지원하는 실증랩을 구축·운영하는 것이다. 그리고 이를 기반으로 불법복제품으로부터 국내 제조 산업 및 소비자 보호를 위해 세관검사과정에 활용할 수 있는 인공지능 불법복제품 판독(식별)시스템을 개발하는 것이다.

본 사업의 운영주체는 과학기술정보통신부이며, 개발주체는 정보통신산업진흥원이다. 실증기업 중 하나로 선정된 라온피플은 고해상도 이미지에서 수 픽셀 단위의 이상 상태를 AI 알고리즘을 이용하여 실시간으로 분석하는 기술 강점을 바탕으로 본 개발 사업 결과를 차별화할 계획이며, 이와 병행하여 다양한 유통, 물류 등 제품의 수입 검사가 필요한 기업들에게 관련 기술을 제공할 수 있을 것으로 기대한다. 이들은 관세청이 지원하는 학습용 데이터 및 자체 취득한 데이터를 기반으로 통관과정에서 지식재산권 침해 및 국내기업 피해 최소화를 위해 AI

---

9 (AI+X 8개 사업) ① 불법복제 판독, ② 군 의료 지원, ③ 해안경계, ④ 산단 에너지 효율화, ⑤ 감염병 대응, ⑥ 지역특화산업 혁신, ⑦ 국민안전 확보, ⑧ 지하공동구 관리.

융합 불법복제품 판독기술 개발을 지원하는 실증랩을 구축·운영하여 세관검사과 정에 활용할 수 있는 인공지능 불법복제품 판독(식별)시스템을 개발한다. 이를 위해 정품 및 위조품의 고화질 원본 데이터를 취득하고 학습용 데이터로 가공하여 최적의 AI 학습데이터로 구축하며 이러한 데이터는 실증랩에서 관리한다.

본 사업과 관련하여 AI 개발 및 실증랩 운영 등에 '20-'23년까지 총 227억 원을 지원할 예정이며, 2020년 예산은 48억 원이다. '20년에 불법 복제품 판독시스템 실증기업 5개 컨소시엄을 선정하고 실증랩 구축을 신속하게 진행하여 본격적인 데이터 학습과 AI 개발에 나설 예정이다.

과학기술정보통신부는 AI 불법 복제품 판독시스템이 개발·활용되면, 연간 5.2만 건에 이르는 지식재산권침해('18년 기준)를 줄여 국내 산업을 보호하고, 위조 상품으로 인한 안전사고를 예방하는 데 크게 기여할 것으로 예상하고 있다.

Ⅳ. 맞춤형 추천 사례

1. 문화체육관광부 인공지능 기반의 비대면 관광안내시스템 '스마트헬프데스크'

다국어 스마트 관광안내시스템 '스마트헬프데스크'는 한국을 여행하는 외국인들이 원하는 언어로 편리하게 관광 정보와 편의 서비스를 제공하는 사업으로 외국 관광객들의 여행에 도움을 준다.

스마트헬프데스크는 첨단 정보기술을 활용한 음성인식과 위치기반 지도 및 로드뷰 서비스는 물론 주요 관광지와 축제 및 공연, 쇼핑, 맛집, 교통 정보, 응급상황 대처 방법을 제공하며 무료 통화기능으로 실시간 예약과 소통 또한 가능하다. 세부 서비스 내용으로는 먼저, 다국어 사용자의 음성을 인식하고 관광정보를 검색하는 서비스를 제공하며, 관광지와 쇼핑, 전통시장, 전국 축제에 관한 관광정보를 안내한다. 실시간 항공이나 기차 운행 스케줄 정보도 제공하고 위치기반으로 주변 주요 관광지를 안내하거나 대중교통이나 차량, 도보의 이동경로 및 지하철 노선도 검색 서비스도 제공한다. 또 사용자의 음성인식을 활용하여 여행추천 코스에 대한 번역 서비스도 제공하고 관광객 맞춤 여행 코스도 인공지능을 기반으로 안내한다. 전국의 우수한 관광 식당 예약 서비스 및 코리아투어카드, 환율정보, 비상상황 대처 등 편의 서비스 관련 정보도 제공하며, 다양한 한국의 여행 정보가 수록된 리플렛을 QR 코드 형식으로도 제공한다. 이 외에도 우버앱과의 연동을 통해 외국인 관광객을 위한 택시 예약 서비스도 제공하며 24시간 이용 가능한 관광통역안내 전화서비스(1330)와 서비스 만족도 설문조사(약 3분 소요) 서비스도 구현하고 있다.

본 사업의 운영주체는 문화체육관광부이며, 개발주체는 (재)한국방문위원회이다. 문화체육관광부에서는 관광정책국 관광기반과 주도로 사업을 추진했으며, 외부전문가로는 해당 분야 개발 전문가, 프로그래머, 디자이너 등이 프로젝트로 구성되어 함께 테스트하며 진행했고 전체적인 콘텐츠 기획은 한국방문위원회에서 진행했다.

스마트헬프데스크는 음성인식 AI, 번역 AI, 음성출력 AI를 접목하여 활용하고 있다. 음성검색 AI는 사용자가 원하는 정보를 음성(영·중·일)으로 입력하면 기기 내 탑재된 관련 관광데이터를 검색하여 화면상에 표출하는 데 활용된다. 검색 인식 단위는 '단어' 형태로 한정되어 있으며, 추후 '문장' 단위로 확대할 예정이다. 다국어 번역 AI는 음성인식 및 번역, 음성출력에 복합적으로 활용된다. 외국어를 번역한 한국어는 한국어 발음과 함께 제공된다. 그리고 여행코스 추천 분야에서는 사용자가 여행을 원하는 지역, 동행인원, 여행스타일, 원하는 장소 등을 선택하면 알맞은 추천 여행코스를 추출하여 제공한다(터치뿐만 아니라, 음성인식으로도 코스 설계 가능). 인공지능 기술과 관련해서는 마이크로소프트와 네이버의 인공지능 엔진을 활용하며, 관광 및 기타 편의 서비스 관련 데이터는 투어 API, 공항공사/철도공사 제공 오픈 API, 다국어 지도서비스(민간업체), 날씨 및 환율정보 오픈 API 등을 활용한다. 또한 지명과 관광지 명칭 등 한국 고유어에 대한 음성인식 AI 엔진 학습을 실시하고 있으며, 보정 작업을 통한 추가 재학습으로 인식률 향상 및 향후 사용자의 질문 의도별 분류작업('문장' 형태 인식 시) 등에 대해 추가 학습으로 고도화할 예정이다.

스마트헬프데스크는 2018년 10월부터 2019년 3월 시범사업 실시 후 점차 확대 설치되고 있다. 전국 주요 관광교통접점 내 30대가 설치되어 있으며 교통, 쇼핑, 은행, 호텔, 관광지, 복합리조트 등에 설치되어 있다.[10]

2020년 코로나19 확산 이전부터 비대면 방식의 24시간 무인 다국어 관광안내 및 편의서비스를 제공하고 있어 포스트 코로나 시대에도 비대면의 스마트 관광안내서비스를 제공하는 발전 가능성이 높은 사업이라고 평가받고 있다.

향후 중앙정부와 지자체, 유관기관이 함께 확산 보급하는 방식이나 관광 관련 빅데이터는 물론 각종 데이터를 분류하여 연결/탑재하는 시스템 보완이 중요하다. 또한 비대면 24시간 운영 키오스크인 만큼 관광정보 및 관련 안내 외 각종 편의/엔터테인먼트적인 부분도 다루는 복합 안내 시스템으로서의 역할 수행도 기대해 볼 수 있다.

2. 고용노동부 AI 기반 취업알선 서비스 'The Work AI'

고용노동부와 한국고용정보원은 1998년부터 구직·구인정보와 직업·진로정보를 제공하는 대한민국 취업정보 사이트 '워크넷'을 운영하고 있다. 2011년 7월부터 민간취업포털과 지자체 일자리 정보를 워크넷 한곳에서 쉽고 빠르게 검색할 수 있는 통합일자리 서비스를 제공하고 있다. 2018년 12월부터 사용자가 이력서만 등록하면 고용보험 수혜 이력, 훈련정보 등을 분석해 다양한 일자리 정보를 추천해 주는 빅데이터 기반 일자리 추천서비스 'The Work' 서비스를 시작하였다. 'The Work' 서비스를 통해서 취업한 사람은 2,666명 이상으로 서비스가 성공적으로 운영되었다.

여기서 더 발전한 'The Work AI'는 기존 직종 중심의 일자리 검색에서 벗어나 인공지능이 구직자의 이력서와 구인기업의 채용공고 등에서 기술된 직무역량을 자동으로 분석하여 구인·구직자에게 가장 적합한 일자리와 인재를 찾아 연결

---

10 김포공항 국제선청사 입국장, 서울역, 고속버스터미널, 롯데면세점 본점 및 월드타워점, AK&홍대, 세븐일레븐 KT강남점 및 중국대사관점, 신한은행 명동지점, 우리은행 명동금융센터지점, 노보텔 앰배서더 서울강남, 르메르디앙 서울, 베스트웨스턴 프리미어 서울가든호텔, 트릭아이뮤지엄, 임진강 전망대, 에버랜드, 파라다이스 시티 등에 설치되어 있다.

해 주는 서비스이다. 'The Work AI'는 기존 'The Work' 서비스에 인공지능 기술을 도입해서 업그레이드되었고, 기존 서비스 대상이 구직자에게 한정되어 있던 것을 구인기업까지 확대하였다. 단순 조건 검색으로 일자리를 검색해야 했던 'The Work' 서비스와는 달리 'The Work AI' 서비스는 직무역량으로 일자리를 찾을 수 있고, 별도의 검색 없이도 이력서와 채용공고 분석을 통해 구직자의 직무역량에 맞는 일자리를 추천한다.

고용노동부와 한국고용정보원은 2018년부터 기계학습 기반의 일자리매칭시스템 구축 ISP를 추진해 왔다. 'The Work AI'는 구직-구인 간 숙련의 불일치로 인한 미스매치 해소를 위해 기계학습 기술을 활용하여 직무역량 중심의 지능화된 맞춤형 매칭시스템을 구축하는 것을 목표로 한다. 장기적으로는 일자리 관련 핵심 정보를 중심으로 다양한 기업과 개인 이력 정보를 연계·통합하여 대내외적으로 활용하는 '국가일자리정보플랫폼'을 구축하고자 한다.

'일자리정보플랫폼 기반 AI 고용서비스 지원'사업에 2019년 5,274백만 원의 예산이 소요됐고, 2020년 7,078백만 원의 예산이 투입되었다. 주요 사업비는 국가일자리정보플랫폼 구축 및 운영, 기계학습 기반의 일자리매칭시스템 구축 및 운영에 사용되었다. 'The Work AI'의 기반을 이루는 직무데이터사전은 국가직무능력표준, 워크넷 모집 공고, 훈련·자격 정보 등 관련 자료 18종에서 핵심 단어 270만 개를 뽑아내고 단어 간의 연관성 분석 등을 통해 구축되었다. 이를 바탕으로 'The Work AI'는 구직자의 이력서와 구인기업의 채용공고 기반의 직무 정보, 구직자와 구인기업의 속성 기반 정보, 구직자의 행동 기반 정보의 세 가지 기준을 통해 일자리와 인재를 추천한다. 그리고 구인기업-구직자 간 직무 소통을 위해 표준직무기술서 추천 서비스를 구축하였다. 'The Work AI' 구축을 위해 활용된 데이터는 NCS, 직업정보, 자격정보, 학과정보, 워크넷 구인/구직 정보, 직업훈련 정보 등이다. 이 데이터들을 바탕으로 알고리즘이 구현되어 일자리 추천 서비스를 제공한다.

'The Work AI' 서비스는 워크넷에 가입한 개인회원과 기업회원을 서비스 대상으로 한다. 먼저 구직자의 직무역량에 적합한 일자리를 추천해 준다. 구직자가 워크넷에 로그인하여 이력서를 등록하고, 구직신청서가 승인되면 인공지능이 기계학습을 통해 다음 날에 일자리를 추천한다. 다음으로 기업의 구인공고와 관련된 인재를 찾는 것을 도와준다. 구인기업이 구인 일자리에 대한 직무내용을 간단하게 입력하면 인공지능은 이를 분석하여 1만 2천 개의 직무역량 중 가장 적합한 직무역량을 기술한 표준직무기술서를 제시한다. 기업은 추천받은 인재의 상세정보를 조회할 수 있고, SMS나 이메일을 통해 입사 제안이 가능하다.

'The Work AI'의 기대효과는 크게 두 가지다. 먼저 직무역량을 기반으로 한 일자리 매칭을 지원하여 일자리 미스매치 완화에 기여한다. 이를 통해 노동시장과 교육·훈련기관 간 직무역량 중심의 의사소통 원활화를 통해 장기적으로 직무역량 중심의 고용서비스 생태계 기반을 마련한다. 두 번째 기대효과는 고용·노동 데이터 정보 공유의 활성화다. 일원화된 연계 채널 및 데이터 관리와 표준 연계체계를 통해 고용·노동 데이터의 공동 활용 및 정보 공유 활성화가 가능해진다.

고용노동부와 한국고용정보원은 2020년 5월 서비스 시범운영 후 2020년 7월 본격적으로 'The Work AI' 서비스를 시작하였고, 계속 학습을 통해 완성도를 높이고 사용자의 반응을 분석하여 서비스를 개선할 예정이다. 'The Work AI'가 성공적으로 운영될 수 있는 밑바탕에는 역시 기존 'The Work' 시스템이 있다. 워크넷을 통해 축적해 온 데이터와 기존에 운영된 시스템을 바탕으로 'The Work AI' 서비스가 빠르게 적용될 수 있었다.

V. 초보적 인공지능 사례

1. 농촌진흥청 스마트관개시스템

농촌진흥청은 인공지능기술을 적용하여 작물에 물을 주는 시기를 자동적으로 판단할 수 있는 '스마트관개시스템'을 개발하고 있다. 일반적으로 작물을 재배하는 공간은 시설재배와 노지재배로 구분되는데, 시설재배의 경우에는 작물을 둘러싼 기온, 습도, 일조량, 토양 등 작물의 생육의 관리에 필요한 요소들을 관리하는 것이 상대적으로 용이하다. 노지재배의 경우에는 기후, 기온, 습도, 일조량, 토양 등의 환경 조건의 변동가능성이 매우 높고, 이로 인하여 경쟁력을 갖추기에 난점이 존재한다. 최근에 빈번하게 발생하고 있는 폭염이나 가뭄, 혹은 홍수 등의 재해는 안정적인 수확량이나 상품성을 담보하기 어려운 상황을 가져오며, 이는 결과적으로 농식품 산업의 경쟁력을 현저하게 떨어뜨리는 결과로 이어진다. 이러한 상황에서 농촌진흥청은 노지재배의 어려움에 대하여 설문조사를 진행하였고, 여기에서 도출된 가장 큰 문제가 물관리로 대표되는 관개의 어려움이었다.

농촌진흥청 국립농업과학원 연구정책국은 미국 농업연구청(USDA-ARS)과의 공동연구에서 환경에 대한 작물의 생체 반응에 주목하였다. 작물의 잎의 온도를 열화상 카메라나 적외선 센서를 통하여 측정하고, 이를 통해 작물 수분 스트레스 지수(Crop Water Stress Index, 이하 CWSI)를 도출하였다(Lee et al., 2019). CWSI를 통해 증발성향을 파악해 물을 줘야 할 시기를 판단하는 것이다. 물 주는 시기를 판단하고 나면, 어느 정도 양의 물을 주는 것이 적절한 것인지를 판단하는 문제가 자연스럽게 뒤따라오고, 농진청 연구정책국은 이를 AI 기술을 통하여 물 주는 양에 대하여 AI가 스스로 학습하고, 이를 통해 최적 물 공급의 양을 스스로 판단할 수 있도록 하였다. 여기에는 물 공급량을 조절하였을 때, 8일 동안 시간이 지나면서 CWSI가 어떻게 변하는지에 대한 조사가 이루어졌다.

농진청 국립원예특작과학원에서 복숭아, 사과를 대상으로 기술의 실증을 진행하였는데, 기술실증에서 관개시스템은 복숭아와 사과 재배에 있어서 무게가 14-26%, 당도가 8%, 안토시아닌 함량은 64%가 각각 증가한 것으로 파악되었다. 또한 필요한 때 필요한 양만큼의 물을 줄 수 있어서 농업용수를 25-31%를 절약할 수 있으며, 물 관리에 드는 노동력을 95%가량 줄일 수 있다(매일일보, 2019).

이 관개시스템은 현재 기술실증까지 이루어진 상태이며, 기술확산 지원사업에 선정되어 2021년부터 실제 농가에서 활용될 예정이다. 1차 대상으로는 18개 농가의 9개소의 관개시스템을 설치할 예정이며, 여기에 투입될 예산은 농가당 3천만 원 정도로 하여 총 예산은 2억 7천만 원 정도가 소요된다.

농진청에서 개발한 스마트관개시스템의 성공적인 도입에는 토양정보 데이터, 기후 데이터 등의 데이터의 보유와 담당자의 지속적인 관심과 노력과 더불어 미국의 농업연구청과의 협업 등이 주요한 영향을 끼쳤음을 확인할 수 있었다.

2. 농촌진흥청 스마트팜 최적환경설정 안내서비스

농촌진흥청에서는 식물의 생육시기별 환경요인 변화에 따라 생장을 예측하고, 최종적으로 수확시기와 수확량을 예측함으로써 시기별 최적 환경관리와 양분·수분 관리를 정밀하게 할 수 있는 기술을 개발하고 있다. '스마트팜 최적환경설정 안내서비스'는 인공지능이 데이터와 영상 정보로 생육을 진단하고 의사결정을 돕는 기술로서 생산성 향상 모델을 개발하고 생육 시기별로 분석한 최적의 스마트팜 환경설정값을 문자메시지로 제공하는 서비스이다.

'스마트팜 최적환경설정 안내서비스'는 환경, 생육, 생산량을 기반으로 관계성 분석, 유효변수 추출, 모델 생성을 통해 크게 두 가지 정보를 제공한다. 첫 번째로 일사량 구간별 최적환경설정 데이터셋을 제공한다. 본인 농가의 2주간의 데이터를 요약·비교하고, 누적 일사량 구간에 맞는 주차 데이터 확인이 가능하다. 선택된 일자와 시간별로 최적환경설정 데이터셋을 조회할 수 있다. 두 번째로 생육상태별 최적환경설정 데이터셋을 제공한다. 생육단계별 누적 일사량 구간에 맞게 본인의 농가의 환경과 생육 정보를 비교 분석한다. 나아가 누적 일사량 구간에 해당하는 권장설정값 중 최고 생산량을 기록한 데이터셋 정보와 본인 농가 정보를 비교 분석한 정보를 SMS로 발송한다. 이러한 최적환경설정 데이터셋은 '스마트팜 최적환경설정 안내서비스' 홈페이지(https://smartfarm.rda.go.kr/)를 통해 확인 가능하다.

이 서비스는 농사 경험이 적은 젊은 창농인이나 ICT에 미숙한 고령 농업인에게 큰 도움을 줄 것으로 예상한다. 또한 재배 시기와 생육상황에 맞는 최적환경설정값 관리를 통해 작물의 생산량을 증대시킨다. 2019년 12월 스마트팜 도입 농업인을 대상으로 '스마트팜 최적환경설정 안내서비스'를 시작하였는데 지금까지 모델 개발에 참여한 농가는 총 51곳이고 스마트팜 빅데이터 활용하여 토마토 생산성 모델 개발을 완료했다. 현재는 한국형 2세대 스마트팜 기술 고도화 및 실증을 추진하고, 한국형 3세대 스마트팜을 향해 나아가고 있다.

'스마트팜 최적환경설정 안내서비스'는 개발 및 운영 주체인 농촌진흥청의 지원으로 성공적으로 운영될 수 있었다. 농촌진흥청은 한국형 스마트팜 기술 개발에 꾸준히 노력하고 있다. 농촌진흥청은 농림축산식품부, 과학기술정보통신부와 함께 2018년부터 스마트팜 다부처 패키지 혁신기술개발 사업을 기획하였고 2021 년부터 7년간 총 3,867억 원 규모의 사업을 추진할 예정이다. 그렇지만 스마트팜 운영 농가 수가 113개로 적고 이 중에서 일부만 '스마트팜 최적환경설정 안내서 비스'를 사용하고 있어서 향후 서비스 대상을 확대할 필요가 있다.

3. 보건복지부 지역사회 통합 돌봄을 위한 노인·장애인 스마트홈 사업

보건복지부와 LG유플러스는 정보통신기술(ICT) 기기를 활용해 자립생활 지원 기반을 구축하기 위해 지역사회 통합 돌봄 선도사업을 실시하는 부천시, 대구 남 구의 노인·장애인을 대상으로 2019년 7월부터 스마트홈 서비스 시범사업을 운영 했다. AI 스피커와 가정용 사물인터넷 기기 등을 부천시(노인 250가구)와 대구 남 구(장애인 250가구)에 제공하였다.

이 사업을 통해 일상생활 속 AI, 사물인터넷 등 정보통신기술이 도입되고 있 는 현실에서 돌봄·복지서비스 분야에서의 융합과 발전 가능성을 적극적으로 고 려하여 노인과 장애인에게 보다 편리한 일상생활을 유지할 수 있도록 하고 돌봄 종사자의 부담은 완화시킬 수 있을 것으로 예상된다. 또한 정보통신기술을 낯설 게 느끼던 노인과 장애인에게 음성을 통한 가전 제어 등 꼭 필요한 서비스를 쉽 게 제공하는 기회가 될 것으로 기대하며, 특히 이용할 수 있는 서비스가 다양하지 못했던 장애인의 심층적인 욕구 파악과 서비스 개선사항을 보다 면밀히 파악할 수 있을 것으로 예상된다.

4. 여성가족부 불법촬영물 삭제지원 시스템

디지털 성범죄는 인터넷이라는 공간의 특성과 연계하여, 클릭 몇 번만으로도 유포가 매우 용이하며, 원본 영상을 삭제하여도, 복제 영상의 유포를 완전히 막기 가 매우 어렵다. 여기에 개인의 노력으로 대응하는 데에는 한계가 존재하기 때문 에 정부의 적극적인 개입이 요구된다. 여성가족부는 '디지털 성범죄 피해자 지원센터'를 통해 디지털 성범죄에 대응하고 있으며, 주요 업무로는 상담과 삭제 지원, 수사 지원 연계 등을 수행하고 있다. 여성가족부에 따르면 디지털 성범죄 피해자 지원센터에서 수행하는 업무로 상담지원, 의료지원, 법률지원, 삭제지원을 들고 있다.

디지털 성범죄와 관련해서 상담과 수사 등 모든 과정이 중요하지만, 불법촬영물의 삭제는 그중에서도 가장 신속하게 진행되어야 한다. 그러나 지원센터의 삭제 지원인력이 수작업으로 촬영물에서 검색용 이미지를 추출하고 각 사이트에 일일이 검색해야 하기 때문에 실제 웹하드에 업로드된 불법촬영물을 확인하고, 삭제하는 데 많은 시간과 노력이 소요되므로 신속한 피해자 지원에 어려움이 있었다.

여성가족부는 2019년 초부터 과학기술정보통신부, 디지털 성범죄 피해자 지원센터, 한국전자통신연구원(ETRI)과 함께 인공지능 기술을 활용한 '불법촬영물 삭제지원 시스템'(이하 삭제지원 시스템) 개발을 추진해 왔고, 2019년 7월부터 한국 여성인권진흥원의 디지털 성범죄 피해자 지원센터 불법촬영물 삭제 지원에 활용을 시작하였다.

2017년부터 개발을 시작한 삭제지원 시스템은 인공지능 기술을 활용해 피해자가 신고한 불법촬영물에서 이미지를 추출하여 특징기반 필터링을 실시하고, 웹하드 사이트에서 피해촬영물과 유사한 영상을 자동으로 선별하고 수집하는 기능을 수행한다. 지원센터 인력은 AI를 통해 자동으로 선별하고 수집된 정보를 검토해 영상물을 확인하고, 웹하드 사이트에 삭제 요청을 할 수 있다. 도입 초에는 국내 10개의 웹하드에만 적용되었으나, 2019년 하반기에는 35개 이상 웹하드, 최근에는 국내 모든 웹하드에 적용하게 되었다.

이 삭제지원 시스템은 과학기술정보통신부가 한국전자통신연구원을 통하여 개발한 기술로, 과학기술정보통신부의 사회문제/해결을 위한 R&D 예산을 통하여 개발되었다.

5. 한국수자원공사 인공지능 기반 수도시설 자율운영체계

한국수자원공사가 개발 중인 인공지능 기반 수도시설 자율운영체계는 수도시설 운영의 패러다임을 사람 중심에서 인공지능시스템 중심으로 변화하는 것을 목적으로 하며 사업 목적은 크게 세 가지로 나뉜다. 첫 번째는 운영관리체계 최적화이다. 표준수운영시스템과 표준제어로직을 최적화하고 AI 기반의 운영관리를 정착하는 것이다. 두 번째는 맞춤형 인공지능 개발이다. K-water 맞춤형 설명가능한 인공지능(X-AI)을 개발하고 응집제 투입률 예측 알고리즘을 개발한다. 마지막으로는 수도사업장 전체 적용이다. 수처리 전공정에 확대·적용하여 권역별 시범사업을 추진하고 최종적으로는 단계별로 전사확대를 추진하는 것을 목적으로 한다. 더불어 위의 목적을 담은 시범사업을 통해 설명 가능한 인공지능(X-AI) 기반의 수도시설 자율운영체계를 실현하고자 한다. 궁극적으로는 근무자의 분석·판단에 의한 정수장 운영을 빅데이터 기반의 인공지능(AI) 기술을 활용하고 사람의 개입 없이 완전 자율운전되는 정수장을 구축하는 것이다.

사업은 2017년 11월 한국수자원공사의 「K-water 맞춤형 인공지능시스템 도입계획」 수립으로 시작되었다. 2018년 10월에 본격적으로 인공지능 기반 수도시설 자율운영체계 도입 계획 수립으로 진행되었으며, 2019년 8월에 시범사업(1차)이 시행되었다. 시범사업은 운영주체인 한국수자원공사가 외부민간회사에 용역을 발주하는 형태로 개발이 진행되었다.

대상 공정은 화성권 관리단 화성정수장의 약품공정으로 2019년 11월 시범사업(1차)이 착수되었으며 시범사업의 금액은 5억 9천만 원이다. 2020년 7월 인공지능 자율운영체계 시범사업(1차) 운영 계획이 수립되었고 8월 7일부터 8월 13일까지 약 1주간 주간 운영, 14일부터 28일까지 2주간 주·야간 24시간 연속 운영을 통해 총 3주간 약품주입 인공지능 자율운영이 시행되었다.

인공지능 기반 수도시설 자율운영체계는 과거 빅데이터 분석을 통해 실시간으로 인공지능(AI)이 약품주입을 자율운영하는 것이다. 실시간으로 수질데이터(수온, pH, 탁도, 알칼리도, 전기전도도)를 분석한 후, 열 가지 수질 군집으로 원수(原水)를 분류한다. AI 분석을 통해 인공지능으로 약품주입량을 자동결정 및 주입함으로써 근무자의 판단에 따라 약품주입량을 결정하던 과정에서 발생할 수 있는 위험을 줄일 수 있다는 장점이 있다.

인공지능 학습에는 과거 빅데이터 분석을 활용하였다. 데이터 범위 선정 기준은 화성정수장에서 적재된 분석 가능한 태그 데이터로 2017년 7월부터 2019년 12월까지의 데이터를 사용하였다. 타 정수장 데이터도 함께 분석하기 위해 화성 정수장의 데이터 기간에 한정하여 분석하였다. 2020년 1월 기준(분석 수행 시점)으로 2017년 10월부터 2018년 6월까지의 데이터는 학습 모델 성능을 위해 학습 기간에서 제외하였다. 데이터는 노이즈 제거를 위한 전처리 알고리즘을 적용하였다.

한국수자원공사의 시범사업(1차)은 현 수돗물 생산 및 설비관리가 근무자의 역량에 기반한 의사결정에 따라 발생할 수 있는 사고 가능성을 가지고 있다는 문제 인식에서 시작되었다. 특히 현재 광역 정수장 전체 43개 중 16개 정수장은 안전한 소독제(차염)를 도입하였으나, 27개 정수장은 액화염소를 소독제로 사용 중인데 액화염소는 사고 시 위험성이 커 정수장 인근 지역주민들까지 피해를 입을 수 있다는 우려가 존재한다.

따라서 1차 시범사업을 확대한 「스마트 정수장 구현 계획」을 수립하였다. AI 정수장 구현 및 안전한 소독제 도입을 내용으로 정수처리공정 자동화, 에너지 최적관리, 설비 자율진단, 지능형 영상감시 적용 등 수돗물 생산 자동화 및 설비 최적 관리를 실현한다. 더불어 취급이 안전하고 자동운전 가능한 소독제 및 설비 도입을 통해 안전 소독을 목적으로 한다. 사업대상은 AI 정수장 43개 전 정수장(2021년 1개, 2022년 23개, 2023년 19개) 및 안전소독설비 27개 정수장(2020년 8개, 2021년 7개, 2022년 12개)로 점차 확대할 계획이다(한국수자원공사 내부자료).

짧은 기간의 인공지능 기반 수도시설 자율운영체계 시범사업이 성공적인 효과를 넘어 스마트 정수장 구현 계획으로 발전할 수 있었던 큰 이유는 운영기관의 적극적이고 구체적인 사업 추진 능력으로 볼 수 있다. 인공지능 개발 시범사업에 참여한 개발업체 선정에 있어서도 각 과정별로 필요한 용역 업체를 선정함으로써 전문성을 보다 높였다고 평가할 수 있다. 대다수의 시범사업들이 일회성으로 끝나는 경우도 많은 반면, 한국수자원공사는 자문 평가를 통해 보완되어야 할 부분을 고려하여 충분한 예산을 투입하여 장기 계획을 수립했다는 점도 성공 요인으로 판단할 수 있다.

Ⅵ. 종합 및 정책적 함의

본 연구는 현재 공공부문에서 활용되고 있는 인공지능 유관 사례에 대하여 사례조사를 진행하였다. 총 31건의 사례가 수집되었고, 운영단계에 있는 사례와 계획단계에 있는 사례를 구분하였다. 그중 운영단계에 있는 사례를 중심으로 해당기관(부서)를 통해 전화인터뷰, 이메일 질문 등의 추가적인 조사를 진행하였다. 31건 중 운영단계에 있는 사례는 12건으로 이를 유형별로 나누어 챗봇 2건, RPA 3건, 맞춤형추천 2건, 초보적 인공지능 5건으로 나누어 소개하였다.

챗봇 서비스는 대민 안내서비스로서 현재 가장 보편화되어 있고 공공영역에서 폭넓게 활용되고 있는 것으로 확인되었다.

RPA는 양적으로 규모가 큰 반복적 업무로서 공사나 청 단위의 집행업무에 자주 활용되는 것으로 확인되었다. 이는 향후 출입국과 관련된 CIQ(검역, 입국, 통관) 등과 최근 코로나19 상황에서 정부가 국민들과 소상공인 등에게 지급하였던 대국민재난지원금 등의 업무에 활용될 수 있을 것으로 판단된다. 이를 위해서는 사전에 정교한 프로그래밍이 요구되며, 적절히 활용한다면 시간 절감을 통한 편익과 서비스 수혜자 선정에서의 정확성을 확보하여 중복수혜 방지와 특혜서비스 시비를 획기적으로 줄여주는 효과를 가져올 것으로 기대된다.

챗봇과 RPA가 결합된다면, 그 활용 가능성은 더욱 높아지고 적용 가능한 범위도 현재 소수의 선택적 서비스에서 다수의 보편적 서비스까지로 확대될 수 있다. 그 과정에서 서비스의 대상자들인 수요자의 필요(needs)에 맞는 서비스까지도 맞춤형 서비스까지 제공할 수 있는 초석이 될 것으로 보인다. 이는 일상적이고 반복적인 대민 업무와 정부조직 내 관련 업무들을 담당하는 공무원(혹은 공공기관 해당 업무 담당자)의 업무 부담과 처리 시간을 줄일 수 있으며, 같은 시간에 더 많은 시간이 요구되는 수요자에게 우선적으로 맞춤형 업무를 제공할 수 있을 것이다.

챗봇과 RPA를 통해서는 시간적 여유 외에도 앞으로 AI를 위해 사용할 수 있는 데이터를 지속적으로 확보할 수 있는 장점이 있다. 일반적으로 AI를 위한 데이터에는 입력 데이터(input data), 트레이닝 데이터(training data), 그리고 피드백 데이터(feedback data)가 중요한 역할을 한다(Agrawal, Gans & Goldfarb, 2019: 66).

이 모든 역할을 하는 데이터는 해당 인공지능 전 단계에 해당하는 챗봇과 RPA를 통하여 확보할 수 있다.

기계학습을 적용한 일부 초보적 인공지능의 하나로 추천 서비스가 있다. 추천 서비스는 각 분야의 전문지식을 활용하는 영역에서 주로 활용되고 있는 것으로 보이는데, 앞으로 보다 고급의 지식서비스 분야에서 활용될 가능성이 엿보인다. 예를 들어, 관련 논문과 기존의 특허 등의 정보의 비교를 통해 새로운 특허에 대한 판단을 할 수 있다. 또는 건강보험심사평가원에 축적되고 있는 의료데이터를 여러 분야에서 활용할 수 있을 것으로 보인다. 나아가 전 세계 차원에서 기업과 개인을 연결하는 핵심적인 역할을 하는 무역투자진흥공사, 산업인력공단과 같은 조직에서 데이터가 적절히 축적되고 활용되는 경우에도 발전 가능성이 있는 것으로 판단했다. 그러나 여기에서의 가능성은 단순히 어떤 한 개별 사안의 당위로서의 가능성이라기보다 중개의 성공사례가 어느 정도 축적이 진행된 이후에 그 발전 가능성을 논할 수 있다는 의미이다.

초보적 인공지능은 실제 업무에서의 의사결정 상황에서 일부 확대되어 활용되고 있고, 앞으로 그 발전 가능성이 있다고 할 수 있다. 그러나 RPA와 비교했을 때, 의사결정에서 실제 행동 직전의 판단기준이 법적 또는 이론적으로 명확하지 않으므로 이에 대한 법적인 기준이 가장 우선적으로 필요하다. 예를 들어, 여성가족부의 불법촬영물 삭제지원 시스템의 사례에서 불법촬영물이라고 AI가 판단할 수 있으나 실제 삭제 집행에서는 법이나 사회적 판단기준에 따라 적합한 자격을 갖춘 공직자가 수행해야 할 필요성이 제기된다. 농촌진흥청의 스마트관개시스템의 경우 관개 시점과 양을 판단과정에서 개별 식물들의 스트레스의 정도에 영향을 끼칠 수 있는 온도(그리고 실제 식물의 잎의 온도), 습도(그리고 이에 따른 식물 개체 주변 토양의 수분량), 일조량(그리고 식물 개체가 실제로 받는 햇볕의 양) 등의 데이터가 실시간으로 개체별로 수집되어 활용되어야 한다. 추천서비스와 달리 해당 판단을 위해 투입되어야 할 데이터의 양(volume) 자체가 훨씬 커야 한다는 것이다.

이에 초보적 인공지능은 대규모의 실시간 데이터가 자동적으로 수집되고 이를 기계 또는 영상으로 처리할 수 있는 영역에서 활용 가능성이 있는 것으로 보인다. 인공지능 서비스를 제공하기 위해서는 사후적으로 판단에 도움이 되는 알고리즘의 구축(algorithm building)이 필요하다. 현재는 데이터의 구축이 자동적으로 이루어지지 않아 별도의 새로운 데이터를 만들어야 하는 경우에는 데이터 수집 체계를 새로 구축하고 이를 실제로 활용하는 단계로 발전해 나가는 것만으로도 중요한 과제가 된다. 이와 관련하여 CCTV를 활용하는 교통부문과 기상데이터를 지속적으로 확보해 오고 있는 기상청 등에서 활용할 수 있을 것이다.

인공지능이 인간의 업무와 결정을 보완하고, 대체하는 역할을 수행하여, 결과적으로 인간의 편리성을 증진하기 위해서는 현재 정부조직 내 빅데이터(big data) 사업과는 차별성을 가지는 것이 필요하다. 빅데이터를 활용한 의사결정 형태는 그 정의상 다양하고 많은 데이터를 사용하여 어떤 특정 상황에 직면했을 때 최적의 결정을 내리는 것이다. 다시 말해, 한번의 의사결정이 된다. 이는 빅데이터를 통해 추진된 대표적인 성공사례로 꼽히는 서울시 야간버스 노선 결정 사례에서 명확하게 드러난다. 서울시는 보유하고 있는 주거구역, 상업밀집구역 등 권역 구분의 데이터를 기본으로 한다. 더불어 통신사(KT)가 제공한 구역별 심야시간대 (00-05시) 휴대전화 통화량 데이터 30억 건과 심야시간 택시 위치정보 60만 건을 통해 수요가 많은 지역을 도출해 내는 데 활용하였다. 이를 통하여 심야시간대 9개의 노선을 확정하고 운영하고 있다.

한편, 인공지능은 다양하고 많은 데이터를 이용한다는 점에서는 빅데이터의 발전과 비슷하게 볼 수도 있으나, 실질적으로 인공지능을 활용한 의사결정의 형태는 빅데이터와는 다르다. 인공지능은 기본적으로 지속적, 반복적이고 일상적인 결정에 활용되는 것으로 보는 것이 적절하다. 또한 인공지능의 기술적 특성을 고려하였을 때, 인공지능의 학습과 알고리즘의 개선을 위한 지속적 상호작용(feedback)을 통해 인공지능이 지속적으로 발전 가능할 것으로 보인다. 이를 위해서는 첫째, 기술을 활용하여 해당 서비스를 제공하는 일종의 사업자와 실제 해당 AI를 통하여 서비스를 제공하는 시스템 운영자(담당 직원) 사이의 긴밀한 협업(co-work)이 요구된다. 둘째, 이를 뒷받침하기 위해서는 사용기관(중앙정부, 공공기관 등) 기관장의 리더십에서부터 실제 사용하는 담당자의 활용 의지가 요구된다. 셋째, AI 서비스를 통하여 어떤 것(what)을 어떻게(how) 구현할 것인지에 대한 명확한 기대목표(예: AI 서비스를 통한 서비스 시간(x분)의 절감, 00%의 정확성의 증진)가 필요하다. 이 세 가지 요소가 잘 갖추어져 있다면, 현재의 기술적인 수준을 고려하였을 때, AI를 공공부문에 활용하는 데 큰 어려움은 없는 것으로 판단된다. 다만 데이터를 확보하는 것이 큰 과제이다.

범정부적인 측면에서 보았을 때, 기계적으로 데이터 수집이 용이한 부분부터 선제적으로 인공지능을 활용한 서비스 도입이 필요하다. 일선 관료의 수준에서, 대민 서비스를 제공하는 현장에서, 혹은 기기·기계가 365일 24시간 활용되는 부분에서 인공지능의 활용 가능성이 높다. 특히, 초보적 인공지능을 실제 사람을 대상으로 하는 결정에 있어서는 판단 오류에 따른 피해와 손실이 매우 크므로 적용 가능성이 높지 않다고 본다. 환경, 안전, 재난 등과 같은 비(非)사람(non-human) 관련 사물과 시설 대상의 영역에 인공지능을 우선적으로 적용하는 것을 고려해야 한다.

개략적으로 공공부문 인공지능 도입·활용 로드맵을 언급하면 아래와 같다. 현재 인공지능은 유형과 관계없이 실제 유용성과는 약간 동떨어진 채로 기술개발 그 자체가 목적이 되는 양상이다. 이는 인공지능 기술을 이용한 서비스 개발 기관과 운영기관이 분리된다는 사실을 통해 확인할 수 있다.

따라서 향후에는 실제 인공지능 기술을 활용한 서비스를 제공하는 운영기관(주관기관)이 주도하여 인공지능 기술의 개발과 적용, 그리고 평가와 시정조치를 수행할 필요가 있다. 서비스 운영기관이 새로운 업무수행 방식을 창도하고 기술개발 기관이 이를 지원하는 방식이 바람직하다고 볼 수 있다.

만약 인공지능 기술에 대한 지속적인 피드백이 결여되는 경우, 동일한 자극에 동일한 반응을 보이는 인공지능 기술을 활용한 서비스가 정책의 영역에서 보조금 등 수혜 결정의 가/부 결정에 보조적으로 활용된다면, 이러한 서비스의 결과에 대해 인간은 새롭게 학습할 수 있어 인공지능의 판단 방식을 악용할 수도 있다. 경직된 인공지능의 뒤떨어진 판단으로 새로운 서비스의 공백, 예산의 누수 등의 부작용과 비효율이 발생할 수도 있다. 이렇듯 공공부문에서의 인공지능의 도입과 활용이 성공적으로 추진되기 위해서는 지속적인 상호작용(예: 인공지능의 활용에서 오류(error)의 교정, 적중 확률의 증진 등)과 정책기관 또는 서비스운영기관에서 인공지능 기술개발에 대한 수요와 결과평가, 시정조치의 전 과정에 적극적으로 참여할 필요가 있다. 이를 위해 우선 공무원과 공공기관 임직원은 챗봇, RPA, 기계학습, 인공지능에 대한 기본적인 이해력을 키우고 자신들의 일과 일하는 방식에 적용해서 얻을 수 있는 편익과 비용에 대해 탐색하여야 한다.

참고문헌

[국내문헌]

건축도시정책정보센터. (2019.12.17.). 농진청, 스마트팜 최적 환경 설정 안내서비스
　　실시. 정책과 연구.

과학기술정보통신부. (2020.09.28.). 인공지능으로 불법 복제품 잡는다…'판독 실증랩'
　　개소. 정부 24.

국경완. (2019). 인공지능 기술 및 산업 분야별 적용 사례. 주간기술동향, 20, 15-27.

글로벌경제신문. (2020.02.04.). 과학기술·ICT와 여성·청소년·가족 정책이 만나
　　다…과기정통부·여가부, 업무협약 체결.

기상청. (2019.06.13.). 기상청, 인공지능 기상예보 보좌관 '알파웨더' 개발한다!. 보도
　　자료.

기상청. (2020.01.17.). 기상청-KAIST 기상 분야 인공지능 '알파웨더' 공동개발 한다.
　　포토뉴스.

김도연·조민기·신희천. (2020). 상담 및 심리치료에서 인공지능 기술의 활용: 국외
　　사례를 중심으로. 한국심리학회지: 상담 및 심리치료, 32(2), 821-847.

김동원. (2016). 인공지능 관료제와 제4차 인사행정혁명. 한국행정학회 학술발표논문
　　집, 651-665.

김병조·은종환. (2020). 행정-정책 의사결정에서 머신러닝(machine learning) 방법
　　론 도입의 정책적 함의: 기계의 한계와 증거기반 의사결정(evidence-based
　　decision-making). 한국행정학보, 54(1), 261-285.

데일리경제. (2020.10.29.). 티젠소프트, 국민권익위원회 '차세대 국민신문고' 동영상
　　스트리밍솔루션 구축.

데일리안. (2020.10.28.). AI로 쇠고기 산육량·육량등급 자동 측정한다.

디지털타임스. (2018.01.15.). 내년부터 AI가 인천공항 수출입 통관 맡는다.

디지틀조선일보. (2020.05.21.). 식약처, 빅데이터 기반 인공지능(AI) 활용한 독성예
　　측 기술 개발 추진.

매일일보. (2019.10.24.). 농촌진흥청, 작물 수분스트레스 기반 스마트 관개시스템 국
　　내 첫 개발.

메디게이트뉴스. (2020.11.04.). 딥노이드, 인공지능 X-레이 보안검색 자동판독시스템 시범 운영.

법무부. (2018.03.12.). 법이 어려울 EO, '버비'에게 물어봐~. 대한민국 정책브리핑.

보건복지부. (2019.05.30.). 지역사회 통합 돌봄을 위한 노인·장애인 스마트홈 시범사업 추진한다!. 보도자료.

시사타임즈. (2020.05.27.). 노동부, 인공지능 일자리 연결 서비스 '더워크 에이아이' 시범운영.

식품저널. (2016.12.26.). 관세청, 계란 등 긴급수입물품 신속 통관 지원특별통관지원반 운영·공휴일 야간 포함 24시간 통관 지원.

안진우·노상우·김태환·윤일웅. (2020). 인공지능 분야 국방 미래기술에 관한 실증연구. 한국산학기술학회 논문지, 21(5), 409-416.

양희태·최병삼·이제영·장훈·백서인·김단비·김선진 외. (2019). 인공지능 기술전망과 혁신정책 방향-국가 인공지능 R&D 정책 개선방안을 중심으로. 정책연구, 1-321.

어제이 애그러월·조슈아 갠스·아미 골드파브. (2019). 「예측기계: 인공지능의 간단한 경제학」. 경기: 생각의 힘.

여성신문. (2020.02.05.). 과학기술과 여성 정책이 함께 '디지털 성범죄' 피해 확산 막는다.

영농자재신문. (2019.10.27.). '인공지능' 활용한 스마트 관개시스템 열린다.

우상근. (2018). 인공지능(AI)을 선도하는 주요국의 핵심전략. IT & Future Strategy, 한국정보화진흥원.

윤상오·이은미·성욱준. (2018). 인공지능을 활용한 정책결정의 유형과 쟁점에 관한 시론. 한국지역정보화학회지, 21(1), 31-59.

윤상오. (2017). 지능정보시대의 정책결정: 인공지능 정책결정의 주요 쟁점들. 한국경영과학회 학술대회논문집, 2447-2470.

윤상오. (2018). 인공지능 기반 공공서비스의 주요 쟁점에 관한 연구: 챗봇(ChatBot) 서비스를 중심으로. 한국공공관리학보, 32(2), 83-104.

이데일리. (2020.08.03.). 비대면 AI 관광 안내 시스템, 어디에 설치했나.

이상길. (2018). 국내외 AI 활용 현황과 공공 적용. IITP: ICT Spot Issue.

이제복·최상옥. (2018). 공공서비스 인공지능 ML 적용과 공공가치. 정부학연구, 24(1), 3-27.

인공지능신문. (2020.01.18.). 기상청, AI 기상예보 보좌관 '알파웨더' 개발 가속화한다.

인사혁신처. (2018.12.24.). AI가 자리에 맞는 적합한 인재 찾아낸다-인사처, 지능정
　　보형 인사정책지원 플랫폼 시범서비스 개시-. 대한민국 정책브리핑.

인천공항공사. (2019.11.04.). 인천공항, 세계 최초 AI 기반 보안검색 실증시스템 도
　　입. 보도자료.

전자신문. (2020.07.02.). 위세아이텍, 교육부 'AI-매칭 성인학습자 교육과정 추천 시
　　스템 구축' 사업 수주.

정보통신신문. (2019.05.28.). '지능형 물 관리'로 수량·수질 실시간 분석.

정소윤. (2019). 인공지능 기술의 행정 활용에 관한 연구동향 및 쟁점 분석. 한국지역
　　정보화학회지, 22(4), 175-207.

정우일·차훈진. (2018). 인공지능 경찰활동에 대한 고찰. 한국공안행정학회보, 27(2),
　　307-322.

조달청. (2020.07.14.). 인공지능 활용해 맞춤형 건설 일자리 제공. 보도자료.

조선비즈. (2020.04.13.). AI로 부정수급 찾고 주소이전 탐지...과기부 14개 사업에
　　207억원 투입.

조현수. (2020). 새로운 데이터·인공지능(AI) 시대를 준비하다. 월간 공공정책, 176,
　　19-21.

최상옥. (2018). 인공지능 기반 공공서비스와 신공공성. 월간 공공정책, 152, 8-9.

코리아데일리. (2020.09.29.). 인공지능으로 불법 복제품 잡는다...'판독 실증랩' 개소.

특허청. (2020.07.13.). 인공지능(AI) 기반 특허 빅데이터 분석으로 혁신성장동력 찾
　　는다!. 보도자료.

해양경찰청. (2020.07.21.). 바다 위의 음주운항, 이젠 AI 기술로 잡는다. 정부 24.

현대해양. (2020.03.19.). 아쿠아팜 4.0 혁신 기술개발사업 예비타당성 대상 선정.

(재)한국방문위원회. (2020.08.04.). 인공지능(AI) 탑재 비대면 관광안내시스템 확대
　　운영.

IITP. (2018). ICT R&D 기술로드맵 2023 -인공지능·빅데이터 분야-.

Techworld. (2020.07.16.). 언택트 시대의 '디지털 직원', 챗봇＋RPA. 레인보우브레인
　　작, http://www.epnc.co.kr/news/articleView.html?idxno=100046

UPI뉴스. (2020.04.13.). 'ICT 활용 사회보장 부정수급 탐지' 등 14개 혁신과제 선정.

Zdnet Korea. (2020.07.07.). 엑셈, 한국에너지공단 '빅데이터 기반 지능형 에너지관
　　리시스템' 계약.

Zdnet Korea. (2020.08.26.). 국토부, 도로교통 관리시스템 AI로 확 바꾼다.

[해외문헌]

Eggers, W. D., Schatsky, D., & Viechnicki, P. (2017). AI-augmented government. Using cognitive technologies to redesign public sector work. Deloitte Center for Government Insights.

Sadilek, A., Brennan, S. P., Kautz, H. A., &Silenzio, V. (2013, November). nEmesis: Which restaurants should you avoid today?. In HCOMP.

Sadilek, A., Kautz, H., DiPrete, L., Labus, B., Portman, E., Teitel, J., & Silenzio, V. (2017). Deploying nEmesis: Preventing foodborne illness by data mining social media. *AI magazine*, 38(1), 37-48.

공공부문 AI 도입의 접근법과 전략: 증거기반접근

김병조(서울대학교 행정대학원)

I. 서론

이 장에서는 행정-정책 의사결정 문제를 해결하는 데 인공지능 기술의 도입이 어떤 역할을 할 수 있을지에 대해 논의한다. 첫째, 행정-정책 분야에서 인공지능 도입에 관한 현재 논의를 검토하여 현 단계 논의가 당위적이고 시론적 논의를 중심으로 이뤄지면서 행정 제 분야에 대한 인공지능 기술의 도입 가능성을 타진하는 논의를 중심으로 이뤄지고 있다는 점을 밝힌다. 특히 실제 인공지능 개념에 대한 기술적(technical) 이해의 부족으로 논의가 추상적으로 진행되고 있음을 지적하면서 이를 극복하기 위해 행정-정책 분야에 필요한 논의의 프레임을 설정할 필요성을 제시한다. 특히 인공지능 기술 도입을 우선적으로 검토해야 할 영역을 문제의 특성(즉, 구조화된 문제 vs. 비구조화된 문제)과 인공지능 기술의 적용 범위(하향식 vs. 상향식)라는 두 가지 관점에서 제시한다. 이에 따라 행정-정책 분야에서 인공지능 기술의 도입 논의는 당위적이로 시론적인 논의를 통한 대상 영역의 확장(擴張)이 아닌 위에서 제시한 두 가지 기준에 의거하여 구체적 적용 대상의 획정(劃定)에 초점을 맞추어야 한다는 점을 강조한다.

둘째, 인공지능 기술의 도입과 적용을 위해 현대 사회가 당면한 행정-정책 의사결정 문제의 특성을 주체, 목표, 대상, 대안의 특성을 중심으로 검토한다. 이를 통해 각각의 문제점을 도출하고, 해결 방안으로서 체계적 의사결정 과정(systematic decision process)의 필요성을 제시한다. 주체의 특성은 모든 대안의 검토가 어렵고, 목표의 특성은 가치들 사이에서 일관성 유지가 어려우며, 대안의 특성은 활용되는 데이터의 퀄리티를 보장하지 못한다는 점이 문제다. 이를 극복하기 위해 체계적(systematic) 의사결정이 필요하다는 점을 지적하면서 두 가지 대응 방향으로서 인공지능 기술의 활용과 증거기반 의사결정의 실행(implementation)을 제시한다.

셋째, 행정-정책 의사결정의 퀄리티를 개선하기 위한 두 가지 방안으로서 인공지능의 활용 가능성과 그 보완책으로서 증거기반 의사결정 접근법의 중요성과 역할을 논의한다. 앞서 논의한 두 가지 판단 기준, 즉 문제의 특성(구조화된 문제 vs. 비구조화된 문제)과 인공지능 기술의 적용 범위(하향식 vs. 상향식)라는 기준에 비추어 행정-정책 의사결정 문제 가운데 인공지능 기술을 적극 활용할 수 있는 영역(즉, 구조화된 문제)과, 여전히 인간의 판단이 중요한 영역(즉, 비구조화된 문제)을 구분한다. 또한 인공지능 기술 적용 범위에 대한 올바른 접근법으로서 상향식(bottom-up) 접근법의 중요성을 제시한다. 이를 통하여 체계적 의사결정 과정의 개선을 위한 도구로서 인공지능 기술의 가능성과 함의, 한계점을 논의하고, 그 한계점을 보완하기 위한 대안으로서 증거기반관리의 도구적 필요성과 함의를 종합적으로 논의한다.

Ⅱ. 행정-정책 의사결정에서 인공지능 도입의 의의

행정-정책 분야에서 일상적으로 발생하는 의사결정 문제는 개별 업무나 특정 정책을 담당하는 개인 차원(individual level)은 물론 특정 부서 혹은 정부부처 등 조직 차원(organizational level)에서 이뤄지기도 한다. 또한 주요한 행정-정책 의사결정은 급변하는 현대 사회의 다양한 문제와 각 이해관계자 집단의 요구사항 등을 종합적으로 고려해야 하는 고난이도의 판단을 요구하는 경우가 빈번하다. 한편 또 다른 종류의 행정-정책 의사결정 문제는 오랜 시간 축적된 경험과 지식을 토대로 하여 주기적으로 반복되는 일상적인(routine) 업무도 포함한다. 이처럼 행정-정책 의사결정은 일상적이고 반복적인 업무(예: 증명서류 발급을 위한 구비서류의 타당성 판단)에서부터 과거에는 전혀 경험하지 못했던 완전히 새로운 의사결정 상황(예: 코로나 바이러스의 전 세계적 팬데믹)에 이르기까지 다양한 층위에서 발생하고 있다. 이 경우 행정-정책 의사결정 과정에서 인공지능 기술을 도입하여 행정의 효율성과 효과성을 개선할 수 있을 것인가, 인공지능 기술을 도입한다면 어느 수준까지 도입할 수 있을 것인가, 인공지능 기술에 의한 행정-정책 의사결정의 결과를 우리 사회와 공동체는 사회적 갈등 등의 비용을 최소화하면서 공통된 합의하에 수용할 수 있을 것인가 등과 같은 중요한 질문에 대한 논의가 필요한 시점이다. 아래에서는 행정-정책 분야에서 인공지능 기술 도입의 의의를 밝히고 현재 진행되고 있는 논의를 검토하여 향후 논의의 방향을 탐색한다. 특히 당위적이고 시론적인 논의를 넘어 행정-정책 의사결정 문제의 특성(구조화된 문제 vs. 비구조화된 문제)과 인공지능 기술의 도입 방식(상향식 vs. 하향식)에 대한 면밀한 검토를 통해 인공지능 기술을 우선적으로 도입할 수 있는 대상 영역을 구체화한다.

1. 행정-정책 분야에서 인공지능 기술 도입의 의의

인공지능 기술은 4차 산업혁명과 같이 이미 우리 앞에 와 있다. 인공지능 기술에 대한 세부적 이해도의 차이에도 불구하고 학계와 산업계, 정부와 공공기관 등 사회의 거의 전 영역에서 인공지능 기술 혹은 AI(Artificial Intelligence)라는 키워드는 가장 뜨거운 관심의 대상이다. 학자들은 이미 4차 산업혁명의 도래와 인공지능(Artificial Intelligence) 기술의 발전이 인류의 기회가 될 수 있다는 점을 지속적으로 제기해 왔다(Davenport & Kirby, 2015). 행정-정책 분야에서도 인공지능 기술은 사회 전반에 걸친 대변혁을 촉발하며 정부부문에도 일하는 방식의 변화를 가져올 것으로 예상되고 있다(윤상오·이은미·성욱준, 2018; 황종성, 2017). 정부도 이와 같은 변화에 발맞추어 지난 2017년부터 4차 산업혁명 기술의 발전을 전략적으로 대응하기 위한 지능형 정부(intelligent government) 추진 전략을 발표했다(행정안전부, 2017). 특히 행정-정책 의사결정에 인공지능 기술을 적극 도입하고자 하는 지능형 정부 개념은 인간의 판단에 기반한 전통적 의사결정의 취약점(예: 불확실성, 부정부패 가능성, 편견과 오류 가능성)을 극복할 수 있는 대안으로 주목받고 있다(윤상오, 2017).

수십 년 전부터 인공지능 개념에 대해 고민했던 Herbert Simon(1956)이 "앞으로 20년 안에 기계는 인간이 할 수 있는 어떤 종류의 일도 해낼 수 있게 될 것이다"라고 예측한 것이 50년 전이다. 또 다른 연구자인 Marvin Minsky(1967)도 1960년대에 "앞으로 한 세대 안에 인공지능을 창조하는 문제는 상당한 수준으로 해결될 것이다"라고 예측했다. 비록 이들의 예측은 21세기가 된 현재에도 충분히 도달하지 못했지만 최근 인공지능의 발전 속도는 상상을 넘어서는 수준으로 나아가고 있다. 특히 정부의 행정-정책 의사결정과 관련된 분야에서도 인공지능 기술을 접목하여 의사결정의 수준을 향상하고 업무 효과성과 효율성을 높이려는 시도가 이어지고 있다. 가령 행정 민원 정보 수집 및 대응(미국 보스턴 시 사례), 보건 당국의 식당 위생검사 및 식중독 예방 툴의 개발(미국 네바다주 사례), 정부 민원 콜센터의 인공지능 기반 프로그램 구축, 부정부패 사례 적발 프로그램의 개발(중국 정부 사례) 등이 최근 벌어지고 있는 주요 사례들 중 일부이며 저소득층 지원을 위한 금융대출 의사결정은 대표적인 머신러닝 기반 의사결정 대상 가운데 하나로 분석되고 있다(김병조·은종환, 2020). 이처럼 대규모 정보가 복잡하게 상호 관련된 사안에 대해 인간의 축적된 경험에 기반한 판단을 인공지능 기반 의사결정으로 대체함으로써 의사결정의 정확성(accuracy)과 결과에 대한 예측력(prediction)을 높일 수 있다면 행정-정책 의사결정 분야에서 인공지능 기술의 도입은 매우 중요한 분기점이 될 수 있다. 특히 인공지능 기술은 광범위한 데이터를 바탕으로 최적화된 의사결정을 가능하게 할 수 있다는 점을 고려할 때 인공지능 기술의 도입은 정보통신기술을 보조적으로 활용해 왔던 기존 전자정부 개념을 넘어 행정-정책 의사결정 자체를 인공지능 기술에 기반하여 구현하는 방식으로 더욱 적극적으로 역할을 확대할 수 있다는 점에서 더욱 기대를 높이고 있다(황종성, 2017).

2. 대상 영역의 확장(擴張)과 기술적 이해의 한계

최근 인공지능 기술을 기존 의사결정 영역에 도입하고자 하는 시도가 공공 부문과 민간 부문을 막론하고 한창 진행 중이다. 이 가운데 행정-정책 분야에서 인공지능 도입 관련 논의는 현재 어디까지 진행되었는지 간략히 살펴본다. 이를 통해 여기에서는 현재 행정-정책 분야에서 진행되는 인공지능 도입 논의가 주로 당위적이고 시론적인 주장 중심으로 이루어지고 있는 반면 실제 인공지능 기술에 대한 기술적(technical) 이해에 바탕한 논의는 아직 미흡하다는 점을 지적한다.

김병조·은종환(2020)은 최근 국내외에서 진행되고 있는 행정-정책 분야 인공지능 도입에 관한 연구들을 문헌검토하여 다음과 같은 특징을 도출하였다. 먼저 가장 두드러진 특징은 인공지능의 발전에 대한 정부의 대응을 탐색하고 인공지능이 가져올 정부 변화에 대한 거시적 전망을 제시하는 시론적 연구가 다수를 차지한다는 점이다(Eggers, Schatsky, & Viechnicki, 2017; 성욱준·황성수, 2017; 윤상오 외, 2018; 진상기·박영원, 2017; 황종성, 2017). 예를 들어 정부 운영에 인공지능 기술을 도입할 때 나타날 수 있는 변화를 탐구한 사례 연구들이 있다(Ojo, Mellouli, & Ahmadi Zeleti, 2019; 이강윤·김준혁, 2016). 하지만 이들 연구는 행정-정책 의사결정 방식의 변화에 초점을 맞추는 대신 거시적 차원에서 변화의 방향을 논의하거나(윤상오 외, 2018) 인공지능의 적용 사례에 한정하여 연구하였다(이강윤·김준혁, 2016). 이러한 시론적 연구는 인공지능 기술의 도입이 정부 운영 및 주요 의사결정에 어떻게 영향을 미치는지, 인공지능과 인간 의사결정자의 상호작용이 어떤 결과를 가져오는지 등에 대한 구체적인 상을 제시하지 못한다(김병조·은종환, 2020). 특히 행정-정책 의사결정은 다양한 사회적 가치들을 종합적으로 반영하기 때문에 복잡한 환경하에서 의사결정이 이루어지게 된다는 점을 고려할 때(Kitzhaber, 1993), 인공지능 기술의 도입이 초대할 정부 의사결정 방식의 변화를 탐구하는 것은 중요한 과제이다.

이처럼 행정-정책 의사결정 분야에서 인공지능 기술의 도입과 관련된 논의가 지금까지 당위적이고 시론적인 논의 중심으로 진행된 데는 인공지능 기술에 대한 세부적인 기술적 이해의 수준이 연구자들과 정책입안자들 사이에서도 다양한 층위로 존재한다는 점이 영향을 미치고 있는 것으로 보인다. 가령 일부에서는 인공지능(artificial intelligence)과 기계학습(machine learning)이라는 용어의 차이를 제대로 식별하지 못한 채 혼용해서 쓰이기도 한다. 또 빅데이터(big data) 용어에 대해서도 어느 정도로 큰 데이터가 빅데이터인가에 대해 통계학자들과 사회과학자들, 데이터과학자들 사이에서 서로 다른 이견이 존재한다. 과학기술의 발전이 대중미디어의 확산이라는 경로(vehicle)를 타고 확산되는 과정에서 엄밀한 과학적 개념에 대한 피상적 이해를 바탕으로 전혀 엉뚱한 주장과 논의가 펼쳐지는 광경은 낯선 것이 아니다. 이른바 소칼사건으로 알려진 1990년대에 벌어진 지적 사기사건은 과학적 개념에 대한 엄밀한 이해의 중요성을 다시 한번 상기하게 해 준다. 뉴욕대학교 물리학과의 앨런 소칼(Alan Sokal) 교수는 1996년 양자 중력이라는 개념이 언어적 사회적 구성개념(construct)이라는 요지의 주장을 담은 논문 "경계를 넘어서: 양자 중력의 변형적 해석학을 위하여(Transgressing the Boundaries: Toward a Transformative Hermeneutics of Quantum Gravity)"를 저명한 인문학 저널인 "소셜 텍스트(Social Text)"지에 투고하였다. 이 논문은 실제 양자중력의 개념과 전혀 상관없이 오직 사회과학적으로 그럴듯하게 들리는 내용으로 구성된 가짜 논문이었다. 소칼 교수의 목적은 포스트모더니즘 학문 조류가 과학적 개념에 대한 엄밀한 이해를 바탕으로 진리를 추구하는 학문적 엄정성을 잃었다고 보고 이러한 지적 태만이 횡행하고 있다는 것을 보여주는 것이었다. 그가 예상한 대로 이 논문은 어떤 동료평가(peer review) 과정도 없이 1996년 "소셜 텍스트" 저널의 '과학전쟁' 특별호에 게재되었다. 소칼은 이 논문이 출간되자 즉각 "링구아 프랑카(Lingua Franca)"라는 학술지에 "문화연구에 대한 물리학자의 실험(A Physicist Experiments with Cultural Studies)"이라는 제목으로 글을 투고하여 이 사실을 폭로하였다. 소칼 사건은 이후 과학적 개념의 무분별하고 피상적인 사용에 대한 반성과 학문적 논의의 엄밀성에 대한 자성을 이끌어내는 등 학계에 큰 영향을 끼쳤다. 이 사건의 교훈은 과학기술의 발전 속도가 기하급수적으로 빨라지고 관련 용어들이 대중매체를 통해 급속도로 확산하는 현대 사회에 여전히 중요한 메시지를 전하고 있다. 특히 인공지능, 머신러닝, 빅데이터 등 현대 사회에 지각변동을 일으키고 있는 주요 개념들을 활용할 때에도 소칼 사건의 교훈은 여전히 유효하다. 작금의 인공지능 기술의 행정-정책 분야 도입과 관련된 논의가 소칼의 비판에서 자유로워지기 위해서는 두 가지 선택지가 있을 것으로 보인다. 첫째, 행정-정책 의사결정 분야에서 이뤄지고 있는 인공지능 기술 도입 논의에서 기술적 이해도를 높이기 위해 인공지능 전문가와 협업을 늘려야 한다. 둘째, 기술적 이해와 별개로 학계와 정책 입안 및 집행가 등 전문가 집단이 행정-정책 의사결정의 특성을 충분히 고려하여 인공지능 기술의 도입 범위와 방식에 대한 기준을 제시해야 한다. 아래에서는 지금까지 진행되어온 당위적이고 시론적인 논의를 넘어 인공지능 기술의 행정-정책 분야 도입을 위해 시급히 정립해야 할 기준(criteria)에는 어떤 것이 있는지 검토한다.

3. 대상 영역 획정(劃定)의 필요성

지금까지 행정-정책 분야에서 인공지능 기술의 도입에 관한 논의는 당위적이고 시론적인 내용을 바탕으로 향후 기술도입 대상 영역을 얼마나 그리고 어디까지 확장(擴張)할 수 있을 것인가에 초점을 맞추어 왔다고 할 수 있다. 특히 인공지능이 구현할 수 있는 의사결정의 기술적 발전과 한계에 대한 세부적인 이해가 충분하지 않은 사회과학 연구자들과 정책입안자들의 논의에는 금명간에 구현할 수 있는 수준의 기술과 향후 중장기적인 연구를 통해 점진적으로 달성할 수 있는 수준의 기술에 대한 고려 없이 장밋빛 청사진의 구상에 집중하는 경향도 보인다. 그러나 지금 단계에서 사회과학 연구자들과 정책입안자들에게 필요한 태도와 관점은 기술자(technician)의 관점이라기보다는 오히려 기획자(planner)의 관점이어야 한다. 기계가 아닌 인간으로서 우리가 해야 할 일은 행정-정책 의사결정 분야에서 인공지능 기반 기술에 맡길 수 있는 성격의 문제와 의사결정의 특성상 기계에게 맡길 수 없는 문제(예: 인간 사회의 공공 의사결정을 어디까지 기계에게 맡길 것인가)를 구분하고 인공지능 기술의 도입을 어디서부터 시작할지(예: 상향식 혹은 하향식)를 결정하는 것이다. 즉 인공지능 기술 도입의 대상 영역을 구체적으로 획정(劃定)하는 것이 현 단계에서 행정-정책 연구자와 정책 입안자들이 해야 할 임무라고 할 수 있다.

그렇다면 행정-정책 의사결정 분야에서 인공지능 기술을 우선적으로 도입해야 할 영역은 어떤 기준으로 선정해야 하는가? 이에 대해 이 장에서는 두 가지 기준을 제시한다. 의사결정 문제의 특성에 따라 구조화된 문제(structured problems)와 비구조화된 문제(unstructured problems)를 구분해야 한다. 또한 인공지능 기술의 도입 방향에 대해 단순하고 일상적으로 반복되는 루틴한 업무부터 시작하여 점차 복잡성이 높은 의사결정으로 확장하는 상향식(bottom-up) 접근 방법과 전략적으로 중요한 중장기적인 중요 의사결정에서 먼저 최첨단 인공지능 기반 의사결정 기술을 도입함으로써 선택과 집중의 효과를 극대화한 뒤 이 경험에서 학습한 지식을 제반 의사결정 영역으로 확산하는 하향식(top-down) 접근 방법 가운데 어떤 접근법을 선택할지를 결정해야 한다. 다음에서는 이와 같은 행정-정책 의사결정 문제의 특성을 검토한다.

III. 행정-정책 의사결정 문제의 특성

행정-정책 의사결정에서 인공지능 기술의 도입 가능성을 검토하기 위해서는 먼저 행정-정책 의사결정의 독특한 특성을 살펴볼 필요가 있다. 아래에서는 행정-정책 의사결정의 특성을 제한된 합리성이라는 의사결정 주체의 특성, 공공가치의 실현이라는 목표의 특성, 그리고 직면한 행정-정책 의사결정 문제가 구조화된 문제인지 비구조화된 문제인지에 따른 대상의 특성 등 세 가지로 구분하여 검토하면서 필연적으로 발생하는 인간 의사결정에 한계들을 식별한다. 이를 극복하기 위한 방안으로서 체계적 의사결정(systematic decision making)의 중요성을 논의하고 체계적 의사결정 달성하기 위한 도구로서 인공지능 기술의 도입과 증거기반 의사결정 접근법의 가능성을 검토한다.

1. 주체의 특성: 제한된 합리성

행정-정책 의사결정 문제를 다루는 연구에서 합리성 개념은 합리적 선택(rational choice)에 초점을 맞춘 경제적 합리성 내지는 도구적 합리성의 의미로 주로 사용되어 왔다(최종원, 1995). 학자들은 합리적 정책의사 결정은 네 가지 조건을 충족할 때 성공적으로 이루어진다고 본다(Goodwin, Wright, & Phillips, 2004; 정정길 외, 2003). 즉 명확한 목표가 정의되어야 하고, 모든 대안이 탐색되고 검토되어야 하며, 결과를 예측할 수 있어야 하며, 대안의 비교평가가 가능해야 한다. 이와 같은 합리적 의사결정 모형은 세 전제들 위에서 성립된다. 첫째, 시간과 공간을 초월한 완벽한 정보를 수집할 수 있어야 한다. 둘째, 주관이 개입되지 않는 객관적 정보를 확보해야 한다. 셋째, 의사결정의 퀄리티를 판단할 수 있는 대전제로서의 일원화된 가치체계가 선행해야 한다(Gruber, 2005; Weimer & Vining, 2017).

그러나 합리모형은 그 전제가 되는 가정들의 비현실성(즉, 완전한 정보, 객관적 자료, 단일화된 가치체계) 때문에 현실의 행정-정책 의사결정 과정을 제대로 반영하지 못한다(정정길 외, 2003). 대안들을 완벽히 탐색하고 대안 실행의 결과로 발생하는 결과를 예측하기 위해서는 정책의 시행에 따른 변화 및 정책 대상 요소들의 상호작용을 모두 계산해 낼 수 있어야 하지만 현실적으로 이러한 정보들을 모두 고려하는 것은 불가능하다. 또한 합리적 의사결정을 위해서는 객관적 정보에 바탕한 완벽한 분석이 전제되지만 완벽한 분석을 위해 필요한 객관적이고 하나의 해석으로만 가능한 정보를 확보하는 것 또한 정책문제의 복잡성을 고려할 때 실현불가능한 조건이다(De Martino, Kumaran, Seymour, & Dolan, 2006). 뿐만 아니라 합리모형의 바탕에는 비용과 편익을 고려할 때 가장 효율적인 대안이 최선의 대안이라는 공리주의적 가정이 깔려 있는데, 이처럼 모든 사람의 효용을 동일하게 바라보는 공리주의적 접근은 사회 경제적 조건이나 계층에 따라 정책 수요가 달라질 수밖에 없는 현실 행정-정책 문제를 해결하기에는 최선의 접근이라고 단정할 수 없다.

이러한 한계에 대한 인식을 바탕으로 나타난 것이 제한된 합리성(bounded rationality) 개념에 기반한 대안적 의사결정 모형들이다. 이 대안모형들은 합리모형의 전제 조건들에 대한 현실적 비판을 바탕으로 새로운 관점을 제공한다. 만족모형의 경우 인간의 한계로 말미암아 완벽한 정보를 수집 분석하지 못하기에 제한된 합리성 내에서 절차적 합리성을 구현해야 한다고 강조한다(March & Simon, 1993). 점증주의 모형은 합리모형의 세 가지 전제에 대해 모두 회의적인 입장이다(Lindblom, 1959). 집단 수준에서 이루어지는 의사결정을 설명하기 위해 회사모형(Cyert & March, 1963)도 발전되었고, 조직의 의사결정의 비합리성과 우연성을 설명하기 위한 쓰레기통 모형도 소개되었다. 이러한 대안적 의사결정 모형들은 인간의 합리성 추구는 인정하면서도 인간의 정서적 물리적 한계로 인한 제한적 합리성 관점이 더욱 정확한 현실의 반영이라는 점에 동의한다. 현실의 행정-정책 의사결정 문제들은 미래를 정확하게 예측할 수 있는 정보가 부재하고 과거의 정보 또한 선택적으로 수집되기 때문에 완전한 정보를 구현하기 어려운 상황에서 출발하게 된다. 인간의 인지능력의 한계는 대규모 정보가 제공되더라도 이를 완전히 활용할 수도 없다는 문제도 야기한다. 이처럼 의사결정의 주체인 인간은 제한된 합리성 속에서 행정-정책 의사결정 문제를 해결해야 하는 특성을 가지고 있다.

2. 목표의 특성: 다양한 행정가치의 경합

행정-정책 의사결정의 또 다른 특성은 의사결정의 결과로서 달성하고자 하는 공공가치(public value)가 단일하지 않고 의사결정의 내용과 맥락에 따라 다양하게 변화할 수 있다는 점이다. 공공가치는 효율성과 효과성, 책임성 등 다양한 가치들로 구성되어 있으며, 이러한 가치는 때로는 병행하지만 때로는 상충하기도 한다. 가령 특정 정책의 성패를 평가할 때 효과성과 효율성 가운데 어떤 가치에 가중치를 두어야 하는가라는 문제는 해당 정책 문제의 특성을 고려하지 않고는 대답할 수 없는 문제가 된다. 또한 특정 정책 문제의 사회적 정치적 경제적 맥락을 모두 고려한다고 하더라도 서로 경합하는 다양한 행정 가치 가운데 어떤 것을 우선할 것인가는 공동체의 구성원이자 의사결정의 주체인 인간들이 공동체 내에서 합의를 통해 결정해야 하는 문제가 된다. 다시 말해 최우선으로 배치할 행정가치는 시대와 환경의 영향 속에서 수시로 변화할 수밖에 없다. 이와 같은 행정가치의 동학(dynamics)은 행정-정책 의사결정 문제의 또 다른 특성이다. 공동체가 추구하는 공공가치(public value)는 당대의 사회적 합의의 방향을 고려하지 않고서는 사전에 결정될 수가 없다. 이러한 특성을 고려할 때 기존의 데이터를 무한히 수집할 수 있는 인공지능 기반 의사결정 기술이 아무리 발전한다고 하더라도 사회가 표방하는 공공가치는 결국 인간이라는 공동체의 구성원이자 의사결정의 주체가 직접 결정할 수밖에 없다.

3. 대상의 특성: 구조화된 문제(structured problems)와 비구조화된 문제(unstructured problems)

김병조·은종환(2020)은 머신러닝 기반 의사결정 연구 사례들을 구조화된 문제와 비구조화된 문제 영역으로 구분하여 분석을 시도하였다. 이를 통해 두 가지 중요한 시사점을 도출하였는데, 구조화된 문제 영역에서 합리적 의사결정의 구현 가능성과 비구조화된 문제 영역에서 기계의 한계와 인간 역할의 중요성이다. 이러한 구분은 행정-정책 의사결정에서 인공지능 기술 도입에 관한 논의에서 매우 중요한 시사점을 제공한다. 인공지능 기술에 기반한 의사결정이 행정-정책 분야에 미치는 영향에 관한 기존의 연구들은 앞서 살펴본 대로 인공지능이 인간의 의사결정을 어디까지 대체할 수 있는지에 대한 탐색적 연구를 시도하면서 대상 영역의 확장에 초점을 맞추어 왔다. 그러나 인공지능 기반 의사결정은 모든 정책영역에서 인간의 의사결정을 대체할 수 없으며 우리가 계속 탐구해야 할 질문은 '대체 가능한 영역과 불가능 영역은 어떻게 구분되어야 하는가'라는 것이다. 그 질문에 대답하기 위한 하나의 시도로서 김병조·은종환(2020)은 행정-정책 의사결정 과정에서 머신러닝 기술 도입의 정책적 함의를 검토하면서 인공지능 기반 의사결정과 인간의 의사결정을 비교하기 위한 분석틀을 <표 1>과 같이 제시하였다. 이 분석틀에서는 문제의 성격을 구조화된 문제와 비구조화된 문제로 구분하고 의사결정 주체의 특성을 인공지능 기반의 합리성과 인간의 한계에 기반한 제한된 합리성이라는 두 특성으로 구분하였다. 아래에서는 이러한 구분에 따라 구조화된 의사결정 문제와 비구조화된 의사결정 문제들의 특성을 차례로 살펴본다. 특히 이 분석틀에서 제기한 비구조화된 문제는 최근 대형 재난(예: 지진과 쓰나미의 결합으로 발생한 후쿠시마 원전사고)이나 코로나19 사태와 같은 전 세계적 유행병 확산 등 기존의 경험과 지식으로는 쉽게 풀리지 않는 난제(wicked problems)의 등장 및 이에 대한 해결책 모색과 그 궤를 같이한다.

표 1 문제의 특성과 의사결정자의 특성에 따른 의사결정 유형 분류

문제의 특성	의사결정자의 특성	
	완전한 합리성 (rationality) 기반 인공지능 의사결정	제한적 합리성 (bounded rationality) 기반 인간 의사결정
구조화된 문제 (structured problems) • 문제의 성격이 잘 알려짐 • 문제해결의 목표 명확 • 목표 달성을 위한 의사결 정 기준 존재	유형 1. 인공지능 의사결정 • 가용한 모든 정보 완전 활용 • 사전 제시된 기준에 따라 가능한 대안을 모두 탐색 후 최적 해를 도출	유형 2. 전통적 의사결정 • 인지 한계로 인해 가용한 모든 정보의 완전 활용 불가 • 사전 제시된 기준에 따라 일부 가용한 대안을 비교 후 적정 해를 도출
비구조화된 문제 (unstructured problems) • 문제의 성격이 알려지지 않음(새로운 문제) • 문제해결의 목표 모호 • 목표 달성을 위한 의사결 정 기준 부재	유형 3. 인공지능의 한계 • 새로운 문제 발생 시 해결 을 위한 목표를 자의적으 로 설정 불가 • 문제해결을 위해 어떤 정 보를 활용(또는 비활용) 할지에 대한 판단 불가 • 목표가 불분명하고 정보 활용(또는 비활용) 기준이 부재하여 해 도출 불가	유형 4. 메타 의사결정 • 새로운 문제 발생 시 해결 을 위해 어떤 목표를 정 립해야 할지 판단 • 문제해결을 위해 어떤 정 보를 활용(또는 비활용) 할지에 대한 판단 • 문제 상황에 맞춰 목표 및 활용 정보의 범위를 조정 하여 최선의 해를 도출

출처: 김병조·은종환(2020)

먼저 구조화된 문제(structured problems)는 목표가 명확하게 정의되어 있고 문제해결을 위한 구성요소가 명확히 밝혀져 있어 목표를 달성하기 위한 의사결정과정에 대한 합의가 이루어진 문제를 일컫는다. 이에 반해 비구조화된 문제는 문제해결의 목표가 모호하고, 판단을 위해 필요한 정보의 범위가 정해지지 않고, 따라서 의사결정 과정에 대한 합의가 명확히 구성되어 있지 않은 문제라고 할 수 있다.

이러한 명확한 구분법에도 불구하고 실제 행정-정책 영역에서 구조화된 문제와 비구조화된 문제는 명확히 구분하기 쉽지 않다. 일례로 공공조직의 목표 모호

성 문제를 들 수 있다. 공공조직이 자신의 존립 근거인 조직목표를 설정하고 추구하는 데 있어서 어떤 목표를 선정해야 하는지가 명확하지 않은 모호성 문제는 그간 학계에서 많은 논의가 되어 왔다(Rainey, 2009; 전영한, 2004). 특히 목표 모호성은 다양한 조직 목표의 경쟁적 해석을 초래할 수 있다(Chun & Rainey, 2005). 이 때문에 구조화된 정책 문제를 식별하기 위해서는 우선 목표 모호성이 낮고 정책 목표에 대해 경쟁적 해석이 아닌 단일한 해석이 가능한 미시적 정책 문제를 중심으로 인공지능 기반 기술의 도입을 모색할 필요가 있다. 이에 따라 다양한 미시적 정책 문제를 중심으로 인공지능 기반 기술의 도입 가능성을 탐색한 연구들이 최근 늘어나고 있다.

　일례로 개인 금융대출 자격 평가 및 심사 과정에서 머신러닝을 활용한 의사결정의 정확성과 예측력을 분석한 연구가 실시되었다(Fu, Huang, & Singh, 2018). 이 연구는 머신러닝을 활용한 의사결정과 인간의 의사결정의 결과를 비교하여 문제가 잘 정의되고 관련 정보가 충분히 수집된 구조화된 문제(structured problems) 상황에서 머신러닝 기반 의사결정이 인간의 의사결정보다 더 나은 성과를 보일 수 있다는 것을 밝혀냈다(김병조·은종환, 2020). 뿐만 아니라 의도하지 않은 차별 등 인공지능 기반 의사결정의 오류가능성에 대해서도 구조화된 문제의 경우 인공지능 알고리즘의 비가시적 비의도적 차별 문제를 해결하기 위한 추가 원칙(예: 동일한 자격자 동일 기회 부여 원칙(equal opportunity among the qualified)) 등과 같은 방식으로 문제를 해결할 수 있다는 것을 최근 연구들은 밝혀내고 있다(Fu, Huang, & Singh, 2018; Weichselbaumer & Winter-Ebmer, 2005).

　이처럼 문제의 성격이 이미 사전에 잘 알려져 있고, 문제해결의 목표가 명확하며, 목표 달성을 위한 의사결정의 기준이 정립되어 있는 구조화된 문제(structured problems)의 경우 대량의 정보를 순식간에 처리할 수 있는 인공지능 기반 의사결정이 인간의 축적된 경험 기반 의사결정보다 정확하고 편의 없는(unbiased) 결정을 내릴 가능성이 높다는 점이 점차 이론적으로도 실증적으로도 밝혀지고 있다. 따라서 인공지능 기반 의사결정은 잘 구조화된 정보가 제공될 경우 인간보다 언제나 더 나은 판단을 제시하며 합리모형이 구상했던 이상적 의사결정의 구현 가능성을 넓히고 있다. 행정-정책 의사결정 분야에 적용할 경우 정책입안자의 오류를 줄여 낭비를 감소시킬 뿐 아니라, 정책 수혜자에게 더욱 적절한 방식으로 자원을 공급할 수 있기 때문에 이상적인 정책 의사결정에 다가간 것이라 평가할 수 있다.

한편 비구조화된 문제(unstructured problems)의 특성은 이전에 존재하지 않았던 새로운 문제가 발생함으로써 해결해야 할 정책 문제의 성격이 알려지지 않고, 이 때문에 문제해결의 목표 또한 명확하지 않으며, 심지어 목표를 설정하였다고 하더라도 목표 달성을 위한 의사결정 기준이 정립되지 않았다는 특징을 가진다. 이러한 비구조화된 문제의 특성에 대한 인식은 최근 들어 더욱 강조되고 있다. 가령 최근 학자들은 우리 사회가 직면한 어려운 문제들을 난제(wicked problems)라는 관점으로 이해하고자 노력하고 있다. 난제란 다양한 이유로 인해 우리 사회가 풀어내기 어렵거나 심지어 불가능하기까지 한 사회적 문제를 일컫는다. 난제의 이유로는 크게 불완전하거나 심지어 서로 모순되는 지식, 해당 사안에 연관된 관계자 혹은 관계 의견의 다양성, 경제적 사회적으로 매우 과중한 문제해결 부담, 그리고 여러 문제들이 상호 얽혀 있는 문제 자체의 복잡성 등을 들 수 있다. 비구조화된 문제는 이러한 난제의 성격을 지닌 행정-정책 문제들을 의사결정의 관점에서 특징을 추출한 것이라고 할 수 있다.

비구조화된 문제의 특징은 과거에는 경험하지 못했던 새로운 종류의 문제에 직면하게 된다는 것이다. 급속한 기술 발전에 따른 행정-정책 수요의 변화라든가 예상하지 못한 자연재해 상황에 적절하게 대처하기 위해서는 기존의 축적된 경험과 자료에만 의존할 수는 없다. 2019년 말부터 시작된 코로나 팬데믹이 2020년 전 세계를 강타하는 동안 각국은 각자의 방식으로 이 새로운 문제를 해결하고자 노력했다. 북유럽 국가의 집단면역 전략부터 싱가포르 등이 선택한 국가 봉쇄(lock down), 그리고 대한민국의 K-방역까지 개별 국가들은 전례 없는 상황(unprecedented situation)에 대처하기 위해 저마다 수집한 정보에 대한 판단을 통해 대응전략을 세웠다. 최적의 해가 어떤 것인지 미리 알고 있었거나, 이러한 종류의 위기가 주기적으로 찾아와서 과거부터 축적된 경험과 데이터가 있었다면 각국의 대응은 '정답'으로부터 대동소이했을 것이나 이처럼 문제의 성격이 알려지지 않은 새로운 문제 상황이 발생할 경우 문제해결의 목표가 모호해지고 목표 달성을 위한 의사결정 영역도 불확실해진다. 이 경우 인공지능 기반 의사결정은 합리적 의사결정이라는 장점을 발휘할 수 없다. 어떤 공공가치를 우선하느냐라는 전제조건이 해결되지 않았기에 문제 해결을 위한 목표를 자의적으로 설정할 수 없으며 이 경우 문제해결을 위해 필요한 정보의 종류에 대한 판단도 인공지능 의사결정 범위를 넘어서게 되는 것이다(김병조·은종환, 2020).

이 밖에도 비구조화된 문제 상황에서 인공지능 기반 의사결정의 한계는 여러 측면에서 제기될 수 있다. 가령 행정-정책 문제를 해결하는 데 있어 필수적으로 고려해야 할 사항 중 하나인 윤리적 판단의 타당성과 정확성에 대해 인공지능 기반 의사결정 기술은 아직 미흡하다. 부패(corruption) 문제로 골머리를 앓고 있는 중국의 경우 중국과학원과 중국 정부가 공무원의 부패 현상을 자동적으로 감지할 수 있도록 개발한 '제로 트러스트(Zero-Trust)'시스템을 도입하여 운영 중이다(국경완, 2019). 예컨대 빅데이터를 토대로 한 머신러닝 분석을 통해 개별 공무원의 이상 행동(예컨대 공무원의 계좌에서 많은 돈이 한꺼번에 입금되는 경우, 주변 친인척의 근거 없는 사치품 소비 등)을 탐지하는 방식이다. 시범 운용 과정에서 8,000건 이상의 부패 의심 사례를 탐지해 냈지만 이 가운데 실제 부패 사범으로 확정된 경우는 25%에 그치는 것으로 나타났다. 부패 등 윤리적 문제에 대한 판단은 정량적인 데이터에 기반한 기계적 판단만으로는 한계가 있음을 보여주는 사례라고 할 수 있다.

또한 국민의 다양한 견해와 요구들을 적절히 조율하는 작업이 필요한 행정-정책 의사결정의 경우에는 대상의 특성을 수치로 변환하기 용이한 경성정보(hard information)뿐만 아니라 인간 개개인의 견해, 감정, 혹은 비언어적인 표현 등 양적 정보로 변환하기 어려운 연성정보(soft information)를 함께 처리해야 하는 경우가 다수다. 인공지능 기술은 정형데이터뿐만 아니라 상술한 비정형데이터까지 대량으로 처리할 수 있는 장점이 있다. 그럼에도 불구하고 연성정보에 대한 완전한 정복은 여전히 시간이 다소 걸릴 것으로 예상되는 만큼 당장 행정-정책 의사결정에 적용하기에는 시간이 더 필요하다. 이처럼 인공지능 기반 의사결정은 비구조화된 문제(unstructured problems) 상황이나 윤리적 판단, 연성정보(soft information)의 처리 등과 같이 데이터 수집이 어렵거나 수집된 정보의 해석이 불확실한 문제 상황에서는 인간의 의사결정을 완전히 대체하지 못하고 있으며 오히려 인간의 의사결정보다 정확도가 떨어지고 오류발생 가능성이 높다(김병조·은종환, 2020).

4. 체계적 의사결정 과정(systematic decision-making process)의 필요성

지금까지 행정-정책 의사결정 문제의 특성을 주체의 특성(예: 제한된 합리성)과 목표의 특성(예: 다양한 행정가치의 경합), 그리고 대상 문제의 특성(예: 구조화된 문제와 비구조화된 문제)으로 구분하여 살펴보았다. 의사결정의 주체인 인간의 한계와 대상 문제의 복잡성 등은 행정-정책 의사결정 문제를 인간의 경험과 판단에만 의존해 해결하기에는 한계가 있다는 점을 보여준다. 특히 현대사회의 방대한 정보를 처리하기에는 미흡한 인간의 인지적 한계를 극복하기 위해서는 행정-정책 의사결정 문제를 처리하기 위한 체계적 의사결정 과정(systematic decision-making process)이 필요하다. 여기서 체계적(systematic)이라 함은 인간의 정보처리 능력의 한계나 경험에 기반한 편향된 인식 등을 극복하고 가용한 최상의 정보(best available information)에 기반한 의사결정 과정을 통해 그 결과 편의 없는(unbiased) 의사결정을 내리는 것을 의미한다.

이를 위해서 두 가지 대안을 검토할 수 있다. 첫 번째 대안은 대량의 정보를 종합적으로 처리하고 정보처리 주체의 주관적 판단과 편의(bias)를 배제함으로써 체계적 의사결정을 실행할 수 있는 인공지능 기반 의사결정의 적극적인 도입이다. 그러나 앞서 검토한 대로 다양한 행정가치의 충돌과 경합이나 윤리적 판단과 같이 인공지능 기반 의사결정 기술이 여전히 극복하지 못한 중요한 행정-정책 의사결정 영역은 여전히 존재한다. 이러한 부분에서도 편의 없는 의사결정을 내릴 수 있는 의사결정 도구(decision aid)로서 증거기반관리(evidence-based management), 혹은 증거기반 의사결정(evidence-based decision-making) 접근법이 두 번째 대안이라고 할 수 있다.

특히 증거기반 의사결정은 인간의 편향된 정보처리 경향에 영향받는 경험기반(experience-based) 의사결정은 물론 활용하는 데이터의 속성에 대한 성찰은 생략한 채 수치적이고 정량적인 정보가 이끄는 방향으로 끌려갈 우려가 있는 데이터 주도(data-driven) 의사결정과는 질적으로 다른 접근이다. 이는 증거기반 의사결정이 단순히 데이터와 양적 정보를 다루는 데 그치지 않고, 수집한 데이터와 정보의 타당성과 의사결정 상황의 특수성 및 맥락을 고려하여 의사결정 자체의 퀄리티와 한계에 대한 이해(decision awareness)의 중요성을 강조하기 때문이다. 따라서 아래에서는 행정-정책 의사결정에서 인공지능 도입을 위해 필요한 전략과 인공지능 기반 의사결정의 약점을 보완할 수 있는 의사결정 도구로서의 증거기반관리의 활용 가능성을 검토한다.

Ⅳ. 행정-정책 의사결정에서 인공지능 도입 전략과 증거기반관리의 활용

이 절에서는 행정-정책 의사결정 분야에서 인공지능 기술 도입과 관련해 우리가 선택할 수 있는 전략적 선택지를 검토한다. 특히 앞서 검토한 행정-정책 의사결정에서 인공지능 도입과 관련한 두 가지 중요한 쟁점, 즉 의사결정 문제의 특성(구조화된 문제 vs. 비구조화된 문제)과 인공지능 기술의 수용 방향(상향식 vs. 하향식)을 어떻게 선택하느냐에 따라 네 가지 서로 다른 전략적 선택지가 있음을 밝히고 각각의 장단점을 검토하여 현 단계에서 우리가 집중해야 할 전략적 방향을 도출한다. 아울러 인공지능 기반 행정-정책 의사결정의 한계를 보완하기 위한 도구로서 증거기반 의사결정의 의의와 역할을 제시한다.

1. 인공지능 기반 행정-정책 의사결정 도입전략

인공지능 기반 행정-정책 의사결정을 도입하기 위해서는 의사결정 문제의 특성(구조화된 문제 vs. 비구조화된 문제)과 현재 인공지능 기술의 수용 방향(상향식 vs. 하향식)에 대한 이해를 바탕으로 가능한 전략들을 검토해야 한다. <표 2>는 이러한 기준에 따라 도출되는 네 가지 전략 방향을 표로 정리한 것이다.

표 2 문제의 특성과 기술도입 방향에 따른 인공지능 기술 도입 전략 유형

문제의 특성	인공지능 기술 수용 방향	
	상향식 도입(Bottom-up) • 단순하고 루틴한 의사결정 문제부터 도입 후 중요하고 복잡한 의사결정으로 확대	하향식 도입(Top-down) • 중요하고 복잡한 의사결정 문제부터 인공지능 적용 후 습득한 노하우를 제 분야로 전파
구조화된 문제 (Structured problems) • 문제의 성격이 잘 알려짐 • 문제해결의 목표 명확 • 목표 달성을 위한 의사결정 기준 존재	전략 1. Small wins • 낮은 단계에서 인공지능 기반 의사결정의 효과성이 입증된 뒤 복잡하고 중장기적이며 전략적인 의사결정으로 확대	전략 2. Choice and focus • 전략적으로 중요하면서도 잘 구조화된 문제를 선정해 인공지능 기술을 활용한 의사결정을 시도하여 효과성 확인 후 제 분야로 확대 적용
비구조화된 문제 (Unstructured problems) • 문제의 성격이 알려지지 않음(새로운 문제) • 문제해결의 목표 모호 • 목표 달성을 위한 의사결정 기준 부재	전략 3. Sporadic response • 각 부처 혹은 기관별 일상 업무 영역에서 발생하는 새로운 문제에 대해 인공지능 기술을 먼저 적용 • 부처 혹은 기관별로 산발적으로 각개 대응하는 가운데 학습 비용의 중복 발생과 성과 효율 저하 문제가 발생할 수 있음(고비용 저효율)	전략 4. Risky innovation • 과거에 없었던 새로운 문제가 나타날 때(예: 코로나 팬데믹) 중요하고 복잡한 의사결정에 인공지능 기술을 먼저 적용한 후 혁신을 제반 분야로 전파 • 성공할 경우 급격한 혁신을 달성할 수 있으나 전례 없는 상황(unprecedented case)의 특성상 리스크 발생 우려

첫 번째로 가능한 전략은 구조화된 문제를 중심으로 행정 일선에서 발생하는 일상적이고 반복적인 의사결정 영역부터 인공지능 기술을 도입하는 것이다. 이처럼 작은 영역에서부터 시작하여 목표한 바를 구체적이고 완전하게 실행함으로써 조직이 성공의 경험을 축적하는 것을 작은 성공(small wins)이라고 한다. 조직연구의 대가인 칼 윅(Karl Weick)은 1984년 발표한 논문에서 조직 내에서 혁신을 이끌어낼 수 있는 최선의 방안은 크고 중요한 업무에서 시작하거나 유명한 리더의 지

도를 받는 것보다 일선의 실무자들이 일상 업무 가운데에서 작은 창의력을 발휘하고 그러한 경험들이 축적되면서 조직 안에서 동기를 고양하고 더욱 높은 단계의 혁신을 추동하는 것이라는 사실을 밝혀냈다(Weick, 1984). 인공지능 기술의 행정-정책 의사결정 적용에서도 이 발견은 여전히 유효하다. 문제의 성격이 잘 알려져 있고 해결 방안도 잘 정리되어 있으며 관련 정보도 충분히 축적된 구조적 문제(structured problems)가 전례 없는 비구조적 문제(unstructured problems) 상황보다는 인공지능 기반 의사결정이라는 혁신을 실천하기에 더욱 적절한 대상이다. 또한 행정 일선의 반복적이고 일상적인 업무영역이야말로 연속된 작은 성공(a series of small wins)의 경험을 축적시킬 수 있는 최적의 환경이라고 할 수 있다. 작은 성공 전략에서는 낮은 단계에서 인공지능 기반 의사결정의 효과성이 입증된 뒤 복잡하고 중장기적이며 전략적인 의사결정으로 확대하는 방향을 제시한다.

두 번째로 가능한 전략은 선택과 집중(choice and focus) 전략이다. 이 전략은 구조적 문제를 대상으로 하되 인공지능 기술의 도입 방향을 하향식(Top-down)으로 하는 것이다. 이 전략하에서는 국가적으로 중요하고 복잡한 의사결정 문제를 하나 선정하여 현재 가용한 역량과 자원을 모두 투입하여 인공지능 기술의 행정-정책 의사결정 적용의 사례를 만드는 것이 우선 목표가 된다. 이러한 전략적 접근법의 사례로는 최근 연구되고 있는 과학기술 행정 혁신을 위한 인공지능 활용 방안의 접근법이 있다. 학자들은 과학기술 행정 체계의 모형을 구상하면서 인공지능 기반 의사결정의 종류를 범위에 따라 4단계로 구분하였다. Level 1은 상위 수준의 범부처적 정책 마련으로서 대통령과 관련 자문위원회, 자문기구 등이 행위자가 되는 최상위 수준의 의사결정이다. Level 2는 부처역할 중심의 조정에 관한 의사결정으로서 여러 정부부처들 간의 협업 수준의 의사결정이다. Level 3은 구체적인 정책 개발과 조정에 관한 업무로서 이때는 각 부처 산하 혹은 유관 기관들과 단체, 연구소, 재단, 관련 프로그램 참가자들이 협업하는 의사결정을 포함한다. 그리고 마지막으로 Level 4는 일선 연구 수행기관 혹은 일선 부서 수준의 의사결정을 포함하게 된다. 이처럼 네 가지 단계로 의사결정의 계층을 구분하면서도 학자들은 여전히 Level 1에서부터 시작해야 할지 Level 4에서부터 시작해야 할지 공통된 합의에 도달하지 못하고 있다. 그러나 이 접근은 어느 한쪽이 정답이 되는 성격의 문제가 아니다. 앞서 <표 2>에서 보여주듯 상향식 접근을 할 경우 Level 4에서부터 인공지능 기반 의사결정을 도입해야 할 것이고, 하향식 접근 전략을 선택할 경우 Level 1 혹은 2에서 시작할 수 있을 것이다. 더군다나 상향식 혹은 하향식을 선택한 뒤에도 여전히 대상문제의 성격에 따라 두 가지 추가적인 전략 선택지가 존재할 수 있다. 상술한 두 번째 전략, 즉 선택과 집중 전략을 따를 경우 중요한 의제에서 인공지능 기반 의사결정을 도입한 경험을 면밀히 분석하고 그 결과 습득한 노하우를 다른 영역으로 전파(dissemination)하는 것이 중요하다. 특히 전략적으로 중요하면서도 잘 구조화된 문제를 선정해 인공지능 기술을 활용한 의사결정을 시도하여 효과성 확인 후 제 분야로 확대 적용하는 것이 바람직하다고 할 것이다.

　세 번째 전략은 각개대응(sporadic response) 전략이라고 할 수 있다. 이 경우는 행정 일선에서 벌어지는 의사결정에서 시작하되 주기적으로 반복되는 루틴한 의사결정보다는 지금까지 경험하지 못한 전례 없는 상황을 선정하여 인공지능 기술을 도입하는 것이다. 각 부처 혹은 기관은 각자가 다루는 일상 업무 영역이 상이하므로 특정 부처 혹은 기관에서 선정한 문제는 다른 기관에서는 곧바로 적용하거나 일반화하기 어려운 경우가 많다. 게다가 각 부처별로 당면한 전례 없는 비구조적 문제는 그 특수성(uniqueness)이 가장 높은 수준이다. 이 때문에 각 부처 혹은 기관은 자신의 상황과 맥락에 맞는 방식으로 인공지능 기술을 접목하고 적용해야 한다. 이처럼 기관별로 산발적으로 각개 대응하는 경우에는 유사한 행정-정책 의사결정임에도 불구하고 각 단위별로 개별 대응을 함으로써 학습 비용 중복 발생 문제가 나타날 가능성이 크다. 이는 결국 범정부 차원에서 성과 효율 저하 문제를 초래할 수 있다. 따라서 각개대응 전략은 상대적으로 고비용 저효율 전략이라고 할 수 있다.

　마지막으로 네 번째 전략은 위험한 혁신(Risky innovation) 전략이다. 이 전략은 후쿠시마 원전폭발 사고나 전 세계적 코로나 팬데믹 등과 같이 과거에 경험하지 못했던 새로운 성격의 문제가 나타날 경우 국가적으로 중요하고 복잡한 대규모 의사결정에 인공지능 기술을 먼저 도입, 적용한 후 그 결과로 나타나는 혁신을 제반 분야로 전파하는 방식이다. 패러다임을 바꿀 수 있는 혁신의 단절성을 고려할 때 이와 같은 전략은 성공할 경우 사회 전반에 엄청난 파급력을 미치고 급격한 혁신을 달성할 수 있다. 반대로 전례 없는 상황(unprecedented case)의 특성상 문제 해결을 위해서는 대규모의 자원이 투입되어 신속한 정책 효과를 창출해야 한다. 이 경우 인공지능 기반 의사결정이 의도한 정책 효과를 끌어내지 못할 경우 조기에 문제를 해결할 수 있는 결정적 시기를 놓칠 수 있다는 리스크가 있다. 최고 정책결정자가 이러한 전략을 선택하는 데에는 큰 위험이 따르기에 충분한 숙고가 필요하지만 문제의 특성상 충분한 시간적 여유조차 허락되지 않을 가능성이 크다. 이 때문에 네 번째 전략은 위험한 혁신 전략이 될 수밖에 없다.

이상에서 검토한 대로 행정-정책 의사결정에서 인공지능 도입은 문제의 특성과 기술도입의 방향성에 따라 네 가지 서로 다른 전략적 입장을 취할 수 있을 것이다. 이 가운데 가장 안정적이고 점진적으로 신기술을 안착시키는 방식은 첫 번째 전략인 작은 성공(small wins) 전략이라고 할 수 있다.

2. 증거기반관리: 인공지능 기반 행정-정책 의사결정의 보완책

이상에서 우리는 행정-정책 의사결정에서 인공지능 기술 도입의 의의를 탐색하였으며 이를 통해 인공지능 기반 의사결정의 가능성을 확인할 수 있었다. 하지만 인공지능 기반 의사결정 또한 나름의 한계를 함께 지니고 있다는 점도 확인하였다. 특히 전례 없는 비구조화된 문제영역에서는 합리적 의사결정 도구로서의 인공지능 기반 의사결정이 불완전할 수 있다는 점이 대두되었다. 이에 대한 보완책으로서 여기에서는 증거기반관리의 가능성을 검토한다.

1) 메타(meta) 의사결정: 인공지능에 의해 대체될 수 없는 인간 고유의 영역

김병조·은종환(2020)은 인공지능 기반 의사결정이 해결할 수 없는 인간 고유의 의사결정 영역으로 메타(meta) 의사결정의 중요성을 지적했다. 메타 의사결정은 인공지능의 개입여부에 관한 판단은 물론 인공지능이 어떤 기준과 목적으로 정책 의사결정을 할 것인지에 대한 판단을 포함한다. 정책결정에 인공지능을 활용할 것인지 아닌 것인지에 대한 의사결정은 인간의 고유한 영역이라는 것이다.

가령 복지정책을 시행하는 데 있어 사회적 약자에 대한 배려는 어느 정도의 가중
치를 둘 것인가와 같이 사회적 가치에 대한 고려 의사결정은 최적의 수치적 해를
찾는 인공지능 접근이 아니라 사회 구성원들이 공유하는 공공가치를 바탕으로 집
단적으로 결정해야 할 성격의 문제라고 할 수 있다. 의사결정의 최적 목표를 어떤
공공가치로 설정할 것인지(예: 효과성 혹은 효율성) 어떠한 종류의 의사결정을 인공
지능에 맡기고 어떤 종류의 의사결정은 여전히 인간이 직접 판단할 것인지 등도
메타 의사결정의 범위에 속한다. 즉 메타 의사결정은 인공지능 기반 의사결정 알
고리즘의 내용과 방향, 더불어 알고리즘 구현 여부 자체를 결정하는 상위 개념의
의사결정이다(김병조·은종환, 2020). 그리고 메타 의사결정과 같이 여전히 인간
이 직접 의사결정을 내려야 하는 상황에서 편향되지 않는 최선의 판단(unbiased
decision)을 내릴 수 있도록 도와주는 수단(decision aid)이 바로 증거기반관리 또
는 증거기반의사결정(evidence-based decision-making)이다.

2) 증거기반관리: 메타 의사결정을 위한 도구

증거기반관리의 가장 중요한 두 원리는 결과중심(result-oriented) 접근에서 과
정중심(process-oriented) 접근으로의 전환과 의사결정에 사용되는 증거의 퀄리티
에 대한 이해(decision awareness) 향상이라고 할 수 있다(Kim, 2019).

먼저 결과중심 접근에서 과정중심 접근으로의 전환은 의사결정의 질(decision
quality) 향상을 목적으로 한다. 조직의 의사결정(organizational decision making)은
개인의 의사결정에 비해 예산 규모가 크고 의사결정의 영향 범위가 넓고 장기간
에 걸쳐 의사결정의 효과가 나타나는 특성이 있기 때문에 의사결정이 얼마나 올
바른 것이었는지 판단하는 것은 중요한 과제였다. 전통적으로는 의사결정의 결과
가 바람직하거나 기대를 충족할 경우 해당 의사결정은 높은 수준의 의사결정(high-
quality decision)이라고 판단하는 결과중심의 의사결정 퀄리티(results-oriented
decision quality) 개념이 활용되었다(Yates & Potworowski, 2012). 그러나 의사결정-
결과산출 간의 시간적 간극(decision lag)은 의사결정의 정확성을 결과에 비추어
판단하고자 하는 결과중심 의사결정 수준(results-oriented decision quality)의 치명
적인 약점이었으므로 이를 극복하기 위해 증거기반관리는 과정중심의 의사결정

수준(process-oriented decision quality) 판단 접근을 택한다(Barends, Rousseau, & Briner, 2014; Rousseau, 2012; Yates & Potworowski, 2012). 결과에 따라 의사결정의 수준을 판단하기에는 시간적 제약이 크므로 의사결정 단계에서도 퀄리티를 향상하기 위한 방안으로 의사결정의 과정(decision process)에 주목해서 이 과정을 개선한다는 것이 과정 중심의 의사결정 접근법이다. 의사결정 과정을 향상하기 위해서는 의사결정에 활용되는 데이터와 근거 자료의 퀄리티(quality of evidence)를 높여야 하며 이러한 데이터를 이해하고 당면한 문제에 적절하게 적용할 수 있는 활용의 퀄리티(quality of use)를 높여야 한다(Rousseau, 2006; 2012).

두 번째 원리인 의사결정에 대한 이해도 향상(decision awareness)은 단순히 데이터나 수치적 자료를 의사결정의 근거로 끌어들이는 데 그치는 데이터주도(data-driven) 의사결정의 문제점을 극복하고자 한다. 조직의 의사결정 사안이 발생할 경우 의사결정자는 과학적 지식, 조직 내 정보와 데이터, 전문가 식견, 이해관계자 입장 등 다양한 증거자료들을 종합적으로 판단해야 한다(Rousseau, 2012; Rynes, Colbert, & O'Boyle, 2018). 대부분의 조직 내 의사결정에는 다양한 데이터와 정보들이 혼재되어 존재하며 그중 일부는 서로 상반되는 결과를 보이기도 한다. 이러한 상황에서 어떤 정보를 선택하고 어떤 정도의 가중치를 두어야 하는지에 대한 판단이 중요해진다. 즉 증거기반 의사결정은 데이터와 정보의 신뢰성, 즉 증거의 신뢰성(quality of evidence)에 기반하여 의사결정의 퀄리티를 높이고자 하는 것이다.

증거의 신뢰성을 높이기 위한 방안의 하나가 활용하는 증거의 다원화이다. 증거기반관리에서는 의사결정의 토대를 제공하는 근거 자료의 종류를 네 가지로 구분한다(HakemZadeh & Baba, 2016). 첫 번째 종류는 과학적 지식(scientific knowledge)이다. 연구자들과 실무자들이 공통적으로 인식하는 과학적 지식의 문제점은 바로 연구와 실무 간의 격차(research-practice gap)다. 연구자들은 조직 관리와 조직 내 의사결정에서 중요한 요소들과 최적의 의사결정을 위해 필요한 조건들이 무엇인지 과학적 연구를 통해 지식을 축적해 왔지만(Locke, 2009) 현장의 실무자들은 이러한 지식의 존재 자체를 알 기회가 부족하기에 현장에서는 기존의 관행대로 조직을 운영하거나 새로운 시도를 통해 실패를 거듭하며(learning by doing) 노하우를 축적해 왔다. 증거기반 의사결정은 실무자들이 조직의 중요한 의사결정을 할 때 관련된 과학적 지식을 적극 활용할 것을 강조한다. 두 번째 종류의 증거는 조직 내 정보와 자료(organizational data)다. 조직은 각자의 조직적 맥락(organizational context)이 있기에 실무자들의 입장에서는 일반화된 지식인 과학적 지식에만 기댈 수 없다. 각 조직의 특수성을 반영한 의사결정을 위해서는 축적된 조직 내부 자료를 바탕으로 패턴을 찾아내고 미래를 예측할 수 있어야 한다. 세 번째 종류의 증거는 실무자의 전문성(professional expertise)이다. 인공지능은 구조화된 문제(structured problems)를 해결하는 데 있어 인간보다 뛰어난 성과를 보여주지만 문제의 성격이 기존에는 알려지지 않은 완전히 새로운 비구조화된 문제(unstructured problems)일 경우 인공지능의 원리가 통하지 않게 된다. 이 상황에는 인간의 축적된 경험과 노하우가 의사결정을 위한 정보와 근거를 제공할 수 있다. 네 번째 종류의 증거는 이해관계자의 입장(stakeholder perspective)이다. 행정-정책 의사결정은 수리적 문제 해결과 달리 각 정책마다 정책수혜자와 이해관계자 등 다양한 행위자들의 이해관계가 복잡하게 얽혀 있다. 이처럼 행정-정책 의사결정에서는 해당 결정에 의해 영향받는 다양한 이해관계자의 입장을 충분히 고려하는 것 또한 의사결정의 퀄리티를 결정하는 중요한 요소가 된다.

이상에서 살펴본 대로 증거기반 의사결정은 데이터와 정량적 수치 정보를 포함한 의사결정에 그치는 것이 아니라 의사결정 과정(process)을 개선하고 다양한 정보와 근거의 신뢰성에 대한 이해(decision awareness)를 높임으로써 인간의 인지적 한계를 보완하고 편의 없는 의사결정(unbiased decision)을 내릴 수 있도록 도와주는 의사결정 수단이자, 신뢰할 수 있는 과학적 지식, 조직 내 정보와 자료, 실무자의 전문성, 이해관계자의 입장 등을 종합적으로 고려한 최적의 의사결정체계라고 할 수 있다. 이를 통해 우리는 인공지능 기반 의사결정이 해결할 수 없는 메타 의사결정 문제와 같은 인간 고유의 판단 영역에서도 올바른 의사결정을 내릴 수 있을 것이다.

V. 결론

이 장에서는 행정-정책 의사결정 분야에서 인공지능 기술의 도입 가능성과 의의를 탐구하였다. 먼저 현재 진행되고 있는 인공지능 도입 관련 논의가 기술적 이해의 미흡으로 인해 시론적이고 당위적인 논의 중심으로 진행되고 있다는 점을 밝혔다. 이어 도입 대상 영역의 확장에 그치는 대신 구체적으로 우선 도입해야 할 대상 영역을 획정하는 것이 중요하다는 점을 지적했다. 두 번째로 대상영역의 획정을 위해 행정-정책 의사결정 문제의 특성을 의사결정 주체와 목표, 대상의 특성에 따라 분석하면서 구조화된 문제와 비구조화된 문제의 특성에 대한 이해가 중요하다는 점을 논의했다. 또한 인공지능 기술의 도입에 관한 최근 논의가 상향식 접근과 하향식 접근으로 나눌 수 있다는 점을 고려하여 행정-정책 의사결정에서 인공지능 도입 전략을 작은 성공(small wins) 전략, 선택과 집중(choice and focus) 전략, 각개대응(sporadic response) 전략, 위험한 혁신(risky innovation) 전략으로 나누어 각각의 장단점을 검토하였다. 마지막으로 인공지능 기반 의사결정의 한계와 인간 고유의 판단 영역으로서 메타 의사결정의 중요성을 환기하면서 이러한 인간 고유의 의사결정의 도구로서 증거기반 의사결정(evidence-based decision-making)의 역할을 논의하였다. 이 논의를 통해 인공지능에 대한 막연한 낙관론 또는 비관론을 넘어 다가오는 변화의 흐름을 구체적으로 이해하고 행정-정책 의사결정 분야에서 인공지능 도입에 적절한 전략이 어떤 것인지 판단하는 데 기여할 것을 기대한다.

참고문헌

[국내문헌]

강정수. (2015). 인공지능 신화. 이슈 & 트렌드. 2015년 9월, 한국인터넷진흥원.

국경완. (2019). 인공지능 기술 및 산업 분야별 적용 사례. 주간기술동향, 1888, 15-27.

김병조·은종환. (2020). 행정-정책 의사결정에서 머신러닝(machine learning) 방법
    론 도입의 정책적 함의: 기계의 한계와 증거기반 의사결정(evidence-based
    decision-making). 한국행정학보 54(1): 261-285.

성욱준·황성수. (2017). 지능정보시대의 전망과 정책대응 방향 모색. 정보화정책,
    24(2), 3-19.

윤상오. (2017). 지능정보시대의 정책결정: 인공지능 정책결정의 주요 쟁점들. 한국경
    영과학회 학술대회논문집, 2447-2470.

윤상오·이은미·성욱준. (2018). 인공지능을 활용한 정책결정의 유형과 쟁점에 관한
    시론. 한국지역정보화학회지, 21(1), 31-59.

이강윤·김준혁. (2016). 인공지능 왓슨 기술과 보건의료의 적용. 의학교육논단,
    18(2), 51-57.

전영한. (2004). 공공조직의 목표모호성: 개념, 측정 그리고 타당화. 한국행정학보,
    38(5), 49-65.

정정길·최종원·이시원·정준금·정광호. (2003). 「정책학원론」. 서울: 대명출판사.

진상기·박영원. (2017). 제4차 산업혁명의 미래전략체계에 관한 연구: AHP 분석을
    중심으로. 한국지역정보화학회지, 20(3), 31-58.

최종원. (1995). 합리성과 정책연구. 한국정책학회보, 4(2), 131-160.

황종성. (2017). 인공지능시대의 정부: 인공지능이 어떻게 정부를 변화시킬 것인가.
    IT & Future Strategy 3.

행정안전부. (2017). 지능형정부 기본계획. 3.31.

[해외문헌]

Barends, E., Rousseau, D. M., & Briner, R. B. (2014). Evidence-Based Management:
    The Basic Principles. Retrieved from The Center for Evidence-Based
    Management website: https://www.cebma.org/

Chun, Y. H., & Rainey, H. G. (2005). Goal ambiguity in US federal agencies. *Journal of Public Administration Research and Theory*, 15(1), 1–30.

Cluster. (Nov.19.2018). Machine Learning Lessons 5 Companies Share their Mistakes. Retrieved from https://clusterdata.nl/bericht/news–item/machine–learning–lessons–5–companies–share–their–mistakes/

Cohen, M. D., March, J. G., & Olsen, J. P. (1972). A garbage can model of organizational choice. *Administrative Science Quarterly*, 17(1), 1–25.

Cyert, R. M., & March, J. G. (1963). A behavioral theory of the firm. *Englewood Cliffs*, NJ, 2(4), 169–187.

Davenport, T. H., & Kirby, J. (2015). Beyond automation. *Harvard Business Review*, 93(6), 58–65.

De Martino, B., Kumaran, D., Seymour, B., & Dolan, R. J. (2006). Frames, biases, and rational decision–making in the human brain. *Science*, 313(5787), 684–687.

Eggers, W. D., Schatsky, D., & Viechnicki, P. (2017). AI augmented government: using cognitive technologies to redesign public sector work. Deloitte Center for Government Insights.

Fu, R., Huang, Y., & Singh, P. V. (2018). Crowd, Lending, Machine, and Bias. https://doi.org/10.2139/ssrn.3206027

Goodwin, P., Wright, G., & Phillips, L. D. (2004). *Decision analysis for management judgment.* Wiley Chichester.

Gruber, J. (2005). *Public finance and public policy.* Macmillan.

HakemZadeh, F., & Baba, V. V. (2016). Toward a theory of collaboration for evidence–based management. *Management Decision*, 54(10), 2587–2616.

Kim, B. (2019). *Implementing Evidence–Based Practice: The Meanings of Evidence Use and Its Consequences.* Carnegie Mellon University.

Kitzhaber, J. A. (1993). Prioritising health services in an era of limits: the Oregon experience. *BMJ*, 307(6900), 373–377.

Lindblom, C. E. (1959). The science of muddling through. *Public Administration Review*, 19(2), 79–88.

Locke, E. A. (2009). *Handbook of Principles of Organizational Behavior.* John Wiley & Sons, Inc.

March, J. G., & Simon, H. A. (1993). *Organizations*. 1958. NY: Wiley, New York.

Ojo, A., Mellouli, S., & Ahmadi Zeleti, F. (2019). A Realist Perspective on AI-era Public Management. 20th Annual International Conference on Digital Government Research, 159–170. ACM.

O'Reilly, C. A. (1983). The use of information in organizational decision making: A model and some propositions. *Research in Organizational Behavior*, 5, 103–139.

Rainey, H. G. (2009). *Understanding and Managing Public Organizations*. John Wiley & Sons.

Reber, A. S. (1989). Implicit learning and tacit knowledge. *Journal of Experimental Psychology*. General, 118(3), 219.

Rousseau, D. M. (2006). Is There Such a Thing As "Evidence-Based Management?" Academy of Management Review. *Academy of Management*, 31(2), 256–269.

Rousseau, D. M. (2012). *The Oxford Handbook of Evidence-Based Management*. Oxford University Press.

Rousseau, D. M., & Gunia, B. C. (2016). Evidence-Based Practice: The Psychology of EBP Implementation. *Annual Review of Psychology*, 67, 667–692.

Rynes, S. L., Colbert, A. E., & O'Boyle, E. H. (2018). When the "Best Available Evidence" Doesn't Win: How Doubts About Science and Scientists Threaten the Future of Evidence-Based Management. *Journal of Management*, 0149206318796934.

Simon, H. A. (1972). Theories of Bounded Rationality. In C. B. McGuire & R. Radner (Eds.), *Decision and Organization*. North-Holland Publishing Company.

Tranfield, D., Denyer, D., & Smart, P. (2003). Towards a methodology for developing evidence-informed management knowledge by means of systematic review*. *British Journal of Management*, 14, 207–222.

Weichselbaumer, D., & Winter-Ebmer, R. (2005). A meta-analysis of the international gender wage gap. *Journal of Economic Surveys*, 19(3), 479–511.

Weick, K. E. (1984). Small wins: Redefining the scale of social problems. American Psychologist, 39(1), 40–49. https://doi.org/10.1037/0003-066X.39.1.40

Weimer, D. L., & Vining, A. R. (2017). *Policy analysis: Concepts and practice.* Routledge.

Yates, J. F. (2003). *Decision Management: How to Assure Better Decisions in Your Company.* Jossey-Bass.

Yates, J. F., & Potworowski, G. A. (2012). Evidence-Based Decision Management. In D. M. Rousseau (Ed.), *The Oxford Handbook of Evidence Based Management*, 198-222.

AI 기반 정부혁신 사례와 정책적 함의: 세종시 도시행정 디지털트윈

최민석 · 정영준(한국전자통신연구원)

Ⅰ. 서론

정보화시대가 도래하면서 사람들은 컴퓨터 네트워크에 의해 생성된 새로운 생활공간을 사이버공간(cyberspace)이라고 부르기 시작했다. 실존하는 물리적 세계와 대비시키기 위한 개념으로 정립된 용어이다. 1990년대 중반 인터넷이 등장하면서 본격적으로 사람들은 사이버공간에서 대화를 나누고 의견을 교환했고, 상품과 서비스를 구매했다. 이때만 하더라도 사이버공간은 현실세계와 명백하게 구분되었다. 비록 사이버공간에서의 행동(예: 사이버범죄)이 현실에 영향을 주는 경우도 있었지만, 적어도 대다수의 일상생활에서 물리적 공간과 사이버공간은 별개였다.

그러다 2000년대 중반에 스마트폰이 등장하면서 컴퓨터가 손안에 들어오게 되었고, 스마트폰으로 만들어진 사이버공간은 현실적 의미로 물리적 위치를 갖게 되었다. 물론 스마트폰 이전에도 사이버공간을 구성하는 컴퓨팅 서버(server)들은 물리적 위치를 가지고 있었다. 그러나 이들 서버의 물리적 위치는 그것이 만들어내는 사이버공간과는 무관했다. 서버에 저장되는 데이터는 그것이 생성되는 시점과 무관하게 특정 물리적 공간인 서버에 저장되는 것이었다. 그런데 스마트폰은 데이터를 발생하는 시점에 사이버공간에서도 물리적 공간에서도 의미를 갖는다. 일명 위치 기반의 서비스(Location-Based Service: LBS)가 가능해진 것이다. 이렇듯 물리적 공간과 사이버공간이 겹치기 시작하면서 물리적 세계의 사물이 사이버 세계에 그대로 복사되어 두 공간이 연결되는 아이디어가 등장하기 시작했다. 더구나 소위 사물인터넷과 같이 소형 디바이스에서 통신 기능이 부여되면서 물리적 공간을 사이버공간으로 복제하는 것이 한결 쉬워졌다.

이런 시대 흐름에 맞추어 디지털트윈이란 개념이 등장했다. 실제 세계 사물의 가상 세계 복제물을 뜻하는 디지털트윈이 2010년대 중반부터 각광을 받기 시작했다.[2] 본격적으로 언론의 주목을 받게 된 계기는 미국의 제너럴일렉트릭(GE)이 2016년에 사물인터넷용 소프트웨어 플랫폼인 프레딕스(Predix)[3]를 전격 공개하고, 그 성과를 홍보하기 시작하면서부터이다. GE의 제프 이멜트(Jeff Immelt) 회장은 2016년 주주들에게 보내는 공개서한에서 자사가 생산하는 항공기 제트엔진인 GE90에 디지털트윈 기술을 적용하고 있다고 밝혔다. GE는 GE90의 연료 효율을 향상시킴으로써 수천만 달러의 비용을 절감했고, 제프 이멜트는 일명 '1%의 법칙'

그림 1 디지털트윈의 개념

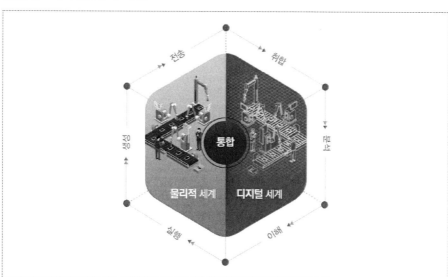

출처: 정보통신산업진흥원(2021.2.16.)[1]

---

1 https://bit.ly/2MBFJ6e
2 디지털트윈이란 용어는 2002년에 처음 등장한 것으로 알려져 있다. 미항공우주국(NASA)의 기술총괄(Director of Technology)인 존 빅커스(John Vickers)가 '2010년 NASA Technology Roadmap'에 사용했다.
3 GE는 2011년부터 소프트웨어 핵심센터(Center of Excellence)를 설립하여 소프트웨어 개발인력을 적극적으로 채용했으며, 2013년부터 프레딕스를 본격적으로 개발하기 시작했다.

을 주장했다. 1%의 법칙이란 항공엔진 분야에서 연료 효율이 1% 증가하면 연간 6-8조 원, 발전 가동시간을 1% 증가하면 연간 5-7조 원의 비용 절감이 가능하다는 것이다.

디지털트윈은 위의 그림에서 보는 바와 같이, 실제 사물과 동일한 디지털 개체를 사이버공간에 형성한 후, 사물로부터 발생한 데이터를 저장하여 전송한다. 사이버공간에서는 전달받은 데이터를 분석하고 시뮬레이션하여 그 결과를 다시 실제 사물에 영향을 줄 목적으로 실행에 필요한 데이터를 실제 사물에 전달한다. 물론 실제 사물로 전달된 데이터는 사물의 상태 변화를 만들어낸다. 그리고 이런 과정이 끊임없이 반복된다.

디지털트윈이 제품 또는 시스템을 넘어 도시까지 확대되기에 이르렀다. 대표적인 것이 2016년에 공개된 싱가포르의 버추얼 싱가포르 프로젝트, 중국 알리바바의 시티브레인, 유럽연합의 DUET 프로젝트 등이 있다. 심지어 영국은 국가 차원에서 디지털트윈 기술을 적용하려고 하고 있다. 2018년에 국가 디지털트윈 사업(National Digital Twin Programme: NDTP)을 시작했는데,[4] 데이터를 공공재로서 활용하는 전략의 일환이다. 영국의 국가 디지털트윈 사업은 이 사업을 위해 2017년에 설립된 케임브리지 대학의 디지털빌트브리튼센터(Center for Digital Built Britain: CDBP)[5]가 주도하고 있다. 이 센터 주도로 2018년에 사업의 기본원칙인 일명 '제미니 원칙(Gemini Principles)'과 2023년 완성하는 것을 목표로 하는 정보관리 프레임워크(Information Framework: IMF)를 위한 로드맵(roadmap)을 발표했다. 2020년 5월에 국가 디지털트윈 전략보고서[6]를 발표했다.

여기에 한 발 더 나아가 유럽연합은 행성 지구에 디지털트윈을 적용하기 위한 프로젝트를 시작했다. 2020년 9월에 유럽항공우주국(European Space Agency: ESA)은 홍수, 가뭄 등의 일기와 기후변화를 모델링하기 위해 2021년부터 2027년까지 1킬로미터 해상도를 가진 일명 '디지털트윈 지구(Digital Twin Earth)'를 개발할 계획을 발표했다. 이렇듯 최근 디지털트윈은 개별 제품과 시스템에서부터 도시, 국가, 지구에 이르기까지 활발하게 그 적용 대상을 넓히고 있다.

---

4 https://www.cdbb.cam.ac.uk/what-we-do/national-digital-twin-programme
5 https://www.cdbb.cam.ac.uk/research/digital-twins
6 The approach to delivering a National Digital Twin for the United Kingdom

그림 2 유럽연합의 디지털트윈 지구 프로젝트

주) 왼쪽이 디지털 트윈 이미지이고 오른쪽이 실제 지구의 모습임
출처: Science Magazine(2020.10.1.)[7]

이 글에서는 도시행정 분야에 집중하여 지금의 도시행정 디지털트윈의 도전과제를 살펴볼 것이다. 아직 디지털트윈이나 도시행정 디지털트윈이 지금도 진화하고 있는 개념이라는 점을 고려하여, 체계화된 이론으로부터 도전과제를 도출하는 대신 많이 알려진 사례와 '세종시 도시행정 디지털트윈'을 종합함으로써 도전과제를 제시하고자 한다.

II. 해외 도시행정 디지털트윈 사례

1. 싱가포르의 '버추얼 싱가포르(Virtual Singapore)'

2016년 싱가포르[8] 정부는 일명 '버추얼 싱가포르(Virtual Singapore)'를 공개했

---

7 https://www.sciencemag.org/news/2020/10/europe−building−digital−twin−earth−revolutioni
 ze−climate−forecasts
8 싱가포르 인구: 5,639천 명, 면적: 728㎢

다. 같은 시기에 시작한 싱가포르 정부의 스마트 네이션(Smart Nation) 계획의 일환으로 추진된 프로젝트이다. 이 프로젝트는 2014년에 시작하여 5년간 7,300만 싱가포르 달러가 투자되었다.[9, 10] 프로젝트의 목적은 싱가포르의 3차원 지도의 고도화와 함께 도시계획 의사결정을 효율과 품질을 높이기 위한 것이었다. 2014년 시작 당시에는 2017년에 일차 결과를 발표하고 2020년 최종 완료하는 것을 일정으로 삼았다.[11] 한편, 프로젝트의 부산물로서 2020년에 싱가포르 시민들에게 공개되는 싱가포르의 3차원 지도인 일명 원맵(OneMap)[12]에 버추얼 싱가포르 결과를 반영할 예정이다. 이 사업의 발주와 관리는 총리실 산하의 싱가포르 연구재단(National Research Foundation: NRF)과 싱가포르 토지청(Singapore Land Authority: SLA), 싱가포르 정보통신개발청(Infocomm Development of Authority of Singapore: IDA)이 공동으로 담당했다. 그런데 프로젝트 예산의 절반은 사업의 주관기관인 공공항공청(Civil Aviation Authority of Singapore: CAAS)과 공공유틸리티위원회(Public Utilities Board: PUB) 등이 지불한 것으로 알려져 있다.[13]

버추얼 싱가포르는 3차원 기반의 도시설계 도구이자 플랫폼이다. 싱가포르를 3차원 모델로 표현하기 위해 먼저 도시공간 정보를 표준화하여 관리했다. 공간좌표, 지형 등의 물리적 공간뿐만 아니라 도로, 터널, 건물 등의 인공물까지 식별정보를 부여하여 체계화했고, 특히, 20만 개 이상의 건물을 표준 데이터 모델을 이용하여 체계적으로 관리함으로써 버추얼 싱가포르의 운영 효율을 도모했다. 개방형 공간정보 컨소시엄(Open Geospatial Consortium: OGC)에서 관장하는 CityGML를 채택했다. 항공사진과 항공 라이더(LiDAR) 측정뿐만 아니라 총 5,500킬로미터 길이의 싱가포르 도로 이동 상황에서의 데이터를 수집하기 위해 차량에 탑재된 라이더(LiDAR)를 이용했다. 총 6억 개의 지점을 포함한 약 300만 장의 이미지로부터 데

---

9 https://www.nrf.gov.sg/programmes/virtual−singapore#:~:text=Virtual%20Singapore%20is%20an%20R%26D,a%20period%20of%20five%20years.

10 https://www.sla.gov.sg/articles/press−releases/2014/virtual−singapore−a−3d−city−model−platform-for-knowledge-sharing-and-community-collaboration

11 https://www.govtech.com/fs/Virtual−Singapore−Is−More−Than−Just−a−3−D−Model−Its−an-Intelligent-Rendering-of-the-City.html#

12 https://www.onemap.sg/

13 https://www.gwprime.geospatialworld.net/case−study/virtual−singapore−building−a−3d−empowered−smart−nation/

이터를 수집했다. 이렇게 수집된 데이터를 기존의 데이터와 통합하기 위해 미국의 벤틀리 시스템즈(Bently Systems)의 건축공학용 CAD인 마이크로스테이션(Microstation)[14]을 이용했다. 그 결과 0.3미터 이내 정확도를 가진 싱가포르 지도를 완성할 수 있었다.

버추얼 싱가포르는 도시공간의 정보뿐만 아니라 기온, 일조량, 공기흐름 등의 정보를 결합함으로써 도시생활환경의 동역학을 구현하려고 시도했다는 점에서 차별성을 갖는다. 싱가포르 정부는 기존의 정보수집 체계에서 수집이 가능한 데이터뿐만 아니라 소음과 같이 새롭게 수집한 정보도 활용했다. 소음 정보의 수집을 위해 학생들에게 목걸이 형태의 측정기기를 제공하는 아이디어를 채용했다. 이렇게 수집된 데이터가 약 50테라바이트인 것으로 알려져 있다.

그림 3 버추얼 싱가포르 데이터 구성

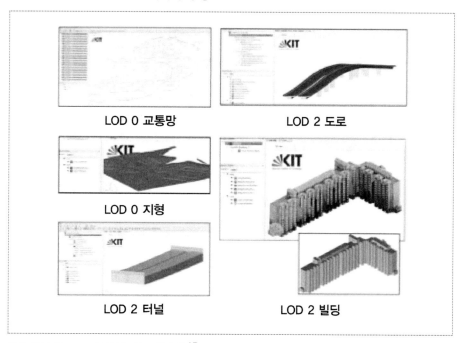

LOD 0 교통망   LOD 2 도로

LOD 0 지형

LOD 2 터널   LOD 2 빌딩

출처: K.H. Soon and V.H.S. Khoo(2017)[15]

14 https://www.bentley.com/en/project−profiles/2017/aam−group_singapore−road−network−map
15 K.H. Soon and V.H.S. Khoo (2017) CityGML Modeling for Singapore 3D National Mapping,

여러 복합적인 데이터의 융합(data fusion)은 캐나다의 세이프 소프트웨어(Safe Software)의 테이터 통합 플랫폼인 FME(Feature Manipulation Engine)를 이용했고,[16] 싱가포르의 3D 모형 구현 등 실제 프로젝트 수행은 프랑스의 컴퓨터 지원 설계 소프트웨어(Computer-Aided Design: CAD) 전문 기업인 다쏘시스템즈(Dassault Systemes)[17]가 담당했다. 다쏘시스템즈 입장에서는 이미 CAD 시장의 강자였기 때문에 관련된 기반 기술을 모두 갖추고 있었고, 자신들의 제품을 시스템 단위에서 도시로 확장한 시도라고 볼 수 있다. 다쏘의 제품명은 '3DExperience City'이다.

그림 4 버추얼 싱가포르 이용 화면(예시)

The International Archives of Photogrammetry, Reomotem, Sensing and Spatial Information Sciences, 2017.10.26.~2017.10.27., Melbourne, Austrailia.
(https://www.int-arch-photogramm-remote-sens-spatial-inf-sci.net/XLII-4-W7/37/2017/isprs-archives-XLII-4-W7-37-2017.pdf)
16 https://www.safe.com/
17 1981년에 다쏘그룹의 항공기 제조업체인 다쏘항공(Dassult Aviation)으로부터 분사했다.

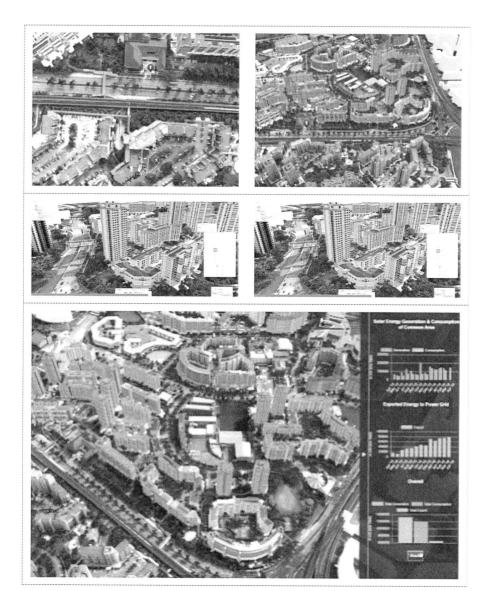

주) 첫 번째 행이 협력에 의한 의사결정(Collaboration and Decision Making)
　　두 번째 행이 길안내(Improved Accessibility)
　　세 번째 행이 도시계획(Urban Planning)
　　네 번째 행이 대양광 발전량 예측
출처: 싱가포르 연구재단[18]

---

18 https://www.nrf.gov.sg/programmes/virtual-singapore

버추얼 싱가포르 프로젝트를 통해 싱가포르 정부는 다음과 같은 적용 사례를 발표했다. 새로운 건물의 건축에 앞서 일조량 등을 시뮬레이션하여 사전에 검토한 후 건축 인허가를 진행할 수 있었고, 건물 옥상면적과 일조량 정보를 결합함으로써 태양광 발전량을 예측할 수 있었다. 특히, 유후아(Yuhua) 지역의 3,200세대를 개발하면서 적극적으로 활용했다고 한다. 그리고 버추얼 싱가포르 시스템에서 활용한 위성사진에서 차량, 도보자 등을 모두 제거하고[19] 건물과 보도 등만 남김으로써 가상으로 이동 경로를 안내할 수 있게 했다.

버추얼 싱가포르는 선구적인 시도이자 소기의 성과를 거둔 것으로 평가된다. 그러나 2016년의 발표 이후 이 프로젝트의 성과가 공개적으로 언급되지 않는다. 가장 최근 발표된 내용으로는 스위스의 취히리 공대와 함께 싱가포르 지하 지도 프로젝트를 시작했다는 것이다. 자금은 역시 싱가포르 연구재단의 버추얼 싱가포르 사업에서 지원한다. 한편, 버추얼 싱가포르는 연구개발 프로젝트를 표방했지만, 많은 소프트웨어 도구들을 외부 벤더들에 의존했다. 그 결과 소프트웨어 라이센스 문제와 고비용의 문제가 발생할 수밖에 없다. 그리고 3차원 모형을 사용하게 되면서 사용자 교육과 인터페이스 향상의 필요성이 제기되었다.

2. 중국 알리바바의 시티브레인(City Brain)

시티브레인은 중국의 대표적인 ICT 기업인 알리바바(Alibaba)가 추진하고 있는 도시행정 디지털원 프로젝트이다. 2017년에 중국 항저우를 대상으로 2년 동안 프로젝트를 수행할 것임을 밝혔다.[20] 이 프로젝트는 초기에 도시교통에 집중했다. 2017년 10월에 시험 8만여 개의 신호등을 통제한 결과를 발표했는데, 평균 통행시간이 15.3% 줄어들었고, 구급차 출동시간도 기존의 14분에서 7분으로 단축되었다고 한다. 버스 운행경로와 운행시간을 최적화하여 탑승객이 17% 증가하였다. 그리고 CCTV를 통해 교통사고를 인지할 수 있고 뺑소니도 실시간으로 추적할 수 있게 되면서 뺑소니 차량의 도주경로를 예측하여 검거할 수 있게 되었다.

---

19 실제로는 차량 등의 일정 높이를 갖는 모든 사물의 높이를 지면과 같이 함으로써 도로에 차량이 눌려 들어가는 형태로 제거한다.

20 2016년부터 이미 프로젝트가 시작되었다고 한다.

그리고 이를 통해 우리나라에서 제공하는 대중교통정보와 같은 서비스를 일반 시민들이 앱을 통해 이용할 수 있게 되었다.

그림 5　알리바바 시티브레인의 서비스 화면

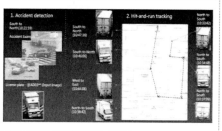

주) 좌상 교통정체 및 신호처리 화면
　　우상 대중교통 운행시간 스케줄링 최적화
　　좌하 교통사고 자동발견 처리 화면
　　우하 교통사고 뺑소니 차량 실시간 추적화면
출처: Alibaba Cloud(2018.9.28.)[21]

21　https://uploads−ssl.webflow.com/5b20fdf071061967d188a98e/5bb693e27653212ece95077d_Alibaba%20Cloud%20ET%20City%20Brain_28.09.2018%20Riga.pdf

그림 6   알리바바 시티브레인의 관리자 화면

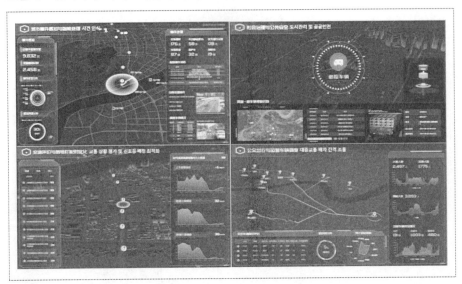

출처: Platum(2018.10.26.)[22]

한편, 2019년에는 시티브레인 2.0 계획을 발표했다. 1.0에서 제공하던 교통서비스 외에 치안서비스와 의료서비스가 추가되었다. 치안서비스의 경우, 일일 평균 약 3만 건의 경찰 출동을 모니터링하여 사건 접수에 소요되는 시간을 10분으로 단축함으로써 경찰 인력 약 280명을 추가로 투입한 효과를 거두었다. 의료서비스도 개인별 도시 신용점수를 기준으로 550점 이상인 경우, 48시간 이내 얼굴인식을 통해 자동수납이 가능하도록 함으로써 환자들의 대기시간이 줄어들었다.

그림 7   알라바바 시티브레인의 사건 감지 및 스마트처리 서비스 화면

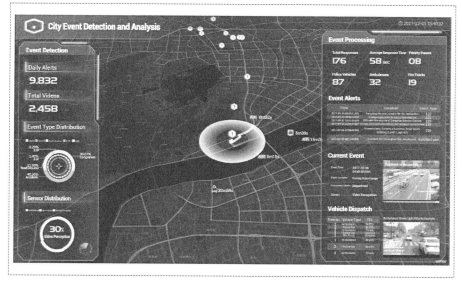

출처: Wired(2018.5.30.)[23]

그림 8   알라바바 시티브레인의 지역사회와 공공안전 서비스 화면

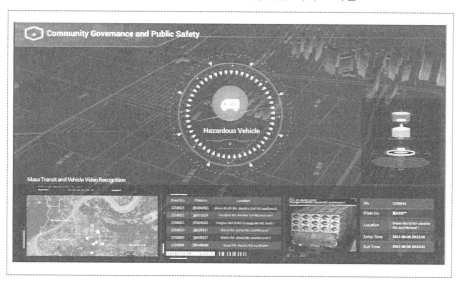

출처: TechTimes(2019.7.24.)[24]

---

23 https://www.wired.co.uk/article/alibaba-city-brain-artificial-intelligence-china-kuala-lumpur

알리바바는 항저우뿐만 다른 도시로도 사업을 확장하고 있다. 2019년 10월 기준으로 아시아의 23개 도시에 적용하고 있다고 밝히고 있다. 그러나 중국 이외의 도시로는 말레이시아의 쿠알라룸푸르가 유일했다. 2020년 8월에 알리바바는 베이징시에 시티브레인을 도입하다고 밝혔다. 한편, 중국에서는 알리바바의 시티브레인뿐만 아니라 다른 기업들도 도시행정 디지털트윈 사업에 뛰어들고 있다. 중국의 ICT를 대표하는 일명 BAT(Baidu, Alibaba, Tencent) 모두 디지털트윈 사업에 진출했다. 텐센트는 2019년 창사시에 위시티(WeCity)라는 브랜드 디지털트윈 사업을 시작했다. 바이두도 2020년 8월에 '브레인 시티(Brain City) 백서'를 발표했다.

III. 세종시 도시행정 디지털트윈 프로젝트

1. 세종시 도시행정 디지털트윈의 구성

세종시 도시행정 디지털트윈 프로젝트는 2018년 2월 1일부터 시작된 정부출연 연구개발사업이다. 연구개발사업의 공식 명칭은 '과학적 정책 수립을 위한 도시행정 디지털트윈 핵심 기술 개발'이다. 세종시 도시행정 디지털트윈 프로젝트는 과학기술정보통신부가 2022년 12월 31일까지 총 59개월간 지원하는 과제로, 프로젝트의 목표는 도시행정 디지털트윈 핵심기술을 개발하는 것이다. 이 프로젝트에서 정의한 핵심기술로는 도시행정 디지털트윈에 필요한 데이터 구성기술, 구성된 데이터를 이용하여 수행하는 시뮬레이션 기술, 데이터와 시뮬레이션 결과를 시각화하는 기술로 구분된다.

---

24 https://www.techtimes.vn/bo−nao−ai−mang−ten−city−brain−doi−pho−tac−nghen−giao−thong/

그림 9   세종 디지털트윈 프로젝트 개념도

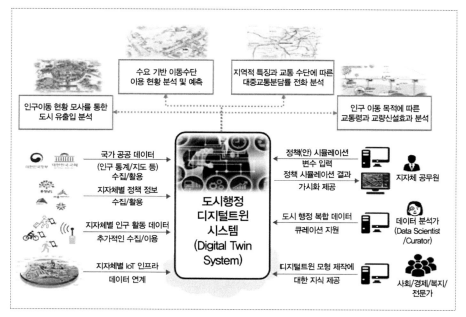

디지털트윈을 구성하기 위한 데이터로는 인구, 지도 등과 같은 국가 공공 데이터를 비롯하여 지자체에서 관리하는 정책, 특히 사물인터넷 인프라로부터 발생하는 데이터와 연계하기 위해 노력하고 있다. 한편, 이용자로는 지방자치단체 공무원, 데이터 분석가, 사회, 경제, 복지 등에서의 전문가를 상정하고 있다. 특히, 세종특별자치시가 프로젝트에 직접 참여하여 세종시에서 필요로 하는 디지털트윈이 개발될 수 있도록 수요를 제기하고 함께 아이디어를 개발하고 있다.

세종시는 행정중심복합도시로 개발된 신도시와 함께 출범한 새로운 광역 자치단체이다. 2014년에 세종시는 '2030 세종 도시기본계획'을 발표했다. 이 계획에 따르면, 2030년까지 신도시 인구 50만 명과 읍면지역에 30만 명이 거주하는 총 80만 명의 도시를 목표로 하고 있다. 그리고 세종시의 대중교통분담률 70% 달성을 목표로 하고 있다. 그러나 세종시는 성장하는 과정에서 여러 진통을 겪고 있다. 예를 들면, 정주여건 부족과 주말의 인구 유출, 그에 따른 상권의 전반적 침체, 그리고 상권 부족이 정주여건의 악화로 이어지는 악순환의 고리를 갖고 있다. 이런 상황에서 세종시 도시행정 디지털트윈 프로젝트는 세종시 실무 담당자들과

표 1 세종시 부서별 디지털트윈 업무 및 현안 수요

구분	부서A	부서B	부서C
업무	사람 중심의 스마트시티 실현	도시 건설교통 종합계획 수립 및 운영	지속가능한 도시경제
현안	스마트시티 국가시범도시 계획 및 운영	대중교통분담률 제고 및 세종교통공사 적자 개선	소상공인 안정 (전통시장 포함)
수요	시민이 만족할 수 있는 스마트시티 계획 수립을 위한 이동패턴 확인	BRT 소외 민원, 택시 부족 등의 실제 수요 파악 및 해결 대안 분석	실시간 상권 실태 파악 (매출, 유동인구 등)

의 인터뷰를 통해 인구이동이 핵심 관심사항인 것을 파악했다. 주요 데이터 분석 수요는 다음과 같았고, 이들 부서가 공통으로 관심 있는 사항은 세종시민의 이동 행태로 정의했다.

세종시 도시행정 디지털트윈이 프로젝트가 버추얼 싱가포르, 알리바바의 시티 브레인과 다른 것은 도시의 건물, 도로 등의 물리적 인프라뿐만 아니라 사람들의 이동행태, 소비행태, 소셜미디어 이용행태(예: 공공서비스 만족도) 등과 같은 도시 민의 행태정보까지 포함하고 있다. 단순히 도시공간의 설계나 도시운영을 위해 구축된 가상환경이 아니다. 도시생활을 개선할 수 있는 다양한 대안을 실험할 수 있는 공간을 창출하려는 시도이다. 지금까지 행정학 등 여러 사회과학에서 수행

표 2 도시행정 디지털트윈 주요 사례와 세종시 도시행정 디지털트윈 프로젝트 비교

구분	Virtual Singapore	알리바바 시티브레인	세종 디지털트윈
목적	도시 정보 통합 및 협업	도시 운영 및 관리	도시 문제 해결 지원
응용 분야	도시계획, 교통, 환경 (대기, 소음 등) 등	교통, 치안, 의료 등	상권, 교통, 서비스 등
모형 기술	BIM 기반 3D 모형	확인되지 않음	에이전트 기반 모델링
특징	사용자 협업 공간	실시간 모니터링	자동분석 기반 최적대안

주) BIM: Building Information Modeling

그림 10　세종시 도시행정 디지털트윈 프로젝트 구성도

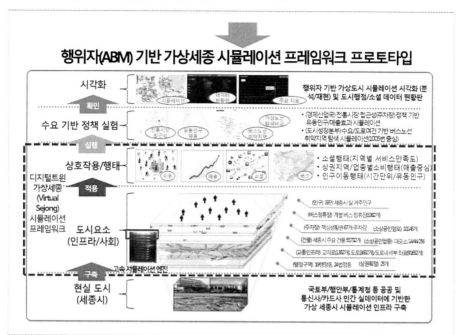

되었던 도시민의 행태에 관한 연구를 실제와 닮은 가상의 환경에서 시뮬레이션할 수 있게 해 주는 것을 궁극적 목표로 한다.

　세종시 도시행정 디지털트윈 프로젝트에서 사용하고 있는 데이터 구성은 다음과 같다. 세종시의 물리적 인프라에 관한 데이터로는 지리 구분(행정동, 법정동, 상권, 정사각형 격자 등), 교통시설(도로, 교차로, 도로 내 세부좌표, 주차장, 버스 등), 건물(주요건물, 상가, 상점 등)이 있으며, 사람과 행태에 관한 데이터로는 인구(주민등록등록인구, 생활인구 등), 이동행태, 소비행태 등이 있다. 2019년 기준으로 1억 건에 육박하는 데이터를 확보했으며, 저장용량으로는 약 19.5기가바이트(GB)이다. 세부 구체적인 내용은 다음과 같다.

표 3 세종시 도시행정 디지털트윈 프로젝트 데이터 구성 및 크기(2019년 말 기준)

구분	세부 내용	레코드(건)	용량(MB)
소비행태	상권특성, 개인 소비특성 등	9,763,914	2,200
이동행태	상주/비상주인구, 유출입인구 등	80,825,367	16,000
생활행태	생활인구, 외국인 등	268,881	81
인구	주민등록인구 등	532,097	158
시설	상점, 교통수단 등	5,064,338	682
인프라	행정구역, 도로, 건물, 기관, 상가, 주차장 등	226,177	386
합계		96,680,774	15,507

　　세종시 도시행정 디지털트윈은 시뮬레이션 모델링에서도 다른 디지털트윈과 차이가 있다. 에이전트 기반 모델링(Agent-Based Modeling: ABM)을 채택했으며, 에이전트 모델링에 특화된 고속 분산 병렬 컴퓨팅 엔진을 구현했다. 2019년까지 총 50만 개의 에이전트를 디지털트윈에서 표현했는데, 35만 명의 시민, 14만 대의 승용차, 233대의 버스, 100여 개의 버스노선, 3,392개의 버스 정류장, 67개의 주차장 10,145개의 상점, 3,632개의 도로, 1,352개의 교차로, 19개의 행정동, 24개의 법정동 등이 포함된다. 특히, 35만 명의 세종 시민 에이전트는 통계청의 생활시간조사 결과를 활용하여 성별, 연령별, 직업별로 조합되는 약 200개의 패턴에 따라 행동하는 것으로 가정했다. 국내외 에이전트 기반 모델링에서 많이 활용하는 리패스트 심포니(RePast Symphony)는 모델링에서 수용할 수 있는 에이전트 수가 1만 개 내로 제한되어 있었는데 이를 개선하여 50만 개의 에이전트, 최대 100만 개가 구동할 수 있는 환경을 마련했다. 시뮬레이션 시간도 기존의 12분에서 3분으로 단축했다.

그림 11 세종시 도시행정 디지털트윈 프로젝트의 시뮬레이션 결과 타당성 검증

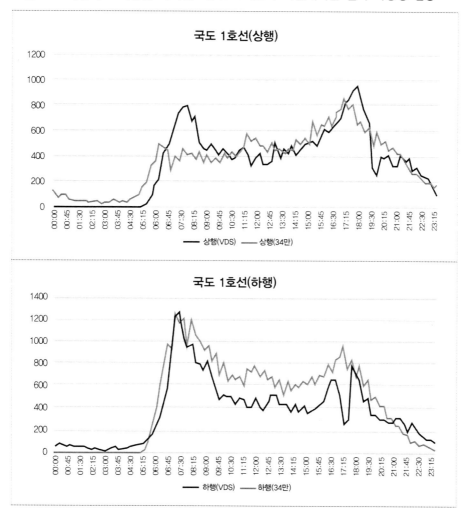

한편, 세종시민의 이동행태에 대한 타당성 검증은 시뮬레이션에 사용하지 않은 객관적인 데이터를 사용했다. 특정일에 세종시를 관통하는 국도 1호선의 차량검지시스템(Vehicle Detection System: VDS) 데이터와 세종시 도시행정 디지털트윈 시뮬레이션 결과를 비교하였더니 상행에서는 −7.33%의 오차가, 하행선에서는 30.4%의 오차가 발생했다. 그러나 시간대별 패턴은 두 데이터가 유사했다. 오히려 VDS 데이터가 부드럽게 연결되지 않고, 저녁 6시 전후로 큰 폭의 변화가 발생

하는 것이 자연스럽지 않다는 점에서 세종시 도시행정 디지털트윈 시뮬레이션 이 동행태 데이터의 타당성이 오차보다는 더 높을 것으로 예상된다.

그림 12 세종시 도시행정 디지털트윈 프로젝트의 대시보드 화면 예시

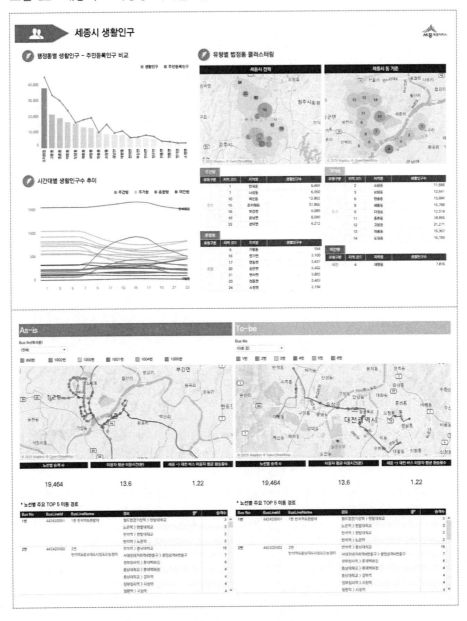

마지막으로 세종 디지털트윈에서는 이용자들이 편하게 사용할 수 있도록 시각화에 노력을 기울였다. 일명 대시보드(dashboard) 형태로 이용자들이 마우스 클릭만으로도 원하는 데이터를 확인할 수 있게 구현했다.

2. 세종시 공유자전거 어울링 적용 사례

2020년을 맞이하여 세종시 도시행정 디지털트윈은 세종시 담당자들과 협의하여 해결하고자 하는 구체적인 문제를 선정하였다. 광역급행버스 노선 수요 예측, 교량 신설 효과 예측, 전동퀵보드 도입 시 적정 거치소 예측, 그리고 공유자전거인 어울링 운영 개선 등이 후보였다. 그중 이 글에서는 어울링 운영 개선 사례를 소개하고자 한다.

세종시 어울링 자전거는 2014년부터 시에서 운영하고 있는 공공자전거 서비스이다. 2020년 7월 기준으로 2,595대를 운영 중인데, 초기 버전인 구어울링(주황색) 735대와 2018년 8월에 도입된 새로운 버전인 뉴어울링(파란색) 1,860대로 구성되어 있다. 구어울링은 72개 키오스크가 설치된 장소에서만 대여와 반납이 가능한 데 반해, 뉴어울링은 키오스크가 필요하지 않은 577개 장소에서 이용할 수 있어 편리하다.

2018년 1월 1일부터 2020년 9월 30일까지의 데이터를 분석하여 이용률을 향상시키기 위한 시간대별 대여소별 재배치 방안을 분석했는데 여러 모델을 종합하여 판단하는 앙상블 방식을 택하였다. 1차적으로 통계모형을 사용했고, 예측차가 일정 수치 이하인 경우 회귀모형을 적용했다. 마지막으로 예측차가 큰 경우 기계학습 알고리즘 중 하나인 LSTM(Long Short-Term Memory) 모형을 사용했다. LSTM 모형은 순차적으로 입력되는 데이터의 차이를 인식한 상태에서 학습하는 기계학습 알고리즘으로 주로 음성인식 등에 많이 사용되고 있는데, 이번 어울링 분석에서는 거치소별 대여 또는 반납이 이루어지는 선후 차이를 반영하여 학습하였다. 단, 이때 LSTM은 이벤트의 선후 관계를 구분할 뿐 연속적인 시간 개념을 포용하고 있지 않다.

그림 13 세종시 도시행정 디지털트윈 어울링의 대여소별 적용 알고리즘 선택 과정

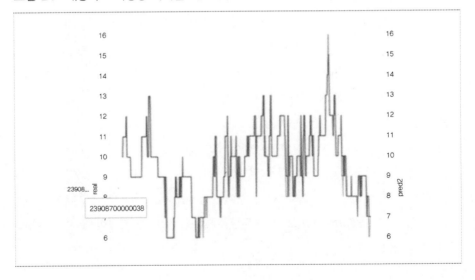

시뮬레이션 데이터의 검증에는 2019년 10월에 수집된 데이터를 사용했다. 즉, 2019년 9월까지의 데이터를 이용하여 학습한 후 2019년 10월의 예측치를 산출하였고, 2019년 10월에 실제 수집한 데이터와 비교하여 오차를 확인했다. 아래의 그림에서 보는 바와 같이, 오차가 크지 않았다. 단, 구어울링은 뉴어울링에 비해 오차가 상대적으로 더 컸다.

그림 14 세종시 도시행정 디지털트윈 어울링의 거치소별 일자별 예측 타당성 검증 결과

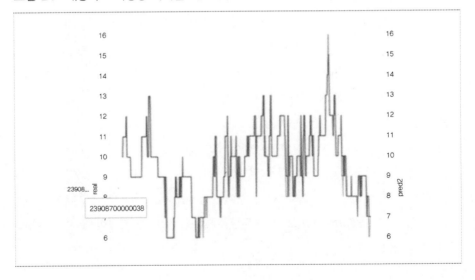

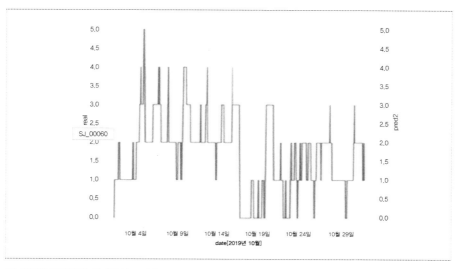

주) 위쪽이 구어울링, 아래쪽이 뉴어울링

　이 분석을 통해 어울링 자전거 담당자에게 제안하는 재배치 알고리즘의 결과는 다음과 같다. 세종시 도시행정 디지털트윈 분석에서 거치대 A와 B, C에 각각 8대, 10대, 6대의 수요가 예측되었는데, 실제 거치대에 각각 7대와 17대, 0대가 있다면 거치대 B에 있는 4대를 거치대 C로 이동하게 하는 것이다. 실제 수요는 거치대 A가 7대, B가 13대, C가 4대로 재배치를 통해 모든 수요를 충족할 수 있게 되는 것이다.

그림 15　세종시 도시행정 디지털트윈 어울링의 대여소별 재배치 제안 예시

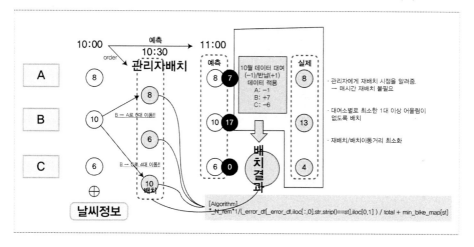

거치소	7시	8시	9시	10시	11시	12시	13시	14시	15시	16시	17시	18시	19시	20시	21시	22시	23시
23908700000024	7	7	7	7	7	8	8	9	8	8	8	9	9	10	10	11	11
23908700000032	9	9	8	6	6	6	6	6	6	6	6	6	6	7	7	7	7
SJ_00010	5	5	3	2	2	2	3	3	3	3	4	5	5	5	6	6	7
SJ_00138	3	2	0	0	0	0	0	0	1	1	2	3	3	5	6	6	7
SJ_00327	8	8	5	1	2	2	2	2	2	1	1	2	2	3	6	6	5
SJ_00338	3	3	6	11	13	13	11	12	12	12	10	9	8	2	2	3	3
SJ_00340	2	3	4	5	6	6	6	7	7	7	7	6	6	3	4	5	4
SJ_00400	20	16	6	0	1	2	2	1	1	3	4	4	6	9	11	11	13
...																	

한편, 구어울링의 이용 추세와 함께 구어울링과 뉴어울링에 대한 세종 시민들의 인터넷 글을 분석하여 구어울링에 대한 수요가 절대적으로 감소했음을 확인하고 구어울링의 유지 대신 뉴어울링에 집중할 것을 제안했다.

IV. 도시행정 디지털트윈의 도전과제

1. 정책담당자와 ICT도구개발자 간의 시각차 극복

세종시 도시행정 디지털트윈 프로젝트에서 세종시의 공유자전거인 '어울링'을 대상으로 분석을 진행하는 과정에서 ICT도구개발자인 연구진과 개발된 도구의 사용자인 정책담당자 사이에 시각 차이를 확인했으며, 이를 해결하기 위해 문제정의와 데이터 식별 및 수집, 데이터 정제, 분석 및 활용(시각화 포함)에서 해결 방안을 모색했다.

표 4 세종시 도시행정 디지털트윈 프로젝트에서의 참여자 사이의 시각차

구분	ICT도구개발자	정책 담당자	해결 방안
문제 정의	• 인공지능 기술을 활용한 재배치만 연구가능할 것으로 예상	• (확장되는 도시 규모에 따른) 어울링 자전거의 적정 수, 적정 거치소 운영, 재배치, 회원관리 등이 관심	• (단기) 현재 도시 규모 대상으로 분석 추진 • (중장기) 도시와 인구 규모 확장에 따른 예측 시뮬레이션 추진

데이터 식별 및 수집	• 막연하게 데이터가 잘 수집되고 있을 것으로 예상 • 어울링 외 인구 등 종합적인 데이터 필요	• 어울링 운영 시 거치소 위치, 대여·반납 등 수집 중인 데이터를 연구진에게 전달 • 보안 적정성 확인 과정 필요 • 어울링 외 데이터는 인터뷰 대상자의 소관이 아님	• 어울링 관련 데이터를 연구진에게 전달하는 체계 구축 • 세종시 총괄부서와의 업무 협의, 연구진의 보안협약서 서명으로 데이터 보안문제 해결 • 지리정보 등 외부데이터는 연구진이 수집
데이터 정제	• 실데이터에 여러 가지 오류를 포함하고 있어 데이터 정제 수행(예: 결측치, 대여와 반납 시간의 역행 사례)	• 관리 중인 데이터를 통해 바로 분석이 진행될 수 있도록 기대	• 전산상 오류가 상존하고 있음을 상호 인식 • 연구진이 데이터 정제 (70%가량 소요)
분석 및 활용 (시각화 포함)	• 데이터 정제를 통해 데이터 품질을 개선했으나, 해당 분야의 지침이나 기준을 알 수 없어 적정한 수준이 어느 정도인지 판단하기 어려움	• 데이터가 정제되어 전체를 시각화한다면 적정 자전거 수를 추산할 수 있을 것으로 기대	• 분석항목, 지표, 정책수단 등은 상호논의하여 결정(예: 시간대별 이용률 현황) • 어울링 운영 개선 정책에 반영('20.7월) • (향후 과제) 데이터 현행화, 자동화 등

위의 사례에서 보는 바와 같이, 디지털트윈 문제해결 과정에서 정책담당자와 연구진의 시각 차이를 알 수 있다. 정책연구자들은 자신들의 현안을 모두 문제로 정의하는 경향이 있다. 어울링과 관련된 모든 문제들을 해결해야 할 과제로 제시했다. 심지어 회원관리까지 포함되어 있다. 정책담당자들은 이미 데이터들이 잘 갖추어져 있을 것으로 간주하고 어떤 분석이든 결과가 나올 것으로 기대했다. 오히려 데이터 보안을 걱정했다. 그러나 ICT연구자들은 데이터를 직접 다루는 순간 데이터 품질이 기대에 미치는 못하다는 것을 알게 된다. 무엇보다 시에서 제공하는 데이터 외에 다른 데이터와 결합해야 하는 작업이 필요한데, 해당 데이터를 확보할 방법을 스스로 찾아야 하는 어려움에 직면하게 된다.

이런 시각차를 해결하는 방법은 정책담당자와 ICT연구자 사이의 소통과 정보

공유가 중요하다. 각자 어떤 문제에 관심이 있는지, 어떤 데이터가 사용될 수 있는지 함께 고민해야 한다. 무엇보다 신기술의 완성에 오랜 기간이 소요된다는 점을 인정하고 단기와 중기, 그리고 장기로 기간을 구분해서 협력 방안을 모색해야 한다. 먼저 단기적으로는 데이터에 기초하여 해결할 수 있는 문제를 정의하는 것이 바람직하다. 이때 데이터를 잘 갖추고 있는 사례를 선택하는 것이 중요하다. 세종시 도시행정 디지털트윈에서는 비교적 데이터가 잘 갖추어진 어울링 데이터를 선택함으로써 소기의 성과를 얻을 수 있었다. 중기에는 문제와 데이터를 함께 고려하는 방식이다. 이때는 정책담당자는 데이터에 대한 이해를, ICT연구자는 문제에 대한 이해를 각각 높임으로써 실현 가능하면서 의미 있는 결과를 도출할 수 있을 것이다. 지금까지 확보된 데이터 외에 추가로 데이터를 수집하여 분석하는 것을 고려하는 것이다. 장기적으로는 문제에 집중하여 의미 있는 문제를 선정하고, 비록 그 문제를 해결하는 데 필요한 데이터가 확보되지 않더라도 선정해야 한다. 대신 일정기간 동안 필요한 데이터를 수집하여 분석을 위한 준비를 갖춘 후에 실제 분석을 실시하는 것이다.

2. 공공 데이터 관리

세종시 도시행정 프로젝트의 어울링 사례뿐만 아니라 대부분의 빅데이터 기반의 정책 수립의 경우, 데이터 확보 및 정제에 전체 작업 시간의 약 70%를 사용한다. 먼저 데이터 품질관리가 필요하다. 데이터를 수집하여 저장하는 것으로 끝나는 것이 아니라 데이터에 오류가 없는지 점검할 수 있는 체계를 만들어야 한다. 어울링 분석에서 같은 자전거가 같은 시간에 같은 장소에 위치한 중복된 데이터가 있었으며, 대여시간보다 반납시간이 더 늦은 경우와 같이 물리적으로 불가능한 데이터도 존재했다. 또, 대여와 반납 사이에 경로가 누락된 경우도 존재했다. 일회성 분석에서는 이런 오류를 정제하며 분석하지만 궁극적으로는 데이터 분석에서 확인한 오류가 다시 데이터 수집 단계의 수정으로 환류되도록 하는 것이 중요하다.

다음으로는 표준화가 필요하다. 어울링 분석에서는 대여소의 위치를 특정할 때, GPS 좌표 기준으로 구분하는 것이 중요하다. 그래야 대여소와 버스 정류소까지의 거리 등을 계산할 수 있다. 만약 대여소의 위치가 지번이나 도로명 주소로 주어진다면 거리 계산을 위해 별도의 데이터 전환이 필요하다. 따라서 공공 데이터를 표준 식별체계로 일관되게 수집하는 것도 중요하다. 그러나 설혹 표준 식별체계가 도입되지 않더라도 각각 다른 체계를 전환할 수 있는 표가 공개되어 있다면 식별자를 변환하여 활용할 수 있다. 따라서 정부는 식별번호를 변환할 수 있는 정보 공개에 힘써야 한다. 예를 들면, 우편번호 체계와 지번 체계의 전환, 상권구역과 행정체계와의 전환, 기관 고유 명칭과 유사 명칭 등 필요한 것들이 매우 많다.

마지막으로, 도시행정 디지털트윈의 완성을 위해서는 실시간 데이터 수집 체계를 갖추는 것이다. 일회성 데이터 분석이 아니라 디지털트윈이 되기 위해서는 수집된 데이터가 실시간으로 모형에 반영되어 새로운 결과를 만들어내는 것이 중요하다. 예를 들면, 어울링 이용 데이터가 실시간으로 도시행정 디지털트윈에서 저장되어 실시간 예측이 가능하도록 하는 것이다. 어울링의 사례에서 보는 바와 같이, 데이터를 수집하는 장치가 실시간 분석의 시작이다. 도시행정의 경우, CCTV, 차량용 GPS 수신기 등이 데이터 수집 장치인데, 이들 장치에 대한 투자와 보급이 매우 중요하다.

3. 지속가능한 혁신 환경 조성

도시행정 디지털트윈은 여전히 진화하는 기술이다. 앞서 본 바와 같이, 도시설계 도구로 활용하기 위해 3차원 모형을 구현하는 데 집중하기도 하고, 실시간으로 도시를 효과적으로 운영하기 위해 전시상황실(war room)과 같은 조직에 디지털트윈을 내재시키기도 한다. 그리고 세종시 도시행정 디지털트윈 프로젝트와 같이 시민들의 행태를 모델링하고 가상으로 실험을 하려고 한다. 미래의 디지털트윈이 이들 중 어느 한 방향으로 귀결될지 아니면 세 요소를 모두 아우를지 알 수 없다. 그러나 분명한 것은 도시행정 디지털트윈 역시 수단이자 도구라는 것이다.

도시행정 디지털트윈은 가상의 도시를 만들어 핵심기술을 개발하고 정책을 사전에 실험함으로써 정책효과에 대해 예측하는 것을 지향한다. 그러나 오류가 발생하여 잘못된 결과를 제시할 수 있다. 도시행정 디지털트윈 모형이 스스로 오류를 바로잡지는 못한다. 또, 사전에 고려하지 않았던 새로운 대상이나 데이터를 반영해야 한다면, 이미 완성된 도시행정 디지털트윈 모형이 자동으로 수정되는 것이 아니다. 사람이 필요한 수정을 가해야 한다. 즉, 도시행정 디지털트윈의 가치는 모형 그 자체뿐만 아니라 그것을 설계하고 사용하는 사람들에 달려 있다.

V. 결론

실제 세계 사물의 가상 세계 복제물을 의미하는 디지털트윈은 최근 주목을 받고 있다. 실제 세계 기계의 가상 세계 복제물에서부터 실현된 이 개념은 도시, 국가, 지구 차원까지 확대되며 여러 실험이 이루어지고 있다. 본고에서는 그중 도시행정 분야에 사용되는 디지털트윈의 해외 사례와 국내 사례를 살펴보았다. 해외 사례로는 싱가포르의 버추얼 싱가포르 프로젝트와 중국 알리바바의 시티브레인을 소개했다. 국내 사례로는 한국전자통신연구원에서 수행하고 있는 '세종시 도시정책 디지털트윈' 연구개발 과제를 다루고 있다.

'세종시 도시정책 디지털트윈'은 세종시의 물리적 시공간과 그 속에서 생활하는 사람들의 생활패턴을 모델링하여 실제 세종시를 닮은 가상의 세종시를 창조하고, 디지털 가상 시공간에서 각종 정책 실험을 쉽게 반복적으로 실행함으로써 세종시 공무원들이 과학적으로 정책을 결정할 수 있도록 도와주는 시스템이다. 이를 위해 먼저 대규모 데이터 수집 및 관리 체계를 표준화함으로써 세종시의 실제와 유사한 가상의 시공간을 창출할 수 있는 기틀을 마련했으며, 수집된 정보는 에이전트(agent) 기반의 모델링 프레임워크를 바탕으로 물리적 공간에서의 위치와 이동을 표현할 수 있게 설계되었다. 또, 1억 개 이상의 에이전트를 대상으로 하는 대규모 시뮬레이션에 적합하도록 변화만 별도로 시뮬레이션하여 기존 시뮬레이션 결과에 통합하는 일명 델타 시뮬레이션 방식의 실행엔진을 개발했다. 마지막으로 컴퓨터 프로그래밍에 익숙하지 않은 공무원들이 다양한 조합의 가상 정책을 편하게 실험할 수 있도록 시각화 기반의 쉬운 인터페이스를 구성하였다. 한편, 공무원들이 수동으로 설정하는 가상 정책 실험 외에도 시스템이 자동으로 최적의 정책 조합을 추론하는 인공지능 기반 탐색을 가능하게 한 것이 특징이다. 본고에서는 연구개발 과제의 여러 결과 중 시뮬레이션의 타당성 검증과 데이터 분석을 통한 정책 제안 사례를 다루었다. 시뮬레이션 타당성은 세종시의 차량 통행량을 모델링하여 얻은 결과와 실제 차량 통행 데이터와 비교하는 것으로, 데이터 분석을 통한 정책 제안은 세종시에서 운영하고 있는 공유자전거인 '어울링'의 거치소별 재배치 알고리즘을 제안하는 것이었다.

마지막으로 도시행정 디지털트윈의 도전과제로 정책담당자와 ICT도구개발자 사이의 시각차 극복과 공공 데이터 관리, 지속가능한 혁신 환경 조성을 도출했으며, 해결대안으로 충분한 의사소통, 데이터 피드백 및 표준화, 실시간 데이터 수집체계, 그리고 지속적인 투자 등을 제시했다.

참고문헌

[해외문헌]

K.H. Soon and V.H.S. Khoo. (2017). CityGML Modeling for Singapore 3D National Mapping, The International Archives of Photogrammetry, Reomotem, Sensing and Spatial Information Sciences, 2017.10.26.~2017.10.27., Melbourne, Austrailia. https://www.int-arch-photogramm-remote-sens-spatial-inf-sci.net/XLII-4-W7/37/2017/isprs-archives-XLII-4-W7-37-2017.pdf

Tomax Carolina. (2019.8.5.). Le glossaire de la Smart Industry, Hub Instititute, https://hubinstitute.com/2019/industrie/tendances-opc-ua-digital-twin-maintenance-predictive-iiot-scada-smart-industry

Centre for Digital Built Britain https://www.cdbb.cam.ac.uk/what-we-do/national-digital-twin-programme

Centre for Digital Built Britain https://www.cdbb.cam.ac.uk/research/digital-twins

Voosen, Paul. (2020.10.1.). Europe is building a 'digital twin' of Earth to revolutionize climate forecasts, Science

Sigapore National Research Foundation, Virtual Singapore, https://www.nrf.gov.sg/programmes/virtual-singapore

Singapore Land Authority, VIRTUAL SINGAPORE-A 3D CITY MODEL PLATFORM FOR KNOWLEDGE SHARING AND COMMUNITY COLLABORATION, https://www.sla.gov.sg/articles/press-releases/2014/virtual-singapore-a-3d-city-model-platform-for-knowledge-sharing-and-community-collaboration

Stone, Adam (2017.2.22) Virtual Singapore Is More Than Just a 3-D Model, It's an Intelligent Rendering of the City, https://www.govtech.com/fs/Virtual-Singapore-Is-More-Than-Just-a-3-D-Model-Its-an-Intelligent-Rendering-of-the-City.html#

Singapore Onemap,https://www.onemap.sg/main/v2/

GW Prime, Virtual Singapore-Building a 3D-Empowered Smart Nation, https://www.gwprime.geospatialworld.net/case-study/virtual-singapore-building-a-3d-empowered-smart-nation/

Bentley Systems, Mapping Singapore's National 3D Cadastre, https://www.bentley.com/en/project-profiles/2017/aam-group_singapore-road-networkmapSafe Software, https://www.safe.com/

Alibaba Cloud. (2018.9.28.). ET City Brain https://uploads-ssl.webflow.com/5b20fdf071061967d188a98e/5bb693e27653212ece95077d_Alibaba%20Cloud%20ET%20City%20Brain_28.09.2018%20Riga.pdf

Platum. (2018.10.26.). 알리바바, 'AI와 데이터로 도시를 바꾸다' https://platum.kr/archives/108889

Wired. (2018.5.30.). In China, Alibaba's data-hungry AI is controlling (and watching) cities https://www.wired.co.uk/article/alibaba-city-brain-artificial-intelligence-china-kuala-lumpur

TechTimes. (2019.7.24.). https://www.techtimes.vn/bo-nao-ai-mang-ten-city-brain-doi-pho-tac-nghen-giao-thong/

VI

전망

AI와
미래국가

임도빈(서울대학교 행정대학원)

I. 서론: 유토피아인가 디스토피아인가

본 장은 AI의 발달이 향후 30년 혹은 50년에 이르는 장기의 관점에서 미래국가 한국에 어떤 영향을 미치는가를 예견해 보는 데 목적이 있다. 인공지능은 인간의 두뇌와 같은 기능의 일부를 기계가 수행할 수 있다는 전제하에서 출발하는 논의이다(Bar-Cohen, 2005). 초기 인공지능연구는 인식, 추론, 학습 등의 과제에 대한 연산 요건을 연구해 이러한 기능을 수행하는 시스템의 개발을 가능하게 하는 컴퓨터 과학의 한 분야로 시작되었다(Russell & Norvig, 2016). 그런데 이제 인공지능은 마치 이성적인 존재처럼 행동하는 모든 기술을 통칭하는 "포괄적 개념(Umbrella term)"으로 볼 수 있다(Thierer & Catillo & Russell, 2017). AI가 포괄적 개념이 되면서 'AI와 미래국가'에 대한 다양한 논의가 가능하다. 그중에서도 국가와 행정체제에 관련하여 AI가 초래한 문제는 정부 내 여러 차원에서 이뤄지는 정책결정이 올바르게 되는지의 문제와 이에 대한 책임 소재 문제이다. 디지털 정부, 유비쿼터스 정부, 모바일 정부, 플랫폼 정부, 스마트 정부 등 기술의 발달에 따라 정부는 이를 채택·수용해 왔지만, 인공지능이 지금까지 나온 기술 중 국가의 역할에 가장 큰 변화를 가져올 것이라고 여겨지는 부분이 바로 이 지점이다.

오늘날 AI는 아직은 계산능력이 뛰어날 뿐이지 인간이 시키는 범위 내에서 과업을 수행하는 것으로 알려져 있다. 즉, AI가 프로바둑기사 이세돌을 이겼어도, 결국 따지고 보면 AI가 수많은 바둑게임을 학습(암기)했을 뿐이지 입력된 값 이상의 행동을 하지 않았다는 것이다. 그러나 AI가 이러한 한계를 언제 극복할 수 있을지는 아무도 예측하기 어렵다.

현재 기술수준에서 보더라도 AI가 외로운 사람과 말동무를 해 주고, 특정 상황에 대한 제안도 해 준다는 사례를 보면 마치 스스로 결정하는 것같이 보이는 효과를 가져온다. 즉, AI가 하나의 인격을 가진 개체처럼 행동한다는 점이 인간생활에 큰 영향을 미친다.

AI가 국가능력을 높인다는 유토피아적 관점에서 보면, 인공지능이 로봇의 발달과 결합되어 인간이 해야만 하지만 굳이 시간을 낭비하지 않고 싶은 활동이나 인간보다는 더 효율적으로 할 수 있는 일들을 대신하게 할 수 있다. 더 작지만 더 높은 경쟁력을 갖춘 정부를 만들 가능성이 열리는 것이다.

반면 디스토피아적인 관점에서 인공지능이 스스로 생각하고 학습하는 능력을 갖춤에 따라 전통적인 정부의 역할을 AI가 대신하여 기계가 일부 개인 차원이 아니라 사회 전체를 지배하는 도구로 사용될 수도 있다. 모든 사람의 행동은 물론이고 사고까지 통제하는 조지 오웰의 "1984" 같은 끔직한 세상이 올 수도 있다.

AI를 유토피아적 혹은 디스토피아적 관점에서 바라볼 때 결국 국가가 어떠한 역할을 하는가가 중요해진다. 토마스 무어가 500년 전에 논의한 유토피아는 귀족들도 모두 일을 하게 되면서 하루 6시간 노동이 가능해진 사회를 그리고 있다. 노동이 인간의 가치로 존중받는 현대 사회에서 AI의 일자리 대체가 많은 노동자에게 위협으로 다가오는 것과 대조적이다. 2020년 미국 대선에 출마한 앤드류 양은 AI 발달에 대응하여 정부가 기본소득으로 사회에 개입해야 한다고 주장했다(CNN, 2021). 즉 어떤 방식으로 국가가 AI로 인한 사회환경변화에 대응하는지가 유토피아적 사회일지, 디스토피아적 사회일지를 결정할 수 있다.

AI는 기왕에 발달하기 시작한 기술이니, 인간을 행복하게 만드는 목적으로 사용되어야 한다. 좋은 행정은 미래를 예측하고, 단점이나 문제를 예방하고, 어떤 상황에서 발생하는 문제를 즉각 잘 해결해야 한다. 본 장에서는 AI의 발달이 주권국가와 민족국가에 가져오는 서로 다른 영향력과 이에 대응하는 각각의 국가의 바람직한 역할에 대하여 논의해 보고자 한다.

II. AI와 국가행정체제변화

1. 국가의 두 가지 의미: 통치체로서 국가(state)와 공동체로서 국가 (nation)

AI가 국가행정체제에 갖고 오는 변화를 논의하기 위해서 국가의 개념을 보다 입체적으로 이해해 볼 필요가 있다. 일반적으로 한 국가는 일정한 영토에 거주하는 국민들이 하나의 정치공동체를 구성하여 대내외적으로 공동의 행복을 추구하는 사회적 단위로 정의된다. 국가는 크게 두 가지 의미를 가질 수 있는데, 첫 번째가 주권체로서 국가(state)이고, 두 번째가 '민족'과 같은 공동체로서 국가(nation)이다. 주권국가는 국민, 영토, 정부, 주권으로 구성되며 이 중 하나라도 없으면 주권국가가 될 수 없다. 반면 공동체로서의 국가는 해당 국가를 구성하는 국민들의 강력한 소속감과 공유된 의식이 핵심이다. 종교, 언어, 역사 등을 공유함으로써 하나의 국가가 만들어진다. 통치체로의 국가는 영토가 필수적이지만, 공동체로서의 국가는 꼭 그렇지는 않다. 예를 들면 유대민족은 1948년 이전까지 영토가 없었지만 하나의 민족국가 공동체로서 존재했다고 볼 수 있다. 즉, 통치체로서의 국가는 제도와 시스템이 기반이 되는 정치적 조직인 반면, 공동체로서의 국가는 사회적·문화적·심리적·감성적인 자원을 공유하는 인간의 집단이라고 볼 수 있다.

통치체로서의 국가는 합법적 폭력을 독점하는 주체로서 국가 내의 무질서를 경찰력 등으로 진압할 수 있다. 반면 공동체로서의 국가는 이러한 강제력은 없지만 공동체에 무엇이 더 옳고 이익이 되는지에 대한 도덕적 지위를 갖고 국민들을 설득할 수 있는 연성 권력을 갖고 있다.

이와 같은 두 가지 국가의 구분에 대한 논의는 대부분 어떤 국가가 선행하는지 여부(Rejai & Enloe, 1969), 정치적 변수의 발달(Miller, 1998) 및 국가의 역할에 대한 논의(Wolf, 2001) 등으로 이루어져 왔다. 현대사회에서 대부분의 국가는 통치체로서의 국가와 공동체로서의 국가의 범위가 동일하다. 즉, 비록 하나의 통치체로서 국가 내에 여러 민족이 존재할 수는 있지만, 현대 국가의 영토 내에 살고 있는 구성원은 대부분 그 국가의 국적을 갖고 있다. 따라서 최근 학자들은 이 둘을 구분하기보다는 주권국가 내에 살고 있는 다양한 민족의 정체성에 대한 연구를 할 때 '민족-국가(a nation-state)'라는 용어를 선호하는 편이다. 현대 주권국가의 주요 과제 중 하나는 다양한 정체성을 갖고 있는 국민에 대한 적절한 거버넌스 구조를 구축하여 국가에 대한 소속감을 느끼고 안정된 삶을 일굴 수 있는 환경을 조성하는 데 있다.

2. AI가 통치체로서의 국가에 미치는 영향

먼저, 통치체로서 국가의 3대 구성 요소 중의 하나인 '국민'의 정의를 AI에게 어디까지 적용할지의 문제가 있다. 인간에게 일일이 명령받지 않고 어느 정도 자율적으로 행동하는 AI를 자연인과 같은 존재로 인정할 수 있을까? 인간 행동의 시뮬레이션을 의미하는 AI에서 지능(intelligence)에 주목해 볼 필요가 있다. 지능이란, "본능이나 자동적으로 일을 하지 않고 사고하고 이해하는 능력"(The Essential English Dictionary) 혹은 "지식을 자신의 환경을 조작하거나 객관적 기준에 의해 측정된 추상적 사고에 적용할 수 있는 능력"(Merriam-Webster Dictionary)을 의미한다. AI가 딥러닝(deep learning)을 하게 되면, 특정 지침을 학습, 합리화 및 처리하거나 작업을 수행할 수 있는 능력을 갖게 된다. 이 경우, (실제 컴퓨터가 강력한 계산력을 발휘한 것임에도 불구하고) 인간과 상호작용할 때는 마치 자율성을 갖고 있는 것처럼 받아들여진다. 그때부터 문제가 복잡해진다.

비록 기계이지만 자율적으로 활동하는 것으로 우리 인간에게 보이고 인간이 이에 반응한다면, 인간의 기본권을 규정하는 헌법 질서에 포섭될 가능성이 생긴다(김배원, 2020). 헌법적 측면에서 볼 때, 국가를 구성하는 중요한 요소인 '국민'은 지능(intelligence)의 높고 낮음에 관계없이 대한민국 국적을 가진 사람을 의미한다. AI가 딥러닝을 통해 인간이 명령하지 않은 작업도 수행하고, 아이 정도의 지능을 갖게 되면 이를 어떻게 취급(대우)해야 하느냐라는 근본적인 질문이 불거진다.[1] 인간이 자신의 활동을 부분적으로 아니면 완전히 AI에 의존하는 사회가 오

---

1 현재 서울대 AI 연구원에서는 1단계로 8개월의 아기지능(Baby mind), 2단계로 20개월짜리 아기지능을 갖는 AI를 개발하는 연구를 진행 중이다(전자신문, 2020).

는 경우 어떻게 할 것인가? 인공지능은 인위적 지능(artificial intelligence)을 가진 발명품을 의미하는데, 지능의 자율성이 중요한지, 인위성이 중요한지도 토론의 대상이 될 수 있다.

추가적으로 인공지능의 권리와 책임을 어떻게 규정해야 하느냐의 문제가 생긴다. 인공지능인이 행한 어떤 작위에 대해서 설계상의 오류일 경우에는 설계자에게, 작동상의 문제가 있을 때는 소유자와 이를 조작(혹은 시작시킨 사람)한 사람에게 각각 일정비율의 책임을 물어야 할 것으로 보인다. 최근 불거진 네이버(Naver)사의 쇼핑 알고리즘 조작에 대해 공정거래위원회가 제재한 것도 일례라 할 수 있다(연합뉴스, 2020). 규제대상기업은 인공지능이 자율학습을 했다고 주장하지만, 정부는 개발자와 설계자의 책임이라고 본다.

자율자동차가 상용화된 미래에 사고가 발생했을 때, 기계의 불완전성에 더하여 책임의 문제가 생길 수 있을 것이다. 그 자동차의 소유자로 할 것인가, 운전자로 할 것인가, 아니면 프로그램을 설계한 사람으로 할 것인가, 이용자가 할 것인가? 현재 무인자율자동차는 운전자가 핸들에 손을 얹어 놓고 운행하는 레벨 3에 있다. 그러나 2030년 정도에는 레벨 5에 도달할 가능성이 있다.

따라서 헌법개정이나 헌법의 조항을 확대적용하고 해석해야 하는 문제도 생길 것이다. 1인 1 AI 로봇비서와 같이 기계를 널리 이용하는 날이 올 때, 로봇비서가 제대로 임무수행을 못해서 피해를 입었을 경우를 생각해 볼 수 있다. 이런 맥락에서 제30조의 "타인의 범죄행위로 인하여 생명·신체에 대한 피해를 받은 국민은 법률이 정하는 바에 의하여 국가로부터 구조를 받을 수 있다"에서 타인은 자연인뿐만 아니라, AI인도 포함하는 것으로 관련법이 명시해야 할 때도 올 것이다.

법질서유지 및 재산권 보호의 차원에서 인공지능에 대한 과세의 문제도 생길 것이다. 헌법 제38조에 "모든 국민은 법률이 정하는 바에 의하여 납세의 의무를 진다"라고 명시되어 있다. 그런데 인간의 노동이 들어가지 않는 자율주행을 하는 택시가 벌어들인 요금에는 과세를 하지 않고 인간운전사가 있는 택시만 과세해야 하느냐의 문제가 생긴다. 과세형평성 입장에서 볼 때, AI 택시에도 과세를 해야할 것이다.

AI가 경제활동에 차지하는 비중이 높아질수록, 이런 문제는 더욱 복잡해지고 어려워질 전망이다. 일단 과세의 편의상 서비스를 직접 제공한 로봇(즉, 인공지능)에게 과세를 하고, 실제로는 그 소유자, 인공지능 최초 발명자, 인공지능을 장착한 로봇 생산자 등 사람들에게 어떤 비율로 분담시키는가의 문제가 해결되어야 할 과제이다.

이는 그동안 경제의 3 주체로서 정부, 기업, 가계로 한정한 기존 패러다임의 획기적 전환이 필요함을 의미한다. 경제주체에 속해 있는 자연인들이 인공지능의 도움을 받아 경제활동을 하는 것은 물론이고, 한 걸음 나아가 인공지능과 결합된 로봇이 일정기간 인간의 도움을 전혀 받지 않고, 자율적으로 경제활동을 하는 시대가 올 것이기 때문이다. 인간이 존재하지 않고 몇 달에 한 번 점검을 하는 정도의 공장자동화, 인공지능이 운영하는 농장이 등장하는 등 완전 자율화가 되는 것이다.

오늘날의 스마트폰과 같이 수동적이고 보조적인 역할만 한다면(즉, 인간이 어떤 조치를 취하지 않으면 인공지능이 어떤 일도 하지 않는다면), 이를 이용하는 인간이 행위의 주체이기 때문에 AI에게 새로운 법적 지위는 필요하지 않다. 하지만 인간이 시키지 않아도 스스로 할 수 있는 부분이 생기는 순간부터 문제가 복잡해질 것이다. 서비스 제공자든, 관리자든 그를 명령하지 않아도 어떤 일이 일어나고 있기 때문에, 그 결과에 따른 책임을 어떻게 부과해야 하는 문제가 생길 것이기 때문이다. 스마트팜에서 인공지능에게 농사를 맡겼는데 만약 그해 농사를 완전히 망쳤다고 생각해 보자. 이윤을 남겼을 때 그것을 어떻게 배분하고 세금을 매기느냐가 문제라면, 거꾸로 손해가 났을 때 손해의 책임을 어떻게 할까의 문제가 생길 것이다. 마찬가지로 스마트 공장에서 모든 생산을 디자인부터 완제품 대량생산까지 자동화시켰을 경우, 모든 제품이 팔리지 않거나 불량품이라면 누가 그 손해를 감당해야 하는가의 문제가 있을 것이다. 주식의 관리를 인공지능에 맡겨서 투자를 했는데, 그 주식이 휴지조각이 되었다면 누가 책임을 져야 될까의 문제도 마찬가지이다.

국가의 구성요소 중의 하나가 영토이다. 이는 기본적으로 땅을 의미하지만, 영해, 영공까지 확대되어, 국가의 통치력이 영향을 미치는 범위를 연구해 왔다. 특히 신자유주의적 행정개혁 시류에 맞춰서 사람, 재화가 자유롭게 이동하는 것을 장려하였고, 그 구체적인 행정현상으로 이민을 어떻게 관리하느냐, 즉 영토의 경계를 어떻게 관리하느냐 문제가 중요시 대두되었다(임도빈, 2018a: 51-55).

이때 문제가 되는 것은 인간과 재화의 이동뿐만 아니라, 돈의 이동이다. 특히 국제투기자금의 이동은 한 국가의 경제적 건전성을 위협하는 요인이다. 토빈세 (Tobin Tax), 즉 국가를 넘나드는 단기성 국제투기자본 등 단기외환거래에 부과하는 세금이 도입되어야 할 측면도 있다. 이 모두 아직 확실한 해결책은 없다.

AI시대에 대두되는 더욱 중요한 문제는 가상공간에서의 새로운 영토(즉, Digital territory)가 대두되는 데에 따른 제반 문제들이다. 디도스 공격, 해킹, 등 사이버상의 범죄가 이뤄지고, 이를 통한 우리 국민의 실생활이 심각하게 위협받는다는 점이다. 본격적인 경제활동도 비트코인을 통해서 이뤄지게 된다면, 각 주권국가의 화폐주권도 거의 잃어버리게 된다. AI를 통해, 해외의 각종 신상품이 실시간으로 자동적으로 구입되고, 투자자본이 복잡하게 들어가고 나가는 등의 제 4차원(가상공간)의 세계가 형성되고, 확장되고, 복잡화됨에 따라 권력체로서 국가는 상당한 변모를 겪을 가능성이 높다.

국방기능은 권력체로서 국가를 보전하는 데 매우 중요하다. 이에 대한 AI의 영향력을 살펴보자. 주권국가가 주권을 지키기 위한 최소기능은 국가의 1차적 기능이라 불린다. 이러한 국민의 생존과 관련되어 있으며, 개인의 자유와 안전을 보장할 의무이다. AI가 맨 처음 정부 영역에 등장하게 된 계기 역시 Alan Turing이 독일군의 통신을 가로채기 위해서 에니그마 기계를 해독하기 위함이었다. 그는 "기계가 만드는 암호는 기계가 해결해야 한다"는 일념으로 2년에 걸쳐 최초의 인공지능 형태인 암호해독기 "봄(Bombe)"을 개발했고, 제2차 세계 대전의 종전을 2년 앞당겼다는 평가를 받고 있다. 즉, 국방이라는 국가의 최소기능에서 먼저 AI가 적용된 것이다. 최근 AI가 조종하는 드론을 전쟁에서 사용하는 행위에 대해 다양한 국제 캠페인(Campaign to Stop Killer Robots)과 국제 조직(the International Committee for Robot Arms Control) 등이 반대하고 있으나, 여러 국가들이 체계적으로 움직일 수 있고 어떠한 상황에서도 몸을 사리지 않는 드론을 이용한 군사 공격에 매력을 느끼고 있다(Kellenborn, 2020). AI를 통한 증강현실, 그리고 로봇을 이용한 전쟁 수행 등이 전통적인 전투개념을 완전히 바꾸게 될 것이다.

다음으로, AI가 주권국가를 구성하는 또 다른 요소인 '정부' 영역에 들어왔을 때 발생할 수 있는 문제점을 생각해 보자. AI가 새로이 초래하는 변화는 행정현장도 예외가 아닐 것이다. 헌법에 규정한 공무원은 자연인으로서 공무원뿐만 아니라, 인공지능 공무원을 상정해야 할 것이다. 예컨대 챗봇 같은 로봇을 민원처리에 활용하는 시대가 온다면, 이 로봇이 민원을 잘못 처리했을 때, 어떻게 할 것인가의 문제가 생긴다.

헌법 제7조 1항에 "공무원은 국민전체에 대한 봉사자이며, 국민에 대하여 책임을 진다"고 되어 있는 주어인 '공무원'이 '공무원과 이를 도와주는 인공지능'으로 바뀌어야 할지도 모른다. 비록 헌법 조문은 바뀌지 않더라도, 관련법은 '인공지능인'의 역할을 명시해야 사후에 일어날 행정책임의 문제가 비교적 쉽게 규명될 것이다.

가장 쉽게 일어날 수 있는 변화는 세무행정이다. 오늘날에는 그동안 손으로 하던 부가가치세, 소득세 등의 계산이 이제 신용카드 사용이 보편화되면서 비교적 쉽고 정확하게 파악될 수 있게 되었다. 인공지능이 더욱 보편화되어 사용된다면, 개인이 요즘 홈택스 사이트에 들어가서 세금을 파악하고 신고하던 일도 필요없게 될 것이다. 인공지능이 세무사, 회계사의 일을 대신하게 되고, 개인의 세금공제 사항에 대해서 정확하게 계산해 줄 것이기 때문이다(안드레아, 2020: 252). 세금신고자의 수고도 필요없을 뿐만 아니라, 국세청의 직원의 업무도 거의 필요없게 될 가능성이 높다.

그러나 완전히 새로운 문제도 등장한다. 고전적으로 인간의 노동으로 창출되는 경제적 가치가 줄어듦에 따라, 부의 창출의 많은 비중을 차지하는 로봇에 대한 인공지능세(AI tax)가 도입되어야 할 것이다. 산업현장에서 가치를 창출하는 로봇에게 부과되는 로봇세가 도입될 수밖에 없을 것이다.

맞춤형 행정서비스도 가장 많이 발전할 수 있는 분야이다. 태어나서부터 무덤까지 필요한 복지, 교육, 병역 등 각종 행정사항을 그때그때 알려주고, 서비스를 제공하게 될 것이기 때문이다. 이 경우, 민원 '신청'이라는 절차가 필요없게 될 것이다. 사회갈등의 방지와 해결도 인공지능을 통해 얻어질 수 있는 혜택이다. 민원인이나 정책집단의 선호, 경향, 사고까지 인공지능을 통해 파악할 수 있기 때문에 정책입안 시부터 실현가능성이 고려될 것이다. 과거에는 정책집단의 저항이 심하여 실현이 불가능한 정책도 수립되고 일단 집행되거나 정책변동이 이뤄지거나 정책폐지된 경우가 많았다고 한다면, 이제는 인공지능이 미리 이런 터무니없는 정책을 걸러내는 기능을 할 것이다. 그동안 문제가 많았던 주택정책, 교육정책 등도 바람직한 방향으로 만들어가는 데 도움이 될 것이다.

법률이나 제도를 위반하는 경우, 이를 단속하는 데 많은 비용을 지불해야 했고, 단속의 실효성도 낮은 경우가 많았다. 한국에서 단기간에 행정에의 순응을 확보하기 위하여 발전시킨 제도가 각종 신고포상금제도이다(임도빈, 2009). 불특정 다수가 법규를 위반하는 사람을 사진 등으로 증거를 포착하여 신고함으로써 '만인의, 만인에 의한 감시' 체제를 만들었던 것이다. 나아가서 동맥, 동공, 얼굴인식 등의 판별기능이 발달함에 따라 신분증 확인 등에 필요한 행정비용을 줄일 수 있을 것이다. 비행기표를 구매하는 순간 모든 정보가 저장되어, 이 사람이 출국하는 경우, 인공지능이 여권통제, 세관검사 등을 순식간에 자동적으로 하게 될 것이다. 경찰이 범인을 검거하는 것도 인공지능이 인식하여 쉽게 이뤄질 수 있을 뿐만 아니라, 더 나아가서 평소에 범죄의 성향이 있는 사람을 미리 알아내어 범죄의 상황에 가지 못하도록 예방하는 기능까지 가능하게 될지도 모른다. 나아가 인공지능을 통한 범죄수사가 용이하고 치밀해질 가능성이 높다. 오늘날의 경찰과 검찰에 있는 사이버 관련 수사조직이 확대 개편되어, 인공지능에 관한 각종 범죄를 수사하는 기능을 할 것이다. 해킹문제는 물론이고, 지적 재산권의 침해 등에 관한 판단을 하는 데 인공지능이 중요한 역할을 할 것이다.

AI는 사법부에서도 기존 법무공무원이 갖추고 있던 대응성과 상황에 대한 평가를 상당 부분 대체할 것으로 보인다. 변호사가 인공지능으로 쇠퇴할 직업군으로 꼽히기도 한다. 적어도 변호사와 법관이 인공지능의 도움을 받아 판례를 검색하여 이를 근거로 어떤 법률적 판단을 할 경우는 증가할 것이다. 현재로서는 인간인 변호사나 판사가 그동안 자신의 법률지식과 기억에 의존하여 판례를 찾아서 그에 근거한 법조활동을 하였다면, 인공지능은 수천 개, 수만 개, 심지어 수억 개의 전 세계에 존재하는 판례나 조문을 찾아내어 검색하여, 해당 사건에 대한 판결의 내용을 제시해 주고, 인간은 이것을 받아들일 것인가 여부를 판단할 것이다(안드레아, 2020). 그런데 만약 인공지능의 도움을 받아 판단한 결과 오류가 있었다면, 단지 AI의 제안을 받아들인 법조인의 개인적 책임만을 묻는 것이 문제가 있지 않은가라는 의문이 든다.

한 걸음 나아가면, 가벼운 법률위반 등에 관한 것을 자연인인 법관이 간여하는 것이 아닌 AI만에 의한 판결을 통해 신속히 해결하는 날이 올지도 모른다. 오늘날 감시카메라로 찍인 교통위반사항을 컴퓨터가 판정하여 벌금을 부과하는 경우를 생각할 수 있을 것이다. 이와 같이 인공지능이 자동적으로 행한 판결에 오류가 있을 경우 그 책임을 누가에게 물어야 하는 문제가 생길 것이다. 인공지능이 발달하면 할수록 인간인 법관의 역할은 줄어들 것이고, 이에 의존한 판결이 이뤄질 가능성이 높다. 이런 유추를 더욱 연장하면, 헌법 제27조 ①항의 "모든 국민은 헌법과 법률이 정한 법관에 의하여 법률에 의한 재판을 받을 권리를 가진다"의 조항도 "...헌법과 법률이 정한 법관과 인공지능인에 의하여...."로 바꿔야 할 것이다.

3. 공동체로서의 국가에 AI가 미치는 영향

국가의 두 번째 의미인 공동체로서 국가에 AI가 미치는 영향력을 살펴볼 때, 민주주의를 실현하여 윤리적 측면에서 국민의 지지를 받을 수 있는 여러 장치의 요소들을 중심으로 한다면 흥미로운 접근이 될 수 있다. 인공지능의 발달로 인해 e-민주주의, e-government를 넘어선 다른 차원의 문제가 생길 가능성이 높아졌다. 국민 개개인들이 접하는 뉴스나 정보가 아날로그 시대는 물론이고 오늘날 디지털 시대와는 또 다른 차원으로 이뤄질 것이기 때문이다. 대표적인 것이 마이크로타깃팅(microtargeting) 된 뉴스의 발달이다(안드레아, 2020: 126). 각 개인이 좋아하는 것을 인공지능이 파악하고 있기 때문에, 이러한 선호가 반영된 뉴스, 광고, 정보, 취미생활분야에서 일어나는 변화 등이 끊임없이 전달될 것이다.

이러한 변화는 한 걸음 더 나아가면 기존 민주주의를 유지하는 제도의 본질적 변화가능성을 시사하는 동시에 그 존재 이유를 위협하는 요인이 된다. 예컨대 기존의 설문조사를 통한 여론조사를 얼마나 믿을 수 있는가의 문제가 있을 것이다. 마이크로마케팅(micromarketing)을 하는 인공지능에 의해 영향을 받은 사람의 답변이 그 사람의 진정한 정치적 성향인가에 대한 의문을 제기할 수 있다. 돈이 많은 사람이나 기업이 특정집단에 대해 의도적으로 강화된 정보를 줄 수도 있다. 따라서 금권정치의 가능성도 있고, 특정인이 장기집권하는 전체주의도 등장할 수 있는 가능성이 생기게 된다. 더 나아가서, 굳이 여론조사가 필요없이 인공지능이 각 개인의 마음을 읽어 예측할 수 있을 것이다. 이런 경우, 여론조사기관의 존립이 어렵게 될 것이다.

이런 우려를 거꾸로 예측할 수도 있다. 인공지능과 빅데이터의 발전을 선량하게 활용한다면 오히려 진정한 민주주의를 용이하게 실현하는 데 도움이 될 것이다. 즉, 평소에 개인의 특성을 파악할 수 있게 되어 설문조사자체가 필요성이 없어진다고 한다면, 주기적으로 정치적 의견을 묻는 투표나 선거가 굳이 필요한가라는 질문을 할 수 있다. 그야말로 정치체의 주인인 각 국민들의 생각까지 실시간으로 반영하여 정책결정을 할 수 있을 것이기 때문이다. 인공지능이 각 사람의 생활과 태도에 대한 정보를 누적하고 있기 때문에 결국 정치적 성향까지 정확히 파악할 수 있게 되고, 주요 사안에 대한 국민투표나 국회의원선거 등을 굳이 치르지 않아도 된다. 나아가서 각 개인의 정치인에 대한 선호와 혐오의 정도까지 파악한다면, 탄핵에 대한 절차를 밟을 필요조차 없이 필요시에 탄핵이 일어날 수 있을 것이다.

또한 AI 시대에는 AI와 AI를 활용하고자 하는 세력이 의사결정 거버넌스를 장악하지 않도록 주의할 필요가 있다. AI는 자율적이며, 사람이 개입하지 않고도 작동할 수 있고, 서로 다른 상황의 분석을 기반으로 의사결정을 내리고 다른 결론에 도달할 수 있는 패턴을 식별하고 학습한다. AI 낙관론은 현재 상용화된 내비게이션, 통역과 같은 특정 기능에 집중된 약인공지능(weak artificial intelligence)뿐만 아니라 강인공지능(strong artificial intelligence)이 등장해서 정책 목표 설정과 정책 집행을 둘 다 할 수 있다고 보고 있다. 그러나 AI 신중론은 AI가 인간처럼 창의성이 있는 기계가 아니라 합리적으로 행동하는 기계에 불과하므로 정책 집행만 할 수 있다는 입장이다. 낙관론을 따르든 신중론을 따르든, 인공지능이라는 신기술은 새로운 의사결정 주체라는 점에서 앞으로 우리 사회의 구성원과 작동원리를 완전히 바꿀 것이다.

AI가 의사결정 거버넌스에 영향을 주는 요인들에 대하여 Barth & Arnold(2017)

의 논의를 빌려오면 다음과 같다. 먼저, 대응성(responsiveness)으로서, AI는 특정한 범위의 가치나 편견을 적용할 수 있는 도구를 통해 의사결정의 합리성을 개선할 수 있다. 그 다음으로는 상황에 대한 평가(judgement)로서, AI는 미묘한 측면이나 환경의 변화를 감지할 수 있는 기계를 개발하여 정치적 혹은 상황적 평가를 할 수 있는 도구를 제안할 수 있다. 마지막으로, 책임성(accountability)으로서, AI는 인간의 환경 조사, 상황 평가 및 의사결정을 사람의 감독 없이 적시에 수행할 수 있는 능력을 보유하고 있다.

여기서 한 걸음 더 나아가게 된다면, 국회나 정치인 자체가 필요없고 인공지능이 정치적 결정을 맡아서 할 수 있는 날이 올지도 모른다. 즉, 오늘날 민주주의의 근간이 선거에 의한 대의민주주의라면, 이것을 근본적으로 바꿔서 직접민주주의화하고, 정치의 기능을 완전히 바꿀 소지가 있는 것이다. 실제로 미국 오픈코그(Open Cognition) 재단은 2025년까지 사회·정치적 분야에서 완벽한 의사결정을 내리는 인공지능 대통령인 ROBAMA(ROBotic Analysis of Multiple Agents)를 개발 중이다. 또한 미국의 '왓슨2016 재단'은 IBM의 인공지능인 왓슨(Watson)을 대통령으로 만들자는 캠페인을 벌이는 중이다. 미국에서의 이러한 논의들은 인간 정책결정자들의 이기적이고 비합리적인 정책결정에 대한 반발로서 나타난 일종의 실험이자 시민운동으로서의 성격을 지니지만, 완전히 현실 가능성이 없는 것은 아니다.

실제로 일본의 타마시 시장선거가 치러진 2018년 4월 18일 마츠다 미치히토(무소속, 44세)는 AI가 시장후보로 출마할 수 없는 법적 제약 때문에 자신이 AI가 시키는 대로 하겠다고 출마하였으나 4,013표를 얻어 낙선하였다(고선규, 2020: 138-139). AI는 인간과는 달리 사리사욕에 얽매이지 않고 합리적이라는 장점이 있음에도 불구하고, 일본의 유권자들은 끈끈한 정이 담긴 사람냄새 나는 인간을 선호했기 때문에 표를 주지 않았을 것으로 추측된다. 만약에 당선되었다면, 인간시장보다 더 시정을 잘할 수 있을지는 아직 알 수 없다.

먼저 새롭게 도입될 제도 측면에서 보면, 언론이 중요해짐에 따라 각 행정기관에 홍보담당관이 중요했으나 이제 소통담당 직원이 필요하듯이 인공지능 담당 직원이 필요하게 될 것이다. 청와대, 국무총리실 등에서 중요한 국가사회의 변화를 지휘하듯이 인공지능에 관해서 총괄하는 기구가 필요할 것이다. 현재 4차 산업혁명 위원회와 같이 새로운 변화를 모색하고 준비하는 자문위원회 성격을 벗어나 실제 문제를 해결하고, 다툼이 있는 문제에 권위 있는 결정을 하는 강화된 위원회로 변화되어야 할 것이다. 아마도 인공지능 관련하여 매일 일어나는 중요한 문제를 해결하기 위해, 대통령 밑에 인공지능 담당 수석을 신설하는 것이 필요할지도 모른다. 그동안의 많은 위원회는 새로운 제도를 도입하는 데 전문가와 대표성있는 인사들이 집단지성을 발휘하는 기구였다(조석준·임도빈, 2019). 그러나 인공지능에 관해서 과도한 사용과 인간이 통제 불가능한 상황에 대한 대비가 중요한 기능으로 부각되어야 한다. 즉, 모든 정책의 변화에는 인공지능이 활용되는 것을 통하여 국민의 인간존엄성을 해치지 않는지에 관한 검토를 해야 한다. 현재의 규제영향평가와 같이, 소위 '인간성 영향평가제'가 신설되어 이를 평가하는 활동을 해야 할 것이다.

정부 부처 역할의 변화 측면에서 보면, 국가의 통합성과 계속성을 유지하면서 안녕질서를 유지하는 기능을 총괄하는 행정자치부의 기능 또한 수정되고 강화되어야 할 것이다. 법무부(와 검찰)가 법적인 기초를 유지하면서, 이미 발생한 문제를 해결하는 데 중요한 역할을 한다면, 행정자치부는 인공지능인과 함께 사는 국민들의 총체적인 안녕을 지키는 데 집중하여 기능강화를 해야 할 것이다.

특히, 인공지능시대에 단순 반복적이고 인간이 하기 싫어하는 일을 로봇이 많이 처리한다면, 많은 국민들의 노동시간이 짧아지고, 여유시간이 많아진다. 국민들이 대폭 늘어난 여유시간을 어떻게 잘 사용할 수 있는 여건을 만들어주느냐가 우리 정부가 새롭게 발전시켜야 할 가장 중요한 기능이 될 것이다. 따라서 가칭 '국민시간부'를 만들어, 적극적으로 국민들의 여가생활을 풍요롭게 해 주는 것이 필요하다(임도빈, 2018b). 여가시간활용에 관하여 현 정부부처 중에는 문화체육관광부의 기능이 강화되어야 할 것이다. 나아가서, 평생고용시대를 마감하고 일생에 직업 간 이동의 휴식기가 반복적으로 주어질 것이므로, 교육부의 기능이 강화될 것이며, 특히 평생교육을 통해 인간의 삶의 질 향상과 사회적 발전 추구를 기해야 할 것이다.

새로운 측면에서 역할이 변화되어야 할 정부 부처는 국민권익위원회와 특허청이다. 모든 국민에게 인간으로서 존엄성과 행복권을 보장해야 하는 정부는 '인간의 존엄성' 보장에 한층 높은 관심을 가져야 할 것이다. 인공지능으로 인하여, 인간성이 침해되거나 왜곡될 수 있기 때문이다. 모든 정부부처는 정책을 형성하는 단계부터 인간성 보호라는 차원에서 세심한 주의를 하면서 미연에 예방하는 기능을 강화해야 할 것이다. 그런데 이런 기능신설에도 불구하고 인간성 손실 내지 위협사례가 생길 것이고 이에 관한 다툼을 다루기 위해 국민권익위원회의 기능이 강화되어야 할 것이다.

또한 인공지능이 스스로 새로운 지식, 상품, 기계 등을 창의적으로 할 수 있게됨에 따라, 어떤 발명품의 독창성을 판단하는 문제에 많은 갈등이 예상된다. 이에 따라 특허청이 전 세계에 존재하는 유사 제품이나 아이디어를 인공지능을 통해 검색하는 데에는 도움이 될 것이다. 그러나 만약 창의성이 있는 인공지능이 발달하면, 그 아이디어가 누구의 것인가를 판단하는 문제가 가장 중요한 관건이 될 것이며, 이는 바로 특허청의 역할이 중요해지는 이유이다. 그러나 만약 이보다 한 걸음 더 나아가 모든 사람이 일정 기능 이상의 인공지능비서를 가지고 활용하면서 수없이 새로운 창조물을 만들어내는 날이 온다면, 특허라는 제도 자체가 무의미해지고, 오히려 특허청 폐지라는 예측도 가능하다.

III. AI와 국가의 새로운 역할

1. 적극적 국가로의 회귀

국가의 기능을 적극적으로 나서서 선제적으로 해야 하는 기능과 문제가 생기면 그를 수동적으로 해도 가능한 기능으로 이분(二分)해 볼 수 있다. AI의 등장은 국가가 국민의 생활과 관련하여 경제·사회·문화의 각 분야에서 공공의 복지를 향상시키는 일에 적극적으로 개입하도록 만들 것이다. 즉, 자유방임국가(laisser faire) 국가 시대는 끝나고, 과거의 섭리국가(etat-prividence)[2]모델과 같이 정부가 적극

---

2 프랑스에서는 복지국가를 섭리국가라고 부른다. 이는 사회가 신과 동일한 임무와 권능을 갖고

534 VI. AI와 미래행정: 전망

적으로 개입해야 하는 필요성이 증가할 것이다.

보다 적극적인 국가의 등장은 AI가 가져오는 심각하고 광범위한 사회변화를 고려한 것이다. 예컨대, 인공지능이 사회적 불평등을 더욱 심화시킬 가능성이 높다. 장기적으로 일자리를 갖지 못하는 소위 쓸모없는 계급(useless class)의 탄생이 가능하다. WEF는 보고서를 통해 2025년까지 4차 혁명으로 인한 기계가 인간의 업무의(안드레아, 2020: 83-84) 71%를 대체할 것이며, 당장 2022년까지 113만 새로운 일자리가 생성되고, 75만 일자리가 사라질 것이라 예측한 바 있다. 인공지능이 로봇과 결합하여, 인간의 일자리를 빼앗으면 빼앗을수록 비자발적 실업률이 늘어나기 때문에 사회문제가 생기게 된다. 직업의 의미가 달라지고, 고용형태가 달라지기 때문에, 어떻게 하면 모든 국민의 인간다운 생활을 영위할 수 있는 권리를 보장해 주느냐가 한국행정의 가장 큰 과제일 것이다.

AI가 광범위하게 일자리를 대체하여 일자리를 잃는 사람이 급증할 것이라는 예측에 따라, 기본소득 정책이 전 세계적으로 관심을 받고 있다. 이런 사회변화를 감안할 때, 기본소득은 특별히 진보 성향의 정책이라고 단정짓기 어렵다. 기본소득논의가 진행되어 온 서구의 역사를 살펴보면, 보편적 기본소득에 대한 제안이 전개된 영국, 60년대와 70년대에 기본소득에 대한 시민보조금과 부의 소득세 논쟁이 벌어진 미국, 70년대 말과 80년대 초반 이후에 기본소득에 관련한 활발한 토론이 이뤄진 덴마크와 네덜란드, 그리고 최근 기본소득 실험이 이뤄진 핀란드에 이르기까지 중도 우파 정권과 중도 좌파 정권이 번갈아가며 정책에 대한 논의를 진행하였다. 기본소득을 정액제로 할 것인가, 정율제로 할 것인가는 논란의 여지가 있다. 기본소득이 양극화를 해결할 것인가, 악화시킬 것인가에 대한 논란도 있다. 그러나 비자발적 실업이 장기화되는 고용구조에서 국가에서 아무런 조치를 취하지 않는다면 문제성이 크다(양재진, 2020).

만약 인공지능과 빅데이터에 의하여, 각 개인의 실질소득과 실질소비수요가 파악된다면 이러한 기본소득의 역효과를 통제할 수 있다. 즉, 재벌급 사람에게도 기본소득을 주는 것은 방지하면서, 수혜대상에서 비대상으로 전환되는 시점에서 역의 인센티브와 같은 효과가 나타나지 않도록 하는 것이다. 이는 단순히 기본소

사회의 이름으로 규합된 시민들의 실존적 불행을 책임지기 때문이다(김홍중, 2016).

득제라는 제도를 도입한다는 의미보다는 정부가 국민개개인의 소득뿐만 아니라, 소비, 그리고 기타 활동을 관리한다는 의미이다. 물론 인공지능을 통해서만이 가능한 일이지만, 정부기능의 현저한 확대를 의미한다.

물론 적극국가로의 회귀라는 큰 문제가 우리를 위협하고 있음도 간과해서는 안 된다. 정부기능이 확대되어 "1984"나 미셸 푸코(1975)의 파놉티콘과 같은 전체주의적 감시통제사회가 될 수도 있기 때문이다. 따라서 AI를 잘 이용하여, 거꾸로 이런 차별화되고 전체적인 관리로 사회구성원 전체의 행복이 올라가도록 해야 한다는 절체절명의 전제조건이 충족되는 한도 내에서 국가기능이 강화되어야 한다.

2. 가치의 관리

AI가 우리생활에 본격적으로 도입됨에 따라 우리는 가치관의 혼란을 겪게 될 것이다. 무엇이 옳고 무엇이 그른지, 무엇이 중요하고 무엇이 중요하지 않은지에 대한 가치관의 근본적 틀이 바뀔 수밖에 없기 때문이다. 국가의 새로운 역할로서 국민들이 공유하는 가치에 대한 선제적 사회적 합의를 이끌고 유도하는 역할을 강화해야 한다. 과거 섭리국가보다 더 중요한 AI시대의 적극국가가 추가적으로 수행할 기능이다. 즉, 우리가 살고 있는 세계가 아닌 어떤 세계를 이상향으로 그리고 있는가에 대한 고민을 국가가 해야 한다.

예를 들면, "인간의 '창의성'이란 궁극적으로 무엇을 위함인가"라는 질문에 대한 답을 생각해야 한다. 인간만이 할 수 있는 일과 AI의 구분이 애매해지면서, 인간만이 할 수 있는 것에 대한 가치를 부여해 주는 사회적 분위기를 만들어야 한다. 또한 여러 상품과 서비스를 이용하는 사람들의 입장도 더욱 충분히 고려하도록 해야 한다.

이는 특허권, 지적 재산권을 어떻게 보호해야 하느냐의 문제로 이어진다. 음악분야에도 '딥바흐'라는 프로그램이 있는데, 예컨대 바흐의 모든 곡을 주고 AI를 훈련시키면 아름다운 곡을 만들어내기도 하고, 고흐의 그림을 모두 입력시킨 후 어떤 곳의 사진을 주면 AI가 고흐의 그린 것같이 붓의 터치를 구불구불 그림으로 만들어내는 단계에 왔다. AI가 그린 그림이 경매에 낙찰되기도 하고, AI작가가 쓴

소설이 문학상에서 심사에 통과하기도 하고, AI가 신문기사를 쓰기도 한다(이교구, 2020).

아직은 AI가 인간의 창의성을 뛰어넘는다고 할 수는 없지만, 여기서 한 발짝만 더 나아가면 인간이 입력한 것 이상의 어떤 창작물이 나올 수 있을는지 모른다. 이 경우 특허권, 지적 재산권을 AI에게 인정하느냐, 소유자에게 인정하느냐, AI에게 그런 작업을 하도록 입력한 사람에게 주느냐 등에 대하여 먼저 정의가 내려져야 한다. 가장 문제시 되는 것은 인간의 존엄성을 어떻게 지키느냐의 문제이다. 창작의 즐거움을 누려야 할 사람들이 인공지능에게 자리를 넘겨주는 상황이 불거진다. 인공지능이 하지 못하는 것을 창의적으로 만들어내야 하는 업무에 종사하는 사람들은 더욱더 어려운 상황에 처해진다.

창의성의 정도가 높아지는 인공지능이 등장하는 경우에 더욱 문제는 심각해질 수 있다. 즉 인공지능이 스스로 사고하고, 인간이 지시하지 않은 것까지 하기도 한다. 나아가서 과학이나 예술분야의 창작을 넘어서 일상생활에서 인공지능 스스로 활동하는 것이 문제가 될 수 있다. 한 사회에는 항상 악의를 가지고 활용하는 사람이 있게 마련이다. 이미 마이크로소프트에서 테이라는 챗봇을 개발하여 히틀러를 찬양하는 것을 가리켜 페이스북에 올린 사건이 있다(장병탁, 2019: 28)

요컨대, 인공지능의 악용은 인간의 존엄성 자체에 큰 손실을 가져올 수도 있다. 따라서 가장 중요한 조건은 어떻게 하면 인간의 존엄성을 인공지능으로부터 지킬 수 있느냐이다. 즉, 헌법 제10조에 규정된 "모든 국민은 인간으로서의 존엄과 가치를 가지며, 행복을 추구할 권리를 가진다. 국가는 개인이 가지는 불가침의 기본적 인권을 확인하고 이를 보장할 의무를 진다"는 내용이 더욱 절실한 가치로 등장할 것이다.

Ⅳ. 결론: 행정의 역할은 '인간'다운 사회를 지키기

지금까지 미래국가의 관점에서 행정이 직면하게 되는 도전과 이에 대한 해결책을 살펴보았다. 종합해 보면, 주권의 보유자로서 국가는 국민, 영토, 정부, 주권의 각 요소에 대하여 AI가 창출하는 새로운 환경에 맞서 법적·정치적 문제들을 직접적으로 해결할 필요가 있다. 반면, 공동체로서 국가는 국민이 기존에 갖고 있던 공유된 정체성과 국가가 갖고 있는 도덕적 당위를 유지하기 위하여 AI가 가져오는 의사결정의 새로운 국면과 행정가치에 대한 위협을 현명하게 해결해야 한다.

인류는 신기술이 등장할 때마다 국가행정의 기능과 역할을 재정비하면서 결과적으로 이를 슬기롭게 이용해 왔다. 우리나라의 경우 인공지능 분야 정부 투자가 2016년 1,300억 원에서 2020년 5,978억 원으로 3.6배 확대되었으며 2019년 12월 인공지능 국가전략이 발표되는 등 AI의 정부서비스 응용에 박차를 가하고 있다.

AI 낙관론이냐 신중론이냐는 곧 과학발전에 대한 낙관적 혹은 비관적 견해인가라는 문제에 뿌리를 두고 있다. 행정학은 항상 최악의 경우(the worst senario)까지 생각하고 정부가 해야 할 일을 대비해야 한다. 진보냐 보수냐라는 정치성향을 넘어, AI시대에 국가의 범위 혹은 국가의 관여 방법에 대한 깊은 성찰이 필요하다. 중요한 것은 '인간의 존엄성'을 위협받지 않고 지키는 것이 무엇인가에 대한 질문이다. AI로 인한 편리함의 이면에는 인간의 존엄성을 해칠 위험성이 상존하기 때문이다. 각 나라는 인공지능 이니셔티브를 선점하기 위해서 다투고 있으며, OECD는 인공지능이 인간의 존엄성을 해치지 않는 방향에서 개발될 수 있도록 정책결정자가 신중히 숙고해야 한다고 주의를 주고 있다(OECD, 2017).

철학이 아직도 해결하지 못한 '인간성이란 무엇인가'라는 질문에 답을 찾아야 한다. 칸트를 중심으로 한 학자들 사이에는 인간이 '이성적인 존재'라는 믿음이 존재한다. '이성적인 존재'란 '보편적 윤리규범 아래 스스로를 종속시키고자' 하는 윤리적 존재이다(김도균, 2020). 이는 칸트의 절대주의 윤리관과 연결되어 있다(임도빈, 2008). 그러나 실제 AI가 장착된 로봇과 구별되는 인간이란 칸트의 절대주의적 인간이라는 큰 틀 내에서 번민하면서 때로는 실수도 하고, 희로애락을 느끼는 따뜻한 정이 있는 존재여야 한다.

새로운 의사결정 체계가 가져오는 책임의 문제는 중심에 서 있는 인간, 그리고 인간이 AI를 적절히 통제하고 길을 열어줄 국가라는 관점에서 생각해야 할 것이다. 일부 AI를 대통령으로 만들어야 한다는 주장은 지구에서 가장 똑똑한 인간을 대통령으로 해야 한다는 주장과 마찬가지로 근거가 빈약하다. 현존하는 세계의 데이터에 의존하는 AI가 오히려 그 정보에 가로막혀 인류가 추구하는 궁극적 가치를 해하지 않도록 하는 것이 정부의 역할이다.

AI가 빅데이터를 통하여, 정책이슈를 찾아내고, 각종 대안에 대한 제시를 정책분석을 통해서 한다면, 정책결정과정이 합리화되고, 시간도 실시간으로 결론이 날 정도로 효율성이 높아질 것이다. 어떻게 보면, 행정학과 정책학을 공부하는 사람이 필요없을 날이 올지도 모른다. 그러나 다시 한번 생각해 보면, 행정과정에서 '인간적인 것'이란 AI가 눈깜짝할 사이에 결론을 찾아내는 블랙박스를 원하기보다는, '소모적인 것'처럼 보이는 토론과 '어느 정도의' 갈등을 전제로 하는 것인지도 모른다. 즉 정책대안의 도출과정을 설명하지 못하는 것이 AI의 한계인 것이다(고선규, 2020: 146-148). 더 나아가서, 악의를 가진 사람들이 AI의 알고리즘을 조작하여 엉뚱한 결론을 나오게 할 위험성은 항상 존재하는 것이다.

지금까지는 인공지능이 인간지능의 경쟁자처럼 인식되어 왔지만, 결국 인공지능도 인간이 만들어낸 하나의 기술이다. 앞으로도 인공지능의 정확도가 계속 올라가겠지만 인간의 방향 설계와 제약 조건 설정이 핵심이 될 것이다. 인공지능이 정부 영역에 적용된 최초 사례인 Alan Tuning도 에니그마의 암호를 해독할 때, 첫 번째 단어가 '히틀러 만세'일 것이라고 추정하여 경우의 수를 크게 줄였던 바 있다. 즉, 미래국가는 AI의 책임과 권한 문제를 선제적으로 해결하고, AI가 가져올 수 있는 행정 가치의 훼손에 대해서 시민의 이익을 단순히 반영하기보다는 독자적으로 목표를 설정하고 추구해 나가야 한다.

이러한 맥락에서 우리나라 정부의 AI 관련 경쟁력 강화가 필요하다. 단지 AI 기술개발을 다른 나라에 뒤지지 않게 하기 위한 정부경쟁력이 아니라, 인간다운 삶은 담보해 준다는 전제하에서 과학발전 경쟁을 유도해야 한다. 정부가 스스로 복잡한 기술에 대한 해결책을 식별하고, 개발할 줄 알며 책임감 있게 사용하고 유지하는 능력이 필요한 것이다. 이러한 능력이 없다면, 단순히 민간위탁의 형식으로 AI를 사용하게 되고 이 경우 득보다 해가 커질 것이다. 또한 AI가 내리는 의사결정에 대해서 투명성과 책임성을 담보해야 한다. AI의 알고리즘이 고도화하면서, 법적 절차, 행정서비스 우선순위 등에 대한 의사결정이 시민이 완벽히 이해가능한 것이 아닐 때가 많아질 수 있기 때문이다. 나아가, 국가 능력과 관련하여 AI

메커니즘의 역이용에 대한 주의가 필요하다. 이는 투명성과 책임성의 담보와 연결되는 이야기로, AI 의사결정이 화이트박스가 됨에 따라 이러한 메커니즘을 역이용하여 이익을 취하고자 하는 단체가 있을 수 있기 때문이다. 따라서 AI에 대한 정부 내부 역량을 통해 이러한 역이용을 방지해야 한다.

참고문헌

[국내문헌]

고선규. (2020). 「인공지능과 어떻게 공존할 것인가」. 서울: 타커스.

김홍중. (2016). 「사회학적 파상력」. 서울: 문학동네.

김도균. (2020). 「법앞의 인간. 서울대학교 인문대학 편, 인간을 다시 묻는다」. 서울
　　대 출판원.

김배원. (2020). 지능정보사회와 헌법-인공지능(AI)의 발전과 헌법적 접근-. 공법학
　　연구, 21(3), 67-108.

박영숙·제롬글렌. (2020). 「세계미래보고서 2021」. 서울: 교보문고.

안드레스. (2020). 「2030 미래 일자리 보고서」. 서울: 가나출판사.

안문석. (2018). 4차 산업혁명 시대, Cloud와 AI가 가져올 미래 행정의 모습은 어떨
　　까?: 빅데이터를 활용한 '과학적 행정'을 준비해야 하는 이유. 지역정보화, 109(0),
　　44-47.

양재진. (2020). 전국민 기본소득의 정책효과와 한계분석. 동향과 전망 110: 26-59.

연합뉴스. (2020.10.6.). 네이버, 검색결과 조작해 경쟁쇼핑몰 쫓아내... 과징금 276
　　억. https://www.yna.co.kr/view/AKR20201006084251002

유현종. (2011). 한국행정의 국가이론적 재검토: 국가성의 변화와 대안을 중심으로.
　　한국행정학보 45(3): 251-277.

이교구. (2020). AI가 활짝 열어줄 소리의 세계. 국회도서관. 484: 24-27.

임도빈. (2007). 관료제, 민주주의, 그리고 시장주의: 정부개혁의 반성과 과제. 한국행
　　정학보 41(3): 41-65.

임도빈. (2208). 행정윤리관의 분석틀 모색: 서양철학을 중심으로, 행정논총, 40(3).

임도빈. (2009). 한국의 신고 포상금 제도 분석: 유형화와 확산이유를 중심으로. 한국
　　조직학회보. 6(1): 233-262.

임도빈. (2018a). 「행정학: 시간의 관점에서」. 서울: 박영사.

임도빈. (2018b). 코리아 르네상스로 가는 길: 시간부(Ministry of Time)를 만들자.
　　행정포커스, N.118. 한국행정연구원.

임성훈. (2020). 인공지능 행정이 행정절차·행정소송에 미치는 영향에 대한 시론적
　　고찰. 행정법연구, (62), 135-168.

장병탁 외. (2019). 「또 다른 지능, 다음 50년의 행복」. 서울: 아시아.

조석준·임도빈. (2019). 「한국 행정 조직론」. 서울: 법문사.

전자신문(2020.11.14.). [AI사피엔스시대] '인간처럼' 되고 싶은 AI... '아기처럼'에서 답을 찾다. http://m.etnews.com/20201117000185.

OECD. (2019). 「사회 속의 인공지능」. 서울: 한국정보화진흥원.

[해외문헌]

Bar-Cohen, Y. (2006, April). Smart Structures and Materials 2006: Electroactive Polymer Actuators and Devices (EAPAD). *In SPIE* (Vol. 6168).

Barth, T. J., & Arnold, E. (1999). Artificial intelligence and administrative discretion: Implications for public administration. *The American Review of Public Administration*, 29(4), 332-351.

Engstrom, D. F., et al. (2020). Government by Algorithm: Artificial Intelligence in Federal Administrative Agencies. Available at SSRN 3551505.

Foucault, M. (1975). Surveiller et punir. *Paris*, 1, 192-211.

Kellenborn, Z. (Oct, 2020). A Partial Ban on Autonomous Weapons Would Make Everyone Safer Foreign Affairs. Foreign Affairs, https://foreignpolicy.com/2020/10/14/ai-drones-swarms-killer-robots-partial-ban-on-autonomous-weapons-would-make-everyone-safer/

Janelle Shane. (2019). 생각보다 이상한 AI의 위험성. https://www.ted.com/talks/janelle_shane_the_danger_of_ai_is_weirder_than_you_think?

Jones, B. D. (2003). Bounded rationality and political science: Lessons from public administration and public policy. *Journal of Public Administration Research and Theory*, 13(4), 395-412.

Newell, A. and H. Simon. (1956). The logic theory machine-A complex information processing system. *IRE Transactions on Information Theory*, 2(3), 61-79.

Newell, A., et al. (1957). Empirical explorations of the logic theory machine: a case study in heuristic. Papers presented at the February 26-28, 1957, western joint computer conference: Techniques for reliability.

Miller, N. J. (1998). *Between nation and state: Serbian politics in Croatia before the First World War*. University of Pittsburgh Pre.

Rejai, M., & Enloe, C. H. (1969). Nation-states and state-nations. *International Studies Quarterly*, 13(2), 140-158.

Russell, S. J., & Norvig, P. (2016). Artificial intelligence: a modern approach. Malaysia.

Skocpol, T. Bringing the state back in: current research. in P.B Evans, D. Reuschemeyer., & T. Skotpol (Eds.), *Bringing the State Back In (1985)*, Cambridge: Cambridge University Press, Chapter 1.

Valle-Cruz, D. and R. Sandoval-Almazan. (2018). Towards an understanding of artificial intelligence in government. Proceedings of the 19th Annual International Conference on Digital Government Research: Governance in the Data Age.

Thierer, A. D., Castillo O'Sullivan, A., & Russell, R. (2017). Artificial intelligence and public policy. Mercatus Research Paper.

Valle-Cruz, D., et al. (2019). A review of artificial intelligence in government and its potential from a public policy perspective. Proceedings of the 20th Annual International Conference on Digital Government Research.

Wolf, M. (2001). Will the nation-state survive globalization. *Foreign Aff.*, 80, 178.

World Economic Forum. (2018, December). The future of jobs report 2018. Geneva: World Economic Forum.

CNN(2021, January. 14). This policy proposal fueled Andrew Yang's presidential run. http://edition.cnn.com/videos/politics/2021/01/14/andrew-yang-universal -incure-policy-orig-jm.cnn.

AI 정부와
미래 한국 행정의 법적 틀

홍준형(서울대학교 행정대학원)

I. 프롤로그

제4차 산업혁명이 진행되는 인공지능(AI)[1] 기반 초연결사회(hyperconnected society)에서 한국의 행정은 근본적인 변화를 겪게 될 것으로 전망된다. 이미 진행되기 시작한 기후위기(climate crisis)와 함께 대변혁(Great Disruption)이 다가오고 있다. 결국 정부와 행정도 이 거대한 물결을 피해가지는 못할 것이다. 그 와중에 '너무 빨리 온 미래'가 우리 주위를 넘실댄다. 코로나 팬데믹 위기의 경험은 '언택

---

[1] 인공지능(Artificial Intelligence: AI)이란 인간이 지능적 행동으로 간주하는 모든 징표들을 함유한 컴퓨터기술의 발전 또는 그러한 기술 자체의 발전을 목적으로 한 분야를 일반적으로 지칭한다. 즉 AI란 "기계로 하여금, 인간들이 한다면, 지능적인 행동으로 간주될 행동을 하도록 만드는" 기술을 말한다. 이 분야는 오랜 기간 진화해 왔고 상호 연관된 하위 분야들과 여러 학문 분야들이 교차된 접근방법들(crossdisciplinary approaches)을 포함하게 되었다. AI 기술의 진화와 현황에 관해서는 Subbarao Kambhampati(2019: https://doi.org/10.17226/25488)을 참조. 한편 「지능정보화 기본법」 제2조에 따르면, "지능정보기술"이란 다음 어느 하나에 해당하는 기술 또는 그 결합 및 활용 기술을 말한다(제4호).
가. 전자적 방법으로 학습·추론·판단 등을 구현하는 기술
나. 데이터(부호, 문자, 음성, 음향 및 영상 등으로 표현된 모든 종류의 자료 또는 지식을 말한다)를 전자적 방법으로 수집·분석·가공 등 처리하는 기술
다. 물건 상호간 또는 사람과 물건 사이에 데이터를 처리하거나 물건을 이용·제어 또는 관리할 수 있도록 하는 기술
라. 「클라우드컴퓨팅 발전 및 이용자 보호에 관한 법률」 제2조제2호에 따른 클라우드컴퓨팅기술
마. 무선 또는 유·무선이 결합된 초연결지능정보통신기반 기술
바. 그 밖에 대통령령으로 정하는 기술
또한 "지능정보화"란 "정보의 생산·유통 또는 활용을 기반으로 지능정보기술이나 그 밖의 다른 기술을 적용·융합하여 사회 각 분야의 활동을 가능하게 하거나 그러한 활동을 효율화·고도화하는 것"을(제5호), "지능정보사회"란 "지능정보화를 통하여 산업·경제, 사회·문화, 행정 등 모든 분야에서 가치를 창출하고 발전을 이끌어가는 사회"를(제6호) 말한다고 각각 정의되어 있다.

트 사회', 즉 비대면 사회의 도래가 훨씬 앞당겨지는 계기가 되었다. 이 모든 변화의 방향은 필연적이고 불가피한 것으로 판명되고 있다. 정부는 우리 예상을 넘는 수준에서 AI 기반으로 변모해 나갈 것이다. 완전하고 전면적인 수준은 아닐지라도 정부와 거버넌스 역시 'AI 정부'와 'AI 거버넌스'로의 전환은 불가피하다.

변화는 많은 도전과 과제를 수반한다. 법도 마찬가지다. 미래 한국행정의 대전환은 어떤 형태로든 법과 연관되지 않을 수 없다. 행정의 정당성을 뒷받침하는 제도적 틀로서, 그리고 가까운 미래 한국 행정의 전환과정에서 대두되는 난제들을 해결하기 위한 척도이자 도구로서 법의 역할과 과제를 예측, 도출하고 그 해결책을 모색할 필요가 있다.

한국 행정의 미래에 대하여 법은 적어도 세 가지 측면에서 국가, 정부, 행정에 중요한 영향을 미치는 변수로 작용하게 될 것이다. 첫째는 AI 정부에 있어 행정의 법적 기반구조(legal infrastructure)의 구축, 둘째는 AI 정부와 행정 거버넌스의 구현을 위한 법의 역할과 과제, 셋째, AI 정부와 미래 행정에서 대두되는 주요 법적 쟁점들의 해결이 그것이다.

II. AI 정부와 법

1. AI 정부와 행정 · 공공서비스의 변화

AI 정부는 이미 진행형이다. AI 정부는 이미 행정, 특히 공공서비스를 변화시키기 시작했다. 사물인터넷(IoT), 사이버물리시스템(CPS)[2] 등 비약적 기술진보로 초연결사회(hyper-connected society)[3]가 급속하게 전개되고, 빅데이터를 활용해 컴퓨터를 사람처럼 학습시켜 인지 · 판단 · 예측 능력을 키우는 '머신 러닝(machine

---

2 '사이버물리시스템'이란 이종 복합 시스템 간의 고신뢰성과 실시간성을 보장하는 무결점(Zero-Defect) 자율 제어 시스템을 말한다. 연결사회 도래와 사이버물리시스템(CPS), IT & Future Strategy, 제3호 (2014. 6. 30.).

3 초연결 사회란 일반적으로 사람, 사물, 공간 등 만물(Things)이 인터넷(Internet)으로 서로 연결되어, 전방위적으로 정보가 생성 · 수집되고 유통 · 공유 · 활용되는 사회를 말하는 개념으로 사용된다.

learning: 기계학습)' 등 혁신적 인공지능의 발달, 확산이 이루어지면서 전례 없는 양상과 속도로 지능정보사회가 진전되고 있다. 무인자동차, 시설경비, 엘리베이터 운용, 온도조절·환기 등 자동화된 시설관리 시스템, 자동통·번역, 자동학습·교육, 지능형 로봇, 원격자동생산, 인공지능기반 투자·자산관리 등 다양한 분야에서 머신 러닝이 확산되고 있다. 로봇의사(robot doctors), AI변호사, 그리고 자동화된 건축가(automated architects) 등은 미래사회의 일상적인 직업으로 자리 잡게 된다. 국가목적 또는 정책과 행정의 목표를 달성하기 위한 수단으로 AI가 적용되는 사례를 발견하는 것은 결코 어려운 일이 아니다. 공공부문에서 AI를 활용하는 것은 행정의 거의 모든 분야에서 나타나는 보편적 현상이다.

2. AI 정부와 행정의 미래

1) AI 정부가 가져올 변화

'AI 정부가 온다'는 말은 행정의 미래를 정의하는 캐치프레이즈(catch phrase)이다. 그러나 AI 정부는 이미 우리 곁에 와 있고 또 계속 더 다가오고 있다. 전자정부를 넘어 AI 정부로의 이행이 한창 진행되고 있다.

하지만 인간의 관여가 완전히 배제된 무인·자동 시스템으로서의 AI 정부는 실현되기 어려울 것이다. 정부의 선출과 구성, 존속, 그리고 심판과 교체 등 민주주의 정치과정을 AI에게 맡기거나 AI에 의존시키는 것은 국민을 주권자로 설정한 헌법이념에 비추어 용납할 수 없기 때문이다. 그런 까닭에 AI 정부는 그 영토를 아무리 확장한다 하더라도 정치적 정부(political government)를 대체할 수는 없을 것이다. 국민이 주권자 지위를 보유하는 한 정치적 정부가 사라지거나 쇠퇴하는 일은 일어나지 않을 것이다. 사회로부터 압력은 전례 없이 커지고 구태의연한 정부의 조직이나 행태 역시 변화와 혁신을 강요받게 되겠지만 권력의 문제는 오히려 더 강화되고 치열해질 가능성이 크다. 다만 정부의 역할과 기능은 초연결-고도기술사회(hyperconnected advanced technology society)에서 현재-과거의 틀에 안주할 수는 없을 것이다. 정부의 얼굴과 구조가 실질적으로 변화할 수밖에 없다.

그렇다면 AI 정부는 어떤 모습을 띠게 될 것인가. 정부의 핵심 임무는 어떻게 변화할 것인가.

각국의 역사적 전통이나 정치문화적 배경에 따라 정부형태도 다양하게 발현되어 왔지만, 어느 나라든 국가의 3대 기능, 즉 입법, 행정, 사법이라는 분립형 국가권력을 기반으로 삼고 있다는 점은 공통적이다. 이러한 권력분립의 3대 부문에서 AI가 가져올 변화를 살펴볼 수 있을 것이다.

(1) 입법

입법 분야에서는 법률의 제·개정, 조약 등 국제법의 비준동의 같은 전형적인 입법활동은 물론 예·결산심사, 결의(resolutions) 등 다양한 의정활동이 AI 지원 데이터 기반 방식으로 전환될 것이다. 국회의 고유임무인 대표(representation)의 과정은 여전히 선거를 통한 정당성 획득과 임기 동안 국민 전체를 대표하는 입헌적인 대의기능과 실질적으로는 선거구민 중심의 민의수렴과 정당·정파를 위한 의정활동을 통해 수행되지만, 그중 많은 부분이 AI 기반으로 급속히 바뀌어갈 것으로 전망된다. 특히 국민 전체 또는 지역구민 등 선거구민을 대상으로 한 민의수렴활동은 빅데이터 기반 AI의 도움을 받아 이루어질 공산이 크며, 선거운동 또한 이러한 과정의 연장선에서 이루어지게 될 것이다.

(2) 사법

사법(司法) 분야에서는 재판을 통한 분쟁해결과정에서 관련판례나 법령 분석, 사실확인을 위한 입증의 방법으로 AI를 활용하는 경우가 확대되어갈 것이다. 그 과정에서 불가불 특정 분야에서 또는 일반적으로 기존의 법관(재판부)에 의한 재판을 AI에 의한 재판으로 대체할 수 있는가 하는 문제가 제기된다. AI가 법관에 의한 재판을 완전히 대체하는 것은 변론주의나 법관의 자유심증주의 등 법리적 한계에 부딪힐 뿐만 아니라 현실적으로도 사법서비스 무인화에 대한 저항이나 반감을 불식시키기 어렵기 때문에 실현가능성이 떨어진다. 물론 법관이나 변호인, 검사, 소송당사자 등 재판관여자들이 사실관계 조사·확인이나 법적 논증을 위해 AI에 의존하는 경우가 점점 더 늘어날 것임은 분명하다. AI는 법해석과 판례분석,

증거조사 등 재판과정 전반에 걸쳐 재판보조 기능을 수행할 수 있고 이러한 경향
은 계속 확대될 가능성이 크다. 사실관계가 복잡하고 법해석상 불확실성이 높은
사건이나 양형이나 행정상 제재처분의 경중, 과징금 산정 등 일관성을 기하기가
곤란한 형사사건이나 행정사건에서 AI에 의한 빅데이터 분석이 강력한 효용을 발
휘하게 될 것이다. 반면 소송당사자들이 자신의 주장을 뒷받침하기 위하여 AI를
동원하는 경우가 많아질수록 재판의 어려움도 그만큼 커질 것이고, 법정은 당사
자들의 AI 기반 변론의 당부를 판단할 AI 타당성 심사를 위한 법적 도구와 방법
론이 필요하게 될 것이다.

(3) 행정

AI는 특히 행정 분야에서 진단, 예측 능력을 비약적으로 향상시킴으로써 두드
러진 변화를 가져올 것이다. 가장 큰 물음은 행정수뇌를 AI가 대체하게 될 것인
가 하는 것이다. 그러나 앞서 지적한 바와 같이 AI 정부가 정치적 정부를 대체하
는 상황을 상상할 수 없듯이 한때 과학이나 관리(경영)의 이름으로 불리기도 했던
행정 역시 AI 기반 무인행정으로 대체되지는 않을 것이다.

행정 분야에서 AI 정부는 무엇보다도 AI 기반 정책과정을 통해 구현된다. 정
책문제의 인식, 정책의제의 설정, 정책결정, 정책집행, 정책평가, 환류 등 정책과
정 전 과정에 걸쳐 AI가 투입, 적용됨으로써 정부의 주요 의사결정이 AI 기반으
로 바뀌기 시작한다. 정책결정지원시스템(policy making support system)은 공공부
문에 AI가 적용되어 그 효용을 발휘하는 가장 중추적인 부위이다. 빅데이터를 활
용한 AI의 도움을 받아 정책문제의 진단과 예측, 분석이 이루어지거나 이를 토대
로 정책의제가 설정되고 AI 기반 정책결정, 정책집행, 정책평가, 환류 등이 이루
어지는 AI 기반 정책과정이 이미 AI 정부의 핵심 회로로 작동하기 시작했다. 국
가 전체를 향도하는 최고위 국가전략 및 정책 결정과정 역시 AI에 대한 의존성이
지속적으로 확대되어갈 것이다.

2) AI 정부의 거버넌스

AI 정부는 그 기술적, 정치경제적 특성에 상응한 거버넌스를 필요로 한다. 가

령 AI 정부에서는 우월한 기술적 역량을 갖춘 집단이나 조직들이 정치·행정 모든 영역에서 영향력을 확대하는, 전통적 거버넌스와는 사뭇 다른 기술과 정치가 결합한 새로운 방식의 거버넌스가 정부에서 또는 정부를 대신하여 권력을 장악하거나 영향력을 행사하는 상황이 전개될 가능성이 크다.

과학기술 관련부처나 유관기관들은 AI 정부 내 위상이 크게 강화될 것이다. 특히 과학기술, 정보통신, 보건, 복지, 안전, 환경, 재난관리 분야에서 AI 기반 감시·감독기능이 크게 강화됨에 따라 해당 분야 정부부처와 관련조직들이 AI 기반 기술감독 거버넌스의 중심으로 부상하고 그 과정에서 전통적인 정치제도와 거버넌스, 감독·감찰·통제 기구들과의 관계에서 갈등이나 충돌이 발생할 수 있다. 온·오프/유·무선/물리·가상망의 분화·확대, 이를 넘나드는 '국경 없는(borderless)' 자유통행, 거래확대, 불법행위 확산 등으로 인한 혼란과 무질서로 말미암아 전통적인 정부와 국제관계에 의존한 통제와 질서유지 역시 도전을 받게 될 것이다.

새로운 유형의 기술·감독 거버넌스의 등장은 과거 전통적인 대의제민주주의와 법치주의를 제약하는 방향으로 작동할 가능성이 크다. 법의 지배(Rule of Law)가 자칫 '기술의 지배(Rule of Technology)', 또는 'AI의 지배(Rule of AI)'로 전락할 위험, 적어도 후자에 의해 전자가 잠식될 우려가 현실이 될 수 있다.[4]

AI 정부의 기술·감독 거버넌스는 예를 들어 '마이너리티 리포트' 모델이 될 수도 '자율주행차' 모델이 될 수도 있겠지만, 어느 경우든 빅데이터 기반 AI 알고리즘(algorithm)에 의존한 분석·예측 및 대응 프로그램을 운영하는 의사결정시스템을 핵심으로 한다는 점은 공통적이며, 그와 같은 유형의 거버넌스가 구축될 개연성이 크다.

물론 AI 정부 또는 AI 정부로 이행하는 과정에서 상당 기간 기존의 거버넌스와 AI 거버넌스가 공존하는 것은 불가피할 것이다. 기존의 전통적인 정치제도 및 통치기구들과 더불어 새로운 유형의 기술감독기구들이 등장하여 서로 경쟁하거나 연계되는 상황이 전개될 것으로 전망된다. 그 경우 정치체제에도 중대한 변화를 초래할 수 있다.

---

4 2045 인터넷@인간·사회 연구회. (2015). 「2045년 미래사회 인터넷 보고서」. 한국인터넷진흥원, 207.

기존의 정치제도와 통치기구와 새로운 유형의 기술감독기구의 관계는 나라별/
시기·단계별로 다양하게 나타날 수 있다. 가령 기술감독기구가 기존의 정치제도/
통치기구를 점진적으로 또는 급속하게 대체하거나 기존의 통치 체제/기구가 진
화·적응하여 기술감독기구를 조화롭게 내재화하거나 수용·조절하는 등 다양한
변용이 일어날 것이다.

3) AI 정부와 안전거버넌스

(1) 안전 관련 거버넌스 체계

AI 정부를 둘러싼 초미의 이슈는 안전거버넌스에 집중된다. 초연결사회에서
제기되는 안전 문제의 핵심은 안전한 삶을 누가 어떻게 보장할 것인가 하는 것이
다. 사람들은 예전과 다름없이, 아니 예전보다 더욱더 절박하게 정부에 기대하고 의
존하며 또 책임을 지우려 할 것이다. 결국 정부는 안전보장자(guarantor of security)로
서 부름을 피할 수 없을 것이다. 그런 의미에서 AI 정부는 무엇보다도 '안전거버
넌스로서 정부'로 변모해야 한다는 요구와 압력에서 벗어나기 어렵다.

2045년 또는 2035년에 이미 컴퓨터가 인간의 능력을 추월하는 시점, 즉 특이
점(singularity point)이 온다면 이는 인간과 사회의 모든 데이터가 전방위적으로
감시·통제되는 단계로 이어지게 될 것이다.

국가·정부·법·가치관·통일·사회구조의 변화에 따라 AI 정부의 거버넌스
체계도 영향을 받지 않을 수 없다. 안전은 AI 정부에서 가장 핵심적인 가치로 부
상한다. 안전을 보장하고 통제 및 관리할 거버넌스 체계가 그 어느 때보다도 중요
한 인프라로 부각된다.

개인/집단/지역 등 모든 수준에서 개인정보와 프라이버시 방어를 위한 '디지
털 개인방어장비(Digital Self-Defense Device)'의 개발과 사용이 활성화되고 광범
위하게 확산될 것이다. 가령 안에서는 보이지만 밖에서는 볼 수 없는 차창처럼 차
단기능과 접근가능성이 차별화된 자기방어장치, 이를 생산할 기술과 기업의 발전
이 뒤따를 것으로 전망된다. 아울러 회사, 단체, 지역/지역연합들이 각자 외부 감
시나 침범으로부터 자기 영역의 안전과 이익을 보호하기 위한 방어장치를 만들어

적용하고 이와 같이 강화되고 국지화된 자기방어시스템과 방어망(shields)이 확산됨에 따라 사이버 출입/수색/강제처분 등을 위한 사이버영장제도가 도입되고 이를 위한 사이버컨트롤 허브로서 법원과 검찰, 경찰을 망라한 통합적 컨트롤타워 또는 통제기구(clearing house)가 등장하게 될 것이다. 같은 맥락에서 그 같은 자기방어-차단기술과 그 응용제품(package)의 생산·유통에 대한 공적 통제의 필요성이 강하게 대두될 것이다.

2045 건물들은 자기방어장치(self-defence)가 필요하게 될 것이다!

테러목적 드론 사용으로 건물들이 드론기반 공격(drone-based attacks)에 대한 방어장치를 갖추게 만들 것이며 접근금지장치나 레이저 및 마이크로웨이브 방어장치(laser and microwave defences), 심지어는 '헌터-킬러 대드론 드론(hunter-killer anti-drone drones)'을 장착하는 건물들이 늘어날 것이라고 한다.[5]

(2) 미래 거버넌스 체계의 변화상: 새로운 감시자의 등장

안전은 시대를 뛰어넘는 삶의 중심가치로 떠오르고 있다. 그리고 AI 정부가 성숙하더라도 안전을 보장·보호하는 경찰·보안·질서유지 기능은 여전히 정부의 핵심기능으로 존속하게 될 것이다. 문제는 정부에 대한 신뢰가 있는가 하는 것이다. AI 정부가 정부불신의 게이지를 낮출 수 있을까. 불길한 전망이지만 정부불신은 커지면 커졌지 줄어들지는 않을 것이다. AI 정부가 약속하는, 이미 구현하기 시작한 여러 순기능 못지않게 그 위험성과 역기능을 피하기 어렵기 때문이다.

민주주의는 어떻게 되는가. 결국 또다시 오래된 숙제, '누가 감시자를 감시하는가?(Quis custodiet ipsos custodes: Who watches the Watchmen?)'라는 근본적 고민이 시작되지 않을 수 없다.

---

5 Ian Pearson, 2045 CONSTRUCTING THE FUTURE, A Futurizon Report October 2015, 9.

Ⅲ. AI 정부의 법정책적 쟁점들

AI 정부가 이미 직면하기 시작했거나 가까운 장래에 직면하게 될 쟁점들은 크게 AI 정부의 순기능 극대화 요구와 반대로 그 역기능을 최소화하기 위한 과제들에 어떻게 대응해 갈 것인가 하는 두 가지 방향에서 제기된다. 물론 AI 정부 자체에 대한 기본적 시각이나 수용여부를 둘러싼 보다 근본적인 논쟁도 소홀히 할 수 없지만, 이미 앞에서 살펴본 AI 정부의 도래·전개가 불가피한 대세라는 점을 부인하기 어려운 이상, 이를 전제로 하여 논의를 진행하는 것이 적절하다고 판단된다. AI 정부의 역기능에 관한 쟁점들을 우선적으로 검토한 후 최근 다각도로 대두되고 있는 '모두를 위한 AI(AI for All)', '인간 중심 AI(human-centered AI)', '인간을 위한 AI(AI for Humanity)' 등 AI 정부가 지향해야 할 목표와 실천적 과제를 제시하고 그 해법을 모색해 보기로 한다.

1. AI 정부의 법적 도전: 위협과 법적 대응의 한계

AI는 'deep impact', 'deep change'라는 표현에서 짐작할 수 있듯이 사회 전반에 심각하고 중대한 변화를 가져올 것으로 전망된다. 그러한 변화 중 많은 부분이 위협인 동시에 위험이다. 영화 '바이센테니얼 맨'의 AI 로봇 앤드류나 AI의 데이빗, 또는 이세돌을 이긴 알파고 같은 인간 같거나 인간을 능가하지만 해를 끼치지는 않는 '선한 AI'도 있지만, 영화 '이글아이'의 아리아, '터미네이터'의 스카이넷, '레지던트 이블'의 레드 퀸 등 인간을 위협하고 지배하려고 하는 '악당 AI(Rogue AI)'도 얼마든지 있을 수 있다. 이들 역시 인간이 만든 것이었지만, 학습을 통해 인간의 조종을 벗어나 세계를 지배하려는 횡포를 부리다 결국 인간에 의해 진압되는 것으로 묘사되고 있지만,[6] 이러한 '악당 AI'가 출현할 가능성을 배제할 수는 없을 것이다. 물론 AI 자체가 딥러닝 등 기계학습을 통해 '악당 AI'로 화할 가능성보다는 AI가 악당의 손에 넘어가 그 위력을 발하는 경우가 훨씬 더 개연성이 높을 것으로 생각된다.

---

6 양유창, 영화가 예견하는 인공지능의 미래: https://rayspace.tistory.com/669, 670, 671.

　　AI가 가져올 미래가 유토피아일지 아니면 디스토피아일지는 단순한 전망의 차원을 넘는 실천적 함의를 지닌 물음이다.7 AI와 함께 하는 '위대한 신세계(brave new world)'라는 미래상은 AI가 동반할 디스토피아의 위협을 극복하기 위한 의지와 노력이라는 실천적 선택에 의해 좌우되기 때문이다. 이러한 관점에서 AI 정부가 수반하게 될 위협의 실체를 파악하고 진단해 보아야 한다.

1) 민주주의에 대한 위협

　　무엇보다도 AI 정부는 정치제도와 통치기구의 구조 변화를 초래할 가능성이 크다. 민주주의의 가치나 기존의 대의제 민주주의가 표방해 온 책임정치의 이념이 AI 정부에서 중대한 도전에 처할 수 있다는 우려는 새삼스럽지 않다. 정치영역에서 AI가 광범위하게 사용되는 'AI 정치'의 폐단 중 대표적인 것은 민의의 왜곡이나 오도 등을 통한 AI 기반 전제와 과두제의 위험이다. 칼 포퍼(Karl Popper)가 '열린 사회와 적들(The Open Society and Its Enemies)'에서 말한 전체주의의 망령이 AI 지배체제로 옮아가지 않으리라는 보장이 있을까? 특히 극단적인 분열(divide)과 양극화(polarization)라는 정치현실에서 무슨 수단으로라도 권력을 장악하려고 시도하는 세력의 수중에 AI라는 강력한 무기가 쥐어짐으로써 어떤 일이 벌어질 것인가를 생각하는 것은 고통스런 악몽이다. AI 정부에서 소수자의 입지 역시 오히려 이전보다 더욱더 주변화되는 길로 접어들 것이다.

　　선거, 대표 등 민주주의 정치과정이 AI에 의해 완전히 지배되지는 않을지라도 선동정치(politics of demagogue)의 준동, 선거운동과정에서의 진실의 왜곡이나 여론의 오도, 투표와 개표 등 당선자 선출과정에 대한 해킹·조작 등 중요한 대목마다 AI가 관여하여 영향을 미칠 위험은 점점 더 커질 수 있다. AI 기반 선거를 통한 난공불락 지배블록의 공고화와 그에 따른 선거제도의 무력화를 우려해야 하는 까닭이다.

　　이와 같은 AI의 개입은 특히 사전이든 사후든 그런 위협이나 개입 사실을 밝히기가 어렵고, 또 일회적·불가역적으로 효과를 미친 후 흔적을 없애기 때문에

---

7 이에 대한 상세한 논의는 앞의 글, 임도빈, "AI와 미래국가"를, 인공지능 활용의 순기능과 역기능에 관해서는 박정훈, "공공 빅데이터를 활용한 AI 개발 및 활용 원칙: 인공지능 윤리", 4-7을 참조.

추적이나 검증, 반증이 곤란하며 따라서 그 불법적 결과를 번복하는 것이 거의 불가능하다.

2) 총체적·전방위적 위험의 증가

AI 정부는 인류가 겪어보지 못한 전례 없는 수준에서 총체적·전방위적 위험의 급증에 직면하게 될 것이다. 프라이버시나 개인정보뿐만 아니라 인명과 재산, 안전, 생활환경 위험 등이 상호 결합된 전방위적·총체적 안전 문제가 인류의 지속가능성을 위협하는 수준에 이를 수 있다. AI 정부가 직면할 다중복합적 위험들 중 특히 두드러질 위험들은 다음과 같다.

(1) 범죄, 테러리즘, 전쟁 등 폭력 위험의 증가

AI 정부가 맞부닥뜨릴 가장 직접적인 도전은 AI를 활용한 범죄, 테러리즘, 전쟁 등 폭력의 위험이다. 특히 사이버 공간에서의 위험 수준이 급격히 높아지겠지만, 사이버공간과 물리공간이 서로 불가분의 형태로 연계·결합되는 과정을 통해 물리공간에서의 위험 또한 전례 없는 수준으로 증대될 수 있다. 사이버공간과 연계·결합된 공간에서 해킹을 통한 교통·SOC 제어시스템 장악·교란, 차량·열차 등에 대한 원거리 해킹,[8] 드론이나 EMP 폭탄 등을 통한 군사적·비군사적 위협의 증대 등 일일이 열거하기 어려울 정도로 다양한 위험·위협들이 대두될 것이다.

미 공군공중전투사령부(ACC) 소속 U-2 연방연구소가 개발한 AI 알고리즘인 알투뮤처럼 AI 기반 드론 기술이 개발되고 있고 AI 기반 '드론 전쟁' 기술이 속속 개발되어 실전에 적용되기 시작했다. 아울러 뇌-컴퓨터 인터페이스(BCI), 증강현실(AR) 기술을 사용하여 AI와 웨어러블 로봇을 연결한 전투로봇, '워리어 플랫폼' 같은 차세대 개인 전투 체계 등이 속속 개발되거나 배치되고 있고 이러한 사이버 전투(cyber warfare) 방식은 결국 AI 전쟁으로 이행될 수 있고 이미 상당 부분 그런 방향으로 전개되어 왔다. 앞으로 그러한 추세가 더욱 가속화될 전망이다.

이처럼 부분적으로 인간의 인지 능력을 능가하는 AI 기반 로봇의 개발·이용

---

8 이미 인터넷에 연결된 커넥티드 카(Connected car), 무인자동차 등과 같은 기술 적용이 확대됨에 따라 차량의 거의 모든 기능이 해킹을 통한 원격 조정 위험에 노출되어 있다.

이 확산됨에 따라 로봇사고나 로봇 기인 피해 발생이 급증하고, 로봇을 이용한 전쟁이나 무력충돌의 잠재적 위험이 커짐에 따라 안전보장 목적의 로봇 사병(私兵), 또는 민병대 로봇(militia robot)이 출현하는 등 로봇기술의 발전에 따른 위험요인이 현저하게 급증할 가능성이 크다.

AI 기반 폭력 증가의 위험은 사이버공간이나 물리공간을 가리지 않지만, 특히 초연결사회로의 이행속도가 빠른 나라나 지역에서 상대적으로 더 심각한 폭발적 양상으로 나타날 가능성이 크다.

> 불행히도 미국은 중앙집권형 스마트 그리드를 고수함으로써 사이버테러리스트들의 손쉬운 먹잇감이 될 수 있다는 제러미 리프킨(Jeremy Rifkin)의 경고는 귀담아들을 만하다. 이와 대조적으로 EU를 비롯한 다른 국가 정부들은 분산형 스마트 그리드인 에너지 인터넷을 이용하고 있기 때문에 대규모 사이버공격으로 인한 잠재적 위협과 피해를 줄일 수 있다고 한다.[9] 「특이점이 온다」에서 레이 커즈와일(Raymond Kurzweil)도 중앙집중식 기술에서 분산형 기술로, 실세계에서 가상세계로 이행하는 움직임을 안전한 사회를 만드는 데 도움이 되는 중요한 트렌드로 지목한다.[10] 자원 집적을 필요로 하는 중앙집중식 기술은 붕괴와 재앙의 가능성을 안고 있다는 것이다. 비효율적이며, 소모적이고 환경에 해롭기 쉽다고 한다. 그럼 한국은 어떤가? 전력망에 대한 사이버테러리즘의 위협은 한국도 피해갈 수 없는 임박한 위험이다.

(2) 전방위 감시사회에서의 안전과 보안 위협의 일상화

AI 정부가 직면하게 될 가장 현저한 도전은 안전과 보안의 위협이다. 안전과 보안 문제는 국가, 정부, 행정의 근본적 존재이유이자 목표인 핵심가치와 법익을 보호하는 문제이다. AI 정부는 그 자체가 수반하는 안전과 보안 측면에서의 위험에 대처해야 할 뿐만 아니라 전방위 감시사회에서 시민의 프라이버시나 개인정보

---

9 제러미 리프킨, 한계비용 제로 사회-사물인터넷과 공유경제의 부상, 민음사, 2014, 475.
10 레이 커즈와일, 특이점이 온다(The Singularity is near), 김영사, 2007, 586.

가 끊임없이 침해되거나 침해될 위협에 처하는 상황을 해결해야 한다는 과제를 떠안게 된다.

위험이 증대될수록 그에 대한 보호와 방어 메커니즘에 대한 수요도 그만큼 커질 수밖에 없다. 무엇보다도 국가 시스템에 사이버 테러리즘이나 정보전쟁에 대처하기 위한 효과적이면서도 합리적인 메커니즘을 장착하는 일이 가장 중요한 과제로 대두된다. 평소엔 시민의 권리나 자유를 위협하거나 속박하지 않으면서도 유사시엔 가장 강력하고 효율적인 비상대응능력을 갖춘 '보이지 않는 사이버 안전 사령부(invisible cyber security command)'를 절실히 필요로 하게 될 것이다.11

반면 파놉티콘의 이미지는 오히려 AI 기반 사회통제 모델을 상징한다. 잠재적 범죄자를 색출해서 예방적으로 사회적 제약을 가하거나 처벌한다는 영화 '마이너리티 리포트'의 주제는 이제 더 이상 상상 속의 미래만은 아니다.

> 마이너리티 리포트(Minority Report)는 2002년에 개봉된 스티븐 스필버그 감독, 톰 크루즈 주연의 SF영화이다. 필립 K. 딕이 1956년 발표한 2054년의 워싱턴 DC에서, 3명의 초능력자가 발휘하는 미래예지를 통해 예비범죄자들을 잡아들이는 범죄예방관리국(Pre-Crime: 프리크라임)을 배경으로 한 60쪽가량의 단편 SF 소설을 영화화한 것이다. 프리크라임 시스템(Pre-Crime System)은 3명의 백치 예언자가 무작위로 하는 예언을 조합하여, 그 가운데 다수결로 결론을 정하는데, 내용이 합치하면 '다수의견(majority report)'으로 채택되지만, 합치하지 않으면 '소수의견(minority report)'이 되어 폐기된다. '실제로 일어나지 않은 일에 대해 책임을 물을 수 있는가?'라는 물음이 극 전체에 걸쳐 끊임없이 제기된다.

예비검속이라는 어두운 과거를 배경으로 테러방지법 등 예방과 선제 대응을 명분으로 한 형사법들이 속속 목록을 키우기 시작했고, AI 기반 빅데이터 분석을 통한 범죄 예측, 예방 및 진압, 수사·소추 및 처벌 모델 등 사회통제 목적의 데이터 기반 구축이나 AI 기반 시스템들이 발전하기 시작했다. 벤담이 말하고 푸코가

---

11 이에 관해서는 「2045년 미래사회 인터넷 보고서」. (2015). 211을 참조.

확장한 원형감옥, 파놉티콘(panopticon)은 범죄자로 대표되는 반사회적 인물들의 완벽한 격리와 감시를 약속해 주는 AI에 의한 사회통제의 미래를 보여주는 상징 이기도 하다.

AI 기술은 이미 치안이나 보안 분야에서 그 적용을 확대해 왔다. AI 경찰(AI policing)은 그 대표적인 키워드이다. 일례로 AI 기반 '얼굴인식 출입통제 시스템' 은 더 이상 드물지 않은 일상의 사례가 되었다. 얼굴인식 기술(facial recognition system)을 적용하여 범죄자를 색출하거나 테러범을 추적, 차단하는 일, 전염병 감염자나 실종자 등의 이동 경로나 위치를 추적하는 일도 널리 일상화되고 있다. 미국 뉴욕시는 테러용의자를 식별해 사고 예방을 위한 조치로 모든 다리와 터널에 운전자 얼굴을 인식하는 카메라를 설치했고, 중국 정부는 기차역 CCTV 감시카메라에 얼굴인식 기술을 적용하여, 여행이 금지된 사람이 발견되면 경찰에 자동으로 알려주는 시스템을 구축하여 시행하고 있다. 우리나라도 관세청 물류공급망 데이터를 활용하여 우회적 조세포탈을 적발하는 빅데이터 분석 시스템[12] 등 경찰 목적의 AI 활용을 확대하고 있다.

AI 정부는 그 자체가 시민의 프라이버시나 개인정보에 대한 잠재적 위협 요인이다. 정부는 각종 행정목적 달성을 위하여 자신이 수집·보유한 방대한 규모의 개인정보 관련 데이터를 AI를 통해 분석, 활용할 수 있고 그 과정에서 프라이버시나 개인정보를 침해할 수 있는 잠재적 위험이 발생할 수 있다. 이처럼 AI 정부는 그 자체로 조지 오웰의 '빅 브라더'로 변신할 수 있는 잠재적 위험인자이다.

인사관리, 노무관리, 건강관리 등 다양한 분야에서 프라이버시, 개인정보 침해의 위험 또한 급박한 수준으로 악화될 우려가 크다. 가령 건강용 웨어러블 기기의 개발, 확대에 따라 개인정보나 민감정보가 정보수집·관리 과정에서 유출·침해 위험에 노출되어 범죄 등 불법 목적으로 악용되거나, 개인맞춤형 건강증진용 데이터의 수집·가공·활용 전 단계에 걸쳐 직·간접적 위험이 일상화될 우려가 크다. AI 정부는 '감시자는 누가 감시하는가', '감시자를 어떻게 통제해야 하는가'라는 보다 근본적인 질문에 봉착하여 미래 안전 거버넌스를 구축해야 하는 딜레마

---

12 예컨대 연합뉴스 2020. 11. 30. 기사 "고의 폐업 관세 체납자, 빅데이터 분석에 '덜미'" (https://www.yna.co.kr/view/AKR20201130139800002?section=news&site=popup_newsflash)를 참조.

를 피해갈 수 없다.

AI 정부는 국가뿐 아니라 시민사회와 집단, 지역, 개인 등 전방위적 수준에서 강력하고 효과적인 안전보장을 필요로 한다. 위협·공격에 대한 방어는 필연적으로 개인의 자유, 프라이버시 침해가능성을 수반한다. 반면 안전에 대한 전례 없는 위협은 새로운 이윤창출 기회와 시장을 열어줄 것이다. AI는 위협이면서 동시에 기회이기도 하다.[13] 어떻게 하면 시민의 안전과 자유를 보장하면서 위협·공격에 적절히 대처하는 동시에 새로운 '안전' 기술과 산업 시장을 선도할 수 있을까, 그 균형을 잡아가는 것이 AI 정부의 사활을 좌우하는 과제로 대두될 것이다. 우월한 기술적 역량을 갖춘 집단이나 조직들이 정치·행정 모든 영역에서 영향력을 확대해 나가는 상황에서 기존의 전통적 거버넌스와는 다른 새로운 거버넌스가 등장하게 되는 것은 불가피하다.

3) AI 정부의 딜레마

(1) AI 통제의 곤경

정부가 점점 더 많은 영역에서 점점 더 빈번히 AI에 의존하는 경우가 늘어날 수밖에 없다. 정부가 특정 AI를 공식화하거나 공적으로 일정한 기준을 정해 공인하는 것은 매우 위험한 일이고 정치적 부담이나 정책적 부작용 우려 때문에 실현 가능성도 크지 않을 것이다. 그러나 정부가 직접 또는 민관합작으로 개발, 구축된 AI들은 공공부문에서 사용될 개연성이 높고 또 이슈나 과제에 따라 민간에서 개발된 AI들의 사용도 이를 금지할 법제도적 근거가 없는 이상 전혀 배제할 수 없기 때문에 경우에 따라 분야별로 사실상 공인을 받는 AI들이 출현하는 것도 막기 어렵다. 이렇게 공공부문에서 신망을 얻은 AI들은 자칫 정부 정책과정을 지배하거나 주요 의사결정에 심대한 영향을 미쳐 정책 공론장에서 사상의 자유시장을 위축시키거나 민의의 반영을 제약하는 부작용을 일으킬 소지가 있기 때문에 투명

---

13 Robert Fay/Wallace Trenholm. (2019). The Cyber Security Battlefield—AI Technology Offers Both Opportunities and Threats. In: Centre for International Governance Innovation. Governing Cyberspace during a Crisis in Trust, 45 (https://www.cigionline.org/sites/default/files/documents/Cyber%20Series%20Web2.pdf).

성, 합리성 및 신뢰성 보장을 위한 정부의 관여나 적어도 자율규제 같은 적절한 통제에 대한 요구를 촉발시킬 것이다. 하지만 이와 같이 공공부문에서 채택되어 이용되는 AI들을 규제하는 것은 결코 쉬운 일이 아니다. AI들의 적정성과 신뢰성을 평가하기 위한 또 다른 보다 상위의 AI가 필요할까. 아니면 AI들을 감시하여 악성 AI들을 적발하여 제재를 가하거나 퇴출시킬 AI 패트롤·통제시스템이 필요할까.

한편, 정부가 조세, 주택, 소득, 근로관계, 건강 등 여러 분야에서 수집·보유해 온 데이터 접근을 통제함으로써 AI들이 공공데이터를 악용하거나 사적 목적으로 접근, 이용하여 혼란을 초래하는 'AI의 난립: 무정부상태'를 막을 수 있을지 모른다. 하지만 공공데이터 접근·이용에 대한 정부 정책은 4차 산업혁명을 표방하며 AI 관련 기술·산업 진흥을 지원하는 쪽으로 전개될 개연성이 높다. 2020년 2월 4일의 개인정보보호법 개정처럼 개인정보의 가명처리를 허용하거나 사용 목적의 제한을 완화하고, 「지능형 로봇 개발 및 보급 촉진법」을 제정, 시행한 사실, 「데이터 생산·거래 및 활용 촉진에 관한 기본법」(데이터기본법) 제정 추진 등 일련의 입법적 흐름, 그리고 정부가 역점을 두어 박차를 가해 온 한국판 뉴딜의 핵심 디지털 뉴딜(디지털 전환) 정책, 이 모두가 바로 그러한 정부정책의 경향을 여실히 보여준다.

결국 가능한 방법이라면 정부가 사용하거나 채택한 AI에 대한 기본 정보, 즉 AI 시스템의 투입목적, 작동방법, 사용데이터, 결과물의 의미와 주의사항 등을 정보공개법 등을 통해 공개하도록 하여 신뢰를 확보하는 방법밖에 없을 것이다. AI 기반 시스템들은 확률(probability)과 불확실성(uncertainty)에 입각하고 있기 때문에 그 이용자들이 시스템의 작동방법을 이해하도록 하려면 적정한 수준에서 설명해 주는 것이 관건이 된다. 요컨대 설명가능성(explainability)과 신뢰는 본질적으로 연계되어 있다. 어떻게 그리고 언제 AI가 하는 일을 설명할 것인지, 의사결정을 위해 어떤 데이터를 사용하는지에 대한 설명을 들어야만 그 산출결과를 신뢰할 수 있게 되기 때문이다.[14]

---

14 이와 관해서는 구글의 인간 친화적 AI 프로젝트 'PAIR 프로젝트' 'People+AI Guidebook' (https://pair.withgoogle.com/chapter/explainability-trust/)을 참조.

(2) AI에게 물어봐: 신탁 사회(oracle society)의 함정

AI는 원래 유일한 것도 아니고 만능은 더더욱 아니다. 또 시리, 알파고, 알렉사, 왓슨, 코타나 등[15] 현존하는 AI들에서 볼 수 있듯이 각자 장기(長技)가 다르고 기계학습의 성숙도나 사용 데이터의 종류나 규모, 품질 등에서 많은 차이를 보인다. 그러나 사람들은 AI가 인간의 능력을 월등히 능가하리라는 고정관념과 또 그 점에서 AI를 동일시하는 시각으로 AI의 능력을 과대평가하는 경향이 있다. 사실 개인이나 집단 모두 AI가 빅데이터를 분석하여 내리는 결론이나 해법을 부정하거나 그와 다른 주장을 펴기에는 역부족이다. AI의 전횡(Tyranny of AI)이 민주주의와 열린 사회의 가치와 덕목을 손상시킬 수 있는 잠재적 위험으로 다가온다.

무엇보다도 AI 시스템들이 산출한 결과물들의 불일치나 상충은 자칫 진실과 반진실(counter truth)을 뒤엉키게 만들어 공론장을 교란시키는 결과를 가져올 수 있다. AI들 상호 간의 상충이나 각축, 경합은 민주주의의 열린 공론장을 교란시키고 공론화 흐름을 왜곡시키거나 오도할 수 있으며, 공공부문에서 AI를 투입, 사용하다 그런 결과가 발생하면 그 악영향은 더 없이 심각한 문제로 이어질 수 있다.

다른 한편, 과학적 추론이 늘 교조화할 리스크를 안고 있는 것처럼 AI 역시 그런 잠재적 리스크를 피해갈 수 없다. 고품질 AI와 불량 AI를 분간하기가 용이하지 않은 경우도 얼마든지 있을 수 있다. 하지만 사람들은 AI가 내린 판단이나 결론을 맹신하는 경향이 있다. AI는 마치 신탁(神託)처럼 무적성(無敵性: invincibility)의 권위로 진리를 표방함으로써 반증의 기회를 봉쇄하거나 반대의견을 묵살하고 그 AI를 조종하는 세력의 의도나 이해관계를 지배적 견해의 형태로 관철시킬 수 있다.

또 실물세계 데이터(real world data)로 훈련을 받은 AI 시스템들은 종종 그 실물세계의 편견을 반영할 수 있다. 남성우월주의나 인종차별적 세계관, 또는 남자를 기본값(default)로 잡은 성인지적 감수성이 결여된 사고방식 등 실물세계의 편견들이 AI를 통해 그대로 반영되어 나타나거나 겉으로는 분간할 수 없을 정도로 데이터 속에 깔려 암묵적으로 작동하여 결과물을 만들어낼 우려가 있다.[16] 그리

---

15 이들은 애플 시리, 구글 알파고, 아마존 알렉사, IBM 왓슨, MS 코타나처럼 대부분 글로벌 정보통신기업들이 경쟁적으로 선보인 대화형 AI 인터페이스(UI)의 이름 또는 호출어(trigger)이다.

16 동성애·장애인·여성 차별 발언을 내놓고, 개인정보 유출 논란을 겪다 퇴출당한 페이스북 메신

고 그 사실을 인지할 능력이 없거나 실제로 인지하지 못한 사람들에게 잘못된 시그널을 보낼 수 있다. AI가 이질적인 집단들을 평등하게 다룰 수 있도록 하는 것은 생각만큼 쉽지 않다.[17] AI가 딥러닝 등 학습의 심화를 통해 인간과 같거나 인간을 능가하는 분별력을 갖게 되리라는 희망적 전망보다는 인간의 오류나 편견을 강화 또는 증폭시킬 위험에 대한 우려가 더욱더 현실적이다.

(3) 사익추구 도구로서 AI와 법의 한계

앞에서 살펴본 것보다 더 근본적이고 심각한 위협은 AI를 사적 목적으로 동원하거나 사익 추구를 위한 수단으로 활용하는 것을 법제도적으로 배제하기 어렵다는 데서 나온다. 막강한 역량을 보유한 AI들이 대기업, 불법비즈니스카르텔, 정치경제적 지배세력의 입맛대로 시장과 정부를 장악하여 군림하는 참담한 광경은 생각하기조차 두렵지만 결코 외면할 수 없는 임박한 위협이다. 사실 사회경제적 불평등이나 경제력과 정치권력의 소수집중 현상과 같은 기존 세상의 모순들은 '책임 있는 AI' 가지고도 해결할 수 없을 것이다. 뿐만 아니라 그러한 현실을 지배해 온 세력들의 수중에 AI라는 전례 없이 강력한 신무기를 쥐어주는 결과가 될 가능성이 높다. 주식시장 등 금융시장에서 AI는 우리가 모르는 사이에 이미 오래전부터 작동해 왔다. 여기서 한 걸음만 더 나가면 AI를 주식시장이나 실물시장에서의 지배력 장악을 위해 투입·활용하는 큰손들을 만나는 것은 어렵지 않은 일이다. AI 무기나 로봇이 마약카르텔이나 지방군벌의 사병으로 등장하는 날이 머지않은 것은 아닐까. 테러리스트들이 AI를 활용하여 대량살상무기(WMD)를 발사하거나 드론과 로봇 무기들을 동원하는 것도 충분히 가능한 예상이다.

AI가 지닌 이러한 잠재적 위험들을 법제도가 통제할 수 있을까. 우선 AI를 사적 목적으로 사용하는 것 자체를 금지하거나 억제할 수는 없을 것이다. 민간영역에서 AI 생태계에 대한 정부의 개입이나 관여는 기술적으로도 매우 곤란할 뿐만 아니라 4차 산업혁명을 기치로 한 국가 간 경쟁의 와중에서 정부가 추진해 온 AI 개발 촉진 정책의 관점에서도 채택하기 어렵기 때문이다. 다만 공공부문에서 공

저 기반 AI 챗봇 '이루다'가 그 단적인 사례이다.

17 이에 관해서는 https://pair.withgoogle.com/explorables/hidden-bias/;
https://pair.withgoogle.com/ explorables/measuring-fairness/를 참조.

적 목적을 위하여 사용되는 AI들에 대해서는 앞에서 시사했듯이 투명성 원칙에 입각한 정보공개를 의무화하는 방안을 적용해 볼 수 있을 것이다. AI 로봇과 자율주행 자동차에 대한 윤리지침에서 한 걸음 더 나아가 AI 윤리를 위한 지침 또는 행위준칙(code of conduct)을 만들어 대처하는 방안도 의미가 있지만, 뒤에서 보는 바와 같이 어디까지나 비구속적 지침이라는 한계가 있다.

　이미 앞에서 살펴본 바 있듯이 AI 기술 발전 및 AI 기반 대전환이 수반하는 도전에 봉착한 법의 곤경에 비추어볼 때, 정부와 법의 실패는 어쩌면 사실상 예정되어 있는 셈인지도 모른다. AI 정부가 끊임없이 확장되고 그 과정에서 Google, Apple, MS, Shaomi 등 민간기업이 개발, 운용하는 초대형 AI들(private Bigshot AIs)들의 영향력을 차단하기는 거의 불가능에 가깝다. 법, 특히 입법은 AI 기술발전이 가지는 이중성, AI 기술과 산업에서의 국가경쟁력을 극대화하려는 국가들 사이에 무한경쟁이 벌어지는 와중에 AI의 위협과 역기능에 대한 이미 충분히 '이유 있는 우려'를 배경으로 법적 규율의 불확실성을 무릅쓰고 최소한의 법적 안전판을 마련해야 할 압력을 받는 딜레마 상황에서 AI 정부가 할 수 있는 일은 그리 많지 않기 때문이다. 이러한 상황에서 법은 과연 무엇을 어떻게 할 수 있으며 또 어떻게 해야 하는가?

　AI의 무정부상태를 제어하는 것은 지난한 과제지만, 최소한 지키고 방어해야 할 대체불가능한 가치들과 핵심적 거버넌스의 구성요소들을 식별하여 사회적 합의를 이루는 것이 무엇보다도 중요할 것이다. 그것은 국민주권이라는 민주주의의 핵심가치를 굳게 다짐하는 데서 출발하여야 할 것이다. 국민주권을 대체하는 'AI 주권'은 용납되기 어렵다. 인간의 존엄과 가치, 행복추구권, 프라이버시와 개인정보, 사상과 표현의 자유, 생존권과 환경권 등 기본권의 보장과 사상의 자유시장 모델은 AI 정부에서도 불가침 영역으로 최우선적 보호와 보장을 받아야 할 가치이자 대상이다.

　민간 시장에서 개발, 이용되는 AI들을 실효적으로 규제할 방법은 마땅치 않다. 하지만 최소한 시장참여자들이나 공중을 현혹시키거나 오도할 수 있는 불법, 불량, 불공정의 라벨을 붙일 수 있는 AI들에 대해 공정경쟁 보장 수준의 규제를 위한 법정책적 대안이 필요하다. 최소한 그 목적 달성을 위한 생태계를 이끌어낼 자율규제 모델을 강구해야 한다.

최근 정부가 힘을 쏟아붓고 있는 한국판 뉴딜의 양대축을 이루는 디지털 뉴딜과 디지털 전환 정책 역시 AI가 수반할 잠재적 위협이나 역기능, 그리고 이에 대한 정부실패나 법의 한계를 염두에 두지 않으면 성공을 보장하기 어렵다.

2. 신뢰할 수 있고 책임 있는 AI 정부의 조건

1) 정부의 책임

로봇과 함께 AI는 새로운 신세계의 인상보다는 '기계의 지배'라는 공포와 암울한 미래를 상징하는 이미지로 다가온 경우가 많았다. 수많은 공상과학(SF) 소설이나 영화에서 AI는 인간을 지배하고 노예로 삼거나 살상과 억압을 자행하는 존재로 묘사되었다.

하지만 AI 역시 인간이 만든 기술이다. 인간의 편의를 향상시키기 위해 설계된 존재란 의미다. 일자리 파괴를 비롯한 일부 부작용이 없는 건 아니지만, 그건 어느 기술에나 뒤따르는 문제다. 그렇다면 AI는 인간의 삶에 기여할 수 있을까? '인간의 얼굴을 한 AI'는 가능할까? 그리고 이러한 AI의 순기능이 실현될 수 있도록 담보할 수 있는 방법은 무엇일까?

인류가 겪어보지 못한 혁신과 근본적 변화(deep change)를 가져올 것으로 예상되는 AI 기술의 발전을 선순환구조로 이끌 책임은 어쩔 수 없이 정부에게 주어질 수밖에 없다. AI 정부의 임무는 '인간의 얼굴을 한 AI'의 이상을 실천하는 것으로 집약된다. AI 정부의 목표는 신뢰할 수 있고 책임 있는 AI(trustworthy 'Responsible AI')가 구현될 수 있는 생태계와 법제도적·정책적 조건을 조성하는 데 맞춰져야 할 것이다.

2) 신뢰할 수 있는 AI의 책임 있는 거버넌스

위와 같은 맥락에서 OECD, EU 등을 중심으로 '신뢰할 수 있는 AI(trustworthy AI)'의 책임 있는 거버넌스에 대한 지침들이 발표되어 왔다. 대표적으로 경제협력

개발기구(OECD)는 'AI 원칙에 대한 OECD 권고안(The OECD Recommendation for AI Principles)'은 '신뢰할 수 있는 AI의 책임 있는 거버넌스'를 위한 상보적인 가치 기반 원칙(five complementary values-based principles for the responsible stewardship of trustworthy AI)을 다섯 가지로 집약한 바 있다.[18]

1. AI는 포용적 성장, 지속가능한 발전과 복지를 증진시켜 인간과 지구를 이롭게 하여야 한다.

2. AI 시스템은 법의 지배, 인권, 민주적 가치와 다양성을 존중하는 방식으로 설계되어야 하며 예를 들어 필요한 경우 인간의 개입(human intervention)을 가능케 함으로써 공정한 사회(a fair and just society)를 보장하기 위하여 적합한 안전장치들(safeguards)을 마련하여야 한다.

3. AI 시스템들은 사람들이 AI 기반 결과물(AI-based outcomes)을 이해하고 그에 대한 반론을 제기할 수 있도록 AI에 관한 투명성과 책임 있는 공개 방법(transparency and responsible disclosure)을 갖추어야 한다.

4. AI 시스템들은 그 생애주기 전체에 걸쳐 견고하고, 보안과 안전을 보장하는 방법으로 작동하여야 하며 잠재적 리스크에 대한 계속적 평가와 관리를 받아야 한다.

5. AI 시스템을 개발하고 배치하거나 운용하는 조직과 개인들은 각 시스템이 위와 같은 원칙들에 맞게 작동하도록 할 책임을 져야 한다.

---

18 The OECD Principles on Artificial Intelligence (https://www.oecd.org/going-digital/ai/principles/). 이 원칙들은 2019년 5월 회원국들이 OECD 이사회 AI 권고(OECD Council Recommendation on Artificial Intelligence)에 동의함으로써 채택된 것이다. 이것은 정부들에 의해 조인된 첫 번째 원칙들로 OECD 회원국들뿐만 아니라 Argentina, Brazil, Costa Rica, Malta, Peru, Romania and Ukraine 등 이를 수용하는 나라들이 늘고 있다. 이 원칙들은 급속히 진화하는 인공지능 분야에서의 시대적 도전을 감당할 수 있는 실천적이고 유연한 AI 지침들을 정립하였고, 프라이버시, 디지털 보안리스크관리 그 밖의 관련 영역에서의 제정된 기존의 OECD 지침들을 보완하고 있다. EU의 지침에 관해서는 이 책 앞부분에 게재된 박정훈, "공공 빅데이터를 활용한 AI 개발 및 활용 원칙: 인공지능 윤리", 13-15와 Naveen Joshi. (2019). How We Can Build Trustworthy AI. (https://www.forbes.com/sites/cognitiveworld/2019/07/30/how-we-can-build-trustworthy-ai/?sh=3f805f45d5e3), Europe Commission. (2019), "Ethics guidelines for trustworthy AI" 등을 참조.

OECD는 이들 원칙을 토대로 정부가 해야 할 일을 다음과 같이 다섯 가지로 제시한다.

1. 신뢰할 수 있는 AI(trustworthy AI)의 혁신에 박차를 가할 R&D에 대한 공공과 민간의 투자를 촉진한다.
2. 디지털 인프라와 기술 그리고 데이터 및 지식의 공유 메커니즘을 통해 접근할 수 있는 개방적인 AI 생태계(accessible AI ecosystems)를 조성한다.
3. 신뢰할 수 있는 AI 시스템 보급방법을 열어줄 정책환경을 보장한다.
4. 사람들에게 AI 사용역량을 키울 수 있도록 하고 노동자들이 공정한 방법으로 전환을 할 수 있도록 지원한다.
5. 신뢰할 수 있는 AI의 책임 있는 거버넌스(responsible stewardship of trustworthy AI)로 진화할 수 있도록 경계와 분야를 넘어 협력한다.

3) 인간 중심 AI 원칙

2019년 6월 G20 국가들이 채택한 '인간 중심 AI 원칙들(human-centred AI Principles)'은 앞서 본 'AI 원칙에 대한 OECD 권고안'으로부터 도출된 것으로[19] "포용적 성장, 지속가능한 발전 및 웰빙(inclusive growth, sustainable development and well-being)", "인간중심적 가치와 공정성(humancentered values and fairness)", "투명성과 설명가능성(transparency and explainability)", "견고성, 보안 및 안전(robustness, security and safety)" 그리고 "책임성(accountability)"에 관한 OECD AI 권고안을 토대로 AI 정부 거버넌스의 비전을 한 단계 더 진전시킨 것으로 평가된다.

'인간 중심 AI 원칙들'은 제17항에서 혁신과 투자를 촉진하는 인간 중심 AI를 가능케 하는 환경을 제공하기 위하여 노력하고, 특히 디지털 기업가정신(digital

---

[19] G20 Ministerial Statement on Trade and Digital Economy(https://www.mofa.go.jp/files/000 486596.pdf;
https://oecd.ai/wonk/an-introduction-to-the-global-partnership-on-ais-work-on-respon sible-ai).

entrepreneurship), R&D, 스타트업의 증진, AI 도입에 상대적으로 더 많은 비용을 치러야 하는 중소기업의 AI 채택에 초점을 맞춰 여건을 조성할 것을 권고하고 있다. 또한 제18항에서는, AI 기술들을 통해 포용적 경제성장을 촉진하고, 사회에 큰 이익을 가져다주고 개인들의 영향력을 증진시킬 수 있으며, 책임 있는 AI의 발전과 사용을 통해 지속가능한 발전목표(SDGs)를 진전시키고 지속가능하고 포용적인 사회를 실현시키는 추진력을 얻고 더 넓은 사회적 가치에 대한 위험들을 완화시킬 수 있다는 입장을 천명한다. AI의 책임 있는 사용(responsible use of AI)에 따른 이점들은 노동 환경과 삶의 질을 개선하고 취약계층은 물론 여성들을 포함한 모두가 기회를 누리는 인간 중심 미래사회를 실현시키는 잠재력을 창출한다고 밝히고 있다. 제19항에서는 아울러 AI는 다른 신기술들처럼 노동시장의 전환, 프라이버시, 보안, 윤리 문제, 새로운 디지털 디바이드(new digital divides)와 AI 역량 교육(AI capacity building) 수요를 포함한 사회적 도전들을 수반하며, AI 기술에 대한 공공의 신뢰를 촉진시키고 그 잠재력을 완전히 실현시키기 위하여 위에서 본 'G20 AI 원칙들'에 따라 AI에 대한 인간 중심적 접근이 필요하다.

여기서 강조해야 할 것은 AI의 작동원리와 사용데이터, 결과물의 도출과정 등을 사용자들이 납득할 수 있게 설명해야만 그들로부터 신뢰를 받을 수 있다는 점이다(Explainability+Trust). AI가 내놓은 예측결과나 권고들의 설명, 사용자들에 대한 다른 AI의 결과물(output)은 신뢰 구축에 결정적인 중요성을 가진다. 사용자들이 어떠한 근거와 과정을 통해 그와 같은 결과물을 도출했는지 이해하지 못하면 AI에 대한 신뢰를 가질 수 없기 때문이다. 그런 의미에서 "투명성과 설명가능성", "견고성, 보안 및 안전" 그리고 "책임성"이라는 '신뢰할 수 있는 AI의 책임 있는 거버넌스'의 조건들은 '인간 중심 AI 원칙들'을 뒷받침하는 핵심적 토대라고 볼 수 있다.[20]

20 AI 신뢰와 신뢰할 수 있는 기계학습기술의 관계에 관해서는 Ehsan Toreini, Mhairi Aitken, Kovila Coopamootoo, Karen Elliott, Carlos Gonzalez Zelaya, and Aad van Moorselk. (2019). The relationship between trust in AI and trustworthy machine learning technologies (https://www.researchgate.net/publication/337703412_The_relationship_between_trust_in_AI_and_trustworthy_machine_learning_tech nologies)을 참조. AI 기반 의사결정의 신뢰성에 영향을 미치는 요인에 관해서는 Maryam Ashoori & Justin D. Weisz, In AI We Trust? Factors That Influence Trustworthiness of AI-infused Decision-Making Processes

4) 지능정보사회 기본원칙

「지능정보화 기본법」은 제3조에서 지능정보사회 기본원칙을 다음과 같이 천명하고 있다.

① 국가 및 지방자치단체와 국민 등 사회의 모든 구성원은 인간의 존엄·가치를 바탕으로 자유롭고 개방적인 지능정보사회를 실현하고 이를 지속적으로 발전시킨다.

② 국가와 지방자치단체는 지능정보사회 구현을 통하여 국가경제의 발전을 도모하고, 국민생활의 질적 향상과 복리 증진을 추구함으로써 경제 성장의 혜택과 기회가 폭넓게 공유되도록 노력한다.

③ 국가 및 지방자치단체와 국민 등 사회의 모든 구성원은 지능정보기술을 개발·활용하거나 지능정보서비스를 이용할 때 역기능을 방지하고 국민의 안전과 개인정보의 보호, 사생활의 자유·비밀을 보장한다.

④ 국가와 지방자치단체는 지능정보기술을 활용하거나 지능정보서비스를 이용할 때 사회의 모든 구성원에게 공정한 기회가 주어지도록 노력한다.

⑤ 국가와 지방자치단체는 지능정보사회 구현시책의 추진 과정에서 민간과의 협력을 강화하고, 민간의 자유와 창의를 존중하고 지원한다.

⑥ 국가와 지방자치단체는 지능정보기술의 개발·활용이 인류의 공동발전에 이바지할 수 있도록 국제협력을 적극적으로 추진한다.

제3항, 제4항 및 제5항이 AI 정부 행정거버넌스와 관련하여 특별히 직접적 의미를 가진 조항이다. 이에 따른 지능정보사회 기본원칙은 법률에서 직접 규정되었다는 점에서 단순한 윤리 규범으로 볼 수는 없다. 물론 그 법규범적 효력에는 한계가 따른다. 즉 이 조항을 위배하면 위법이라는 평가를 면할 수 없지만, 그렇다고 무슨 직접적인 제재나 구체적인 법적 효과가 발생하는 것은 아니다. 이 조항은 문자 그대로 원칙조항이어서 그 법률로서의 형식적 효력에도 불구하고 규범적

(https://arxiv.org/pdf/1912.02675.pdf)을 참조.

구속력은 방침으로서의 그것을 넘어서기 어렵다.

같은 법 제4조는 국가·지방자치단체 등의 책무를 다음과 같이 제시하고 있다.

① 국가와 지방자치단체는 이 법의 목적과 기본원칙을 고려하여 지능정보사
회를 구현하기 위한 시책을 강구하여야 한다.
② 국가와 지방자치단체는 지능정보기술의 개발·고도화 및 활용을 제약하는
불필요한 규제를 적극적으로 개선하여야 한다.
③ 국가기관·지방자치단체 및 공공기관(이하 "국가기관등"이라 한다)은 지능
정보기술을 개발·활용하거나 지능정보서비스를 제공·이용할 때 안전성·
신뢰성 및 공정성 확보를 위하여 노력하여야 한다.
④ 국가와 지방자치단체는 지능정보화로 발생·심화될 수 있는 불평등을 해소
하고 노동환경 변화에 대하여 적극적으로 대응하기 위하여 노력하여야 한다.

특히 지능정보사회 추진을 제약하는 규제의 개선을 의무화한 제2항, 안전성·
신뢰성 및 공정성 확보를 위해 노력할 의무를 부과한 제3항, 그리고 지능정보화
로 인한 불평등 해소와 노동환경 변화에 대한 적극적 대응을 위해 노력할 의무를
부과한 제4항이 주목된다. 하지만 이 조항 역시 정책향도 기능을 가진 방침규정
으로서 그 목적과 범위 안에서 행해지는 국가와 지방자치단체의 임무수행을 개괄
적으로 정당화하는 기능을 넘어서지 못한다.

5) 시사점

앞서 살펴본 '신뢰할 수 있는 AI의 책임 있는 거버넌스'의 방향을 제시한 'AI
원칙에 대한 OECD 권고안'이나 G20 국가들이 채택한 '인간 중심 AI 원칙들'은
모두 비구속적 가이드라인을 넘지 못한다. 물론 세계 각국이 '선한 얼굴'의 AI 발
전을 추구함에 있어 따라야 할 법정책적 방향을 제시한 점은 큰 의미가 있다. 또
한 앞서 지적한 바와 같이 AI 정부의 거버넌스에 관한 한 너무나 많은 불확실성
과 현실적인 입법의 한계로 말미암아 구속력 있는 조약이나 국제법의 일반원칙을
정립하는 일은 물론 '연성법(soft law)' 수준에서의 규범형성조차 시기상조일 뿐만

아니라 합의나 합의의 실행가능성이 떨어질 수밖에 없다.

우리나라의 경우 「지능정보화 기본법」 제3조와 제4조가 각각 지능정보사회 기본원칙과 국가·지방자치단체 등의 책무를 제시한 것은 시의적절한 것으로 나름 중요한 의미를 가진다고 볼 수 있으나, 역시 구체적인 규범적 구속력보다는 정책향도적 의미를 지닌 방침규정에 불과하다는 평가를 면하기 어렵다. 물론 한국만 단독으로 강력하고 구속력 있는 규범을 만들어 주도권을 행사해야 한다는 주장도 있을 수는 있겠지만, 위에서 본 사정은 한국에 대해서도 마찬가지로 적용된다고 볼 수밖에 없다.

그럼에도 불구하고 위에서 살펴본 바와 같은 원칙들은 설사 비구속적이거나 구체적인 규범적 구속력을 결여하고 있을지라도, AI 기술개발과 산업 발전을 둘러싸고 치열한 경쟁을 벌이는 나라들 사이에서 향후 공정한 게임의 룰을 통해 합의를 형성할 수 있는 공통기반으로 원용할 여지가 있고 개별 국가의 발전수준이나 상황에 따라 선도적인 규범형성의 이니셔티브를 발휘할 수 있는 논리적 거점이 될 수도 있을 것이다.

Ⅳ. AI 정부 행정 거버넌스 확립을 위한 법정책 과제

1. AI 정부 행정 거버넌스와 법의 역할

AI 정부에서 요구되는 새로운 행정 거버넌스를 위한 법제도적 틀을 구축함에 있어 법의 역할, 특히 입법의 역할이 중요성을 더하고 있다. 그 경우 법은 한편으로는 AI 정부를 위한 새로운 행정 거버넌스를 위한 수권인자, 촉진인자, 가속인자로서의 역할(law as enabler, facilitator, accelerator for a new administrative governance of AI government)과 다른 한편으로는 안전과 보안 보장자로서의 역할(law as guarantor for safety and security under new AI government)이라는 이중적 역할을 수행할 수 있다.

이를 위한 최우선적 과제는 AI 정부 행정의 법적 기반구조(legal infrastructure)

를 구축하는 것이다. 우리나라는 비교적 발 빠르게 이러한 요구에 부응하는 입법을 속속 단행해 왔다. 정보화혁명을 성공적으로 뒷받침한 「국가정보화 기본법」을 전면 개정하여 4차 산업혁명 지원을 위한 범국가적 추진체계를 마련함으로써 데이터·인공지능 등 핵심기술 기반과 산업생태계를 강화하고 정보통신에 대한 접근성 품질인증 등을 실시함으로써 4차 산업혁명 과정에서 발생할 수 있는 부작용에 대한 사회적 안전망을 마련하여 목적으로 지능정보화 정책의 수립·추진에 관한 기본적 사항을 법제화한 「지능정보화 기본법」(법률 제17344호, 2020. 6. 9. 전부개정 2021. 6. 10.부터 시행)을 필두로 하여 「지능형전력망의 구축 및 이용촉진에 관한 법률」, 「지능형 로봇 개발 및 보급 촉진법」, 「자율주행자동차 상용화 촉진 및 지원에 관한 법률」, 「지능형 해상교통정보서비스의 제공 및 이용 활성화에 관한 법률」, 「공공데이터의 제공 및 이용 활성화에 관한 법률」, 「원격영상재판에 관한 특례법」 등이 제·개정되어 시행되고 있다. 특히 최근에는 2020년 6월 9일 제정된 「데이터기반행정 활성화에 관한 법률」이 2020년 12월 10일부터 시행되기 시작했고, 가칭 「데이터 생산·거래 및 활용 촉진에 관한 기본법」도 제정이 추진되고 있다.[21] 이들 법률은 과학기술정보통신부, 산업통상자원부, 국토교통부, 해양수산부, 법원행정처 등 복수의 소관부처를 통해 시행되고 있어 늘 부처 간 협력과 조정이라는 어려운 과제를 안고 있다.

2. 비법률적 수단에 의한 AI 거버넌스의 형성

AI 정부 행정 거버넌스 구축을 위한 법정책적 대안으로는 행동준칙(code of conduct) 같은 윤리규범 방식 또는 이와 연계한 자율규제(self-regulation) 모델, 넛지(nudge) 방식의 유인구조(choice architecture) 설계를 통한 접근[22] 등을 생각해 볼 수 있을 것이다.

---

21 원격재판법은 이미 1995년, 공공데이터법은 2013년에 각각 제정되었고, 나머지 법률들은 2017년부터 최근까지 제정 또는 개정되었다.

22 탈러·선스타인, 「넛지(nudge)」, 안진환 역, 리더스북, 2008을 참조.

1) 인공지능 윤리기준

특히 최근 과학기술정보통신부가 정보통신정책연구원(KISDI)과 함께 추진 중인 바람직한 AI 개발·활용 방향을 제시하기 위해 「국가 인공지능 윤리기준」(안)이 주목된다.

국가 AI 윤리기준은 최고가치를 '인간성(Humanity)'으로 설정하고, '인간성을 위한 인공지능(AI for Humanity)'을 위한 3대 원칙·10대 요건을 제시하고 있다. AI는 '사람 중심'이어야 하며, AI 개발과 활용 과정에서 3대 기본원칙으로 인간의 존엄성 원칙·사회의 공공선 원칙·기술의 합목적성 원칙을, 이 원칙들을 실천할 정부의 과제로서 AI 개발부터 활용까지 전 과정에서 공공기관과 기업, 이용자 등은 인권 보장, 프라이버시 보호, 다양성 존중, 침해 금지, 공공성, 연대성, 데이터 관리, 책임성, 안전성, 투명성 등 10대 핵심 요건들을 정립하고 있다.

이 같은 AI 윤리기준은 그 자체 법적 구속력은 없지만 정책을 향도하는 가이드라인으로서 효력을 발휘할 수 있을 뿐만 아니라 국가나 지방자치단체는 물론 AI의 개발·운용자에게도 의미 있는 윤리기준으로 영향을 미치고 AI 정부의 행정 거버넌스를 형성해 나감에 있어서도 유용한 준거가 될 수 있을 것으로 기대된다. 그러나 이러한 윤리기준이 문자 그대로 비구속적 윤리 문제로 무시되지 않고 그 존재이유를 증명해 나가도록 하려면 이를 토대로 차별화된 정책적 지원을 결부시키는 등의 방법으로 인간을 위한 AI 생태계 확산을 유도하는 정부의 현명하고 민첩한(wise and agile) 후속조치들이 뒤따라야 할 것이다.

2) 자율규제와 인증모델

자율규제 방식으로는 국제표준화기구(ISO) 모델과 유사한 인증제도를 생각해 볼 수 있다.[23] 독립적인 비정부 기구에서 사회적 합의형성과정을 거쳐 '신뢰할 수

---

23 실제로 Elizabeth Gasiorowski-Denis(TOWARDS A TRUSTWORTHY AI on 7 July 2020 Share on Twitter, Facebook, Linkedin: https://www.iso.org/news/ref2530.html)는 AI를 제공 또는 사용하는 시스템의 신뢰성에 영향을 미치는 요인들을 분석하는 틀로 ISO/IEC TR 24028:2020, *Information technology-Artificial intelligence-Overview of trustworthiness in artificial intelligence*를 소개하고 있다.

있는 AI의 책임 있는 거버넌스'와 이를 토대로 한 '인간 중심 AI 원칙'에 따른 기준을 도출하고 이에 부합하는 AI를 신청을 받아 인증해 주는 방식이다. 기준 제정 등을 관장할 국제기구가 만들어진다면 이 기구를 통하여 또는 국제기구가 만들어지기 전이라도 국내에 독립적인 비정부 기구에게 기준 관리를 맡기고 이 기구에서 제정한 기준에 따라 인증을 발급할 인증센터를 만들어 AI의 최소한의 신뢰성을 확보해 나갈 수 있을 것이다.

3. 법정책 과제

앞에서 본 G20 국가들이 천명한 '인간 중심 AI 원칙들'은 거버넌스 혁신을 위하여 디지털 경제에 있어 민첩하고 유연한 정책접근(Agile and Flexible Policy Approaches in the Digital Economy)이 필요하다는 관점에서 다음과 같은 의미심장한 선언(제23항)을 제시하고 있다.

> 23. 우리는 디지털 시대의 거버넌스는 혁신친화적(innovation-friendly)일 뿐만 아니라 혁신 그 자체여야 하며 그 과정에서 법적 확실성을 견지하여야 한다는 데 인식을 같이 한다. 이러한 측면에서 상호 연동가능한 기준, 틀과 규제협력이 도움이 되며, 국내외를 막론하고 정책형성에 모든 이해관계자들이 각자 맡은 역할을 다하도록 참여시키는 것은 광범위한 사회적 도전들에 대응하고 기술이 어떻게 정책도구에 더 잘 반영될 수 있도록 할 것인지에 대한 토론을 촉진시키는 길이 된다.[24]

이 선언은 단지 AI 윤리 차원에 머무는 것이 아니라 AI 정부 행정 거버넌스 구현을 위해 추진해야 할 법정책 과제가 무엇인지를 제시했다는 점에서 주목할 만한 가치가 있다.

물론 앞에서 살펴본 AI의 역기능과 오남용을 완벽하게 방지할 수 있는 법정책

---

24 G20 Ministerial Statement on Trade and Digital Economy(https://www.mofa.go.jp/files/000486596.pdf).

적 만능기구(legal fix-all policy tool)란 존재하지 않는다. 하지만 적어도 공공부문에서 공적 목적으로 사용되는 AI들에 대해서는 '투명성과 설명가능성', '견고성, 보안 및 안전' 그리고 '책임성' 원칙에 입각한 정보공개 및 설명 의무를 요구하는 입법조치를 검토해 볼 필요가 있다. 정부가 사용하거나 채택한 AI에 대한 기본적 정보, 즉 AI 시스템의 투입목적, 작동방법, 사용데이터, 결과물의 의미와 주의사항 등을 정보공개법 등을 통해 공개하고 설명하도록 하여 신뢰를 확보하는 방법이 그 예가 될 것이다. 나아가 정부가 조세, 주택, 소득, 근로관계, 건강 등 여러 분야에서 수집·보유해 온 데이터에 대한 접근권을 부여할 때 '신뢰할 수 있는 AI의 책임 있는 거버넌스'와 '인간을 위한 AI' 관점에서 요구하는 최소한의 요건 충족 여부를 심사할 수 있도록 하는 방안을 생각해 볼 수 있을 것이다. 나아가 자율규제 방식을 도입할 경우 그와 함께 독립적인 비정부 기구에 의한 기준 정립과 이를 토대로 한 인증제도를 뒷받침할 간접적인 법제지원 방안도 고려해 볼 가치가 있다.

AI 정보공개와 데이터 투명성 보장을 위한 방안과는 별도로 AI의 난립이나 무정부상태로 인한 공론장의 교란이나 공론화의 왜곡을 방지하는 차원에서 인간주도 반론권 보장을 위한 법제화 방안도 사회적 합의형성을 통해 추진해 나갈 필요가 있다.

V. 에필로그

AI 정부와 미래 한국 행정의 법적 틀에 관한 탐색적 논의가 자칫 한창 미래를 향하여 도약해야 할 AI 기술과 산업의 발전을 어렵게 하는 규제론적 경향으로 오인되어서는 안 될 것이다. AI 혁신의 길은 갖가지 위협인자들이 곳곳에 도사리고 있는 험난한 길이 되겠지만, 우리가 피할 수 없는 반드시 거쳐갈 수밖에 없는 생존의 길이다. 지능정보화로 인해 발생·심화될 수 있는 민주적 가치의 훼손, 불평등 문제나 노동환경 악화 등 잠재적 리스크가 한두 가지가 아니지만, 그 과정에서 얻을 수 있는 기대효과와 편익도 과소평가되어서는 안 된다. AI 혁신의 성과를 포용적 복지의 확대, 돌봄일자리 확충 등 '인간의 얼굴을 한 AI'로 선순환시키는 선제적 전략도 가능하다. AI 기반 정치과정 역시 악당의 책략에만 지배되지는 않을 것이고, 좀 더 정확한 민의를 공백 없이 실시간으로 반영할 수 있는 새로운 기회가 열릴 수도 있다. 문제는 이러한 선순환 과정을 이끌어나가면서 동시에 AI 기술이 소수의 권력적 지배수단으로 전락하지 않도록 끊임없이 감시와 통제를 유지할 수 있는 거버넌스의 구조를 정착시키는 데 있다. AI 정부는 그런 뜻에서 하나의 크나큰 도전이면서 그 도전에 대응할 수 있는 실천적 공간이기도 하다.

참고문헌

[국내문헌]

양유창. (2016). 영화가 예견하는 인공지능의 미래. https://rayspace. tistory.com/ 669, 670, 671.

제러미 리프킨. (2014). 「한계비용 제로 사회-사물인터넷과 공유경제의 부상」, 서울: 민음사.

레이 커즈와일. (2007). 「특이점이 온다(The Singularity is near)」. 파주: 김영사.

2045 인터넷@인간·사회 연구회. (2015). 2045년 미래사회 인터넷 보고서(공저). 한 국인터넷진흥원.

탈러·선스타인. (2008). 「넛지(nudge)」. 안진환 역. 서울: 리더스북.

정보통신정책연구원. (2018). ICT를 활용한 공공영역의 지능화 구현방안 도출. 2018.12.

한국정보화진흥원. (2019). IT & Future Strategy.

한국정보화진흥원. (2019). 연결사회 도래와 사이버물리시스템(CPS). IT & Future Strategy 제3호 (2014.6.30.).

홍준형. (2004). 전자정부와 개인정보보호-정보사회의 권리장전을 위하여. 정보과학 회지.

[해외문헌]

Maryam Ashoori & Justin D. Weisz. (2019). In AI We Trust? Factors That Influence Trustworthiness of AI-infused Decision-Making Processes. https:// arxiv.org/pdf/1912.02675.pdf.

Europe Commission. (2019). Ethics guidelines for trustworthy AI.

Robert Fay/Wallace (WALLY) Trenholm. The Cyber Security Battlefield-AI Technology Offers Both Opportunities and Threats, Centre for International Governance Innovation. https://www. cigionline.org/articles/cyber.

G20 Ministerial Statement on Trade and Digital Economy. https://www.mofa.go. jp/files/000486596.pdf: https://oecd.ai/wonk/ an-intro duction-to-the-global -partnership-on-ais-work-on-responsi ble-ai.

G20 Ministerial Statement on Trade and Digital Economy. https://www.mofa.go. jp/files/000486596.pdf

Elizabeth Gasiorowski-Denis, 2020. TOWARDS A TRUSTWORTHY AI on 7 July 2020 Share on Twitter, Facebook, Linkedin: Google PAIR, 'People+AI Guidebook'. https://pair.withgoogle. com/chapter/explainability-trust/.

ISO/IEC TR 24028:2020, Information technology-Artificial intelligence-Overview of trustworthiness in artificial intelligence.

Naveen Joshi. (2019). How We Can Build Trustworthy AI. https://www.forbes.com /sites/cognitiveworld/2019/07/30/how-we-can-build-trustworthy-ai/?sh= 3f805f45d5e3.

National Academies of Sciences, Engineering, and Medicine. (2019). Implications of Artificial Intelligence for Cybersecurity: Proceedings of a Workshop. Washingt on, DC: The National Academies Press. https://doi.org/10.17226/25488.

National Academies of Sciences, Engineering, and Medicine. (2020). The role of digital health technologies in drug development: Proceedings of a workshop. Washington, DC: The National Academies Press. http://doi.org/10.17226/25850.

OECD. The OECD Principles on Artificial Intelligence. https://www. oecd.org/ going-digital/ai/principles/

Ian Pearson. 2045 CONSTRUCTING THE FUTURE. *A Futurizon Report October 2015.*

Pega. (2019). AI and Empathy: Combining artificial intelligence with human ethics for better engagement. https://www.pega.com/system/files/resources/2019-11 /pega-ai-empathy-study.pdf.

Pega. (2020). The future of work-New perspectives on disruption & transformation. A 2020 research study on the changing role of technology in the workplace. https://www.pega.com/system/files/resources/2020-10/pega-future-of-work -report.pdf.

Ehsan Toreini, Mhairi Aitken, Kovila Coopamootoo, Karen Elliott, Carlos Gonzalez Zelaya, and Aad van Moorselk. The relationship between trust in AI and trustworthy machine learning technologies. https://www.researchgate.net/ publication/337703412_The_relation ship_between_trust_in_AI_and_trustworthy _machine_learning_technologies.

Andrew B. Ware. (2018). Algorithms and Automation: Fostering Trustworthiness in Artificial Intelligence. https://scholars.unh.edu/cgi/viewcontent.cgi?article=14 28& context=honors.

저자 약력

엄석진

서울대학교 행정대학원 교수 (2010-현재)
행정안전부 전자정부추진위원회 위원 (2020-현재)
행정안전부 공공데이터 제공 운영실태 평가위원 (2018-현재)
순천향대학교 행정학과 전임강사 (2009-2010)
한국행정연구원 초청연구원 (2008-2008)
미국 National Center for Digital Government, The University of Massachusetts Amherst, Doctoral Research Fellow (2006-2007)
LG CNS Entrue Consulting Partners, Consultant (2001-2004)

김홍기

서울대학교 치의학대학원 교수 (2006-현재)
서울대학교 정보화본부장 (2021-현재)
한국교육전산망협의회 이사장 (2021-현재)
헬싱키 의과대학 방문교수 (2019)
서울대학교 인문대학 협동과정 인지과학 전공 주임교수 (2017-2019)
치과대학 도서관장 (2014-2018)
하버드대학 의과대학 방문교수 (2012)
치과대학 기획부학장 (2011)
아일랜드 국립대학교 (NUIG) 정보공학부 겸임교수 (2007-2013)
서울대학교 치의학대학원 치과경영정보학 교실 주임교수 (2005-현재)
단국대학교 경영정보학과 부교수 (1998-2005)

박정훈

서울대학교 행정대학원 교수 (2001-현재)
서울대학교 한국행정연구소 소장 (2019-2020)
서울대학교 행정대학원 부원장 (2015-2016)
정보통신행정연구소 소장 (2009-2010)
정보통신방송정책 특별과정 주임교수 (2007-2008)
중앙대학교 전산원 원장 (2001)
중앙대학교 경영학부 조교수, 부교수 (1995-2001)

권혁주

서울대학교 행정대학원 교수 (2008-현재)
국제개발협력학회 회장 (2019-2020)
국제개발협력위원회 위원 (2019-2020)
공무원연금운영위원회 위원 (2016-현재)
한국행정학보편집위원장 (2015-2016)
Harvard-Yenching Scholar (2013-2014)
UN사회발전연구소 Research Coordinator (2002-2005)
성균관대학교 교수 (1997-2008)

권헌영

고려대학교 정보보호대학원 교수 (2015-현재)
4차산업혁명위원회 데이터특별위원회 위원 (2021-현재)
행정안전부 데이터기반행정활성화위원회 위원 (2021-현재)
한국행정학회 인공지능데이터행정특별위원회 위원장 (2021-현재)
사이버커뮤니케이션학회 회장 (2018)
한국인터넷윤리학회 회장 (2017-2018)
광운대학교 법과대학 교수 (2008-2015)
대통령자문전자정부특별위원회 전문위원 (2002-2006)
한국정보사회진흥원(현 한국지능정보사회진흥원) 책임연구원 (2002-2008)
정보통신정책연구원 주임연구원 (1997-2001)

이수영

서울대학교 행정대학원 교수 (2011-현재)
Editor-in-Chief. International Review of Public Administration (2019-현재)
서울대학교 행정대학원 국가리더십연구센터장 (2019-현재)
인사혁신처 정부업무 자체평가위원 (2019-현재)
경제인문사회연구회 기획평가위원 (2018-현재)

박순애

서울대학교 행정대학원 교수 (2004-현재)
한국행정학회 회장 (2021)
규제개혁위원회 민간위원 (2020-현재)
공기업준정부기관 경영평가단장 (2017)
환경부 자체평가위원 (2006-2008, 2016-현재)
숭실대학교 행정학부 교수 (2001-2004)
서울(시정개발)연구원 도시경영연구부 부연구위원 (2000-2001)
미국 미시간대학교 Intelligent Transportation Systems 연구소 (1995-1998)

김봉환

서울대학교 행정대학원 교수 (2012-현재)
미국 American University 경영학과 (회계학전공) 조교수 (2010-2012)
한국정부회계학회 회장 (2021)
서울시 금융도시담당관 (2006)
공인재무분석사(CFA) (2004)
한국 다우케미칼, 자금 부장 (2002-2006)
농림수산부, 행정사무관 (1993-1998)
제36회 행정고시 재경직 합격 (1992)

김상헌

서울대학교 행정대학원 교수 (2012-현재) : 재정정책, 재무행정 담당
한국외국어대학교 행정학과 조교수 (1999-2005)
한국조세연구원 전문연구위원 (1997-1999) : 재정정책 담당
The University of Chicago 정책대학원 강사 (1997) : 정책분석용 계량경제학
동아일보기자 (1990-1991)

나종민

서울대학교 행정대학원 조교수 (2020-현재)
미국 존제이 형사사법대학 및 뉴욕시립대학교 대학원 조교수 및 부교수 (2013-2020)
미국 휴스턴대학 조교수 (2011-2013)
대한민국 경찰청 경위 및 경감 (1995-2011)

고길곤

서울대학교 행정대학원 교수 (2011-현재)
서울대학교 대학혁신센터 데이터통합관리부장 (2020-현재)
서울대학교 아시아연구소 Asia Regional Information Center의 센터장 (2019-현재)
International Review of Administrative Sciences 편집위원 (2017-현재)
Asian Journal of Political Science 편집장 (2012-현재)
싱가포르 국립대학 정치학과 조교수 (2007-2011)

황종성

한국지능정보사회진흥원 연구위원 (1995-현재)
스마트시티 국가시범도시 부산 총괄계획가(Mater Planner) (2018-현재)
정부3.0추진위원회 위원 (2014-2017)
Smart City World Congress 자문위원 (2013-2015)
서울특별시 정보화기획단장(CIO) (2011-2013)
세계도시전자정부협의체(WeGO) 사무총장 (2011-2013)
연세대학교 정보대학원 겸임교수 (2007-2015)
한국USN센터장 (2005-2006)

이경호

고려대학교 정보보호대학원 교수 (2011-현재)
고려대학교 정보전산처장 (2017-2019)
네이버 CISO (2007-2008)
스타트업 창업, 경영 (1999-현재)
삼성그룹 근무 (1994-1999)

김승주

고려대학교 정보보호대학원 교수 (2011-현재)
사이버작전사령부 자문위원 (2021-현재)
합동참모본부 정책자문위원 (2020)
대통령직속 4차산업혁명위원회 위원 (2018-현재)
원자력안전위원회 전문위원 (2018-2020)
육군사관학교 초빙교수 (2018-2019)
카카오뱅크 정보보호부문 자문교수 (2016-현재)
개인정보분쟁조정위원회 위원 (2016-2018)
성균관대학교 정보통신공학부 부교수 (2004-2011)
한국인터넷진흥원(KISA) 팀장 (1998-2004)

김동욱

서울대학교 행정대학원 교수 (1994-현재)
행정논총 편집위원장 (2020-현재)
한국행정학회 회장 (2019)
정보통신정책연구원 원장 (2011-2013)
서울대학교 행정대학원 원장 (2014-2016)

김병조

서울대학교 행정대학원 조교수 (2020-현재)
Korean Journal of Policy Studies 부편집장 (2021-현재)
캘리포니아주립대학교 조교수 (2019-2020)
카네기멜론대학교 정책대학원 강사 (2014)
연합뉴스 기자 (2004-2008)

최민석

한국전자통신연구원 기술경영연구실 실장 (2020-현재)
한국전자통신연구원 책임연구원 (2020-현재)
한국전자통신연구원 미래사회연구실 실장 (2016)
한국전자통신연구원 선임연구원 (2011-2020)
한국전자통신연구원 연구원 (2001-2011)

정영준

한국전자통신연구원 책임연구원 (2001-현재)
세종특별자치시 빅데이터 자문위원회 위원 (2020-현재)
한국연구재단 국책연구본부 비상근 전문위원 (2016-2020)
한국전자통신연구원 임베디드SW분야 실장/부장/그룹장 역임 (2012-2018)
정보가전분야 국제단체포럼 Consumer Electronics Linux Forum Realtime WG Member/Chair
    역임 (2006-2010)
한국정보통신기술협회(TTA) 임베디드SW프로젝트그룹 위원/간사/의장 역임 (2005-현재)

임도빈

현재 서울대학교 행정대학원 교수 (1999-현재)

Journal of Public Administration Research and Theory 편집위원 (2019-현재)

서울대학교 행정대학원 원장 (2018-2020)

International Public Mangement Network 이사 (2018-현재)

제주세종자치특별위원회 위원 (2017-2019)

한국행정학회 회장 (2015)

Public Administration Review 편집위원 (2014-현재)

충남대학교 자치행정학과 교수 (1993-1999)

홍준형

서울대학교 행정대학원 교수 (1995-현재)

서울대학교 국가전략위원회 위원장 (2019-현재)

행정안전부 주민등록번호변경위원회위원장 (2017-현재)

정보보호산업분쟁조정위원회 위원장 (2016-현재)

서울특별시행정심판위원회 위원 (2016-현재)

한국학술단체총연합회이사장 (2014-2016)

법제처 자체평가위원회 위원장 (2012-2018)

한국공법학회 회장 (2011-2012)

개인정보분쟁조정위원회 위원장 (2011-2015)

한국환경법학회 회장 (2009-2010)

베를린자유대 한국학과 초빙교수·한국학연구소장 (2001-2003)

AI와 미래행정

초판발행	2021년 2월 26일
중판발행	2021년 12월 21일

지은이	엄석진 외 19명
펴낸이	안종만·안상준

편 집	황정원
기획/마케팅	이영조
표지디자인	박현정
제 작	고철민·조영환

펴낸곳	㈜ **박영사**
	서울특별시 금천구 가산디지털2로 53, 210호(가산동, 한라시그마밸리)
	등록 1959. 3. 11. 제300-1959-1호(倫)
전 화	02)733-6771
f a x	02)736-4818
e-mail	pys@pybook.co.kr
homepage	www.pybook.co.kr
ISBN	979-11-303-1232-3 93350

정 가   25,000원